Münster, 12.07.2021

Für Oma Renate &
Opa Henri

Danke für Alles, ich
hab euch sehr lieb!

Euer Dennis

Schriftenreihe

Münsterische Schriften zu Rechnungslegung und Wirtschaftsprüfung

Herausgegeben von

Prof. Dr. Hans-Jürgen Kirsch

Institut für Rechnungslegung und Wirtschaftsprüfung (IRW)

Westfälische Wilhelms-Universität Münster

Band 3

ISSN 2700-5879 (Print)

Verlag Dr. Kovač

Dennis Wege

Die Berücksichtigung von Länderrisiken in der Unternehmensbewertung

Verlag Dr. Kovač

Hamburg
2021

VERLAG DR. KOVAČ GMBH
FACHVERLAG FÜR WISSENSCHAFTLICHE LITERATUR

Leverkusenstr. 13 · 22761 Hamburg · Tel. 040 - 39 88 80-0 · Fax 040 - 39 88 80-55

E-Mail info@verlagdrkovac.de · Internet www.verlagdrkovac.de

D6

Bibliografische Information der Deutschen Nationalbibliothek
Die Deutsche Nationalbibliothek verzeichnet diese Publikation
in der Deutschen Nationalbibliografie;
detaillierte bibliografische Daten sind im Internet
über http://dnb.d-nb.de abrufbar.

ISSN: 2700-5879 (Print)
ISBN: 978-3-339-12510-1
eISBN: 978-3-339-12511-8

Zugl.: Dissertation, Westfälische Wilhelms-Universität Münster, 2021

© VERLAG DR. KOVAČ GmbH, Hamburg 2021

Printed in Germany
Alle Rechte vorbehalten. Nachdruck, fotomechanische Wiedergabe, Aufnahme in Online-Dienste und Internet sowie Vervielfältigung auf Datenträgern wie CD-ROM etc. nur nach schriftlicher Zustimmung des Verlages.

Gedruckt auf holz-, chlor- und säurefreiem, alterungsbeständigem Papier. Archivbeständig nach ANSI 3948 und ISO 9706.

Geleitwort

Sofern ein ausländisches Unternehmen aus der Perspektive eines deutschen Bewertungssubjektes bewertet wird, sind regelmäßig sog. Länderrisiken im Bewertungskalkül zu berücksichtigen. Länderrisiken treten zusätzlich oder in verstärkter Form auf als bei nationalen Unternehmensbewertungen und können den Wert eines ausländischen Bewertungsobjektes maßgeblich beeinflussen. Neben der Diskussion, ob und wie der Einfluss von Länderrisiken auf den Zahlungsstrom des ausländischen Bewertungsobjektes zu erfassen ist, wird z. B. auch die Verwendung einer Länderrisikoprämie als Zuschlag auf die Eigenkapitalkosten eines ausländischen Bewertungsobjektes kontrovers diskutiert. Ein einheitliches Vorgehen zur Berücksichtigung von Länderrisiken in der Unternehmensbewertung hat sich bisher nicht herausgebildet. Dies nimmt Herr Wege zum Anlass, die Berücksichtigung von Länderrisiken im Zahlungsstrom, als Zähler des Bewertungskalküls, und im Kapitalisierungszins, als Nenner des Bewertungskalküls, entlang der etablierten Methodik bei der Unternehmensbewertung und mit Blick auf die einschlägigen Handlungsempfehlungen des IDW für die Zwecke einer objektivierten Unternehmensbewertung kritisch zu analysieren und vor bewertungskontextbezogen abgeleiteten Kriterien zu würdigen.

Die Dissertation ist in sechs Kapitel untergliedert. Im **ersten Kapitel** erläutert der Verfasser die Problemstellung und leitet daraus das Ziel und den Gang der Untersuchung ab. Im **zweiten Kapitel** werden die Grundlagen zu den Länderrisiken beschrieben. Herr Wege operationalisiert im ersten Schritt den allgemeinen Begriff des Risikos für den Kontext der Unternehmensbewertung, um im zweiten Schritt den Begriff der Länderrisiken zu definieren und nach verschiedenen Arten von Länderrisiken zu systematisieren. Schließlich arbeitet der Verfasser als bewertungsrelevante Charakteristika von Länderrisiken heraus, dass sie oftmals schwierig zu quantifizieren sind und der jeweilige Einfluss von Länderrisiken bewertungsobjektspezifisch zu beurteilen ist. Zudem wird die Heterogenität des Begriffs der Länderrisiken deutlich, was insb. auch Auswirkungen auf die Klassifizierung des jeweiligen Risikocharakters der Arten von Länderrisiken i. S. d. *Capital Asset Pricing Model* (CAPM) hat.

Gegenstand des **dritten Kapitels** sind die konzeptionellen Grundlagen der Unternehmensbewertung. Der Verfasser entwickelt dabei zunächst das theoretische Grundgerüst für die Bestimmung eines objektivierten Unternehmenswerts, die als Referenz für die Analyse der Arbeit dient. Weiterhin erläutert und konkretisiert Herr Wege die verschiedenen Bewertungsanlässe, nach der Differenzierung des IDW S 1 i. d. F. 2008, mit Blick auf die Berücksichtigung von Länderrisiken und der Relevanz eines objektivierten Unternehmenswerts. Darüber hinaus hebt der Verfasser die Bedeutung des FCF-WACC-Verfahrens bei internationalen Unternehmensbewertungen hervor und beschreibt die Verfahrensweise sowie die Bestandteile des Bewertungskalküls dieses Bewertungsverfahrens. Herr Wege geht in den konzeptionellen Grundlagen der Unternehmensbewertung zudem auf die Methoden der Unternehmensbewertung mit in Fremdwährung denominierten Zahlungsströmen und die Handlungsempfehlungen des IDW zur

Geleitwort

Berücksichtigung von Länderrisiken bei einer internationalen Unternehmensbewertung als flankierende Elemente der Analyse ein. Schließlich leitet der Verfasser bewertungskontextbezogene Würdigungskriterien ab, die für die Untersuchung als Analyserahmen der Berücksichtigung von Länderrisiken in der Unternehmensbewertung dienen.

Das **vierte Kapitel** bildet den Schwerpunkt der Untersuchung. Einleitend erläutert der Verfasser die Struktur des Vorgehens (**Abschnitt 41**). Im Weiteren wird in der Analyse zwischen der Berücksichtigung von Länderrisiken im Zähler (Abschnitt 42) und im Nenner (Abschnitt 43) des Bewertungskalküls differenziert. Damit Länderrisiken im Zähler des Bewertungskalküls adäquat berücksichtigt bzw. deren Einflüsse plausibilisiert werden können, müssen die in der jeweiligen Bewertungssituation relevanten politischen und ökonomischen Rahmenbedingungen eines Landes hinreichend bekannt sein. Daher analysiert und würdigt Herr Wege in **Abschnitt 42** zunächst unterschiedliche Möglichkeiten der Informationsbeschaffung über bestehende politische und marktbezogene Risiken in einem Land sowie verschiedene Methoden zur Prognose der Entwicklung von Wechselkursrisiken für die Zwecke einer objektivierten internationalen Unternehmensbewertung. Der Verfasser kommt zu dem Schluss, dass Länderberichte und Länderscoring-Modelle simultan als externe Informationsquellen im Rahmen der Analyse von politischen und auslandsmarktbezogenen Risiken zu verwenden sind. Sofern das Sitzland des Bewertungssubjektes und das Sitzland des ausländischen Bewertungsobjektes ein Länderscoring derselben Institution besitzen, können Teilurteile einzelner Länderrisikokategorien der Länderscoring-Modelle als Indikation zur Identifikation (besonders) bewertungsrelevanter Länderrisiken im Sitzland des Bewertungsobjektes im Vergleich zum Sitzland des Bewertungssubjektes genutzt werden. Die Ursachen des Risikopotenzials im Ausland können dann durch qualitative Informationen aus Teilurteilen von Länderscoring-Modellen sowie Inhalten von Länderberichten gezielter untersucht werden. Für die Prognosemethoden zur Entwicklung von Wechselkursrisiken stellt Herr Wege fest, dass einfache oder synthetische Terminkurse, als marktbasierte Wechselkurse, u. a. aufgrund der Erfüllung der Kriterien der Kaufkraft- und Laufzeitäquivalenz geeignet sind, um im Rahmen einer objektivierten internationalen Unternehmensbewertung die Wechselkursannahmen in der Detailplanungsphase des Bewertungskalküls und die Einschätzung damit verbundener Wechselkursrisiken plausibilisieren zu können. Für die ewige Rente des Bewertungskalküls können synthetische Terminwechselkurse mit der längsten verfügbaren Laufzeit verwendet werden, die zudem nach Möglichkeit mithilfe von Wechselkursen, die auf Basis der relativen Kaufkraftparität fundamental-analytisch bestimmt wurden, plausibilisiert werden können.

Damit auf Grundlage der Analyse von Länderrisiken erwartungstreue Planwerte der künftigen Zahlungsströme ermittelt werden können, diskutiert Herr Wege in Anlehnung an das Konzept der sog. *Uncertainty Absorption* zudem die quantitative Berücksichtigung von versicherbaren Länderrisiken durch deren Versicherungskosten. Der Verfasser beschreibt zunächst das Konzept der *Uncertainty Absorption* grundlegend, ehe er im Weiteren auf die Möglichkeiten und Anbieter von Versicherungen für Länderrisiken eingeht. Der Verfasser kommt zu dem Ergebnis, dass aufgrund der transparenten Verfügbarkeit der Versicherungskonditionen insbesondere

Versicherungskosten für öffentliche Versicherungsangebote geeignet sind, um Anhaltspunkte für die Quantifizierung des Einflusses der versicherbaren Länderrisiken auf den Zahlungsstrom des ausländischen Unternehmens zu erhalten.

Um Risikoäquivalenz zwischen Zähler und Nenner des Bewertungskalküls herzustellen, müssen systematische Länderrisiken i. S. d. CAPM sowohl in den *Free-Cashflows* als auch den *Weighted Average Cost of Capital* (WACC) des ausländischen Bewertungsobjektes enthalten sein. Daher befasst sich Herr Wege in **Abschnitt 43** damit, wie Länderrisiken in den Eigenkapital- und Fremdkapitalkosten, als Bestandteile der WACC, im Nenner des Bewertungskalküls zu berücksichtigen sind. Zur Bestimmung ausländischer Eigenkapitalkosten werden bei internationalen Unternehmensbewertungen regelmäßig das *Local*-CAPM oder das *Global*-CAPM verwendet. Welches Kapitalkostenmodell in der jeweiligen Bewertungssituation anzuwenden ist, wird dabei vom Status des Integrationsgrades des betrachteten Kapitalmarktes determiniert. Daher konkretisiert und würdigt der Verfasser unterschiedliche Kriterien, mit denen der Integrationsgrad eines Kapitalmarktes beurteilt werden kann. Darauf aufbauend untersucht Herr Wege die CAPM-Komponenten des *Local*- und *Global*-CAPM hinsichtlich der impliziten Berücksichtigung von systematischen Länderrisiken. Der Verfasser zeigt durch die Analyse der Möglichkeiten zur Operationalisierung der jeweiligen CAPM-Komponenten, dass systematische Länderrisiken grundsätzlich in den CAPM-Komponenten beider Kapitalkostenmodelle implizit berücksichtigt sind, wodurch die Risikoäquivalenz im Bewertungskalkül gestärkt wird. Indes können bei beiden Kapitalkostenmodellen Schwierigkeiten bei der Operationalisierung der CAPM-Komponenten die Erfüllung der Äquivalenzkriterien im Bewertungskalkül einschränken.

Aufgrund der möglichen Schwierigkeiten, die einzelnen CAPM bei internationalen Unternehmensbewertung zu operationalisieren, wird in der Bewertungspraxis – trotz der konzeptionellen Unvereinbarkeit mit dem CAPM – zur Bestimmung der ausländischen Eigenkapitalkosten häufig auf die Verwendung einer Länderrisikoprämie zurückgegriffen. Eine solche Prämie soll den Risikoteil in den Eigenkapitalkosten repräsentieren, der durch zusätzliche systematische Länderrisiken in dem betrachteten Land im Vergleich zu einem Referenzland verursacht wird, aber nicht durch das CAPM erklärt werden kann. Herr Wege diskutiert die Verwendung einer Länderrisikoprämie zunächst allgemein, ehe er verschiedene Möglichkeiten zur Berücksichtigung und Quantifizierung einer Länderrisikoprämie analysiert und würdigt. Für die von DAMODARAN in der Bewertungspraxis etablierten Ansätze zur Berücksichtigung einer Länderrisikoprämie erläutert der Verfasser jeweils das zugrunde liegende Rational und weist dabei auf die bereits breit diskutierten konzeptionellen Schwachstellen hin. Im Anschluss analysiert und würdigt Herr Wege verschiedene Proxys zur Bestimmung von Credit Spreads auf Staatsanleihen, die regelmäßig als Referenz genutzt werden, um eine Länderrisikoprämie zu quantifizieren. Hinsichtlich der Credit Spreads von *Sovereign Credit Default Swaps* (CDS), als marktbasierter Proxy, hebt Herr Wege hervor, dass diese hinsichtlich der Aussagekraft über bestehende Länderrisiken und der Operationalisierung im Vergleich zu den anderen diskutierten Proxys am

Geleitwort

ehesten eine Indikation zur Quantifizierung einer Länderrisikoprämie für die Unternehmensbewertung liefern können. Bei der Analyse der impliziten Berücksichtigung von Länderrisiken in den Fremdkapitalkosten stellt der Verfasser fest, dass Länderrisiken regelmäßig enthalten sind, sofern diese direkt als Approximation durch Credit Spreads der Anleihen oder CDS des Bewertungsobjektes ermittelt werden (direkte Methode). Unter Verwendung der indirekten Methode zur Bestimmung der Fremdkapitalkosten hängt der Grad der Erfüllung der Risikoäquivalenz hinsichtlich der Berücksichtigung des Einflusses von Länderrisiken v. a. von dem Sitzland der als Referenz genutzten Peer-Group-Unternehmen ab.

In der abschließenden Würdigung des vierten Kapitels (**Abschnitt 44**) bewertet Herr Wege auf Basis der Ergebnisse der Analyse die Verwendung der direkten und indirekten Methode der Unternehmensbewertung mit in Fremdwährung denominierten Zahlungsströmen. Weiterhin spricht sich Herr Wege dafür aus, das *Global*-CAPM zur Bestimmung der Eigenkapitalkosten bei internationalen Unternehmensbewertungen innerhalb des europäischen Währungsraumes zu nutzen. Zudem diskutiert der Verfasser die marktbasierte Bestimmung von Bewertungsparametern und die Verwendung von externen Quellen als Input für die Bestimmung von Bewertungsparametern im Rahmen einer internationalen Unternehmensbewertung.

Aufbauend auf den Erkenntnissen im Analysekapitel werden im **fünften Kapitel** verschiedene Vorschläge zur Anpassung der Handlungsempfehlungen des IDW zur Berücksichtigung von Länderrisiken in der Unternehmensbewertung formuliert, die dazu beitragen sollen, Ermessensspielräume im Rahmen einer internationalen Unternehmensbewertung zu reduzieren und konzeptionell sachgerechtere sowie objektivere Bewertungsresultate zu erreichen. Diese Vorschläge unterteilt Herr Wege dabei thematisch nach allgemeinen Aspekten, Aspekten des Zählers sowie des Nenners des Bewertungskalküls und Anregungen für die Berichterstattung über den Bewertungsansatz.

Im **sechsten Kapitel** fasst Herr Wege die wesentlichen Erkenntnisse seiner Untersuchung zusammen und gibt einen kurzen Ausblick auf die Internationalisierung der Unternehmensbewertung und die Berücksichtigung von Länderrisiken.

In der vorgelegten Arbeit wird sehr differenziert und stringent argumentiert. Der Verfasser legt die erforderlichen Grundlagen in angemessener Kürze, entwickelt einen geeigneten Würdigungsrahmen und wendet die dort angeführten Kriterien bei der eigenen Analyse konsequent an. Herr Wege nimmt dabei die Vorgaben des IDW zum Ausgangspunkt seiner Überlegungen und unterteilt seine Analyse (der Sache entsprechend) zunächst in die Betrachtung des Zählers und des Nenners, führt die erlangten Ergebnisse dann aber sehr schön zusammen. Dabei überzeugt insbesondere die umfassende Betrachtung der verschiedenen Informationsquellen für Länderrisiken. Für den Nenner arbeitet der Verfasser dann zunächst für die Eigenkapitalkosten sehr umfassend das regelmäßig zugrunde gelegte CAPM und die Implikationen für die Berücksichtigung der Länderrisiken heraus. Besonders verdienstvoll ist der durchaus gelungene Versuch des Verfassers, im Streit um die insb. von DAMODARAN vorgeschlagenen Erweiterung des

Geleitwort

CAPM durch eine Länderrisikoprämie zu vermitteln. Diese Diskussion wird zum Teil hochemotional und mit verhärteten Fronten geführt. Herr Wege stimmt hier der konzeptionell an einer Erweiterung des CAPM geäußerten Kritik zu, zeigt aber anschließend quasi als Kompromisslinie, wie das in der Bewertungspraxis durchgängig angewendete und auch von Standardsetzern empfohlene Kalkül von DAMODARAN (einigermaßen) sinnvoll angewendet werden könnte.

Schließlich macht Herr Wege auf der Basis seiner Teilergebnisse sehr konstruktive Vorschläge für die Verbesserung der Vorgaben des IDW und ergänzt dabei die eher technischen Anmerkungen zum Bewertungskalkül sehr anschaulich um Anregungen zur Erläuterung des Vorgehens des Bewerters bei der Informationsgewinnung über Länderrisiken und deren Berücksichtigung bei der konkreten Bewertung. Die Ergebnisse dieser Arbeit seien nicht nur dem IDW, sondern insgesamt der Theorie und Praxis der Unternehmensbewertung nachdrücklich empfohlen.

Münster, im April 2021   Prof. Dr. Hans-Jürgen Kirsch

Vorwort des Verfassers

Die vorliegende Arbeit entstand während meiner Tätigkeit als wissenschaftlicher Mitarbeiter am Institut für Rechnungslegung und Wirtschaftsprüfung (IRW) der Westfälischen Wilhelms-Universität Münster unter der Leitung von Herrn Prof. Dr. Hans-Jürgen Kirsch. Sie wurde von der Wirtschaftswissenschaftlichen Fakultät im April 2021 als Dissertation angenommen.

Entstanden ist diese Arbeit mit der Unterstützung vieler Personen, denen ich ganz herzlich danken möchte. Zu nennen ist an erster Stelle mein hoch geschätzter akademischer Lehrer und Doktorvater Herr Prof. Dr. Hans-Jürgen Kirsch, der mir nicht nur die Chance zur Promotion gegeben hat, sondern mich auch während meiner Zeit am IRW stets persönlich und fachlich gefördert hat. Ab dem ersten Tag war die Arbeit am Institut durch eine vertrauensvolle, konstruktive und mithin angenehme Atmosphäre geprägt. Des Weiteren möchte ich Herrn Prof. Dr. Peter Kajüter für die Übernahme des Zweitgutachtens und Frau Prof. Dr. Theresia Theurl für das Mitwirken in der Promotionskommission danken.

Es ist mir darüber hinaus ein besonderes Anliegen, mich bei meinen aktuellen und ehemaligen Kolleginnen und Kollegen am IRW zu bedanken. Neben den sehr hilfreichen fachlichen Diskussionen im Rahmen der Doktorandenseminare gilt der Dank vor allem dem freundschaftlichen Zusammenhalt sowohl in beruflicher als auch privater Hinsicht. Besonderem Dank bin ich dabei Philipp Pferdmenges verpflichtet, der mir sowohl während meiner operativen Zeit am Lehrstuhl als auch während des Schreibprozesses meiner Dissertation in besonderem Maße mit Rat und Tat unterstützend zur Seite stand. Auch bei Katharina Großelfinger möchte ich mich für die wertvollen Impulse für meine Arbeit bedanken. Zudem danke ich den studentischen Hilfskräften des Institutes, die mit ihrer großartigen Hilfe bei der Literaturrecherche den Schreibprozess und somit die Anfertigung meiner Dissertation merklich erleichtert haben.

Ebenfalls danken möchte ich meinen Freunden in und außerhalb von Münster, die während meiner Promotionszeit mit regelmäßigen Tischtennispartien, Bundesliga-Nachmittagen und Kiosk-Abenden für Ablenkung und einen kühlen Kopf bei mir gesorgt haben. Schließlich möchte ich mich bei meiner lieben Freundin Katja bedanken, die mit ihrer fröhlichen und empathischen Art maßgeblich für mich dazu beigetragen hat, während des Dissertationsprozesses motiviert und fokussiert arbeiten zu können.

Mein größter Dank gebührt meiner Familie, die meinen Werdegang fortwährend und in vielerlei Hinsicht unterstützt und mir damit ein besonderes Vertrauen entgegengebracht hat. Erst durch den Rückhalt meiner Familie war diese Arbeit möglich. Dabei hervorzuheben sind meine Mutter Susanne und mein Vater Jürgen. Ihnen widme ich diese Arbeit.

Münster, im April 2021   Dennis Wege

Inhaltsübersicht

1 **Einleitung** 1

   11 Problemstellung und Zielsetzung 1

   12 Gang der Untersuchung 3

2 **Grundlagen der Länderrisiken** 7

   21 Zielgebundene Operationalisierung des Risikobegriffs 7

   22 Begriff der Länderrisiken 9

3 **Konzeptionelle Grundlagen der Unternehmensbewertung** 33

   31 Werttheorien der Unternehmensbewertung 33

   32 Funktionslehre der Unternehmensbewertung 35

   33 Wertkonzeptionen nach IDW S 1 i. d. F. 2008 37

   34 Anlässe der Unternehmensbewertung nach IDW S 1 i. d. F. 2008 41

   35 FCF-WACC-Verfahren 45

   36 Unternehmensbewertung im internationalen Kontext 73

   37 Ableitung von Würdigungskriterien zur Berücksichtigung von Länderrisiken in der Unternehmensbewertung 83

4 **Kritische Analyse der Berücksichtigung von Länderrisiken im Bewertungskalkül** ... 93

   41 Struktur des Analysevorgehens 93

   42 Berücksichtigung von Länderrisiken im Zähler 96

   43 Berücksichtigung von Länderrisiken im Nenner 137

   44 Abschließende Würdigung der Berücksichtigung von Länderrisiken im Bewertungskalkül 209

5 **Vorschlag zur Anpassung der berufsständischen Handlungsempfehlungen** 215

   51 Vorbemerkung 215

   52 Allgemeine Aspekte 216

   53 Zähler des Bewertungskalküls 216

   54 Nenner des Bewertungskalküls 217

   55 Berichterstattung über den Bewertungsansatz 219

6 **Zusammenfassung und Ausblick** 221

Inhaltsverzeichnis

Geleitwort V

Vorwort des Verfassers XI

Inhaltsübersicht XIII

Abbildungsverzeichnis XXI

Formelverzeichnis XXIII

Abkürzungsverzeichnis XXV

Symbolverzeichnis XXXIII

1 Einleitung 1

   11 Problemstellung und Zielsetzung 1

   12 Gang der Untersuchung 3

2 Grundlagen der Länderrisiken 7

   21 Zielgebundene Operationalisierung des Risikobegriffs 7

   22 Begriff der Länderrisiken 9

       221. Definition und Systematisierung von Länderrisiken 9

       222. Arten von Länderrisiken 12

           222.1 Politische Risiken 12

           222.2 Auslandsmarktbezogene Risiken 17

           222.3 Wechselkursrisiken 19

               222.31 Wechselkurssysteme 19

               222.32 Internationale Paritätentheorie 20

               222.33 Arten von Wechselkursrisiken 23

       223. Bewertungsrelevante Charakteristika von Länderrisiken 25

       224. Risikocharakter von Länderrisiken i. S. d. CAPM 28

3 Konzeptionelle Grundlagen der Unternehmensbewertung 33

   31 Werttheorien der Unternehmensbewertung 33

   32 Funktionslehre der Unternehmensbewertung 35

33 Wertkonzeptionen nach IDW S 1 i. d. F. 2008 37

34 Anlässe der Unternehmensbewertung nach IDW S 1 i. d. F. 2008 41

35 FCF-WACC-Verfahren 45

    351. Bedeutung des FCF-WACC-Verfahrens für die internationale
         Unternehmensbewertung 45

    352. Die Ermittlung des Unternehmenswerts mit dem FCF-WACC-Verfahren 46

        352.1 Funktionsweise des FCF-WACC-Verfahrens 46

        352.2 Ermittlung des *Free-Cashflow* 52

            352.21 Schema zur Ermittlung des *Free-Cashflow* 52

            352.22 Prognose des *Free-Cashflow* 53

        352.3 Ermittlung der *Weighted Average Cost of Capital* 56

            352.31 Bestimmung der Eigenkapitalkosten mittels CAPM 56

                352.311. Grundlagen des CAPM 56

                352.312. Risikoloser Zins 60

                352.313. Marktrisikoprämie 62

                352.314. Betafaktor 67

            352.32 Bestimmung der Fremdkapitalkosten 71

36 Unternehmensbewertung im internationalen Kontext 73

    361. Methoden der Unternehmensbewertung mit in Fremdwährung denominierten
         Zahlungsströmen 73

    362. Berufsständische Handlungsempfehlungen zur Berücksichtigung von
         Länderrisiken in der internationalen Unternehmensbewertung 77

37 Ableitung von Würdigungskriterien zur Berücksichtigung von Länderrisiken in der
    Unternehmensbewertung 83

    371. Vorbemerkung 83

    372. Grundsatz der Zukunftsorientierung 85

    373. Grundsatz der Objektivierung 86

    374. Grundsatz der Wirtschaftlichkeit 87

    375. Äquivalenzkriterien 89

4 Kritische Analyse der Berücksichtigung von Länderrisiken im Bewertungskalkül... 93

41 Struktur des Analysevorgehens ... 93

42 Berücksichtigung von Länderrisiken im Zähler ... 96

    421. Analyse von politischen und auslandsmarktbezogenen Risiken ... 96

        421.1 Vorbemerkung ... 96

        421.2 Länderberichte ... 98

            421.21 Konzeptionen von Länderberichten ... 98

            421.22 Kritische Würdigung ... 99

        421.3 Länderscoring-Modelle ... 101

            421.31 Konzeptionen von Länderscoring-Modellen ... 101

            421.32 Kritische Würdigung ... 102

        421.4 Zusammenfassende Würdigung der Analyse von politischen und auslandsmarktbezogenen Risiken ... 104

    422. Prognose der Entwicklung von Wechselkursrisiken ... 108

        422.1 Vorbemerkung ... 108

        422.2 Fundamental-analytische Prognosemethoden ... 110

            422.21 Analystenschätzungen ... 110

            422.22 Prognose auf Basis der relativen Kaufkraftparitätentheorie . 111

            422.23 Kritische Würdigung ... 112

        422.3 Marktbasierte Prognosemethoden ... 114

            422.31 Kassakursmethode ... 114

            422.32 Terminkursmethode ... 115

            422.33 Kritische Würdigung ... 117

        422.4 Zusammenfassende Würdigung der Prognose der Entwicklung von Wechselkursrisiken ... 120

    423. Quantitative Berücksichtigung von versicherbaren Länderrisiken durch Versicherungskosten im Zähler des Bewertungskalküls ... 124

        423.1 Konzept der *Uncertainty Absorption* ... 124

        423.2 Möglichkeiten der Versicherung von Länderrisiken ... 126

        423.3 Anbieter der Versicherung von Länderrisiken ... 127

            423.31 Öffentliche Anbieter ... 127

423.32 Privatwirtschaftliche Anbieter 129
423.4 Kritische Würdigung 129
424. Zwischenfazit 133
43 Berücksichtigung von Länderrisiken im Nenner 137
431. Vorbemerkung 137
432. Berücksichtigung von Länderrisiken in den Eigenkapitalkosten 139
    432.1 Berücksichtigung von Länderrisiken in den CAPM-Komponenten 139
        432.11 Bestimmung des Integrationsgrades eines Kapitalmarktes zur Wahl der CAPM-Variante 139
            432.111. Bestimmung des Integrationsgrades auf Basis qualitativer Kriterien 139
            432.112. Bestimmung des Integrationsgrades auf Basis quantitativer Kriterien 142
            432.113. Kritische Würdigung 144
        432.12 *Local*-CAPM 148
            432.121. Grundannahmen des *Local*-CAPM 148
            432.122. Berücksichtigung von Länderrisiken in den *Local*-CAPM-Komponenten 149
                432.122.1 Lokaler risikoloser Zins 149
                432.122.2 Lokale Marktrisikoprämie 151
                432.122.3 Lokaler Betafaktor 153
            432.123. Kritische Würdigung 154
        432.13 *Global*-CAPM 157
            432.131. Grundannahmen des *Global*-CAPM 157
            432.132. Berücksichtigung von Länderrisiken in den *Global*-CAPM-Komponenten 159
                432.132.1 Globaler risikoloser Zins 159
                432.132.2 Globale Marktrisikoprämie 159
                432.132.3 Globaler Betafaktor 163
            432.133. Kritische Würdigung 163
        432.14 Zwischenfazit 167

432.2 Verwendung einer Länderrisikoprämie zur Anpassung der
Eigenkapitalkosten 169

    432.21 Diskussion der Verwendung einer Länderrisikoprämie zur
Anpassung der Eigenkapitalkosten 169

    432.22 Möglichkeiten zur Berücksichtigung einer
Länderrisikoprämie 173

        432.221. Vorbemerkung 173

        432.222. Additiver Ansatz 173

        432.223. Beta-Ansatz 174

        432.224. Lambda-Ansatz 175

        432.225. Kritische Würdigung 177

    432.23 Möglichkeiten zur Quantifizierung einer
Länderrisikoprämie 180

        432.231. Vorbemerkung 180

        432.232. Marktbasierte Quantifizierung einer
Länderrisikoprämie auf Basis von Credit Spreads 181

            432.232.1 *Sovereign Bond Default Spreads* 181

            432.232.2 *Sovereign Credit Default Swap Spreads* 183

            432.232.3 Kritische Würdigung 185

        432.233. Synthetische Quantifizierung einer
Länderrisikoprämie auf Basis von Credit Spreads 189

            432.233.1 Länderratings 189

            432.233.2 Länderscores 190

            432.233.3 Unternehmensanleihen 191

            432.233.4 Kritische Würdigung 192

        432.234. Quantifizierung der Länderrisikoprämie nach
DAMODARAN 197

            432.234.1 Konzept nach DAMODARAN zur
Quantifizierung einer
Länderrisikoprämie 197

            432.234.2 Kritische Würdigung 198

    432.24 Zwischenfazit 199

433. Berücksichtigung von Länderrisiken in den Fremdkapitalkosten 203

433.1 Vorbemerkung 203

433.2 Direkte Methode zur Bestimmung der Fremdkapitalkosten 204

433.3 Indirekte Methode zur Bestimmung der Fremdkapitalkosten 205

433.4 Kritische Würdigung 207

44 Abschließende Würdigung der Berücksichtigung von Länderrisiken im Bewertungskalkül 209

5 Vorschlag zur Anpassung der berufsständischen Handlungsempfehlungen 215

51 Vorbemerkung 215

52 Allgemeine Aspekte 216

53 Zähler des Bewertungskalküls 216

54 Nenner des Bewertungskalküls 217

55 Berichterstattung über den Bewertungsansatz 219

6 Zusammenfassung und Ausblick 221

Quellenverzeichnis 229

Verzeichnis der Beiträge in Sammelwerken 229

Verzeichnis der Monografien 240

Verzeichnis der Aufsätze 253

Verzeichnis der Kommentare 273

Verzeichnis der berufsständischen Veröffentlichungen 274

Verzeichnis der Arbeitspapiere und Internetdokumente 276

Gesetzesverzeichnis 281

Verzeichnis der Materialien aus dem Gesetzgebungs- oder Standardsetzungsprozess 282

Verzeichnis der Rechtsprechung 283

Verzeichnis der sonstigen Internetquellen 284

Abbildungsverzeichnis

Abbildung 2-1: Systematisierung von politischen Risiken 16

Abbildung 2-2: Systematisierung von auslandsmarktbezogenen Risiken 18

Abbildung 2-3: Systematisierung von Wechselkursrisiken 25

Abbildung 2-4: Risikocharakter von Länderrisiken i. S. d. CAPM 30

Abbildung 3-1: Abhängigkeit der Risikoarten des CAPM vom Diversifikationsgrad 57

Abbildung 3-2: Schematische Gegenüberstellung der Methoden der Unternehmensbewertung mit in Fremdwährung denominierten Zahlungsströmen 75

Abbildung 4-1: Systematisierung der Arten von Barrieren für Auslandsinvestitionen 141

Formelverzeichnis

Formel 3-1: Barwertkalkül des FCF-WACC-Verfahrens ... 48

Formel 3-2: Gewichtete durchschnittliche Kapitalkosten (WACC) ... 49

Formel 3-3: Eigenkapitalkosten nach dem CAPM ... 50

Formel 3-4: Betafaktor ... 51

Formel 3-5: Indirekte Ermittlung des *Free-Cashflow* ... 53

Formel 4-1: Prognose des Wechselkurses auf Basis der relativen Kaufkraftparitätentheorie ... 111

Formel 4-2: Kassakursmethode ... 115

Formel 4-3: Terminkursmethode ... 116

Formel 4-4: Risikoadjustierte Terminkursmethode ... 119

Formel 4-5: Eigenkapitalkosten nach dem *Local*-CAPM ... 149

Formel 4-6: Bestimmung der ausländischen Eigenkapitalkosten mithilfe des internationalen Fisher-Effektes ... 157

Formel 4-7: Eigenkapitalkosten nach dem *Global*-CAPM ... 158

Formel 4-8: Eigenkapitalkosten bei Berücksichtigung einer Länderrisikoprämie nach dem Additiven Ansatz ... 174

Formel 4-9: Eigenkapitalkosten bei Berücksichtigung einer Länderrisikoprämie nach dem Beta-Ansatz ... 174

Formel 4-10: Eigenkapitalkosten bei Berücksichtigung einer Länderrisikoprämie nach dem Lambda-Ansatz ... 175

Abkürzungsverzeichnis

A

a. A.	anderer Auffassung
Abs.	Absatz
Abschn.	Abschnitt(e)
ACWI	All Countries World Index
AER	American Economic Review (Zeitschrift)
AG	Die Aktiengesellschaft (Zeitschrift)
AktE	Registerzeichen für Verfahren über Anträge auf gerichtliche Entscheidungen nach dem Aktiengesetz (AktG), dem Einführungsgesetz zum Aktiengesetz (EGAktG) und verwandten Gesetzen beim Landgericht
AktG	Aktiengesetz
Aufl.	Auflage

B

BB	Betriebs-Berater (Zeitschrift)
BERI	Business Environment Risk Intelligence
BewP	Bewertungspraktiker (Zeitschrift)
BDU	Bundesverband Deutscher Unternehmensberater e. V.
BeckRS	beck-online.Rechtsprechung
BFuP	Betriebswirtschaftliche Forschung und Praxis (Zeitschrift)
BGBl.	Bundesgesetzblatt
BGH	Bundesgerichtshof
BIS	Bank for International Settlements
BK	Beschlusskammer
BMI	Broad Market Index
BNetzA	Bundesnetzagentur
BörsG	Börsengesetz
BRD	Bundesrepublik Deutschland
bspw.	beispielsweise
BWP	Bewertungspraktiker (Zeitschrift)
bzw.	beziehungsweise

C

ca.	circa
CAPM	Capital Asset Pricing Model
CDAX	Composite DAX
CDS	Credit Default Swap(s)
CF	Conceptual Framework / Corporate Finance (Zeitschrift)
CJWB	Columbia Journal of World Business (Zeitschrift)
CMR	California Management Review (Zeitschrift)
CoV	Corona-Virus
COVID-19	Corona-Virus Disease 2019

D

d. h.	das heißt
DAX	Deutscher Aktienindex
DB	Der Betrieb (Zeitschrift)
DBW	Die Betriebswirtschaft (Zeitschrift)
DCF	Discounted Cashflow
DFC	U. S. International Development Finance Corporation
DIW	Deutsches Institut für Wirtschaftsforschung e. V.
DRS	Deutsche(r) Rechnungslegungsstandard(s)
DRSC	Deutsches Rechnungslegungs Standards Committee e. V.

E

ECU	European Currency Unit
e. V.	eingetragener Verein
EJF	European Journal of Finance (Zeitschrift)
EMR	Emerging Markets Review (Zeitschrift)
EMU	European Monetary Union
EnVR	Aktenzeichen des BGH (Rechtsbeschwerden in energiewirtschaftsrechtlichen Verwaltungssachen nach dem EnWG)
ERP	Equity Risk Premium
erw.	erweiterte
ETH	Eidgenössische Technische Hochschule
EU	Europäische Union
EZB	Europäische Zentralbank

F

F&A	Fragen und Antworten
f.	folgende (Seite)
FAUB	Fachausschuss für Unternehmensbewertung und Betriebswirtschaft des IDW
FB	Finanz-Betrieb (Zeitschrift)
FCF	Free-Cashflow
ff.	fortfolgende
FM	Financial Management (Zeitschrift)
Fn.	Fußnote
FTS	Frankfurt Top Segment

G

ggf.	gegebenenfalls
GoP	Grundsätze ordnungsmäßiger Planung
GuV	Gewinn- und Verlustrechnung(en)

H

HBR	Havard Business Review (Zeitschrift)
HFA	Hauptfachausschuss des IDW
HGB	Handelsgesetzbuch
HKO	Aktenzeichen der Kammer für Handelssachen beim Landgericht
Hrsg.	Herausgeber
hrsg. v.	herausgegeben von

I

i. d. F.	in der Fassung
i. d. R.	in der Regel
i. e. S.	im engeren Sinne
i. H. v.	in Höhe von
i. S. d.	im Sinne der, des, dieses
i. S. e.	im Sinne einer, eines
i. V. m.	in Verbindung mit
i. w. S.	im weiteren Sinne
IAS	International Accounting Standard(s)

IASB	International Accounting Standards Board
ICFAI	Institute of Chartered Financial Analysts of India
IdU	Institut der Unternehmensberater im Bundesverband Deutscher Unternehmensberater e. V.
IDW	Institut der Wirtschaftsprüfer in Deutschland e. V.
IDW FN	IDW Fachnachrichten (Zeitschrift)
ifo-Institut	Leibniz-Institut für Wirtschaftsforschung an der Universität München e. V.
IFRS	International Financial Reporting Standard(s)
IJAF	IUP Journal of Applied Finance (Zeitschrift)
IJFE	International Journal of Finance and Economics (Zeitschrift)
Inc.	Incorporation
inkl.	inklusive
insb.	insbesondere
IRZ	Zeitschrift für Internationale Rechnungslegung
ISDA	International Swaps and Derivatives Association
IUP	ICFAI University Press
IVS	International Valuation Standards
IVSC	International Valuation Standards Council
IWF	Internationaler Währungsfonds

J

JACF	Journal of Applied Corporate Finance (Zeitschrift)
JAF	Journal of Applied Finance (Zeitschrift)
JBF	Journal of Banking and Finance (Zeitschrift)
JCF	Journal of Corporate Finance (Zeitschrift)
JED	Journal of Economic Development (Zeitschrift)
JEF	Journal of Empirical Finance (Zeitschrift)
JEL	Journal of Economic Literature (Zeitschrift)
JEP	Journal of Economic Perspectives (Zeitschrift)
JET	Journal of Economic Theory (Zeitschrift)
JEFAS	Journal of Economics, Finance and Administrative Science (Zeitschrift)
JFE	Journal of Financial Economics (Zeitschrift)
JFM	Journal of Financial Markets (Zeitschrift)
JFQA	Journal of Financial and Quantitative Analysis (Zeitschrift)
JIBS	Journal of International Business Studies (Zeitschrift)

JIE	Journal of International Economics (Zeitschrift)
JIMF	Journal of International Money and Finance (Zeitschrift)
JoACF	Journal of Applied Corporate Finance (Zeitschrift)
JoAF	Journal of Accounting and Finance (Zeitschrift)
JoBF	Jounral of Banking and Finance (Zeitschrift)
JoB	Journal of Business (Zeitschrift)
JoEF	Journal of Empirical Finance (Zeitschrift)
JoF	Journal of Finance (Zeitschrift)
JoFc	Journal of Forecasting (Zeitschrift)
JoFS	Journal of Financial Stability (Zeitschrift)
JOIM	Journal of Investment Management (Zeitschrift)

K

k. A.	keine Angabe
Kap.	Kapitel
Kart	Registerzeichen für Kartellsachen beim Land- und Oberlandesgericht
KFS/BW	Fachsenat für Betriebswirtschaft und Organsiation der Kammer der Wirtschaftstreuhänder
KMU	Kleine und mittelgroße Unternehmen
KOF	Konjunkturforschungsstelle der ETH Zürich
KPMG	Klynveld Peat Marwick Goerdeler

L

LCL	Local Currency Return
LG	Landgericht
Ltd.	Limited

M

m. w. N.	mit weiteren Nachweisen
M&A	Mergers and Acquisitions
MA.	Massachusetts
ManSci	Management Science (Zeitschrift)
MDAX	Mid-Cap-DAX
MI.	Michigan
MIGA	Multilateral Investment Guarantee Agency

Mio.	Million(en)
Mrd.	Milliarde(n)
MSCI	Morgan Stanley Capital International

N

n. F.	neue Fassung
N. J.	New Jersey
NBER	National Bureau of Economic Research
neubearb.	neubearbeitete
NTJ	National Tax Journal (Zeitschrift)

O

OECD	Organization for Economic Co-operation and Development
OLG	Oberlandesgericht
OLS	Ordinary least squares
OPIC	Overseas Private Investment Corporation
OTC	Over the counter

P

PEST	Political, Economic, Sociological and Technologcial
PiR	Praxis der internationalen Rechnungslegung (Zeitschrift)
PLC	Public Limited Company
PRS	Political Risk Services
PwC	PricewaterhouseCoopers

Q

QJE	Quarterly Journal of Economics (Zeitschrift)

R

REStud	Review of Economic Studies (Zeitschrift)
RFS	Review of Financial Studies (Zeitschrift)
RGBl.	Reichsgesetzblatt
RoDE	Review of Development Economics (Zeitschrift)
RoF	Review of Finance (Zeitschrift)
RoFS	Review of Financial Studies (Zeitschrift)

RoIO	Review of International Organizations (Zeitschrift)
RS	Stellungnahme(n) zur Rechnungslegung
RWZ	Zeitschrift für Recht und Rechnungswesen

S

S	Standard
S.	Seite(n), Satz (Gesetzesstellen)
SARS-CoV-2	Severe Acute Respiratory Syndrome Corona-Virus 2
SDAX	Small-Cap-Dax
sog.	sogenannte(n/r/s)
S&P	Standard and Poor´s
ST	Der Schweizer Treuhänder (Zeitschrift)
StuW	Steuer und Wirtschaft (Zeitschrift)

T

T-Bond	Treasury Bond
TecDAX	Technology DAX
TEE	The Engineering Economist
Ts.	Taunus
Tz.	Textziffer(n)

U

u. a.	unter anderem, und andere
überarb.	überarbeitete
UM	Unternehmensbewertung und Management (Zeitschrift)
UmwG	Umwandlungsgesetz
US	United States
USD	US-Dollar
US-GAAP	United States Generally Accepted Accounting Principles
USA	United States of America
u. U.	unter Umständen

V

v.	von/vom
v. a.	vor allem

Verf.	Verfasser
VFE-Lage	Vermögens-, Finanz- und Ertragslage
vgl.	vergleiche
vs.	versus

W

W	Registerzeichen für Beschwerdeverfahren in Zivilsachen beim Oberlandesgericht
WACC	Weighted Average Cost of Capital
WBER	World Bank Economic Review (Zeitschrift)
WiSt	Wirtschaftswissenschaftliches Studium (Zeitschrift)
WM	Zeitschrift für Wirtschafts- und Bankrecht
WP	Wirtschaftsprüfer
WPg	Die Wirtschaftsprüfung (Zeitschrift)
WPH	Wirtschaftsprüfer Handbuch
WiPrO	Wirtschaftsprüferordnung
Wx	Registerzeichen für die weitere Beschwerde in Verfahren der freiwilligen Gerichtsbarkeit beim Oberlandesgericht

Z

z. B.	zum Beispiel
ZfB	Zeitschrift für Betriebswirtschaft
zfo	Zeitschrift Führung und Organsiation
zfbf	Zeitschrift für betriebswirtschaftliche Forschung
ZfgK	Zeitschrift für das gesamte Kreditwesen
ZfhF	Zeitschrift für handelswisschenschaftliche Forschung
ZR	Aktenzeichen des BGH (Revisionen, Beschwerden gegen die Nichtzulassung der Revision, Anträge auf Zulassung der Sprungrevision, Berufungen in Patentsachen)

Symbolverzeichnis

EW(…)	Erwartungswert
Cov(…)	Kovarianz
Var(…)	Varianz
(…)MW	Index (Marktwert)
(…)EK	Index (Eigenkapital)
(…)entw. KM	Index (entwickelter Kapitalmarkt)
(…)FK	Index (Fremdkapital)
(…)G	Index (global)
(…)L	Index (lokal)
(…)m	Index (Marktportfolio/Marktportfoliosurrogat)
(…)nom	Index (nominal)
(…)t	Index (Zeit)
(…)WP	Index (Wertpapier)
(…)ΔX	Index (Wechselkursänderungsrate)
R^2	Bestimmtheitsmaß
β	Betafaktor
Δ	Delta
€	Euro
π	Inflationsrate
λ	Lambda
§	Paragraph
%	Prozent
‰	Promille
Σ	Summe
&	und
$	US-Dollar
EK	Eigenkapital
FCF	Free-Cashflow
FK	Fremdkapital
FW	Fremdwährung
GK	Gesamtkapital

Symbolverzeichnis

i	risikoloser Zins
LRP	Länderrisikoprämie
r	Rendite
s	Steuersatz
t	Zeitindex (in Jahren)
w	Wachstumsrate
WACC	Weighted Average Cost of Capital
X	Wechselkurs (in Mengennotierung)
z	Zinsrate

"Jede Lösung eines Problems ist ein neues Problem."[1]

1 Einleitung

1.1 Problemstellung und Zielsetzung

Die Bedeutung von internationalen Unternehmensbewertungen hat in den letzten Jahrzehnten durch die Globalisierungsdynamik der Wirtschaft[2] deutlich zugenommen.[3] Das gilt v. a. auch für deutsche Unternehmen, die u. a. aufgrund ihrer Exportorientierung[4] und der großen ausländischen Direktinvestitionsbestände[5] in hohem Maße im Ausland wirtschaftlich tätig sind.[6] Aus den wirtschaftlichen Aktivitäten deutscher Unternehmen im Ausland können zahlreiche Anlässe resultieren, bei denen im Rahmen einer internationalen Unternehmensbewertung ein inländischer (deutscher) Investor, als Bewertungssubjekt, ein ausländisches Unternehmen, als Bewertungsobjekt, bewerten muss. Im Gegensatz zu Unternehmensbewertungen, die auf den deutschen Wirtschaftsraum beschränkt sind und bei denen ein deutsches Bewertungssubjekt ein deutsches Bewertungsobjekt bewertet, müssen bei internationalen Unternehmensbewertungen regelmäßig Risiken berücksichtigt werden, die zusätzlich oder in verstärkter Form als bei nationalen Unternehmensbewertungen auftreten und Einfluss auf den Wert des ausländischen Bewertungsobjektes haben können (sog. **Länderrisiken**).[7]

Die Auswirkungen der internationalen Wirtschaftsverflechtung sowie die Berücksichtigung von Länderrisiken auf die Unternehmensbewertung waren bereits in der Vergangenheit in verschiedenster Weise Gegenstand des wirtschaftswissenschaftlichen Diskurses.[8] Dennoch erfreut sich die Diskussion über die Rolle von Länderrisiken in der internationalen Unternehmensbewertung aufgrund aktueller Entwicklungen einer vermehrten Aufmerksamkeit im Schrifttum. Zu den etablierten Themen wie allgemeine wirtschaftliche und politische Rahmenbedingungen,

---

[1] VON GOETHE, J. W./VON MÜLLER, F./BURKHARDT, K. A. H., Unterhaltungen, S. 44.
[2] Vgl. grundlegend zur Messung und Entwicklung der Globalisierung GYGLI, S. U. A., KOF Globalisation Index, S. 543–574.
[3] Vgl. KNOLL, L., Länderrisiken, S. 937; RUIZ DE VARGAS, S., Unternehmensbewertung im internationalen Kontext, S. 1641.
[4] Im Jahr 2018 wurden in Deutschland produzierte Waren im Wert von 1.317 Mrd. € ins Ausland exportiert. Vgl. STATISTISCHES BUNDESAMT (Hrsg.), Außenhandel (Spezialhandel).
[5] Im Jahr 2018 betrug das Volumen der deutschen Direktinvestitionen im Ausland 1.277 Mrd. €, was einen Anstieg i. H. v. 70 Mrd. € zum Vorjahr bedeutete. Vgl. DEUTSCHE BUNDESBANK (Hrsg.), Direktinvestitionsbestände.
[6] Deutschland belegt den sechsten Rang im sog. „KOF Globalisierungsindex", der den Globalisierungsgrad von Ländern vergleicht. Vgl. dazu KOF (Hrsg.), Globalisierungsindex.
[7] Vgl. dazu Abschn. 2.2.1.
[8] Vgl. exemplarisch LESSARD, D. R., Country Risk, S. 52–63; DAMODARAN, A., Estimating Equity Risk Premiums, S. 12–23; PEREIRO, L. E., Valuation of closely-held companies, S. 330–370; JAMES, M./KOLLER, T. M., Valuation in Emerging Markets, S. 78–85, sowie BRÜHL, V., Länderrisiken, S. 61–67.

1 Einleitung

z. B. in *Emerging Markets*[9], treten aktuelle Fragen wie **politische Verwerfungen in Industrienationen**, bestehende **Handelskonflikte**, **Währungskrisen** und die **Folgen der COVID-19-Pandemie**.[10]

Neben der Frage, wie **Länderrisiken im Zahlungsstrom** des ausländischen Bewertungsobjektes zu berücksichtigen sind, wurde gerade in der deutschen Bewertungsliteratur auch die Berücksichtigung einer sog. **Länderrisikoprämie** als Zuschlag zu den Eigenkapitalkosten eines ausländischen Bewertungsobjektes kontrovers diskutiert.[11] Zwar zeigen KRUSCHWITZ/LÖFFLER/MANDL, dass bei Gebrauch des *Capital Asset Pricing Model* (CAPM) zur Ermittlung der Eigenkapitalkosten des ausländischen Bewertungsobjektes eine Länderrisikoprämie nicht gleichzeitig als Anpassung in dem Kapitalisierungszins des Bewertungskalküls integriert werden kann.[12] Trotzdem belegen empirische Erhebungen, dass die Verwendung einer Länderrisikoprämie in der Praxis weit verbreitet ist. So konnte die Wirtschaftsprüfungsgesellschaft KPMG in ihrer *Cost of Capital Study* 2020 bspw. zeigen, dass die Länderrisikoprämie im deutschsprachigem Raum – wie auch in den vorherigen Jahren – die mit Abstand am häufigsten verwendete Risikoprämie auf die Eigenkapitalkosten ist.[13] Auch das **Institut der Wirtschaftsprüfer e. V.** (IDW) empfiehlt in seinen Handlungsempfehlungen zur Berücksichtigung von Länderrisiken bei internationalen Unternehmensbewertungen unter bestimmten Voraussetzungen die Verwendung einer solchen Länderrisikoprämie.[14]

---

[9] Der Begriff *Emerging Markets* meint Kapitalmärkte in Ländern, die sich in einem Transformationsprozess von „Entwicklungsländern" hin zu „entwickelten Ländern" befinden. Vgl. zur Definition und Charakterisierung von *Emerging Markets* HOFBAUER, E., Kapitalkosten, S. 7–11.

[10] Vgl. TINZ, O., M&A und Bewertung, S. 253 f.; MEYER, M. U. A., Aktuelle Trends der Unternehmensbewertung, S. 837–839; CASTEDELLO, M./SCHÖNIGER, S./TSCHÖPEL, A., Praxiswissen Unternehmensbewertung, S. 1078–1080. MEITNER/STREITFERDT zählen neben der Digitalisierung neben dem Klimawandel, auch politische Entwicklungen zu den Metathemen in der Unternehmensbewertung. Vgl. dazu MEITNER, M./STREITFERDT, F., Metathemen in der Unternehmensbewertung, S. 38 f. Vgl. in Bezug auf die Folgen des „Brexit" für die Unternehmensbewertung ZWIRNER, C./ZIMNY, G./LINDMAYR, S., Makroökonomische Einflussfaktoren, S. 1078–1080, Tz. 34–47. Vgl. in Bezug auf die Auswirkungen der COVID-19-Pandemie auf die Unternehmensbewertung CASTEDELLO, M./TSCHÖPEL, A., Auswirkungen von COVID-19 auf die Unternehmensbewertung, S. 916–918; KPMG (Hrsg.), Cost of Capital Study 2020, S. 14 f.; RINKER, C., Unterjähriger Werthaltigkeitstest beim Goodwill, S. 322; ZWIRNER, C./ZIMNY, G., Auswirkungen durch SARS-CoV-2, S. 633; BERGER, J./FINK, A., Impairmenttest nach IAS 36, S. 172; MECKL, R./KENGELBACH, J., Implikationen der Covid-19-Pandemie, S. 137.

[11] Exemplarisch ist hier der Diskurs zwischen KRUSCHWITZ/LÖFFLER/MANDL und ERNST/GLEIßNER sowie zwischen ZWIRNER/KÄHLER und KNOLL zu nennen. Vgl. KRUSCHWITZ, L./LÖFFLER, A./MANDL, G., Damodarans Country Risk Premium, S. 167–176; ERNST, D./GLEIßNER, W., Damodarans Länderrisikoprämie – Eine Ergänzung, S. 1252–1264; KRUSCHWITZ, L./LÖFFLER, A./MANDL, G., Unternehmensbewertung zwischen Kunst und Wissenschaft, S. 527–531; ERNST, D./GLEIßNER, W., Unternehmensbewertungen am Beispiel der Länderrisikoprämie – Eine Replik, S. 532–538, sowie ZWIRNER, C./KÄHLER, M., Länderrisiken, S. 2721–2727; KNOLL, L., Länderrisiken, S. 937–939; ZWIRNER, C./KÄHLER, M., Länderrisiken im Rahmen von Unternehmensbewertungen, S. 1674–1678.

[12] Vgl. KRUSCHWITZ, L./LÖFFLER, A./MANDL, G., Damodarans Country Risk Premium, S. 167–176.

[13] Vgl. KPMG (Hrsg.), Cost of Capital Study 2020, S. 28.

[14] Vgl. IDW (Hrsg.), F&A zu IDW S 1 i. d. F. 2008, Tz. 4.1, sowie IDW (Hrsg.), Bewertung und Transaktionsberatung, Kap. A, Tz. 398–401.

1 Einleitung

Ziel der vorliegenden Arbeit ist es, zu untersuchen, wie Länderrisiken im Zahlungsstrom, als Zähler des Bewertungskalküls, und im Kapitalisierungszins, als Nenner des Bewertungskalküls, bei der Unternehmensbewertung zu berücksichtigen sind. Die Berücksichtigung von Länderrisiken in der Unternehmensbewertung wird dabei entlang der etablierten Methodik der internationalen Unternehmensbewertung und mit Verweisen auf die einschlägigen Handlungsempfehlungen des IDW untersucht. Die einzelnen Aspekte werden – differenziert nach dem Zähler und Nenner des Bewertungskalküls des FCF-WACC-Verfahrens – analysiert und vor bewertungskontextbezogen abgeleiteten Kriterien gewürdigt. Auf Grundlage der im Rahmen der Analyse gewonnenen Erkenntnisse wird zudem ein Vorschlag zur Anpassung der einschlägigen Handlungsempfehlungen des IDW zur Berücksichtigung von Länderrisiken in der Unternehmensbewertung adressiert.

Für die Analyse dieser Arbeit wird eine **Bewertungssituation** unterstellt, in der ein Bewerter für einen inländischen (deutschen) Investor, als Bewertungssubjekt, ein ausländisches Unternehmen, als Bewertungsobjekt, im Rahmen einer objektivierten Unternehmensbewertung bewertet. Die Unternehmensbewertung wird dabei mit dem FCF-WACC-Verfahren unter Gebrauch des CAPM zur Bestimmung der Eigenkapitalkosten durchgeführt. Als mögliches ausländisches Bewertungsobjekt kommt bspw. ein potenzielles Akquisitionsziel oder eine Tochtergesellschaft im betrachteten Land[15] infrage.

12   Gang der Untersuchung

Die vorliegende Arbeit ist in sechs Kapitel untergliedert. Im Anschluss an die Einleitung werden im **zweiten Kapitel** die Grundlagen von Länderrisiken erläutert. Zu Beginn wird der Risikobegriff für das Ziel der Arbeit operationalisiert (**Abschn. 21**), ehe der Begriff der Länderrisiken für diese Arbeit definiert sowie systematisiert wird (**Abschn. 221.**) und die dabei herausgearbeiteten Arten von Länderrisiken konkretisiert werden (**Abschn. 222.**). Darauf aufbauend werden Charakteristika von Länderrisiken herausgearbeitet, die im Zuge einer Unternehmensbewertung relevant sind. Da die Berücksichtigung von Länderrisiken in der Unternehmensbewertung auch von der Klassifizierung des Risikocharakters i. S. d. CAPM abhängt, werden die einzelnen Arten von Länderrisiken auch i. S. d. Risikoverständnisses des CAPM differenziert (**Abschn. 223.**).

Im **dritten Kapitel** werden die konzeptionellen Grundlagen der Unternehmensbewertung behandelt. Zunächst werden die Werttheorien (**Abschn. 31**) sowie die Funktionslehre der Unternehmensbewertung (**Abschn. 32**) beschrieben. Anschließend werden die Wertkonzeptionen

---

[15]   Der Begriff des Landes bezieht sich in dieser Arbeit auf ein geographisch abgrenzbares und politisch souveränes Staatsgebiet. Im Sinne dieses Begriffs wäre z. B. die Bundesrepublik Deutschland (BRD) als ein Land zu verstehen.

1 Einleitung

des Bewertungsstandards „IDW Standard: Grundsätze zur Durchführung von Unternehmensbewertungen (IDW S 1 i. d. F. 2008)"[16] des IDW erklärt (**Abschn. 33**). Der Fokus liegt hierbei auf der objektivierten Unternehmensbewertung. Darauf aufbauend werden die verschiedenen Anlässe von Unternehmensbewertungen nach IDW S 1 i. d. F. 2008 (**Abschn. 34**) mit Bezug zu den Länderrisiken und hinsichtlich der Bedeutung des objektivierten Unternehmenswertes erläutert. Im Weiteren wird die Relevanz des FCF-WACC-Verfahren in der internationalen Unternehmensbewertung herausgestellt (**Abschn. 351.**) und die Ermittlung des Unternehmenswerts mit dem FCF-WACC-Verfahren (**Abschn. 352.**) detailliert erklärt. Dafür wird zunächst die allgemeine Funktionsweise des FCF-WACC-Verfahrens erläutert (**Abschn. 352.1**), ehe die Ermittlung des *Free-Cashflow* (**Abschn. 352.2**) und der *Weighted Average Cost of Capital* (**Abschn. 352.3**) separat behandelt werden.

Als Rahmen für die Analyse werden in den konzeptionellen Grundlagen der Unternehmensbewertung auch die verschiedenen Methoden der Unternehmensbewertung mit in Fremdwährung denominierten Zahlungsströmen (**Abschn. 361.**) sowie die Handlungsempfehlungen des IDW zur Berücksichtigung von Länderrisiken in der Unternehmensbewertung (**Abschn. 362.**) erläutert. Zuletzt werden ausgewählte Grundsätze zur Berücksichtigung von Länderrisiken in der Unternehmensbewertung abgeleitet und für internationale Unternehmensbewertungen relevante Äquivalenzkriterien vorgestellt (**Abschn. 37**), die in der Analyse als Würdigungsgrundlage der verschiedenen Sachverhalte dienen.

Die kritische Analyse der Berücksichtigung von Länderrisiken im Bewertungskalkül folgt im **vierten Kapitel**. Da Länderrisiken sowohl im Zahlungsstrom (Zähler) als auch im Kapitalisierungszins (Nenner) berücksichtigt sein müssen, wird im Analysekapitel auf oberster Ebene zwischen der Berücksichtigung von Länderrisiken in diesen beiden Bestandteilen des Bewertungskalküls differenziert. Als Grundlage der Bestimmung und Plausibilisierung des Zahlungsstroms eines Bewertungsobjektes müssen bestehende oder künftig eintretende Länderrisiken identifiziert werden. Darauf aufbauend kann eine erwartungstreue Planung der Zahlungsströme unter Einfluss von Länderrisiken erstellt werden. Daher werden in **Abschn. 42** die Verwendung von zugrundeliegenden Konzeptionen von Länderberichten und Länderscoring-Modellen zur Analyse von politischen und auslandsmarktbezogenen Risiken sowie die fundamental-analytischen und marktbasierten Methoden zur Prognose der Entwicklung von Wechselkursrisiken analysiert. Als eine Möglichkeit der Bildung oder Plausibilisierung erwartungstreuer Planwerte wird zudem die quantitative Berücksichtigung von versicherbaren Länderrisiken durch Versicherungskosten diskutiert.

In **Abschn. 43** wird analysiert, inwiefern Länderrisiken im Nenner des Bewertungskalküls enthalten sind, um Schlüsse auf die Erfüllung der Äquivalenz zwischen Zähler und Nenner des Bewertungskalküls zu ziehen. Der Kapitalisierungszins beim FCF-WACC-Verfahren setzt sich

---

[16] Der Bewertungsstandard der deutschen Wirtschaftsprüfer „IDW Standard: Grundsätze zur Durchführung von Unternehmensbewertungen (IDW S 1 i. d. F. 2008)" wird im Folgenden mit „IDW S 1 i. d. F. 2008" abgekürzt.

1 Einleitung

aus den gewichteten Eigenkapitalkosten und Fremdkapitalkosten zusammen. Zunächst wird die Berücksichtigung von Länderrisiken in den Eigenkapitalkosten untersucht (**Abschn. 432.**). Da die Ausprägung des Integrationsgrades die adäquate Wahl des Kapitalkostenmodells zur Bestimmung der Eigenkapitalkosten im Nenner des Bewertungskalküls determiniert, werden eingangs verschiedene Möglichkeiten zur Beurteilung des Integrationsgrades von Kapitalmärkten analysiert (**Abschn. 432.11**). In Abhängigkeit des Integrationsgrades des betrachteten Kapitalmarktes werden bei ausländischen Unternehmensbewertungen regelmäßig das *Local*-CAPM oder das *Global*-CAPM verwendet, um die ausländischen Eigenkapitalkosten zu bestimmen. In den Abschnitten **Abschn. 432.12** und **Abschn. 432.13** werden diese beiden Kapitalkostenmodelle daher hinsichtlich ihrer impliziten Berücksichtigung von systematischen Länderrisiken in den jeweiligen CAPM-Komponenten analysiert und gewürdigt.

Darüber hinaus wird die Verwendung von Länderrisikoprämien zur Anpassung der ausländischen Eigenkapitalkosten behandelt (**Abschn. 432.2**). Zunächst wird die Verwendung einer Länderrisikoprämie zur Anpassung der Eigenkapitalkosten diskutiert (**Abschn. 432.21**). Anschließend werden sowohl verschiedene Möglichkeiten der Berücksichtigung einer Länderrisikoprämie (**Abschn. 432.22**) als auch der Quantifizierung einer Länderrisikoprämie (**Abschn. 432.23**) analysiert und gewürdigt. Als weitere Komponente des Kapitalisierungszinses des FCF-WACC-Verfahrens wird außerdem untersucht, inwiefern in Abhängigkeit der Methodik bei der Bestimmung der Fremdkapitalkosten des ausländischen Bewertungsobjektes Länderrisiken in den Fremdkapitalkosten enthalten sind (**Abschn. 433.**). Abschließend wird in **Abschn. 44** die Berücksichtigung von Länderrisiken im Bewertungskalkül im Rahmen von internationalen Unternehmensbewertungen insgesamt gewürdigt.

Im **fünften Kapitel** wird aufbauend auf den Erkenntnissen in der Analyse ein Vorschlag zur Anpassung der einschlägigen Handlungsempfehlungen des IDW zur Berücksichtigung von Länderrisiken in der Unternehmensbewertung adressiert.

Im **sechsten Kapitel** werden die Ergebnisse der Analyse zusammengefasst und ein Ausblick auf mögliche Entwicklungen hinsichtlich der Internationalisierung der Unternehmensbewertung und der Berücksichtigung von Länderrisiken gegeben.

2 Grundlagen der Länderrisiken

21 Zielgebundene Operationalisierung des Risikobegriffs

Für eine angemessene Berücksichtigung von Länderrisiken in der Unternehmensbewertung ist ein klares Risikoverständnis erforderlich. Im folgenden Kapitel wird daher zunächst der Risikobegriff für das Ziel dieser Arbeit operationalisiert. Darauf aufbauend wird der Begriff der Länderrisiken definiert. Anschließend werden die verschiedenen Arten von Länderrisiken systematisiert sowie spezifische Merkmale von Länderrisiken charakterisiert.

„Die Übernahme von Risiken ist ein wesensbestimmendes Merkmal unternehmerischer Tätigkeit"[17] und kann nicht vollumfänglich umgangen werden.[18] Auch in der **Unternehmensbewertung**, deren Ziel die quantitative Wertbemessung einer Unternehmung ist, spielt die **Berücksichtigung von Risiken** bei der Ermittlung des Unternehmenswerts eine **fundamentale Rolle**.[19] Da ein Unternehmenswert regelmäßig als Zukunftserfolgswert zu bestimmen ist,[20] sind v. a. in der Zukunft auftretende Risiken und deren Einschätzung zum Bewertungszeitpunkt bewertungsrelevant.

Problematisch ist indes, dass der **Risikobegriff keiner einheitlichen Definition folgt** und je nach Kontext **unterschiedlich interpretiert** wird.[21] Der Versuch, den Risikobegriff nach inhaltlichen Kriterien ohne Überschneidungen und konsistent abzugrenzen, scheitert an der Vielfalt der existierenden Risikobegriffe.[22] Im **allgemeinen Sprachgebrauch** wird **Risiko** häufig als die Möglichkeit eines negativen Abweichens von einem Erwartungswert und somit als „**Verlustgefahr**"[23] verstanden.

Auch im **betriebswirtschaftlichen Schrifttum** hat sich bislang keine einheitliche Definition des Risikobegriffs etabliert.[24] Im Sinne der Entscheidungstheorie beschreibt Risiko eine **Situation der Unsicherheit**.[25] Eine solche Situation der Unsicherheit, die das **Risiko i. w. S.** beschreibt, impliziert die Möglichkeit, positiv oder negativ vom Erwartungswert abzuweichen. Es handelt sich folglich um eine **symmetrische Interpretation** des Risikobegriffs.[26] Eine „**Chance**" meint das positive Abweichen vom Erwartungswert, wohingegen das negative Abweichen als „**Gefahr**" bezeichnet wird.[27] Diese Begriffsinterpretation lässt sich hinsichtlich der

---

[17] BAETGE, J./JERSCHENSKY, A., Frühwarnsysteme, S. 171.
[18] Vgl. SCHMIDBAUER-JURASCHEK, B., Risiko und Risikopolitik, S. 176.
[19] Vgl. GLEIßNER, W., Risikoanalyse und Simulation, S. 893.
[20] Vgl. IDW (Hrsg.), IDW S 1 i. d. F. 2008, Tz. 5.
[21] Vgl. DIEDERICHS, M., Risikomanagement, S. 8.
[22] Vgl. BÜSCHGEN, H. E., Finanzmanagement, S. 283.
[23] BAETGE, J./KRAUSE, C., Berücksichtigung des Risikos, S. 435.
[24] Vgl. MEFFERT, H./BOLZ, J., Marketing-Management, S. 68.
[25] Vgl. hier und im folgenden Satz stellvertretend PERRIDON, L./STEINER, M./RATHGEBER, A., Finanzwirtschaft, S. 117–120.
[26] Diese Definition des Risikobegriffs steht konträr zum bilanzrechtlichen Risikoverständnis. Das Bilanzrecht definiert Risiko als eine mögliche künftige Entwicklung, die zu einer negativen Abweichung von Prognosen bzw. Zielen führen kann. Vgl. dazu HUTER, M., Nichtfinanzielle Konzernerklärung, S. 181.
[27] Vgl. STEINER, M./BRUNS, C./STÖCKL, S., Wertpapiermanagement, S. 56.

2 Grundlagen der Länderrisiken

Informationssituation des Entscheiders differenzieren. Das **Risiko i. e. S.** beschreibt die Situation, in der einem Entscheider objektive oder zumindest subjektive Wahrscheinlichkeiten für das Eintreten von Alternativen vorliegen.[28] Hingegen besitzt der Entscheider in einer Situation der **Ungewissheit** keine Informationen oder hat keine Erwartungen über künftige Entwicklungen, sodass er keine rationalen Entscheidungen trifft. Nach METZ folgt das **Schrifttum der Unternehmensbewertung** vorwiegend der Definition des Risikos als **Unsicherheit** über künftige Entwicklungen i. S. d. Entscheidungstheorie,[29] und somit einem **symmetrischen Risikoverständnis**.

Für die Bestimmung von Unternehmenswerten werden zumeist zukunftsorientierte Bewertungsverfahren verwendet, die auf einem Barwertkalkül basieren. Dafür ist der Kapitalisierungszins regelmäßig unter Gebrauch des **CAPM**[30] zu bestimmen. Im Sinne dieses kapitalmarktorientierten Preisbildungsmodells sind die Risiken, denen ein Unternehmen ausgesetzt ist, in systematische und unsystematische Risiken zu unterteilen.[31] **Systematische Risiken** sind marktspezifische Risiken, die den Teil eines Wertpapierportfolios repräsentieren, den ein Investor durch Portfoliobildung nicht diversifizieren kann.[32] Den systematischen Risiken sind somit alle Kapitalanlagen ausgesetzt.[33] **Unsystematische Risiken** sind hingegen unternehmensspezifische Risiken, die ein Investor bei Gültigkeit der Annahmen des CAPM durch Diversifikation seines Wertpapierportfolios vermeidet.[34] Nach dem CAPM misst der sog. **Betafaktor**[35] das individuelle Ausmaß der systematischen Risiken auf das Unternehmen.[36] Auch dieses Risikomaß umfasst sowohl positive als auch negative Abweichungen vom Erwartungswert.[37] Dem für die Unternehmensbewertung bedeutenden CAPM liegt somit ein symmetrisches Risikoverständnis zugrunde.

Auch das **IDW** definiert in dem **Bewertungsstandard IDW S 1 i. d. F. 2008** das Unternehmensrisiko als unternehmerische Unsicherheit, die durch eine stetige Auseinandersetzung mit bestehenden Risiken und Chancen geprägt ist.[38] Diese Erläuterungen implizieren ebenfalls ein symmetrisches Risikoverständnis.[39] Mithin betont das IDW, dass Wirtschaftssubjekte aufgrund

---

[28] Vgl. hier und im folgenden Satz PERRIDON, L./STEINER, M./RATHGEBER, A., Finanzwirtschaft, S. 118. Vgl. ergänzend BLEUEL, H.-H./SCHMITTING, W., Risikomanagement, S. 69 f.
[29] Vgl. METZ, V., Kapitalisierungszinssatz, S. 79.
[30] Vgl. zu den Grundlagen des CAPM Abschn. 352.311.
[31] Vgl. PERRIDON, L./STEINER, M./RATHGEBER, A., Finanzwirtschaft, S. 297; MUNKERT, M. J., Kapitalisierungszinssatz, S. 226.
[32] Vgl. FRANKE, G./HAX, H., Finanzwirtschaft, S. 357; BAETGE, J./KRAUSE, C., Berücksichtigung des Risikos, S. 437.
[33] Vgl. ERNST, D./SCHNEIDER, S./THIELEN, B., Unternehmensbewertungen, S. 56.
[34] Vgl. FRANKE, G./HAX, H., Finanzwirtschaft, S. 357; NOWAK, K., Marktorientierte Unternehmensbewertung, S. 70.
[35] Vgl. zur Bestimmung des unternehmensindividuellen Betafaktors Abschn. 352.314.
[36] Vgl. GORNY, C./ROSENBAUM, D., Kapitalmarktbasierte Risikozuschläge, S. 487.
[37] Vgl. METZ, V., Kapitalisierungszinssatz, S. 79.
[38] Vgl. IDW (Hrsg.), IDW S 1 i. d. F. 2008, Tz. 88.
[39] Vgl. dazu auch IDW (Hrsg.), Bewertung und Transaktionsberatung, Kap. A, Tz. 215.

der sog. Risikoaversion bei ihren Entscheidungen künftige Risiken stärker gewichten als künftige Chancen.[40]

Nach den **Grundsätzen ordnungsgemäßer Planung**, die z. B. für die Prognose der Zahlungsströme eines Unternehmens von Bedeutung sind, werden Risiken als mögliche Planabweichungen verstanden, was sowohl Chancen (mögliche positive Abweichungen) als auch Gefahren (mögliche negative Abweichungen) einschließt.[41] Demnach folgen auch die Grundsätze ordnungsgemäßer Planung einer symmetrischen Interpretation des Risikobegriffs.

Vor dem Hintergrund, dass in dieser Arbeit die Unternehmensbewertung sowie der Teilbereich der Unternehmensplanung betrachtet werden, wird im Folgenden ebenfalls dem **symmetrischen Risikobegriff** i. S. d. Entscheidungstheorie gefolgt. Daher wird das **Risiko** in dieser Arbeit als **mögliche positive oder negative Abweichung** von einem vorab **definierten Ziel** verstanden.

Als spezifische Risikoart sind bei internationalen Unternehmensbewertungen aus Sicht eines inländischen (deutschen) Bewertungssubjektes regelmäßig sog. **Länderrisiken** zu berücksichtigen. Der Begriff der Länderrisiken wird im Folgenden definiert und systematisiert.

22 Begriff der Länderrisiken

221. Definition und Systematisierung von Länderrisiken

Die Berücksichtigung von **Länderrisiken** kann den Wert eines Unternehmensobjektes maßgeblich beeinflussen. Gleichwohl werden Länderrisiken im Zuge von internationalen Unternehmensbewertungen oftmals vernachlässigt.[42] Eine einheitliche Definition und Systematisierung von Länderrisiken findet sich im Schrifttum nicht.[43] Die verschiedenen Definitionen und Systematisierungen von Länderrisiken unterscheiden sich u. a. hinsichtlich der Beurteilung der **Symmetrie von Länderrisiken** und den **verschiedenen Arten von Länderrisiken**, die unter dem Begriff von Länderrisiken zu subsumieren sind. Für eine differenzierte Auseinandersetzung mit der Berücksichtigung von Länderrisiken in der Unternehmensbewertung muss diese Risikoart daher zunächst definiert und systematisiert werden.

---

[40] Vgl. IDW (Hrsg.), IDW S 1 i. d. F. 2008, Tz. 88.
[41] Vgl. GLEIßNER, W./PRESBER, R., Die Grundsätze ordnungsmäßiger Planung, S. 83 i. V. m. IDU (Hrsg.), Grundsätze ordnungsgemäßer Planung, S. 10, Tz. 2.3.5.
[42] Vgl. BURGER, A./AHLEMEYER, N./ULBRICH, P., Beteiligungscontrolling, S. 637.
[43] Vgl. dazu ALTMANN, J., Außenwirtschaft, S. 292; ZWIRNER, C./PETERSEN, K./ZIMNY, G., Länderrisiken in der Unternehmensbewertung, S. 1058, Tz. 16; HOFBAUER, E., Kapitalkosten, S. 34 f.; PATLOCH-KOFLER, M./WIMMER, H., Länderrisiko, S. 341; BOUCHET, M. H./GROSLAMBERT, B./CLARK, E., Country Risk Assessment, S. 10–12; BELGHITAR, Y./CLARK, E., Capital Budgeting, S. 241. Vgl. dazu auch ENGELHARD, J., Länderrisiken, S. 368 f. Die Entwicklung einer einheitlichen Definition von Länderrisiken ist u. a. dadurch erschwert, dass das englischsprachige Schrifttum die Begriffe *Country Risk* und *Sovereign Risk* häufig synonym verwendet. Unter dem Begriff des *Sovereign Risk* werden bestehende Ausfallrisiken im Rahmen von Kreditbeziehungen zwischen Banken und staatlichen Institutionen verstanden. Vgl. dazu FÜSS, R., Emerging Markets, S. 20.

2 Grundlagen der Länderrisiken

Im **Finanzmanagement** werden Länderrisiken häufig als die Fähigkeit oder die Bereitschaft der Wirtschaftssubjekte und der Regierung eines Landes verstanden, als Schuldner ausstehenden Auslandsverbindlichkeiten nachzukommen.[44] Hierbei wird folglich die Perspektive von Fremdkapitalgebern eingenommen, die primär auf die Beurteilung von Schuldverhältnissen mit Staaten zielt. Diese Perspektive greift auch das **IDW** für die Definition von Länderrisiken in seinen Verlautbarungen zur Unternehmensbewertung auf. Darin werden Länderrisiken nach originären und derivativen Länderrisiken differenziert.[45] **Originäre Länderrisiken** sind Verlustrisiken bei bestehenden Forderungen gegenüber ausländischen Staaten.[46] **Derivative Länderrisiken** liegen vor, wenn und soweit sich der Eintritt originärer Länderrisiken auf die Entwicklung eines zu bewertenden Unternehmens und seine künftigen Zahlungsströme auswirken kann. Wenngleich die Definition der originären Länderrisiken *per se* negative Konsequenzen auf den Unternehmenswert impliziert, deutet die Definition der derivativen Länderrisiken sowohl auf eine negative als auch eine positive mögliche Abweichung vom Erwartungswert als Konsequenz des Eintretens von Länderrisiken hin. Aus den Definitionen der originären und derivativen Länderrisiken geht weiterhin hervor, dass Länderrisiken nach dem Verständnis des IDW stets von potenziellen Zahlungsschwierigkeiten eines Staates abhängen. Indes besteht nicht immer ein Zusammenhang zwischen der Zahlungsfähigkeit eines Staates und dem Einfluss von Länderrisiken auf ein ausländisches Bewertungsobjekt.[47]

Nach der Definition von EVERTZ beziehen sich Länderrisiken „auf ein Spektrum von Risiken, welches aus dem ökonomischen, sozialen und politischen Umfeld (dies beinhaltet auch politische Reaktionen der Regierung auf Veränderungen dieses Umfeldes) eines bestimmten Landes hervorgeht. Es resultieren daraus **potentiell günstige oder widrige Konsequenzen** [Hervorhebung durch den Verf.] für die Auslandsverschuldung und/oder Portfolio-Investitionen in diesem Land"[48]. Diese Definition steht somit im Einklang mit der symmetrischen Interpretation des Risikobegriffs in dieser Arbeit.[49] Indes werden im Schrifttum **politische Risiken** und **Wechselkursrisiken**[50] häufig als die „reinen" Länderrisiken charakterisiert.[51] Diese Systematisierung wird damit begründet, dass bei wirtschaftlichen Aktivitäten im Ausland lediglich diese beiden Risikoarten **zusätzlich** zu den sonstigen, national zu berücksichtigenden Geschäftsrisi-

---

[44] Vgl. KOHLHAUSSEN, M., Bewertung von Länderrisiken, S. 284 f.; DRESEL, T., Quantifizierung von Länderrisiken, S. 580 f.
[45] Vgl. dazu im Detail Abschn. 362.
[46] Vgl. hier und im folgenden Satz IDW (Hrsg.), F&A zu IDW S 1 i. d. F. 2008, Tz. 4.1.
[47] Vgl. LESSARD, D. R., Country Risk, S. 61.
[48] EVERTZ, D.-W., Länderrisikoanalyse, S. 18.
[49] Vgl. Abschn. 21. Vgl. exemplarisch für eine asymmetrische Definition von Länderrisiken BERNDT, R./CANSIER, A., Marketing, S. 329 oder RAFFÉE, H./KREUTZER, R., Erfassung von Länderrisiken, S. 28.
[50] Vgl. zum terminologischen Zusammenhang zwischen Wechselkursrisiken und Währungsrisiken KENGELBACH, J., Internationale Transaktionen, S. 214, Fn. 75.
[51] Vgl. hier und im folgenden Absatz EUN, C. S./RESNICK, B. G., International Financial Management, S. 5 f.; BODIE, Z./KANE, A./MARCUS, A. J., Investments, S. 853; TRISTRAM, D., Risikofaktoren, S. 17 f.; REHNER, J./NEUMAIR, S.-M., Internationale Unternehmenstätigkeit, S. 31 f.; MEFFERT, H./BOLZ, J., Marketing-Management, S. 68 f.; NEUMAIR, S.-M., Länderrisiken, S. 717; STARP, W.-D., Ausländische Bewertungsobjekte, S. 643; MUNKERT, M. J., Kapitalisierungszinssatz, S. 411.

ken zu betrachten sind. Nur bei Investitionen im Ausland ist das Geschäft des Bewertungsobjektes unmittelbar vom politischen Einfluss ausländischer Regierungen betroffen.[52] Zudem treten Wechselkursrisiken nur auf, sofern es erforderlich ist, in Auslandswährung generierte Zahlungsströme in die Heimatwährung umzurechnen. Das ist regelmäßig bei internationalen Bewertungskonstellationen der Fall.

Risiken, die aus den **länderspezifischen Marktgegebenheiten** resultieren, sind auch bei jeder nationalen Unternehmensbewertung zu beachten. Die Existenz dieser marktbezogenen Risiken ist somit kein alleiniges Charakteristikum von internationalen Unternehmensbewertungen. Gleichwohl kann der Einfluss der ausländischen Marktbedingungen auf die künftigen Zahlungsströme des Bewertungsobjektes bei einer solchen Bewertungskonstellation besondere Aufmerksamkeit erfordern.[53] Das kann z. B. durch größere Informationsdefizite hinsichtlich der Verhältnisse des ausländischen Marktes und höhere Eintrittswahrscheinlichkeiten der einzelnen Störfaktoren für die unternehmerische Tätigkeit bedingt sein. Schließlich werden in dieser Arbeit für den Kontext der internationalen Unternehmensbewertung auch die **auslandsmarktbezogenen Risiken** unter dem Begriff der Länderrisiken subsumiert. Die auslandsmarktbezogenen Risiken sind eng mit den politischen Länderrisiken verknüpft,[54] weshalb diese Arten von Länderrisiken in den folgenden Ausführungen regelmäßig zusammen betrachtet werden.

Folglich werden in dieser Arbeit Länderrisiken nach den wesentlichen Länderrisikoarten systematisiert, die bei internationalen Unternehmensbewertungen aufgrund von Maßnahmen der ausländischen Regierung oder der allgemeinen Situation im Sitzland des ausländischen Unternehmens entweder **zusätzlich** oder **in abweichender Form** zu den aus der nationalen Unternehmensbewertung bekannten Risiken **gegenwärtig** oder **künftig** auftreten können. Länderrisiken werden daher für diese Arbeit **ursachenbezogen** in

- politische Risiken,
- auslandsmarktbezogene Risiken und
- Wechselkursrisiken

unterteilt.[55]

---

[52] Unternehmen sind grundsätzlich auch im Inland politischen Risiken ausgesetzt. Der Begriff der politischen Risiken bezieht sich im Folgenden auf politische Risiken, mit denen ein Unternehmen im Ausland konfrontiert wird. Die politischen Verhältnisse in Deutschland sind als „stabil" zu beurteilen. Vgl. dazu auch GROßFELD, B./EGGER, U./TÖNNES, W. A., Recht der Unternehmensbewertung, S. 149, Tz. 651.

[53] Vgl. hier und im folgenden Satz MEFFERT, H./BOLZ, J., Marketing-Management, S. 68 f., sowie im Hinblick auf „Geschäftsrisiken", ENGELHARD, J., Länderrisiken, S. 369; SCHMIDT, A., Unternehmensbewertung ausländischer Gesellschaften, S. 1149.

[54] Vgl. BEKAERT, G./HODRICK, R. J., Financial Management, S. 603 f.; DRESEL, T., Quantifizierung von Länderrisiken, S. 581; CLOES, R., Länderrisiko, S. 21; BALLEIS, S. M., Politische Risiken, S. 94 f.; MROTZEK, R., Auslandsinvestitionen, S. 95.

[55] Vgl. für übereinstimmende Differenzierungen von Länderrisiken im Kontext der Unternehmensbewertung GODFREY, S./ESPINOSA, R., Calculating Costs of Equity, S. 80; BRÜHL, V., Länderrisiken, S. 62; HOF-

2 Grundlagen der Länderrisiken

In Anlehnung an die symmetrische Länderrisikodefinition von EVERTZ werden Länderrisiken für diese Arbeit als ein **Spektrum von Risiken** definiert, die aus dem politischen und auslandsmarktbezogenen Umfeld sowie aus der Entwicklung von Wechselkursen hervorgehen und den **Unternehmenswert** des ausländischen Bewertungsobjektes **sowohl positiv als auch negativ quantitativ beeinflussen** können. Für die Bestimmung des Unternehmenswerts sind v. a. die **künftigen Wirkungen von Länderrisiken** auf das Bewertungsobjekt von Bedeutung.

Im Folgenden werden die politischen Risiken, die auslandsmarktbezogenen Risiken sowie die Wechselkursrisiken als Arten von Länderrisiken definiert und die verschiedenen Ausprägungen erläutert. Mithin werden mögliche Systematisierungen der einzelnen Länderrisikoarten gezeigt. Auf Basis der Definitionen der einzelnen Länderrisikoarten werden zudem bewertungsrelevante Charakteristika von Länderrisiken herausgearbeitet. Darüber hinaus werden Länderrisiken i. S. d. CAPM nach systematischen und unsystematischen Risikobestandteilen differenziert. Die Klassifizierung der Länderrisiken i. S. d. CAPM determiniert, wie die Risiken im Bewertungskalkül zu berücksichtigen sind.

222. Arten von Länderrisiken

222.1 Politische Risiken

Wie auch für den übergeordneten Begriff der Länderrisiken existiert im Schrifttum für die Risikoart der politischen Risiken keine einheitliche Definition.[56] Politische Risiken werden in dieser Arbeit in Anlehnung an HAENDEL/WEST/MEADOW als die Wahrscheinlichkeit des Eintretens eines politischen Ereignisses verstanden, das die Aussichten der Rentabilität einer ausländischen Investition ändert.[57] Politische Ereignisse in einem Land werden demnach zu einem Risiko für die dortige unternehmerische Aktivität, sofern der Eintritt dieser Ereignisse **Einfluss auf künftige Zahlungsströme** des Unternehmens hat.[58] Es kann sich grundsätzlich um eine

---

BAUER, E., Kapitalkosten, S. 35; RULLKÖTTER, N., Politische Länderrisiken, S. 23, sowie GLEIßNER, W., Länderrisikoprämien, S. 944. Indes werden in diesen Quellen die „auslandsmarktbezogenen Risiken", „Marktrisiken" oder „Markt- und Geschäftsrisiken" genannt. Eine dazu ähnliche und mithin gängige Systematisierung von Risiken bei internationalen Geschäftstätigkeiten ist die Differenzierung nach politischen und wirtschaftlichen Risiken, wobei die wirtschaftlichen Risiken in mikroökonomische und makroökonomische Risiken differenziert werden. Zu den makroökonomischen Risiken werden dabei auch die „Währungsrisiken" gezählt. Vgl. dazu MEFFERT, H./BOLZ, J., Marketing-Management, S. 69; REHNER, J./NEUMAIR, S.-M., Internationale Unternehmenstätigkeit, S. 31. Eine Unterteilung nach politischen, finanziellen und wirtschaftlichen Länderrisiken findet sich bspw. bei HARRINGTON, J./GRABOWSKI, R. J., Global Cost of Capital Models, S. 1015; FÜSS, R., Emerging Markets, S. 20; HARVEY, C. R., Country Risk Components, S. 3, sowie HASSAN, M. K. U. A., Country risk and stock market volatility, S. 64. Häufig werden auch kulturelle oder soziale Risiken zu den Länderrisiken gezählt. Vgl. BLEUEL, H.-H./SCHMITTING, W., Risikomanagement, S. 78; KAJÜTER, P., Risikomanagement in internationalen Konzernen, S. 48. Auf eine vollumfängliche Auflistung aller potenziellen länderbezogenen Risiken, die mit einer internationalen Geschäftsaktivität verbunden sind, wird innerhalb dieser Arbeit verzichtet. Es werden hier die vordergründig auftretenden und für die Unternehmensbewertung relevanten Länderrisiken betrachtet.

[56] Vgl. TRISTRAM, D., Risikofaktoren, S. 16; BELGHITAR, Y./CLARK, E., Capital Budgeting, S. 241.
[57] Vgl. HAENDEL, D./WEST, G. T./MEADOW, R. G., Overseas investment, S. 11.
[58] Vgl. BEKAERT, G./HODRICK, R. J., Financial Management, S. 603; BÜSCHGEN, H. E., Finanzmanagement, S. 290; BALLEIS, S. M., Politische Risiken, S. 126.

positive oder negative Beeinflussung des künftigen wirtschaftlichen Erfolgs handeln.[59] Indes hebt RULLKÖTTER hervor, dass politische Risiken im Regelfall negativ auf die wirtschaftliche Entwicklung eines Unternehmens wirken.[60]

Politische Ereignisse können einzelne Unternehmensbereiche oder das Unternehmen als Ganzes betreffen.[61] Politische Risiken fallen bei **direkten Auslandsinvestitionen**[62] besonders ins Gewicht,[63] da bei dieser Investitionsart, im Vergleich zu anderen Formen von Auslandsaktivitäten (z. B. dem reinen Exportgeschäft),[64] das von den politischen Risiken betroffene Vermögensvolumen regelmäßig größer und die Dauer der Wirkung von politischen Risiken länger ist.[65]

Politische Risiken haben ihren Ursprung zumeist in **defizitären ordnungspolitischen Rahmenbedingungen der Wirtschaft** in einem Land.[66] Ein möglicher politischer Einfluss auf die wirtschaftliche Aktivität eines Unternehmens bezieht sich z. B. darauf, dass **Eigentumsrechte** beschränkt werden können (**Eigentumsrisiken**).[67] Bei der Einschränkung des Eigentumsrechts von Unternehmen werden in Abhängigkeit des Wirkungsgrades die Formen des direkten Eingriffes ins Eigentum und der Einschränkung der Dispositionsfreiheit des Unternehmens unterschieden.

Ein **direkter Eingriff in das Eigentum** einer Unternehmung (sog. vollständiger Eigentumseingriff) im Ausland resultiert aus den Maßnahmen der Regierung des ausländischen Staates.[68] Bei einem direkten Eigentumseingriff des ausländischen Staates ist die eigenverantwortliche Geschäftsfortführung für nicht heimische Unternehmen ausgeschlossen.[69] Ein Staat hat z. B., als extreme Formen des direkten Eingriffs in das unternehmerische Eigentum, die Möglichkeiten Unternehmen zu enteignen, zu verstaatlichen oder das Vermögen des Unternehmens zu konfiszieren. Bei einer **Enteignung** wird das im Ausland befindliche Eigentum eines Unternehmens in nationales Eigentum des enteignenden ausländischen Staates überführt.[70] Dabei ist eine adäquate Entschädigung an die Eigentümer des enteigneten Unternehmens zu zahlen.[71]

---

[59] Vgl. BALLEIS, S. M., Politische Risiken, S. 89; BUTLER, K. C./JOAQUIN, D. C., Political Risk, S. 600.
[60] Vgl. RULLKÖTTER, N., Politische Länderrisiken, S. 23.
[61] Vgl. BÜSCHGEN, H. E., Finanzmanagement, S. 293.
[62] Vgl. für einen Überblick der Motive eines Unternehmens für eine Direktinvestition im Ausland TRISTRAM, D., Risikofaktoren, S. 8–11.
[63] Vgl. SETHI, S. P./LUTHER, K. A. N., Political Risk Analysis, S. 57.
[64] Vgl. für die Erläuterung verschiedener Strategien zur Bearbeitung von Auslandsmärkten MEYER, M., Länderrisiken, S. 11–16.
[65] Vgl. ENGELHARD, J., Länderrisiken, S. 371 i. V. m. MEYER, M., Länderrisiken, S. 16.
[66] Vgl. BLEUEL, H.-H./SCHMITTING, W., Risikomanagement, S. 79.
[67] Vgl. hier und im folgenden Satz BLEUEL, H.-H./SCHMITTING, W., Risikomanagement, S. 79; MEFFERT, H./BOLZ, J., Marketing-Management, S. 69; CLOES, R., Länderrisiko, S. 16. Eine Beschränkung der Eigentumsrechte bezieht sich nicht *per se* auf marktfremde Unternehmen, sondern kann auch heimische Unternehmen betreffen.
[68] Vgl. BALLEIS, S. M., Politische Risiken, S. 126.
[69] Vgl. BÜSCHGEN, H. E., Finanzmanagement, S. 293 f.
[70] Die Möglichkeit einer Enteignung ist das legale Recht einer souveränen Regierung. Vgl. MROTZEK, R., Auslandsinvestitionen, S. 81; ROBOCK, S. H., Political Risk, S. 13.
[71] Vgl. LEVI, M. D., International Finance, S. 464; ROBOCK, S. H., Political Risk, S. 13.

2 Grundlagen der Länderrisiken

Enteignungen betreffen oftmals einzelne Unternehmen in einem Land.[72] **Verstaatlichungen** richten sich indes gegen den Geschäftsbetrieb einer Gruppe von Unternehmen oder einer bestimmten Branche in einem Land und sind zumeist ebenso mit Entschädigungszahlungen verbunden.[73] Das Recht auf einen verstaatlichenden Eingriff durch die Regierung ist regelmäßig in der jeweiligen Verfassung eines Landes konstituiert.[74] Die stärkste Form eines Eigentumseingriffs durch ausländische Regierungen sind **Konfiszierungen**. Hierbei wird Unternehmen die weitere geschäftliche Aktivität in einem Land untersagt und das betriebliche Vermögen entzogen.[75] Bei Konfiszierungen erhalten die Eigentümer der Unternehmung zudem keine finanzielle Gegenleistung.[76] Konfiszierungen betreffen regelmäßig ganze Volkswirtschaften und kommen v. a. als Konsequenz politischer Revolutionen vor.[77]

Die **Dispositionsfreiheit** von Unternehmen kann im Ausland durch **indirekte politische Interventionen der ausländischen Regierung** beschränkt werden (sog. teilweiser Eigentumseingriff). Es sind dabei Einschränkungen der Verfügungsmacht über die Geschäftstätigkeit im Hinblick auf das operative Handeln sämtlicher im Ausland angesiedelter Funktionsbereiche sowie der eigenen Wettbewerbsposition möglich.[78] Eine Einschränkung der Dispositionsfreiheit kann z. B. in Form von **bürokratischen Hemmnissen der Geschäftstätigkeit** für das ausländische Bewertungsobjekt auftreten. So können spezielle bürokratische Auflagen für das Unternehmen im Ausland, z. B. hinsichtlich der Beschäftigung von Mitarbeitern mit der Staatsangehörigkeit des Sitzlandes, bestehen.[79]

Als weitere Gefährdung der Dispositionsfreiheit ist außerdem das sog. **Substitutionsrisiko** zu sehen. Dieses Risiko beschreibt die mögliche Einschränkung der Handlungsfreiheit von Unternehmen durch politisch begründeten Zwang, eine Produktionsstätte im jeweiligen Land zu etablieren.[80] Weiterhin kann die Dispositionsfreiheit des ausländischen Geschäftsbetriebs durch **regulatorische Maßnahmen und bestehende rechtliche Unsicherheiten** eingeschränkt sein.[81] Hiermit sind v. a. Konsequenzen für die Wettbewerbsfähigkeit des Unternehmens durch Gesetzesänderungen im Ausland gemeint.[82] Weitere rechtliche Risiken sind Qualitäts- und Haftungsrisiken, die v. a. aus der Geltendmachung von Haftungsansprüchen durch Kunden ent-

---

[72] Vgl. MEYER, M., Länderrisiken, S. 28; BALLEIS, S. M., Politische Risiken, S. 126.
[73] Vgl. MEYER, M., Länderrisiken, S. 28. Eng verbunden mit dem Begriff der Verstaatlichung ist der Begriff der Nationalisierung, der eine Verstaatlichung lediglich ausländischer Unternehmen beschreibt. Vgl. dazu SCHOLZ, J., Auslandsinvestitionsrechnung, S. 50.
[74] Vgl. AMBROSCH, K., Fremdstaatliche Enteignungen, S. 5 f.
[75] Vgl. BÜSCHGEN, H. E., Finanzmanagement, S. 294.
[76] Vgl. LEVI, M. D., International Finance, S. 464; BALLEIS, S. M., Politische Risiken, S. 127.
[77] Vgl. MEYER, M., Länderrisiken, S. 28.
[78] Vgl. SCHOLZ, J., Auslandsinvestitionsrechnung, S. 51; GANN, J., Investitionsentscheidungen, S. 176 i. V. m. MEYER, M., Länderrisiken, S. 26 f.; TÜMPEN, M. M., Frühwarnsysteme, S. 51; BALLEIS, S. M., Politische Risiken, S. 126.
[79] Vgl. dazu MEYER, M., Länderrisiken, S. 26 f.; TÜMPEN, M. M., Frühwarnsysteme, S. 51–54.
[80] Vgl. TRISTRAM, D., Risikofaktoren, S. 21; MEFFERT, H./BOLZ, J., Marketing-Management, S. 70.
[81] Vgl. IHLAU, S./DUSCHA, H./KÖLLEN, R., Länderrisiken, S. 1323 f.; LESSARD, D. R., Country Risk, S. 55 f.
[82] Vgl. BEKAERT, G./HODRICK, R. J., Financial Management, S. 605.

stehen können, sowie Schutzrisiken, die bei unzureichendem Schutz vor Produkt- und Markenpiraterie auftreten können.[83] Außerdem kann die Handlungsfreiheit des Unternehmens im Ausland durch **wirtschaftskriminelle Aktivitäten** wie Korruption oder Bestechung beeinträchtigt werden.[84]

Darüber hinaus können **besondere fiskalische Belastungen** die unternehmerische Dispositionsfreiheit negativ beeinflussen.[85] Diese Form der Einschränkung bezieht sich auf die Geld- und Fiskalpolitik eines Landes und besteht bspw. darin, dass sich die Relation von an den ausländischen Staat zu entrichtenden Steuerzahlungen und empfangenden öffentlichen Zuwendungen an das Unternehmen verschlechtert.[86] Dies kann neben einer diskriminierenden Steuerpolitik gegenüber nicht heimischen Unternehmen auch durch das Aussetzen bestehender Doppelbesteuerungsabkommen zwischen Staaten oder die Erhebung von Zöllen gefördert werden.[87]

Die Dispositionsfreiheit eines Unternehmens kann weiter in Form von **Transferbeschränkungen** beeinträchtigt sein. Diese Beschränkungen können die Repatriierung von im Ausland generierten Zahlungsströmen beeinträchtigen.[88] Einem solchen Risiko unterliegen z. B. die erwirtschafteten Gewinne eines Unternehmens im Ausland, potenziell ausstehende Zahlungsverpflichtungen an eine inländische (deutsche) Konzerngesellschaft sowie das von einer solchen Konzerngesellschaft überlassene Kapital.[89] Sofern keine adäquaten alternativen Möglichkeiten existieren, das nicht-repatriierbare Kapital in dem entsprechenden Land zu investieren, vermindert sich unmittelbar der Wert des Bewertungsobjektes.[90] Nur repatriierte Zahlungsströme können dazu genutzt werden, Dividenden oder Zinsen im Sitzland des Bewertungssubjektes zu zahlen.[91]

Des Weiteren können sich **Sicherheitsrisiken** einstellen, sofern im Rahmen der ausländischen Geschäftstätigkeit die körperliche Unversehrtheit oder die Freiheitsrechte von Unternehmenszugehörigen gefährdet sind.[92] Auch die physische Gefährdung des betrieblichen Vermögens eines Unternehmens im Ausland zählt zu diesen Risiken.

---

[83] Vgl. BLEUEL, H.-H./SCHMITTING, W., Risikomanagement, S. 80 und insbesondere REHNER, J./NEUMAIR, S.-M., Internationale Unternehmenstätigkeit, S. 38–40.
[84] Vgl. BEKAERT, G./HODRICK, R. J., Financial Management, S. 606 f.; EUN, C. S./RESNICK, B. G., International Financial Management, S. 421.
[85] Vgl. MEYER, M., Länderrisiken, S. 27.
[86] Vgl. MEFFERT, H./BOLZ, J., Marketing-Management, S. 70; TRISTRAM, D., Risikofaktoren, S. 21 f.; TÜMPEN, M. M., Frühwarnsysteme, S. 58 f.; BALLEIS, S. M., Politische Risiken, S. 136.
[87] Vgl. IHLAU, S./DUSCHA, H./KÖLLEN, R., Länderrisiken, S. 1323.
[88] Vgl. MROTZEK, R., Auslandsinvestitionen, S. 48–51; EITEMAN, D. K./STONEHILL, A. I./MOFFETT, M. H., Business Finance, S. 542; TÜMPEN, M. M., Frühwarnsysteme, S. 54 f.
[89] Vgl. STEIN, I., Investitionsrechnungsmethoden, S. 580.
[90] Vgl. SCHMIDT, A., Unternehmensbewertung ausländischer Gesellschaften, S. 1151; SHAPIRO, A. C., Capital Budgeting, S. 8; BRÜHL, V., Länderrisiken, S. 64.
[91] Vgl. SHAPIRO, A. C., Capital Budgeting, S. 8. Sofern profitable Reinvestitionsmöglichkeiten im Sitzland des Bewertungsobjektes bestehen, ist der Zeitpunkt der Repatriierung irrelevant für den Wert des Unternehmens. Vgl. SUCKUT, S., Internationale Akquisitionen, S. 158 f.
[92] Vgl. hier und im folgenden Satz MEFFERT, H./BOLZ, J., Marketing-Management, S. 70; TÜMPEN, M. M., Frühwarnsysteme, S. 56 f.; ALTMANN, J., Außenwirtschaft, S. 293.

2 Grundlagen der Länderrisiken

Abschließend sind **soziokulturelle Risiken** zu nennen, die auf die sprachliche, religiöse und ethnische Zersplitterung einer Gesellschaft sowie auf die Einstellung der Bevölkerung gegenüber ausländischen Mitbürgern und ausländischen Unternehmen zurückgeht.[93] Diese Risikofaktoren können z. B. operative Probleme durch das Aufeinandertreffen unterschiedlicher Kulturen oder den Boykott ausländischer Produkte zur Folge haben.[94]

Neben dem Einfluss direkter politischer Maßnahmen auf die Unternehmenstätigkeit, die das Eigentum und die Verfügungsmacht einer ausländischen Geschäftstätigkeit einschränken, sollen in dieser Arbeit auch durch politische Maßnahmen **indirekt induzierte Risiken auf die Geschäftstätigkeit** unter dem Begriff der politischen Risiken subsumiert werden. Dazu zählen bspw. Regierungswechsel, kriegerische Auseinandersetzungen oder auch die Beeinträchtigung des operativen Betriebs einer Unternehmung durch staatliches Missmanagement, z. B. im Umgang mit den Auswirkungen von Pandemien oder Naturkatastrophen.[95] Diese indirekt induzierten politischen Risiken werden im Folgenden **politische Makro-Risiken** genannt.[96] **Abbildung 2-1** gibt einen Überblick über die Systematisierung von politischen Risiken:

Politische Risiken		
Eigentumsrisiken		Politische Makro-Risiken
Direkte Eigentumseingriffe	Einschränkung der Dispositionsfreiheit	
• Enteignungen • Verstaatlichungen • Konfiszierungen	• Bürokratische Hemmnisse der Geschäftstätigkeit • Substitutionsrisiko • Regulatorische Maßnahmen und bestehende rechtliche Unsicherheiten • Wirtschaftskriminelle Aktivitäten • Gesonderte fiskalische Belastungen • Transferbeschränkungen • Gefährdung der Sicherheit • Soziokulturelle Risiken	• Regierungswechsel • Kriegerische Auseinandersetzungen • Staatliches Missmanagement von Katastrophen

Abbildung 2-1: Systematisierung von politischen Risiken

Neben den politischen Risiken sind bei einer internationalen Unternehmensbewertung ebenfalls die mit einer Geschäftstätigkeit im Ausland verbundenen Marktrisiken zu berücksichtigen. Im Folgenden wird die Risikoart der auslandsmarktbezogenen Risiken beschrieben.

---

[93] Vgl. TÜMPEN, M. M., Frühwarnsysteme, S. 35 f.
[94] Vgl. BRAUN, C., Länderrisikobewertung, S. 32.
[95] Vgl. PEEMÖLLER, V. H./KUNOWSKI, S./HILLERS, J., Kapitalisierungszinssatz, S. 627. Die Definition des Begriffs der Länderrisiken abstrahiert regelmäßig von physisch-geographischen Risikodeterminanten. Aufgrund der weltweit beobachtbaren Zunahme von Naturkatastrophen und teilweise unterlassener Maßnahmen von Seiten eines Staates zu deren Bekämpfung wird mitunter gefordert, auch diese Art von Risiken im Kontext der Analyse von Länderrisiken zu berücksichtigen. Vgl. dazu NEUMAIR, S.-M., Länderrisiken, S. 717–720; TRISTRAM, D., Risikofaktoren, S. 16.
[96] Vgl. mit ähnlichen Bezeichnungen TRISTRAM, D., Risikofaktoren für ausländische Direktinvestitionen, S. 23; FEILS, D. J./ŞABAC, F. M., Impact of Political Risk, S. 129.

222.2 Auslandsmarktbezogene Risiken

Die **auslandsmarktbezogenen Risiken** beschreiben die mögliche Beeinflussung eines Unternehmenswerts durch Änderungen des länderspezifischen Markt- oder Wettbewerbsumfeldes,[97] und sind insofern eng mit den länderspezifischen politischen Risiken verknüpft.[98] Im internationalen Kontext treten marktbezogene Risiken aufgrund möglicher bestehender Informationsdefizite regelmäßig verstärkt auf.[99] Die auslandsmarktbezogenen Risiken werden im Folgenden nach mikroökonomischen Risiken und makroökonomischen Risiken differenziert.

Mikroökonomische Risiken ergeben sich aus den spezifischen Wettbewerbsbedingungen des Bewertungsobjektes in einem Land und der Geschäftstätigkeit mit anderen Teilnehmern in diesem Markt.[100] Zu den mikroökonomischen Risiken zählen Markteintrittsrisiken, Marktbearbeitungsrisiken, Absatzrisiken, Vertragserfüllungsrisiken sowie Transport- und Lagerrisiken.[101] Die **Markteintrittsrisiken** beziehen sich auf Risiken, die mit der Standortwahl, dem Markteintrittszeitpunkt und der Markteintrittsstrategie sowie der Produkt- und Preisstrategie eines Unternehmens verbunden sind.[102] Die **Marktbearbeitungsrisiken** beschreiben Risiken, die bei der Erschließung neuer Märkte auftreten.[103] Verbunden mit diesen Marktrisiken können sich zudem **Absatzrisiken** für Waren und Güter einstellen, wenn z. B. neue Wettbewerber in den ausländischen Markt eintreten, oder die eigene Produktqualität nicht wettbewerbsfähig ist.[104] Die **Vertragserfüllungsrisiken** werden in das Annahme- und das Delkredererisiko untergliedert.[105] Das Annahmerisiko besteht darin, dass der Kunde die Annahme einer vorher vereinbarten Lieferung oder Leistung verweigert und die Transaktion aufgrund dessen nicht zustande kommt.[106] Das Delkredererisiko beschreibt das Risiko, dass der Abnehmer den vereinbarten Transaktionspreis für die Lieferung oder Leistung nicht oder nicht fristgerecht entrichtet.[107] Bei **Transport- und Lagerrisiken** besteht die Möglichkeit der Beschädigung, des Diebstahls, des Verlusts sowie der Verzögerung bei der Lieferung und Lagerung von Waren und Gütern. Die Lagerrisiken werden dabei weiter in das Lagerqualitäts- und Lagermengenrisiko unterteilt.[108]

---

[97] Vgl. BRÜHL, V., Länderrisiken, S. 62.
[98] Vgl. BEKAERT, G./HODRICK, R. J., Financial Management, S. 603 f.; DRESEL, T., Quantifizierung von Länderrisiken, S. 581; CLOES, R., Länderrisiko, S. 21; BALLEIS, S. M., Politische Risiken, S. 94 f.; MROTZEK, R., Auslandsinvestitionen, S. 95.
[99] Vgl. MEFFERT, H./BOLZ, J., Marketing-Management, S. 68; ZIMMERMANN, A., Risiken des Auslandsgeschäfts, S. 72.
[100] Vgl. TRISTRAM, D., Risikofaktoren, S. 17; BLEUEL, H.-H./SCHMITTING, W., Risikomanagement, S. 79; REHNER, J./NEUMAIR, S.-M., Internationale Unternehmenstätigkeit, S. 37; ENGELHARD, J., Länderrisiken, S. 369.
[101] Vgl. IHLAU, S./DUSCHA, H./KÖLLEN, R., Länderrisiken, S. 1324; TRISTRAM, D., Risikofaktoren, S. 18.
[102] Vgl. IHLAU, S./DUSCHA, H./KÖLLEN, R., Länderrisiken, S. 1324; TRISTRAM, D., Risikofaktoren, S. 18.
[103] Vgl. IHLAU, S./DUSCHA, H./KÖLLEN, R., Länderrisiken, S. 1324.
[104] Vgl. ALTMANN, J., Außenwirtschaft, S. 293 f.; REHNER, J./NEUMAIR, S.-M., Internationale Unternehmenstätigkeit, S. 37.
[105] Vgl. IHLAU, S./DUSCHA, H./KÖLLEN, R., Länderrisiken, S. 1324.
[106] Vgl. BÜTER, C., Außenhandel, S. 392; ALTMANN, J., Außenwirtschaft, S. 294.
[107] Vgl. hier und im folgenden Satz REHNER, J./NEUMAIR, S.-M., Internationale Unternehmenstätigkeit, S. 41; ZIMMERMANN, A., Risiken des Auslandsgeschäfts, S. 82 f.
[108] Vgl. hier und in den folgenden beiden Sätzen REHNER, J./NEUMAIR, S.-M., Internationale Unternehmenstätigkeit, S. 37.

2 Grundlagen der Länderrisiken

Mit dem Lagerqualitätsrisiko ist das Lagerrisiko aufgrund von Verlust der ursprünglichen Eigenschaften eines Gutes, z. B. durch Verderben oder Beschädigung, gemeint. Das Lagermengenrisiko bezeichnet hingegen die Möglichkeit des vollständigen Verlustes oder der Vernichtung von Waren und Gütern während der Lagerung.

Makroökonomische Risiken ergeben sich aus der Dynamik des ökonomischen Rahmens in einem Land.[109] Der Hauptindikator der ökonomischen Rahmenbedingungen in einem Land ist die **Entwicklung des Konjunkturverlaufs**.[110] Volkswirtschaftliche Größen wie bspw. die Beschäftigungsquote und das vorherrschende Preis- oder Produktionsniveau geben Hinweise für die konjunkturelle Entwicklung der Gesamtwirtschaft in einem Land.[111] Makroökonomische Risiken betreffen regelmäßig den Großteil der im jeweiligen Land tätigen Unternehmen. Der Wirkungsgrad des konjunkturellen Einflusses auf das einzelne Unternehmen kann jedoch unterschiedlich sein.[112] **Abbildung 2-2** gibt einen Überblick über die auslandsmarktbezogenen Risiken:

Auslandsmarktbezogene Risiken	
Mikroökonomische Risiken	Makroökonomische Risiken

• Markteintrittsrisiken
• Marktbearbeitungsrisiken
• Absatzrisiken
• Vertragserfüllungsrisiken
• Transport- und Lagerrisiken
	• Induziert durch makroökonomische Größen wie bspw.
	  • Beschäftigungsquote
	  • Preisniveau
	  • Produktionsniveau

Abbildung 2-2: Systematisierung von auslandsmarktbezogenen Risiken

Neben den politischen und auslandsmarktbezogenen Risiken treten bei der Bewertung eines Unternehmens mit Sitz in einem anderen Währungsraum als das Bewertungssubjekt im Regelfall Wechselkursrisiken auf. Im Folgenden werden – v. a. als Grundlage für die Analyse der Prognose der Entwicklung von Wechselkursrisiken in Abschn. 422. – zunächst die möglichen Formen von Wechselkurssystemen sowie die einzelnen theoretischen Konstrukte der internationalen Paritätentheorie vorgestellt, ehe die Wechselkursrisiken definiert und deren Ausprägungen erläutert werden.

---

[109] Vgl. IHLAU, S./DUSCHA, H./KÖLLEN, R., Länderrisiken, S. 1324.
[110] Vgl. DÖHRN, R., Konjunkturdiagnose und -prognose, S. 38; BLEUEL, H.-H./SCHMITTING, W., Risikomanagement, S. 79.
[111] Vgl. REHNER, J./NEUMAIR, S.-M., Internationale Unternehmenstätigkeit, S. 35 f. Vgl. für eine ausführliche Erläuterung von Indikatoren der Konjunkturentwicklung DÖHRN, R., Konjunkturdiagnose und -prognose, S. 63–108.
[112] Vgl. BOUCHET, M. H./GROSLAMBERT, B./CLARK, E., Country Risk Assessment, S. 22–24; BURGER, A./AHLEMEYER, N./ULBRICH, P., Beteiligungscontrolling, S. 639.

222.3 Wechselkursrisiken

222.31 Wechselkurssysteme

Der Wechselkurs[113] bestimmt das Umtauschverhältnis zweier Währungen.[114] Der Wechselkurs gibt den **Preis** an, für den eine Einheit der Heimatwährung in eine Einheit einer fremden Währung auf dem Devisenmarkt[115] getauscht werden kann.[116] Im internationalen Handel kommt Wechselkursen eine zentrale Rolle zu, da Wechselkurse es ermöglichen, die Preise von Gütern und Dienstleistungen in verschiedenen Währungsräumen zu vergleichen.[117] Der **Preisbildungsmechanismus** für den Austausch von Währungen auf dem Devisenmarkt kann indes durch staatliche Interventionen beeinflusst sein.[118] Die Auswirkungen der staatlichen Maßnahmen auf den Mechanismus der Wechselkursbildung definiert das jeweils in einem Land institutionalisierte Wechselkurssystem.[119] Die extremen Ausprägungen eines Wechselkurssystems bilden auf der einen Seite flexible und auf der anderen Seite fixe Wechselkurssysteme.[120]

In einem **flexiblen Wechselkurssystem** werden die Wechselkurse durch das freie Handeln von Devisenangebot und -nachfrage der Marktteilnehmer bestimmt.[121] Der Wechselkurs entspricht dann dem Gleichgewichtskurs, bei dem Angebot und Nachfrage einer Währung übereinstimmen.[122] Die **Änderung ökonomischer Fundamentaldaten** beeinflusst die Entwicklung des Devisenmarktes in flexiblen Wechselkurssystemen maßgeblich.[123] Zu den bedeutendsten ökonomischen Parametern der Entwicklung des Devisenmarktes gehören die Relation der vorherrschenden Preisniveaus (Inflation) und Zinsniveaus zweier Währungsräume sowie geänderte Erwartungen über das volkswirtschaftliche Wachstum.[124] In flexiblen Wechselkurssystemen sind **Wechselkurse volatil**, da sie kontinuierlich neue Informationen über Änderungen des jeweiligen ökonomischen Umfeldes widerspiegeln.[125] Um die Flexibilität des Wechselkurssystems zu gewährleisten, darf ein Staat nicht beschränkend in das System eingreifen.[126] Lediglich durch

---

[113] In den folgenden Ausführungen wird auf den nominalen Wechselkurs referenziert.
[114] Vgl. KRUGMAN, P. R./OBSTFELD, M./MELITZ, M. J., Internationale Wirtschaft, S. 464; SERCU, P., International Finance, S. 69; KEMPA, B., Internationale Ökonomie, S. 222.
[115] Vgl. anschaulich zur Funktionsweise sowie zu den Akteuren des Devisenmarktes KRUGMAN, P. R./OBSTFELD, M./MELITZ, M. J., Internationale Wirtschaft, S. 468–476.
[116] Vgl. KEMPA, B., Internationale Ökonomie, S. 216 f.; O'BRIEN, T. J., Foreign Exchange Rates, S. 1. Diese Definition beschreibt eine sog. Preisnotierung, die exemplarisch im Verhältnis von Euro zu US-Dollar als Relation €/1 $ angegeben wird. Konträr kann der Wechselkurs als die Menge in ausländischer Währung ausgedrückt werden, die für eine Einheit der Heimatwährung zu zahlen ist. Diese sog. Mengennotierung wird durch die Relation $/1 € ausgedrückt. Vgl. KEMPA, B., Internationale Ökonomie, S. 217 f.; OBERMAIER, R., Bewertung von Auslandsinvestitionen, S. 617.
[117] Vgl. KRUGMAN, P. R./OBSTFELD, M./MELITZ, M. J., Internationale Wirtschaft, S. 465.
[118] Vgl. BREUER, W., Währungsmanagement, S. 8 f.
[119] Vgl. KEMPA, B., Internationale Ökonomie, S. 365; BREUER, W., Währungsmanagement, S. 9.
[120] Vgl. CASPERS, R., Wechselkurse, S. 133; BÜTER, C., Außenhandel, S. 365 f.
[121] Vgl. PETO, R., Geldtheorie, S. 203; BÜTER, C., Außenhandel, S. 366; SOLNIK, B. H./MCLEAVEY, D., Global Investments, S. 50 f.
[122] Vgl. SIDDAIAH, T., Financial Management, S. 112.
[123] Vgl. SOLNIK, B. H./MCLEAVEY, D., Global Investments, S. 51; BÜTER, C., Außenhandel, S. 365.
[124] Vgl. SHAPIRO, A. C., Financial Management, S. 66 f.; HERRMANN, A., Kursschwankungen, S. 11–28.
[125] Vgl. CASPERS, R., Wechselkurse, S. 134.
[126] Vgl. PETO, R., Geldtheorie, S. 203; BEKAERT, G./HODRICK, R. J., Financial Management, S. 169.

2 Grundlagen der Länderrisiken

staatliche Maßnahmen, die die makroökonomischen Rahmenbedingungen eines Währungsraums ändern, kann der Wechselkurs indirekt beeinflusst werden.[127]

In einem **fixen Wechselkurssystem** legen staatliche Institutionen den Wechselkurs fest.[128] Um die Höhe eines Wechselkurses nachhaltig auf dem gleichen Niveau zu halten, greift z. B. die Zentralbank eines Währungsraums aktiv in den Preisbildungsmechanismus ein, indem diese die jeweilige Währung handelt.[129] Aufgrund des zielgerichteten Handels der Währung passt sich die Höhe des Wechselkurses trotz möglichen geänderten ökonomischen Fundamentaldaten nicht an.[130]

Des Weiteren existieren Mischformen zwischen einem flexiblen und einem festen Wechselkurssystem. Exemplarisch ist das System der **Wechselkursanbindung** zu nennen.[131] Bei einer Wechselkursanbindung wird für einen bestimmten Zeitraum ein Ziel-Wechselkurs im Verhältnis zu einer Referenzwährung festgelegt, um den der tatsächliche Wechselkurs innerhalb einer definierten Bandbreite schwanken kann.[132] Manche Staaten binden die Entwicklung der jeweiligen Heimatwährung an die Entwicklung einer globalen Leitwährung, wie bspw. den US-Dollar oder den Euro.[133]

Die Erklärung der künftigen Entwicklung von Wechselkursen basiert auf theoretischen Gleichgewichtsbedingungen der Güter- und Kapitalmärkte, die durch die internationale Paritätentheorie beschrieben werden. Die verschiedenen Gleichgewichtsbedingungen werden daher im Folgenden erläutert.

222.32 Internationale Paritätentheorie

Die **internationale Paritätentheorie** beschreibt **Gleichgewichtsbedingungen**, die unter der Annahme eines vollkommenen Kapitalmarktes[134] erfüllt sein müssen, damit identische Güter identische Preise haben („*Law of one price*").[135] Durch die Gleichgewichtsbedingungen wird

---

[127] Vgl. SOLNIK, B. H./MCLEAVEY, D., Global Investments, S. 51. Vgl. für die Vorteile eines flexiblen Wechselkurssystems KRUGMAN, P. R./OBSTFELD, M./MELITZ, M. J., Internationale Wirtschaft, S. 749.
[128] Vgl. KEMPA, B., Internationale Ökonomie, S. 365; SOLNIK, B. H./MCLEAVEY, D., Global Investments, S. 51; BÜTER, C., Außenhandel, S. 366.
[129] Vgl. KRUGMAN, P. R./OBSTFELD, M./MELITZ, M. J., Internationale Wirtschaft, S. 661 f.; SHAPIRO, A. C., Financial Management, S. 69; SOLNIK, B. H./MCLEAVEY, D., Global Investments, S. 51.
[130] Vgl. BUTLER, K. C., Multinational Finance, S. 19. Vgl. für die Vorteile eines fixen Wechselkurssystems KEMPA, B., Internationale Ökonomie, S. 366.
[131] Vgl. SOLNIK, B. H./MCLEAVEY, D., Global Investments, S. 52.
[132] Vgl. KRUGMAN, P. R., Exchange Rate Dynamics, S. 669–682; KEMPA, B., Internationale Ökonomie, S. 386; BREUER, W., Währungsmanagement, S. 12; SOLNIK, B. H./MCLEAVEY, D., Global Investments, S. 52.
[133] Vgl. CASPERS, R., Wechselkurse, S. 143; KEMPA, B., Internationale Ökonomie, S. 365.
[134] In einem vollkommenen Kapitalmarkt gibt es keine Informations- und Transaktionskosten, alle Marktteilnehmer handeln rational, haben homogene Erwartungen und sehen die Preise am Markt als gegeben an. Vgl. BUTLER, K. C., Multinational Finance, S. 9; BREUER, W., Währungsmanagement, S. 27. Unter diesen Prämissen ist es den Marktteilnehmern nicht möglich, Gewinne durch Arbitrage zu erzielen. Vgl. BUTLER, K. C., Multinational Finance, S. 62.
[135] Vgl. EITEMAN, D. K./STONEHILL, A. I./MOFFETT, M. H., Business Finance, S. 172; EUN, C. S./RESNICK, B. G., International Financial Management, S. 140.

ein stringenter **systematischer Zusammenhang** zwischen Kassa-[136] und Terminkursen[137] sowie Preisniveaus und Zinssätzen verschiedener Währungsräume hergestellt.[138] Innerhalb der internationalen Paritätentheorie lassen sich die Kaufkraftparitätentheorie und die Zinsparitätentheorie, die durch den sog. internationalen Fisher-Effekt in Zusammenhang gebracht werden, sowie die Terminkurstheorie der Wechselkurserwartung unterscheiden.

Die **Kaufkraftparitätentheorie** basiert auf der Annahme, dass eine Einheit einer Währung weltweit die gleiche Kaufkraft besitzt.[139] Sofern von der Gültigkeit der **absoluten Kaufkraftparitätentheorie** ausgegangen wird, findet das Konzept des Einheitspreises nicht nur auf den Preis eines Gutes, sondern auf den gewichteten Durchschnitt aller Güter eines Währungsraums Anwendung.[140] Demgemäß muss der Kassakurs zweier Währungen dem Verhältnis der durchschnittlichen Preisniveaus der beiden Währungsräume entsprechen.[141] Da sich der gewichtete Durchschnittspreis aller Güter eines Währungsraums aufgrund einer abweichenden Zusammensetzung der betrachteten Güter je nach Währungsraum unterscheiden kann, wird häufig auf die **relative Kaufkraftparitätentheorie** zurückgegriffen.[142] Im Sinne dieser Theorie entspricht die in Zukunft erwartete und somit für eine zukunftsorientierte Unternehmensbewertung relevante relative Änderung des Kassakurses dem erwarteten **Inflationsdifferential**[143].[144] Folglich wird ein Zusammenhang zwischen dem Kassakurs und der Inflation zweier Währungsräume hergestellt.[145] Der Kassakurs gleicht dabei den Unterschied zwischen den erwarteten Inflationsraten der entsprechenden Währungsräume aus.[146]

Auch die **Zinsparitätentheorie** ist Bestandteil der internationalen Paritätentheorie.[147] Zinsparität liegt vor, sofern die erwarteten Renditen auf Kapitaleinlagen in zwei unterschiedlichen

---

[136] Der Kassakurs entspricht dem aktuellen gehandelten Wechselkurs zweier Währungen. Vgl. BUCKLEY, A., Multinational Finance, S. 749.
[137] Der Terminkurs bezieht sich auf den aktuellen Wechselkurs zweier Währungen für ein in der Zukunft gehandeltes Termingeschäft. Vgl. BUCKLEY, A., Multinational Finance, S. 739.
[138] Vgl. EITEMAN, D. K./STONEHILL, A. I./MOFFETT, M. H., Business Finance, S. 171; SIDDAIAH, T., Financial Management, S. 111.
[139] Vgl. SHAPIRO, A. C., Financial Management, S. 104; KEMPA, B., Internationale Ökonomie, S. 270 f.
[140] Vgl. EITEMAN, D. K./STONEHILL, A. I./MOFFETT, M. H., Business Finance, S. 172; SUCKUT, S., Internationale Akquisitionen, S. 163.
[141] Vgl. EUN, C. S./RESNICK, B. G., International Financial Management, S. 149; KRUGMAN, P. R./OBSTFELD, M./MELITZ, M. J., Internationale Wirtschaft, S. 550; SOLNIK, B. H./MCLEAVEY, D., Global Investments, S. 55.
[142] Vgl. BEKAERT, G./HODRICK, R. J., Financial Management, S. 342; EITEMAN, D. K./STONEHILL, A. I./MOFFETT, M. H., Business Finance, S. 174 f.; SUCKUT, S., Internationale Akquisitionen, S. 163 f.; SOLNIK, B. H./MCLEAVEY, D., Global Investments, S. 55.
[143] Das Inflationsdifferential beschreibt die Differenz der Inflationsraten von zwei verglichenen Währungsräumen. Vgl. dazu BREUER, W., Währungsmanagement, S. 33.
[144] Vgl. KRUGMAN, P. R./OBSTFELD, M./MELITZ, M. J., Internationale Wirtschaft, S. 551; BUTLER, K. C., Multinational Finance, S. 69; SIDDAIAH, T., Financial Management, S. 123; KEMPA, B., Internationale Ökonomie, S. 272.
[145] Vgl. SOLNIK, B. H./MCLEAVEY, D., Global Investments, S. 53.
[146] Vgl. FAMA, E. F./FARBER, A., Money, Bonds, and Foreign Exchange, S. 646; SOLNIK, B. H./MCLEAVEY, D., Global Investments, S. 55.
[147] Vgl. SERCU, P., International Finance, S. 124.

Währungen, transformiert in eine einheitliche Währung, gleich sind.[148] Bei der Zinsparitätentheorie wird zwischen der gedeckten und der ungedeckten Zinsparitätentheorie unterschieden.[149] Im Rahmen der **gedeckten Zinsparitätentheorie** werden der Kassakurs, der Terminkurs und das **Zinsdifferential**[150] zweier Währungsräume zu einer Gleichung miteinander verbunden.[151] Eine Kapitalanlage zum risikolosen nominalen Zins im Inland muss einer nominalen risikolosen Kapitalanlage im Ausland entsprechen, bei der das Wechselkursrisiko durch den Abschluss eines Terminkontraktes ausgeschlossen wird.[152] Dieser Zusammenhang muss gelten, da sonst Arbitragegewinne für Investoren möglich sind.[153] In der **ungedeckten Zinsparitätentheorie** wird die erwartete Änderung des Kassakurses mit dem Zinsdifferential zweier Länder gleichgesetzt.[154] Dieser Zusammenhang wird eingehalten, sofern der aktuelle sowie der künftige Kassakurs den jeweiligen Gleichgewichtskursen entsprechen.[155] Der Unterschied zur gedeckten Zinsparitätentheorie ist darin zu sehen, dass das Wechselkursrisiko nicht durch den Abschluss eines Terminkontraktes abgesichert ist.[156]

Der **internationale Fisher-Effekt** stellt eine Beziehung zwischen dem erwarteten Inflationsdifferential und dem Zinsdifferential zweier Währungsräume her.[157] Im Sinne des internationalen Fisher-Effektes wird der Unterschied zwischen den nominalen Zinssätzen zweier Länder einzig durch den **erwarteten Unterschied zwischen den Inflationsraten zweier Währungsräume** begründet.[158] Dieser Zusammenhang basiert auf der Annahme, dass höhere nominale Zinssätze den Verlust der Kaufkraft als Folge von Inflation ausgleichen.[159] Die realen Zinssätze sind annahmegemäß über alle Währungsräume hinweg identisch.[160]

In der **Terminkurstheorie der Wechselkurserwartung** fungiert der aktuelle Terminkurs als Schätzer für den künftig erwarteten Kassakurs.[161] Da die Höhe des künftigen Kassakurses in

---

[148] Vgl. KRUGMAN, P. R./OBSTFELD, M./MELITZ, M. J., Internationale Wirtschaft, S. 485.
[149] Vgl. BREUER, W., Währungsmanagement, S. 50.
[150] Das Zinsdifferential beschreibt die Differenz der Zinssätze von zwei verglichenen Währungsräumen. Vgl. dazu BREUER, W., Währungsmanagement, S. 50.
[151] Vgl. KRUGMAN, P. R./OBSTFELD, M./MELITZ, M. J., Internationale Wirtschaft, S. 503; BUTLER, K. C./ O'BRIEN, T. J./UTETE, G., Cross-Border Valuation, S. 84; BREUER, W., Währungsmanagement, S. 39.
[152] Vgl. BREUER, W., Währungsmanagement, S. 38; KRUGMAN, P. R./OBSTFELD, M./MELITZ, M. J., Internationale Wirtschaft, S. 485; EITEMAN, D. K./STONEHILL, A. I./MOFFETT, M. H., Business Finance, S. 180–182.
[153] Vgl. SERCU, P., International Finance, S. 124; BREALEY, R. A./MYERS, S. C./ALLEN, F., Corporate Finance, S. 720.
[154] Vgl. SOLNIK, B. H./MCLEAVEY, D., Global Investments, S. 58 f.
[155] Vgl. KEMPA, B., Internationale Ökonomie, S. 260; BUTLER, K. C./O'BRIEN, T. J./UTETE, G., Cross-Border Valuation, S. 85.
[156] Vgl. SOLNIK, B. H./MCLEAVEY, D., Global Investments, S. 59; KEMPA, B., Internationale Ökonomie, S. 261; BEKAERT, G./HODRICK, R. J., Financial Management, S. 269.
[157] Vgl. KRUGMAN, P. R./OBSTFELD, M./MELITZ, M. J., Internationale Wirtschaft, S. 557; BUTLER, K. C., Multinational Finance, S. 73; SOLNIK, B. H./MCLEAVEY, D., Global Investments, S. 56 f.
[158] Vgl. EITEMAN, D. K./STONEHILL, A. I./MOFFETT, M. H., Business Finance, S. 180; SPREMANN, K., Internationale Finanzwirtschaft, S. 46.
[159] Vgl. SOLNIK, B. H./MCLEAVEY, D., Global Investments, S. 58; EUN, C. S./RESNICK, B. G., International Financial Management, S. 156.
[160] Vgl. BUTLER, K. C., Multinational Finance, S. 73.
[161] Vgl. SIDDAIAH, T., Financial Management, S. 142; BREUER, W., Währungsmanagement, S. 42; BUTLER, K. C., Multinational Finance, S. 70.

flexiblen Wechselkurssystemen nicht sicher ist, kann dieser Methode keine Arbitragefreiheit zugrunde liegen.[162] So können bspw. in einer Situation, in der der Terminkurs höher als der künftige Kassakurs ist, in der Zukunft risikolose Gewinne erwirtschaftet werden.[163] Existiert ein risikoneutraler Investor, würde dieser die Möglichkeit, risikolose Gewinne zu erzielen, in unbegrenztem Maße wahrnehmen, wodurch das Gleichgewicht von Angebot und Nachfrage auf dem Devisenkassa- und Devisenterminmarkt gestört wäre.[164] Folglich würden sich die entsprechenden Wechselkurse anpassen und die Terminkurstheorie Gültigkeit besitzen.

In der Theorie schwanken die Wechselkurse in flexiblen Wechselkursystemen, um die erläuterten Gleichgewichte zu erfüllen. Unternehmen sind aufgrund schwankender Wechselkurse verschiedenen Arten von Wechselkursrisiken ausgesetzt. Diese Arten von Wechselkursrisiken werden im folgenden Abschnitt erläutert.

222.33   Arten von Wechselkursrisiken

Bei einer internationalen, währungsraumübergreifenden Unternehmensbewertung liegen die zu bewertenden Zahlungsströme des ausländischen Bewertungsobjektes regelmäßig in einer Fremdwährung vor. Aus Sicht des inländischen (deutschen) Investors sind hinsichtlich seiner Konsummöglichkeiten indes nur Zahlungen in Euro bewertungsrelevant.[165] Insofern ist es erforderlich, die monetäre Bewertung eines ausländischen Bewertungsobjektes zu einem bestimmten Zeitpunkt in die Heimatwährung des Bewertungssubjektes zu transformieren.[166] In einem flexiblen Wechselkurssystem können bei der Transformation von Fremdwährungspositionen durch künftige Schwankungen der jeweiligen Währungsparitäten **Wechselkursrisiken** entstehen.[167]

Die Wechselkursrisiken setzen sich aus Fremdwährungspositionen (Währungs-*Exposure*) und der Möglichkeit des Abweichens des tatsächlichen Wechselkurses vom erwarteten Kurs (Wechselkursunsicherheit) zusammen.[168] Wechselkursrisiken umfassen die Möglichkeit der Auf- und Abwertung einer Währung.[169] Die Schwankungen des Wechselkurses können verschiedene Ursachen haben.[170] Mögliche Ursachen **kurzfristiger Schwankungen** sind z. B. der Anstieg der Inflationsrate, Änderungen der Zinsdifferenzen zwischen zwei Ländern und eine

---

[162] Vgl. SOLNIK, B. H./MCLEAVEY, D., Global Investments, S. 60 f.; BUTLER, K. C./O'BRIEN, T. J./UTETE, G., Cross-Border Valuation, S. 85.
[163] Vgl. SIDDAIAH, T., Financial Management, S. 143; BREUER, W., Währungsmanagement, S. 42.
[164] Vgl. hier und im folgenden Satz BREUER, W., Währungsmanagement, S. 42 f.
[165] Vgl. KENGELBACH, J., Internationale Transaktionen, S. 213 f.
[166] Vgl. für die Methoden der Unternehmensbewertung mit in Fremdwährung denominierten Zahlungsströmen Abschn. 361.
[167] Vgl. JACQUE, L. L., Management of Foreign Exchange Risk, S. 81 f.; ADLER, M./DUMAS, B., Exposure to Currency Risk, S. 42.
[168] Vgl. GANN, J., Investitionsentscheidungen, S. 190 f.; BÜSCHGEN, H. E., Finanzmanagement, S. 307.
[169] Vgl. STEIN, I., Investitionsrechnungsmethoden, S. 585; KRUGMAN, P. R./OBSTFELD, M./MELITZ, M. J., Internationale Wirtschaft, S. 467.
[170] Vgl. zu den im Folgenden genannten Ursachen für Wechselkursrisiken TRISTRAM, D., Risikofaktoren, S. 28 f. i. V. m. HERRMANN, A., Kursschwankungen, S. 12–21; SCHULTHEIß, R./SCHULTZE, W., Wechselkurse in der Unternehmensbewertung – Wechselkursprognose der Banken, S. 157 f.

damit verbundene Änderung des inländischen Zinsniveaus, die Existenz eines Leistungsbilanzdefizits sowie der Anstieg der Nachfrage nach ausländischen Wertpapieren und einer damit verbundenen Umschichtung von Vermögen ins Ausland. **Langfristige Schwankungen** des Wechselkurses können z. B. durch ein im internationalen Vergleich abweichendes Produktivitätswachstum der Wirtschaft entstehen.[171] Die genannten Ursachen für Schwankungen des Wechselkurses können somit durch **politische und auslandsmarktbezogene Risiken induziert sein** und dabei **simultan** auf die Entwicklung des Wechselkurses wirken.

Die einzelnen **Ausprägungen von Wechselkursrisiken** können hinsichtlich ihrer zeitlichen Dimension nach Vergangenheits-, Gegenwarts- und Zukunftskonzepten sowie hinsichtlich der Berücksichtigung von bilanziellen oder pagatorischen Fremdwährungsgrößen unterschieden werden.[172] Das **Translationsrisiko** (*Translation Exposure*) beschreibt das **vergangenheitsbezogene, rein buchhalterische Wechselkursrisiko**, das in einem international tätigen Konzern bei der Konsolidierung der Jahresabschlüsse der ausländischen Tochterunternehmen besteht.[173] Die Jahresabschlüsse ausländischer Tochterunternehmen sind in die Heimatwährung umzurechnen, ehe die einzelnen Jahresabschlüsse zum Summenabschluss addiert und schließlich konsolidiert werden.[174] Schwankungen des Wechselkurses können dabei zu Buchwertgewinnen oder -verlusten führen. Es handelt sich bei den Schwankungen indes lediglich um buchmäßige Wertabweichungen ohne einen ökonomischen Hintergrund und Einfluss auf die Zahlungsströme des Bewertungsobjektes.[175] Es ist folglich keine explizite Berücksichtigung des Translationsrisikos bei einer internationalen Unternehmensbewertung erforderlich.[176] Diese Ausprägung von Wechselkursrisiken wird demnach in dieser Arbeit nicht weiter thematisiert.

Das **Transaktionsrisiko** (*Transaction Exposure*) hat hingegen einen **Gegenwartsbezug** und tritt im **Moment der tatsächlichen Währungsumrechnung** auf. Ein solches Risiko besteht dann, wenn sich der in der Heimatwährung gemessene Gegenwert von Devisenbeständen oder in fremder Währung denominierter Forderungen bzw. Verbindlichkeiten eines Unternehmens durch Wechselkursentwicklungen ändern kann.[177] Die Ermittlung des Transaktionsrisikos ist regelmäßig Teil der innerbetrieblichen Liquiditätsplanung und Grundlage für die Entscheidung, ob Sicherungsinstrumente gegen Wechselkursschwankungen abzuschließen sind.[178] Das Transaktionsrisiko besteht bei jeder internationalen Unternehmensbewertung, sofern das Bewertungsobjekt in einem anderen Währungsraum beheimatet ist als das Bewertungssubjekt.

---

[171] Vgl. TRISTRAM, D., Risikofaktoren, S. 28 f. i. V. m. HERRMANN, A., Kursschwankungen, S. 22–27.
[172] Vgl. GANN, J., Investitionsentscheidungen, S. 191; ENGELHARD, J., Länderrisiken, S. 370; BÜSCHGEN, H. E., Finanzmanagement, S. 310.
[173] Vgl. RUß, O., Hedging-Verhalten, S. 8; NEUMAIR, S.-M., Länderrisiken, S. 725.
[174] Vgl. zur Währungsumrechnung im Konzernabschluss BAETGE, J./KIRSCH, H.-J./THIELE, S., Konzernbilanzen, S. 157–159.
[175] Vgl. KERSCH, A., Wechselkursrisiken, S. 20 f.
[176] Vgl. SUCKUT, S., Internationale Akquisitionen, S. 179.
[177] Vgl. TRISTRAM, D., Risikofaktoren, S. 22; MEFFERT, H./BOLZ, J., Marketing-Management, S. 70.
[178] Vgl. SUCKUT, S., Internationale Akquisitionen, S. 179.

Das ökonomische Wechselkursrisiko (*Economic Exposure*) beschreibt den **möglichen künftigen Einfluss** von Wechselkursschwankungen auf die **relative Preiswettbewerbsfähigkeit eines Unternehmens**.[179] Vor allem makroökonomische Einflussfaktoren determinieren diese Entwicklung. Sofern eine Wechselkursänderung zu einer Verschlechterung der Wettbewerbsfähigkeit führt, können die künftigen Zahlungsströme eines ausländischen Unternehmens negativ beeinträchtigt werden. Das gilt *vice versa* für eine Verbesserung der Wettbewerbsfähigkeit des Unternehmens. Die Erwartung über die Entwicklung des Wechselkurses kann für das Geschäftsmodell eines Unternehmens von elementarer Bedeutung sein und insofern Einfluss auf die Höhe des Unternehmenswerts der ausländischen Unternehmung haben.[180] Das ökonomische Wechselkursrisiko ist bei internationalen Unternehmensbewertungen demnach zu berücksichtigen.

Wechselkursrisiken können somit auf **zwei Ebenen** für die internationale Unternehmensbewertung bei in Fremdwährung denominierten Zahlungsströmen von Bedeutung sein. Zum einen bei der **Beurteilung der Entwicklung der Wettbewerbsfähigkeit** des Bewertungsobjektes (ökonomisches Wechselkursrisiko) und zum anderen bei der **Umrechnung** der in Fremdwährung denominierten Zahlungsströme in die Heimatwährung (Transaktionsrisiko). Der Einfluss von Wechselkursrisiken kann sich dabei sowohl positiv als auch negativ auf den Unternehmenswert auswirken. **Abbildung 2-3** fasst die verschiedenen Ausprägungen von Wechselkursrisiken zusammen:

Wechselkursrisiken		
Translationsrisiko	Transaktionsrisiko	Ökonomisches Wechselkursrisiko

Abbildung 2-3: Systematisierung von Wechselkursrisiken

Aufbauend auf den Definitionen und Erläuterungen der einzelnen Arten von Länderrisiken werden im folgenden Abschnitt bewertungsrelevante Charakteristika von Länderrisiken herausgearbeitet. Außerdem werden die einzelnen Länderrisikoarten hinsichtlich ihres Risikocharakters i. S. d. CAPM klassifiziert.

223. Bewertungsrelevante Charakteristika von Länderrisiken

Länderrisiken können als **zusätzliche Renditeerwartung** an ausländische Investitionen gegenüber heimischen Investitionen interpretiert werden.[181] Die erhöhte Renditeerwartung beruht dabei v. a. auf Risikofaktoren wie politischer Instabilität, wirtschaftlicher Unsicherheit und

---

[179] Vgl. JACQUE, L. L., Management of Foreign Exchange Risk, S. 89; STEIN, I., Investitionsrechnungsmethoden, S. 586 f.
[180] Vgl. RUß, O., Hedging-Verhalten, S. 13; BÜSCHGEN, H. E., Finanzmanagement, S. 310 f. Die Analyse der ökonomischen Wechselkursrisiken kann auch für heimische Bewertungsobjekte relevant sein. Vgl. KESTEN, R./LÜHN, M./SCHMIDT, S., Einfluss von Wechselkursen, S. 9 f.
[181] Vgl. KLEEBINDER, S., Länderrisiken, S. 448; SABAL, J., Financial Decisions, S. 114.

2 Grundlagen der Länderrisiken

schwankenden Wechselkursen im Ausland.[182] Diese Risikofaktoren sind im Rahmen einer Unternehmensbewertung zu berücksichtigen.

Wie bereits die für diese Arbeit gewählte Systematisierung von Länderrisiken zeigt, sind die unter dem Begriff der Länderrisiken subsumierten Risikoarten geprägt von ihrer **Heterogenität**.[183] Länderrisiken ergeben sich aus einer Vielzahl von Aspekten und sind daher inhaltlich nur schwer zu präzisieren.[184] Die **Interdependenzen** zwischen den einzelnen Arten von Länderrisiken verstärken diesen Umstand.[185] Die wirtschaftlichen Entwicklungen eines Landes sind regelmäßig die Konsequenz politischer Entscheidungen der Regierung eines Landes (oder umgekehrt) und haben mithin Einfluss auf die Entwicklung des Wechselkurses.[186] Die einzelnen Arten von Länderrisiken sind **nicht trennscharf voneinander** und es kann i. d. R. **keine eindeutige Ursachen-Wirkungs-Beziehung** für Länderrisiken definiert werden.

Ferner bewirken teilweise **schlechtere Informationsmöglichkeiten im Ausland** eine geringere Prognose- und Beurteilungssicherheit für Länderrisiken als bei inländischen Risiken.[187] Auch deshalb ist im Rahmen einer internationalen Unternehmensbewertung der Einfluss von Länderrisiken auf ein Bewertungsobjekt regelmäßig **schwierig zu quantifizieren**.[188] Die Schwierigkeit der Quantifizierung bezieht sich auf den Einfluss sowohl aktueller als auch (in einem größeren Maße) auf die Zukunft liegende, länderrisikobezogene Geschehnisse.[189] Nach BÜSCHGEN ist das **Prognoseproblem** die größte Herausforderung bei der Beurteilung von Länderrisiken und besteht in der Aufgabe, die gesammelten Informationen über die länderspezifischen Risiken auszuwerten und in ein möglichst zutreffendes Risikourteil zu transformieren.[190]

Vor allem politische und mikroökonomische Länderrisiken haben häufig einen qualitativen Charakter. Länderrisiken sind **keine objektiv feststellbaren Größen**, die z. B. unmittelbar am

---

[182] Vgl. KLEEBINDER, S., Länderrisiken, S. 448.
[183] Vgl. dazu auch ENGELHARD, J., Länderrisiken, S. 369.
[184] Vgl. dazu auch ALTMANN, J., Außenwirtschaft, S. 292; DJUKANOV, V./KEUPER, F., Grenzüberschreitende Unternehmensbewertungen, S. 1315, Tz. 50.
[185] Vgl. OLSSON, C., Risk management in Emerging Markets, S. 220; BEKAERT, G. U. A., Political Risk Spreads, S. 476. Interdependenzen können nicht nur zwischen den einzelnen Arten von Länderrisiken innerhalb eines Landes, sondern auch zwischen den Risiken in einzelnen oder mehreren souveränen Staaten bestehen. Solche zwischenstaatlichen Risikobeziehungen werden als sog. Ländergruppenrisiko bezeichnet. Vgl. dazu BURGER, A./AHLEMEYER, N./ULBRICH, P., Beteiligungscontrolling, S. 637 f.; KOCHALUMOTTIL, B., Länderrisiken, S. 15; BÜSCHGEN, H. E., Finanzmanagement, S. 292.
[186] Vgl. BEKAERT, G./HODRICK, R. J., Financial Management, S. 603 f.; DRESEL, T., Quantifizierung von Länderrisiken, S. 581; CLOES, R., Länderrisiko, S. 21; BALLEIS, S. M., Politische Risiken, S. 94 f.; MROTZEK, R., Auslandsinvestitionen, S. 95.
[187] Vgl. STEIN, I., Investitionsrechnungsmethoden, S. 592; BÜSCHGEN, H. E., Finanzmanagement, S. 290; BAXMANN, U. G., Länderrisiken, S. 9; ALTMANN, J., Außenwirtschaft, S. 292.
[188] Vgl. KLEEBINDER, S., Länderrisiken, S. 448; STARP, W.-D., Ausländische Bewertungsobjekte, S. 643; CLOES, R., Länderrisiko, S. 17; BAXMANN, U. G., Länderrisiken, S. 62.
[189] Vgl. BRAUN, C., Länderrisikobewertung, S. 22.
[190] Vgl. BÜSCHGEN, H. E., Finanzmanagement, S. 301.

Kapitalmarkt zu beobachten sind.[191] Es ist daher erforderlich, nach Möglichkeiten zu suchen, die beobachtbaren risikoverursachenden Größen einerseits und Länderrisiken mit Einfluss auf den Zahlungsstrom eines Bewertungsobjektes andererseits zu verbinden.

Die jeweilige **Wirkung** von Länderrisiken ist außerdem regelmäßig branchen- oder sogar unternehmensspezifisch.[192] Das Ausmaß des Einflusses einer einzelnen Länderrisikoart auf die wirtschaftliche Situation eines Unternehmens hängt dabei v. a. von der jeweiligen Form der Geschäftstätigkeit und dem Geschäftsmodell des ausländischen Unternehmens ab.[193] So beeinflussen Länderrisiken ein im Ausland ansässiges Tochterunternehmen, das innerhalb eines Konzerns als Produktionsstätte fungiert und Vorprodukte von Konzernunternehmen aus anderen Ländern verarbeitet, in einem geringeren Maße als ein Unternehmen, das im entsprechenden Land wirtschaftlich verankert ist, dort seine Beschaffungs- sowie Absatzmärkte hat und von der Muttergesellschaft lediglich finanziert wird.[194] Demnach sind nicht alle Branchen oder Unternehmen eines Landes in gleichem Maße von Länderrisiken betroffen. Folglich ist der **ökonomische Einfluss** von Länderrisiken auf das jeweilige Bewertungsobjekt mitunter sehr unterschiedlich und ist **individuell** im Bewertungskalkül zu berücksichtigen.

Im Ergebnis sind Länderrisiken ein **heterogenes Bündel von Risiken**, mit **interdependenten Risikobestandteilen**, die im Rahmen einer Unternehmensbewertung nicht isoliert betrachtet werden können. Als bewertungsrelevantes Attribut von Länderrisiken ist daher festzuhalten, dass der Einfluss von Länderrisiken auf das Bewertungsobjekt regelmäßig **schwierig zu quantifizieren** ist. Außerdem ist der **ökonomische Einfluss** von Länderrisiken auf den Unternehmenswert **bewertungsobjektspezifisch**.

Nach dem CAPM werden Risiken nach systematischen und unsystematischen Risiken klassifiziert. Diese Abgrenzung ist für die Unternehmensbewertung insofern relevant, als die jeweilige Ausprägung der betrachteten Risiken darüber entscheidet, ob die Risiken unter Gebrauch des CAPM bei der Bestimmung der Eigenkapitalkosten in diesen quantitativ berücksichtigt sein müssen (systematische Risiken) oder aufgrund der Annahme eines diversifizierten Investors

---

[191] Vgl. hier und im folgenden Satz ZWIRNER, C./PETERSEN, K./ZIMNY, G., Länderrisiken in der Unternehmensbewertung, S. 1059, Tz. 20; STARP, W.-D., Ausländische Bewertungsobjekte, S. 643; POIGNANT-ENG, C., Messung von Länderrisiken, S. 18 f.
[192] Vgl. exemplarisch LEVI, M. D., International Finance, S. 466.
[193] Vgl. dazu BLEUEL, H.-H./SCHMITTING, W., Risikomanagement, S. 80–83; GROßFELD, B./EGGER, U./TÖNNES, W. A., Recht der Unternehmensbewertung, S. 234, Tz. 989; IHLAU, S./DUSCHA, H./KÖLLEN, R., Länderrisiken, S. 1328. Die Wirkung von Länderrisiken ist nicht *per se* auf ausländische Geschäftstätigkeiten beschränkt. Sowohl marktfremde als auch heimische Unternehmen können dem Einfluss von Länderrisiken ausgesetzt sein. Vgl. RULLKÖTTER, N., Politische Länderrisiken, S. 23 i. V. m. HOWELL, L. D./CHADDICK, B., Models of Political Risk, S. 71. Gleichwohl existieren Länderrisikoarten, denen ausschließlich ausländische Investoren ausgesetzt sind. Dazu zählen z. B. die Möglichkeit der Nationalisierung oder Transferrisiken. Vgl. PEEMÖLLER, V. H./KUNOWSKI, S./HILLERS, J., Kapitalisierungszinssatz, S. 624.
[194] Vgl. hierzu GROßFELD, B./EGGER, U./TÖNNES, W. A., Recht der Unternehmensbewertung, S. 234, Tz. 989.

nicht berücksichtigt werden dürfen (unsystematische Risiken). Im Folgenden wird daher untersucht, inwiefern einzelne Arten von Länderrisiken als systematische oder als unsystematische Risiken i. S. d. CAPM zu charakterisieren sind.

224. Risikocharakter von Länderrisiken i. S. d. CAPM

Länderrisiken sind je nach Ausprägung in Abhängigkeit der eingenommenen Bewertungsperspektive und ihrer Wirkung auf den betrachteten Markt i. S. d. CAPM systematischer oder unsystematischer Natur. Die jeweilige **Klassifizierung des Risikocharakters i. S. d. CAPM** einer Länderrisikoart hat Einfluss auf die Berücksichtigung im Bewertungskalkül.[195] **Systematische Risiken** sind i. S. d. CAPM quantitativ in den Eigenkapitalkosten enthalten und simultan in den Zahlungsströmen des Bewertungsobjektes zu berücksichtigen.[196] Sofern Länderrisiken als **unsystematische Risiken** zu qualifizieren sind, müssen diese Risiken i. S. d. CAPM aufgrund der Möglichkeit, diese durch Portfoliobildung zu diversifizieren, lediglich im Zahlungsstrom explizit erfasst werden. Unsystematische Risiken beeinflussen die Höhe der Eigenkapitalkosten demnach nicht. Bei der folgenden Analyse wird die **Bewertungsperspektive eines auf einem nationalen Kapitalmarkt diversifizierten Investors** eingenommen.[197] Falls von einem international diversifizierten Anleger ausgegangen würde, können Länderrisiken im globalen Kontext regelmäßig diversifiziert werden und sind als unsystematisch zu qualifizieren.[198]

Ob Länderrisiken **i. S. d. CAPM** nicht-diversifizierbar, also systematisch, oder diversifizierbar, also unsystematisch, sind, wird im Schrifttum v. a. im Hinblick auf die **politischen Risiken** intensiv behandelt.[199] Das Schrifttum ist sich weitestgehend einig, dass aufgrund der unternehmensindividuellen Wirkung der Großteil der politisch induzierten Risiken unsystematischer Natur ist und folgerichtig diversifiziert werden kann.[200] Wenn Eigentumsrisiken, wie z. B. regulatorische Maßnahmen oder Transferbeschränkungen, den Gesamtmarkt eines Landes betreffen, sind diese Arten von Länderrisiken indes als systematische Risiken zu charakterisieren.

---

[195] Vgl. BRÜHL, V., Länderrisiken, S. 62.
[196] Vgl. hier und in den folgenden beiden Sätzen DÖRSCHELL, A./FRANKEN, L./SCHULTE, J., Kapitalisierungszinssatz, S. 16 f., sowie zu den Grundlagen des CAPM Abschn. 352.311.
[197] Bei Unternehmensbewertungen in Deutschland werden die CAPM-Parameter regelmäßig mit Bezug zum deutschen Kapitalmarkt abgeleitet. Dieses Vorgehen impliziert die Annahme, dass das deutsche Bewertungssubjekt nur auf dem deutschen Kapitalmarkt diversifiziert ist. Vgl. zum allgemeinen Vorgehen der Bestimmung der CAPM-Parameter im deutschen Bewertungskontext Abschn. 352.312. bis 352.314.
[198] Vgl. m. w. N. HERRMANN, F., Emerging Markets, S. 39; GANN, J., Investitionsentscheidungen, S. 123 f.
[199] Vgl. dazu exemplarisch DAMODARAN, A., Country Risk – The 2020 Edition, S. 52 f.; KRUSCHWITZ, L./LÖFFLER, A./MANDL, G., Damodarans Country Risk Premium, S. 174.
[200] Vgl. RULLKÖTTER, N., Politische Länderrisiken, S. 35; BEKAERT, G./HODRICK, R. J., Financial Management, S. 620; ERNST, D./GLEIẞNER, W., Damodarans Länderrisikoprämie – Eine Ergänzung, S. 1254; KRUSCHWITZ, L./LÖFFLER, A./MANDL, G., Damodarans Country Risk Premium, S. 174; HACHMEISTER, D./RUTHARDT, F./UNGEMACH, F., Bestimmung der Kapitalkosten, S. 235; BURGER, A./AHLEMEYER, N./ULBRICH, P., Beteiligungscontrolling, S. 641; BRÜHL, V., Länderrisiken, S. 64; KOLLER, T./GOEDHART, M./WESSELS, D., Valuation, S. 694; LEVI, M. D., International Finance, S. 119; GLEIẞNER, W., Länderrisikoprämien, S. 943. Vgl. als Replik auf FRANKEN/SCHULTE kritisch dazu, systematische Risiken mit gesamtwirtschaftlichen Risiken sowie unsystematische Risiken mit unternehmensindividuellen Risiken im Rahmen des CAPM gleichzusetzen, ZEIDLER, G. W./BERTRAM, I./WIESE, J., Systematische und unsystematische Risiken, S. 134 f. i. V. m. FRANKEN, L./SCHULTE, J., Systematische und unsystematische Risiken, S. 95–97.

Nach der in dieser Arbeit gewählten Differenzierung von politischen Risiken sind **politische Makro-Risiken**[201] solche Risiken, die sich *per se* auf die Renditen des Gesamtmarktes eines Landes oder sogar länderübergreifend auswirken. Die politischen Makro-Risiken sind demnach als systematische Risiken zu klassifizieren. Diese Risiken können nicht durch Portfoliobildung diversifiziert werden.

Für die Kategorisierung der **auslandsmarktbezogenen Risiken** nach systematischen und unsystematischen Risiken i. S. d. CAPM ist die **Unterscheidung zwischen mikroökonomischen und makroökonomischen Risiken**, die in einem Land vorherrschen, von Bedeutung. *Per definitionem* wirken makroökonomische Risiken auf den gesamten Markt eines Landes und repräsentieren folglich eine systematische Risikokomponente.[202] Mikroökonomische Risiken wirken regelmäßig individuell auf ein Unternehmen und sind demnach als unsystematisch zu klassifizieren. Mikroökonomische Risiken können daher diversifiziert werden und beeinflussen die Höhe der Eigenkapitalkosten i. S. d. CAPM nicht.

Für die Klassifizierung des Risikocharakters von Wechselkursrisiken i. S. d. CAPM ist zwischen dem Transaktionsrisiko und dem ökonomischen Wechselkursrisiko zu differenzieren. Ein **Transaktionsrisiko** besteht dann, wenn ein Unternehmen entweder Devisenbestände hält oder in fremder Währung denominierte Forderungen oder Verbindlichkeiten besitzt. Dieses Risiko tritt im Moment der Währungstransformation auf. Das Management von Fremdwährungspositionen ist unternehmensindividuell und hat somit keinen signifikanten Einfluss auf den Gesamtmarkt eines Landes. Transaktionsrisiken sind demnach **unsystematischer Natur** und können durch Portfoliobildung diversifiziert werden.

Wird von einem international diversifizierten Bewertungssubjekt ausgegangen, fließen diesem Bewertungssubjekt regelmäßig Zahlungsströme in unterschiedlichen Währungen zu,[203] die für die Unternehmensbewertung in die Heimatwährung des Bewertungssubjektes umzurechnen sind. Die wechselkursbedingten Schwankungen dieser Zahlungsströme sind dabei nicht vollständig positiv miteinander korreliert[204] und können demzufolge durch Portfoliobildung diver-

---

[201] Vgl. zu den politischen Makro-Risiken Abschn. 222.1.
[202] Vgl. im Kontext von Inflationsrisiken PEEMÖLLER, V. H./KUNOWSKI, S./HILLERS, J., Kapitalisierungszinssatz, S. 628 f.
[203] Vgl. hier und im folgenden Satz KOLLER, T./GOEDHART, M./WESSELS, D., Valuation, S. 518 f.; BURGER, A./AHLEMEYER, N./ULBRICH, P., Beteiligungscontrolling, S. 632; LEVI, M. D., International Finance, S. 435; PEEMÖLLER, V. H./KUNOWSKI, S./HILLERS, J., Kapitalisierungszinssatz, S. 628; HACHMEISTER, D./RUTHARDT, F./UNGEMACH, F., Bestimmung der Kapitalkosten, S. 235; BRÜHL, V., Länderrisiken, S. 63; SCHOLZ, J., Internationale Akquisitionen, S. 299; LESSARD, D. R., Country Risk, S. 59; JORION, P., Exchange-Rate Exposure, S. 343; FRANKEL, J. A., Diversifiability of exchange risk, S. 392.
[204] Der Grad der Korrelation wird mit dem sog. Korrelationskoeffizienten gemessen, der Werte zwischen „-1" und „+1" annehmen kann. Ein Korrelationskoeffizient von „-1" sagt aus, dass eine perfekte negative Beziehung vorliegt, während ein Korrelationskoeffizienten von „+1" eine perfekte positive Beziehung beschreibt. Bei einem Korrelationskoeffizienten von „0" liegt keine Korrelation vor. Wenn sich zwei Variablen gleich bewegen, sind diese positiv korreliert. Eine negative Korrelation impliziert, dass sich zwei Variablen gegensätzlich bewegen. Wenn sich zwei Variablen in einem zufälligen Verhältnis zueinander bewegen, sind sie weder negativ noch positiv korreliert. Vgl. FAHRMEIR, L. U. A., Statistik, S. 126 f.

sifiziert werden. Die Wirkung des **ökonomischen Wechselkursrisikos**, die die Wettbewerbsfähigkeit und mithin den Wert eines Bewertungsobjektes beeinflussen kann, ist somit als **unsystematischer Bestandteil** von Länderrisiken zu klassifizieren. Indes beeinflussen Erwartungen über die Entwicklung eines Wechselkurses von Investoren aus anderen Währungsräumen die Renditen des lokalen Aktienmarktes, sodass ökonomische Wechselkursrisiken **auch systematischer Natur sein können.**[205]

Aufgrund der verschiedenen Ausprägungen von Länderrisiken kann die Frage nach der Klassifizierung von Länderrisiken i. S. d. CAPM nicht pauschal, sondern nur mit Blick auf den Diversifikationsgrad des Bewertungssubjektes und der Wirkung der einzelnen Risiken auf den Gesamtmarkt beantwortet werden. Abbildung 2-4 zeigt die Ausprägungen der Länderrisikoarten sowie deren Risikocharakter i. S. d. CAPM:

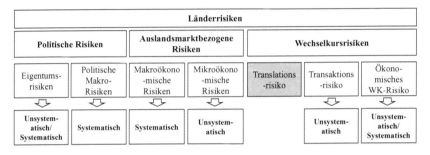

Abbildung 2-4: Risikocharakter von Länderrisiken i. S. d. CAPM

Nachdem die Arten von Länderrisiken für diese Arbeit definiert und konkretisiert wurden, werden im folgenden Kapitel die konzeptionellen Grundlagen der Unternehmensbewertung erläutert, um darauf aufbauend die Berücksichtigung von Länderrisiken in der Unternehmensbewertung diskutieren zu können. Dafür werden zunächst die verschiedenen Werttheorien der Unternehmensbewertung erörtert. Das konkrete Vorgehen bei der Durchführung einer Unternehmensbewertung i. S. d. funktionalen Werttheorie hängt von der Funktion der jeweiligen Unternehmensbewertung ab. Daher werden zudem die Funktionslehre der Kölner Schule und daran anknüpfend die Funktionssystematik des IDW S 1 i. d. F. 2008 erläutert. Die Funktionen des Wirtschaftsprüfers bei einer Unternehmensbewertung nach IDW S 1 i. d. F. 2008 sind weiterhin mit unterschiedlichen zu verwendenden Wertkonzeptionen verbunden. Auch diese werden im Folgenden behandelt. Im Fokus steht dabei die Erläuterung des objektivierten Unternehmenswerts. Da der Bewertungsanlass die Funktion des Wirtschaftsprüfers und mithin die Wertkonzeption der jeweiligen Unternehmensbewertung bestimmt, werden auch die verschiedenen

---

[205] Vgl. PEEMÖLLER, V. H./KUNOWSKI, S./HILLERS, J., Kapitalisierungszinssatz, S. 628; ERNST, D./SCHNEIDER, S./THIELEN, B., Unternehmensbewertungen, S. 56; BREITENBÜCHER, U./ERNST, D., Einfluss von Basel II auf die Unternehmensbewertung, S. 93.

Bewertungsanlässe nach der Differenzierung des IDW S 1 i. d. F. 2008 mit Blick auf die Relevanz der Berücksichtigung von Länderrisiken und der Bedeutung eines objektivierten Unternehmenswerts erläutert und konkretisiert. Bei der Beschreibung der konzeptionellen Grundlagen wird darüber hinaus auf das FCF-WACC-Verfahren der Unternehmensbewertung eingegangen. Länderrisiken sind regelmäßig bei internationalen Unternehmensbewertungen zu berücksichtigen, weshalb im folgenden Kapitel zudem die Methoden der Unternehmensbewertung mit in Fremdwährung denominierten Zahlungsströmen und die Handlungsempfehlungen des IDW zur Berücksichtigung von Länderrisiken bei einer internationalen Unternehmensbewertung beschrieben werden. Letztlich werden Würdigungskriterien für die anknüpfende Analyse abgeleitet.

3 Konzeptionelle Grundlagen der Unternehmensbewertung

31 Werttheorien der Unternehmensbewertung

Die Entwicklung der in Deutschland bestehenden Bewertungskonzeption wurde durch die **Interpretation der betriebswirtschaftlichen Wertkonzeption** eines Unternehmens dominiert.[206] Der Diskurs über die Interpretation wurde maßgeblich durch die Ansichten der objektiven und subjektiven Werttheorie sowie der funktionalen Werttheorie bestimmt.[207]

Die **objektive Werttheorie** hat sich Anfang der 1950er Jahre in der Unternehmensbewertungstheorie in Deutschland etabliert und ist die älteste der genannten Theorien.[208] Im Kern unterstellt die objektive Werttheorie, dass der Unternehmenswert eine dem Unternehmen innewohnende Eigenschaft ist.[209] Der Unternehmenswert besteht für jedermann und ist insofern unabhängig vom konkreten Bewertungssubjekt.[210] Diese Denkweise beherrschte die Literatur der Unternehmensbewertung bis in die 1960er Jahre,[211] ehe die subjektive Werttheorie Einzug in die Theorie der Unternehmensbewertung fand.[212] Die **subjektive Werttheorie** stellt den Gebrauchswert eines Bewertungsobjektes, der sich nach den individuellen Vorstellungen und Planungen eines Bewertungssubjektes ergibt, in den Vordergrund.[213] Der Wert eines Unternehmens kann nach dieser Theorie für jedes Bewertungssubjekt unterschiedlich sein.

Die **funktionale Werttheorie** hat sich Mitte der 1970er Jahre in Deutschland etabliert und baut grundlegend auf den Arbeiten der sog. Kölner Schule auf.[214] Diese Werttheorie definiert vier Prinzipien, die im Rahmen einer Unternehmensbewertung zu berücksichtigen sind: Das Prinzip der Zweckabhängigkeit, der Subjektivität, der Zukunftsbezogenheit und der Gesamtbewertung.

---

[206] Vgl. MATSCHKE, M. J./BRÖSEL, G., Unternehmensbewertung, S. 14.
[207] Vgl. dazu KUHNER, C./MALTRY, H., Unternehmensbewertung, S. 57–61. Die in Deutschland gängige Differenzierung verschiedener Bewertungskonzeptionen ist im internationalen Kontext häufig unbekannt oder weicht von der deutschen Differenzierung ab. Nach der in Deutschland gängigen Differenzierung der einzelnen Wertkonzeptionen bildet das objektive Bewertungskonzept die allgemeingültige Verständnisbasis der angelsächsischen Bewertungslehre. Vgl. dazu DJUKANOV, V./KEUPER, F., Grenzüberschreitende Unternehmensbewertungen, S. 1309 f., Tz. 27.
[208] Vgl. PEEMÖLLER, V. H., Wert und Werttheorien, S. 5. Bei der Entwicklung dieser Theorie ist die Arbeit von MELLEROWICZ, K., Wert der Unternehmung, hervorzuheben. Vgl. dazu auch MATSCHKE, M. J., Funktionale Unternehmensbewertung, S. 33, Tz. 1.
[209] Vgl. SCHULTZE, W., Methoden der Unternehmensbewertung, S. 7.
[210] Vgl. MATSCHKE, M. J./BRÖSEL, G., Unternehmensbewertung, S. 14.
[211] Vgl. PEEMÖLLER, V. H., Wert und Werttheorien, S. 5.
[212] Einen entscheidenden Einfluss auf diesen Paradigmenwechsel in der Unternehmensbewertung hatten die Arbeiten von BUSSE VON COLBE, W., Zukunftserfolgswert, sowie MÜNSTERMANN, H., Wert und Bewertung der Unternehmung. Vgl. dazu MATSCHKE, M. J./BRÖSEL, G., Unternehmensbewertung, S. 18.
[213] Vgl. hier und im folgenden Satz PEEMÖLLER, V. H., Wert und Werttheorien, S. 6 f.
[214] Vgl. MATSCHKE, M. J./BRÖSEL, G., Unternehmensbewertung, S. 22. Vgl. für eine chronologische Auflistung der Arbeiten zur Entwicklung der funktionalen Unternehmensbewertung MATSCHKE, M. J., Funktionale Unternehmensbewertung, S. 33, Fn. 2.

Das **Prinzip der Zweckabhängigkeit** ist für die funktionale Werttheorie das zentrale Prinzip.[215] Durch dieses Prinzip wird der Versuch unternommen, die konträren Ansichten der objektiven und der subjektiven Werttheorie zu verbinden.[216] Ein universell geltender Wert eines Unternehmens und ein in jeder Bewertungssituation passendes Bewertungsverfahren existieren i. S. d. funktionalen Werttheorie nicht.[217] Gemäß dem Prinzip der Zweckabhängigkeit wird der „Wert eines Bewertungsobjektes [..] im Hinblick auf eine gegebene **Zielsetzung** unter Berücksichtigung des **Entscheidungsfelds** des Bewertenden abgeleitet"[218]. Für die funktionale Betrachtungsweise ist zu untersuchen, welche Aufgabe die Bewertung hat und wie die Bestimmung des Unternehmenswerts vom identifizierten Bewertungszweck abhängt.[219] Dabei ist der Bewertungszweck im Vorfeld der Bewertung festzulegen. Der definierte Bewertungszweck hat Einfluss darauf, welche Verfahren verwendet und welche Annahmen der jeweiligen Unternehmensbewertung zugrunde liegen sollen.[220]

Aufbauend auf dem festgelegten Bewertungszweck ist der Unternehmenswert nach dem **Prinzip der Subjektivität** situationsspezifisch unter Berücksichtigung der individuellen Vorstellungen und Planungen des Bewertungssubjektes zu bestimmen.[221] Die Gesamtheit der unternehmerischen Handlungsmöglichkeiten des Bewertungssubjektes werden im Einklang mit den Ansichten der subjektiven Werttheorie bei der Unternehmensbewertung berücksichtigt.[222]

Als ein weiteres Prinzip der funktionalen Werttheorie besagt das **Prinzip der Zukunftsbezogenheit**, dass sich der Wert eines Unternehmens aus den in der Zukunft zu erwartenden finanziellen Erfolgen des Unternehmens ergibt.[223] In der Vergangenheit realisierte Erfolge sind dabei lediglich ein Indikator für die Prognose der künftigen Erfolge.[224] Da das Bewertungssubjekt im Bewertungszeitpunkt weder den genauen künftigen finanziellen Nutzen des Bewertungsobjektes noch die Handlungsalternativen und die damit verbundenen Konsequenzen kennt, impliziert die Zukunftsbezogenheit der Unternehmensbewertung die Existenz von Unsicherheit.[225]

---

[215] Vgl. MATSCHKE, M. J./BRÖSEL, G., Funktionale Unternehmensbewertung, S. 7.
[216] Vgl. MATSCHKE, M. J./BRÖSEL, G., Funktionale Unternehmensbewertung, S. 7.
[217] Vgl. MATSCHKE, M. J./BRÖSEL, G., Unternehmensbewertung, S. 23.
[218] PEEMÖLLER, V. H., Wert und Werttheorien, S. 7.
[219] Vgl. MATSCHKE, M. J./BRÖSEL, G., Unternehmensbewertung, S. 23.
[220] Vgl. m. w. N. KOELEN, P., Bewertungskalküle, S. 49.
[221] Vgl. MATSCHKE, M. J., Grundzüge der funktionalen Unternehmensbewertung, S. 33, Tz. 2.
[222] Vgl. PEEMÖLLER, V. H., Wert und Werttheorien, S. 7.
[223] Vgl. SCHMALENBACH, E., Die Werte von Anlagen und Unternehmungen, S. 1; POOTEN, H., Grundsätze ordnungsmäßiger Unternehmensbewertung, S. 114.
[224] Vgl. MÜNSTERMANN, H., Wert und Bewertung der Unternehmung, S. 20 f.
[225] Vgl. MATSCHKE, M. J./BRÖSEL, G., Unternehmensbewertung, S. 20.

Das **Prinzip der Gesamtbewertung** fordert, dass das Unternehmen im Ganzen zu bewerten ist.[226] Die erfolgreiche Verbindung immaterieller und materieller Vermögenswerte eines Unternehmens beeinflusst den Zukunftserfolg eines Unternehmens.[227] Bestehende Interdependenzen und realisierbare Synergien zwischen den einzelnen Produktionsgütern sind in der Bewertung zu berücksichtigen.[228]

Unternehmensbewertungen können unterschiedlichen Zwecken dienen.[229] Wie bereits erläutert, ist die Funktion der Bewertung und somit der Bewertungszweck i. S. d. funktionalen Werttheorie im Vorfeld der Bewertung festzulegen. Im Folgenden werden aufgrund der Relevanz der Bewertungsfunktion für die Unternehmensbewertung die Funktionslehre der Kölner Schule und daran anknüpfend die Funktionssystematik des IDW erläutert.

3.2 Funktionslehre der Unternehmensbewertung

Die Funktionslehre der **Kölner Schule** systematisiert die Funktionen der Unternehmensbewertung nach Haupt- und Nebenfunktionen. Als **Hauptfunktionen** der Unternehmensbewertung sind die Entscheidungs-, Vermittlungs- und Argumentationsfunktion zu betrachten.[230] Diese Funktionen beziehen sich auf Konfliktsituationen zwischen Verhandlungsparteien, in denen der Unternehmenswert im Rahmen einer Änderung der Eigentumsverhältnisse am Bewertungsobjekt zu bestimmen ist.[231]

Im Sinne der **Entscheidungsfunktion** wird der subjektive Grenzpreis eines Bewertungssubjektes in Form eines Entscheidungswerts ermittelt. Der Entscheidungswert entspricht dem Grenzpreis einer Verhandlungspartei in einer Konfliktsituation, bei dem das Bewertungssubjekt durch die Transaktion finanziell nicht schlechter gestellt wird.[232] Unter der Annahme rational handelnder Verhandlungsparteien gibt dieser Grenzpreis für den potenziellen Verkäufer (potenziellen Käufer) den minimal zu fordernden (maximal zu zahlenden) Preis für das Bewertungsobjekt wieder.[233] Der Entscheidungswert dient als Ausgangspunkt der Wertermittlung im Rahmen der anderen beiden Hauptfunktionen.[234]

---

[226] Vgl. MATSCHKE, M. J./BRÖSEL, G., Unternehmensbewertung, S. 23 i. V. m. S. 20.
[227] Vgl. MÜNSTERMANN, H., Wert und Bewertung der Unternehmung, S. 20.
[228] Vgl. POOTEN, H., Grundsätze ordnungsmäßiger Unternehmensbewertung, S. 116.
[229] Vgl. MOXTER, A., Unternehmensbewertung, S. 6.
[230] Vgl. SIEBEN, G., Entscheidungswert in der Funktionenlehre, S. 492 f.; MATSCHKE, M. J./BRÖSEL, G., Unternehmensbewertung, S. 52; PEEMÖLLER, V. H., Wert und Werttheorien, S. 8–11.
[231] Vgl. ZWIRNER, C./PETERSEN, K., Entscheidungsfunktion, S. 179, Tz. 2.
[232] Vgl. MATSCHKE, M. J./BRÖSEL, G., Unternehmensbewertung, S. 53 f.; ZWIRNER, C./PETERSEN, K., Entscheidungsfunktion, S. 180, Tz. 6.
[233] Vgl. HAYN, M., Funktionale Wertkonzeptionen, S. 1347.
[234] Vgl. SIEBEN, G., Entscheidungswert in der Funktionenlehre, S. 504; MATSCHKE, M. J./BRÖSEL, G., Unternehmensbewertung, S. 53.

In der **Vermittlungsfunktion** wird ein Arbitriumwert[235] bestimmt, der einen fairen Preis zwischen den subjektiven Wertvorstellungen der beteiligten Parteien repräsentieren und so zur Einigung über die Transaktion beitragen soll.[236] Um einen solchen Kompromiss zu finden, müssen alle parteispezifischen Interessen und Grenzpreise bekannt sein. Die Entscheidungswerte der jeweiligen Verhandlungsparteien definieren den monetären Einigungsbereich der Transaktion, innerhalb dessen der Arbitriumwert zu bestimmen ist.[237]

Ein parteiischer Argumentationswert wird in der **Argumentationsfunktion** ermittelt. Dieser Wert basiert auf Argumenten zur Stärkung der Verhandlungsposition des Bewertungssubjektes und soll mithin die Verhandlungsposition des Verhandlungspartners schwächen.[238] Ziel i. S. d. Argumentationsfunktion ist es, dass die gegnerische Verhandlungspartei einen Transaktionspreis möglichst nah an ihrem Entscheidungswert akzeptiert.[239]

Als **Nebenfunktionen** der Unternehmensbewertung werden die Informations-, die Steuerbemessungs- und die Vertragsgestaltungsfunktion genannt.[240] Das den Nebenfunktionen jeweils zugrunde liegende Bewertungskonzept ist weitestgehend durch fiskalische, handelsrechtliche oder vertragliche Normen fixiert.[241] Unternehmensbewertungen in den Nebenfunktionen resultieren nicht in einer Änderung der Eigentumsverhältnisse am Bewertungsobjekt.[242]

Aufbauend auf dem beschriebenen Ansatz der Kölner Schule zur Differenzierung der Funktionen der Unternehmensbewertung, systematisiert das IDW die Funktionen der Unternehmensbewertung nach den **Tätigkeiten des Wirtschaftsprüfers**, die dieser im Rahmen der Durchführung von Unternehmensbewertungen ausüben kann.[243] Nach IDW S 1 i. d. F. 2008 kann der

---

[235] Synonym zu dem Begriff Arbitriumwert werden die Begriffe Vermittlungswert oder Schiedsspruchwert verwendet. Vgl. dazu exemplarisch ZWIRNER, C./PETERSEN, K., Vermittlungsfunktion, S. 481, Tz. 3.
[236] Vgl. hier und im folgenden Satz MATSCHKE, M. J./BRÖSEL, G., Unternehmensbewertung, S. 53; PEEMÖLLER, V. H., Wert und Werttheorien, S. 9 f.
[237] Vgl. PEEMÖLLER, V. H., Wert und Werttheorien, S. 9. Abhängig von der Beziehung der Konfliktparteien zueinander ist für die Preisverhandlungen zwischen nicht-dominierten und dominierten Konfliktsituationen zu unterscheiden. Im nicht-dominierten Fall kann die Transaktion nicht gegen den Willen einer der Parteien erzwungen werden. Die Transaktion kommt zustande, sofern der Entscheidungswert des potenziellen Käufers mindestens so hoch ist wie der Entscheidungswert des potenziellen Verkäufers. Im dominierten Konfliktfall kann auch gegen den Willen einer der konfligierenden Parteien ein Arbitriumwert bestimmt und somit die Änderung der Eigentumsverhältnisse forciert werden. Vgl. dazu HAYN, M., Funktionale Wertkonzeptionen, S. 1347. Vgl. für einen Überblick der nicht-dominierten und dominierten Konfliktsituationen DRUKARCZYK, J./SCHÜLER, A., Unternehmensbewertung, S. 3–8.
[238] Vgl. SIEBEN, G., Entscheidungswert in der Funktionenlehre, S. 493; MATSCHKE, M. J./BRÖSEL, G., Unternehmensbewertung, S. 53 f.
[239] Vgl. HAYN, M., Funktionale Wertkonzeptionen, S. 1347; ZWIRNER, C./PETERSEN, K., Argumentationsfunktion, S. 244, Tz. 3. ZWIRNER/PETERSEN testieren dem Argumentationswert eine besondere praktische Bedeutung, da Bewertungsgutachten, die innerhalb von Verhandlungen von den einzelnen Konfliktparteien erstellt werden, regelmäßig dazu dienen sollen, die eigene Verhandlungsposition zu stärken. Vgl. ZWIRNER, C./PETERSEN, K., Argumentationsfunktion, S. 243 f., Tz. 1 f. i. V. m. MATSCHKE, M. J./BRÖSEL, G., Unternehmensbewertung, S. 610.
[240] Vgl. zu den Nebenfunktionen der Unternehmensbewertung PEEMÖLLER, V. H., Wert und Werttheorien, S. 13.
[241] Vgl. HAYN, M., Funktionale Wertkonzeptionen, S. 1347.
[242] Vgl. ZWIRNER, C./PETERSEN, K., Nebenfunktionen, S. 683, Tz. 1.
[243] Vgl. HAYN, M., Funktionale Wertkonzeptionen, S. 1347.

Wirtschaftsprüfer bei einer Unternehmensbewertung als Berater, Schiedsgutachter oder neutraler Gutachter agieren.[244]

Im Sinne der Entscheidungsfunktion wird der Wirtschaftsprüfer als **Berater** tätig, um einen **subjektiven Entscheidungswert** zu ermitteln.[245] Dabei berücksichtigt er individuelle Planungen und Annahmen seines Mandanten. Abhängig davon, ob der Wirtschaftsprüfer einen möglichen Käufer oder Verkäufer berät, ermittelt der Wirtschaftsprüfer eine Preisober- oder Preisuntergrenze auf der Grundlage eines betriebswirtschaftlichen Kalküls. Als **Schiedsgutachter** soll der Wirtschaftsprüfer eine Konfliktsituation schlichten und einen fairen Einigungspreis als Kompromiss für zwei Parteien vorschlagen („Schiedswert"). In dieser Position erfüllt der Wirtschaftsprüfer die **Vermittlungsfunktion**. Daneben wird in IDW S 1 i. d. F. 2008 für Wirtschaftsprüfer die **Funktion des neutralen Gutachters** beschrieben. In der Rolle des neutralen Gutachters ermittelt der Wirtschaftsprüfer als Sachverständiger, unabhängig von den individuellen Vorstellungen der beteiligten Parteien, einen sog. **objektivierten Unternehmenswert**.[246]

Mit den Funktionen des Wirtschaftsprüfers bei einer Unternehmensbewertung sind unterschiedliche **Wertkonzeptionen** verbunden. Im nächsten Abschnitt werden daher die in IDW S 1 i. d. F. 2008 definierten Wertkonzeptionen behandelt.

33 Wertkonzeptionen nach IDW S 1 i. d. F. 2008

Die Funktion des neutralen Gutachters gilt als wesentliche Bewertungsfunktion für den Wirtschaftsprüfer.[247] Wirtschaftsprüfer sind bspw. oftmals als **neutraler Gutachter** im Rahmen von Bewertungsanlässen tätig, die unabhängig vom Willen der betroffenen Eigentümer des Unternehmens sind und an die Einhaltung gesetzlicher Regeln gebunden sind.[248]

Als neutraler Gutachter hat der Wirtschaftsprüfer i. S. d. IDW S 1 i. d. F. 2008 einen **objektivierten Unternehmenswert** unter Verwendung einer nachvollziehbaren Bewertungsmethodik zu ermitteln.[249] Dieser Unternehmenswert soll einen für Dritte intersubjektiv nachprüfbaren Zukunftserfolgswert repräsentieren und ist, wie bereits erwähnt, unabhängig von den individuellen Wertvorstellungen der betroffenen Konfliktparteien zu bestimmen. Dafür werden in IDW S 1 i. d. F. 2008 **Annahmen** formuliert, die die **Verhältnisse der zu bewertenden Gesellschaft** und die **Charakteristika eines abzufindenden Gesellschafters definieren**.[250] So

---

[244] Vgl. IDW (Hrsg.), IDW S 1 i. d. F. 2008, Tz. 12. Das IDW erkennt die Argumentationsfunktion nicht an, da diese Funktion nicht mit den Berufsgrundsätzen der Wirtschaftsprüfer vereinbar ist. Die Grundsätze der Wirtschaftsprüfer fordern eine objektive Wertermittlung. Vgl. PEEMÖLLER, V. H., Wert und Werttheorien, S. 10 f.
[245] Vgl. hier und im folgenden Absatz IDW (Hrsg.), IDW S 1 i. d. F. 2008, Tz. 12.
[246] Auch der Schiedswert ist in der Bewertungspraxis regelmäßig als objektivierter Unternehmenswert zu bestimmen. Vgl. m. w. N. WOLLNY, C., Der objektivierte Unternehmenswert, S. 69.
[247] Vgl. MATSCHKE, M. J./BRÖSEL, G., Unternehmensbewertung, S. 55; PEEMÖLLER, V. H., Wert und Werttheorien, S. 11.
[248] Vgl. COENENBERG, A. G./SCHULTZE, W., Unternehmensbewertung, S. 599.
[249] Vgl. hier und im folgenden Satz IDW (Hrsg.), IDW S 1 i. d. F. 2008, Tz. 29 i. V. m. Tz. 17; IDW (Hrsg.), Bewertung und Transaktionsberatung, Kap. A, Tz. 33. Vgl. zur Kritik an der Konzeption des objektivierten Unternehmenswerts MATSCHKE, M. J./BRÖSEL, G., Unternehmensbewertung, S. 57–60.
[250] Vgl. WOLLNY, C., Der objektivierte Unternehmenswert, S. 42.

3 Konzeptionelle Grundlagen der Länderrisiken

wird für die objektivierte Unternehmensbewertung die Fortführung des Unternehmens unter Berücksichtigung des zum Bewertungszeitpunkt **bestehenden Unternehmenskonzeptes**[251] angenommen.[252] Lediglich die am Bewertungsstichtag vorhandene Ertragskraft des Unternehmens ist bewertungsrelevant, sodass nur im Unternehmenskonzept hinreichend konkretisierte Maßnahmen (z. B. Erweiterungsinvestitionen/Desinvestitionen, d. h. Kapazitätsänderungen) und daraus (vermutlich) entstehende finanzielle Überschüsse bei einer objektivierten Bewertung berücksichtigt werden dürfen.[253] Des Weiteren sind alle **realistischen Zukunftserwartungen** hinsichtlich der bestehenden Marktrisiken, finanziellen Möglichkeiten sowie sonstigen Einflussfaktoren in die Bewertung miteinzubeziehen.[254] Das impliziert, dass auch der Einfluss künftiger Länderrisiken bei einer objektivierten Unternehmensbewertung zu berücksichtigen ist.

Weitere Typisierungen im Rahmen der objektivierten Wertbestimmung betreffen die Berücksichtigung von Synergieeffekten, die Annahme über das Ausschüttungsverhalten und die Berücksichtigung von sog. Managementfaktoren.[255] So darf der neutrale Gutachter nur sog. **unechte Synergieeffekte** bewerten, die sich ohne Durchführung der dem Bewertungsanlass zugrunde liegenden Maßnahme realisieren lassen.[256] Außerdem dürfen diese nur insoweit berücksichtigt werden, als die synergieinduzierenden Maßnahmen bereits initiiert oder im jeweiligen Unternehmenskonzept beschrieben sind. Darüber hinaus ist bei der Ermittlung des objektivierten Unternehmenswerts die Ausschüttung der gesamten finanziellen Überschüsse anzunehmen, die nach Berücksichtigung des zum Bewertungsstichtag **dokumentierten Unternehmenskonzeptes** und sonstiger rechtlicher Restriktionen ausgeschüttet werden können.[257]

Weiterhin ist bei einer objektivierten Unternehmensbewertung nur die dem Bewertungsobjekt **innewohnende und übertragbare Ertragskraft** bewertungsrelevant.[258] Die Ertragskraft ist dabei auch vom jeweiligen **Unternehmensmanagement** abhängig. Der Verbleib des aktuellen

---

[251] Ein solches Vorgehen steht im Einklang mit der sog. Wurzeltheorie des BGH. Diese Theorie besagt, dass für die Unternehmensbewertung „nur Erkenntnisse berücksichtigt werden, deren Wurzeln in der Zeit vor dem Bewertungsstichtag liegen. Diese Abgrenzung spielt dann eine Rolle, wenn zwischen dem Stichtag und der Durchführung der Bewertung eine längere Zeit, d. h. einige Jahre verstrichen sind. Es muss deshalb nachvollziehbar erscheinen, dass Einzelne über Erkenntnisse verfügten, die erst später der Allgemeinheit zugänglich waren". PEEMÖLLER, V. H., Grundsätze ordnungsmäßiger Unternehmensbewertung, S. 35 i. V. m. BGH v. 17.01.1973 – IV ZR 142/70.

[252] Vgl. IDW (Hrsg.), IDW S 1 i. d. F. 2008, Tz. 29.

[253] Vgl. WOLLNY, C., Der objektivierte Unternehmenswert, S. 4 i. V. m. IDW (Hrsg.), IDW S 1 i. d. F. 2008, Tz. 32.

[254] Vgl. IDW (Hrsg.), Bewertung und Transaktionsberatung, Kap. A, Tz. 33; IDW (Hrsg.), IDW S 1 i. d. F. 2008, Tz. 29.

[255] Vgl. zu den Typisierungen bei der Ermittlung eines objektivierten Unternehmenswerts in IDW S 1 i. d. F. 2008 SIEPE, G./DÖRSCHELL, A./SCHULTE, J., Der neue IDW Standard, S. 947–949 und PEEMÖLLER, V. H./KUNOWSKI, S., Ertragswertverfahren, S. 351–358.

[256] Vgl. hier und im folgenden Satz IDW (Hrsg.), IDW S 1 i. d. F. 2008, Tz. 34. Unter echten Synergieeffekten versteht das IDW „Veränderung[en] der finanziellen Überschüsse, die durch den wirtschaftlichen Verbund zweier oder mehrerer Unternehmen entstehen und von der Summe der isoliert erzielten Überschüsse abweichen". IDW (Hrsg.), IDW S 1 i. d. F. 2008, Tz. 33.

[257] Vgl. IDW (Hrsg.), IDW S 1 i. d. F. 2008, Tz. 35. Vgl. zur Regelung der Teilausschüttungspolitik in IDW S 1 i. d. F. 2008 WOLLNY, C., Der objektivierte Unternehmenswert, S. 149 f.

[258] Vgl. hier und in den folgenden beiden Sätzen IDW (Hrsg.), IDW S 1 i. d. F. 2008, Tz. 39.

3 Konzeptionelle Grundlagen der Unternehmensbewertung

Managements oder ein gleichwertiger Ersatz wird zur Ermittlung des objektivierten Unternehmenswerts häufig unterstellt, wodurch der personenbezogene Einfluss auf die finanziellen Überschüsse regelmäßig nicht zu analysieren ist.[259]

Hinsichtlich der **steuerlichen Typisierung** wird in IDW S 1 i. d. F. 2008 zwischen verschiedenen Bewertungsanlässen differenziert, damit für die Verhältnisse des jeweiligen Bewertungsanlasses und -zwecks in der Bewertungspraxis abgestimmte Annahmen getroffen werden.[260] So wird für Bewertungsanlässe im Rahmen unternehmerischer Initiativen[261] für die objektivierte Wertbestimmung eine sog. **mittelbare Typisierung** der steuerlichen Verhältnisse der Anleger als sachgerecht erachtet.[262] Bei der mittelbaren Typisierung wird angenommen, „dass die Nettozuflüsse aus dem Bewertungsobjekt und aus der Alternativinvestition in ein Aktienportfolio auf der Anteilseignerebene einer vergleichbaren persönlichen Besteuerung unterliegen. Im Bewertungskalkül wird dann auf eine explizite Berücksichtigung persönlicher Ertragsteuern bei der Ermittlung der finanziellen Überschüsse und des Kapitalisierungszinssatzes verzichtet"[263].

Gemäß IDW S 1 i. d. F. 2008 ist bei Unternehmensbewertungen aufgrund gesetzlicher Vorschriften oder vertraglicher Grundlagen der objektivierte Unternehmenswert im Einklang mit der langjährigen Bewertungspraxis und der deutschen Rechtsprechung aus der Perspektive einer **inländischen unbeschränkt steuerpflichtigen natürlichen Person als Anteilseigner** und unter einer sog. **unmittelbaren Typisierung** der steuerlichen Verhältnisse der Anteilseigner zu ermitteln.[264] Entsprechend dieser Typisierung sind „zur unmittelbaren Berücksichtigung der persönlichen Ertragsteuern sachgerechte Annahmen zu deren Höhe sowohl bei den finanziellen Überschüssen als auch beim Kapitalisierungszins zu treffen"[265].

---

[259] Im Kontext der objektivierten Bewertung von kleinen und mittelgroßen Unternehmen (KMU) kommt dem Aspekt der Berücksichtigung der Managementfaktoren für die Ermittlung der übertragbaren Ertragskraft des Unternehmens indes eine besondere Bedeutung zu. Vgl. dazu IDW (Hrsg.), IDW Praxishinweis 1/2014, Tz. 22–31; SCHÜTTE-BIASTOCH, S., Unternehmensbewertung von KMU, S. 137–139; NESTLER, A., Bewertungen von KMU: Aktuelle Hinweise des IDW zur praktischen Anwendung des IDW S 1, S. 1273.
[260] Vgl. IDW (Hrsg.), Bewertung und Transaktionsberatung, Kap. A, Tz. 295 f.
[261] Vgl. zu den Anlässen der Unternehmensbewertung Abschn. 34.
[262] Vgl. IDW (Hrsg.), IDW S 1 i. d. F. 2008, Tz. 30 und IDW (Hrsg.), Bewertung und Transaktionsberatung, Kap. A, Tz. 290.
[263] IDW (Hrsg.), IDW S 1 i. d. F. 2008, Tz. 30. In der vorausgegangenen Fassung des IDW S 1 i. d. F. 2008, dem IDW S 1 i. d. F. 2000, wurde zudem explizit eine steuerliche Typisierung für die Ermittlung von Unternehmenswerten bei internationalen Unternehmenstransaktionen definiert. Vgl. IDW (Hrsg.), IDW S 1 i. d. F. 2000, Tz. 52. Im Sinne des sog. Sitzlandprinzips war das ausländische Bewertungsobjekt unter der Annahme zu bewerten, dass die Eigentümer eines Unternehmens im Sitzland des zu bewertenden Unternehmens ansässig sind und unbeschränkt steuerpflichtig sind. Insofern ergaben sich Auswirkungen auf die nach den jeweils lokalen steuerlichen Verhältnissen zu definierende typisierte Steuerbelastung für die Unternehmensbewertung. Vgl. PEEMÖLLER, V. H./KUNOWSKI, S., Ertragswertverfahren, S. 357 f. Mit der Beachtung des Sitzlandprinzips war für den Bewerter das Erfordernis verbunden, die Rahmenbedingungen im Sitzland hinsichtlich Kapitalmarkt, Risiko und Wachstum umfassend zu analysieren und bei der Unternehmensbewertung zu berücksichtigen. Vgl. SIEPE, G./DÖRSCHELL, A./SCHULTE, J., Der neue IDW Standard, S. 957 f.
[264] Vgl. IDW (Hrsg.), IDW S 1 i. d. F. 2008, Tz. 31 und IDW (Hrsg.), Bewertung und Transaktionsberatung, Kap. A, Tz. 291. Vgl. dazu auch WAGNER, W. U. A., Unternehmensbewertung, S. 1013.
[265] IDW (Hrsg.), IDW S 1 i. d. F. 2008, Tz. 31. Vgl. dazu auch BYSIKIEWICZ, M./ZWIRNER, C., Ertragswertverfahren nach IDW S 1, S. 333 f., Tz. 41. Durch die unmittelbare Typisierung der steuerlichen Verhältnisse

3 Konzeptionelle Grundlagen der Länderrisiken

Durch die verschiedenen Annahmen und Typisierungen ist der objektivierte Unternehmenswert **kein allgemeingültiger Wert**. Er repräsentiert vielmehr einen Wert aus Sicht einer Teilmenge von Personen, die durch bestimmte Persönlichkeitsmerkmale charakterisiert ist.[266] Über die bei der jeweiligen **Unternehmensbewertung getroffenen Annahmen** und **verwendeten Typisierungen** sowie deren **jeweiliger Ursprung** hat der Bewerter in einem **Bewertungsgutachten**[267] Bericht zu erstatten, um die Nachvollziehbarkeit des Bewertungsansatzes gewährleisten zu können.[268]

Bei der Bestimmung eines **subjektiven Unternehmenswerts** i. S. d. IDW S 1 i. d. F. 2008 ersetzen individuelle, auftragsbezogene Konzepte bzw. Annahmen des Mandanten die Typisierungen im Bewertungskalkül.[269] Die individuellen Erwartungen und Vorstellungen sind vom Wirtschaftsprüfer in Zusammenarbeit mit dem Auftrag gebenden Bewertungssubjekt zu erarbeiten.[270] Es können z. B. neue Konzepte der Unternehmensfortführung oder nur vom Bewertungssubjekt realisierbare Synergieeffekte (sog. echte Synergieeffekte) in die Bewertung integriert werden.[271] Die steuerlichen Typisierungen orientieren sich an der persönlichen ertragsteuerlichen Belastung der Eigentümer oder der Erwerber.[272] Im Ergebnis beeinflusst die Ermittlung der finanziellen Überschüsse des subjektiven Unternehmenswerts auch Faktoren, die nicht für alle an der Bewertung beteiligten Parteien nachvollziehbar sind.[273]

Zusammenfassend wird nach den Wertkonzeptionen des IDW in Abhängigkeit der Tätigkeit des Wirtschaftsprüfers zwischen dem objektivierten und dem subjektiven Unternehmenswert unterschieden. Der **objektivierte Unternehmenswert** kann dabei als Ausgangspunkt zur Bestimmung des subjektiven Unternehmenswerts dienen.[274] Bei der Analyse der Berücksichtigung von Länderrisiken in der Unternehmensbewertung im vierten Kapitel dieser Arbeit steht die Ermittlung eines objektivierten Unternehmenswerts im Rahmen einer internationalen Unternehmensbewertung als Betrachtungsobjekt im Vordergrund.

---

wird vermieden, dass der objektivierte Unternehmenswert von – aufgrund unterschiedlicher Einkommensverhältnisse der abzufindenden Anteilseigner – individuellen Steuersätzen abhängig ist. Vgl. IDW (Hrsg.), Bewertung und Transaktionsberatung, Kap. A, Tz. 291. Es sei angemerkt, dass es in der internationalen Bewertungspraxis üblich ist, DCF-Bewertungen ohne die Berücksichtigung persönlicher Steuern durchzuführen. Vgl. JONAS, M./WIELAND-BLÖSE, H., Berücksichtigung von Steuern, S. 496, Tz. 17.81.

[266] Vgl. WOLLNY, C., Der objektivierte Unternehmenswert, S. 42.
[267] Vgl. für die innerhalb des IDW S 1 i. d. F. 2008 geforderten Inhalte eines Bewertungsgutachtens IDW (Hrsg.), IDW S 1 i. d. F. 2008, Tz. 175–179.
[268] Vgl. IDW (Hrsg.), IDW S 1 i. d. F. 2008, Tz. 66 f.
[269] Vgl. IDW (Hrsg.), IDW S 1 i. d. F. 2008, Tz. 48.
[270] Vgl. IDW (Hrsg.), Bewertung und Transaktionsberatung, Kap. A, Tz. 33.
[271] Vgl. IDW (Hrsg.), Bewertung und Transaktionsberatung, Kap. A, Tz. 38.
[272] Vgl. IDW (Hrsg.), IDW S 1 i. d. F. 2008, Tz. 58.
[273] Vgl. IDW (Hrsg.), Bewertung und Transaktionsberatung, Kap. A, Tz. 297.
[274] Vgl. IDW (Hrsg.), IDW S 1 i. d. F. 2008, Tz. 30 und Tz. 48; IDW (Hrsg.), Bewertung und Transaktionsberatung, Kap. A, Tz. 33, sowie PEEMÖLLER, V. H., Wert und Werttheorien. Es sei angemerkt, dass die Wertkonzeptionen internationaler Bewertungsstandards regelmäßig nicht oder nur teilweise dem objektivierten Unternehmenswert i. S. d. IDW S 1 i. d. F. 2008 entsprechen. Vgl. dazu BERGER, K./KNOLL, L., Internationale Bewertungsstandards, S. 2–11.

In der spezifischen Bewertungssituation hängt die zugrunde liegende Wertkonzeption von der Funktion des Wirtschaftsprüfers ab, die durch den Anlass der Bewertung determiniert wird. Daher werden im folgenden Abschnitt die verschiedenen Bewertungsanlässe nach der Differenzierung des IDW S 1 i. d. F. 2008 grundlegend erläutert sowie hinsichtlich der jeweiligen Relevanz der Berücksichtigung von Länderrisiken und der Bedeutung eines objektivierten Unternehmenswerts konkretisiert.

34 Anlässe der Unternehmensbewertung nach IDW S 1 i. d. F. 2008

Nach **IDW S 1 i. d. F. 2008** wird für Anlässe in der Unternehmensbewertung zwischen freiwilligen Unternehmensbewertungen im Rahmen unternehmerischer Initiativen, Unternehmensbewertungen für Zwecke der externen Rechnungslegung und Unternehmensbewertungen aufgrund gesetzlicher Vorschriften oder vertraglicher Grundlagen unterschieden.[275]

Länderrisiken können bei **freiwilligen Unternehmensbewertungen im Rahmen unternehmerischer Initiativen**, bspw. beim Kauf oder Verkauf ausländischer Unternehmen bzw. Unternehmensanteilen oder der Erstellung einer *Fairness Opinion* relevant sein.[276] Bei internationalen Unternehmenstransaktionen sind Grenzpreise der involvierten Verhandlungsparteien zu bestimmen, damit diese Parteien eine ökonomisch rationale Entscheidung in der jeweiligen Transaktion treffen können.[277] Eine *Fairness Opinion* dient im Rahmen von Unternehmenstransaktionen regelmäßig als fachliche Stellungnahme zur unabhängigen Beurteilung der Angemessenheit von Transaktionspreisen und mithin zur persönlichen rechtlichen Absicherung der Entscheidungsträger.[278]

Während eine Wertermittlung zur Entscheidungsvorbereitung Dritter mit hohen Transparenzanforderungen verbunden ist, hat die eigene Entscheidungsvorbereitung im Rahmen unterneh-

---

[275] Alternative Systematisierungsansätze differenzieren die Bewertungsanlässe z. B. danach, ob es im Rahmen der Unternehmensbewertung zu einer Neuordnung der Eigentumsverhältnisse kommt. Vgl. dazu exemplarisch MATSCHKE, M. J./BRÖSEL, G., Unternehmensbewertung, S. 87–108. Vgl. für eine Differenzierung entlang des idealtypischen Lebenszyklus eines Unternehmens DRUKARCZYK, J./SCHÜLER, A., Unternehmensbewertung, S. 2.
[276] Vgl. IHLAU, S./DUSCHA, H./KÖLLEN, R., Länderrisiken, S. 1326; STARP, W.-D., Ausländische Bewertungsobjekte, S. 644; ERNST, D. U. A., Internationale Unternehmensbewertung, S. 22.
[277] Vgl. IDW (Hrsg.), Bewertung und Transaktionsberatung, Kap. A, Tz. 8.
[278] Vgl. CASTEDELLO, M./SCHÖNIGER, S./TSCHÖPEL, A., Praxiswissen Unternehmensbewertung, S. 80; WINNER, M., Unternehmensbewertung im Übernahmerecht, S. 727 f., Tz. 23.42. Die Erstellung einer *Fairness Opinion* im Rahmen von Unternehmenstransaktionen ist im Zusammenhang mit § 93 Abs. 1 S. 2 AktG zu sehen. Danach besteht eine Verletzung der Sorgfaltspflicht bei der Bestimmung des Transaktionspreises, sofern die Träger der unternehmerischen Entscheidung annehmen durfte, auf der Grundlage angemessener Informationen im Wohle der eigenen Gesellschaft zu handeln. Das IDW formuliert in IDW S 8 eigens „Grundsätze für die Erstellung von Fairness Opinions". Vgl. dazu IDW (Hrsg.), IDW S 8. WOLLNY weist hinsichtlich der bei einer *Fairness Opinion* zugrunde liegenden Wertkonzeption darauf hin, dass in IDW S 1 i. d. F. 2008 eine *Fairness Opinion* als Beispiel für einen Bewertungsanlass angeführt wird, bei der ein objektivierter Unternehmenswert zu ermitteln ist. In IDW S 8, der die Grundsätze für die Erstellung einer *Fairness Opinion* behandelt, wird nach WOLLNY hingegen eher ein subjektives Bewertungskonzept für die Erstellung einer *Fairness Opinion* definiert. Vgl. dazu WOLLNY, C., Der objektivierte Unternehmenswert, S. 80 i. V. m. IDW (Hrsg.), IDW S 1 i. d. F. 2008, Tz. 30 und IDW (Hrsg.), IDW S 8, Tz. 25 und Tz. 38.

merischer Initiativen regelmäßig kein erhöhtes Erfordernis der Objektivierung des Bewertungsansatzes.[279] Der objektivierte Unternehmenswert kann jedoch als **Grundlage der Vorbereitung der unternehmerischen Entscheidungen** dienen.[280] Ebenso kann es z. B. im Rahmen der Erstellung einer *Fairness Opinion* sinnvoll sein, den subjektiven Unternehmenswert einem objektivierten Unternehmenswert **gegenüberzustellen**.[281] Eine Differenzbetrachtung der beiden Werte ermöglicht, die Höhe zu entgeltender echter Synergien zu ermitteln. Dem objektivierten Unternehmenswert kommt hier als (vergleichsweise) manipulationsresistentem Wert eine **Kontroll- und Nachweisfunktion für den subjektiven Unternehmenswert** zu.

Im Kontext von Unternehmensbewertungen **für Zwecke der externen Rechnungslegung** sind Länderrisiken u. U. bei Kaufpreisallokationen nach IFRS 3[282], bei *Impairment*-Tests nach IAS 36[283] oder bei handelsrechtlichen Beteiligungsbewertungen nach § 253 HGB zu berücksichtigen.[284] Im Rahmen der **Kaufpreisallokation nach IFRS 3** ist nach dem Erwerb eines Unternehmens der bei der Übernahme bezahlte Preis buchungstechnisch im Zuge der Konzernbilanzierung auf die identifizierbaren Vermögenswerte und Schulden aufzuteilen.[285] Beim *Impairment*-**Test nach IAS 36** ist z. B. für den Geschäfts- oder Firmenwert und für immaterielle Vermögenswerte mit unbestimmter Nutzungsdauer eine jährliche Werthaltigkeitsprüfung oder bei Vorliegen eines sog. *Triggering Event* eine unterjährige Werthaltigkeitsprüfung mit einem Bewertungskalkül durchzuführen, um einen ggf. erforderlichen Abschreibungsbedarf ermitteln zu können.[286]

---

[279] Vgl. BALLWIESER, W./HACHMEISTER, D., Unternehmensbewertung, S. 1.
[280] Vgl. IDW (Hrsg.), IDW S 1 i. d. F. 2008, Tz. 30. Vgl. dazu kritisch WOLLNY, C., Der objektivierte Unternehmenswert, S. 70 f.
[281] Vgl. hier und in den beiden folgenden Sätzen WOLLNY, C., Der objektivierte Unternehmenswert, S. 80.
[282] Vgl. dazu IFRS 3 (Unternehmenszusammenschlüsse).
[283] Vgl. dazu IAS 36 (Wertminderung des Anlagevermögens von Unternehmen).
[284] Vgl. IHLAU, S./DUSCHA, H./KÖLLEN, R., Länderrisiken, S. 1326; ERNST, D. U. A., Internationale Unternehmensbewertung, S. 22. Für Unternehmensbewertungen zur bilanziellen Abbildung von Unternehmenserwerben (IFRS 3) und für Werthaltigkeitsprüfungen (IAS 36) ist jeweils der IDW RS HFA 40 „Einzelfragen zu Wertminderungen von Vermögenswerten nach IAS 36" zu berücksichtigen. Diese Stellungnahme konkretisiert das Verhältnis der Bewertungsgrundsätze des IDW S 1 i. d. F. 2008 zu den im IFRS-Kontext durchzuführenden Bewertungen und soll mithin die Anwendung des IAS 36 in der Praxis unterstützen. Vgl. dazu IDW (Hrsg.), Einzelfragen zu Wertminderungen von Vermögenswerten nach IAS 36 (IDW RS HFA 40).
[285] Vgl. dazu BAETGE, J./KIRSCH, H.-J./THIELE, S., Konzernbilanzen, S. 241–248, sowie zur Entstehung eines *Goodwills* aus einer Unternehmenstransaktion und zur Folgebewertung des *Goodwills* PETERSEN, K./BUSCH, J./ZIMNY, G., Rechnungslegung und Unternehmensbewertung, S. 749–768, Tz. 1–58.
[286] Vgl. dazu REINKE, J., Impairment Test, S. 77 f. Der beim *Impairment*-Test zu bestimmende Kapitalisierungszins ist nach IAS 36.A18 zu adjustieren, „(a) um die Art und Weise widerzuspiegeln, auf die dem Markt die spezifischen Risiken, die mit den geschätzten *Cashflows* verbunden sind, bewerten würde; und (b) um Risiken auszuschließen, die für die geschätzten *Cashflows* der Vermögenswerte nicht relevant sind, oder aufgrund derer bereits eine Anpassung der geschätzten *Cashflows* vorgenommen wurde." Dabei werden in IAS 36.A18 neben dem „Preisrisiko" explizit auch das „Länderrisiko" und das „Währungsrisiko" als Beispiele für eine mögliche risikoinduzierte Anpassung des Kapitalisierungszinses genannt.

Für die **handelsrechtliche Überprüfung der Werthaltigkeit von Beteiligungsbuchwerten nach § 253 HGB** ist zu jedem Bilanzstichtag der beizulegende Wert einer Beteiligung zu ermitteln.[287] Mit Hilfe des beizulegenden Werts kann beurteilt werden, ob eine Abschreibung oder eine Zuschreibung auf den Beteiligungsbuchwert erforderlich ist. Bei der Erstellung des handelsrechtlichen Jahresabschlusses sind regelmäßig ausländische Beteiligungen deutscher Unternehmen zu bewerten, sodass Länderrisiken bei der handelsrechtlichen Beteiligungsbewertung von Bedeutung sind.[288]

Für die Bewertungsanlässe zum **Zwecke der externen Rechnungslegung** ist bei der Beurteilung der **Bedeutung eines objektivierten Unternehmenswerts** zwischen den IFRS und dem Handelsrecht zu unterscheiden. Nach KOELEN muss die IFRS-Rechnungslegung aus Investorensicht versuchen, die für die jeweilige subjektive Unternehmensbewertung erforderlichen Parameter bereitzustellen, um **individuell entscheidungsnützliche Informationen**[289] zu vermitteln.[290] Eine individuelle (subjektive) Unternehmensbewertung ist aufgrund der Vielzahl von Investoren und deren Anonymität indes nicht zielführend und nicht umsetzbar.[291] Damit Informationen entscheidungsnützlich sind, müssen die Informationen in einem von Informationsasymmetrien und Interessenkonflikten zwischen Management und Investoren geprägten Berichtsumfeld – wie in der IFRS-Rechnungslegung gegeben – hinreichend verlässlich und objektiviert sein.[292]

Die zugrunde liegende handelsrechtliche Wertkonzeption bei der Bewertung von Beteiligungen ist abhängig davon, ob beim Unternehmen eine **Veräußerungs-** oder eine **dauerhafte Beteiligungsabsicht** besteht.[293] Während im Fall der Veräußerungsabsicht ein objektivierter Wert für

---

[287] Das HGB definiert indes nicht explizit, was unter dem Konzept des beizulegenden Werts zu verstehen ist. Daher konkretisiert das IDW in IDW RS HFA 10 „Anwendung der Grundsätze des IDW S 1 bei der Bewertung von Beteiligungen und sonstigen Unternehmensanteilen für die Zwecke eines handelsrechtlichen Jahresabschlusses" die vom Berufsstand der Wirtschaftsprüfer anzuwendenden allgemeinen betriebswirtschaftlichen Grundsätze der Unternehmensbewertung für die Zwecke der Beteiligungsbewertung nach IDW S 1 i. d. F. 2008. Insofern stellt diese Stellungnahme zur Rechnungslegung des IDW einen Zusammenhang zwischen den Anforderungen des § 253 HGB zur handelsrechtlichen Folgebewertung und dem IDW S 1 i. d. F. 2008 her. Vgl. dazu ZWIRNER, C./ZIMNY, G., Beteiligungsbewertung im handelsrechtlichen Jahresabschluss, S. 649 f., Tz. 8 i. V. m. IDW (Hrsg.), IDW RS HFA 10, S. 1322–1323. Vgl. im Detail zur Überprüfung von Beteiligungsbuchwerten im handelsrechtlichen Jahresabschluss nach IDW RS HFA 10 REINHOLDT, A./DE LA PAIX, F., Werthaltigkeit nach IDW RS HFA 10, S. 1–58.

[288] Vgl. IHLAU, S./DUSCHA, H./KÖLLEN, R., Länderrisiken, S. 1326; CASTEDELLO, M./SCHÖNIGER, S./TSCHÖPEL, A., Praxiswissen Unternehmensbewertung, S. 363; STARP, W.-D., Ausländische Bewertungsobjekte, S. 644; ERNST, D. U. A., Internationale Unternehmensbewertung, S. 22. Das IDW weist sogar explizit darauf hin, dass bei der handelsrechtlichen Beteiligungsbewertung im Kapitalisierungszins ggf. Länderrisiken zu berücksichtigen sind. IDW (Hrsg.), Bewertung und Transaktionsberatung, Kap. F, Tz. 45.

[289] Die übergeordnete Zielsetzung der IFRS-Rechnungslegung ist es, entscheidungsnützliche Informationen zu vermitteln, um den Adressaten des Abschlusses ein tatsächliches Bild der VFE-Lage sowie der *Cashflows* eines Unternehmens zu geben. Vgl. CF.1.2.

[290] Vgl. hierzu KOELEN, P., Bewertungskalküle, S. 70.

[291] Vgl. hierzu ebenso KOELEN, P., Bewertungskalküle, S. 52 f.

[292] Vgl. KOELEN, P., Bewertungskalküle, S. 16; KIRSCH, H.-J./KOELEN, P., IFRS-Rechnungslegung und Unternehmensbewertung, S. 295 f.; KIRSCH, H.-J., Fair Value, S. I.

[293] Vgl. dazu IDW (Hrsg.), Bewertung und Transaktionsberatung, Kap. F, Tz. 20 und Tz. 53.

3 Konzeptionelle Grundlagen der Länderrisiken

die Beteiligung anzusetzen ist,[294] ist im Fall einer dauerhaften Beteiligungsabsicht ein subjektiver Wert für die Beteiligung zu bestimmen.[295] Indes wird auch im Fall der dauerhaften Beteiligungsabsicht der Kapitalisierungszins unter Berücksichtigung der Grundsätze zur Ermittlung eines objektivierten Unternehmenswerts bestimmt.[296]

Die Berücksichtigung von Länderrisiken ist zudem bei Unternehmensbewertungen **aufgrund gesetzlicher Vorschriften und vertraglicher Grundlagen** bedeutsam, wenn z. B. gesellschaftsrechtliche Strukturmaßnahmen in Konzernen mit ausländischen Gesellschaften vollzogen werden.[297] Zu diesen gesellschaftsrechtlichen Strukturmaßnahmen zählen bspw. *Squeeze-Outs* (§§ 327a ff. AktG), der Abschluss von Unternehmensverträgen (§§ 304, 305 AktG) oder Verschmelzungen und Spaltungen (§§ 29 Abs. 1, 125 S. 1 UmwG).[298] Im Zuge dieser Maßnahmen dienen Unternehmensbewertungen dazu, eine angemessene Abfindung oder einen Ausgleich für Minderheitsaktionäre zu ermitteln. Rechtlich geprägte und vertraglich bedingte Bewertungsanlässe sind durch ein hohes Objektivierungserfordernis gekennzeichnet.[299] So sieht die deutsche Rechtsprechung bei der Ermittlung eines Abfindungsanspruches eine Bewertung nach dem Konzept des objektivierten Unternehmenswerts vor.[300]

Es ist festzustellen, dass die Berücksichtigung von Länderrisiken regelmäßig bei Unternehmensbewertungen von Bedeutung ist, bei denen ein objektivierter Werte verpflichtend zu bestimmen ist oder bei denen der objektivierte Wert die Grundlage der Wertfindung bildet bzw. als Referenzwert für eine Bewertung fungieren kann. Nach IDW S 1 i. d. F. 2008 ist der objektivierte Unternehmenswert als Zukunftserfolgswert unter Verwendung gängiger Verfahren zu bestimmen. Im Folgenden wird daher die Bedeutung vom FCF-WACC-Verfahren für die internationale Unternehmensbewertung beschrieben und die Funktionsweise dieses Verfahrens grundlegend erläutert.

---

[294] Sofern indes ein verbindliches Kaufangebot für die zu bewertende Beteiligung existiert, bemisst sich der Wert der Beteiligung, anstelle eines objektivierten Unternehmenswerts, an dem vom Kaufinteressenten angebotenen Kaufpreis. Vgl. IDW (Hrsg.), IDW RS HFA 10, Tz. 13.
[295] Vgl. jeweils begründend IDW (Hrsg.), Bewertung und Transaktionsberatung, Kap. F, Tz. 18–22 und Tz. 52 f. Eine dauerhafte Beteiligungsabsicht ist nach ZWIRNER/ZIMNY der Regelfall in der Bilanzierungspraxis. Vgl. ZWIRNER, C./ZIMNY, G., Beteiligungsbewertung im handelsrechtlichen Jahresabschluss, S. 651 f., Tz. 10 f.
[296] Vgl. IDW (Hrsg.), Bewertung und Transaktionsberatung, Kap. F, Tz. 44 i. V. m. IDW (Hrsg.), IDW S 1 i. d. F. 2008, Tz. 93 i. V. m. Tz. 113–122. Abgeleitet aus den Rahmengrundsätzen des HGB und den qualitativen Anforderungen des IFRS, stellt TINZ für die Regelungsbereiche des HGB und der IFRS-Rechnungslegung einen hohen Objektivierungsbedarf fest. Vgl. TINZ, O., Wachstum in der Unternehmensbewertung, S. 15 i. V. M. BAETGE, J./KIRSCH, H.-J./THIELE, S., Bilanzen, S. 116–123 und S. 145–156.
[297] Vgl. IHLAU, S./DUSCHA, H./KÖLLEN, R., Länderrisiken, S. 1326; ERNST, D. U. A., Internationale Unternehmensbewertung, S. 22.
[298] Vgl. für eine Übersicht rechtlich geprägter Bewertungsanlässe zur Ermittlung von objektivierten Unternehmenswerten WOLLNY, C., Der objektivierte Unternehmenswert, S. 71 f.
[299] Vgl. IDW (Hrsg.), IDW S 1 i. d. F. 2008, Tz. 31.
[300] Vgl. exemplarisch LG DORTMUND (Hrsg.), 19.03.2007 – 18 AktE 5/03.

3 Konzeptionelle Grundlagen der Unternehmensbewertung

35 FCF-WACC-Verfahren

351. Bedeutung des FCF-WACC-Verfahrens für die internationale Unternehmensbewertung

Um den Zukunftserfolgswert eines Unternehmens zu bestimmen, haben sich in der **deutschen Bewertungspraxis** das Ertragswertverfahren und die DCF-Verfahren etabliert.[301] Diese beiden Verfahren führen bei der Voraussetzung gleicher Bewertungsannahmen zu einem identischen Bewertungsergebnis.[302] Die Wahl der anzuwendenden Bewertungsmethode ist in der spezifischen Bewertungssituation in **Abhängigkeit des Adressatenkreises** der Bewertung sowie der jeweiligen **Akzeptanz** und den **Vorkenntnissen der Auftraggeber** zu treffen.[303]

Die **deutsche Jurisdiktion** präferiert nach wie vor die Verwendung des **Ertragswertverfahrens** als Bewertungsverfahren, sodass dieses Verfahren regelmäßig bei rechtlich geprägten oder vertraglich begründeten Bewertungsanlässen zur Ermittlung objektivierter Unternehmenswerte eingesetzt wird.[304] Gleichwohl ist auch der Gebrauch von **DCF-Verfahren** für Unternehmensbewertungen im **rechtlichen Kontext akzeptiert**.[305] In der **internationalen Bewertungspraxis** hat sich der Gebrauch der *Equity*-Ansätze[306], zu denen auch das Ertragswertverfahren zählt, indes nicht etabliert.[307] Vielmehr wird den *Entity*-Ansätzen[308] der **DCF-Verfahren** international eine hohe Bedeutung zugeschrieben.[309] Bei der Verwendung der *Entity*-Ansätze ist u. a.

---

[301] Vgl. IDW (Hrsg.), IDW S 1 i. d. F. 2008, Tz. 7.
[302] Vgl. für eine Analyse, wie ein identisches Ergebnis bei der Ermittlung des Unternehmenswerts mit dem Ertragswert und den DCF-Verfahren erreicht wird und wodurch unterschiedliche Ergebnisse bei der Wertermittlung nach diesen Verfahren entstehen können, BALLWIESER, W., Ertragswert- und DCF-Verfahren, S. 571–582. Vgl. für eine Abgrenzung der DCF-Verfahren vom Ertragswertverfahren auch JONAS, M./WIELAND-BLÖSE, H., Besonderheiten des DCF-Verfahrens, S. 288 f., Tz. 10.52–10.57.
[303] Vgl. IDW (Hrsg.), Bewertung und Transaktionsberatung, Kap. A, Tz. 128.
[304] Vgl. WÜSTEMANN, J./BRAUCHLE, T., Rechtssprechungsreport Unternehmensbewertung 2019/20, S. 1582; HÜTTEMANN, R., Unternehmensbewertung als Rechtsproblem, S. 28, Tz. 1.52; RUTHARDT, F./POPP, M., Unternehmensbewertung im Spiegel der Rechtsprechung, S. 322–332; NEUMEIER, A., Unternehmensbewertung bei Squeeze-out, S. 74 f. und S. 85. So kommt BEUMER in einer empirischen Erhebung der bei gesellschaftsrechtlichen Anlässen in Deutschland im Zeitraum vom Jahr 2010 bis zum Jahr 2018 verwendeten Bewertungsverfahren zu dem Ergebnis, dass in 89 % der Fälle zur Bestimmung eines objektivierten Unternehmenswerts das Ertragswertverfahren genutzt wurde. Vgl. BEUMER, J., Bewertungen bei gesellschaftsrechtlichen Anlässen, S. 766 f. Vgl. für ein Plädoyer für den Gebrauch des Ertragswertverfahrens bei rechtlich geprägten und vertraglich begründeten Bewertungsanlässen sowie bekräftigend für die Erkenntnis, dass v. a. das Ertragswertverfahren in der deutschen Rechtsprechung akzeptiert ist, WOLLNY, C., Der objektivierte Unternehmenswert, S. 107–110.
[305] Vgl. RUIZ DE VARGAS, S., in: Bürgers/Körber, Aktiengesetz, Anhang zu § 305 AktG, Tz. 23.
[306] Beim *Equity*-Ansatz wird der Unternehmenswert direkt über die von den Eigenkapitalgebern erwarteten finanziellen Überschüsse ermittelt (sog. Netto-Verfahren). Vgl. ZWIRNER, C./LINDMAYR, S., DCF-Verfahren, S. 385, Tz. 9.
[307] Vgl. KUHNER, C./MALTRY, H., Unternehmensbewertung, S. 229; SCHMIDT, A., Unternehmensbewertung ausländischer Gesellschaften, S. 1149.
[308] Beim *Entity*-Ansatz wird zunächst der Marktwert des Gesamtkapitals des Unternehmens ermittelt, ehe durch die Kürzung des Marktwerts des Fremdkapitals auf den Marktwert des Eigenkapitals übergeleitet wird (sog. Brutto-Verfahren). Vgl. ZWIRNER, C./LINDMAYR, S., DCF-Verfahren, S. 385, Tz. 9.
[309] Vgl. m. w. N. HOFBAUER, E., Kapitalkosten, S. 34; NESTLER, A./KUPKE, T., Discounted Cash Flow-Verfahren, S. 163; GROßFELD, B./EGGER, U./TÖNNES, W. A., Recht der Unternehmensbewertung, S. 52, Tz. 236; ERNST, D. U. A., Internationale Unternehmensbewertung, S. 29; ERNST, D./SCHNEIDER, S./THIELEN, B., Unternehmensbewertungen, S. 192; BAETGE, J. U. A., Discounted Cashflow-Verfahren, S. 413; STARP, W.-D.,

3 Konzeptionelle Grundlagen der Länderrisiken

vorteilhaft, dass in einem diversifizierten Konzern die *Cashflows* unabhängig von den unterschiedlichen Annahmen über die Finanzierung in den verschiedenen Konzernteilen und deren Auswirkungen auf die Steuerbelastungen ermittelt werden.[310] Ferner wird die Komplexität der Bewertung dadurch gemindert, dass die DCF-Verfahren von länderspezifischen Ausschüttungsregeln und den jeweiligen steuerlichen Gegebenheiten in einem Land abstrahieren.[311] Sowohl WELFONDER/BENSCH als auch HOFBAUER sowie PEEMÖLLER stellen insbesondere für das **FCF-WACC-Verfahren** eine **hohe internationale Akzeptanz** und damit verbunden eine **weite Verbreitung in der Praxis** fest.[312]

Dem FCF-WACC-Verfahren, als *Entity*-Ansatz der DCF-Verfahren, kommt somit in der internationalen Bewertungspraxis eine besondere Bedeutung zu und ist auch von der deutschen Rechtsprechung akzeptiert. Daher wird in der vorliegenden Arbeit die Berücksichtigung von Länderrisiken mit Bezug zum FCF-WACC-Verfahren betrachtet.[313] Im Folgenden werden die Funktionsweise sowie die einzelnen Bestandteile des Bewertungskalküls des FCF-WACC-Verfahrens als Grundlage für die Analyse dieser Arbeit zunächst allgemein erläutert.

352.   Die Ermittlung des Unternehmenswerts mit dem FCF-WACC-Verfahren

352.1   Funktionsweise des FCF-WACC-Verfahrens

Die Ermittlung des Unternehmenswerts mithilfe von **DCF-Verfahren**[314] beruht auf einem **zukunftsorientierten Barwertkalkül**.[315] Mithilfe der **barwertorientierten Verfahren** wird ein Unternehmenswert ermittelt, indem die künftigen finanziellen Überschüsse des Bewertungsobjektes auf den Bewertungsstichtag diskontiert werden.

Ausländische Bewertungsobjekte, S. 646; DJUKANOV, V./KEUPER, F., Grenzüberschreitende Unternehmensbewertungen, S. 1311, Tz. 34. Auch in der IFRS-Rechnungslegung kommen bei der Bestimmung des *fair value* regelmäßig DCF-Verfahren zum Einsatz. Vgl. dazu mit Kritik hinsichtlich des Objektivierungserfordernisses in der Bilanzierung BAETGE, J., Verwendung von DCF-Kalkülen, S. 14; BAETGE, J., Januskopf: DCF-Verfahren, S. 1.

[310] Vgl. BALLWIESER, W., DCF-Verfahren, S. 85.
[311] Vgl. WOLLNY, C., Der objektivierte Unternehmenswert, S. 104 f.
[312] Vgl. WELFONDER, J./BENSCH, T., Status Quo der Unternehmensbewertungsverfahren, S. 243–247 und HOFBAUER, E., Kapitalkosten, S. 45 i. V. m. LORENZ, M., Unternehmensbewertungsverfahren, S. 15; HENSELMANN, K./BARTH, T., „Übliche Bewertungsmethoden", S. 9; MANDL, G./RABEL, K., Unternehmensbewertung, S. 311, sowie PEEMÖLLER, V. H./KUNOWSKI, S./HILLERS, J., Kapitalisierungszinssatz, S. 622 f.
[313] Aufgrund konzeptioneller Gemeinsamkeiten zwischen dem Ertragswertverfahren und dem DCF-Verfahren lassen sich die in dieser Arbeit analysierten Aspekte weitestgehend auch auf das Ertragswertverfahren übertragen. Vgl. dazu auch RUIZ DE VARGAS, S., Unternehmensbewertung im internationalen Kontext, S. 1646. Analytische Unterschiede zwischen dem Ertragswertverfahren und dem FCF-WACC-Verfahren ergeben sich v. a. im Hinblick auf die Ermittlung des Zahlungsstroms des Bewertungsobjektes und das Erfordernis, Fremdkapitalkosten zur Ermittlung der WACC zu bestimmen.
[314] Vgl. zu den weiteren *Entity*- und *Equity*-Ansätzen des DCF-Verfahrens BAETGE, J. U. A., Discounted Cashflow-Verfahren, S. 415–432.
[315] Vgl. SEPPELFRICKE, P., Aktien- und Unternehmensbewertung, S. 21; BALLWIESER, W., Verbindungen von Ertragswert- und DCF-Verfahren, S. 573.

Die Prognose der **finanziellen Überschüsse** wird dafür i. d. R. in **zwei Phasen** unterteilt.[316] Für die erste Phase, die sog. **Detailplanungsphase**, werden die Inputgrößen zur Ermittlung der finanziellen Überschüsse meist für einen Zeitraum von drei bis fünf Jahren detailliert geplant.[317] Die Dauer der Detailplanungsphase sollte so gewählt werden, dass sich das Bewertungsobjekt am Ende dieser Phase in einem Gleichgewichtszustand (sog. *Steady State*)[318] befindet.[319] Nach der Detailplanungsphase folgt unter der Annahme der Unternehmensfortführung (sog. *Going Concern*-Prämisse) die Phase der ewigen Rente, für die eine konstante Ausschüttung der finanziellen Überschüsse fingiert und ein sog. *Terminal Value* (Restwert) des Unternehmens berechnet wird.[320] Zusätzlich zu den finanziellen Überschüssen, die aus dem betriebsnotwendigen Vermögen generiert werden, ist gemäß IDW S 1 i. d. F. 2008 das **nicht-betriebsnotwendige Vermögen** getrennt in der Bewertung zu berücksichtigen.[321]

Beim FCF-WACC-Verfahren, als ein *Entity*-Ansatz der DCF-Verfahren, wird zunächst der Marktwert des Gesamtkapitals des Unternehmens bestimmt, ehe der **Marktwert des Eigenkapitals**,[322] als **Zielgröße** bei der Bestimmung des Unternehmenswerts mit den DCF-Verfahren, durch Subtraktion des Marktwerts des verzinslichen Fremdkapitals[323] ermittelt werden kann (Bruttokapitalisierung).[324] Im **ersten Schritt** ist der **Marktwert des Gesamtkapitals** (GK) mithilfe eines Barwertkalküls durch die Diskontierung des künftig erwarteten periodenspezifischen Zahlungsstroms des Unternehmens mit einem Kapitalisierungszins zu berechnen.[325] Die zu diskontierenden Zahlungsströme bilden beim FCF-WACC-Verfahren den *Free-Cashflow* der

---

[316] Vgl. IDW (Hrsg.), IDW S 1 i.d.F. 2008, Tz.77; SERF, C., Ertragswertverfahren, S. 172; SCHACHT, U./ FACKLER, M., DCF-Verfahren, S. 207.
[317] Vgl. KUHNER, C./MALTRY, H., Unternehmensbewertung, S. 127.
[318] Dieser Gleichgewichtszustand muss erreicht werden, um in der ewigen Rente des Bewertungskalküls mit pauschalen Fortschreibungen kalkulieren zu können. Vgl. PEEMÖLLER, V. H./KUNOWSKI, S., Ertragswertverfahren, S. 368.
[319] Vgl. KOLLER, T./GOEDHART, M./WESSELS, D., Valuation, S. 288. Wenn nicht davon ausgegangen werden kann, dass die Detailplanungsphase in dem für die ewige Rente erforderlichen eingeschwungenen Zustand mündet, ist die Integration einer Grobplanungsphase in das Bewertungskalkül zur Überleitung in einen nachhaltig stabilen Zustand des Unternehmens sinnvoll. Vgl. IDW (Hrsg.), Bewertung und Transaktionsberatung, Kap. A, Tz. 427. Vgl. für verschiedene Ansätze zur Abgrenzung des Detailplanungszeitraums TINZ, O., Wachstum in der Unternehmensbewertung, S. 29.
[320] Vgl. IDW (Hrsg.), IDW S 1 i. d. F. 2008, Tz. 125 und Tz. 129–131. Der *Terminal Value* ist von besonderer quantitativer Relevanz für den Unternehmenswert, so ermittelt MUSCHALLIK in der Analyse von 137 Gutachten im Rahmen rechtlich geprägter Bewertungsanlässe einen durchschnittlichen Wertanteil des *Terminal Value* am Unternehmenswert von ca. 90 %. Vgl. dazu MUSCHALLIK, M., Terminal Value, S. 48–56.
[321] Vgl. IDW (Hrsg.), IDW S 1 i. d. F. 2008, Tz. 86.
[322] Vgl. grundlegend zum Eigenkapital BAETGE, J./KIRSCH, H.-J./THIELE, S., Bilanzen, S. 467–476.
[323] Regelmäßig wird der bilanzielle Buchwert des verzinslichen Fremdkapitals als Marktwert des Fremdkapitals angenommen. Im Einzelfall ist eine separate Ermittlung des Marktwerts des Fremdkapitals sachgerecht, sofern das Fremdkapital marktüblich verzinst wird, was sich nicht auf den bilanziellen Buchwert des Fremdkapitals auswirkt. Vgl. ZWIRNER, C./LINDMAYR, S., DCF-Verfahren, S. 385, Tz. 9. Vgl. grundlegend zum Fremdkapital BAETGE, J./KIRSCH, H.- J./THIELE, S., Bilanzen, S. 3.
[324] Vgl. KIRSCH, H.-J./KRAUSE, C., DCF-Methode, S. 794; BAETGE, J. U. A., Discounted Cashflow-Verfahren, S. 417; BALLWIESER, W./HACHMEISTER, D., Unternehmensbewertung, S. 138.
[325] Vgl. MATSCHKE, M. J./BRÖSEL, G., Unternehmensbewertung, S. 697; KUHNER, C./MALTRY, H., Unternehmensbewertung, S. 231; ZWIRNER, C./LINDMAYR, S., DCF-Verfahren, S. 384, Tz. 8.

künftigen Perioden.[326] Der periodenspezifische *Free-Cashflow* ist der finanzielle Überschuss, der am Ende einer Periode den Eigenkapital- und Fremdkapitalgebern eines Unternehmens verfügbar ist.[327] Als Kapitalisierungszins dienen bei diesem Verfahren die *Weighted Average Cost of Capital* (WACC), also die gewichteten durchschnittlichen Kapitalkosten eines Unternehmens.[328] Bei der Berechnung des *Terminal Value* kann durch einen wertmäßigen Abschlag auf den Kapitalisierungszins ein Wachstumsabschlag (w) integriert werden, sofern in der ewigen Rente ein Wachstum des Unternehmens angenommen wird.[329] **Formel 3-1** zeigt das Barwertkalkül zur Ermittlung des Marktwerts des Gesamtkapitals des Bewertungsobjektes beim FCF-WACC-Verfahren in zwei Phasen mit Berücksichtigung von Wachstum im *Terminal Value*:[330]

$$GK^{MW} = \sum_{t=1}^{T} \frac{FCF_t}{(1 + WACC)^t} + \frac{FCF_{T+1}}{(WACC - w) \times (1 + WACC)^T}$$

Formel 3-1: Barwertkalkül des FCF-WACC-Verfahrens[331]

Der **Kapitalisierungszins** repräsentiert die Rendite einer zur Investition in das Bewertungsobjekt adäquaten Alternativanlage, mit der die finanziellen Zahlungsströme des Bewertungsobjektes zu vergleichen sind.[332] Die WACC, als Kapitalisierungszins beim FCF-WACC-Verfahren, setzen sich aus den risikoäquivalenten Renditeforderungen der Eigenkapitalgeber (r_{EK}) und Fremdkapitalgeber (r_{FK}) zusammen.[333] Um die WACC zu erhalten, sind die jeweiligen

---

[326] MATSCHKE, M. J./BRÖSEL, G., Unternehmensbewertung, S. 713; MANDL, G./RABEL, K., Unternehmensbewertung, S. 38.
[327] Vgl. KOLLER, T./GOEDHART, M./WESSELS, D., Valuation, S. 208; MATSCHKE, M. J./BRÖSEL, G., Unternehmensbewertung, S. 708; HEESEN, B., Unternehmensbewertung, S. 9.
[328] Vgl. DRUKARCZYK, J./SCHÜLER, A., Unternehmensbewertung, S. 89; SEPPELFRICKE, P., Aktien- und Unternehmensbewertung, S. 24; SCHULTZE, W., Methoden der Unternehmensbewertung, S. 92.
[329] Vgl. PEEMÖLLER, V. H./KUNOWSKI, S., Ertragswertverfahren nach IDW, S. 387.
[330] Von der Addition des Marktwerts des nicht-betriebsnotwendigen Vermögens zur Berechnung des Marktwerts des Gesamtkapitals wird abstrahiert. Vgl. für die formale Darstellung der Berechnung des Marktwerts des Gesamtkapitals bei dem FCF-WACC-Verfahren mit Berücksichtigung des nicht-betriebsnotwendigen Vermögens MANDL, G./RABEL, K., Methoden der Unternehmensbewertung, S. 70.
[331] In Anlehnung an BALLWIESER, W., DCF-Verfahren, S. 84.
[332] Vgl. IDW (Hrsg.), IDW S 1 i. d. F. 2008, Tz. 114; ZWIRNER, C./LINDMAYR, S., DCF-Verfahren, S. 384, Tz. 8; PANKOKE, T./PETERSMEIER, K., Zinssatz, S. 109.
[333] Vgl. BALLWIESER, W., DCF-Verfahren, S. 84; KUHNER, C./MALTRY, H., Unternehmensbewertung, S. 231; SEPPELFRICKE, P., Aktien- und Unternehmensbewertung, S. 24.

durchschnittlich erwarteten Renditen der Kapitalgeber mit der in Marktwerten gemessenen Eigen- und Fremdkapitalquote des Unternehmens zu gewichten.[334] Der Steuervorteil der Fremdfinanzierung, sog. *Tax Shield* $(1-s)$,[335] ist beim FCF-WACC-Verfahren bei der Renditeforderung der Fremdkapitalgeber im Kapitalisierungszins wertmindernd zu berücksichtigen.[336] Diese Form, den *Tax Shield* zu berücksichtigen, resultiert daraus, dass der *Free-Cashflow* unter der Annahme einer reinen Eigenfinanzierung des Bewertungsobjektes abgeleitet wird.[337] Der *Free-Cashflow* ist folglich unabhängig vom Einfluss der Finanzierungsstruktur des Bewertungsobjektes.[338] Die formale Bestimmung der WACC zeigt **Formel 3-2**:

$$WACC = r_{EK} \times \frac{EK^{MW}}{GK^{MW}} + r_{FK} \times (1-s) \times \frac{FK^{MW}}{GK^{MW}}$$

Formel 3-2: Gewichtete durchschnittliche Kapitalkosten (WACC)[339]

Die Renditeforderung der Eigenkapitalgeber setzt sich allgemein aus dem risikolosen Zins und einem Risikozuschlag zusammen.[340] Das FCF-WACC-Verfahren folgt damit der **Risikozuschlagsmethode**, die das unternehmerische Risiko – neben der Bildung von Erwartungswerten des künftigen *Free-Cashflow* im Zähler – unter Beachtung des Äquivalenzprinzips[341] in den WACC berücksichtigt.[342]

---

[334] Vgl. ERNST, D./SCHNEIDER, S./THIELEN, B., Unternehmensbewertungen, S. 45; HERING, T., Unternehmensbewertung, S. 266 f. Dabei kann vereinfachend ein konstanter Verschuldungsgrad auf Basis der Marktwerte angenommen werden. Der künftige Verschuldungsgrad wird regelmäßig durch eine Zielkapitalstruktur definiert. Vgl. MANDL, G./RABEL, K., Unternehmensbewertung, S. 39.

[335] Vgl. dazu WATRIN, C./STÖVER, R., Tax Shields, S. 61.

[336] Vgl. BALLWIESER, W./HACHMEISTER, D., Unternehmensbewertung, S. 139; ZWIRNER, C./LINDMAYR, S., DCF-Verfahren, S. 397, Tz. 29; MANDL, G./RABEL, K., Methoden der Unternehmensbewertung, S. 69; SEPPELFRICKE, P., Aktien- und Unternehmensbewertung, S. 23; ERNST, D./SCHNEIDER, S./THIELEN, B., Unternehmensbewertungen, S. 84.

[337] Vgl. DRUKARCZYK, J./SCHÜLER, A., Unternehmensbewertung, S. 418; MANDL, G./RABEL, K., Methoden der Unternehmensbewertung, S. 69; MATSCHKE, M. J./BRÖSEL, G., Unternehmensbewertung, S. 713; NOWAK, K., Marktorientierte Unternehmensbewertung, S. 30. Mit der Prämisse der vollständigen Eigenfinanzierung des Unternehmens wird das Unternehmen faktisch in einen Leistungsbereich, für den der *Free-Cashflow* zu prognostizieren ist, und einen Finanzierungsbereich, der die Maßnahmen der Außenfinanzierung der Eigen- und Fremdkapitalgeber umfasst, aufgeteilt. Vgl. MANDL, G./RABEL, K., Unternehmensbewertung, S. 39.

[338] NOWAK spricht in diesem Zusammenhang von der Annahme der „Finanzierungsneutralität" des *Free-Cashflow*. Vgl. NOWAK, K., Marktorientierte Unternehmensbewertung, S. 30.

[339] In Anlehnung an BALLWIESER, W., DCF-Verfahren, S. 84.

[340] Vgl. ERNST, D./SCHNEIDER, S./THIELEN, B., Unternehmensbewertungen, S. 51; GORNY, C./ROSENBAUM, D., Kapitalmarktbasierte Risikozuschläge, S. 487.

[341] Vgl. zum Äquivalenzprinzip auch Abschn. 375.

[342] Vgl. DRUKARCZYK, J./SCHÜLER, A., Unternehmensbewertung, S. 42; BAETGE, J. U. A., Discounted Cashflow-Verfahren, S. 441; TIMMRECK, C., Kapitalmarktorientierte Sicherheitsäquivalente, S. 44 f. Alternativ kommt als Methode zur Berücksichtigung von Risiken in der Unternehmensbewertung die Verwendung von Sicherheitsäquivalenten infrage. Bei dieser Methode wird der erwartete *Cashflow* um einen Sicherheitsabschlag vermindert und mit einem risikolosen Zins diskontiert. Vgl. dazu auch DRUKARCZYK, J./SCHÜLER, A., Unternehmensbewertung, S. 41–43 sowie S. 57–59; BAETGE, J. U. A., Discounted Cashflow-Verfahren, S. 441 f.; MATSCHKE, M. J./BRÖSEL, G., Unternehmensbewertung, S. 175 f. und SCHWETZLER, B., Unternehmensbewertung, S. 469–486.

Für die Zwecke der Unternehmensbewertung bietet das kapitalmarkttheoretische Modell des **CAPM**[343] die Möglichkeit, Risikozuschläge vor persönlichen Steuern objektiviert am Kapitalmarkt herzuleiten.[344] Im Sinne des CAPM ergeben sich die **Eigenkapitalkosten** eines Unternehmens (Renditeforderung der Eigenkapitalgeber) aus der Summe des risikolosen Zinses[345] und eines Risikozuschlags.[346] Der **risikolose Zins** (i) repräsentiert die Rendite einer Kapitalmarktanlage, die laufzeitäquivalent zum Zahlungsstrom des Bewertungsobjektes und nicht ausfallgefährdet ist.[347] Der **Risikozuschlag** ist das Produkt aus der Marktrisikoprämie[348] und dem unternehmensindividuellen Betafaktor[349].[350] Die **Marktrisikoprämie** ist die Renditeprämie auf den risikolosen Zins, die ein Investor verlangt, sofern er in das Markportfolio investiert.[351] Diese Prämie ergibt sich aus der Differenz der Rendite des verwendeten Marktindex (r_m) und der Rendite der risikolosen Anleihe.[352] Der **Betafaktor** (β) gibt an, wie sensitiv die Rendite der Aktie des betrachteten Unternehmens auf Änderungen der Rendite des Marktportfolios reagiert, und spiegelt die Höhe des unternehmensindividuellen Risikos wider.[353] Zusammenfassend lassen sich die Eigenkapitalkosten eines Unternehmens anhand des CAPM, wie in **Formel 3-3** gezeigt, bestimmen:

$$r_{EK} = i + \beta \times (r_m - i)$$

Formel 3-3: Eigenkapitalkosten nach dem CAPM[354]

---

[343] Vgl. zu den Grundlagen des CAPM Abschn. 352.311.
[344] Vgl. IDW (Hrsg.), IDW S 1 i. d. F. 2008, Tz. 118. Das IDW verweist als weitere Möglichkeit zur Bestimmung von Eigenkapitalkosten auf das sog. *Tax*-CAPM. Dieses Kapitalkostenmodell bezieht die Implikationen bestehender steuerlicher Verhältnisse auf die Eigenkapitalkosten in der Unternehmensbewertung mit ein und ist insofern eine Erweiterung der Grundform des CAPM. Vgl. dazu grundlegend BRENNAN, M. J., Taxes, Market Valuation and Corporate Financial Policy, S. 417–427. WIESE hat die Überlegungen des *Tax*-CAPM von BRENNAN auf die Gegebenheiten des deutschen Steuersystems transferiert („Nachsteuer-CAPM"). Vgl. dazu WIESE, J., Unternehmensbewertung, S. 368–375. Aus didaktischen Gründen wird von der Betrachtung des *Tax*-CAPM innerhalb der Analyse dieser Arbeit abstrahiert.
[345] Vgl. zur Bestimmung des risikolosen Zinses Abschn. 352.312.
[346] Vgl. MANDL, G./RABEL, K., Methoden der Unternehmensbewertung, S. 72.
[347] Vgl. BALLWIESER, W./HACHMEISTER, D., Unternehmensbewertung, S. 90.
[348] Vgl. zur Bestimmung der Marktrisikoprämie Abschn. 352.313.
[349] Vgl. zur Bestimmung des unternehmensindividuellen Betafaktors Abschn. 352.314.
[350] Vgl. BYSIKIEWICZ, M./ZWIRNER, C., Ertragswertverfahren nach IDW S 1, S. 340, Tz. 62; PANKOKE, T./PETERSMEIER, K., Zinssatz, S. 113.
[351] Vgl. MEITNER, M./STREITFERDT, F., Risikofreier Zins und Marktrisikoprämie, S. 680.
[352] Vgl. SEPPELFRICKE, P., Aktien- und Unternehmensbewertung, S. 68.
[353] Vgl. ZIEMER, F., Betafaktor, S. 140; TIMMRECK, C., ß-Faktoren, S. 301.
[354] In Anlehnung an BALLWIESER, W., DCF-Verfahren, S. 82.

Der Betafaktor wird dabei mathematisch als die Kovarianz der Rendite der Wertpapiere (r_{WP}) der betrachteten Gesellschaft mit der Varianz der Rendite des Marktportfolios ausgedrückt.[355] **Formel 3-4** zeigt die formale Bestimmung des Betafaktors:

$$\beta = \frac{Cov(r_{WP}, r_m)}{Var(r_m)}$$

Formel 3-4: Betafaktor[356]

Für die Bestimmung der **Fremdkapitalkosten** (Renditeforderung der Fremdkapitalgeber) wird der Zins verwendet, der unter aktuellen Marktbedingungen für die Aufnahme von Fremdkapital mit vergleichbarem Risiko zu zahlen wäre.[357]

Im **zweiten Schritt** der Bewertung ist der **Marktwert des festverzinslichen Fremdkapitals** zu ermitteln. Sofern beobachtbare Marktwerte für das börsennotierte Fremdkapital vorliegen, kann der Marktwert des Fremdkapitals direkt aus dem aktuellen Börsenkurs abgeleitet werden.[358] Für nicht an der Börse gehandelte Finanzierungskomponenten kann der Buchwert des Fremdkapitals mit dessen Marktwert gleichgesetzt werden.[359] Im Ergebnis ergibt beim FCF-WACC-Verfahren die **Differenz** aus dem Marktwert des Gesamtkapitals und dem Marktwert des Fremdkapitals den **Marktwert des Eigenkapitals**.[360]

Nachdem die Funktionsweise der FCF-WACC-Verfahren erläutert wurde, werden im Folgenden die Ermittlung des *Free-Cashflow*, als Zähler des Bewertungskalküls, und der WACC, als Nenner des Bewertungskalküls, behandelt.

---

[355] Vgl. PERRIDON, L./STEINER, M./RATHGEBER, A., Finanzwirtschaft, S. 295; SEPPELFRICKE, P., Aktien- und Unternehmensbewertung, S. 69; BALLWIESER, W., DCF-Verfahren, S. 82.
[356] In Anlehnung an PEEMÖLLER, V. H., Betafaktor, S. 157.
[357] Vgl. PANKOKE, T./PETERSMEIER, K., Zinssatz, S. 129 f.
[358] Vgl. BAETGE, J. U. A., Discounted Cashflow-Verfahren, S. 419. Vgl. zur Bestimmung der Fremdkapitalkosten Abschn. 352.32.
[359] Vgl. ERNST, D./SCHNEIDER, S./THIELEN, B., Unternehmensbewertungen, S. 47. Diese Vorgehensweise ist indes nur sachgerecht, sofern der vereinbarte Fremdkapitalkostenzins den derzeit am Markt gültigen Finanzierungskonditionen entspricht. Ansonsten ist der Marktwert des Fremdkapitals durch die Abzinsung der an die Fremdkapitalgeber zu leistenden Zahlungen zu bestimmen. Vgl. dazu MANDL, G./RABEL, K., Unternehmensbewertung, S. 327; ERNST, D./SCHNEIDER, S./THIELEN, B., Unternehmensbewertungen, S. 47.
[360] Vgl. ZWIRNER, C./LINDMAYR, S., DCF-Verfahren, S. 384, Tz. 8. Bei der praktischen Anwendung des FCF-WACC-Verfahrens besteht ein sog. Zirkularitätsproblem. Ansonsten ist die Ermittlung des WACC ist die Kenntnis des Marktwerts des Eigen- und Fremdkapitals vorausgesetzt. Der Marktwert des Eigenkapitals kann indes erst mit den WACC ermittelt werden. Vgl. HERING, T., Unternehmensbewertung, S. 267. Im Schrifttum wird als Lösungsmöglichkeit zum Umgang mit dieser Problematik z. B. das sog. *Roll-Back*-Verfahren vorgeschlagen. Vgl. dazu exemplarisch BAETGE, J. U. A., Discounted Cashflow-Verfahren, S. 475 f.; ZWIRNER, C./LINDMAYR, S., DCF-Verfahren, S. 398, Tz. 31.

352.2 Ermittlung des *Free-Cashflow*

352.21 Schema zur Ermittlung des *Free-Cashflow*

Der *Free-Cashflow* entspricht den erwarteten **operativen Einzahlungsüberschüssen** eines Unternehmens,[361] die unter der Fiktion eines rein eigenfinanzierten Unternehmens ermittelt werden.[362] Dieser *Cashflow* ist vollständig ausschüttungsfähig[363] und steht sowohl für die Bedienung der Eigenkapitalgeber als auch der Fremdkapitalgeber zur Verfügung.[364]

Hinsichtlich der **rechnerischen Ermittlung des *Free-Cashflow*** wird regelmäßig zwischen der direkten und der indirekten Methode unterschieden.[365] Bei der **direkten Methode** wird der *Free-Cashflow* unmittelbar aus der Differenz der Ein- und Auszahlungen des Unternehmens errechnet.[366] Bei der **indirekten Methode** werden hingegen ausgehend von auf der Grundlage des Handelsrechts erstellten Plan-Bilanzen und Plan-GuV des Unternehmens alle zahlungsunwirksamen Aufwendungen und Erträge aus dem Jahresergebnis herausgerechnet sowie alle erfolgsneutralen, zahlungswirksamen Vorgänge berücksichtigt.[367] Die beiden Methoden zur Ermittlung des *Free-Cashflow* führen – unter sachgerechter Anwendung – zum gleichen Ergebnis.[368] Im Folgenden dient die Konkretisierung des IDW S 1 i. d. F. 2008 zur Ermittlung des *Free-Cashflow* nach der **indirekten Methode** als Orientierung.[369] Neben den verschiedenen Formen der Ermittlung des *Free-Cashflow* sind in der Bewertungsliteratur auch **verschiedene Definitionen des *Free-Cashflow*** zu finden, die sich hinsichtlich der Behandlung von Steuern, der Ausgangsgröße und des Umfanges des *(Net) Working Capital* bei der Ermittlung des *Free-*

---

[361] Vgl. KOLLER, T./GOEDHART, M./WESSELS, D., Valuation, S. 227 f.
[362] Vgl. KIRSCH, H.-J./KRAUSE, C., DCF-Methode, S. 797; BALLWIESER, W./HACHMEISTER, D., Unternehmensbewertung, S. 138 f.
[363] Vgl. MATSCHKE, M. J./BRÖSEL, G., Unternehmensbewertung, S. 712. Eine grundsätzliche Ausschüttungsfähigkeit des *Free-Cashflow* impliziert indes nicht, dass der *Free-Cashflow* auch tatsächlich in voller Höhe an die Anteilseigner ausgeschüttet wird. Vgl. SCHULTZE, W., Methoden der Unternehmensbewertung, S. 95.
[364] Vgl. ERNST, D./SCHNEIDER, S./THIELEN, B., Unternehmensbewertungen, S. 32.
[365] Vgl. für eine Übersicht der direkten und indirekten Methode zur Ermittlung des *Free-Cashflow* DRUKARCZYK, J./SCHÜLER, A., Unternehmensbewertung, S. 117 f.; ZWIRNER, C./LINDMAYR, S., DCF-Verfahren, S. 387, Tz. 13 f.
[366] Vgl. NOWAK, K., Marktorientierte Unternehmensbewertung, S. 44.
[367] Vgl. BALLWIESER, W., DCF-Verfahren, S. 86; SEPPELFRICKE, P., Aktien- und Unternehmensbewertung, S. 44.
[368] Vgl. m. w. N. BAETGE, J./KIRSCH, H.-J./THIELE, S., Bilanzanalyse, S. 131.
[369] Vgl. IDW (Hrsg.), IDW S 1 i. d. F. 2008, Tz. 127. BALLWIESER sieht die Vorteile der indirekten Methode darin, dass die Betrachtung des operativen *Cashflow* unabhängig von der Finanzierung ist. Die Unabhängigkeit erlaubt es z. B., in einem stark diversifizierten Konzern die Prognose der *Cashflows* ohne Annahmen über die Finanzierung der Aktivitäten in den Geschäftsbereichen und damit verbundene Steuerwirkungen anzustellen. Vgl. BALLWIESER, W., DCF-Verfahren, S. 85.

Cashflow unterscheiden.[370] Beispielhaft wird in **Formel 3-5** die *Free-Cashflow* Definition von BAETGE/KÜMMEL/SCHULZ/WIESE dargestellt:[371]

	Gewinn vor Steuern
-	Unternehmenssteuern
=	**Jahresergebnis**
+	Zinsen und ähnliche Aufwendungen
+/-	Abschreibungen/Zuschreibungen
+/-	Zuführung zu/Inanspruchnahme von Rückstellungen
-/+	Zunahme/Abnahme aktivischer Rechnungsabgrenzungsposten
+/-	Zunahme/Abnahme passivischer Rechnungsabgrenzungsposten
-	Investitionen in immaterielle Vermögensgegenstände sowie das Sach- und Finanzanlagevermögen
-/+	Zunahme/Abnahme des Working Capital
=	**Operativer Überschuss/Fehlbetrag**
-	Unternehmensteuerersparnis aus anteiliger Fremdfinanzierung (*Tax Shield*)
=	***Free-Cashflow***

Formel 3-5: Indirekte Ermittlung des *Free-Cashflow*[372]

Den Ausgangspunkt der indirekten Methode bildet als Äquivalent zum Jahresüberschuss der **Gewinn vor Steuern** des Unternehmens, der auf Basis der Plan-Bilanz und Plan-GuV abgeleitet wird.[373]

Im Sinne des IDW S 1 i. d. F. 2008 ist der Unternehmenswert, wie bereits erläutert, im Regelfall als Zukunftserfolgswert zu ermitteln.[374] Daher ist es erforderlich, bei dem Einsatz des FCF-WACC-Verfahrens den **künftigen** *Free-Cashflow* des Bewertungsobjektes zu prognostizieren.

352.22 Prognose des *Free-Cashflow*

Die **Prognose des *Free-Cashflow*** wird regelmäßig in eine Detailplanungsphase und die Phase der ewigen Rente unterteilt. Diese Phasen können in Abhängigkeit der Charakteristika des Bewertungsobjektes von unterschiedlicher Dauer sein.[375] Um den künftigen *Free-Cashflow* des

---

[370] Vgl. dazu TINZ, O., Wachstum in der Unternehmensbewertung, S. 56, Fn. 373. Vgl. für eine Gegenüberstellung verschiedener Definitionen des *Free-Cashflow* MATSCHKE, M. J./BRÖSEL, G., Unternehmensbewertung, S. 709–713. Vgl. zu den unterschiedlichen Ermittlungsweisen des *Free-Cashflow* in der Kapitalflussrechnung nach DRS, IFRS und US-GAAP OEHLRICH, M., Free Cash Flows in der Kapitalflussrechnung, S. 356–358.
[371] Vgl. zur Erläuterung der in die Ermittlung des *Free-Cashflow* einzubeziehenden Positionen BAETGE, J. U. A., Discounted Cashflow-Verfahren, S. 429 f.; TINZ, O., Wachstum in der Unternehmensbewertung, S. 56–58. DJUKANOV/KEUPER weisen darauf hin, dass bei internationalen Unternehmensbewertungen die Definition der betrachteten Erfolgsgrößen aufgrund abweichender wertimplizierender Faktoren unterschiedlich sein kann. Vgl. DJUKANOV, V./KEUPER, F., Grenzüberschreitende Unternehmensbewertungen, S. 1312, Tz. 37.
[372] In Anlehnung an BAETGE, J. U. A., Discounted Cashflow-Verfahren, S. 429.
[373] Vgl. MATSCHKE, M. J./BRÖSEL, G., Unternehmensbewertung, S. 707. Vgl. für eine anschauliche Darstellung der Wertimplikationen von Länderrisiken auf einzelne GuV-Posten als Grundlage der Prognose der Zahlungsüberschüsse zur Ermittlung des *Free-Cashflow* IHLAU, S./DUSCHA, H./KÖLLEN, R., Länderrisiken, S. 1324.
[374] Vgl. IDW (Hrsg.), IDW S 1 i. d. F. 2008, Tz. 7.
[375] Vgl. IDW (Hrsg.), IDW S 1 i. d. F. 2008, Tz. 76, sowie IDW (Hrsg.), IDW Praxishinweis 2/2017, Tz. 51.

Bewertungsobjektes für die **Detailplanungsphase** (möglichst) valide zu prognostizieren, sind umfangreiche Informationen über das Bewertungsobjekt zu sammeln und umfassend zu analysieren.[376]

Die Basis der Prognose bildet eine **vergangenheitsorientierte Analyse der leistungs- und finanzwirtschaftlichen Entwicklungen** des Unternehmens.[377] Ziel der Vergangenheitsanalyse ist es, wiederkehrende Einflussfaktoren zu identifizieren, die auch in der Zukunft auftreten.[378] Ferner sind das Geschäftsmodell und die Werttreiber des Bewertungsobjektes sowie die rechtlichen Verhältnisse im Rahmen einer **Markt- und Wettbewerbsanalyse** zu beurteilen.[379] Die Erkenntnisse dieser Analysen sind unter der Beachtung der erwarteten Entwicklungen des Marktes und der Umwelt des Bewertungsobjektes in die Zukunft fortzuschreiben.[380] Durch die **Analyse möglicher Risiken** sollen Einflussfaktoren, wie z. B. bestehende Länderrisiken, identifiziert werden, die die unternehmensindividuelle Planung in Zukunft quantitativ beeinflussen können.[381]

Die Zukunftsorientierung der Unternehmensbewertung impliziert die Existenz von **Unsicherheit** über die Einschätzung der wirtschaftlichen Entwicklung des Bewertungsobjektes. Dieser bestehenden Unsicherheit muss auch im Bewertungskalkül Rechnung getragen werden. Um die **Mehrwertigkeit** der künftigen Entwicklung eines Bewertungsobjektes zu berücksichtigen, hat MOXTER das sog. **Risiken-Chancen-Prinzip** definiert.[382] Im Sinne dieses Prinzips sind sowohl negative als auch positive Abweichungen vom Erwartungswert der Unternehmensentwicklung im Bewertungskalkül zu berücksichtigen, um einen adäquaten Unternehmenswert zu bestimmen. Dafür sind die Volatilitäten künftiger Zahlungsströme des Bewertungsobjektes und die Gewichtung einzelner Entwicklungsszenarien im Bewertungskalkül zu beachten.[383] Innerhalb des **IDW S 1 i. d. F. 2008** spiegelt die „**Unbeachtlichkeit des (bilanziellen) Vorsichtsprinzips**" das **Risiken-Chancen-Prinzip** wider.[384] Der Bewerter hat als neutraler Gutachter oder Schiedsgutachter das Gebot der Unparteilichkeit zu wahren. Dafür soll das im Handelsrecht

---

[376] Vgl. IDW (Hrsg.), IDW S 1 i. d. F. 2008, Tz. 71; DRUKARCZYK, J./SCHÜLER, A., Unternehmensbewertung, S. 125 i. V. m. MOXTER, A., Unternehmensbewertung, S. 97–101.
[377] Vgl. IDW (Hrsg.), IDW S 1 i. d. F. 2008, Tz. 72 und Tz. 73; POPP, M., Vergangenheits- und Lageanalyse, S. 181.
[378] Vgl. DRUKARCZYK, J./SCHÜLER, A., Unternehmensbewertung, S. 125. BORN schlägt hierfür eine retrospektive Analyse der Zahlungsströme für einen Zeitraum von fünf Jahren vor. Dieser Zeitraum wird sowohl dem Anspruch gerecht, verschiedene Phasen eines Konjunkturzyklus zu erfassen sowie den zufälligen Einfluss einzelner Jahre zu erkennen, aber auch keine zu weit zurückliegenden und damit nicht mehr vergleichbaren Jahre zu untersuchen. Vgl. BORN, K., Unternehmensanalyse und Unternehmensbewertung, S. 60.
[379] Vgl. IDW (Hrsg.), IDW S 1 i. d. F. 2008, Tz. 74; IDW (Hrsg.), Bewertung und Transaktionsberatung, Kap. A, Tz. 241; BALLWIESER, W./HACHMEISTER, D., Unternehmensbewertung, S. 19–23; PEEMÖLLER, V. H./KUNOWSKI, S., Ertragswertverfahren, S. 362–368.
[380] Vgl. IDW (Hrsg.), IDW S 1 i. d. F. 2008, Tz. 75. Vgl. für die Leitlinien des IDW zur Beurteilung – und somit auch zur Erstellung – von Unternehmensplanungen IDW (Hrsg.), IDW Praxishinweis 2/2017. Vgl. dazu auch WIELAND-BLÖSE, H., Unternehmensplanung bei Bewertungen, S. 841–849.
[381] Vgl. SCHILLING, B., Risikoadjustierte Unternehmensplanung, S. 15 f.
[382] Vgl. MOXTER, A., Unternehmensbewertung, S. 118.
[383] Vgl. KOELEN, P., Bewertungskalküle, S. 86.
[384] Vgl. hier und im folgenden Satz IDW (Hrsg.), IDW S 1 i. d. F. 2008, Tz. 64 f.

verankerte Vorsichtsprinzip, das die Vorrangigkeit der Interessen der Gläubiger fordert,[385] bei einer Unternehmensbewertung nicht gelten.[386] Damit wird gewährleistet, dass **sowohl positive als auch negative Abweichungen** vom Erwartungswert der künftigen Zahlungsströme des Bewertungsobjektes ausgewogen berücksichtigt und divergierende Interessen einzelner, an der Unternehmensbewertung beteiligter Parteien nicht ungleich gewichtet werden.

Damit die Unsicherheit der Prognose – bei Verwendung der Risikozuschlagsmethode – im Bewertungskalkül berücksichtigt werden kann, sind i. S. d. Mehrwertigkeit der künftigen Zahlungsströme **erwartungstreue Planwerte** für die finanziellen Überschüsse des Bewertungsobjektes zu bilden, die auch die **durch Länderrisiken induzierte Unsicherheit** im Bewertungskalkül adäquat berücksichtigen und ausdrücken, welche Zahlungen bei durchschnittlichem Einfluss aller Länderrisiken zu erwarten sind.[387] Dafür sind z. B. wahrscheinlichkeitsgewichtete Szenarien i. S. e. **Szenario-Analyse** abzuleiten oder **simulationsbasierte Verfahren**, wie die Monte-Carlo-Simulation zu verwenden,[388] was auch nach Auffassung des IDW methodisch sachgerecht ist.[389] Wird die **Szenario-Analyse** bei internationalen Unternehmensbewertungen verwendet, sind regelmäßig mehrere makroökonomische Szenarien zu entwerfen.[390] Diese Szenarien werden dahingehend untersucht, inwiefern die Änderungen der makroökonomischen Variablen Einfluss auf die einzelnen Bestandteile des künftigen *Cashflow* haben. Die Ermittlung der Zahlungsüberschüsse mittels **Monte-Carlo-Simulation** ist als eine Weiterentwicklung der Szenario-Analyse zu verstehen, bei der anstelle einer restriktiven Zahl von Szenarien eine große Zahl möglicher künftig eintretender Szenarien computergestützt simuliert wird.[391]

---

[385] Vgl. zum Vorsichtsprinzip im Handelsrecht BAETGE, J./KIRSCH, H.-J./THIELE, S., Bilanzen, S. 139–142.
[386] Vgl. hier und im folgenden Satz IDW (Hrsg.), IDW S 1 i. d. F. 2008, Tz. 64, sowie IDW (Hrsg.), Bewertung und Transaktionsberatung, Kap. A, Tz. 102.
[387] Vgl. DRUKARCZYK, J./SCHÜLER, A., Unternehmensbewertung, S. 42; MOXTER, A., Unternehmensbewertung, S. 117; IDW (Hrsg.), IDW S 1 i. d. F. 2008, Tz. 80; IDW (Hrsg.), Bewertung und Transaktionsberatung, Kap. A, Tz. 114; Vgl. GLEIßNER, W., Länderrisikoprämien, S. 961; GLEIßNER, W., Erwartungstreue Planung, S. 82 f. Vgl. für die Prognose und Objektivierung künftiger Zahlungsströme im Kontext der Bilanzierung BAETGE, J., Verwendung von DCF-Kalkülen, S. 18 f. und KIRSCH, H.-J., Objektivierung künftiger Zahlungsströme, S. 363–377. Die Zahlungsströme werden dabei regelmäßig in nominalen Werten prognostiziert, sodass die geschätzte künftige *Cashflow* die erwarteten Kaufkraftänderungen (Inflation) bereits enthält. Vgl. BAETGE, J. U. A., Discounted Cashflow-Verfahren, S. 509.
[388] Vgl. IDW (Hrsg.), Bewertung und Transaktionsberatung, Kap. A, Tz. 114.
[389] Vgl. IDW (Hrsg.), Bewertung und Transaktionsberatung, Kap. A, Tz. 114; IDW (Hrsg.), IDW S 1 i. d. F. 2008, Tz. 163; IDW (Hrsg.), IDW Praxishinweis 2/2017, Tz. 8. IDW explizit in Bezug auf die Integration von originären und „grundsätzlich ebenso" derivativen Länderrisiken in der Prognose des Zahlungsstroms über mit Eintrittswahrscheinlichkeiten gewichtete Szenarien IDW (Hrsg.), F&A zu IDW S 1 i. d. F. 2008, Tz. 4.1.
[390] Vgl. hier und im folgenden Satz HOFBAUER, E., Kapitalkosten, S. 48. Ist ein Unternehmen im Ausland zu bewerten, ist die Zahl möglicher Szenarien aufgrund zusätzlicher Risiken im Vergleich zum Heimatmarkt regelmäßig größer und die Wertspanne der prognostizierten Zahlungsströme fällt weiter auseinander. Vgl. HACHMEISTER, D./RUTHARDT, F./UNGEMACH, F., Bestimmung der Kapitalkosten, S. 235.
[391] Vgl. dazu GLEIßNER, W./WOLFRUM, M., Szenario-Analyse und Simulation, S. 241–245; GROßFELD, B./EGGER, U./TÖNNES, W. A., Recht der Unternehmensbewertung, S. 99 f., Tz. 446–449.

In der Phase der **ewigen Rente** werden die *Free-Cashflows* nicht periodenspezifisch prognostiziert, sondern ein **Gleichgewichts- und Beharrungszustand**[392] des Bewertungsobjektes wird unterstellt, der konstante finanzielle Überschüsse des Bewertungsobjektes impliziert, um einen *Termin Value* zu berechnen.[393] Der Gleichgewichts- und Beharrungszustand des Bewertungsobjektes repräsentiert dabei einen fiktiven Zustand, der auf die zum Bewertungsstichtag vorliegenden Marktinformationen abzustimmen ist.[394]

Eine Prognose ist *per definitionem* mit Unsicherheit verbunden und kann lediglich eine bestmögliche Schätzung der erwarteten Entwicklung liefern.[395] Daher ist es elementar für eine Unternehmensbewertung, die **Plausibilität** von prognostizierten *Free-Cashflows* eines Bewertungsobjektes **kritisch zu prüfen**.[396]

Nachdem auf das Schema zur Ermittlung und die Prognose des *Free-Cashflow*, als Zählergröße des Bewertungskalküls beim FCF-WACC-Verfahren, eingegangen wurde, wird in den folgenden Abschnitten die Ermittlung der WACC, als Kapitalisierungszins des FCF-WACC-Verfahrens, erläutert. Dafür werden zunächst die Grundlagen des CAPM erklärt, ehe die für die Bestimmung der Eigenkapitalkosten erforderlichen Komponenten der CAPM-Formel sowie die Bestimmung der Fremdkapitalkosten näher betrachtet werden.

352.3 Ermittlung der *Weighted Average Cost of Capital*
352.31 Bestimmung der Eigenkapitalkosten mittels CAPM
352.311. Grundlagen des CAPM

In der Grundform ist das CAPM ein einperiodiges, gleichgewichtsorientiertes Preisbildungsmodell,[397] das einen linearen Zusammenhang der Erwartung über die Rendite[398] eines Wertpapiers und des korrespondierenden Risikos am Kapitalmarkt beschreibt.[399] Die **erwartete Rendite** eines Wertpapiers ergibt sich aus dem risikolosen Zins und dem Produkt der Marktrisi-

---

[392] Vgl. zu den Charakteristika des Gleichgewichts- und Beharrungszustandes TINZ, O., Wachstum in der Unternehmensbewertung, S. 32.
[393] Vgl. IDW (Hrsg.), IDW S 1 i. d. F. 2008, Tz. 125 und Tz. 129–131; MEITNER, M., Terminal Value, S. 714.
[394] Vgl. IDW (Hrsg.), Bewertung und Transaktionsberatung, Kap. A, Tz. 252.
[395] Vgl. BRETZKE, W.-R., Prognoseproblem bei der Unternehmungsbewertung, S. 85.
[396] Vgl. IDW (Hrsg.), IDW S 1 i. d. F. 2008, Tz. 81; IDW (Hrsg.), Bewertung und Transaktionsberatung, Kap. A, Tz. 242.
[397] Vgl. BALLWIESER, W./HACHMEISTER, D., Unternehmensbewertung, S. 103.
[398] Die Rendite setzt sich aus Dividenden und sonstigen Zuflüssen an den Investor sowie der erzielten Kurssteigerung der Aktie zusammen. Vgl. NOWAK, K., Marktorientierte Unternehmensbewertung, S. 69.
[399] Vgl. PERRIDON, L./STEINER, M./RATHGEBER, A., Finanzwirtschaft, S. 297; MEITNER, M./STREITFERDT, F., Betafaktor, S. 592; BAETGE, J./KRAUSE, C., Berücksichtigung des Risikos, S. 437; TIMMRECK, C., ß-Faktoren, S. 301.

koprämie, die sich aus der Differenz zwischen Marktrendite und risikolosem Zins zusammensetzt, mit dem Betafaktor.[400] Nach dem CAPM wird das unternehmensindividuelle Gesamtrisiko in systematische und unsystematische Risikofaktoren unterteilt.[401]

Das **systematische Risiko** charakterisiert das Risiko, das aus Schwankungen der Rendite des Gesamtmarktes resultiert.[402] Diesem Risiko unterliegen alle Kapitalanlagen.[403] Das Ausmaß des systematischen Risikos auf das einzelne Wertpapier hängt vom unternehmensspezifischen Betafaktor ab.[404] Nur für die Übernahme des systematischen Risikos wird der Investor im CAPM vergütet.[405] Das **unsystematische Risiko** beschreibt unternehmensspezifische Risikofaktoren, die ein Investor unter den Bedingungen des CAPM durch Portfoliobildung diversifizieren kann.[406] Es wird also unterstellt, dass unsystematische negative Renditeerwartungen einzelner Wertpapiere durch unsystematische positive Renditeerwartungen anderer Wertpapiere ausgeglichen werden.[407] Folglich wird das unsystematische Risiko im CAPM nicht vergütet.[408] Den Zusammenhang zwischen systematischem und unsystematischem Risiko in Abhängigkeit des Diversifikationsgrades zeigt **Abbildung 3-1**:

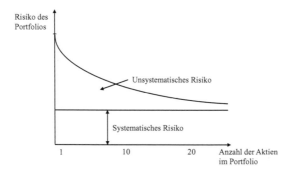

Abbildung 3-1: Abhängigkeit der Risikoarten des CAPM vom Diversifikationsgrad[409]

---

[400] Vgl. DRUKARCZYK, J./SCHÜLER, A., Unternehmensbewertung, S. 55; TIMMRECK, C., ß-Faktoren, S. 301. Vgl. für die Darstellung der CAPM-Formel zur Bestimmung der Eigenkapitalkosten Formel 3-3 in Abschn. 352.1.
[401] Vgl. PERRIDON, L./STEINER, M./RATHGEBER, A., Finanzwirtschaft, S. 297; MUNKERT, M. J., Kapitalisierungszinssatz, S. 226.
[402] Vgl. FRANKE, G./HAX, H., Finanzwirtschaft, S. 357; STEINER, M./BRUNS, C./STÖCKL, S., Wertpapiermanagement, S. 57; BAETGE, J./KRAUSE, C., Berücksichtigung des Risikos, S. 437.
[403] Vgl. ERNST, D./SCHNEIDER, S./THIELEN, B., Unternehmensbewertungen, S. 56.
[404] Vgl. TIMMRECK, C., ß-Faktoren, S. 301.
[405] Vgl. DÖRSCHELL, A./FRANKEN, L./SCHULTE, J., Kapitalisierungszinssatz, S. 17.
[406] Vgl. FRANKE, G./HAX, H., Finanzwirtschaft, S. 357; STEINER, M./BRUNS, C./STÖCKL, S., Wertpapiermanagement, S. 57; NOWAK, K., Marktorientierte Unternehmensbewertung, S. 70. Empirische Erkenntnisse weisen darauf hin, dass schon durch Mischung weniger Anlagetitel ein nahezu vollständiger Diversifikationseffekt im Portfolio eines Investors erreicht werden kann. Vgl. dazu JONAS, M., Unternehmensbewertung bei KMU, S. 20 i. V. m. STATMAN, M., Diversified Portfolio, S. 353–363.
[407] Vgl. BAETGE, J./KRAUSE, C., Berücksichtigung des Risikos, S. 438.
[408] Vgl. BALLWIESER, W./HACHMEISTER, D., Unternehmensbewertung, S. 103; PANKOKE, T./PETERSMEIER, K., Zinssatz, S. 112.
[409] In Anlehnung an BREALEY, R. A./MYERS, S. C./ALLEN, F., Corporate Finance, S. 181.

3 Konzeptionelle Grundlagen der Länderrisiken

Das theoretische Konstrukt des CAPM wurde von den US-amerikanischen Wissenschaftlern BLACK, LINTNER, MOSSIN und SHARPE entwickelt.[410] Die Idee des CAPM basiert auf den Erkenntnissen der Portfoliotheorie[411] nach MARKOWITZ und des Separationstheorems[412] nach TOBIN.[413] Im CAPM wird die Existenz einer risikolosen und stets verfügbaren Anlage angenommen.[414] Die individuelle Risikoneigung verschiedener Investoren wird durch die Kombination der risikolosen Anlage und des Marktportfolios[415] ausgedrückt. Aufbauend auf der Portfoliotheorie und dem Separationstheorem setzt das CAPM die Gültigkeit von Annahmen voraus, durch die sich die Renditeerwartungen rational handelnder Investoren in einer linearen Beziehung, der sog. **Wertpapierlinie**, ergeben.[416] Die **zentralen Annahmen** des CAPM sind dabei:[417]

- Investoren verhalten sich risikoavers und versuchen ihren erwarteten Risikonutzen am Ende der Planperiode zu maximieren (implizites Einperiodenmodell).

- Investoren haben homogene Erwartungen bezüglich der normalverteilten Renditen der Wertpapiere.

- Es existiert eine unbeschränkt verfügbare, risikolose Kapitalanlage- und Kreditaufnahmemöglichkeit zum risikolosen Zins.

- Die Menge der gehandelten Wertpapiere ist vorgegeben und beliebig teilbar.

- Es herrscht ein vollkommener Kapitalmarkt, an dem keine Transaktionskosten, Informationsineffizienzen, Markteintrittsbarrieren oder Steuern bestehen.

---

[410] Vgl. dazu grundlegend BLACK, F., Capital Market Equilibrium, S. 444–455; LINTNER, J., Security Prices, S. 587–615; LINTNER, J., The Valuation of Risk Assets, S. 13–37; MOSSIN, J., Equilibrium in a Capital Asset Market, S. 768–783; SHARPE, W. F., A simplified model for portfolio analysis, S. 277–293; SHARPE, W. F., Capital asset prices, S. 425–442.
[411] Sind die Renditen zweier Wertpapiere nicht vollständig positiv korreliert, kann i. S. d. Portfoliotheorie das Risiko durch Diversifikation der Anlagen gemindert werden, da das Risiko zweier Teilportfolios geringer ist als das Risiko aus der Summe von Einzelpositionen. Vgl. grundlegend zur Portfoliotheorie MARKOWITZ, H., Portfolio Selection, S. 77–91.
[412] Nach dem Separationstheorem unterscheiden sich Portfolios risikodivergenter Investoren nur in den unterschiedlichen Anteilen am sog. Tangentialportfolio, welches das Portfolio aller risikobehafteten Anlagen und der risikolosen Anlage repräsentiert. Vgl. grundlegend zum Separationstheorem TOBIN, J., Liquidity Preference, S. 65–86.
[413] Vgl. MUNKERT, M. J., Kapitalisierungszinssatz, S. 225.
[414] Vgl. hier und im folgenden Satz PERRIDON, L./STEINER, M./RATHGEBER, A., Finanzwirtschaft, S. 273; METZ, V., Kapitalisierungszinssatz, S. 186.
[415] Das Marktportfolio ist für alle Investoren effizient. Vgl. PERRIDON, L./STEINER, M./RATHGEBER, A., Finanzwirtschaft, S. 273. Ein Portfolio ist effizient, sofern kein anderes Portfolio existiert, das bei identischer Renditeerwartung ein geringeres Risiko oder bei identischem Risiko eine höhere Renditeerwartung hat. Vgl. PERRIDON, L./STEINER, M./RATHGEBER, A., Finanzwirtschaft, S. 291 f.
[416] Vgl. TIMMRECK, C., ß-Faktoren, S. 301 und KRUSCHWITZ, L./LORENZ, D., Investitionsrechnung, S. 339–342. Die lineare Beziehung der Wertpapierlinie ergibt sich wie in Formel 3-3 in Abschn. 352.1 gezeigt.
[417] Vgl. zu den Annahmen der Grundform des CAPM PERRIDON, L./STEINER, M./RATHGEBER, A., Finanzwirtschaft, S. 289 f.; BEKAERT, G./HODRICK, R. J., Financial Management, S. 565; WIESE, J., Zins(satz)ermittlung mit dem CAPM, S. 369, Tz. 3 f.; MUNKERT, M. J., Kapitalisierungszinssatz, S. 225 f.; TIMMRECK, C., ß-Faktoren, S. 301 f.

Der Gebrauch des CAPM für die Zwecke der Unternehmensbewertung untersteht – u. a. aufgrund der restriktiven Prämissen und der Schwierigkeit der empirischen Überprüfbarkeit der Gültigkeit dieses Kapitalkostenmodells – **fundamentaler Kritik** in der wirtschaftswissenschaftlichen Literatur.[418] Trotzdem wird dieses Modell im Rahmen der Preisfindung von Kapitalgütern flächendeckend für die Bestimmung von Eigenkapitalkosten sowohl bei nationalen als auch bei internationalen Unternehmensbewertungen verwendet.[419] Auch das IDW empfiehlt in IDW S 1 i. d. F. 2008, Eigenkapitalkosten unter Gebrauch des CAPM zu bestimmen.[420] Aufgrund der **bestehenden praktischen Relevanz des CAPM** wird sich auch in dieser Arbeit an diesem Kapitalmarktmodell für die Bestimmung der Eigenkapitalkosten, als Bestandteil des Kapitalisierungszinses beim FCF-WACC-Verfahren, orientiert.

Das CAPM ist **kein länderspezifisches Kapitalkostenmodell**.[421] Vielmehr bildet es Renditen von Überschüssen aus Unternehmen im Gleichgewicht auf einem Kapitalmarkt ab, der nur hinsichtlich der Existenz einer einheitlichen Währung spezifiziert wird.[422] Im internationalen Kontext sind der Gebrauch des *Local*-CAPM oder des *Global*-CAPM, als Varianten des CAPM, möglich, um die Eigenkapitalkosten eines ausländischen Bewertungsobjektes zu bestimmen. Das *Local*-CAPM basiert auf der Annahme, dass ein Kapitalmarkt **vollständig segmentiert** ist und dass in dem Kapitalmarkt keine Investitionen marktüberschreitend möglich sind.[423] Unter Gebrauch des *Global*-CAPM wird indes angenommen, dass die **Kapitalmärkte vollständig integriert** sind, sodass Kapital international flexibel allokiert werden kann.[424] Diese beiden CAPM-Varianten werden in Abschn. 432.12 und Abschn. 432.13 ausführlicher behandelt.

Zur Bestimmung der Eigenkapitalkosten sind der risikolose Zins, die Marktrisikoprämie sowie der Betafaktor des Unternehmens zu ermitteln. Die Ermittlung der einzelnen CAPM-Komponenten wird im Folgenden allgemein und im Speziellen für den deutschen Bewertungskontext erläutert.

---

[418] Vgl. für Kritik am CAPM in der deutschsprachigen Literatur exemplarisch WIESE, J., Zins(satz)ermittlung mit dem CAPM, S. 371, Tz. 12; HERING, T., Unternehmensbewertung, S. 237–240; RAPP, D., „Eigenkapitalkosten" in der (Sinn-)Krise, S. 360 f.; DÖRSCHELL, A./FRANKEN, L./SCHULTE, J., Kapitalisierungszinssatz, S. 25–28; PODDIG, T., CAPM-basierte Bewertung, S. 15–17; SCHULTZE, W., Methoden der Unternehmensbewertung, S. 278–280; BALLWIESER, W., DCF-Verfahren, S. 83. Vgl. für eine Übersicht empirischer Untersuchungen zur Gültigkeit des CAPM PERRIDON, L./STEINER, M./RATHGEBER, A., Finanzwirtschaft, S. 304–307; METZ, V., Kapitalisierungszinssatz, S. 193–195; FRANKE, G./HAX, H., Finanzwirtschaft, S. 360.
[419] Vgl. PEREIRO, L. E., Valuation, S. 107; KOLLER, T./GOEDHART, M./WESSELS, D., Valuation, S. 699; PEEMÖLLER, V. H., Betafaktor, S. 175; SEPPELFRICKE, P., Aktien- und Unternehmensbewertung, S. 67; DÖRSCHELL, A./FRANKEN, L./SCHULTE, J., Kapitalisierungszinssatz, S. 43.
[420] Vgl. IDW (Hrsg.), IDW S 1 i. d. F. 2008, Tz. 92.
[421] Vgl. SERCU, P., International Finance, S. 677.
[422] Vgl. RUIZ DE VARGAS, S./BREUER, W., Unternehmensbewertung im internationalen Kontext (Teil 1), S. 4.
[423] Vgl. PEREIRO, L. E., Valuation of closely-held companies, S. 338; SABAL, J., Discount Rate, S. 158.
[424] Vgl. O'BRIEN, T. J., CAPM and Firm's Cost of Capital, S. 74; STULZ, R. M., Globalization of Capital Markets, S. 31 f.

3 Konzeptionelle Grundlagen der Länderrisiken

352.312. Risikoloser Zins

Der **risikolose Zins** repräsentiert die Rendite einer Kapitalmarktanlage, die laufzeitäquivalent zum Zahlungsstrom des Bewertungsobjektes und dabei nicht ausfallgefährdet ist. Diese Kapitalmarktanlage sollte ferner keinen Währungs-, Termin-, und Reinvestitionsrisiken ausgesetzt sein.[425] Da solche Anlagen in der Realität nicht existieren, wird für die Bestimmung des risikolosen Zinses auf langfristig erzielbare Renditen von Staatsanleihen mit bestmöglicher Bonität als Approximation zurückgegriffen („quasi-risikolose" Anlage).[426] Solche Anleihen entsprechen am ehesten einer risikolosen Anlage.

Bei Bewertungen aus Sicht eines inländischen (deutschen) Investors werden regelmäßig deutsche Staatsanleihen als Approximation des risikolosen Zinses verwendet.[427] Zur Einhaltung der Laufzeitäquivalenz müssen die Fristigkeiten der Zahlungsströme vom Bewertungsobjekt und der Rendite der Alternativanlage zeitlich kongruent sein.[428] Darüber hinaus muss Währungsäquivalenz zwischen dem zu diskontierenden Zahlungsstrom und dem risikolosen Zins bestehen, was insbesondere bei währungsraumübergreifenden Bewertungskonstellationen zu beachten ist.

Der deutsche Staat als Schuldner lässt bezüglich Zeitpunkt, Höhe und Währung von Zins- und Tilgungszahlungen eine hinreichende Sicherheit erwarten.[429] Staatsanleihen werden regelmäßig als Kupon-Anleihen begeben, die einen jährlich fixen endlichen Zahlungsstrom haben.[430] Im Gegensatz dazu sind Zahlungsströme von Unternehmen im Regelfall instabil und zeitlich nicht begrenzt.[431] Zahlungsströme, die über ein Jahr hinaus anfallen, können damit nicht laufzeitäquivalent verglichen werden. Renditen von Kupon-Anleihen sind für die Zwecke der Unternehmensbewertung deshalb nicht unmittelbar geeignet.

Es besteht der Konsens, dass für die Schätzung tagesaktueller und laufzeitäquivalenter risikoloser Renditen am Markt beobachtbare **Renditen von Null-Kupon-Anleihen** (sog. *Spot Rates*) zu nutzen sind.[432] *Spot Rates* für Staatsanleihen sind am Markt allgemein nur vereinzelt zu beobachten, können indes rechnerisch aus Renditen von Kupon-Anleihen ermittelt werden.[433] Der Zusammenhang zwischen den Renditen und den Laufzeiten der Null-Kupon-Anleihen wird

---

[425] Vgl. BALLWIESER, W./HACHMEISTER, D., Unternehmensbewertung, S. 90; DAMODARAN, A., Riskfree Rate, S. 6.
[426] Vgl. PANKOKE, T./PETERSMEIER, K., Zinssatz, S. 114; REESE, R., Eigenkapitalkosten, S. 5 und IDW (Hrsg.), IDW S 1 i. d. F. 2008, Tz. 116.
[427] Vgl. PANKOKE, T./PETERSMEIER, K., Zinssatz, S. 114.
[428] Vgl. DÖRSCHELL, A./FRANKEN, L./SCHULTE, J., Kapitalisierungszinssatz, S. 50.
[429] Vgl. BALLWIESER, W./HACHMEISTER, D., Unternehmensbewertung, S. 90.
[430] Vgl. JONAS, M./WIELAND-BLÖSE, H./SCHIFFARTH, S., Basiszinssatz, S. 647; REESE, R., Eigenkapitalkosten, S. 5.
[431] Vgl. hier und in den folgenden beiden Sätzen JONAS, M./WIELAND-BLÖSE, H./SCHIFFARTH, S., Basiszinssatz, S. 647.
[432] Vgl. DRUKARCZYK, J./SCHÜLER, A., Unternehmensbewertung, S. 238; KRUSCHWITZ, L./LÖFFLER, A., Kapitalkosten, S. 806.
[433] Vgl. JONAS, M./WIELAND-BLÖSE, H./SCHIFFARTH, S., Basiszinssatz, S. 647.

durch sog. **Zinsstrukturkurven** abgebildet.[434] Der Nutzung von Zinsstrukturkurven zur Bestimmung des risikolosen Zinses stimmt auch das IDW zu. So wird in IDW S 1 i. d. F. 2008 empfohlen, den risikolosen Zins „ausgehend von aktuellen Zinsstrukturkurven und zeitlich darüber hinausgehenden Prognosen abzuleiten"[435]. Da verschiedene Möglichkeiten zur kapitalmarktorientierten Schätzung von Zinsstrukturkurven bestehen,[436] wird aus Objektivierungsgründen vom IDW darauf verwiesen, den risikolosen Zins für in Euro denominierte Zahlungsströme mithilfe der veröffentlichten Daten über Zinsstrukturkurven der Deutschen Bundesbank zu ermitteln.[437] Die Zinsstrukturkurven für hypothetische Null-Kupon-Anleihen werden dabei unter Zuhilfenahme der sog. „**Svensson-Methode**"[438] bestimmt.[439] Die laufzeitabhängige *Spot Rate* wird nach dieser Methode als Funktion von sechs Parametern[440] definiert. Die Deutsche Bundesbank veröffentlicht die für die Schätzung der *Spot Rates* erforderlichen Parameter börsentäglich.[441]

Um die **Annahme der Unternehmensfortführung** (*Going Concern*-Prämisse) einzuhalten, ist von einer zeitlich unbegrenzten Lebensdauer des Bewertungsobjektes auszugehen. Somit ist auch der risikolose Zins theoretisch für eine unendliche Dauer abzuleiten.[442] Die Laufzeit von deutschen Bundesanleihen übersteigt eine Dauer von dreißig Jahren nicht,[443] sodass für die Prognose der Höhe der Rendite dieser Anleihen für darüber hinausgehende Zeitpunkte eine Annahme zu treffen ist.[444] Als Schätzer für den **unendlichen Zeitraum** soll die *Spot Rate* mit der am längsten verfügbaren Laufzeit verwendet werden.[445] Um mögliche kurzfristige Marktschwankungen zu glätten und Schätzungsungenauigkeiten zu reduzieren, wird ferner empfohlen, **Durchschnittsrenditen** aus den täglichen Zinsstrukturkurven über drei Monate pro Laufzeitjahr zu ermitteln.[446]

---

[434] Vgl. REESE, R., Eigenkapitalkosten, S. 7.
[435] IDW (Hrsg.), IDW S 1 i. d. F. 2008, Tz. 117.
[436] Vgl. für einen Überblick und zur Würdigung dieser Verfahren im Kontext der Unternehmensbewertung REESE, R., Eigenkapitalkosten, S. 7–16, sowie BALLWIESER, W./HACHMEISTER, D., Unternehmensbewertung, S. 91.
[437] Vgl. WAGNER, W. U. A., Unternehmensbewertung, S. 1015; IDW (Hrsg.), Bestimmung des Basiszinssatzes, S. 490.
[438] Vgl. grundlegend zu dieser Methode NELSON, C. R./SIEGEL, A. F., Parsimonious Modeling of Yield Curves, S. 473–489, sowie SVENSSON, L. E. O., Estimating and Interpreting Forward Interest Rates.
[439] Vgl. dazu DEUTSCHE BUNDESBANK (Hrsg.), Monatsbericht – Oktober 1997, S. 61–66.; WIESE, J./GAMPENRIEDER, P., Marktorientierte Ableitung des Basiszinses, S. 1722–1725; DÖRSCHELL, A./FRANKEN, L./SCHULTE, J., Kapitalisierungszinssatz, S. 55–57.
[440] Vgl. zu den Parametern der „Svensson-Funktion" DEUTSCHE BUNDESBANK (Hrsg.), Monatsbericht – Oktober 1997, S. 64–66.
[441] Vgl. DEUTSCHE BUNDESBANK (Hrsg.), Tägliche Zinsstruktur für börsennotierte Bundeswertpapiere.
[442] Vgl. IDW (Hrsg.), IDW S 1 i. d. F. 2008, Tz. 117.
[443] Vgl. DEUTSCHE BUNDESBANK (Hrsg.), Tägliche Zinsstruktur für börsennotierte Bundeswertpapiere.
[444] Vgl. IDW (Hrsg.), Bewertung und Transaktionsberatung, Kap. A, Tz. 377.
[445] Vgl. IDW (Hrsg.), Bewertung und Transaktionsberatung, Kap. A, Tz. 377.
[446] Vgl. IDW (Hrsg.), Bewertung und Transaktionsberatung, Kap. A, Tz. 379.

Für eine gegebene Zahlungsreihe lässt sich der Barwert durch Diskontierung mit dem jeweiligen, laufzeitspezifischen risikolosen Zins bestimmen.[447] Daran anknüpfend kann ein barwertidentischer periodenübergreifender risikoloser **Einheitszins** berechnet werden.[448] Dieser risikolose Einheitszins wird dann für alle betrachteten Perioden der Unternehmensbewertung als Approximation des risikolosen Zinses verwendet.[449]

352.313. Marktrisikoprämie

Nach dem CAPM unterliegt das Marktportfolio im Gegensatz zur risikolosen Anleihe dem systematischen Risiko.[450] Deshalb verlangt ein Anleger bei einer Investition in das Marktportfolio eine **Marktrisikoprämie**.[451] Die Marktrisikoprämie ergibt sich aus der Differenz der Rendite des Marktportfolios und der Rendite der risikolosen Anleihe.[452] Die Rendite des Marktportfolios beschreibt diejenige Rendite, die durch die Kombination sämtlicher am Markt gehandelter Anlagen erzielt wird.[453] Im Modellrahmen des CAPM umfasst das Marktportfolio – im Tangentialpunkt der Kapitalmarktlinie und der Effizienzkurve – alle risikobehafteten Anlagemöglichkeiten des Kapitalmarktes.[454] Die Risikoprämie des Marktes ist für alle Investitionen identisch.[455]

Eine grundsätzliche Schwierigkeit bei der Bestimmung der Marktrisikoprämie besteht darin, dass ein Markt, der alle verfügbaren risikobehafteten Anlagen umfasst, in der Realität nicht existiert.[456] Als Substitut für das Marktportfolio ist folglich auf einen möglichst breit zusammengestellten und liquiden **Proxy-Markt** zurückzugreifen,[457] dessen Daten eine valide Ermitt-

---

[447] Vgl. hier und im folgenden Satz WAGNER, W. U. A., Unternehmensbewertung, S. 1016 i. V. m. JONAS, M./WIELAND-BLÖSE, H./SCHIFFARTH, S., Basiszinssatz, S. 648; BALLWIESER, W./HACHMEISTER, D., Unternehmensbewertung, S. 90 f. i. V. m. IDW (Hrsg.), Bewertung und Transaktionsberatung, Kap. A, Tz. 380.
[448] Vgl. für einen Überblick des wissenschaftlichen Diskurses zu dieser Vorgehensweise MEITNER, M./STREITFERDT, F., Risikofreier Zins und Marktrisikoprämie, S. 676 f.
[449] Aus Praktikabilitätsgründen und zur Vermeidung von Scheingenauigkeiten der einzelnen Komponenten des Prognosekalküls ist das Ergebnis der Berechnung für den Ansatz des einheitlichen risikolosen Zinses grundsätzlich auf 0,25 Prozentpunkte zu runden. Vgl. IDW (Hrsg.), Bewertung und Transaktionsberatung, Kap. A, Tz. 380. Vor dem Hintergrund des anhaltenden Niedrigzinsumfeldes empfiehlt das IDW weiterhin, bei einem aus den Zinsstrukturdaten der Deutschen Bundesbank abgeleiteten Zins i. H. v. weniger als 1,0 % eine Rundung auf 0,1 Prozentpunkte vorzunehmen. Vgl. IDW (Hrsg.), F&A zu IDW S 1 i. d. F. 2008, Tz. 4.2.
[450] Vgl. ERNST, D./SCHNEIDER, S./THIELEN, B., Unternehmensbewertungen, S. 58.
[451] Vgl. MEITNER, M./STREITFERDT, F., Risikofreier Zins und Marktrisikoprämie, S. 680.
[452] Vgl. SEPPELFRICKE, P., Aktien- und Unternehmensbewertung, S. 68; MEITNER, M./STREITFERDT, F., Risikofreier Zins und Marktrisikoprämie, S. 680.
[453] Vgl. PERRIDON, L./STEINER, M./RATHGEBER, A., Finanzwirtschaft, S. 290 f.; FRANKE, G./HAX, H., Finanzwirtschaft, S. 355.
[454] Vgl. PERRIDON, L./STEINER, M./RATHGEBER, A., Finanzwirtschaft, S. 290 f.
[455] Vgl. PANKOKE, T./PETERSMEIER, K., Zinssatz, S. 113 und S. 117.
[456] Vgl. MEITNER, M./STREITFERDT, F., Risikofreier Zins und Marktrisikoprämie, S. 680. Ein vollständiges Marktportfolio müsste neben Kapitalmarkttiteln auch Vermögensgegenstände wie z. B. Grundstücke, Immobilien und Humankapital enthalten. Vgl. DÖRSCHELL, A./FRANKEN, L./SCHULTE, J., Kapitalisierungszinssatz, S. 95.
[457] Vgl. ZIEMER, F., Betafaktor, S. 208; REBIEN, A., Kapitalkosten, S. 87.

lung der Marktrenditen zulassen. In der Praxis werden als Proxy-Märkte regelmäßig Aktienindizes verwendet.[458] Der als Proxy gewählte Aktienindex soll den Anlagehorizont des betrachteten Investors bestmöglich widerspiegeln.[459]

In der Bewertungspraxis wird die Marktrisikoprämie i. d. R. **nicht spezifisch** für den einzelnen Bewertungsfall bestimmt, sondern auf **Erkenntnisse aus empirischen Studien** über die entsprechenden Renditen zurückgegriffen.[460] Da objektivierte Unternehmensbewertungen im Rahmen von rechtlich geprägten und vertraglich bedingten Bewertungsanlässen regelmäßig aus der Perspektive einer inländischen unbeschränkt steuerpflichtigen natürlichen Person als Anteilseigner durchzuführen sind,[461] wird unter der Annahme, dass so dem Anlagehorizont des typisierten Investors am ehesten entsprochen wird, häufig auf die Renditen eines **deutschen Aktienindex als Proxy** zur Bestimmung einer Marktrisikoprämie abgestellt.[462]

Mit dem Kapitalisierungszins werden zukunftsbezogene Zahlungsströme diskontiert, sodass auch eine **zukunftsbezogene Marktrisikoprämie** für die Bestimmung der Eigenkapitalkosten zu verwenden ist.[463] Die Risikoprämie des Marktes wurde dafür regelmäßig aus der **Differenz** der durchschnittlichen historisch beobachteten Renditen des Proxy-Marktes und des durchschnittlich historisch beobachteten risikolosen Zinses abgeleitet.[464] Dieses Vorgehen basiert auf der Annahme, dass die Höhe der Marktrisikoprämie zwar unsicher ist, aber im Zeitablauf um einen konstanten Erwartungswert schwankt.[465] Den deutschen Standard zur Quantifizierung einer Marktrisikoprämie bildeten bis zum Jahr 2012 die Erkenntnisse der Studie von STEHLE aus dem

---

[458] Vgl. MEITNER, M./STREITFERDT, F., Risikofreier Zins und Marktrisikoprämie, S. 680. Aktienindizes wird aus theoretischer und empirischer Sicht die höchste Korrelation zu dem vom CAPM geforderten Marktportfolio zugesprochen. Vgl. REBIEN, A., Kapitalkosten, S. 86 f.
[459] Vgl. BÖCK, R. U. A., Marktrisikoprämie, S. 292.
[460] Vgl. DÖRSCHELL, A./FRANKEN, L./SCHULTE, J., Kapitalisierungszinssatz, S. 95.
[461] Vgl. IDW (Hrsg.), IDW S 1 i. d. F. 2008, Tz. 31.
[462] Vgl. DÖRSCHELL, A./FRANKEN, L./SCHULTE, J., Kapitalisierungszinssatz, S. 96.
[463] Vgl. ERNST, D./SCHNEIDER, S./THIELEN, B., Unternehmensbewertungen, S. 58.
[464] Vgl. WAGNER, W. U. A., Unternehmensbewertung, S. 1017; BÖCK, R. U. A., Marktrisikoprämie, S. 290.
[465] Vgl. MEITNER, M./STREITFERDT, F., Risikofreier Zins und Marktrisikoprämie, S. 681. Bei der historischen Bestimmung der Marktrisikoprämie bestehen verschiedene Schätzprobleme. Zum einen ist fraglich, welcher Aktienindex der Approximation einer Marktrendite zugrunde liegen soll. Zum anderen ist unklar, über welchen Zeitraum die Marktrendite historisch zu beobachten ist. Ferner kann der historische Durchschnitt durch ein geometrisches oder arithmetisches Mittel berechnet werden. Die jeweilige Auslegung dieser Variablen kann zu stark divergierenden Bewertungsergebnissen führen. Deshalb bietet die Bestimmung der Marktrisikoprämie Ermessensspielräume für den Bewerter und mithin die Möglichkeit, das Bewertungsergebnis zu beeinflussen. Vgl. dazu BALLWIESER, W., Der Kalkulationszinsfuß in der Unternehmensbewertung, S. 739; DÖRSCHELL, A./FRANKEN, L./SCHULTE, J., Kapitalisierungszinssatz, S. 95; REBIEN, A., Kapitalkosten, S. 86–91. Die Vorgehensweise der Durchschnittsberechnung ist im Kontext der Unternehmensbewertung bei der Bestimmung verschiedener Bewertungsparameter von Bedeutung und wird im Schrifttum in zahlreichen Beiträgen diskutiert. Vgl. exemplarisch für eine arithmetische Berechnungsweise des historischen Durchschnitts im Kontext der Bestimmung der Marktrisikoprämie argumentierend STEHLE, R., Risikoprämie von Aktien, S. 910; RUIZ DE VARGAS, S./BREUER, W., Unternehmensbewertung im internationalen Kontext (Teil 2), S. 52 i. V. m. BREUER, W./FUCHS, D./MARK, K., Estimating cost of capital, S. 568–594, sowie m. w. N. RUIZ DE VARGAS, S., Marktrisikoprämie, S. 819; WAGNER, W. U. A., Unternehmensbewertung, S. 1017–1019; DÖRSCHELL, A./FRANKEN, L./SCHULTE, J., Kapitalisierungszinssatz, S. 115 f. Vgl. a. A. exemplarisch NOWAK, K., Marktorientierte Unternehmensbewertung, S. 92 f.

3 Konzeptionelle Grundlagen der Länderrisiken

Jahr 2004.[466] Die Marktrisikoprämie wurde in dieser Studie als Differenz der durchschnittlichen jährlichen **nominalen Aktienrenditen** aller an der Frankfurter Börse im Zeitraum vom Jahr 1955 bis zum Jahr 2003 amtlich notierten deutschen Aktien („nominale CDAX-Zeitreihe") und der kongruenten durchschnittlichen Renditen langfristiger Bundeswertpapiere berechnet.[467]

Im Gegensatz zu der Empfehlung für die Ableitung des risikolosen Zinses gibt das IDW für die Quantifizierung der Marktrisikoprämie keine allgemeingültige Methodik zur Ermittlung, sondern eine **konkrete quantitative Empfehlung** vor.[468] Die Erkenntnisse der „STEHLE-Studie" bildeten dabei für das IDW bis zum Jahr 2012 die einzige Grundlage seiner bis dato veröffentlichten Empfehlungen zur Quantifizierung einer Marktrisikoprämie.[469] Das IDW hat in seiner ersten Empfehlung über die Höhe der Marktrisikoprämie in einem Korridor zwischen 4,0 % und 5,0 % vor persönlicher Steuer sowie 5,0 % und 6,0 % nach persönlichen Ertragsteuern als sachgerecht erachtet.[470] Diese Einschätzung wurde in den Folgejahren mit Blick auf das sich ändernde Marktumfeld mehrfach aktualisiert.[471]

---

[466] Vgl. DRUKARCZYK, J./SCHÜLER, A., Unternehmensbewertung, S. 247; KRUSCHWITZ, L./LÖFFLER, A., Kapitalkosten, S. 807.
[467] Vgl. STEHLE, R., Risikoprämie von Aktien, S. 906–927. Die Studie berücksichtigt Nachsteuerrenditen, einschließlich der unterschiedlichen steuerlichen Behandlung von Kurs- und Dividendenrenditen sowie das *Tax-CAPM*. Vgl. WAGNER, W. U. A., Unternehmensbewertung, S. 1017. Vgl. für Kritik an der aus dem Jahr 2004 stammenden „STEHLE-Studie" POPP, M., Historische Marktrisikoprämien, S. 1222–1227; MEITNER, M./STREITFERDT, F., Risikofreier Zins und Marktrisikoprämie, S. 682 f.; BEUMER, J., Implizite Marktrisikoprämien, S. 330 f.; BERG, T. U. A., Erwartete Marktrisikoprämien, S. 226–228; JÄCKEL, C./KASERER, C./MÜHLHÄUSER, K., Analystenschätzungen und zeitvariable Marktrisikoprämien, S. 365–367.
[468] Vgl. CASTEDELLO, M. U. A., Marktrisikoprämie im Niedrigzinsumfeld, S. 807.
[469] Vgl. MEITNER, M./STREITFERDT, F., Risikofreier Zins und Marktrisikoprämie, S. 682; CASTEDELLO, M. U. A., Marktrisikoprämie im Niedrigzinsumfeld, S. 810.
[470] Vgl. mit Erläuterung zur Quantifizierung der Marktrisikoprämie WAGNER, W. U. A., Unternehmensbewertung, S. 1016–1019.
[471] So sah sich das IDW z. B., als Konsequenz aus den Entwicklungen an den Kapitalmärkten im Rahmen der globalen Wirtschafts- und Finanzkrise, im Jahr 2012 veranlasst, die empfohlene Marktrisikoprämie zu erhöhen. Vgl. mit Begründung für die Erhöhung der Marktrisikoprämie IDW (Hrsg.), Hinweise zur Berücksichtigung der Finanzmarktkrise, S. 569. Die Empfehlung einer höheren Marktrisikoprämie stand dabei im Einklang mit dem Vorgehen in der internationalen Bewertungspraxis. Vgl. dazu WAGNER, W. U. A., Auswirkungen der Finanzmarktkrise, S. 958. Dabei definierte das IDW auf Basis historischer Beobachtungen nomineller Aktienrenditen des CDAX eine Bandbreite zur Höhe der Marktrisikoprämie, deren Auslegung unter Verwendung von Prognosen implizit ermittelter Marktrisikoprämien am oberen Ende nahegelegt wurde. Vgl. BÖCK, R. U. A., Marktrisikoprämie, S. 292 f. i. V. m. IDW (Hrsg.), Hinweise zur Berücksichtigung der Finanzmarktkrise, S. 569. Das Schrifttum bemängelte dabei indes, dass das IDW die konkrete Quantifizierung der Marktrisikoprämie im Hinblick auf eine eindeutiges, rechnerisch nachvollziehbares Vorgehen bei seiner Entscheidungsfindung nicht ausreichend fundiert erläutert hat. Vgl. exemplarisch ROWOLDT, M./PILLEN, C., CAPM in der Unternehmenspraxis, S. 123. Dieser Kritik ist das IDW insofern nachgekommen, als die Anpassungen der Marktrisikoprämie mittels der Verwendung verschiedener Verfahren zur Quantifizierung einer Marktrisikoprämie in einem Nachtrag plausibilisiert und mithin bestätigt wurden. Vgl. dazu CASTEDELLO, M. U. A., Marktrisikoprämie im Niedrigzinsumfeld, S. 806–825.

Das IDW verfolgt bei der Schätzung der deutschen Marktrisikoprämie nunmehr explizit einen **pluralistischen Ansatz**.[472] Diese Vorgehensweise wird auch innerhalb der aktuellsten Empfehlung über die Höhe der Marktrisikoprämie durch das IDW betont.[473] So wird i. S. d. pluralistischen Ansatzes die Beobachtung historisch nominal gemessener Aktienrenditen um die *ex post*-Beobachtung langfristig realer Aktienrenditen sowie die mithilfe von *ex ante*-Analysen ermittelten impliziten Kapitalkosten aus den Marktkapitalisierungen der DAX-Unternehmen für die Beobachtung der Marktrisikoprämie ergänzt.

Für die *ex post*-**Bestimmung** der Marktrisikoprämie mittels **langfristig beobachtbarer realer Aktienrenditen** stellt das IDW auf die Ergebnisse der sog. Frankfurter Top Segment-Zeitreihe (FTS-Zeitreihe) sowie die bereits oben erwähnte CDAX-Zeitreihe (unter Betrachtung realer Aktienrenditen) ab. Die von STEHLE/SCHMIDT ermittelte *FTS-Zeitreihe* analysiert die realen Renditen der Aktien für das sog. *Top Segment* („Regulierter Markt") der Frankfurter Börse[474] im Zeitraum vom Jahr 1955 bis zum Jahr 2013.[475] Die **CDAX-Zeitreihe** umfasst hingegen die jährlichen marktgewichteten realen Renditen sämtlicher an der Frankfurter Börse amtlich gehandelten Aktien im Zeitraum vom Jahr 1955 bis zum Jahr 2009.[476] Um diese Zeitreihe auch für die Jahre der Finanzmarktkrise sowie die jüngsten Jahre unter Einfluss des Niedrigzinsumfeldes fortzuführen, wird auf Basis der Jahresenddaten des CDAX zunächst die nominale Rendite berechnet und die Inflation in den Renditen mithilfe der beobachtbaren deutschen Inflationsraten und dem internationalen Fisher-Effekt bereinigt.[477]

Die Konzeptionen beider Zeitreihen folgen dem sog. *Total Market Return*-Ansatz.[478] Nach diesem Ansatz wird die Marktrisikoprämie als Residuum aus der Differenz der durchschnittlich beobachteten historischen Marktperformance als erwartete Rendite des Marktportfolios und dem aktuell verfügbaren risikolosen Zins berechnet.[479] Dieser Ansatz unterstellt demnach eine im Zeitablauf variierende Marktrisikoprämie. Folglich steigt bei konstant erwarteter Marktperformance die Marktrisikoprämie bei sinkenden risikolosen Zinsen (und *vice versa*).[480]

---

[472] Vgl. CASTEDELLO, M. U. A., Marktrisikoprämie im Niedrigzinsumfeld, S. 811 f.
[473] Vgl. IDW (Hrsg.), Aktualisierte Kapitalkostenempfehlung des FAUB, S. 1219.
[474] Zum „Regulierten Markt" der Frankfurter Börse gehören der DAX, der MDAX, der TecDAX sowie der SDAX. Vgl. DEUTSCHE BÖRSE (Hrsg.), Prime Standard.
[475] Vgl. STEHLE, R./SCHMIDT, M., Returns on German Stocks, S. 427–476. Diese Studie ist eine Fortführung der „STEHLE-Studie" aus dem Jahr 2004, auf der auch die Empfehlung des IDW zur Quantifizierung einer deutschen Marktrisikoprämie basiert. WAGNER, A. U. A., Auswirkungen der Finanzmarktkrise, S. 953.
[476] Vgl. dazu auch STEHLE, R., Risikoprämie von Aktien, S. 906–927.
[477] Vgl. hierzu CASTEDELLO, M. U. A., Marktrisikoprämie im Niedrigzinsumfeld, S. 816 f. Während die FTS-Zeitreihe nur das *Top Segment* („Regulierter Markt") der Frankfurter Börse betrachtet, erfasst die CDAX-Zeitreihe ab dem Jahr 1998 auch das *Middle Segment* („Geregelter Markt") sowie den „Neuen Markt". Daraus ergeben sich v. a. ab dem Jahr 1998 relevante Abweichungen in den Einzeljahresrenditen zwischen diesen Zeitreihen. Vgl. CASTEDELLO, M. U. A., Marktrisikoprämie im Niedrigzinsumfeld, S. 816 f.
[478] Vgl. CASTEDELLO, M. U. A., Marktrisikoprämie im Niedrigzinsumfeld, S. 816.
[479] Vgl. BÖCK, R. U. A., Marktrisikoprämie, S. 290 f.
[480] Vgl. MEITNER, M./STREITFERDT, F., Risikofreier Zins und Marktrisikoprämie, S. 682.

3 Konzeptionelle Grundlagen der Länderrisiken

Für die *ex ante*-**Bestimmung** der Marktrisikoprämie nutzt das IDW **implizite Kapitalkosten**, die aus den Marktkapitalisierungen der DAX-Unternehmen ermittelt werden. Implizite Kapitalkosten ermöglichen eine zukunftsorientierte Bestimmung von Aktienrenditen anhand von aktuellen stichtagsbezogenen Kapitalmarktinformationen.[481] Die Ermittlung der impliziten Kapitalkosten aus Eigenkapitaltiteln basiert auf einer Umstellung des Kalküls barwertorientierter Bewertungsverfahren.[482] Ausgehend von bekannten Börsenwerten von Unternehmen und den von Finanzanalysten für die folgenden Jahre prognostizierten *Cashflows* wird hierbei ein vom Markt implizit erwarteter Eigenkapitalkostensatz in Form eines internen Zinssatzes retrograd ermittelt.[483] Die **implizite Marktrisikoprämie** des betrachteten Marktes lässt sich quantifizieren, indem die implizit erwarteten Eigenkapitalkosten der Unternehmen eines Marktes aggregiert werden.[484]

Nach der Auffassung des IDW sind die Vorteile der Ansätze durch die **simultane Verwendung** des *ex post*-Ansatzes und des *ex ante*-Ansatzes zu nutzen, um so eine verlässlichere Bandbreite für die Höhe der Marktrisikoprämie zu ermitteln.[485]

---

[481] Vgl. BÖCK, R. U. A., Marktrisikoprämie, S. 290 f.; BERG, T. U. A., Erwartete Marktrisikoprämien, S. 227.
[482] Vgl. BASSEMIR, M./GEBHARDT, G./RUFFING, P., Finanz- und Schuldenkrisen, S. 887; WAGNER, W. U. A., Auswirkungen der Finanzmarktkrise, S. 955 f.
[483] Vgl. BERG, T. U. A., Erwartete Marktrisikoprämien, S. 227 und S. 229; BEUMER, J., Implizite Marktrisikoprämien, S. 331; LAAS, T./MAKAROV, D., Marktrisikoprämie, S. 982–984; BERTRAM, I./CASTEDELLO, M./TSCHÖPEL, A., Marktrendite und Marktrisikoprämie, S. 470; WAGNER, W. U. A., Auswirkungen der Finanzmarktkrise, S. 956; JÄCKEL, C./KASERER, C./MÜHLHÄUSER, K., Analystenschätzungen und zeitvariable Marktrisikoprämien, S. 367; BASSEMIR, M./GEBHARDT, G./RUFFING, P., Finanz- und Schuldenkrisen, S. 887 f. Für die Bestimmung impliziter Marktrisikoprämien werden in der Praxis v. a. sog. Dividendendiskontierungsmodelle verwendet. Vgl. dazu WAGNER, W. U. A., Auswirkungen der Finanzmarktkrise, S. 955–958 und insbesondere JÄCKEL, C./KASERER, C./MÜHLHÄUSER, K., Analystenschätzungen und zeitvariable Marktrisikoprämien, S. 367–371.
[484] Vgl. BASSEMIR, M./GEBHARDT, G./RUFFING, P., Finanz- und Schuldenkrisen, S. 887. Vgl. für eine Studie impliziter Marktrisikoprämien und Marktrenditen für entwickelte Kapitalmärkte in Deutschland, Europa und den USA von 2008 bis 2018 BEUMER, K./JÜRGENS, K., Implizite Marktrisikoprämien und Marktrenditen, S. 71–80. Ein grundlegendes Problem bei der *ex ante*-Bestimmung der Marktrisikoprämie ist darin begründet, dass der Börsenwert eines Unternehmens mit dem originären Unternehmenswert gleichgesetzt wird. Vgl. BERTRAM, I./CASTEDELLO, M./TSCHÖPEL, A., Marktrendite und Marktrisikoprämie, S. 470; BEUMER, J., Implizite Marktrisikoprämien, S. 342. Weiterhin bestehen bei der zukunftsorientierten Bestimmung mittels impliziter Kapitalkosten neben den konzeptionellen Schwächen der Abhängigkeit der Güte von externen Analystenschätzungen und des möglichen verzerrenden Einflusses nicht-finanzieller Erwartungen am Kapitalmarkt auch Ermessensspielräume im Hinblick auf die Wahl des jeweiligen Schätzmodells oder die modellhafte Fortschreibung der Analystenschätzungen. Vgl. BERTRAM, I./CASTEDELLO, M./TSCHÖPEL, A., Marktrendite und Marktrisikoprämie, S. 470. Demnach weisen sowohl die Ermittlung historischer als auch impliziter Renditen zur Quantifizierung einer Marktrisikoprämie Vor- und Nachteile sowie Ermessensspielräume bei der Festlegung der einzelnen zu nutzenden Parameter auf. Von einer detaillierten Diskussion der einzelnen Ansätze wird hier abstrahiert. Vgl. für eine Gegenüberstellung der Vor- und Nachteile der *ex post*- und *ex ante*-Ansätze zur Bestimmung einer Marktrisikoprämie BERTRAM, I./CASTEDELLO, M./TSCHÖPEL, A., Marktrendite und Marktrisikoprämie, S. 471 f.; BALLWIESER, W./FRIEDRICH, T., Peers, Marktrisikoprämie und Insolvenzrisiko, S. 451 f.
[485] Vgl. IDW (Hrsg.), Bewertung und Transaktionsberatung, Kap. A, Tz. 393; CASTEDELLO, M. U. A., Marktrisikoprämie im Niedrigzinsumfeld, S. 811 f.; BERTRAM, I./CASTEDELLO, M./TSCHÖPEL, A., Marktrendite und Marktrisikoprämie, S. 471. Unter der Verwendung des pluralistischen Ansatzes taxiert das IDW die Bandbreite der Höhe der deutschen Marktrisikoprämie aktuell zwischen 6,0 % und 8,0 % vor persönlichen Steuern sowie 5,0 % und 6,5 % nach persönlichen Ertragssteuern. Vgl. IDW (Hrsg.), Aktualisierte Kapitalkostenempfehlung der FAUB, S. 1219. Vgl. für Kritik an der Vorgehensweise des IDW bei der Quantifizierung der

352.314. Betafaktor

Die Höhe des risikolosen Zinses und der Marktrisikoprämie wird exogen durch Marktdaten determiniert. Der **Betafaktor** adjustiert die Marktrisikoprämie hinsichtlich der unternehmensspezifischen systematischen Risiken,[486] und gibt an, wie sensitiv die Rendite der Aktie des betrachteten Unternehmens auf Änderungen der Rendite des Marktportfolios reagiert.[487] Je nach **Ausprägung des Betafaktors** kann eine Aussage über die Reaktion der Aktie des Bewertungsobjektes im Verhältnis zur Änderung der Rendite des Marktportfolios getroffen werden. Ein Betafaktor von „1" definiert das Marktportfolio. Das bedeutet, dass ein Betafaktor größer „1" oder kleiner „1" eine überproportionale oder unterproportionale Reaktion der Rendite des Bewertungsobjektes auf Renditeschwankungen des Marktes erklärt.[488] Ein Betafaktor von „0" beschreibt, dass die Rendite des betrachteten Wertpapiers nicht von Schwankungen der Rendite des Marktportfolios betroffen ist.[489] Ein Betafaktor kleiner „0" impliziert, dass sich die Rendite des Wertpapiers konträr zur Rendite des Marktportfolios entwickelt.[490]

Der Betafaktor ist die einzige Komponente der CAPM-Gleichung, die das **unternehmensindividuelle Risiko des Bewertungsobjektes** abbildet.[491] Das durch den Betafaktor gemessene systematische Risiko kann in das Geschäfts- und das Kapitalstrukturrisiko unterteilt werden.[492] Mathematisch wird der Betafaktor als die Kovarianz zwischen der Rendite der Wertpapiere der betrachteten Gesellschaft und der Rendite des Marktportfolios ausgedrückt.[493]

---

deutschen Marktrisikoprämie KNOLL, L., Empfehlung des IDW zur Marktrisikoprämie, S. 2759; KNOLL, L., Deutsche Marktrisikoprämie, S. 275–294; DÖNCH, D./MAYER-FRIEDRICH, M., Umgang mit der Marktrisikoprämie, S. 377–381; BÖCK, R. U. A., Marktrisikoprämie, S. 288–294; KNOLL, L., Ausschüttungsquote und IDW-Vorgaben, S. 1933–1936. Vgl. für eine Erläuterung, warum das IDW keinen Punktwert, sondern eine Bandbreite für die Höhe der Marktrisikoprämie empfiehlt, POPP, M., Marktrisikoprämie, S. 839. Die Frage, welcher Punktwert innerhalb der vom IDW definierten Bandbreite im jeweiligen Bewertungsfall für die Höhe der Marktrisikoprämie angesetzt werden muss, ist umstritten und regelmäßig Gegenstand gerichtlicher Auseinandersetzungen. Vgl. ZWIRNER, C./ZIMNY, G., Kapitalisierungszinssatz in der Unternehmensbewertung, S. 174.

[486] Vgl. GORNY, C./ROSENBAUM, D., Kapitalmarktbasierte Risikozuschläge, S. 487; BORN, K., Unternehmensanalyse und Unternehmensbewertung, S. 120 f.
[487] Vgl. ZIEMER, F., Betafaktor, S. 140; TIMMRECK, C., ß-Faktoren, S. 301.
[488] Vgl. KERN, C./MÖLLS, S., CAPM-basierte Betafaktoren, S. 441.
[489] Vgl. BAETGE, J./KRAUSE, C., Berücksichtigung des Risikos, S. 439.
[490] Vgl. PERRIDON, L./STEINER, M./RATHGEBER, A., Finanzwirtschaft, S. 317.
[491] Vgl. TIMMRECK, C., ß-Faktoren, S. 301; GORNY, C./ROSENBAUM, D., Kapitalmarktbasierte Risikozuschläge, S. 489.
[492] Vgl. MANDL, G./RABEL, K., Methoden der Unternehmensbewertung, S. 72; SEPPELFRICKE, P., Aktien- und Unternehmensbewertung, S. 60 f. Das Kapitalstrukturrisiko liegt darin begründet, dass eine höhere Verschuldung zu einer Zunahme des finanzwirtschaftlichen Risikos und somit zu einer erhöhten Renditeforderung der Eigenkapitalgeber (sog. *Leverage*-Risiko) führt. Vgl. SCHULTZE, W., Methoden der Unternehmensbewertung, S. 289–291. Die Erkenntnis, dass die Finanzierungsstruktur eines Unternehmens Auswirkungen auf die von den Eigenkapitalgebern geforderten Renditen hat, geht auf die Arbeiten von MODIGLIANI/MILLER zurück. Vgl. MODIGLIANI, F./MILLER, M. H., The cost of capital, S. 261–297.
[493] Vgl. PERRIDON, L./STEINER, M./RATHGEBER, A., Finanzwirtschaft, S. 295; SEPPELFRICKE, P., Aktien- und Unternehmensbewertung, S. 69; BALLWIESER, W., DCF-Verfahren, S. 82, sowie Formel 3-4 in Abschn. 352.1.

3 Konzeptionelle Grundlagen der Länderrisiken

In der Praxis wird der **originäre Betafaktor** eines Bewertungsobjektes regelmäßig mithilfe einer univariaten, linearen Regressionsanalyse abgeleitet.[494] Eine solche Regressionsanalyse untersucht den historischen statistischen Zusammenhang zwischen den abhängigen Renditen der betrachteten Aktie des Bewertungsobjektes und den unabhängigen Renditeverläufen eines Aktienindex.[495] Der originäre Betafaktor beschreibt als **Regressionskoeffizient** die empirische Beziehung zwischen der historisch beobachteten Rendite der Aktie des Bewertungsobjektes und der historisch gemessenen Rendite eines Proxy-Marktes.[496] Als Proxy-Markt ist der Aktienindex heranzuziehen, der auch für die Bestimmung der Marktrisikoprämie als Proxy-Markt verwendet wird.[497] Sofern ein konstant bleibender Zusammenhang zwischen der Entwicklung der Aktie und der Entwicklung des Proxy-Marktes in der Zukunft unterstellt wird, können die erwartete Rendite und die systematische Risikoprämie der Aktie des Bewertungsobjektes geschätzt werden.[498]

Bei der **technischen Bestimmung** des Betafaktors ist darauf zu achten, dass die Analyse des Betafaktors belastbare Ergebnisse liefert.[499] Es ist zu prüfen, ob die Aktie des Bewertungsobjektes in der Vergangenheit hinreichend liquide gehandelt wurde.[500] Nur so ist gewährleistet, dass die Aktienrendite Informationen des Kapitalmarktes **nicht sachlich und zeitlich verzerrt**

---

[494] Vgl. KERN, C./MÖLLS, S., CAPM-basierte Betafaktoren, S. 69; TIMMRECK, C., ß-Faktoren, S. 302. Dafür wird in der Praxis regelmäßig die „Methode der kleinsten Quadrate" (sog. *OLS*-Methode) genutzt. Vgl. dazu DÖRSCHELL, A./FRANKEN, L./SCHULTE, J., Kapitalisierungszinssatz, S. 135–144.

[495] Vgl. KRUSCHWITZ, L./LORENZ, D., Investitionsrechnung, S. 342; DÖRSCHELL, A. U. A., CAPM-basierte Risikozuschläge, S. 1154; GORNY, C./ROSENBAUM, D., Kapitalmarktbasierte Risikozuschläge, S. 487. Bei einer Regressionsanalyse ist unabhängig vom gewählten Referenzportfolio darauf zu achten, dass performancebasierte Marktrenditen verwendet werden, die nicht nur die Kurssteigerung, sondern auch potenziell gezahlte Dividenden berücksichtigen und damit die Gesamtrendite der Aktie und des Marktes angeben. Vgl. TIMMRECK, C., ß-Faktoren, S. 302; MEITNER, M./STREITFERDT, F., Betafaktor, S. 607. Vgl. grundlegend zur Bestimmung von Betafaktoren anhand von historischen Kapitalmarktdaten SHARPE, W. F., Portfolio theory and capital markets und FAMA, E. F., Foundations of finance.

[496] Vgl. DÖRSCHELL, A. U. A., CAPM-basierte Risikozuschläge, S. 1154.

[497] Vgl. DÖRSCHELL, A./FRANKEN, L./SCHULTE, J., Kapitalisierungszinssatz, S. 132; ZIEMER, F., Betafaktor, S. 224.

[498] Vgl. DÖRSCHELL, A. U. A., CAPM-basierte Risikozuschläge, S. 1154. Da für barwertorientierte Bewertungsmodelle zukunftsorientierte Parameter zu verwenden sind, ist die vergangenheitsbezogene Ermittlung von Inputparametern ein grundsätzliches Problem bei der Bestimmung des Betafaktors. Trotzdem werden in der Praxis Betafaktoren regelmäßig aus historisch beobachteten Kapitalmarktdaten abgeleitet. Vgl. für einen Überblick möglicher Techniken zur Stärkung des Zukunftsbezugs des Betafaktors MEITNER, M./STREITFERDT, F., Betafaktor, S. 633 f. Bei der Bestimmung des Betafaktors bestehen hinsichtlich der Wahl der Regressionsparameter Ermessensspielräume für den Bewerter. So kann der Bewerter den Beobachtungszeitraum und die Beobachtungsfrequenz der Renditen bestimmen und die Höhe des Betafaktors somit maßgeblich beeinflussen. Vgl. dazu MEITNER, M./STREITFERDT, F., Betafaktor, S. 601–604; DÖRSCHELL, A. U. A., CAPM-basierte Risikozuschläge, S. 1155 f.

[499] Nach BAETGE/KRAUSE ist dafür eine Mindestzahl von fünfzig Renditekombinationen des Marktportfolios und des Bewertungsobjektes als Beobachtungspunkte einzuhalten. Vgl. BAETGE, C., Berücksichtigung des Risikos, S. 442. Gleicher Auffassung sind MEITNER, M./STREITFERDT, F., Betafaktor, S. 603. Vgl. kritisch zum Gebrauch des Begriffs der Belastbarkeit im Kontext der Bestimmung des Betafaktors KNOLL, L. U. A., Betafaktor, S. 98, sowie dazu Stellung nehmend HAESNER, C./JONAS, M., Bewerten heißt vergleichen, S. 102 f.

[500] Vgl. hier und im folgenden Satz DÖRSCHELL, A./FRANKEN, L./SCHULTE, J., Kapitalisierungszinssatz, S. 167.

3 Konzeptionelle Grundlagen der Unternehmensbewertung

widerspiegelt und das systematische Risiko folglich adäquat durch den Betafaktoren repräsentiert wird. Die Belastbarkeit historischer Betafaktoren wird mit statistischen Maßen und Tests oder Liquiditätskennzahlen überprüft.[501]

Falls der Betafaktor aufgrund fehlender Börsennotierung des Bewertungsobjektes nicht direkt anhand von historisch beobachteten Kapitalmarktdaten bestimmt werden kann oder der originäre Betafaktor nicht belastbar ist, muss der Betafaktor des Bewertungsobjektes mit einem sog. **Analogieansatz** abgeleitet werden.[502] Dabei kann auf den durchschnittlichen Betafaktor börsennotierter Unternehmen zurückgegriffen werden, die ein vergleichbares **systematisches Risikoprofil** wie das Bewertungsobjekt besitzen (sog. **Peer-Group**).[503] Ausländische börsennotierte Unternehmen können Teil der Peer-Group des Bewertungsobjektes sein, sofern auch das systematische Länderrisikoprofil des Bewertungsobjektes und des ausländischen Peer-Group Unternehmens vergleichbar sind. Bei der Bestimmung des Betafaktors des jeweiligen börsennotierten Vergleichsunternehmens sind die Wahl des für die Regression verwendeten Aktienindex und – bei einer international zusammengesetzten Peer-Group – potenzielle Währungseffekte zu beachten.[504]

Wenngleich die ausgewählten Peer-Group-Unternehmen (möglichst) ähnlichen operativen Risiken ausgesetzt sind, weicht die **individuelle finanzielle Risikostruktur** dieser Unternehmen im Vergleich zur entsprechenden Struktur des Bewertungsobjektes im Regelfall ab.[505] Daher ist der aus der Peer-Group abgeleitete durchschnittliche Betafaktor hinsichtlich des individuellen Kapitalstrukturrisikos des Bewertungsobjektes anzupassen.[506] Wird der Kapitalisierungszins kapitalmarktorientiert abgeleitet, sollte gemäß IDW S 1 i. d. F. 2008 die **unternehmensspezifische Kapitalstruktur** im Risikozuschlag berücksichtigt werden.[507] Demzufolge sind die

---

[501] Die Belastbarkeit des Betafaktors wird regelmäßig mithilfe der Analyse des Bestimmtheitsmaßes (R^2), der Durchführung von t-Tests oder der Beobachtung des Standardfehlers des Betafaktors überprüft. Vgl. dazu DÖRSCHELL, A./FRANKEN, L./SCHULTE, J., Kapitalisierungszinssatz, S. 175–182; MEITNER, M./STREITFERDT, F., Betafaktor, S. 595–599. Um eine Aussage über die Liquidität einer Aktie zu treffen, können als Indikatoren das Handelsvolumen, der Streubesitzanteil und die Handelsquote, die Handelsumsätze, die Zahl der Handelstage sowie der *Bid-Ask-Spread* einer Aktie dienen. Der *Bid-Ask-Spread* ist zur Beurteilung der Liquidität von besonderer Relevanz. Vgl. dazu CREUTZMANN, A., Liquiditätskennzahlen, S. 56–90, sowie DÖRSCHELL, A./FRANKEN, L./SCHULTE, J., Kapitalisierungszinssatz, S. 167–175 und IDW (Hrsg.), Bewertung und Transaktionsberatung, Kap. A, Tz. 407.

[502] Vgl. DÖRSCHELL, A./FRANKEN, L./SCHULTE, J., Kapitalisierungszinssatz, S. 145; SCHÜTTE-BIASTOCH, S., Unternehmensbewertung von KMU, S. 185 und IDW (Hrsg.), Bewertung und Transaktionsberatung, Kap. A, Tz. 408. Vgl. dazu im Kontext des Delisting KIRSCH, H.-J./WEGE, D., Bestimmung des Betafaktors von KMU beim Delisting, S. 224 f.

[503] Vgl. GORNY, C./ROSENBAUM, D., Kapitalmarktbasierte Risikozuschläge, S. 488 f.; BALLWIESER, W., DCF-Verfahren, S. 83. Vgl. für das praktische Vorgehen und mögliche Kriterien, um eine Peer-Group zu ermitteln, MUSCHALLIK, M./ROWOLDT, M., Peer Group-Verwendung (Teil I), S. 364 f. Vgl. für die Möglichkeiten der Berechnung von durchschnittlichen Werten aus einer Peer-Group KREILKAMP, N./WÖHRMANN, A., Multiplikatorverfahren, S. 32 f.

[504] Vgl. KERN, C./MÖLLS, S., CAPM-basierte Betafaktoren, S. 442–444. Vgl. dazu auch Abschn. 432.132.3.

[505] Vgl. GORNY, C./ROSENBAUM, D., Kapitalmarktbasierte Risikozuschläge, S. 489; COPELAND, T. E./KOLLER, T./MURRIN, J., Unternehmenswert, S. 372.

[506] Vgl. KERN, C./MÖLLS, S., CAPM-basierte Betafaktoren, S. 442.

[507] Vgl. IDW (Hrsg.), IDW S 1 i. d. F. 2008, Tz. 100.

aus einer Peer-Group abgeleiteten Betafaktoren durch das sog. *Unlevering* um sämtliche Kapitalstruktureffekte zu bereinigen,[508] um die Betafaktoren der fiktiv unverschuldeten Peer-Group-Unternehmen zu bestimmen. Der durchschnittliche unverschuldete Betafaktor der Peer-Group-Unternehmen wird dann durch das sog. *Relevering* hinsichtlich der spezifischen Kapitalstruktur des Bewertungsobjektes adaptiert.[509] Das Resultat ist der aus einer Peer-Group abgeleitete **verschuldete Betafaktor** des Bewertungsobjektes.[510]

Wie bereits erläutert, gibt das IDW für die objektivierte Bestimmung des risikolosen Zinses allgemeingültige Empfehlungen und für die Bestimmung der Marktrisikoprämie eine quantitative Bandbreite vor.[511] Aufgrund des unternehmensindividuellen Charakters des Betafaktors ist **keine konkrete Vorgabe** zur Parameterwahl bei der Ableitung von Betafaktoren durch das IDW möglich. Das IDW weist in IDW S 1 i. d. F. 2008 lediglich darauf hin, dass Betafaktoren mit Prognosen von Finanzdienstleistern ermittelt werden können und die Prognoseeignung des jeweils ermittelten Betafaktors im Einzelfall hinsichtlich verschiedener Dimensionen (Zukunftsausrichtung, Datenqualität, Angemessenheit im Hinblick auf die Kapitalstruktur, Übertragung ausländischer Betafaktoren) zu würdigen ist.[512]

Nachdem die einzelnen Bestandteile der CAPM-Formel zur Bestimmung der Eigenkapitalkosten erläutert wurden, wird im nächsten Abschnitt die Bestimmung der Fremdkapitalkosten, als weitere Komponente der WACC-Formel, beschrieben.

---

[508] Vgl. COPELAND, T. E./KOLLER, T./MURRIN, J., Unternehmenswert, S. 372; ROWOLDT, M./PILLEN, C., CAPM in der Unternehmenspraxis, S. 118.
[509] Vgl. SCHACHT, U./FACKLER, M., DCF-Verfahren, S. 217. In der Praxis existieren verschiedene formal-mathematische Möglichkeiten zur Anpassung der Risikostruktur des aus einer Peer-Group abgeleiteten Betafaktors. Diese Möglichkeiten unterscheiden sich hinsichtlich der zugrunde liegenden Annahmen über die Finanzierungspolitik des Unternehmens, das Ausfallrisiko des Fremdkapitals sowie über steuerliche Effekte. Vgl. zu den Anpassungsformeln LÜTKESCHÜMER, G., Finanzierungsrisiken, S. 52–96. Vgl. für die Diskussion zur sachgerechten Anwendung der Anpassungsformel der Kapitalstruktur auch KRUSCHWITZ, L./LÖFFLER, A./LORENZ, D., Zum Unlevering und Relevering, S. 1048–1052; MEITNER, M./STREITFERDT, F., Unlevering und Relevering, S. 1037–1047; KRUSCHWITZ, L./LÖFFLER, A./LORENZ, D., Unlevering und Relevering, S. 672–678.
[510] Bei dem Erfordernis, Analogieansätze für die Bestimmung des Betafaktors des Bewertungsobjektes zu verwenden, kann der Bewerter, neben der Wahl der Regressionsparameter, u. a. über die Zusammensetzung der Peer-Group, die Berechnungsweise des Durchschnitts der unverschuldeten Betafaktoren sowie die zugrunde liegenden Annahmen der Anpassung der finanziellen Risikostruktur entscheiden. Somit entstehen für den Bewerter durch die Verwendung von mit Analogieansätzen abgeleiteten Betafaktoren weitere Möglichkeiten, das Bewertungsergebnis zu beeinflussen. Vgl. dazu MUSCHALLIK, M./ORTMANN, K., Eigenkapitalkosten, S. 304 f.; DÖRSCHELL, A. U. A., CAPM-basierte Risikozuschläge, S. 1155–1158; KERN, C./MÖLLS, S., CAPM-basierte Betafaktoren, S. 441–448 und insbesondere im Kontext der Anpassung der Kapitalstruktur, DIERKES, S. U. A., Unlevering und Relevering, S. 381–389. Vgl. zur empirischen Bestätigung dieser Aussage im Ergebnis MUSCHALLIK, M./ROWOLDT, M., Peer Group-Verwendung (Teil II), S. 424; STEINBACH, F., Kapitalisierungszinssatz, S. 164. Vgl. für Kritik an der in der Praxis etablierten Vorgehensweise zur Bestimmung einer Peer-Group, v. a. im Kontext von rechtlich geprägten Unternehmensbewertungen, KNOLL, L., Betafaktor und die Praxis, S. 182–184 und KNOLL, L., Standpunkte zum CAPM, S. 13 f.
[511] Vgl. CASTEDELLO, M. U. A., Marktrisikoprämie im Niedrigzinsumfeld, S. 807.
[512] Vgl. IDW (Hrsg.), IDW S 1 i. d. F. 2008, Tz. 121.

352.32 Bestimmung der Fremdkapitalkosten

Das CAPM unterstellt, dass Fremdkapital ausfallsicher ist und die dafür anfallenden Zinsen dem risikolosen Zins entsprechen.[513] Ausfallsicheres Fremdkapital existiert indes regelmäßig nicht, weshalb auch Fremdkapitalgeber eine Risikoprämie für das bestehende Ausfallrisiko des Fremdkapitals fordern.[514] Als Proxy der **Fremdkapitalkosten** ist theoretisch der Zins zu verwenden, den das Bewertungsobjekt unter aktuellen Marktbedingungen für die Aufnahme von Fremdkapital mit vergleichbaren Risiken zu zahlen hätte.[515] Die Fremdkapitalkosten repräsentieren folglich die Renditeforderung der Fremdkapitalgeber.

Sofern das Bewertungsobjekt Anleihen am Kapitalmarkt begibt oder *Credit Default Swaps* (CDS)[516] für das Unternehmen gehandelt werden, können die Fremdkapitalkosten als Credit Spreads **direkt** aus dem **Marktpreis der Anleihen** oder **der CDS** des Unternehmens approximiert werden.[517] Sind indes keine Anleiherenditen des Bewertungsobjektes am Kapitalmarkt beobachtbar, ist der Fremdkapitalzins **indirekt zu bestimmen**. Eine Möglichkeit hierfür bildet die sog. **Durchschnittszinsmethode**. Das Fremdkapital des Unternehmens besteht häufig aus unterschiedlichen Fremdkapitalpositionen mit verschiedenen Laufzeiten und Verzinsungen. Für die Bestimmung der Fremdkapitalkosten wird ein **gewogener durchschnittlicher historischer Kostensatz der einzelnen Fremdkapitaltitel** des Bewertungsobjektes errechnet.[518] Unter Einsatz des FCF-WACC-Verfahrens ist nunmehr erforderlich, zu bestimmen, welche Fremdkapitaltitel originär dem Finanzierungsbereich zuzuordnen sind.[519] Lediglich diese, i. d. R. zinstragenden Fremdkapitaltitel, sind für die erwartete Rendite der Fremdkapitalgeber

---

[513] Vgl. hier und im folgenden Satz DÖRSCHELL, A./FRANKEN, L./SCHULTE, J., Kapitalisierungszinssatz, S. 292 f.; VOLKART, R./VETTIGER, T./FORRER, F., Kapitalkosten, S. 109; DIEDRICH, R./DIERKES, S., Kapitalmarktorientierte Unternehmensbewertung, S. 292.

[514] Sofern das Fremdkapital ausfallgefährdet ist und die übernommene Risikoprämie der Fremdkapitalgeber systematische Risikobestandteile enthält, übernehmen Fremdkapitalgeber auch einen Teil der operativen Risiken. Ergänzend zum Betafaktor des Eigenkapitals ist dann ein Betafaktor des Fremdkapitals zu ermitteln (sog. *Debt Beta*), der die von den Fremdkapitalgebern übernommenen, systematischen Risiken misst. Das *Debt Beta* wird beim *Unlevern* und *Relevern* des Betafaktors des Eigenkapitals zur Anpassung an die Verschuldung des Unternehmens berücksichtigt und vermindert das übernommene Finanzierungsrisiko der Eigenkapitalgeber. Vgl. SCHULTE, J. U. A., Debt Beta in der Bewertungspraxis, S. 13–21; LÜTKESCHÜMER, G., Finanzierungsrisiken, S. 66–69; IDW (Hrsg.), IDW Praxishinweis 2/2018, Tz. 40–42 und mit Anmerkungen zum IDW Praxishinweis 2/2018, SCHÜLER, A./SCHWETZLER, B., Verschuldung und Unternehmenswert, S. 1745–1750; HAESNER, C./JONAS, M., Verschuldungsgrad bei der Bewertung, S. 159–167.

[515] Vgl. PANKOKE, T./PETERSMEIER, K., Zinssatz, S. 131; BORN, K., Unternehmensanalyse und Unternehmensbewertung, S. 111.

[516] *Credit Default Swaps* sind Derivate, die den Handel der Ausfallrisiken von Unternehmen, Krediten sowie Ländern ermöglichen. Vgl. DEUTSCHE BUNDESBANK (Hrsg.), Monatsbericht – Dezember 2004, S. 44; KLEEBINDER, A., Länderrisiken, S. 453 f.

[517] Vgl. ADERS, C./WAGNER, M., Kapitalkosten in der Bewertungspraxis, S. 34; DIEDRICH, R./DIERKES, S., Kapitalmarktorientierte Unternehmensbewertung, S. 292; DÖRSCHELL, A./FRANKEN, L./SCHULTE, J., Kapitalisierungszinssatz, S. 294; KOLLER, T./GOEDHART, M./WESSELS, D., Valuation, S. 324; MUNKERT, M. J., Kapitalisierungszinssatz, S. 381; SCHACHT, U./FACKLER, M., DCF-Verfahren, S. 216.

[518] Vgl. ARBEITSKREIS „FINANZIERUNG" DER SCHMALENBACH-GESELLSCHAFT (Hrsg.), Wertorientierte Unternehmensbesteuerung, S. 558; DÖRSCHELL, A./FRANKEN, L./SCHULTE, J., Kapitalisierungszinssatz, S. 298; VOLKART, R./VETTIGER, T./FORRER, F., Kapitalkosten, S. 109.

[519] Vgl. MANDL, G./RABEL, K., Unternehmensbewertung, S. 327; SEPPELFRICKE, P., Aktien- und Unternehmensbewertung, S. 72.

relevant.[520] Für die dem Finanzierungsbereich zugeordneten Fremdkapitalpositionen ist zudem einzeln zu prüfen, ob der jeweilige Fremdkapitalzins **marktübliche Konditionen** widerspiegelt,[521] da der Fremdkapitalgeber eine marktgerechte Verzinsung des eingesetzten Fremdkapitals erwartet.[522] Bei nicht explizit verzinslichen Titeln von zum Finanzierungsbereich zählenden Fremdkapitaltiteln ist i. S. d. IDW S 1 i. d. F. 2008 ein Marktzins über fristadäquate Kredite abzuleiten.[523]

Häufig wird in der Praxis vereinfachend kein separater Zins für die einzelnen Fremdkapitaltitel, sondern ein **einheitlicher Fremdkapitalzins** für die aggregierten Fremdkapitalpositionen bestimmt.[524] Dieses indirekte Vorgehen zur Bestimmung der Fremdkapitalkosten folgt regelmäßig der Anwendung der sog. **Rating-Methode**. Sofern das Bewertungsobjekt ein Rating besitzt, können nach dieser Methode die Fremdkapitalkosten mit dem risikolosen Zins zuzüglich des am Markt beobachtbaren **Credit Spread für Anleihen mit gleichem Rating** berechnet werden, um das Ausfallrisiko des Unternehmens zu approximieren.[525] Existiert hingegen kein Rating für das Bewertungsobjekt, besteht weiterhin die Möglichkeit, ein Rating aus extern verfügbaren Informationen oder durchschnittlichen Ratings einer Branche oder einer Peer-Group **synthetisch** abzuleiten.[526]

---

[520] Vgl. ERNST, D./SCHNEIDER, S./THIELEN, B., Unternehmensbewertungen, S. 35.
[521] Vgl. MANDL, G./RABEL, K., Methoden der Unternehmensbewertung, S. 73.
[522] Vgl. SEPPELFRICKE, P., Aktien- und Unternehmensbewertung, S. 72. In IDW RS HFA 40 wird hierfür konkretisiert, dass diejenigen Märkte zu berücksichtigen sind, auf denen sich ein typischer Marktteilnehmer refinanzieren würde. Vgl. dazu IDW (Hrsg.), Einzelfragen zu Wertminderungen von Vermögenswerten nach IAS 36 (IDW RS HFA 40), Tz. 46.
[523] Vgl. IDW (Hrsg.), IDW S 1 i. d. F. 2008, Tz. 134. Da bei der Durchschnittsmethode vergangenheitsbezogene Werte zur Approximation der Fremdkapitalkosten verwendet werden, ist diese Methode im Kontext einer zukunftsgerichteten Unternehmensbewertung kritisch zu sehen. Vgl. dazu exemplarisch NOWAK, K., Marktorientierte Unternehmensbewertung, S. 78; PEREIRO, L. E., Valuation, S. 130; DÖRSCHELL, A./FRANKEN, L./SCHULTE, J., Kapitalisierungszinssatz, S. 302; LÜTKESCHÜMER, G., Finanzierungsrisiken, S. 139 f.; VOLKART, R./VETTIGER, T./FORRER, F., Kapitalkosten, S. 116; ZWIRNER, C./ZIMNY, G., Fehler in der Unternehmensbewertung, S. 1124, Tz. 59. Auch nach IDW RS HFA 40 verstößt der Rückgriff auf historische Finanzierungskonditionen für bestehende Verbindlichkeiten des Unternehmens zur Bestimmung des angemessenen Credit Spread gegen die Verpflichtung zur Berücksichtigung der aktuellen Markteinschätzungen bei der Bestimmung des Kapitalisierungszinses. Vgl. dazu IDW (Hrsg.), Einzelfragen zu Wertminderungen von Vermögenswerten nach IAS 36 (IDW RS HFA 40), Tz. 40 i. V. m. IAS 36.55 f. Von einer ausführlichen Behandlung der Durchschnittszinsmethode zur Bestimmung der Fremdkapitalkosten wird daher innerhalb dieser Arbeit abstrahiert.
[524] Vgl. ERNST, D./SCHNEIDER, S./THIELEN, B., Unternehmensbewertungen, S. 83; PANKOKE, T./PETERSMEIER, K., Zinssatz, S. 131; NOWAK, K., Marktorientierte Unternehmensbewertung, S. 78.
[525] Vgl. ARBEITSKREIS „FINANZIERUNG" DER SCHMALENBACH-GESELLSCHAFT (Hrsg.), Wertorientierte Unternehmensbesteuerung, S. 559; DÖRSCHELL, A./FRANKEN, L./SCHULTE, J., Kapitalisierungszinssatz, S. 305; KOLLER, T./GOEDHART, M./WESSELS, D., Valuation, S. 325; ERNST, D./SCHNEIDER, S./THIELEN, B., Unternehmensbewertungen, S. 83; MUNKERT, M. J., Kapitalisierungszinssatz, S. 257; SCHACHT, U./FACKLER, M., DCF-Verfahren, S. 216.
[526] Vgl. DAMODARAN, A., The Dark Side of Valuation, S. 45; ADERS, C./WAGNER, M., Kapitalkosten in der Bewertungspraxis, S. 34 f.; PANKOKE, T./PETERSMEIER, K., Zinssatz, S. 130; WATRIN, C./STÖVER, R., Tax Shields, S. 69.

Die Aufnahme von Fremdkapital mindert aufgrund der **steuerlichen Abzugsfähigkeit der Zinsaufwendungen** von den Steuerbemessungsgrundlagen die Steuerbelastung von Unternehmen (*Tax Shield*).[527] Unabhängig von der konkreten Methode zur Bestimmung der Fremdkapitalkosten, sind die Fremdkapitalkosten aufgrund des *Tax Shield* mit dem individuellen Unternehmenssteuersatz des Bewertungsobjektes zu bereinigen.

Nachdem die einzelnen Parameter zur Bestimmung der WACC erläutert wurden, werden in den folgenden Abschnitten die Methoden der Unternehmensbewertung mit in Fremdwährung denominierten Zahlungsströmen sowie die Handlungsempfehlungen des IDW zur Berücksichtigung von Länderrisiken bei internationalen Unternehmensbewertungen vorgestellt.

36 Unternehmensbewertung im internationalen Kontext

361. Methoden der Unternehmensbewertung mit in Fremdwährung denominierten Zahlungsströmen

Eine **internationale Bewertungskonstellation** ist – nach dem in dieser Arbeit gefolgten Verständnis – gegeben, sofern sich das Sitzland des Bewertungssubjektes und des Bewertungsobjektes unterscheiden. In dieser Arbeit wird eine Bewertungskonstellation betrachtet, in der aus Sicht eines inländischen (deutschen) Investors, als Bewertungssubjekt, ein ausländisches Unternehmen, als Bewertungsobjekt, zu bewerten ist. Ist das Sitzland des Bewertungsobjektes kein Mitgliedsstaat des europäischen Währungsraums[528], sind in der beschriebenen Bewertungskonstellation **unterschiedliche Währungsräume** zu berücksichtigen. Die Zahlungsströme des Bewertungsobjektes sind dann regelmäßig nicht in Euro, sondern in einer Fremdwährung denominiert. Wenn das Bewertungsobjekt in einem anderen Währungsraum als das Bewertungssubjekt liegt, ist die Einhaltung der Währungsäquivalenz zwischen dem Zähler und dem Nenner des Bewertungskalküls zu beachten.[529] Um Währungsäquivalenz sicherzustellen, kommen mit der direkten Methode und der indirekten Methode **zwei verschiedene Methoden der Unternehmensbewertung mit in Fremdwährung denominierten Zahlungsströmen** infrage.[530]

---

[527] Vgl. BALLWIESER, W./HACHMEISTER, D., Unternehmensbewertung, S. 138 f.; ZWIRNER, C./LINDMAYR, S., DCF-Verfahren, S. 397, Tz. 29; MANDL, G./RABEL, K., Methoden der Unternehmensbewertung, S. 69; SEPPELFRICKE, P., Aktien- und Unternehmensbewertung, S. 23; ERNST, D./SCHNEIDER, S./THIELEN, B., Unternehmensbewertungen, S. 84. Innerhalb dieser Arbeit wird der *Tax Shield* nicht separat behandelt. Zwar unterscheidet sich die Höhe der Steuersätze in Abhängigkeit des betrachteten Landes, indes wird die Berücksichtigung des *Tax Shield* an sich nicht durch die Berücksichtigung von Länderrisiken beeinträchtigt.

[528] Im Folgenden wird der Begriff Euro-Raum verwendet.

[529] Vgl. RUIZ DE VARGAS, S./BREUER, W., Globale vs. lokale Betafaktoren, S. 359; CREUTZMANN, A./SPIES, A./STELLBRINK, J., Wechselkursprognose, S. 2382; ERNST, D./SCHNEIDER, S./THIELEN, B., Unternehmensbewertungen, S. 191.

[530] Vgl. DÖRSCHELL, A./FRANKEN, L./SCHULTE, J., Kapitalisierungszinssatz, S. 343. Voraussetzung für die Verwendung dieser Methoden sind die Existenz frei konvertierbarer Währungen und internationaler Transfersicherheit der im Ausland generierten Zahlungsströme. Vgl. dazu STARP, W.-D., Ausländische Bewertungsobjekte, S. 649; GANN, J., Investitionsentscheidungen, S. 263 f.; SCHOLZ, J., Internationale Akquisitionen, S. 299. Vgl. weiterführend zu den Perspektiven bei der Unternehmensbewertung mit in Fremdwährung denominierten Zahlungsströmen MROTZEK, R., Auslandsinvestitionen, S. 48–51.

Bei der Verwendung der **direkten Methode** werden im **ersten Schritt** die in Fremdwährung prognostizierten Zahlungsströme eines Unternehmens mit einem aus den Daten des ausländischen Kapitalmarktes abgeleiteten Kapitalisierungszins auf den Bewertungsstichtag diskontiert.[531] Bei der direkten Methode wird der Kapitalisierungszins somit zunächst aus der **Perspektive eines im Ausland ansässigen Investors** ermittelt. Der in Fremdwährung ermittelte Barwert der Zahlungsströme wird im **zweiten Schritt** mit dem Kassakurs in die jeweilige Heimatwährung des Bewertungssubjektes transformiert.[532] Eine explizite Prognose der künftigen Wechselkurse ist für die währungstechnische Umrechnung der Zahlungsströme bei der direkten Methode nicht erforderlich.

Bei Verwendung der **indirekten Methode** werden die in Fremdwährung denominierten Zahlungsströme mit den periodenspezifisch prognostizierten Wechselkursen in künftige Zahlungsströme in der Heimatwährung des Bewertungssubjektes umgerechnet.[533] Diese Zahlungsströme werden dann mit einem aus der **Perspektive eines inländischen (deutschen) Investors** abgeleiteten Kapitalisierungszins auf den Bewertungsstichtag diskontiert. Der ermittelte Barwert repräsentiert den Unternehmenswert in der Heimatwährung.[534] Sofern flexible Wechselkurse bestehen, ist bei dieser Methode die periodenspezifische Entwicklung der künftigen Wechselkurse zu prognostizieren. Die Bestimmung eines ausländischen Kapitalisierungszinses ist bei der indirekten Methode nicht erforderlich. **Abbildung 3-2** stellt die Schemata der direkten und indirekten Methode der Unternehmensbewertung[535] mit in Fremdwährung denominierten Zahlungsströmen (in $) gegenüber:

---

[531] Vgl. BEKAERT, G./HODRICK, R. J., Financial Management, S. 722 f.; COPELAND, T. E./KOLLER, T./MURRIN, J., Unternehmenswert, S. 411 f.
[532] Vgl. BEKAERT, G./HODRICK, R. J., Financial Management, S. 722 f.; COPELAND, T. E./KOLLER, T./MURRIN, J., Unternehmenswert, S. 412 f. Vgl. für die Vorgehensweise bei von dem Bewertungszeitpunkt abweichenden Bewertungsstichtagen DJUKANOV, V./KEUPER, F., Grenzüberschreitende Unternehmensbewertungen, S. 1318, Tz. 62.
[533] Vgl. hier und im folgenden Satz BURGER, A./AHLEMEYER, N./ULBRICH, P., Beteiligungscontrolling, S. 631.
[534] Vgl. DÖRSCHELL, A./FRANKEN, L./SCHULTE, J., Kapitalisierungszinssatz, S. 343. Aus der inländischen (deutschen) Perspektive folgt, dass der Euro als Referenzwährung der Unternehmensbewertung zugrunde zu legen ist.
[535] In der deutschsprachigen Bewertungsliteratur haben sich die Begriffe direkte und indirekte Methode etabliert und werden u. a. vom IDW verwendet. Vgl. dazu IDW (Hrsg.), F&A zu IDW S 1 i. d. F. 2008, Tz. 5.1 und IDW (Hrsg.), Bewertung und Transaktionsberatung, Kap. A, Tz. 224. Als weitere Namen für die direkte Methode werden z. B. „Fremdwährungsansatz" und im Englischen „*Foreign Currency Approach*" oder „*Spot Rate Method*" verwendet. Für die indirekte Methode sind z. B. auch die Namen „Referenzwährungsansatz" sowie im Englischen „*Home Currency Approach*" oder „*Forward Rate Method*" zu finden. Vgl. dazu exemplarisch RUIZ DE VARGAS, S., Prognosemethoden, S. 36; BUTLER, K. C./O'BRIEN, T. J./UTETE, G., Cross-Border Valuation, S. 85; KOLLER, T./GOEDHART, M./WESSELS, D., Valuation, S. 508.

3 Konzeptionelle Grundlagen der Unternehmensbewertung

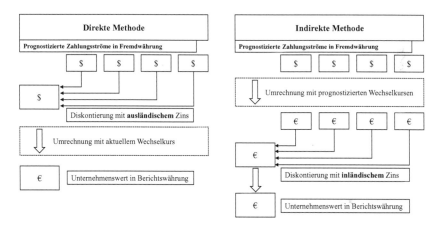

Abbildung 3-2: Schematische Gegenüberstellung der Methoden der Unternehmensbewertung mit in Fremdwährung denominierten Zahlungsströmen[536]

Um in der jeweiligen Bewertungssituation die **adäquate Methode** zu wählen, sind **zwei Schritte** zu beachten: Im **ersten Schritt** ist bei der **Wahl der Methode** der Unternehmensbewertung mit in Fremdwährung denominierten Zahlungsströmen darauf zu achten, ob eine der beiden Methoden aufgrund bestehender Regelungen oder Typisierungen **vorgegeben** ist. Die direkte Methode impliziert, dass der ausländische Kapitalisierungszins abzuleiten ist, da das Bewertungsobjekt bei dieser Methode aus der Perspektive eines ausländischen Bewertungssubjektes bewertet wird. Diese Perspektive ist nicht mit der im Rahmen von rechtlich geprägten und vertraglich begründeten Bewertungsanlässen[537] geforderten unmittelbaren Typisierung[538] des Investors vereinbar.[539] Der Unternehmenswert ist bei solchen Bewertungsanlässen im Einklang mit der langjährigen Bewertungspraxis und der deutschen Rechtsprechung **typisierend aus der Perspektive einer inländischen unbeschränkt steuerpflichtigen natürlichen Person** als Anteilseigner zu ermitteln.[540]

Auch für die objektivierte Wertermittlung bei der handelsrechtlichen Beteiligungsbewertung mit Veräußerungsabsicht ist eine inländische (deutsche) Perspektive einzunehmen.[541] Insofern ist hierbei jeweils ein auf Basis von inländischen Kapitalmarktdaten ermittelter Kapitalisierungszins abzuleiten. So wird gewährleistet, dass der inländische Kapitalisierungszins das **Risiko der Investition aus Sicht eines inländischen (deutschen) Investors** repräsentiert. Bei rechtlich geprägten oder vertraglich begründeten Bewertungsanlässen sowie der handelsrecht-

---

[536] In enger Anlehnung an IHLAU, S./DUSCHA, H./KÖLLEN, R., Länderrisiken, S. 1327.
[537] Vgl. IDW (Hrsg.), IDW S 1 i. d. F. 2008, Tz. 31.
[538] Vgl. zur Erläuterung der unmittelbaren Typisierung Abschn. 33.
[539] Vgl. RUIZ DE VARGAS, S./BREUER, W., Globale vs. lokale Betafaktoren, S. 367 f.
[540] Vgl. IDW (Hrsg.), IDW S 1 i. d. F. 2008, Tz. 31.
[541] Vgl. IDW (Hrsg.), IDW RS HFA 10, S. 1322, Tz. 4. und Tz. 6.

3 Konzeptionelle Grundlagen der Länderrisiken

lichen Beteiligungsbewertung ist somit nur die **Verwendung der indirekten Methode** sachgerecht.[542] Demgegenüber kann es bei der **objektivierten Unternehmensbewertung im Rahmen unternehmerischer Initiativen im Einzelfall** sachgerecht und zweckadäquat sein, den Kapitalisierungszins auf der Grundlage **ausländischer Kapitalmarktdaten** zu ermitteln.[543] Das fordert mithin die **Verwendung der direkten Methode** für eine solche Bewertungssituation.

Ferner fordert IAS 36.54 für die Durchführung eines *Impairment*-Tests bei in Fremdwährung denominierten Zahlungsströmen explizit die Verwendung der direkten Methode.[544] Künftige Zahlungsströme sind demnach in der Währung zu schätzen, in der diese Zahlungsströme generiert werden, und mit einem für diese Währung angemessenen Kapitalisierungszins zu diskontieren. Der Barwert in der ausländischen Währung ist dann mithilfe des am Bewertungsstichtag geltenden Kassakurses in die funktionale Währung nach IAS 21 (Auswirkungen von Wechselkursänderungen) umzurechnen.[545]

Falls **keine Vorgabe** besteht, welche Methode im Sachkontext zu verwenden ist, muss im **zweiten Schritt** geprüft werden, ob aus möglichen Wechselkursänderungen **Werteffekte** resultieren. Werteffekte entstehen dabei nicht, sofern die Aktivitäten des ausländischen Unternehmens in sich geschlossen sind und sich die Effekte der Wechselkursänderungen entsprechend untereinander ausgleichen.[546] Die Verwendung der **direkten Methode** ist **sachgerecht**, wenn das Bewertungsobjekt eine **unabhängig wirtschaftende Einheit** ist, die ihre Zahlungsströme in der Fremdwährung realisiert und sich auch in dieser Währung finanziert.[547] Die Umrechnung des in Fremdwährung ermittelten Unternehmenswerts in die Heimatwährung gewährleistet, dass die Struktur des Vermögens und der künftigen Erfolgsbestandteile bestehen bleibt, was eine bessere Einschätzung der VFE-Lage des ausländischen Bewertungsobjektes ermöglicht.[548]

---

[542] Vgl. FREY, A./SCHULTZE, W., Unternehmensbewertung im internationalen Kontext, S. 149.
[543] Vgl. IDW (Hrsg.), IDW S 1 i. d. F. 2008, Tz. 30 i. V. m. IDW (Hrsg.), Bewertung und Transaktionsberatung, Kap. A, Tz. 375.
[544] Vgl. für die Konkretisierung der Behandlung in Fremdwährung denominierter Zahlungsströme bei Wertminderungen von Vermögenswerten nach IAS 36 IDW (Hrsg.), Einzelfragen zu Wertminderungen von Vermögenswerten nach IAS 36 (IDW RS HFA 40), Tz. 40–42. Vgl. für die Erläuterung praktischer Herausforderungen bei der Behandlung künftiger Zahlungsströme in Fremdwährung bei der Durchführung des *Impairment*-Tests nach IAS 36 BERGER, J./FINK, A., Werthaltigkeitstests nach IAS 36, S. 2477.
[545] Vgl. dazu auch PATLOCH-KOFLER, M./SCHMITZER, M., Fremdwährung in der Unternehmensbewertung, S. 162.
[546] Vgl. FREY, A./SCHULTZE, W., Unternehmensbewertung im internationalen Kontext, S. 148.
[547] Vgl. FREY, A./SCHULTZE, W., Unternehmensbewertung im internationalen Kontext, S. 148 i. V. m. COENENBERG, A. G./SCHULTZE, W., Funktionale Währungsumrechnung, S. 646 f.; PEEMÖLLER, V. H./KUNOWSKI, S./HILLERS, J., Kapitalisierungszinssatz, S. 623 f. Vgl. ein Konzept zum funktionalen Währung bei der Währungsumrechnung BAETGE, J./KIRSCH, H.-J./THIELE, S., Konzernbilanzen, S. 177 f.; KIRSCH, H.-J./KÖHLING, K./FABER, M., in: Baetge/Kirsch/Thiele, Bilanzrecht, § 308a HGB, Tz. 47–53.
[548] Vgl. hier und im folgenden Satz FREY, A./SCHULTZE, W., Unternehmensbewertung im internationalen Kontext, S. 148 f. Vgl. dazu im Kontext der Stichtagskursmethode für die Währungsumrechnung im Konzernabschluss BAETGE, J./KIRSCH, H.-J./THIELE, S., Konzernbilanzen, S. 159.

Sofern künftige **Werteffekte aus Wechselkursänderungen** zwischen der betrachteten Fremdwährung und der Heimatwährung des Investors zu erwarten sind, ist die **indirekte Methode vorzugswürdig.**

Bei Unternehmensbewertungen für **handelsrechtlich sowie gesellschaftsrechtlich und vertraglich begründete Bewertungsanlässe** ist die **indirekte Methode** regelmäßig **sachgerecht**, da Beteiligungen oder Tochtergesellschaften oftmals eine Teileinheit im Wertschöpfungsprozess eines Konzerns bilden und somit die funktionale Währung des Konzerns ausschlaggebend ist.[549] Im Rahmen der Durchführung eines *Impairment*-**Test nach IAS 36** wird durch die vorgegebene **Verwendung der direkten Methode** unterstellt, dass die ausländische Gesellschaft nicht in den Konzernverbund integriert ist, sondern eine selbständig operierende Teileinheit ist, deren Zahlungsströme primär in der entsprechenden Fremdwährung generiert werden. Diese Annahme entspricht im Einzelfall nicht der ökonomischen Realität. Sofern die ausländische Gesellschaft im Wesentlichen in den Konzernverbund integriert ist, würde dies im Rahmen des *Impairment*-Tests nach IAS 36 auch für eine Anwendung der indirekten Methode sprechen. Es sind somit Konstellationen denkbar, bei denen keine adäquate Wahl der jeweiligen Methode aufgrund der genannten Regeln oder Typisierungen hinsichtlich des ökonomischen Sachverhalts gegeben ist.

Im Folgenden wird im Überblick vorgestellt, inwiefern das IDW, als Vereinigung der Wirtschaftsprüfer und Wirtschaftsprüfungsgesellschaften in Deutschland, die Berücksichtigung von Länderrisiken in der Unternehmensbewertung in bisher veröffentlichten Handlungsempfehlungen aufgegriffen hat. Auf die Handlungsempfehlungen des IDW wird in der daran anschließenden Analyse der Berücksichtigung von Länderrisiken in der Unternehmensbewertung im vierten Kapitel Bezug genommen.

362. Berufsständische Handlungsempfehlungen zur Berücksichtigung von Länderrisiken in der internationalen Unternehmensbewertung

Innerhalb des IDW ist der Fachausschuss für Unternehmensbewertung und Betriebswirtschaft des IDW (**FAUB**) mit der Aufgabe betraut, nationale und internationale Entwicklungen in der Unternehmensbewertung zu beobachten und die einheitliche Behandlung fachspezifischer Fragen und das gemeinsame Vorgehen des **Berufsstandes der Wirtschaftsprüfer** in den Fragen der Unternehmensbewertung zu fördern und so Grundsätze ordnungsmäßiger Berufsausübung für Wirtschaftsprüfer zu erarbeiten.[550] Der FAUB ist folglich auch für die **Konzeption des Bewertungsstandards** IDW S 1 i. d. F. 2008 verantwortlich, der die **Grundsätze zur Durchführung von Unternehmensbewertungen** des IDW definiert. Zudem hat der FAUB verschiedene Praxishinweise zur Durchführung von Unternehmensbewertungen als inhaltliche Ergänzungen

---

[549] Vgl. FREY, A./SCHULTZE, W., Unternehmensbewertung im internationalen Kontext, S. 149.
[550] Vgl. IDW (Hrsg.), Grundsätze für die Arbeitsweise der IDW Fachgremien, Tz. 1.

zum IDW S 1 i. d. F. 2008 und als Handlungsempfehlungen entwickelt.[551] Der FAUB ist innerhalb des IDW weiterhin dafür verantwortlich, die Empfehlungen zur Bestimmung des risikolosen Zinses auszuarbeiten und zu aktualisieren sowie die Wertbandbreiten der Marktrisikoprämie zu definieren.[552] Darüber hinaus greift der FAUB in der Handlungsempfehlung „**Fragen und Antworten: Zur praktischen Anwendung der Grundsätze zur Durchführung von Unternehmensbewertungen nach IDW S 1 i. d. F. 2008**"[553] häufig gestellte Fragen zur praktischen Anwendung des IDW S 1 i. d. F. 2008 auf.

Eine umfangreiche und das WP-Handbuch **ergänzende Aufarbeitung** der Spezialkenntnisse der Wirtschaftsprüfer sowie der Breite des Leistungsspektrums des Berufsstandes im Bereich der Unternehmensbewertung sind in den Ausführungen zur Methodik der Unternehmensbewertung in „Kapital A" in dem vom IDW im Jahr 2018 als WPH Edition herausgegebenen Themenband „**Bewertung und Transaktionsberatung – Betriebswirtschaftliche Bewertungen, Due Diligence, Fairness Opinions u.a.**" enthalten.[554] Diese Ausführungen sind eine Ergänzung sowie Kommentierung zur Theorie der betriebswirtschaftlichen Unternehmensbewertungslehre und zu deren Anwendung sowie Umsetzung in der Bewertungspraxis unter besonderer Berücksichtigung des IDW S 1 i. d. F. 2008.[555] Mithin repräsentieren diese Inhalte auch den Meinungsstand des IDW.

In IDW S 1 i. d. F. 2008 wird die **Berücksichtigung von Länderrisiken in der Unternehmensbewertung** nicht thematisiert. Indes hat das IDW im Jahr 2012 innerhalb der bisher mehrfach aktualisierten Handlungsempfehlung „Fragen und Antworten: Zur praktischen Anwendung der Grundsätze zur Durchführung von Unternehmensbewertungen nach IDW S 1 i. d. F. 2008" erstmalig die Fragestellung aufgegriffen, wie **Länderrisiken** im Kontext der Unternehmensbewertung zu charakterisieren sind und im Bewertungskalkül berücksichtigt werden sollten.[556] Zur Beantwortung dieser Fragen hebt das IDW in dieser Handlungsempfehlung die

---

[551] So wurde ein Praxishinweis zu den „Besonderheiten bei der Ermittlung eines objektivierten Unternehmenswerts kleiner und mittelgroßer Unternehmen"(IDW Praxishinweis 1/2014), zur „Beurteilung einer Unternehmensplanung bei Bewertung, Restrukturierungen, Due Diligence und Fairness Opinion" (IDW Praxishinweis 2/2017) sowie zur „Berücksichtigung des Verschuldungsgrades bei der Bewertung von Unternehmen" (IDW Praxishinweis 2/2018) veröffentlicht. Vgl. IDW (Hrsg.), IDW Praxishinweis 1/2014; IDW (Hrsg.), IDW Praxishinweis 2/2017 und IDW (Hrsg.), IDW Praxishinweis 2/2018.
[552] Vgl. dazu die Abschn. 352.312. und 352.313.
[553] IDW (Hrsg.), F&A zu IDW S 1 i. d. F. 2008. Diese Handlungsempfehlung wurde in den Jahren 2014, 2016 und 2020 jeweils aktualisiert und mithin neu strukturiert. Im Folgenden bezieht sich die Zitation auf den Stand dieser Handlungsempfehlung vom 14.10.2020.
[554] Vgl. IDW (Hrsg.), Bewertung und Transaktionsberatung, Vorwort. Die Inhalte zur „Methodik der Unternehmensbewertung" in der WPH Edition „Bewertung und Transaktionsberatung – Betriebswirtschaftliche Bewertungen, Due Diligence, Fairness Opinions u.a." sind nicht explizit auf den FAUB zurückzuführen. Daher wird innerhalb dieser Arbeit hinsichtlich der hier beschriebenen Handlungsempfehlungen ausschließlich auf das IDW als Urheber referenziert. Diese Handlungsempfehlung wird in den folgenden Ausführungen mit „WPH Edition 2018" abgekürzt.
[555] Vgl. IDW (Hrsg.), Bewertung und Transaktionsberatung, Kap. A, Tz. 1.
[556] Vgl. IDW (Hrsg.), F&A zu IDW S 1 i. d. F. 2008, Tz. 4.1.

3 Konzeptionelle Grundlagen der Unternehmensbewertung

Bedeutung von Länderrisiken für die Unternehmensbewertung hervor, ehe das IDW den Begriff der Länderrisiken definiert. Das IDW unterscheidet für die **Definition von Länderrisiken** zwischen originären und derivativen Länderrisiken.

Originäre Länderrisiken betreffen Verlustrisiken in Bezug auf Forderungen gegenüber ausländischen Staaten.[557] Diese Risiken drücken sich in entsprechend höheren Renditeforderungen an den Kapitalmärkten aus. **Derivative Risiken** liegen vor, wenn und soweit der Eintritt originärer Länderrisiken sich auf die Entwicklung eines zu bewertenden Unternehmens und seine künftigen Zahlungsströme auswirken kann.[558] Diese Risiken können mittelbar oder unmittelbar relevant für die Unternehmensbewertung sein. Für die **Existenz und Bedeutung** solcher Länderrisiken im konkreten Bewertungsfall können i. S. d. Handlungsempfehlungen des IDW Risikoprämien von Staatsanleihen, d. h. Renditeaufschläge im Vergleich zu quasi-risikolosen Anlagen, der für das operative Geschäft relevanten Länder Anhaltspunkte geben.

Nach der Auffassung des IDW sind originäre Länderrisiken über mit Eintrittswahrscheinlichkeiten gewichtete Szenarien in der Prognose des Zahlungsstroms zu berücksichtigen.[559] Derivative Länderrisiken sind „grundsätzlich ebenso"[560] in der Prognose des Zahlungsstroms zu erfassen. Das IDW empfiehlt des Weiteren, „bei der Bemessung des Risikozuschlags in den Kapitalkosten auf eine **hinsichtlich derivativer Länderrisiken** [Hervorhebung durch den Verf.] vergleichbare Alternativanlage abzustellen"[561], sodass Länderrisiken auch im Kapitalisierungszins berücksichtigt sein müssen. Länderrisiken wirken sich somit sowohl auf den Zähler als auch auf den Nenner des Bewertungskalküls aus. Laut dem IDW werden derivative Länderrisiken z. B. aus **Praktikabilitäts- oder Komplexitätsgründen** bei Unternehmensbewertungen regelmäßig nicht explizit in der Unternehmensplanung des Bewertungsobjektes berücksichtigt.[562] Falls derivative Länderrisiken nicht in den prognostizierten finanziellen Überschüssen berücksichtigt werden, kann i. S. d. IDW als Alternative ein korrektiver Ansatz im Nenner des Bewertungskalküls, in Form eines **zusätzlichen Risikozuschlags zu den nach CAPM bemessenen Kapitalkosten,** in Betracht kommen. Der Ansatz eines Risikozuschlags ist aufgrund der bei einer Unternehmensbewertung bestehenden Transparenzanforderungen gesondert in der Berichterstattung über die Unternehmensbewertung auszuweisen und zu begründen.[563]

---

[557] Vgl. hier und im folgenden Satz IDW (Hrsg.), F&A zu IDW S 1 i. d. F. 2008, Tz. 4.1.
[558] Vgl. hier und in den folgenden beiden Sätzen IDW (Hrsg.), F&A zu IDW S 1 i. d. F. 2008, Tz. 4.1.
[559] Vgl. hier und im folgenden Satz IDW (Hrsg.), F&A zu IDW S 1 i. d. F. 2008, Tz. 4.1.
[560] Diese vom IDW gewählte Formulierung ist unkonkret und daher missverständlich. Es ist anzunehmen, dass sich das Wort „ebenso" darauf bezieht, dass auch derivative Risiken durch Szenarien in der Prognose des Zahlungsstroms zu berücksichtigen sind. Vgl. IDW (Hrsg.), F&A zu IDW S 1 i. d. F. 2008, Tz. 4.1.
[561] IDW (Hrsg.), F&A zu IDW S 1 i. d. F. 2008, Tz. 4.1.
[562] Vgl. hier und im folgenden Absatz IDW (Hrsg.), F&A zu IDW S 1 i. d. F. 2008, Tz. 4.1.
[563] Die Ausführungen hinsichtlich der Berücksichtigung von Länderrisiken in der Unternehmensbewertung haben sich in den in den Jahren 2014, 2016 und 2020 erschienenen Aktualisierungen der Handlungsempfehlung des IDW „Fragen und Antworten: Zur praktischen Anwendung der Grundsätze zur Durchführung von Unternehmensbewertungen nach IDW S 1 i. d. F. 2008" nicht geändert. Indes hat das IDW in der Aktualisierung im Jahr 2020 das Thema der Berücksichtigung von Fremdwährungseffekten bei internationalen Unternehmensbewertungen und die Möglichkeiten der Bestimmung sowie Plausibilisierung der Prognose künftiger

3 Konzeptionelle Grundlagen der Länderrisiken

Parallel zu den Inhalten in der Verlautbarung „Fragen und Antworten: Zur praktischen Anwendung der Grundsätze zur Durchführung von Unternehmensbewertungen nach IDW S 1 i. d. F. 2008" behandelt das IDW das Thema der Berücksichtigung von Länderrisiken in der Unternehmensbewertung in Abschn. 7.2.4.2.5 über die „Marktrisikoprämien für internationale Märkte und Länderrisiken" in der **WPH Edition 2018**.[564] Auch hier differenziert das IDW Länderrisiken nach originären und derivativen Länderrisiken.[565] Dabei wird die Definition von Länderrisiken insofern konkretisiert, als **explizite Risikokomponenten** genannt werden, die ein im Vergleich zu den **deutschen Gegebenheiten abweichendes Risikoprofil** begründen.[566] Exemplarisch hierfür werden Rechtsunsicherheiten, Kapitaltransferrisiken, Konjunkturrisiken, Risiken bezüglich des Schutzes von geistigem Eigentum, politische Risiken und Sicherheitsrisiken angeführt.

Das IDW erklärt zudem, dass der Einfluss von Länderrisiken auf ein Unternehmen von „**vielen Faktoren abhängt**" und mithin „**unternehmensindividuell**" zu beurteilen ist.[567] Um eine unternehmensindividuelle Berücksichtigung von Länderrisiken zu gewährleisten, sind Länderrisiken in den prognostizierten finanziellen Überschüssen zu berücksichtigen. Es ist weiterhin auf eine hinsichtlich der derivativen Länderrisiken vergleichbare Alternativanlage als Kapitalisierungszins abzustellen. Damit soll erreicht werden, dass einem im Vergleich zu etablierten Ländern und Kapitalmärkten höheren Risiko, vom Erwartungswert der finanziellen Überschüsse abzuweichen, im Risikozuschlag Rechnung getragen wird.[568] Zusätzlich wird der Hinweis gegeben, dass bei der Berücksichtigung von Länderrisiken in der Unternehmensbewertung der **Integrationsgrad der ausländischen Kapitalmärkte** im Sitzland des Bewertungsobjektes zu analysieren ist.[569] Der jeweilige Integrationsgrad – „Integration" oder „Separation"[570] – des Kapitalmarktes determiniert die Wahl des für die Bewertung adäquaten Kapitalkostenmodells.

Wechselkurse erstmalig in einer neuen Textziffer dieser Verlautbarung aufgegriffen. Vgl. IDW (Hrsg.), F&A zu IDW S 1 i. d. F. 2008, Tz. 5. Dieser Themenkomplex ist eng verbunden mit den Wechselkursrisiken, die im Rahmen dieser Arbeit den Länderrisiken zugeordnet werden, sodass auch auf diese Inhalte der hier erwähnten Veröffentlichung des IDW in der Analyse im vierten Kapitel referenziert wird.

[564] Vgl. IDW (Hrsg.), Bewertung und Transaktionsberatung, Kap. A, Tz. 398–401.
[565] Vgl. IDW (Hrsg.), Bewertung und Transaktionsberatung, Kap. A, Tz. 400.
[566] Vgl. hier und im folgenden Satz IDW (Hrsg.), Bewertung und Transaktionsberatung, Kap. A, Tz. 398.
[567] Vgl. hier und in den folgenden beiden Sätzen IDW (Hrsg.), Bewertung und Transaktionsberatung, Kap. A, Tz. 400.
[568] Vgl. IDW (Hrsg.), Bewertung und Transaktionsberatung, Kap. A, Tz. 400.
[569] Vgl. hier und in den folgenden beiden Sätzen IDW (Hrsg.), Bewertung und Transaktionsberatung, Kap. A, Tz. 398.
[570] Das IDW verwendet in diesem Kontext den Begriff der Separation eines Kapitalmarktes. Vgl. IDW (Hrsg.), Bewertung und Transaktionsberatung, Kap. A, Tz. 398. Im Folgenden wird im Einklang mit dem einschlägigen Schrifttum im Kontext des Integrationsgrades eines Kapitalmarktes, anstatt des Begriffs der Separation, der Begriff der Segmentierung verwendet. Vgl. exemplarisch FÜSS, R., Emerging Markets, S. 128; JANDURA, D., Finanzmärkte, S. 78; HERRMANN, F., Emerging Markets, S. 27.

Für einen segmentierten Kapitalmarkt ist der Gebrauch des *Local*-CAPM[571] sachgerecht, während die Existenz eines integrierten Kapitalmarktes für die Nutzung des *Global*-CAPM[572] spricht.

Analog zur Vorgehensweise bei der Bestimmung einer Marktrisikoprämie für Bewertungskonstellationen innerhalb von Deutschland, soll auch für den ausländischen Kapitalmarkt auf empirische Studien zu historischen und impliziten Renditen zurückgegriffen werden.[573] Indes ist bei Gebrauch des *Local*-CAPM zur Bestimmung einer Marktrisikoprämie[574] laut IDW die Verfügbarkeit und die Validität der empirischen Analysen der am ausländischen Kapitalmarkt beobachtbaren Marktrendite und Marktrisikoprämie nicht immer sichergestellt. Sind keine belastbaren Studien zu Renditen am Kapitalmarkt des Sitzlandes des Bewertungsobjektes vorhanden, können ebenfalls Marktrenditen und Marktrisikoprämien entwickelter Kapitalmärkte als Ausgangspunkt für weitere Überlegungen und Anpassungen dienen. Mithin kann „der **Ansatz einer separaten Länderrisikoprämie zusätzlich zur Marktrisikoprämie eines entwickelten Kapitalmarktes** [Hervorhebung durch den Verf.] anstelle einer angepassten Marktrisikoprämie in Betracht"[575] kommen. Das IDW weist darauf hin, dass das „**Annahmensystem des CAPM**"[576] bei dem Ansatz einer separaten Länderrisikoprämie aus „Vereinfachungs- und Transparenzgründen" verlassen wird.[577] **Anhaltspunkte zur Quantifizierung** einer solchen Länderrisikoprämie können nach der Auffassung des IDW Renditeaufschläge von Staatsanleihen des Landes im Vergleich zu Staatsanleihen risikoloser entwickelter Kapitalmärkte geben.[578] Das IDW geht weiterhin auf die Möglichkeit der impliziten Berücksichtigung von Länderrisiken in den anderen CAPM-Komponenten und eine damit verbundene **Gefahr der Doppelberücksichtigung** von Länderrisiken ein. Zudem wird der Hinweis gegeben, dass die Relevanz der Berücksichtigung von Währungsrisiken im jeweiligen Bewertungskalkül zu untersuchen ist.[579]

Wie in der Handlungsempfehlung „Fragen und Antworten: Zur praktischen Anwendung der Grundsätze zur Durchführung von Unternehmensbewertungen nach IDW S 1 i. d. F. 2008" fordert das IDW wegen der **besonderen Herausforderungen** im Zuge internationaler Bewertungen dazu auf, verwendete Bewertungsansätze und für das Bewertungskalkül ausgewählte Bewertungsparameter in der Berichterstattung über die Unternehmensbewertung **transparent** zu

---

[571] Vgl. zu den Annahmen und den Komponenten des *Local*-CAPM Abschn. 432.12.
[572] Vgl. zu den Annahmen und den Komponenten des *Global*-CAPM Abschn. 432.13.
[573] Vgl. hier und in den folgenden beiden Sätzen IDW (Hrsg.), Bewertung und Transaktionsberatung, Kap. A, Tz. 401.
[574] Vgl. für das Vorgehen der Bestimmung einer Marktrisikoprämie im deutschen Marktkontext Abschn. 352.313.
[575] IDW (Hrsg.), Bewertung und Transaktionsberatung, Kap. A, Tz. 401.
[576] Vgl. zur Erläuterung der Grundlagen des CAPM Abschn. 352.311.
[577] Vgl. IDW (Hrsg.), Bewertung und Transaktionsberatung, Kap. A, Tz. 401, Fn. 682.
[578] Vgl. hier und in den folgenden beiden Sätzen IDW (Hrsg.), Bewertung und Transaktionsberatung, Kap. A, Tz. 401.
[579] Dieser Hinweis des IDW macht deutlich, dass – abweichend von der in dieser Arbeit gewählten Definition von Länderrisiken – Währungsrisiken (innerhalb dieser Arbeit „Wechselkursrisiken" genannt) im Verständnis des IDW nicht dem Begriff von Länderrisiken untergeordnet werden. Vielmehr sind Währungsrisiken i. S. d. IDW als eigene Risikokategorie zu sehen.

3 Konzeptionelle Grundlagen der Länderrisiken

erläutern.[580] Es lässt sich insgesamt festhalten, dass die Ausführungen in der WPH Edition 2018 dabei v. a. in Bezug auf die Möglichkeit der Verwendung einer Länderrisikoprämie differenzierter als diejenigen in der Handlungsempfehlung „Fragen und Antworten: Zur praktischen Anwendung der Grundsätze zur Durchführung von Unternehmensbewertungen nach IDW S 1 i. d. F. 2008" sind.

Wenngleich die einzelnen Handlungsempfehlungen weder zusätzliche Anforderungen des IDW S 1 i. d. F. 2008 noch verbindliche Hinweise zu Auslegung dieses Standards sind, haben die Handlungsempfehlungen des IDW eine **quasi-bindende Stellung** in der deutschen Wirtschaftsprüfungspraxis,[581] wodurch die Handlungsempfehlungen regelmäßig den **deutschen Marktstandard in der Unternehmensbewertungspraxis** bilden. Zugleich sind der „IDW Standard: Grundsätze zur Durchführung von Unternehmensbewertungen (IDW S 1 i. d. F. 2008)" und die Handlungsempfehlungen des IDW auch von der deutschen Jurisdiktion als **Referenzrahmen für die Erstellung von Unternehmensbewertungen bei rechtlichen Auseinandersetzungen** akzeptiert. Dies gilt, obwohl das IDW eine private Institution ohne Befugnisse der Rechtsetzung ist und die Handlungsempfehlungen des IDW somit keinen Rechtsnormcharakter haben.[582]

Im Analysekapitel werden die Inhalte der Handlungsempfehlungen des IDW als Referenz für die Analyse und Würdigung der Berücksichtigung von Länderrisiken in der Unternehmensbewertung herangezogen. Als weitere Referenz für die Analyse werden im nächsten Abschnitt

---

[580] Vgl. IDW (Hrsg.), Bewertung und Transaktionsberatung, Kap. A, Tz. 399.
[581] Vgl. IDW (Hrsg.), F&A zu IDW S 1 i. d. F. 2008, Tz. 1. Laut § 4 Abs. 9 der Satzung des IDW hat jedes Mitglied des IDW im Rahmen seiner beruflichen Eigenverantwortlichkeit die von den Fachausschüssen des IDW abgegebenen IDW Fachgutachten, IDW Prüfungsstandards, IDW Stellungnahmen zur Rechnungslegung und IDW Standards zu beachten. Die Verlautbarungen legen die Berufsauffassung der Wirtschaftsprüfer zu fachlichen Fragen der Rechnungslegung und Prüfung sowie zu sonstigen Inhalten der beruflichen Tätigkeit dar oder tragen zu ihrer Entwicklung bei. Es obliegt jedem Mitglied des IDW zu prüfen, ob die in den Verlautbarungen des IDW aufgestellten Grundsätze bei seiner Tätigkeit und für den jeweils zu beurteilenden Sachverhalt anzuwenden sind. Falls von diesen Grundsätzen abgewichen wird, ist das Abweichen an geeigneter Stelle schriftlich zu begründen. Vgl. hierzu IDW (Hrsg.), Satzung des IDW, § 4 Abs. 9, sowie IDW (Hrsg.), WP Handbuch 2021, Kap. A, Tz. 623.
[582] Vgl. hier und im vorherigen Satz allgemein GROßFELD, B./EGGER, U./TÖNNES, W. A., Recht der Unternehmensbewertung, S. 3, Tz. 9, sowie S. 40, Tz. 179; EMMERICH, V., 50 Jahre Aktiengesetz, S. 630; HÜTTEMANN, R., Abgrenzung zwischen Rechts- und Tatfragen, S. 385–387, Tz. 13.30–13.32; BODE, C., Unternehmensbewertung in der nationalen Rechtsprechung, S. 489, Tz. 8; KNOLL, L., Ausschüttungsquote und IDW-Vorgaben, S. 1933, sowie im Kontext der Bestimmung der Höhe der Marktrisikoprämie WÜSTEMANN, J./BRAUCHLE, T., Rechtsprechungsreport Unternehmensbewertung 2019/20, S. 1585 f. und als exemplarisches Gerichtsurteil OLG HAMBURG v. 30.06.2016 – 13 W 75/14, S. 19 f.; OLG MÜNCHEN v. 11.03.2020 – 31 Wx 341/17, Tz. 72 f. und Tz. 75. Vgl. kritisch zur „Deutungshoheit" des IDW im Rahmen der rechtlich geprägten Unternehmensbewertung exemplarisch KNOLL, L., Rechtsgeprägte Unternehmensbewertung, S. 300–311, sowie KNOLL, L., IDW-definierte Vertretbarkeit, S. 8 f.; KARAMI, B., Stand und Entwicklung der rechtsgeprägten Unternehmensbewertung, S. 2, S. 5–6 und S. 9; FLEISCHER, H., Unternehmensbewertung bei aktienrechtlichen Abfindungsansprüchen, S. 99 f., sowie SCHÜLKE, T., IDW-Standards und Unternehmensrecht, S. 335 f. Nach FLEISCHER hat der IDW S 1 i. d. F. 2008 sogar einen „quasiverbindlichen Charakter" für die Gerichtspraxis. Vgl. FLEISCHER, H., Unternehmensbewertung im Spiegel der Rechtsvergleichung, S. 1335 f., Tz. 38.6.

auf der Basis der allgemeinen Grundsätze ordnungsmäßiger Unternehmensbewertung spezifische Würdigungskriterien zur Berücksichtigung von Länderrisiken in der Unternehmensbewertung vorgestellt.

37 Ableitung von Würdigungskriterien zur Berücksichtigung von Länderrisiken in der Unternehmensbewertung

371. Vorbemerkung

Für die Analyse werden im Folgenden relevante Grundsätze aus den allgemeinen Grundsätzen ordnungsmäßiger Unternehmensbewertung abgeleitet und Äquivalenzkriterien vorgestellt, die als Würdigungsgrundlage für die Berücksichtigung von Länderrisiken in der Unternehmensbewertung genutzt werden. Die Grundsätze ordnungsmäßiger Unternehmensbewertung sind im Kontext der Diskussionen um den Zukunftserfolgswert, als den „richtigen" Unternehmenswert, in den 1970er und 1980er Jahren in Deutschland entstanden.[583] Erstmalig hat MOXTER explizit ein System von **Grundsätzen ordnungsmäßiger Unternehmensbewertung** vorgestellt.[584] Nach MOXTER bilden diese Grundsätze ein **Normensystem zur zweckentsprechenden Unternehmensbewertung**.[585] In Anbetracht der Komplexität einer Unternehmensbewertung dienen Grundsätze ordnungsmäßiger Unternehmensbewertung als Normensystem zur Verhaltenssteuerung des Bewerters, wodurch die Qualität einer Unternehmensbewertung sichergestellt werden soll.[586] Dieses Normensystem bildet kein in sich geschlossenes System. Das Normensystem ist als flexibles, konzeptionelles Konstrukt zu verstehen, das sich im Zeitablauf ändernden Rahmenbedingungen anpassen kann.[587] So wird das Normensystem auch der Heterogenität der zahlreichen möglichen Bewertungsanlässe und -zwecke gerecht.[588]

Daher besteht auch **kein allgemeingültiges System von Grundsätzen** zur Durchführung einer Unternehmensbewertung.[589] Vielmehr sind unterschiedliche Grundsatzsysteme von verschiedenen Interessengruppen entwickelt worden, die parallel nebeneinander bestehen. Diese Grundsatzsysteme unterscheiden sich mitunter hinsichtlich der eingenommenen Bewertungsperspektive.[590] Wie auch bei den Grundsätzen ordnungsmäßiger Buchführung dienen die **Gesetzgebung und Rechtsprechung, Standardisierungsausschüssse interessierter Wirtschaftskreise** sowie die **Wissenschaft und Forschung** als **Quellen zur Ableitung** von Grundsätzen zur Durchführung von Unternehmensbewertungen.[591] Diese Quellen sind dabei interdependent,

---

[583] Vgl. PEEMÖLLER, V. H., Grundsätze ordnungsmäßiger Unternehmensbewertung, S. 33.
[584] Vgl. MOXTER, A., Unternehmensbewertung; PEEMÖLLER, V. H., Grundsätze ordnungsmäßiger Unternehmensbewertung, S. 33; KUHNER, C./MALTRY, H., Unternehmensbewertung, S. 71.
[585] Vgl. MOXTER, A., Unternehmensbewertung, S. 1 f.
[586] Vgl. MATSCHKE, M. J./BRÖSEL, G., Unternehmensbewertung, S. 771 f.
[587] Vgl. MOXTER, A., Bedeutung der Grundsätze ordnungsmäßiger Unternehmensbewertung, S. 454 f.
[588] Vgl. KOELEN, P., Bewertungskalküle, S. 49.
[589] Vgl. KNABE, M., Insolvenzrisiken, S. 42; KOELEN, P., Bewertungskalküle, S. 79.
[590] POOTEN definiert bspw. die „Grundsätze ordnungsmäßiger Unternehmensbewertung der Entscheidungsfunktion aus Käufersicht" und somit aus der Perspektive eines Käufers im Kontext eines Unternehmenskaufs. Vgl. dazu POOTEN, H., Grundsätze ordnungsmäßiger Unternehmensbewertung, S. 3.
[591] Vgl. MATSCHKE, M. J./BRÖSEL, G., Unternehmensbewertung, S. 761, sowie MATSCHKE, M. J., Grundsätze der Unternehmensbewertung, S. 94–96, Tz. 22–26.

sodass der Einfluss einzelner Quellenarten auf die Entwicklung der Grundsätze ordnungsmäßiger Unternehmensbewertung nicht isoliert betrachtet werden kann.[592] Das **IDW**, als Standardisierungsausschuss, hat mit dem IDW S 1 i. d. F. 2008 Grundsätze zur Durchführung von Unternehmensbewertungen festgelegt, die von fundamentaler Relevanz für die Berufsarbeit der Wirtschaftsprüfer sind.[593] Wie bereits erläutert, ist die Berücksichtigung von Länderrisiken in der Unternehmensbewertung nicht explizit in IDW S 1 i. d. F. 2008 geregelt. Vielmehr hat sich das IDW in der Handlungsempfehlung „Fragen und Antworten: Zur praktischen Anwendung der Grundsätze zur Durchführung von Unternehmensbewertungen nach IDW S 1 i. d. F. 2008" und im Abschnitt „Marktrisikoprämien für internationale Märkte und Länderrisiken" der WPH Edition 2018 mit der Frage nach der Berücksichtigung von Länderrisiken in der Unternehmensbewertung auseinandergesetzt.[594] Während in der Verlautbarung „Fragen und Antworten: Zur praktischen Anwendung der Grundsätze zur Durchführung von Unternehmensbewertungen nach IDW S 1 i. d. F. 2008" häufig gestellte Fragen zur praktischen Anwendung des IDW S 1 i. d. F. 2008 adressiert werden,[595] dienen die Ausführungen des „Kapitel A" zur Methodik der Unternehmensbewertung der WPH Edition 2018 der **Ergänzung und Kommentierung** zur Theorie der betriebswirtschaftlichen Unternehmensbewertungslehre und zu deren Anwendung und Umsetzung in der Praxis unter besonderer Berücksichtigung des IDW S 1 i. d. F. 2008.[596] Es besteht somit ein **indirekter Bezug dieser Handlungsempfehlungen zu den Grundsätzen des IDW S 1 i. d. F. 2008.** Insofern ist es sachgerecht, sich hinsichtlich der Ableitung von Würdigungskriterien für die Berücksichtigung von Länderrisiken in der Unternehmensbewertung auch an den konzeptionellen Grundlagen des IDW S 1 i. d. F. 2008 zu orientieren. Der Inhalt des IDW S 1 i. d. F. 2008 ist wiederum maßgeblich von den Arbeiten von MOXTER beeinflusst.[597] Folglich sind **konzeptionelle Parallelen** zwischen IDW S 1 i. d. F. 2008 und den Grundsätzen von MOXTER erkennbar. Diese Grundsätze sind zweckadäquat für das in dieser Arbeit verfolgte Analyseziel zu konkretisieren.[598] Die Interdependenz der verschiedenen Quellenformen der Entwicklung der Grundsätze fordert,

---

[592] Vgl. MATSCHKE, M. J., Grundsätze der Unternehmensbewertung, S. 96 f., Tz. 27.
[593] Vgl. PEEMÖLLER, V. H., Grundsätze ordnungsmäßiger Unternehmensbewertung, S. 33 f., sowie Abschn. 362.
[594] Vgl. zu den berufsständischen Handlungsempfehlungen zur Berücksichtigung von Länderrisiken in der internationalen Unternehmensbewertung Abschn. 362.
[595] Vgl. IDW (Hrsg.), F&A zu IDW S 1 i. d. F. 2008, Tz. 1.
[596] Vgl. IDW (Hrsg.), Bewertung und Transaktionsberatung, Kap. A, Tz. 1.
[597] Vgl. dazu KUHNER, C./MALTRY, H., Unternehmensbewertung, S. 71. Sowie auch der Vorgängerstandard IDW S 1 i. d. F. 2000 und die Stellungnahmen des Hauptfachausschusses des IDW „HFA 2/1983", „HFA 2/1990", „HFA 2/1995", „HFA 2/1997", die die „Grundsätze zur Durchführung von Unternehmensbewertungen" definierten. Diese fortwährend weiterentwickelte Stellungnahme des HFA wurde im Jahr 2000 durch den IDW S 1 i. d. F. 2000 ersetzt. Vgl. MATSCHKE, M. J./BRÖSEL, G., Unternehmensbewertung, S. 773.
[598] Vgl. so auch KOELEN, P., Bewertungskalküle, S. 78 i. V. m. MATSCHKE, M. J./BRÖSEL, G., Unternehmensbewertung, S. 796 f.

dass die **einschlägige Literaturmeinung** bei der Ableitung der Würdigungsgrundlage **miteinbezogen** wird.[599]

In den folgenden Abschnitten werden Grundsätze abgeleitet, mit denen die Berücksichtigung von Länderrisiken in der Unternehmensbewertung im folgenden Kapitel analysiert und gewürdigt wird.[600] Als weitere Würdigungskriterien zur Analyse der Berücksichtigung von Länderrisiken in der Unternehmensbewertung werden ausgewählte Äquivalenzkriterien vorgestellt, die für die internationale Unternehmensbewertung von besonderer Bedeutung sind.

372. Grundsatz der Zukunftsorientierung

Der **Grundsatz der Zukunftsorientierung** der Unternehmensbewertung wird als ein zentraler Grundsatz der Unternehmensbewertung erachtet.[601] Die Einhaltung dieses Grundsatzes wird sowohl in IDW S 1 i. d. F. 2008[602] als auch im Schrifttum gefordert.[603] Diesem Grundsatz folgend sind für das Bewertungssubjekt nicht die Zahlungsströme der Vergangenheit, sondern nur die künftigen Zahlungsströme eines Bewertungsobjektes maßgeblich für die Unternehmensbewertung.[604] In der Vergangenheit realisierte Erfolge sind lediglich ein Indikator für die Prognose der künftigen Zahlungsströme des Bewertungsobjektes.[605] Neben den Zahlungsströmen ist auch die Rendite der Alternativanlage des Bewertungskalküls für eine adäquate Unternehmensbewertung stets mit Bezug zur Zukunft zu ermitteln.[606]

Eng mit dem Grundsatz der Zukunftsorientierung verbunden ist das **Stichtagsprinzip**, das die zeitliche Basis der zukunftsorientierten Unternehmensbewertung festlegt.[607] Der Wert eines Unternehmens wird aus den am Bewertungsstichtag erwarteten Zahlungsströmen abgeleitet.[608] Gemäß dem Stichtagsprinzip fließen alle Informationen, die am Bewertungsstichtag zur Verfügung stehen oder standen, in die Bewertung mit ein. Der Bewertungsstichtag unterteilt dabei den Zeitraum der Vergangenheit und den Zeitraum der Zukunft.[609] Das steht im Einklang mit der **Wurzeltheorie** des BGH, nach der nur Erkenntnisse bei Unternehmensbewertungen berücksichtigt werden dürfen, deren „Wurzeln" in der Zeit vor dem Bewertungsstichtag gelegt

---

[599] Vgl. KNABE, M., Insolvenzrisiken, S. 43.
[600] Für die Ableitung einer Würdigungsgrundlage wird sich in den folgenden Abschn. 372. bis 374. insbesondere an den Ausführungen von KNABE orientiert, der Würdigungskriterien zur Analyse der Berücksichtigung von Insolvenzrisiken in der Unternehmensbewertung ableitet. Vgl. dazu KNABE, M., Insolvenzrisiken, S. 42–48.
[601] Vgl. m. w. N. MOXTER, A., Unternehmensbewertung, S. 116–121.
[602] Vgl. IDW (Hrsg.), IDW S 1 i. d. F. 2008, Tz. 7 und Tz. 17.
[603] Vgl. HELBLING, C., 25 Grundsätze für die Unternehmensbewertung, S. 736; POOTEN, H., Grundsätze ordnungsmäßiger Unternehmensbewertung, S. 114–116.
[604] Vgl. HELBLING, C., 25 Grundsätze für die Unternehmensbewertung, S. 736.
[605] Vgl. MÜNSTERMANN, H., Wert und Bewertung der Unternehmung, S. 20 f.
[606] Vgl. HELBLING, C., 25 Grundsätze für die Unternehmensbewertung, S. 736.
[607] Vgl. MOXTER, A., Unternehmensbewertung, S. 171.
[608] Vgl. PEEMÖLLER, V. H., Grundsätze ordnungsmäßiger Unternehmensbewertung, S. 35.
[609] Vgl. WOLLNY, C., Der objektivierte Unternehmenswert, S. 159.

3 Konzeptionelle Grundlagen der Länderrisiken

wurden.[610] Wie auch der Grundsatz der Zukunftsorientierung wird das Stichtagsprinzip sowohl vom IDW als auch vom Schrifttum allgemein als höchst bewertungsrelevant erachtet.[611]

Auch für die Analyse der Berücksichtigung von Länderrisiken bei der Unternehmensbewertung mit zukunftsbezogenen, barwertorientierten Bewertungsverfahren ist die Beachtung des Grundsatzes der Zukunftsorientierung und des Stichtagsprinzips von besonderer Bedeutung. Länderrisiken haben sowohl im Bewertungszeitpunkt als auch in der Zukunft Einfluss auf den Wert eines ausländischen Bewertungsobjektes.[612] Es folgt daraus, dass die Bewertungsparameter bei internationalen Unternehmensbewertungen **zukunftsorientiert zu ermitteln** sind.

373. Grundsatz der Objektivierung

Der **Grundsatz der Objektivierung** ist nicht gleichbedeutend mit der objektiven Unternehmensbewertung.[613] Vielmehr bezieht sich dieser Grundsatz auf die Forderung, die für die Unternehmensbewertung verwendeten Informationen zur Konkretisierung der Bewertungsparameter objektivieren zu können.[614] Dem Grundsatz der Objektivierung folgend, müssen die Informationen, auf deren Basis die Bewertungsparameter bestimmt werden, **intersubjektiv nachprüfbar** sein.[615] In IDW S 1 i. d. F. 2008 wird eine intersubjektive Nachprüfbarkeit dahingehend konkretisiert, dass ein sachkundiger Dritter durch die Dokumentation der Unternehmensbewertung das Bewertungsergebnis nachvollziehen und die Auswirkungen der getroffen Annahmen innerhalb der Bewertung auf den Unternehmenswert abschätzen kann.[616] Der Grundsatz der Objektivierung impliziert, dass verschiedene Bewertungssubjekte bei der Verwendung der gleichen Bewertungsmethode als Ergebnis zu einem identischen Unternehmenswert gelangen.[617] Ermessensspielräume des Bewerters auf die Unternehmensbewertung sind möglichst zu begrenzen.[618] Sofern der Zweck der Bewertung eine objektivierte Unternehmensbewertung ist, muss der Grundsatz der Objektivierung bei der Ermittlung aller Bestandteile des Bewertungskalküls beachtet werden.[619]

Der Grundsatz der Objektivierung steht indes in einem Spannungsverhältnis zu dem Grundsatz der Zukunftsorientierung. Zunehmende Zukunftsorientierung reduziert die Möglichkeit, bei der

---

[610] Vgl. BGH v. 17.01.1973 – IV ZR 142/70; GROßFELD, B./EGGER, U./TÖNNES, W. A., Recht der Unternehmensbewertung, S. 59; Tz. 267; HÜTTEMANN, R./MEYER, A., Stichtagsprinzip, S. 407 f.; Tz. 14.40–14.42.
[611] Vgl. IDW (Hrsg.), IDW S 1 i. d. F. 2008, Tz. 22 f.; MATSCHKE, M. J./BRÖSEL, G., Unternehmensbewertung, S. 808; MOXTER, A., Unternehmensbewertung, S. 168–175.
[612] Vgl. BRAUN, C., Länderrisikobewertung, S. 22; BÜSCHGEN, H. E., Finanzmanagement, S. 283.
[613] Vgl. KNABE, M., Insolvenzrisiken, S. 46 i. V. m. BAETGE, J., Objektivierung des Jahreserfolges, S. 16 f.
[614] Vgl. KNABE, M., Insolvenzrisiken, S. 46 f. i. V. m. KÜMMEL, J., Grundsätze für die Fair Value-Ermittlung, S. 92.
[615] Vgl. BAETGE, J., Objektivierung des Jahreserfolges, S. 16 f.
[616] Vgl. IDW (Hrsg.), IDW S 1 i. d. F. 2008, Tz. 174.
[617] Vgl. BAETGE, J./KRUSE, A., Objektivität der Urteilsbildung, S. 204; KÜMMEL, J., Grundsätze für die Fair Value-Ermittlung, S. 92.
[618] Vgl. MOXTER, A., Unternehmensbewertung, S. 33.
[619] Vgl. MOXTER, A., Unternehmensbewertung, S. 38.

Bestimmung der Bewertungsparameter intersubjektiv nachvollziehbare Informationen zugrunde zu legen.[620] Naturgemäß sinkt die **Validität der Informationen** für die Unternehmensbewertung mit zunehmender zeitlicher Entfernung des in der Zukunft liegenden Zeitpunkts vom Bewertungsstichtag. Zudem sind vergangenheitsbasierte Informationen nicht *per se* als objektiviert zu qualifizieren. Bei der Ermittlung von vergangenheitsbasierten Informationen können ebenso **Ermessensspielräume** aus Wahlmöglichkeiten resultieren.[621]

Der Grundsatz der Objektivierung hat bei der Analyse der Berücksichtigung von Länderrisiken **besondere Relevanz**. Wie in Abschn. 34 gezeigt, sind Länderrisiken regelmäßig bei Bewertungsanlässen zu berücksichtigen, die eine objektivierte Unternehmensbewertung, *ergo* ein intersubjektiv nachprüfbares Vorgehen bei der Bewertung, fordern. Die Nachvollziehbarkeit der Bewertung ist jedoch aufgrund der eingeschränkten und komplexeren Informationslage bei internationalen Unternehmensbewertungen oftmals erschwert.[622] Die besondere Bedeutung der Beachtung des Grundsatzes der Objektivierung bei internationalen Unternehmensbewertungen wird auch dadurch unterstrichen, dass das IDW in seinen Handlungsempfehlungen zur Berücksichtigung von Länderrisiken in der Unternehmensbewertung explizit dazu auffordert, den Bewertungsansatz, die Wahl sowie die Bestimmung der Bewertungsparameter bei der Bewertung ausländischer Bewertungsobjekte zu dokumentieren und transparent zu erläutern.[623]

374. Grundsatz der Wirtschaftlichkeit

Der **Grundsatz der Wirtschaftlichkeit** fordert die Einhaltung eines angemessenen **Kosten-Nutzen-Verhältnisses** bei der Bewertung eines Unternehmens.[624] Jede Konkretisierung von Bewertungsparametern ist mit erhöhter Komplexität der Bewertung und demnach mit mehr Kosten verbunden.[625] Der Grundsatz der Wirtschaftlichkeit besagt, dass für eine Unternehmensbewertung nicht sämtliche verfügbaren Informationen zu beschaffen und alle potenziellen Szenarien der Unternehmensentwicklung zu berücksichtigen sind.[626] Vielmehr sind nur die Informationen zu verarbeiten, deren zusätzlicher Nutzen für die Bewertung die Kosten der Informationsbeschaffung mindestens ausgleicht.[627] Im Sinne der Wirtschaftlichkeit muss der Zusatznutzen aus der Objektivierung bzw. aus den zukunftsorientierten Informationen die Zusatzkosten der Informationsgewinnung übersteigen.[628] Die Informationskosten beziehen sich auf

---

[620] Vgl. hier und im folgenden Satz BAETGE, J., Objektivierung des Jahreserfolges, S. 169; KIRSCH, H.-J., Objektivierung künftiger Zahlungsströme, S. 366; KOELEN, P., Bewertungskalküle, S. 93; KNABE, M., Insolvenzrisiken, S. 50.
[621] Vgl. KNABE, M., Insolvenzrisiken, S. 47. Vgl. exemplarisch in Bezug auf die Bestimmung einer Marktrisikoprämie Abschn. 352.313.
[622] Vgl. dazu auch ZWIRNER, C./PETERSEN, K./ZIMNY, G., Länderrisiken in der Unternehmensbewertung, S. 1055, Tz. 6.
[623] Vgl. IDW (Hrsg.), F&A zu IDW S 1 i. d. F. 2008, Tz. 4.1; IDW (Hrsg.), Bewertung und Transaktionsberatung, Kap. A, Tz. 399.
[624] Vgl. POOTEN, H., Grundsätze ordnungsmäßiger Unternehmensbewertung, S. 143.
[625] Vgl. TINZ, O., Wachstum in der Unternehmensbewertung, S. 67.
[626] Vgl. KNABE, M., Insolvenzrisiken, S. 48 i. V. m. TINZ, O., Wachstum in der Unternehmensbewertung, S. 67 f. und KOELEN, P., Bewertungskalküle, S. 75.
[627] Vgl. TINZ, O., Wachstum in der Unternehmensbewertung, S. 67.
[628] Vgl. KNABE, M., Insolvenzrisiken, S. 50.

den Prozess der Erstellung und der Bereitstellung von Informationen.[629] Durch die Berücksichtigung einer zusätzlichen Information muss ein **positiver Grenznutzen** für die jeweilige Unternehmensbewertung gegeben sein.[630] JONAS spricht in diesem Zusammenhang von der Unternehmensbewertung als „Optimierungsaufgabe", bei der zwischen dem Mehraufwand, den eine sorgfältigere Unternehmensbewertung verursacht, und dem Nutzen dieses Mehraufwandes abzuwägen ist.[631] Der Grundsatz der Wirtschaftlichkeit ist nicht explizit in IDW S 1 i. d. F. 2008 enthalten.[632] Indes sprechen die verschiedenen **Annahmen und Typisierungen**[633] des IDW S 1 i. d. F. 2008 dafür, dass auch das IDW bei der Konzeption des Bewertungsstandards Abwägungen bezüglich des Kosten-Nutzen-Verhältnisses innerhalb einer objektivierten Unternehmensbewertung getroffen hat.[634] Diese Annahmen und Typisierungen sind als komplexitätsreduzierende Konstrukte für die Unternehmensbewertung anzusehen.[635]

Die Berücksichtigung von Länderrisiken bei internationalen Unternehmensbewertungen ist v. a. aufgrund der Informationssituation im Ausland und der bestehenden Interdependenzen zwischen einzelnen Länderrisikoarten mit einer **erhöhten Komplexität** verbunden.[636] Gemäß dem Grundsatz der Wirtschaftlichkeit sollten Länderrisiken nur berücksichtigt werden, sofern dadurch ein positiver Grenznutzen erreicht wird.[637] Inwiefern eine Information einen zusätzlichen Nutzen für eine Unternehmensbewertung liefert, kann *ex ante* regelmäßig nicht valide beurteilt werden.[638] Daher wird unter Berücksichtigung der Wesentlichkeit als **Entscheidungskriterium** vertreten, dass diejenigen Informationen bei der Unternehmensbewertung miteinzubeziehen sind, denen das Bewertungssubjekt eine besondere Wertrelevanz beimisst.[639] Eine Entscheidung über zusätzliche Maßnahmen zur Informationsbeschaffung sollte auf einer sachgerechten und intersubjektiv nachprüfbaren Analyse des Informationsbedarfs für den konkreten Bewertungsfall basieren.[640]

---

[629] Vgl. KNABE, M., Insolvenzrisiken i. V. m. KOELEN, P., Bewertungskalküle, S. 110.
[630] Vgl. dazu im Kontext der maßgeblichen Grundsätze für die Erstellung eines Jahresabschlusses BAETGE, J./KIRSCH, H.-J./THIELE, S., Bilanzen, S. 123.
[631] Vgl. hierzu JONAS, M., Bewertung mittelständischer Unternehmen, S. 300.
[632] Vgl. KNABE, M., Insolvenzrisiken, S. 49.
[633] Vgl. zu den Annahmen und Typisierungen des IDW S 1 i. d. F. 2008 im Rahmen einer objektivierten Unternehmensbewertung Abschn. 33.
[634] Vgl. exemplarisch IDW (Hrsg.), IDW S 1 i. d. F. 2008, Tz. 17, Tz. 30–31, Tz. 43–46 und Tz. 93.
[635] Vgl. KNABE, M., Insolvenzrisiken, S. 49.
[636] Vgl. dazu Abschn. 223.
[637] Vgl. allgemein POOTEN, H., Grundsätze ordnungsmäßiger Unternehmensbewertung, S. 143; TINZ, O., Wachstum in der Unternehmensbewertung, S. 67 f.
[638] Vgl. BALLWIESER, W., Unternehmensbewertung und Komplexitätsreduktion, S. 49; POOTEN, H., Grundsätze ordnungsmäßiger Unternehmensbewertung, S. 143.
[639] Vgl. POOTEN, H., Grundsätze ordnungsmäßiger Unternehmensbewertung, S. 144.
[640] Vgl. TINZ, O., Wachstum in der Unternehmensbewertung, S. 68.

Neben den hier konkretisierten Grundsätzen werden im Folgenden für die internationale Unternehmensbewertung besonders relevante Äquivalenzkriterien, als weitere Würdigungskriterien der Berücksichtigung von Länderrisiken in der Unternehmensbewertung, vorgestellt.

375. Äquivalenzkriterien

Bei dem Gebrauch von barwertorientierten Bewertungsverfahren sind i. S. d. MOXTER'schen Credo „Bewerten heißt Vergleichen"[641] der Zahlungsstrom des Bewertungsobjektes mit der Rendite der Alternativanlage zu vergleichen.[642] Wird für die Berücksichtigung des Risikos im Bewertungskalkül die **Risikozuschlagsmethode** verwendet,[643] sind finanzielle Überschüsse als Erwartungswerte anzusetzen, die zu den erwarteten Renditen der Alternativanlage (Kapitalisierungszins) äquivalent sind.[644] Ein Bewertungskalkül muss daher verschiedenen Äquivalenzkriterien genügen, um die Vergleichbarkeit zwischen dem erwarteten Zahlungsstrom des Bewertungsobjektes und der Rendite der Alternativanlage herzustellen.[645] Je nach verwendetem Bewertungsverfahren sind die finanziellen Überschüsse und der Kapitalisierungszins, als Rendite der Alternativanlage, unter **Beachtung des Äquivalenzprinzips**, in der Weise zu ermitteln, dass diese den Erwartungen der Eigenkapital- oder Gesamtkapitalgeber entsprechen.[646] Im Zusammenhang des FCF-WACC-Verfahrens, als eines der *Entity*-Verfahren, ist bei der Unternehmensbewertung die Sicht der Gesamtkapitalgeber einzunehmen.

Die Ermittlung der Alternativanlage hängt i. S. d. IDW S 1 i. d. F. 2008 von der **Wertkonzeption** ab, die der Unternehmensbewertung zugrunde liegt. Bei einer subjektiven Wertermittlung orientiert sich die Alternativanlage an den individuellen Renditeerwartungen des Investors.[647] Im Zuge einer objektivierten Unternehmensbewertung ist die Alternativanlage typisierend aus den Kapitalmarktrenditen von Unternehmensbeteiligungen als Ausgangsgröße abzuleiten.[648] Für die Einhaltung des Äquivalenzprinzips muss sich mithin an den jeweiligen **Anforderungen des Bewertungszwecks** orientiert werden.[649] Bei einer **internationalen Unternehmensbewertung** sind v. a. die Einhaltung der Kaufkraft-, der Währungs-, der Laufzeit- sowie der Risikoäquivalenz, als Äquivalenzkriterien, für die Erfüllung des Äquivalenzprinzips von Bedeutung.[650] Diese **Äquivalenzkriterien** werden im Folgenden knapp erläutert.

---

[641] MOXTER, A., Unternehmensbewertung, S. 123.
[642] Vgl. MANDL, G./RABEL, K., Unternehmensbewertung, S. 131.
[643] Vgl. zur Risikozuschlagsmethode Abschn. 352.1.
[644] Vgl. WAGNER, W. U. A., Weiterentwicklung der Grundsätze, S. 890; MANDL, G./RABEL, G., Unternehmensbewertung, S. 38–41.
[645] Vgl. DÖRSCHELL, A./FRANKEN, L./SCHULTE, J., Kapitalisierungszinssatz, S. 10.
[646] Vgl. MANDL, G./RABEL, G., Unternehmensbewertung, S. 38–41.
[647] Vgl. IDW (Hrsg.), IDW S 1 i. d. F. 2008, Tz. 93 und Tz. 115.
[648] Vgl. IDW (Hrsg.), IDW S 1 i. d. F. 2008, Tz. 123.
[649] Vgl. IDW (Hrsg.), Bewertung und Transaktionsberatung, Kap. A, Tz. 214.
[650] Vgl. ähnlich im Kontext der Analyse einer international zusammengesetzten Peer-Group RUIZ DE VARGAS, S./BREUER, W., Globale vs. lokale Betafaktoren, S. 359.

Durch die Einhaltung der **Kaufkraftäquivalenz** ist gewährleistet, dass der Zahlungsstrom des Bewertungsobjektes und die Rendite der Alternativanlage in Bezug auf die repräsentierte Kaufkraft konsistent prognostiziert werden.[651] Die Zahlungsströme des Bewertungsobjektes und der Alternativanlage sind regelmäßig der Inflation ausgesetzt.[652] Die Entwertung des Geldes ist bei den Zahlungsströmen und der Alternativanlage auf gleiche Weise zu berücksichtigen.[653] Daher ist festzulegen, ob nominale oder reale Werte in die Unternehmensbewertung einfließen.[654] Die **Währungsäquivalenz**, mit der eine währungsübergreifende Kaufkraftparität sichergestellt werden soll, baut auf der Kaufkraftäquivalenz auf.[655] Zur Erfüllung der Währungsäquivalenz ist es erforderlich, dass die Zahlungsströme des Bewertungsobjektes und die Rendite der Alternativanlage in der gleichen Währung denominiert sind.[656] Da die Rendite der Alternativanlage durch einen Kapitalisierungszins repräsentiert wird, ist bei der Bestimmung des Kapitalisierungszinses darauf zu achten, dass die Inputparameter des Kapitalisierungszinses in der zum Zahlungsstrom des Bewertungsobjektes äquivalenten Währung ermittelt werden.

Darüber hinaus sollte die Laufzeitstruktur der Zahlungsströme der beiden Anlageoptionen übereinstimmen, um **Laufzeitäquivalenz** einzuhalten.[657] Dabei ist einerseits darauf zu achten, dass sich die Zahlungsströme beider Anlagealternativen auf denselben Zeitraum beziehen.[658] Andererseits müssen diese Zahlungsströme in gleicher zeitlicher Struktur anfallen.[659] Die Einhaltung der Laufzeitäquivalenz führt zu einer Absicherung der Zahlungsströme des Bewertungsobjektes gegen Änderungen des Zinsumfeldes, da sich Zinsänderungen auch in der Rendite der Alternativanlage widerspiegeln.[660]

---

[651] Vgl. MANDL, G./RABEL, K., Methoden der Unternehmensbewertung, S. 77; DEHMEL, I./HOMMEL, M., Äquivalenzanforderungen, S. 137, Tz. 42.
[652] Vgl. SCHULTZE, W., Methoden der Unternehmensbewertung, S. 258.
[653] Vgl. SCHULTZE, W., Methoden der Unternehmensbewertung, S. 248; WOLLNY, C., Der objektivierte Unternehmenswert, S. 153.
[654] Vgl. BURGER, A./AHLEMEYER, N./ULBRICH, P., Beteiligungscontrolling, S. 630. In nominalen Werten ist die Inflation berücksichtigt, wohingegen die realen Werte die Kaufkraft am Bewertungsstichtag widerspiegeln. Beide Berechnungsarten führen bei konsistenter Verwendung im Bewertungskalkül zu identischen Unternehmenswerten. Vgl. dazu m. w. N. DEHMEL, I./HOMMEL, M., Äquivalenzanforderungen, S. 137, 42. Sofern bei der Bestimmung des Kapitalisierungszinses, als Rendite der Alternativanlage, Renditen marktnotierter Unternehmensanteile verwendet werden, ist zu beachten, dass diese Renditen nominal gemessen werden und daher i. S. d. Kaufkraftäquivalenz ebenso die Zahlungsströme in nominalen Werten zu planen sind. Vgl. IDW (Hrsg.), Bewertung und Transaktionsberatung, Kap. A, Tz. 223. In der Bewertungspraxis werden regelmäßig nominale Größen verwendet. Vgl. KRUSCHWITZ, L./LÖFFLER, A./ESSLER, W., Unternehmensbewertung für die Praxis, S. 75; MEITNER, M./STREITFERDT, F., Unternehmensbewertung, S. 242.
[655] Vgl. OBERMAIER, R., Bewertung, Zins und Risiko, S. 175 f.
[656] Vgl. DÖRSCHELL, A./FRANKEN, L./SCHULTE, J., Kapitalisierungszinssatz, S. 11. Da aus der Perspektive eines inländischen Investors die Kaufkraft im Inland für seinen Konsum entscheidungsrelevant ist, kommt es auf die Kaufkraftentwicklung im Verhältnis zu anderen Ländern und die Renditen in deren Kapitalmärkten erst nach der Umrechnung in die Heimatwährung des Investors an. Deshalb umfasst bei einer internationalen Bewertungskonstellation eine Sicht eines inländischen Investors die Währungsäquivalenz auch ohne Kaufkraftäquivalenz. Vgl. dazu RUIZ DE VARGAS, S./BREUER, W., Globale vs. lokale Betafaktoren, S. 359.
[657] Vgl. KUHNER, C./MALTRY, H., Unternehmensbewertung, S. 104.
[658] Vgl. DEHMEL, I./HOMMEL, M., Äquivalenzanforderungen, S. 127, Tz. 9.
[659] Vgl. MANDL, G./RABEL, K., Methoden der Unternehmensbewertung, S. 76.
[660] Vgl. PINZINGER, P., Marktrisikoprämie, S. 23.

Ferner ist die Erfüllung der **Risikoäquivalenz** sicherzustellen, damit die Dimension der Unsicherheit über den Zahlungsstrom des Bewertungsobjektes dem operativen und finanziellen Risiko der Alternativanlage aus Sicht des Kapitalgebers entspricht.[661] Bei der Risikozuschlagsmethode ist der Kapitalisierungszins dahingehend anzupassen, dass der risikolose Zins um einen Risikozuschlag zu erweitern ist.[662] Für die Einhaltung des Äquivalenzprinzips kommt der **Erfüllung der Risikoäquivalenz** eine **herausragende Rolle** zu,[663] und beansprucht den **größten methodischen Aufwand**.[664]

In der Bewertungspraxis kann regelmäßig keine vollumfängliche Äquivalenz hinsichtlich aller Dimensionen zwischen dem Zahlungsstrom des Bewertungsobjektes (Zähler) und der Rendite der Alternativanlage (Nenner) hergestellt werden kann.[665] Der Anspruch bei der Durchführung einer Unternehmensbewertung ist jedoch, einen **möglichst hohen Erfüllungsgrad** der Äquivalenzkriterien zu erreichen.

---

[661] Vgl. DÖRSCHELL, A./FRANKEN, L./SCHULTE, J., Kapitalisierungszinssatz, S. 12.
[662] Vgl. BALLWIESER, W./HACHMEISTER, D., Unternehmensbewertung, S. 98.
[663] Vgl. IDW (Hrsg.), Bewertung und Transaktionsberatung, Kap. A, Tz. 213.
[664] Vgl. KUHNER, C./MALTRY, H., Unternehmensbewertung, S. 112.
[665] Vgl. hier und im folgenden Satz IDW (Hrsg.), Bewertung und Transaktionsberatung, Kap. A, Tz. 213.

4 Kritische Analyse der Berücksichtigung von Länderrisiken im Bewertungskalkül

41 Struktur des Analysevorgehens

Im vierten Kapitel dieser Arbeit wird die Berücksichtigung von Länderrisiken im Bewertungskalkül des FCF-WACC-Verfahrens untersucht. Das Kapitel wird dabei nach der Analyse der Berücksichtigung von Länderrisiken im Zähler (**Abschn. 42**) und im Nenner (**Abschn. 43**) des Bewertungskalküls unterteilt. In der Analyse wird die Bewertungssituation einer objektivierten internationalen Unternehmensbewertung betrachtet, bei der aus Sicht eines inländischen (deutschen) Investors, als Bewertungssubjekt, ein ausländisches Unternehmen, als Bewertungsobjekt, bewertet wird. Als Bewertungsverfahren kommt dabei das FCF-WACC-Verfahren zum Einsatz. Die Eigenkapitalkosten werden unter Gebrauch des CAPM bestimmt. Zudem wird davon ausgegangen, dass als Grundlage der Unternehmensbewertung eine integrierte, nominale Unternehmensplanung[666] des ausländischen Bewertungsobjektes verfügbar ist. Diese nominale Planungsrechnung ist vom Bewerter hinsichtlich des Einflusses möglicher Länderrisiken zu plausibilisieren und ggf. zu adjustieren.[667]

Für die Plausibilitätsanalyse der Unternehmensplanung soll der Bewerter im Allgemeinen sicherstellen, dass die zugrunde liegenden Plansätze und Annahmen nachvollziehbar, konsistent und widerspruchsfrei sind.[668] Im Rahmen der Unternehmensbewertung hat der Bewerter im Speziellen zu prüfen, ob die geplanten Zahlungsströme des Bewertungsobjektes Erwartungswerte repräsentieren.[669] Dabei ist auch zu würdigen, ob und wie eine Adjustierung der Detailplanung erforderlich ist. Die Plausibilisierung und Adjustierung der Planungsrechnung ist für den Bewerter regelmäßig die Kernaufgabe bei der Durchführung einer objektivierten Unternehmensbewertung.[670]

---

[666] Durch eine integrierte Unternehmensplanung werden die strategische und operative Planung eines Unternehmens innerhalb der GuV-, Bilanz- und *Cashflow*-Planung miteinander verknüpft. Vgl. IDW (Hrsg.), Bewertung und Transaktionsberatung, Kap. K, Tz. 32, sowie zu den Anforderungen an eine integrierte Planungsrechnung ZWIRNER, C./ZIMNY, G./LINDMAYR, S., Anforderungen an eine integrierte Planungsrechnung, S. 275–288, Tz. 1–65.
[667] Vgl. dazu auch IDW (Hrsg.), Bewertung und Transaktionsberatung, Kap. A, Tz. 242.
[668] Vgl. IDW (Hrsg.), IDW Praxishinweis 2/2017, Tz. 5.
[669] Vgl. hier und im folgenden Satz IDW (Hrsg.), IDW S 1 i. d. F. 2008, Tz. 81 i. V. m. IDW (Hrsg.), IDW Praxishinweis 2/2017, Tz. 53, sowie IDW (Hrsg.), Bewertung und Transaktionsberatung, Kap. A, Tz. 242.
[670] Vgl. DÖRSCHELL, A., Bewertung von KMU, S. 139; IDW (Hrsg.), Bewertung und Transaktionsberatung, Kap. A, Tz. 240. Auch im Rahmen der Durchführung einer *Fairness Opinion* muss der Bewerter die Unternehmensplanung des Transaktionsobjektes plausibilisieren. Vgl. IDW (Hrsg.), IDW Praxishinweis 2/2017, Tz. 72–76. Vgl. für die Maßstäbe zur Plausibilisierung einer Unternehmensplanung IDW (Hrsg.), IDW Praxishinweis 2/2017, Tz. 14–35, sowie IDW (Hrsg.), Bewertung und Transaktionsberatung, Kap. K, Tz. 8–18. Die Plausibilisierung der Berücksichtigung von Länderrisiken in den Zahlungsströmen des ausländischen Bewertungsobjektes bezieht sich primär auf die materielle externe sowie die materielle interne Plausibilität. Vgl. dazu IDW (Hrsg.), Bewertung und Transaktionsberatung, Kap. K, Tz. 33.

4 Kritische Analyse der Berücksichtigung von Länderrisiken im Bewertungskalkül

Der quantitative Einfluss von Länderrisiken ist explizit in den prognostizierten Zahlungsströmen des Bewertungsobjektes zu erfassen.[671] Dabei sind in der Planung des Zahlungsstroms sowohl systematische als auch unsystematische Länderrisiken, i. S. d. Risikoklassifizierung des CAPM, zu berücksichtigen.[672] Eine einheitliche Vorgehensweise, wie Länderrisiken sachgerecht im Zahlungsstrom des Bewertungsobjektes im Rahmen einer objektivierten Unternehmensbewertung abzubilden sind, hat sich bisher indes nicht etabliert. Auch das IDW definiert dafür in seinen Handlungsempfehlungen zur Berücksichtigung von Länderrisiken in der Unternehmensbewertung kein konkretes Vorgehen.[673]

Als Grundlage zur Prognose oder Plausibilisierung der Zahlungsströme ist es für die Unternehmensbewertung zunächst erforderlich, in Anlehnung an den Prozess des Risikomanagements,[674] durch eine Risikoanalyse mögliche Länderrisiken im Sitzland des Bewertungsobjektes zu identifizieren. Bei der Beurteilung des Einflusses von Länderrisiken auf ein ausländisches Bewertungsobjekt ist es entscheidend, Informationen über die gegenwärtige Existenz von Länderrisiken zu sammeln und die künftige Entwicklung von Länderrisiken zu prognostizieren.[675] Damit Länderrisiken im Zähler des Bewertungskalküls adäquat berücksichtigt bzw. plausibilisiert werden können, müssen die in der jeweiligen Bewertungssituation relevanten politischen und ökonomischen Rahmenbedingungen eines Landes hinreichend bekannt sein.[676] Daher wird innerhalb der Analyse der Berücksichtigung von Länderrisiken im Zähler des Bewertungskalküls zunächst auf unterschiedliche Möglichkeiten der Informationsbeschaffung über bestehende politische und auslandsmarktbezogene Risiken (**Abschn. 421.**) und verschiedene Methoden zur Prognose der Entwicklung von Wechselkursrisiken (**Abschn. 422.**) eingegangen.

---

[671] Vgl. in Bezug auf Länderrisiken GANN, J., Investitionsentscheidungen, S. 183 f. i. V. m. SHAPIRO, A. C., Capital Budgeting, 7–16; RULLKÖTTER, N., Politische Länderrisiken, S. 31.
[672] Vgl. dazu im Allgemeinen DÖRSCHELL, A./FRANKEN, L./SCHULTE, J., Kapitalisierungszinssatz, S. 16.
[673] Vgl. zu den berufsständischen Handlungsempfehlungen zur Berücksichtigung von Länderrisiken in der internationalen Unternehmensbewertung Abschn. 362.
[674] Der Begriff des Risikomanagements beschreibt den systematischen Umgang mit Chancen und Gefahren (Risiken). Vgl. dazu ausführlich KAJÜTER, P., Risikomanagement, S. 677; GLEIßNER, W., Risikomanagement, S. 21.
[675] Vgl. BÜSCHGEN, H. E., Finanzmanagement, S. 300; BRUNER, R. F. U. A., Emerging Markets, S. 75.
[676] Vgl. GLEIßNER, W., Länderrisikoprämien, S. 941; ZWIRNER, C./PETERSEN, K./ZIMNY, G., Länderrisiken in der Unternehmensbewertung, S. 1059, Tz. 20; ZWIRNER, C./KÄHLER, M., Länderrisiken, S. 2722 f.; SCHMIDT, A., Unternehmensbewertung ausländischer Gesellschaften, S. 1151; SUCKUT, S., Internationale Akquisitionen, S. 156 f.; BALLEIS, S. M., Politische Risiken, S. 150; NEUMAIR, S.-M., Länderrisiken, S. 727 im Einklang mit IDW (Hrsg.), IDW S 1 i. d. F. 2008, Tz. 74. Der Schritt der Analyse von Länderrisiken ist im Zusammenhang der Durchführung einer sog. PEST-Analyse zu sehen („*Political*", „*Economic*", „*Sociological*" and „*Technological*"-*Analysis*), die als systematisches Vorgehen für Makroanalysen des Unternehmensumfeldes genutzt wird. Die PEST-Analyse zielt darauf ab, relevante Umweltfaktoren des Unternehmens zu identifizieren und potenzielle Entwicklungen der Umwelt zu beschreiben, um Anhaltspunkte für entstehende Risiken definieren zu können. Vgl. zur PEST-Analyse STEUERNAGEL, A., Strategische Unternehmenssteuerung, S. 61–68; FISCHER, T. M./MÖLLER, K./SCHULTZE, W., Controlling, S. 125; SEPPELFRICKE, P., Aktien- und Unternehmensbewertung, S. 257 f.; MACHARZINA, K./WOLF, J., Unternehmensführung, S. 306–308.

Anknüpfend an die Analyse von Länderrisiken soll ausgehend von einer vorliegenden integrierten Unternehmensplanung ermittelt werden, welche Implikationen der Gesamtumfang der identifizierten Länderrisiken auf die Planwerte der künftigen Zahlungsströme des ausländischen Bewertungsobjektes hat.[677] So kann die Unternehmensplanung des Bewertungsobjektes in erwartungstreue Planwerte der künftigen Zahlungsströme, mit Berücksichtigung des Einflusses von Länderrisiken, übergeleitet werden. Zur Bildung erwartungstreuer Zahlungsströme kommen regelmäßig Szenario-Analysen oder Monte-Carlo-Simulationen zum Einsatz.[678] Im Folgenden wird basierend auf dem Konzept der *Uncertainty Absorption* als weitere Möglichkeit zur Bildung oder Plausibilisierung erwartungstreuer Planwerte die quantitative Berücksichtigung von versicherbaren Länderrisiken durch Versicherungskosten (**Abschn. 423.**) diskutiert. Die Analyse der Berücksichtigung von Länderrisiken im Zähler des Bewertungskalküls endet mit einem Zwischenfazit (**Abschn. 424.**).

Damit im Bewertungskalkül Risikoäquivalenz zwischen dem Zähler und dem Nenner des Bewertungskalküls sichergestellt werden kann, müssen sich diese Komponenten des Bewertungskalküls hinsichtlich der Berücksichtigung systematischer Länderrisiken in einem möglichst hohen Maß entsprechen. Deshalb wird im zweiten Teil der Analyse in Abhängigkeit des verwendeten Kapitalkostenmodells untersucht, inwiefern Länderrisiken bei der Bestimmung der Eigenkapitalkosten des ausländischen Bewertungsobjektes unter Verwendung der direkten Methode der Unternehmensbewertung mit in Fremdwährung denominierten Zahlungsströmen in den CAPM-Komponenten implizit berücksichtigt sind (**Abschn. 432.1**). Sowohl die Bestimmung der CAPM-Komponenten des *Local*-CAPM (**Abschn. 432.12**) als auch des *Global*-

---

[677] Vgl. GLEIßNER, W., Länderrisikoprämien, S. 974; GLEIßNER, W., Risikoanalyse und Simulation, S. 905; KAJÜTER, P., Risikomanagement im Beteiligungscontrolling, S. 543; PATLOCH-KOFLER, M./WIMMER, H., Länderrisiko, S. 346; IDW (Hrsg.), IDW S 1 i. d. F. 2008, Tz. 80, sowie IDU (Hrsg.), Grundsätze ordnungsgemäßer Planung, S. 10, Tz. 2.3.5.

[678] Vgl. im Allgemeinen zur Szenario-Analyse und Monte-Carlo-Simulation Abschn. 352.22. Vgl. im Speziellen zur Verwendung der **Szenario-Analyse** zur Berücksichtigung von Länderrisiken in der Unternehmensbewertung insbesondere RULLKÖTTER, N., Politische Länderrisiken, S. 27 i. V. m. SUCKUT, S., Internationale Akquisitionen, S. 256; KOLLER, T./GOEDHART, M./WESSELS, D., Valuation, S. 695–698; PEEMÖLLER, V. H./KUNOWSKI, S./HILLERS, J., Kapitalisierungszinssatz, S. 627; BRÜHL, V., Länderrisiken, S. 62 f.; JAMES, M./KOLLER, T. M., Valuation in Emerging Markets, S. 83; HACHMEISTER, D./RUTHARDT, F./UNGEMACH, F., Bestimmung der Kapitalkosten, S. 235, sowie VOLKART, R./VETTIGER, T./FORRER, F., Kapitalkosten, S. 120 f. Abweichend vom Vorgehen bei nationalen Unternehmensbewertungen wird teilweise vorgeschlagen, ein Enteignungsszenario bei der Prognose des Zahlungsstroms im Rahmen von internationalen Unternehmensbewertungen zu integrieren. Vgl. SHAPIRO, A. C., Financial Management, S. 495–497; HACHMEISTER, D./RUTHARDT, F./UNGEMACH, F., Bestimmung der Kapitalkosten, S. 235; PATLOCH-KOFLER, M./WIMMER, H., Länderrisiko, S. 346. Vgl. zur Berechnung der Eintrittswahrscheinlichkeit politischer Risiken BEKAERT, G. U. A., Political Risk, S. 1–23. Vgl. zur Quantifizierung der Wahrscheinlichkeit einer Enteignung auch SHAPIRO, A. C., Capital Budgeting, S. 9–12 und BREUER, W., Die Beurteilung von Auslandsdirektinvestitionen, S. 632 f. Vgl. zur Verwendung der **Monte-Carlo-Simulation** zur Berücksichtigung von Länderrisiken in der Unternehmensbewertung ERNST, D./GLEIßNER, W., Damodarans Länderrisikoprämie – Eine Ergänzung, S. 1262; GLEIßNER, W., Länderrisikoprämien, S. 966–968; RULLKÖTTER, N., Politische Länderrisiken, S. 28 i. V. m. FOURCANS, A./HINDELANG, T. J., Capital Investment Evaluation Multinational, S. 694–696; CLARK, J./HINDELANG, T. J./PRITCHARD, R. E., Capital Budgeting, S. 290–293; STEIN, I., Investitionsrechnungsmethoden, S. 627; KOLBE, C., Investitionsrechnungen, S. 235–237, sowie KNOLL, L., Länderrisiken, S. 938; SABAL, J., Discount Rate, S. 165; BELGHITAR, Y./CLARK, E., Capital Budgeting, S. 249.

CAPM (**Abschn. 432.13**) werden dafür separat beleuchtet und hinsichtlich der Berücksichtigung von systematischen Länderrisiken analysiert. Als Grundlage der Entscheidung über das in der spezifischen Bewertungssituation zu verwendende Kapitalkostenmodell wird eingangs diskutiert, wie der Integrationsgrad eines Kapitalmarktes durch den Bewerter beurteilt werden kann (**Abschn. 432.11**).

Die Möglichkeiten zur Berücksichtigung und zur Quantifizierung einer Länderrisikoprämie werden in **Abschn. 432.2** analysiert und gewürdigt. Diese Analyse endet mit einem Zwischenfazit zur Verwendung einer Länderrisikoprämie in den Eigenkapitalkosten des Bewertungskalküls (**Abschn. 432.24**) Zudem wird erörtert, inwiefern Länderrisiken auch in den Fremdkapitalkosten, als weiterer Bestandteil der WACC, implizit berücksichtigt sind (**Abschn. 433.**). Abschließend werden im Analysekapitel die Berücksichtigung von Länderrisiken in der Unternehmensbewertung auf der Grundlage der Analyseergebnisse gewürdigt (**Abschn. 44**).

42 Berücksichtigung von Länderrisiken im Zähler

421. Analyse von politischen und auslandsmarktbezogenen Risiken

421.1 Vorbemerkung

Ein allgemeingültiges Vorgehen, um eine Analyse von Länderrisiken durchzuführen, hat sich bisher nicht etabliert. Das IDW weist lediglich auf die Tatsache hin, dass für die Planung und Prognose der Zahlungsströme des Bewertungsobjektes u. a. erwartete Markt- und Umweltentwicklungen zu analysieren sind.[679] Die bei der Identifikation und Prognose der Risiken zu verwendenden Verfahren sind von der jeweils zu analysierenden Risikoart abhängig. KRÄMER-EIS systematisiert mögliche Verfahren zur Analyse von politischen und auslandsmarktbezogenen Risiken nach qualitativen Verfahren, quantitativen Verfahren und kombiniert quantitativ-qualitativen Verfahren.[680] Die qualitativen Verfahren bilden dabei die konzeptionelle Grundlage von sog. Länderberichten.[681] Innerhalb der qualitativen Verfahren werden vollkommen qualitative, strukturiert qualitative Verfahren sowie Checklistenverfahren unterschieden.[682] Die quantitativen Verfahren lassen sich in Länderscoring-Modelle, zu denen auch Länderratings und Länderscores gezählt werden,[683] makroökonomische Verfahren und ökonometrische Verfahren untergliedern.[684]

---

[679] Vgl. IDW (Hrsg.), IDW S 1 i. d. F. 2008, Tz. 75, sowie im Kontext der Plausibilisierung der Unternehmensplanung konkretisierend IDW (Hrsg.), Bewertung und Transaktionsberatung, Kap. K, Tz. 49–51.
[680] Vgl. KRÄMER-EIS, H., Länderrisiken, S. 23.
[681] Vgl. KRÄMER-EIS, H., Länderrisiken, S. 25.
[682] Vgl. KRÄMER-EIS, H., Länderrisiken, S. 23.
[683] Vgl. KRÄMER-EIS, H., Länderrisiken, S. 27.
[684] Vgl. für Übersichten zu Analysekonzepten von Länderrisiken und einer bespielhaften Aufzählung der Anbieter solcher Analysen BACKHAUS, K./VOETH, M., Internationales Marketing, S. 78; ENGELHARD, J., Länderrisiken, S. 375 f.; HOLTBRÜGGE, D./EHLERT, J., Länderindizes und -ratings, S. 84–99; REHNER, J./NEUMAIR, S.-M., Internationale Unternehmenstätigkeit, S. 50–56; MEYER, M., Länderrisiken, S. 86 f.; KRÄMER-EIS, H., Länderrisiken, S. 34–45; GÜNDLING, H./EVERLING, O., Länderrisikobeurteilung, S. 591–593.

4 Kritische Analyse der Berücksichtigung von Länderrisiken im Bewertungskalkül

Aufgrund der ihnen im Kontext der Unternehmensbewertung zugeschriebenen praktischen Relevanz als externe Quellen bei der Identifikation und Bewertung von politischen und auslandsmarktbezogenen Risiken[685] werden Länderberichte, die auf der Grundlage qualitativer Verfahren erstellt werden, sowie Länderscoring-Modelle, denen ein quantitatives Verfahren der Länderrisikoanalyse zugrunde liegt, in der folgenden Analyse behandelt.[686] Die Ausführungen für die Risikoanalyse von auslandsmarktbezogenen Risiken beziehen sich dabei primär auf die qualitativ geprägten mikroökonomischen Risiken. Die makroökonomischen Risiken, als Risikoart der auslandsmarktbezogenen Risiken, resultieren aus Änderungen der ökonomischen Rahmenbedingungen, die durch die Entwicklung volkswirtschaftlicher Kennzahlen gemessen werden.[687] Makroökonomische Risiken sind bei jeder Unternehmensplanung zu beachten. Grundsätzlich ist eine quantitative, zukunftsorientierte Risikobewertung der in einem Land bestehenden makroökonomischen Risiken mithilfe von Prognosen der volkswirtschaftlichen Kennzahlen möglich. Solche volkswirtschaftlichen Kennzahlen werden sowohl von nationalen als auch internationalen Organisationen veröffentlicht und werden auch für die Zwecke der Unternehmensbewertung als Informationsquelle zur Bewertung makroökonomischer Risiken genutzt.[688]

Die zugrunde liegenden Konzeptionen sowohl von Länderberichten als auch von Länderscoring-Modellen als externe Informationsquellen über Länderrisiken werden in den folgenden Abschnitten erläutert.[689] Mithin wird deren Eignung als Informationsgrundlage für den Bewerter zur Analyse von politischen und auslandsmarktbezogenen Risiken für die Zwecke einer objektivierten internationalen Unternehmensbewertung analysiert und gewürdigt.

---

[685] Vgl. ZWIRNER, C./PETERSEN, K./ZIMNY, G., Länderrisiken in der Unternehmensbewertung, S. 1064 f., Tz. 45–50; IHLAU, S./DUSCHA, H./KÖLLEN, R., Länderrisiken, S. 1325; BEKAERT, G./HODRICK, R. J., Financial Management, S. 620; DAMODARAN, A., Country Risk – The 2020 Edition, S. 14–16; DAMODARAN, A., Country Risk, S. 65, sowie GLEIßNER, W., Risikomanagement, S. 159; GLEIßNER, W., Länderrisikoprämien, S. 941.

[686] Makroökonomische Verfahren zielen v. a. auf die Prognose einer Schuldenkrisensituation z. B. einer Zahlungsbilanzproblematik und sind v. a. im bankbezogenen Kontext von Relevanz. Es lassen sich dabei die sog. One-Gap-Modelle und Two-Gap-Modelle unterscheiden. Vgl. dazu CLOES, R., Länderrisiko, S. 223–235; EVERTZ, D.-W., Länderrisikoanalyse, S. 38 f.; KRÄMER-EIS, H., Länderrisiken, S. 31 f. Ökonometrische Modelle hingegen versuchen auf Basis ökonometrisch-statistischer Verfahren durch Identifikation bestimmter Parameter-Kombinationen die künftige Entwicklung der Bonität von Ländern zu prognostizieren. Methodisch wird dabei zwischen sog. Diskriminanz-, Logit-, und Cluster-Analysen unterschieden. Vgl. dazu CLOES, R., Länderrisiko, S. 265–287; EVERTZ, D.-W., Länderrisikoanalyse, S. 40–43; KRÄMER-EIS, H., Länderrisiken, S. 29–31; BÜSCHGEN, H. E., Finanzmanagement, S. 297–299. Die makroökonomischen und ökonometrischen Verfahren der Länderrisikoanalyse werden in der Analyse nicht betrachtet. Als Mischform der Verfahren werden auch die kombiniert quantitativ-qualitativen Verfahren nicht separat untersucht.

[687] Vgl. DÖHRN, R., Konjunkturdiagnose und -prognose, S. 38; BLEUEL, H.-H./SCHMITTING, W., Risikomanagement, S. 79; REHNER, J./NEUMAIR, S.-M., Internationale Unternehmenstätigkeit, S. 35 f.

[688] So stellt bspw. der IWF umfangreiche makroökonomische Daten für einzelne Länder bereit. Vgl. IHLAU, S./DUSCHA, H./KÖLLEN, R., Länderrisiken, S. 1325

[689] Neben den einschlägigen Rating-Agenturen MOODY'S, S&P und FITCH können als weitere exemplarische Quellen für Länderberichte und Länderscorings die Institutionen POLITICAL RISK SERVICES (PRS), EULER-HERMES, COFACE, EUROMONEY, BUSINESS ENVIRONMENT RISK INTELLIGENCE (BERI)-Institut, THE ECONOMIST INTELLIGENCE GROUP, INSTITUTIONAL INVESTOR oder das IFO-Institut genannt werden.

421.2 Länderberichte

421.21 Konzeptionen von Länderberichten

Bei den qualitativen Verfahren der Risikoanalyse werden die politischen und ökonomischen Rahmenbedingungen eines Landes verbal erörtert.[690] Die vollkommen qualitativen Verfahren, strukturiert qualitativen Verfahren oder Checklistenverfahren bilden die konzeptionelle Grundlage zur Erstellung von **Länderberichten**.

Im Rahmen des **vollkommen qualitativen Verfahrens** zur Analyse von Länderrisiken wird ein Land auf der Grundlage eines in geregelten zeitlichen Abständen erstellten und aktualisierten Länderberichts hinsichtlich der im Land vorherrschenden politischen und ökonomischen Gegebenheiten verbal untersucht.[691] Regelmäßig beschränken sich die Inhalte von Länderberichten nicht auf die Analyse bestehender Gefahren in einem Land, sondern zeigen auch Chancen.[692] Ein Länderbericht, der vollkommen qualitativ erstellt ist, beschreibt die Entwicklung der Rahmenbedingungen eines Landes vorwiegend vergangenheitsbezogen.[693] Mitunter wird aber auch die wahrscheinliche künftige Entwicklung des Landes diskutiert. Die Beschreibungen der länderspezifischen Charakteristika sind dabei häufig nicht mit Datenmaterial belegt.[694] Unter den qualitativen Verfahren sind die vollkommen qualitativen Verfahren am wenigsten formalisiert.[695] Für unterschiedliche Länder variiert die Gestaltung der vollkommen qualitativ konzipierten Länderberichte im Hinblick auf die behandelten Inhalte sowie den Detaillierungsgrad der Ausführungen.[696] Bei der Beschreibung des Länderrisikoprofils kann der Ersteller des Länderberichts länderspezifische Schwerpunkte setzen.[697] Mithin besteht die Gefahr, dass für das Bewertungsobjekt relevante Arten von Länderrisiken nicht im Länderbericht adressiert werden.[698]

Im Gegensatz zu dem vollkommen qualitativen Verfahren folgt das **strukturiert qualitative Analyseverfahren** einer standardisierten Form.[699] Das standardisierte Berichtsformat stellt sicher, dass ein Mindestkatalog von relevanten Aspekten für die Risikoeinschätzung innerhalb des Länderberichtes adressiert wird.[700] Somit sind die Kriterien zur Beurteilung des Länderrisikoprofils bei diesem Analyseverfahren länderübergreifend gleich. Um die verbalen Aussagen

---

[690] Vgl. MEHLTRETTER, T., Frühwarnsysteme, S. 48.
[691] Vgl. BÜSCHGEN, H. E., Finanzmanagement, S. 295; ZWIRNER, C./PETERSEN, K./ZIMNY, G., Länderrisiken in der Unternehmensbewertung, S. 1065, Tz. 49.
[692] Vgl. BOUCHET, M. H./GROSLAMBERT, B./CLARK, E., Country Risk Assessment, S. 50; BRAUN, C., Länderrisikobewertung, S. 50.
[693] Vgl. hier und im folgenden Satz KRÄMER-EIS, H., Länderrisiken, S. 25.
[694] Vgl. BRAUN, C., Länderrisikobewertung, S. 51 f.
[695] Vgl. BAXMANN, U. G., Länderrisiken, S. 106; BRAUN, C., Länderrisikobewertung, S. 51.
[696] Vgl. CLAUSSEN, R., Länderrisikoanalyse, S. 502; KOCHALUMOTTIL, B., Länderrisiken, S. 24.
[697] Vgl. KRÄMER-EIS, H., Länderrisiken, S. 25; BRAUN, C., Länderrisikobewertung, S. 51; MEHLTRETTER, T., Frühwarnsysteme, S. 48.
[698] Vgl. BAXMANN, U. G., Länderrisiken, S. 107.
[699] Vgl. KRÄMER-EIS, H., Länderrisiken, S. 26.
[700] Vgl. KLOSE, S., Länderrisiken, S. 112.

zu untermauern, sind häufig statistische Daten Inhalt des strukturiert qualitativen Analyseverfahrens, woraus Entwicklungstendenzen von politischen und auslandsmarktbezogenen Risiken abgeleitet werden können.[701]

Als Konzeption für die Erstellung eines Länderberichts ist das **Checklistenverfahren**[702] im Vergleich der qualitativen Verfahren vom höchsten strukturellen Maß. Beim Checklistenverfahren sind die einzelnen Kriterien zur Einschätzung des Risikoprofils eines Landes klar definiert und bieten ein länderübergreifend deckungsgleiches Beurteilungsschema.[703] Damit wird über verschiedene Länder hinweg eine äquivalente Informationsgrundlage geschaffen und der Prozess zur Einschätzung des Länderrisikoprofils standardisiert.[704] Indes besteht beim Checklistenverfahren kaum Flexibilität bei der Berücksichtigung abweichender länderspezifischer Risikoausprägungen.[705]

421.22 Kritische Würdigung

Unabhängig von der zugrunde liegenden Konzeption basieren **Länderberichte** auf Erfahrungswerten oder Analysen der gegenwärtigen Situation und haben folglich in ihren Ausführungen einen (eher) **vergangenheitsbezogenen Charakter**.[706] Vereinzelt sind indes auch qualitative Länderberichte verfügbar, die aufbauend auf der Analyse von politischen und wirtschaftlichen Rahmenbedingungen in einem Land mögliche Zukunftsszenarien über die Entwicklung der Risikodeterminanten und deren Einfluss auf das Geschäftsklima in einem Land enthalten.[707] Diese Szenarien können als Referenz einer mehrwertigen Planung der Zahlungsströme des ausländischen Bewertungsobjektes genutzt werden, was die **Zukunftsorientierung** des Bewertungsansatzes fördert.

Die in einem qualitativ konzipierten Länderbericht enthaltenen Informationen über die politischen und wirtschaftlichen Rahmenbedingungen in einem Land sind in hohem Maße vom **subjektiven Urteil** des Erstellers abhängig.[708] Die Abhängigkeit des Urteils vom Ersteller schränkt sowohl die zeitliche Vergleichbarkeit der Einschätzung des Risikoprofils eines Landes als auch

---

[701] Vgl. BRAUN, C., Länderrisikobewertung, S. 52 i. V. m. BOUCHET, M. H./GROSLAMBERT, B./CLARK, E., Country Risk Assessment, S. 50; KOCHALUMOTTIL, B., Länderrisiken, S. 24.
[702] Die Analyse der Checklistenverfahren bezieht sich explizit auf Länderberichte, die durch einen externen Akteur erstellt wurden. Es existieren indes auch vorgefertigte Checklisten, die durch den Bewerter selbst ausgefüllt werden können, um Länderrisiken zu beurteilen.
[703] Vgl. KRÄMER-EIS, H., Länderrisiken, S. 26.
[704] Vgl. MEFFERT, H./BOLZ, J., Marketing-Management, S. 74; NEUMAIR, S.-M., Länderrisiken, S. 735.
[705] Vgl. KRÄMER-EIS, H., Länderrisiken, S. 26.
[706] Vgl. CLAUSSEN, R., Länderrisikoanalyse, S. 502; BÜSCHGEN, H. E., Finanzmanagement, S. 295; KLOSE, S., Länderrisiken, S. 115; KRÄMER-EIS, H., Länderrisiken, S. 25.
[707] Vgl. BRAUN, C., Länderrisikobewertung, S. 51. RULLKÖTTER empfiehlt z. B. die Verwendung des *Country Report* der *Political Risk Services* (PRS) als Referenz zur Szenario-Bildung bei internationalen Unternehmensbewertungen. Vgl. RULLKÖTTER, N., DCF-Verfahren in Emerging Markets, S. 78 f.
[708] Vgl. BLEUEL, H.-H./SCHMITTING, W., Risikomanagement, S. 87; BAXMANN, U. G., Länderrisiken, S. 107; BÜSCHGEN, H. E., Finanzmanagement, S. 295.

die Vergleichbarkeit der Einschätzung der Risikoprofile verschiedener Länder ein.[709] Die **Objektivierung** des Bewertungsansatzes wird dadurch **eingeschränkt**. Qualitative Urteile können zudem länderübergreifend in **keinen relativen Zusammenhang** gebracht werden.[710] Standardisierte Formen des Länderberichts fördern diese Vergleichbarkeit zwar. Aber auch bei einer standardisierten Form des Länderberichts besteht der Kern des Berichts aus dem subjektiven Urteil des Erstellers über das Risikoprofil eines Landes. Das Problem der **mangelnden Vergleichbarkeit** der mit qualitativen Verfahren erstellten Risikoanalysen **verschiedener Länder** ist jedoch im Kontext einer Unternehmensbewertung zu relativieren, da für eine Unternehmensbewertung das Risikoprofil eines bestimmten Landes regelmäßig isoliert zu beurteilen ist. Ein qualitativer Vergleich zwischen verschiedenen Ländern ist nur bedingt erforderlich. Das könnte z. B. relevant sein, sofern verschiedene Übernahmeopportunitäten in unterschiedlichen Ländern bewertet werden sollen. Bei diesen Bewertungsanlässen kann es sachgerecht sein, die verschiedenen Transaktionsziele hinsichtlich desselben möglichen Einflusses von Länderrisiken auf ein bestimmtes Geschäftsmodell zu analysieren. Bei qualitativ erstellten Länderberichten ist die Möglichkeit eines solchen Vergleichs dann regelmäßig nicht gegeben.

Falls der Länderbericht ein **qualitatives Gesamtergebnis** formuliert, ist zudem regelmäßig nicht transparent, wie **Einzelergebnisse der Analyse von Risikofaktoren** die finale Beurteilung des Länderrisikoprofils beeinflussen.[711] Zwar ist das Gesamtergebnis **intersubjektiv nachvollziehbar**. Indes kann die **Intransparenz** der Gewichtung der Einzelergebnisse die **Objektivierungsmöglichkeit** einer solchen Länderrisikoanalyse **schwächen**. Oft wird in Länderberichten jedoch keine aggregierte Einschätzung über das Risikoprofil eines Landes als Ergebnis der qualitativen Verfahren zur Länderrisikoanalyse formuliert.[712] Der Bewerter muss die häufig umfangreichen Länderberichte im Detail auswerten, um ein eigenes Urteil über die Länderrisikosituation treffen zu können. Die **Informationsauswertung** kann mit erhöhtem Aufwand für den Bewerter verbunden sein. Gleichwohl liefern Länderberichte eine bereits aggregierte und von Spezialisten formulierte Grundlage zur Einschätzung der aktuellen Risikosituation für die entsprechende Bewertungssituation.

Länderberichte werden von einer Vielzahl von Institutionen publiziert, deren Analysen regelmäßig – dabei meist in Abhängigkeit des Detaillierungsgrades – nur gegen Zahlung verfügbar sind. Somit können **Kosten der Informationsbeschaffung** auf Basis von Länderberichten bestehen. Insgesamt ist die **Wirtschaftlichkeit** der Verwendung von Länderberichten als Informationsquelle der Länderrisikoanalyse für eine internationale Unternehmensbewertung jedoch **positiv zu beurteilen**, da durch diese Quellen mit einem akzeptablen Ressourcenaufwand nützliche Informationen für die internationale Unternehmensbewertung gesammelt werden können.

---

[709] Vgl. BÜSCHGEN, H. E., Finanzmanagement, S. 295.
[710] Vgl. RAWKINS, P., Country Reports, S. 29 f.; KRÄMER-EIS, H., Länderrisiken, S. 26.
[711] Vgl. BAXMANN, U. G., Länderrisiken, S. 105; BÜSCHGEN, H. E., Finanzmanagement, S. 295.
[712] Vgl. BACKHAUS, K./MEYER, M., Beurteilung von Länderrisiken, S. 44; BACKHAUS, K./VOETH, M., Internationales Marketing, S. 78.

421.3 Länderscoring-Modelle

421.31 Konzeptionen von Länderscoring-Modellen

Quantitative Verfahren sind im Kontext der Analyse politischer und auslandsmarktbezogener Risiken Vorgehensweisen, die unter Zuhilfenahme zahlenmäßiger Bewertungen Länderrisiken aggregiert als kardinale oder ordinale Zahl[713] messen.[714] Als praxisrelevante Ausprägung der quantitativen Verfahren zur Länderrisikoanalyse sind im Allgemeinen **Länderscoring-Modelle** zu nennen.[715] Im Speziellen ist v. a. die Ermittlung von Risikokennzahlen zur Einschätzung des Risikoprofils von Staaten mithilfe von **Länderratings** und **Länderscores** verbreitet.[716]

Innerhalb von Scoring-Modellen werden verschiedene Risikoindikatoren beurteilt und durch Gewichtung in ein Verhältnis zueinander gebracht, um eine sog. **Risikokennzahl** als Ergebnis zu ermitteln (Scoring-Prozess).[717] Vereinfachend kann dieser **Scoring-Prozess** in drei Schritte untergliedert werden: Erstens die **Wahl der zu beurteilenden Risikofaktoren**, zweitens die **Zuordnung von Punktewerten zu den Ausprägungen der Risikofaktoren** und drittens die **Gewichtung der einzelnen Risikofaktoren** und die **Festlegung der Aggregationsregel**, nach der aus den Einzelwerten ein Gesamtwert, die Risikokennzahl, abgeleitet wird.[718]

Für die Bestimmung einer **Risikokennzahl** werden dabei regelmäßig sowohl **qualitative** als auch **quantitative Risikofaktoren als Beurteilungskriterien** verdichtet.[719] Bei der Nutzung von Länderscoring-Modellen ist es somit erforderlich, das Urteil über qualitative Risikofaktoren in eine quantitative Größe zu transformieren.[720] Die zu beurteilenden Länderrisikofaktoren sind v. a. durch politische und ökonomische Aspekte eines Landes determiniert.[721]

---

[713] Bei einer kardinalen Skalierung sind die Abstände zwischen Merkmalsausprägungen interpretierbar. Bei einer ordinalen Skalierung kann hingegen nur eine Reihenfolge der Merkmalsausprägungen gebildet werden. Abstände oder Quotienten der ordinalen Skalen können indes nicht sinnvoll interpretiert werden. Vgl. dazu MITTAG, H.-J., Statistik, S. 25 f.
[714] Vgl. ENGELHARD, J., Länderrisiken, S. 377.
[715] Vgl. KRÄMER-EIS, H., Länderrisiken, S. 26; BURGER, A./AHLEMEYER, N./ULBRICH, P., Beteiligungscontrolling, S. 638. EVERTZ schreibt den Scoring-Verfahren eine hohe Relevanz für die Beurteilung von Direktinvestitionen im Ausland zu. Vgl. dazu EVERTZ, D.-W., Länderrisikoanalyse, S. 33.
[716] Vgl. exemplarisch REHNER, J./NEUMAIR, S.-M., Internationale Unternehmenstätigkeit, S. 50.
[717] Vgl. KRÄMER-EIS, H., Länderrisiken, S. 26.
[718] Vgl. DRESEL, T., Quantifizierung von Länderrisiken, S. 582; LOSCHER, G., Politische Risiko bei Auslandsinvestitionen, S. 118.
[719] Vgl. EVERTZ, D.-W., Länderrisikoanalyse, S. 33; CLAUSSEN, R., Länderrisikoanalyse, S. 503; BÜSCHGEN, H. E., Finanzmanagement, S. 296; DIEDERICHS, M., Risikomanagement, S. 145; SERFLING, K., Credit Ratings, S. 713.
[720] Vgl. HOLTBRÜGGE, D./EHLERT, J., Länderindizes und -ratings, S. 84 und v. a. KLOSE, S., Länderrisiken, S. 118.
[721] Vgl. KOHLHAUSSEN, M., Bewertung von Länderrisiken, S. 288.

In **Länderratings** werden die Länder hinsichtlich definierter Kriterien beurteilt und die einzelnen Ergebnisse zu einem **ordinalen Urteil über die Bonität** eines Landes verdichtet.[722] Ähnlich wird bei **Länderscores** verfahren, bei denen das Länderrisikoprofil eines Landes anhand von eigens definierten Kriterien bewertet und in einem **Scoring-Wert** zusammengefasst wird.[723]

421.32 Kritische Würdigung

Den **Länderscoring-Modellen**, als **quantitative Verfahren** der Länderrisikoanalyse, ist immanent, dass diese vorwiegend vergangenheitsbezogene Informationen verarbeiten.[724] Es können deshalb lediglich Rückschlüsse auf die aktuelle Situation im Sitzland des Bewertungsobjektes gezogen werden, die Basis für die Bewertung des künftigen Risikoprofils sind.[725] Zudem kann u. U. die Qualität der in den Länderscoring-Modellen verarbeiteten Informationen aufgrund restriktiver Informationspolitik von Regierungen gegenüber Rating-Agenturen eingeschränkt sein, was die Güte der Beurteilungen von Länderrisiken negativ beeinflussen kann.[726] Sofern z. B. Rating-Agenturen die Risikoeinschätzungen eines Landes aktualisieren, wird dieser Vorgang auf sog. *Watchlists* kommuniziert.[727] Wenngleich *Watchlists* teilweise einen Hinweis geben, in welche Richtung sich das Länderrating entwickeln wird, können daraus keine konkreten Schlüsse auf geänderte Einflussfaktoren von Länderrisiken gezogen werden, die künftig auf das Bewertungsobjekt wirken. Zwar können Länderscoring-Modelle eine brauchbare Beurteilung der aktuellen Risikosituation gewährleisten. Indes haben diese Modelle **kaum Prognosefähigkeit** für die künftige Entwicklung von politischen und marktbezogenen Rahmenbedingungen in einem Land,[728] wodurch die **Zukunftsorientierung** des Bewertungsansatzes durch diese Verfahren **geschwächt** ist.

Die **Objektivierungsmöglichkeit** von Länderscoring-Modellen kann entlang des bereits erläuterten **Scoring-Prozesses** beurteilt werden. Die konkrete **Wahl der zu beurteilenden Risikofaktoren** in einem Land ist durch den jeweiligen Ersteller der quantitativen Risikoeinschätzung determiniert.[729] Die Wahl der Variablen ist mitunter nicht wissenschaftlich fundiert. Eine fehlende wissenschaftliche Fundierung ist v. a. kritisch zu sehen, weil die Zusammensetzung der Risikofaktoren bei einem Scoring maßgeblichen Einfluss auf das Endergebnis des Scoring

---

[722] Vgl. allgemein zu Ratings SERFLING, K., Credit Ratings, S. 713. Da die statistische Grundgesamtheit der Zahlungsausfälle von Ländern gering und zu spezifisch ist, kann bei Länderratings indes – anders als bei Unternehmensratings – eine Ausfallwahrscheinlichkeit eines Landes nicht valide aus der historischen Entwicklung der Ausfallrisiken abgeleitet werden. Vgl. KOHLHAUSSEN, M., Bewertung von Länderrisiken, S. 308.
[723] Vgl. KLEEBINDER, S., Länderrisiken, S. 453.
[724] Vgl. KLOSE, S., Länderrisiken, S. 120.
[725] Vgl. BEKAERT, G./HODRICK, R. J., Financial Management, S. 622.
[726] Vgl. STEIN, I., Investitionsrechnungsmethoden, S. 592; LICHTLEN, M. F., Management von Länderrisiken, S. 68 f.
[727] Vgl. hier und im folgenden Satz KOCHALUMOTTIL, B., Länderrisiken, S. 39 und EVERLING, O., Credit Rating, S. 121.
[728] Vgl. KLOSE, S., Länderrisiken, S. 120.
[729] Vgl. hier und im folgenden Satz ENGELHARD, J., Länderrisiken, S. 379; KRÄMER-EIS, H., Länderrisiken, S. 28 f.

hat.⁷³⁰ Weiterhin kann sich die Zusammensetzung der beurteilten Kriterien im Zeitablauf ändern, wodurch die intertemporale Vergleichbarkeit der Länderscoring-Ergebnisse eines Landes beeinträchtigt sein kann.⁷³¹

Bei der **Zuordnung von Punktewerten zu den Ausprägungen der Länderrisikofaktoren** besteht die Schwierigkeit im Zusammenhang der Einschätzung qualitativer Informationen, die im Scoring-Prozess hinsichtlich vorgegebener Skalenwerte zu quantifizieren sind.⁷³² Die Beurteilung **qualitativer Aspekte** durch die Vergabe von Punkten auf entsprechenden Skalen ist zwar formal-statistisch akzeptabel, sofern das Ziel verfolgt wird, eine ordinale Rangfolge der verschiedenen Betrachtungsobjekte zu bilden.⁷³³ Im Rahmen der **Skalentransformation** der Risikobeurteilung von qualitativen Kriterien in eine quantitative Größe (Skalenwerte) ist indes kritisch zu sehen, dass die Abstände zwischen den Skalenwerten nicht klar definiert sind und die transformierten Werte der qualitativen Risikobeurteilung daher nur wenig Aussagekraft haben. Für den Adressaten der Risikoeinschätzung ist zudem nicht ohne Weiteres nachvollziehbar, wie der **Prozess der Urteilsbildung** über einzelne qualitative Risikofaktoren beim Ersteller des Länderscoring gestaltet ist.⁷³⁴ Die **Zuordnung von Punktewerten zu qualitativen Länderrisikofaktoren schwächt** aufgrund der eingeschränkten Interpretierbarkeit sowie Nachvollziehbarkeit des Zustandekommens der Risikoeinschätzung die **Möglichkeit der Objektivierung**. Das ist bei Länderratings im Vergleich zu Unternehmensratings besonders problematisch, da Länderratings auf Basis einer größeren Zahl qualitativer Kriterien ermittelt werden und somit der Grad der Subjektivität der Beurteilung höher ist.⁷³⁵

Bei der **Aggregation** der analysierten Risikofaktoren zu einer Risikokennzahl ist zu beachten, dass die **Gewichtung der einzelnen Länderrisikofaktoren** – wie schon die Wahl der Länderrisikofaktoren – abhängig vom Ersteller des Scoring ist. Außerdem wird in Länderscoring-Modellen für jedes Land die gleiche Gewichtung der einzelnen Risikoindikatoren angenommen, was aufgrund länderindividueller Gegebenheiten nicht realistisch ist.⁷³⁶ Sofern veröffentlicht wird, wie groß der prozentuale Einfluss der einzelnen Risikofaktoren auf das Gesamturteil ist, kann die Risikoeinschätzung grundsätzlich nachvollzogen werden. Die Ersteller von Scorings veröffentlichen jedoch regelmäßig nicht, wie einzelne Risikoausprägungen im Detail beurteilt und gewichtet werden, um ihren kompetitiven Vorteil und schließlich die Geschäftsgrundlage für das Scoring nicht zu gefährden.⁷³⁷ Eine vollständige Offenlegung des jeweiligen Scoring-Prozesses durch den Ersteller des Scoring ist daher nicht realistisch. Gleichwohl sind Scoring-

---

[730] Vgl. KRÄMER-EIS, H., Länderrisiken, S. 28.
[731] Vgl. DRESEL, T., Quantifizierung von Länderrisiken, S. 583.
[732] Vgl. BLEUEL, H.-H./SCHMITTING, W., Risikomanagement, S. 90; ENGELHARD, J., Länderrisiken, S. 379; MALTRITZ, D., Souveränrisiken, S. 137.
[733] Vgl. hier und im folgenden Satz ENGELHARD, J., Länderrisiken, S. 379; BLEUEL, H.-H./SCHMITTING, W., Risikomanagement, S. 90.
[734] Vgl. EVERTZ, D.-W., Länderrisikoanalyse, S. 36.
[735] Vgl. LEKER, J. U. A., Ratingagenturen, S. IV.
[736] Vgl. EVERTZ, D.-W., Länderrisikoanalyse, S. 37; TRISTRAM, D., Risikofaktoren, S. 53.
[737] Vgl. KOCHALUMOTTIL, B., Länderrisiken, S. 38; DRESEL, T., Quantifizierung von Länderrisiken, S. 582; DAMODARAN, A., Equity Risk Premiums – The 2020 Edition, S. 65.

Verfahren in Bezug auf die Bewertung quantitativer Aspekte intersubjektiv nachprüfbar, da unterschiedliche Anwender desselben Scoring-Verfahrens für die Beurteilung quantitativer Aspekte zu dem gleichen Ergebnis kommen.[738] **Objektivität** ist aber aufgrund der gezeigten **Ermessensspielräume** bei der Urteilsbildung und gleichzeitiger **Intransparenz** über die Verfahrensweise im Scoring-Prozess insgesamt nicht gegeben.

Bei der Beurteilung der Wirtschaftlichkeit der Verwendung von Länderscoring-Modellen ist festzustellen, dass v. a. Länderratings hinsichtlich der **Kosten der Informationsbeschaffung** positiv zu beurteilen sind. Länderratings der einschlägigen Rating-Agenturen sind öffentlich zugänglich und können vom Bewerter leicht eingesehen werden. Länderscores werden indes regelmäßig von kommerziellen Anbietern erstellt und sind nur gegen Zahlung von Gebühren verfügbar.[739]

Für die **Informationsauswertung** ist positiv zu bewerten, dass das **aggregierte Ergebnis** des Scoring-Prozesses leicht abgelesen werden kann. Somit bekommt der Bewerter unter geringem Ressourcenaufwand einen Eindruck vom Risikoprofil eines Landes im Zeitablauf sowie im Vergleich zu anderen Ländern. Gleichwohl ist es für die Analyse von politischen und auslandsmarktbezogenen Risiken im Rahmen einer Unternehmensbewertung auch relevant, Risikofaktoren isoliert zu betrachten und nach Möglichkeit Teilurteile über einzelne Risikofaktoren zu erhalten. Das ist je nach Gestaltung des Scoring-Prozesses entweder gar nicht oder wiederum nur unter einem erhöhten Ressourceneinsatz möglich. Dennoch ist die **Wirtschaftlichkeit** der Verwendung von Länderscoring-Modellen, als quantitative Verfahren der Länderrisikoanalyse **regelmäßig positiv zu beurteilen**.

421.4 Zusammenfassende Würdigung der Analyse von politischen und auslandsmarktbezogenen Risiken

Als Grundlage einer objektivierten internationalen Unternehmensbewertung sind politische und auslandsmarktbezogene Risiken zu analysieren. Als Informationsquelle zur Risikoidentifikation und zukunftsorientierten Risikobewertung kommen Länderberichte sowie Länderscoring-Modelle infrage. Diese Informationsquellen unterscheiden sich hinsichtlich ihrer zugrunde liegenden Analyseverfahren nach qualitativen und quantitativen Verfahren. Die verschiedenen **Informationsquellen zur Länderrisikoanalyse** können indes auch hinsichtlich ihres verfolgten Analyseziels unterteilt werden: Zum einen sind Quellen verfügbar, die eine Aussage über die Kreditwürdigkeit eines Landes treffen, und zum anderen Quellen, die das Investitionsklima eines Landes im Rahmen von Handelsbeziehungen oder Direktinvestitionen beurteilen.[740] Sofern in der jeweiligen Informationsquelle das Ziel verfolgt wird, die Kreditwürdigkeit eines

---

[738] Vgl. BAETGE, J./KRUSE, A., Objektivität der Urteilsbildung, S. 204.
[739] Vgl. KLEEBINDER, S., Länderrisiken, S. 453.
[740] Vgl. SHAPIRO, A. C., Financial Management, S. 396; ALTMANN, J., Außenwirtschaft, S. 50; BLEUEL, H.-H./SCHMITTING, W., Risikomanagement, S. 88; NEUMAIR, S.-M., Länderrisiken, S. 738–745. Bei der Beurteilung der Kreditwürdigkeit eines Landes ist zwischen zwei Einflussfaktoren zu differenzieren: Zum einen ist die Zahlungsfähigkeit und zum anderen der Wille eines Staates, finanziellen Verbindlichkeiten nachzukommen, zu analysieren. Während der erste Einflussfaktor eher wirtschaftlich induziert ist, resultiert der

Landes zu beurteilen, wird hierbei grundsätzlich die **Perspektive eines Fremdkapitalgebers** eingenommen. Konträr dazu ist es das Ziel von Unternehmensbewertungen unter Anwendung des FCF-WACC-Verfahren im ersten Schritt, den Wert des Gesamtkapitals eines Bewertungsobjektes zu bestimmen. Bei Unternehmensbewertungen mit dem FCF-WACC-Verfahren wird demnach einer **Gesamtkapitalgeberperspektive** gefolgt.

Das Urteil über die **Bonität eines Landes** hängt von anderen Kriterien ab als die **Beurteilung der Attraktivität einer Auslandsinvestitionen**.[741] Die Risikofaktoren und deren Wirkung, die im Rahmen der Beurteilung der Attraktivität einer Direktinvestition analysiert werden, stimmen dabei regelmäßig eher mit den Informationen überein, die für eine Unternehmensbewertung relevant sind. Die Grundstruktur der Informationsquellen und der zugrunde liegenden Verfahren ist indes ähnlich,[742] sodass die unterschiedlichen Perspektiven der Analyse im Kontext der qualitativ geprägten Risikoidentifikation und Risikobewertung von politischen und auslandsmarktbezogenen Risiken nicht kritisch zu sehen ist. Vielmehr ist zu hinterfragen, ob die verfügbaren Quellen Informationen über Länderrisiken für die spezifische Bewertungssituation bereitstellen.

Sowohl Länderberichte als auch Länderscoring-Modelle verarbeiten in den Analysen über die Risikosituation in einem Land vorwiegend vergangenheitsbezogene Informationen. Der **Grundsatz der Zukunftsorientierung** wird bei Verwendung dieser Informationsquellen für Länderrisikoanalysen somit regelmäßig **nicht gefördert**. Sofern Länderberichte indes verbale Beschreibungen über mögliche politische und wirtschaftliche künftige Zustände in einem Land enthalten, können diese Beschreibungen als **Plausibilisierung möglicher Zukunftsszenarien** der Geschäftsentwicklung des ausländischen Bewertungsobjektes genutzt werden.[743] Gleichwohl ist für beide Informationsquellen kritisch zu beurteilen, dass diese i. d. R. keine tagesaktuellen Länderrisikoanalysen liefern. Informationen über ein geändertes Risikoprofil eines Landes werden somit nicht unmittelbar verarbeitet. Dadurch ist auch der **Zeitpunkt der Veröffentlichung** der verwendeten Informationsgrundlage für die Beurteilung von Länderrisiken von Bedeutung. Die genannten Quellen von Risikoeinschätzungen über Länder werden an individuell festgelegten Zeitpunkten des jeweiligen Erstellers oder in regelmäßigen zeitlichen Abständen veröffentlicht. Im Regelfall sind Informationen über politische und auslandsmarktbezogene Risiken nicht aktualisiert zum jeweiligen **Bewertungsstichtag** verfügbar. Aufgrund der

---

zweite Einflussfaktor eher aus den politischen Rahmenbedingungen in einem Land. Vgl. dazu exemplarisch ALTMANN, J., Außenwirtschaft, S. 50; LICHTLEN, M. F., Management von Länderrisiken, S. 35.

[741] Vgl. ALTMANN, J., Außenwirtschaft, S. 292. Als Unterschied zwischen den zu beurteilenden Sachverhalten ist auch der jeweilige Zeithorizont zu sehen. Länderrisiken sind bei einer kurzfristigen Kreditgewährung anders zu beurteilen als im Rahmen einer dauerhaften Investitionsentscheidung im Ausland. Vgl. BÜSCHGEN, H. E., Finanzmanagement, S. 294.

[742] Vgl. ALTMANN, J., Außenwirtschaft, S. 292.

[743] Vgl. ähnlich ENGELHARD, J., Länderrisiken, S. 381 f.

4 Kritische Analyse der Berücksichtigung von Länderrisiken im Bewertungskalkül

potenziellen Dynamik der Entwicklung von politischen und ökonomischen Rahmenbedingungen in einem Land sollte der Bezugszeitpunkt der Informationsquelle möglichst nah am Bewertungsstichtag liegen.

Im Zusammenhang der **qualitativ geprägten Länderberichte** ist die **Subjektivität** des Erstellers bei der Wahl der behandelten Inhalte und deren Beurteilung **zu kritisieren**. **Ermessensspielräume** des Erstellers bestehen v. a. bei der Beurteilung qualitativer Risikofaktoren und deren quantitativer Transformation innerhalb des **Scoring-Prozesses der Länderscoring-Modelle**. Die Beurteilung hängt in hohem Maße von der subjektiven Wahrnehmung des Erstellers ab. Das ist weiterhin negativ zu bewerten, weil regelmäßig auch **keine Transparenz** über die getroffene Risikoeinschätzung gegeben ist. Daher ist die, im Zuge der hier thematisierten Bewertungssituation geforderte, **Objektivierungsmöglichkeit für beide Quellenformate** zur Gewinnung von Informationen über politische und auslandsmarktbezogene Risiken **negativ zu beurteilen**. Die Objektivierung kann zudem dadurch eingeschränkt werden, dass eine **Vielzahl potenzieller Informationsquellen** über politische und auslandsmarktbezogene Risiken existiert. Es ist möglich, dass in Abhängigkeit der verwendeten Quelle verschiedene Urteile über Länderrisikoprofile bestehen.[744]

Zur Beurteilung der **Wirtschaftlichkeit** der Informationsquellen für die Analyse von politischen und auslandsmarktbezogenen Risiken sind **zwei Ebenen** zu differenzieren. **Erstens** ist relevant, welche Kosten auf der **Ebene der Informationsbeschaffung** für den Bewerter anfallen. Grundsätzlich sind kostenfreie Angebote für beide Arten von Informationsquellen verfügbar. Detailliertere oder spezifischere Informationen über die Risikosituation in einem Land müssen u. U. gebührenpflichtig erworben werden.

Zweitens ist die **Ebene der Informationsauswertung** zu betrachten. Es bedarf für den Bewerter einer **differenzierteren Auseinandersetzung** mit der gewählten Informationsbasis, um das Risikoprofil des Sitzlandes des Bewertungsobjektes fundiert beurteilen zu können. Dies fordert regelmäßig einen hohen Zeitaufwand für den Bewerter. Zwar verdichten **Länderscoring-Modelle** das Urteil über die Existenz und die Entwicklung von politischen und auslandsmarktbezogenen Risiken als **eindimensionale quantitative Risikokennzahl**, was die Risikoeinschätzung im Ergebnis stark vereinfacht.[745] Eine isolierte quantitativ aggregierte Risikokennzahl ist indes als Informationsgrundlage über Länderrisiken für die Zwecke einer Unternehmensbewertung regelmäßig nicht ausreichend. Anhand von einer aggregierten **Risikokennzahl** kann nur die Entwicklung des Risikoprofils des Sitzlandes des Bewertungsobjektes in der Vergangenheit sowie im Vergleich zu anderen Ländern beurteilt werden.[746] Für die Analyse von politischen

---

[744] BRAUN hat indes nachgewiesen, dass für verschiedene Länderratings ein ähnlicher Aussagegehalt festzustellen und mithin eine hohe Konsistenz der Risikoeinschätzung gegeben ist. Die Länderratings wurden dabei auch im Zeitablauf verglichen. Vgl. dazu im Ergebnis BRAUN, C., Länderrisikobewertung, S. 196.
[745] Vgl. ähnlich ENGELHARD, J., Länderrisiken, S. 380; KOHLHAUSSEN, M., Bewertung von Länderrisiken, S. 321.
[746] Vgl. BACKHAUS, K./MEYER, M., Beurteilung von Länderrisiken, S. 68; KRÄMER-EIS, H., Länderrisiken, S. 27.

und auslandsmarktbezogenen Risiken ist aber von Bedeutung, dass Länderscoring-Modelle sowohl quantitative als auch qualitative **Teilurteile** über die einzelnen Risikofaktoren enthalten.[747] Erst daraus können bewertungsrelevante Informationen über bestehende Länderrisiken abgeleitet und zur Plausibilisierung der Annahmen der Unternehmensplanung des Bewertungsobjektes genutzt werden. Somit ist auch bei einer Länderrisikoanalyse auf Basis von Länderscoring-Modellen eine differenzierte und mithin zeitaufwändige Auswertung der Teilurteile dieser Informationsquellen für den Bewerter erforderlich.

Wenngleich die Risikoanalyse für den Bewerter mit einem relativ hohen Zeitaufwand verbunden sein kann, bieten Länderberichte und Länderscoring-Modelle regelmäßig eine **kostengünstige und effiziente Informationsmöglichkeit**, um im Rahmen einer objektivierten internationalen Unternehmensbewertung potenzielle politische und auslandsmarktbezogene Risiken zu analysieren.[748] Der Ressourcenaufwand der Auswertung der diskutierten Quellen ist insofern vertretbar, als die Analyse von politischen und auslandsmarktbezogenen Risiken das **Fundament des Bewertungsprozesses** bildet. Mögliche Fehleinschätzungen des Länderrisikoprofils haben negative Implikationen auf alle nachfolgenden Schritte des Bewertungsprozesses.

Sofern das Sitzland sowohl des Bewertungsobjektes als auch des Bewertungssubjektes ein **Länderscoring derselben Institution** besitzen, können z. B. **Teilurteile** über einzelne Länderrisikokategorien im **ersten Schritt** als Kriterium genutzt werden, um **Länderrisikofaktoren** zu identifizieren, die im Vergleich zum Sitzland des Bewertungssubjektes **zusätzlich bestehen** bzw. **erhöht** sind. Die **Ursachen** des Risikopotenzials im Ausland können dann in einem **zweiten Schritt** auf der Grundlage qualitativer Informationen aus Teilurteilen von Länderscoring-Modellen und den regelmäßig detaillierteren Inhalten von Länderberichten, als ergänzende Informationsquelle, **gezielt** hinsichtlich, für die Unternehmensbewertung relevanter, Länderrisiken **untersucht** werden.[749] Hierfür bieten sich v. a. qualitativ strukturierte Länderberichte an. Insofern ist es empfehlenswert, Länderscoring-Modelle und Länderberichte nach Möglichkeit – unter Abwägung der dargestellten konzeptionellen Probleme der einzelnen Informationsquellen – **kombiniert** als Informationsquelle zur Analyse von politischen und auslandsmarktbezogenen Risiken zu **verwenden**.

Zwar ist eine vollumfänglich objektivierte Analyse von politischen und auslandsmarktbezogenen Risiken naturgemäß nicht möglich. Gleichwohl kann der Bewerter durch die **Dokumentation** relevanter Informationen die **intersubjektive Nachvollziehbarkeit der Risikoanalyse** zur Berücksichtigung von Länderrisiken im Zahlungsstrom des ausländischen Bewertungsobjektes

---

[747] Vgl. ähnlich SCHOLZ, J., Auslandsinvestitionsrechnung, S. 57.
[748] Vgl. dazu auch TÜMPEN, M. M., Frühwarnsysteme, S. 190; LOSCHER, G., Politisches Risiko bei Auslandsinvestitionen, S. 104; SETHI, S. P./LUTHER, K. A. N., Political Risk Analysis, S. 66; DJUKANOV, V./KEUPER, F., Grenzüberschreitende Unternehmensbewertungen, S. 1315, Tz. 51; HAKE, B., Länder-Risikos für Kreditgeber, S. 605; SCHOLZ, J., Auslandsinvestitionsrechnung, S. 55.
[749] Vgl. ähnlich ZWIRNER, C./KÄHLER, M., Länderrisiken, S. 2726 i. V. m. KRÄMER-EIS, H., Länderrisiken, S. 24 f.; BLEUEL, H.-H./SCHMITTING, W., Risikomanagement, S. 87, sowie BAXMANN, U. G., Länderrisiken, S. 118 f.

erhöhen. So ist es wünschenswert, die zugrunde liegenden Verfahren sowie den Veröffentlichungszeitpunkt der für die Länderrisikoanalyse herangezogenen Informationsquellen im Bewertungsgutachten zu erläutern.

Nachdem als Grundlage der Bildung oder Plausibilisierung einer erwartungstreuen Unternehmensplanung eines ausländischen Bewertungsobjektes verschiedene Informationsquellen für die Analyse von politischen und auslandsmarktbezogenen Risiken erläutert und analysiert wurden, werden im Folgenden verschiedene Prognosemethoden der Entwicklung von Wechselkursrisiken untersucht.

422. Prognose der Entwicklung von Wechselkursrisiken

422.1 Vorbemerkung

Neben den politischen und auslandsmarktbezogenen Risiken sind im Zuge einer internationalen Unternehmensbewertung regelmäßig auch Wechselkursrisiken zu beachten. Bei flexiblen Wechselkursen muss der Bewerter die künftige Entwicklung der Wechselkurse prognostizieren, damit künftig bestehende Wechselkursrisiken eingeschätzt werden können.[750]

Wie bereits erläutert, kommen mit der indirekten und der direkten Methode zwei Methoden der Unternehmensbewertung mit in Fremdwährung denominierten Zahlungsströmen infrage.[751] Bei der indirekten Methode werden die in Fremdwährung denominierten Zahlungsströme zunächst mit den erwarteten Wechselkursen der jeweiligen Periode in die Heimatwährung des Bewertungssubjektes umgerechnet. Anschließend werden diese mit einem aus der Perspektive des inländischen Investors abgeleiteten Kapitalisierungszins auf den Bewertungsstichtag diskontiert, um den Unternehmenswert in der Heimatwährung zu erhalten. Im Kontext der Verwendung der indirekten Methode bei der Unternehmensbewertung mit in Fremdwährung denominierten Zahlungsströmen ist die Prognose der Wechselkurse in zweierlei Hinsicht relevant: Die Prognose ist zum einen für die Einschätzung der Auswirkungen auf das Geschäftsmodell eines ausländischen Bewertungsobjektes (ökonomisches Wechselkursrisiko)[752] und zum anderen für die periodenspezifische Umrechnung des in Fremdwährung generierten Zahlungsstroms in die Heimatwährung des Bewertungssubjektes (Transaktionsrisiko) erforderlich.[753]

Wenngleich bei der direkten Methode die Zahlungsströme am Bewertungsstichtag zum Kassakurs umgerechnet werden, muss u. U. auch bei Verwendung der direkten Methode der Unternehmensbewertung mit in Fremdwährung denominierten Zahlungsströmen der Wechselkurs

---

[750] Nicht die Änderung der Wechselkurse begründet dabei die Existenz von Wechselkursrisiken. Vielmehr bestehen Wechselkursrisiken darin, dass sich die Wechselkurse nicht entwickeln, wie es *ex ante* erwartet wurde. Vgl. DAMODARAN, A., Country Risk – The 2020 Edition, S. 102.
[751] Vgl. zur indirekten und direkten Methode der Unternehmensbewertung mit in Fremdwährung denominierten Zahlungsströmen Abschn. 361.
[752] Vgl. exemplarisch HOLTHAUSEN, W. R./ZMIJEWSKI, M. E., Corporate Valuation, S. 861.
[753] Vgl. IHLAU, S./DUSCHA, H./KÖLLEN, R., Länderrisiken, S. 1325; STARP, W.-D., Ausländische Bewertungsobjekte, S. 649; DAMODARAN, A., The Dark Side of Valuation, S. 248 f.

prognostiziert werden, um das ökonomische Wechselkursrisiko eines Bewertungsobjektes einzuschätzen. Das ökonomische Wechselkursrisiko ist bewertungsrelevant, sofern das ausländische Bewertungsobjekt währungsraumübergreifend wirtschaftlich aktiv ist.

Im Schrifttum und in der Praxis besteht bisher kein Konsens, welche Methode zur Prognose der Wechselkurse und mithin zur Entwicklung von Wechselkursrisiken im Rahmen von objektivierten Unternehmensbewertungen zu verwenden ist.[754] Auch die Handlungsempfehlungen des IDW enthalten dafür keine expliziten Vorgaben.[755] Das IDW weist jedoch darauf hin, dass der Bewerter im Rahmen der Unternehmensbewertung die in der Detailplanungsphase angenommenen Wechselkurse plausibilisiert, während er für die Phase der ewigen Rente die Annahme über den erwarteten Wechselkurs selbst trifft.[756]

Im Folgenden wird aufgrund der jeweiligen praktischen Verbreitung auf Analystenschätzungen und die Prognose auf Basis der relativen Kaufkraftparitätentheorie, als fundamental-analytische Prognosemethoden, sowie auf die Kassakursmethode und die Terminkursmethode, als marktbasierte Prognosemethoden von Wechselkursen, eingegangen.[757] Die genannten Methoden der Wechselkursprognose werden zunächst erläutert, ehe diese hinsichtlich ihrer Eignung als Prognosemethoden zur Entwicklung von Wechselkursrisiken für die Zwecke einer objektivierten internationalen Unternehmensbewertung analysiert und gewürdigt werden.[758]

---

[754] Vgl. FREY, A./SCHULTZE, W., Unternehmensbewertung im internationalen Kontext, S. 139 f.; POPP, M./RUTHARDT, F., Bewertungsmethoden im Spiegel der Rechtsprechung, S. 325, Tz. 12.33; IDW (Hrsg.), F&A zu IDW S 1 i. d. F. 2008, Tz. 5.2.

[755] Vgl. IDW (Hrsg.), F&A zu IDW S 1 i. d. F. 2008, Tz. 5.2. und Tz. 5.3.

[756] Vgl. IDW (Hrsg.), F&A zu IDW S 1 i. d. F. 2008, Tz. 5.3. und Tz. 5.4. i. V. m. IDW (Hrsg.), IDW Praxishinweis 2/2017, Tz. 5 und Tz. 57.

[757] Vgl. für Belege der praktischen Relevanz der hier behandelten Prognosemethoden zur Wechselkursentwicklung m. w. N. CREUTZMANN, A./SPIES, A./STELLBRINK, J., Wechselkursprognose, S. 2384, Fn. 17; PATLOCH-KOFLER, M./SCHMITZER, M., Fremdwährung in der Unternehmensbewertung, S. 163 f.; IHLAU, S./DUSCHA, H./KÖLLEN, R., Länderrisiken, S. 1325; BEKAERT, G./HODRICK, R. J., Financial Management, S. 406 und S. 415; RUIZ DE VARGAS, S., Prognosemethoden, S. 39 f.; DAMODARAN, A., Country Risk – The 2020 Edition, S. 100. Auch in der Handlungsempfehlung „Fragen und Antworten: Zur praktischen Anwendung der Grundsätze zur Durchführung von Unternehmensbewertungen nach IDW S 1 i. d. F. 2008" werden diese Methoden als Plausibilisierungsmaßstäbe der erwarteten Wechselkurse innerhalb der Detailplanungsrechnung des Bewertungsobjektes angeführt. Vgl. IDW (Hrsg.), F&A zu IDW S 1 i. d. F. 2008, Tz. 5.3. Vgl. für einen Überblick bestehender Prognosemethoden von Wechselkursen BEKAERT, G./HODRICK, R. J., Financial Management, S. 401. Als weitere Kategorie werden technisch-analytische Methoden zur Prognose der künftigen Wechselkurse verwendet. Diese Methoden sind indes nicht Gegenstand der folgenden Analyse. Die technisch-analytischen Methoden prognostizieren künftige Wechselkurse losgelöst von ökonomischen Fundamentaldaten nur auf Basis der Entwicklungsmuster der Wechselkurse in der Vergangenheit. Vgl. zu den technisch-analytischen Prognosemethoden BEKAERT, G./HODRICK, R. J., Financial Management, S. 415–425; EUN, C. S./RESNICK, B. G., International Financial Management, S.161 f., sowie SOLNIK, B. H./MCLEAVEY, D., Global Investments, S. 109–111.

[758] Über die konzeptionelle Beurteilung der Methoden zur Wechselkursprognose im Rahmen rechtlich geprägter Bewertungsanlässe hat sich in Deutschland ein Meinungsstreit zwischen RUIZ DE VARGAS und MÜLLER/SCHULTHEIß entwickelt. Bei der folgenden Analyse der Methoden der Wechselkursprognose für die Zwecke der Unternehmensbewertung wird daher an einigen Stellen auf die Beiträge dieses Meinungsstreits referenziert. Vgl. zu diesem Meinungsstreit RUIZ DE VARGAS, S., Prognosemethoden, S. 34–49; MÜLLER, R./SCHULTHEIß, R., Sieben gängige Irrtümer, S. 98–111; RUIZ DE VARGAS, S., Prognosemethoden für marktdeterminierte Wechselkurse, S. 112–120; MÜLLER, R./SCHULTHEIß, R., Duplik zu Ruiz de Vargas, S. 1–4; RUIZ DE VARGAS, S., Triplik zur Duplik von Müller/Schultheiß, S. 1–3.

422.2 Fundamental-analytische Prognosemethoden

422.21 Analystenschätzungen

Als Quelle von Prognosen von Wechselkursen und der damit verbundenen möglichen Entwicklung von Wechselkursrisiken für das ausländische Bewertungsobjekt können Schätzungen von Analysten herangezogen werden. Den Analystenschätzungen über künftige Wechselkursentwicklungen liegen **Modelle** zugrunde, die **makroökonomische Daten** verarbeiten.[759] Diese Modelle berücksichtigen mehrere makroökonomische Parameter, die simultan Einfluss auf den Wechselkurs haben können.[760] Die einzelnen makroökonomischen Parameter, die für die Schätzung der künftigen Wechselkurse erforderlich sind, müssen ebenfalls für die jeweiligen Perioden in der Zukunft prognostiziert werden. Die für die Prognose der Wechselkurse herangezogenen Parameter unterscheiden sich dabei mitunter nach der Fristigkeit der Prognose.[761]

Allgemein ist bei der Konzeption makroökonomischer Prognosemodelle auf **erster Ebene** zu entscheiden, welche **Parameter** einen Beitrag zur Erklärung der Entwicklung des Wechselkurses der beiden betrachteten Währungen liefern. Bei der Prognose frei schwankender Wechselkurse werden u. a. Inflationsraten(-unterschiede), internationale Zinsdifferenzen, Geldmengenangebot und -nachfrage, Einkommensentwicklung, Notenbankpolitik und Spekulationen als mögliche Einflussparameter betrachtet.[762] Auf **zweiter Ebene** sind alle als relevant erachteten Parameter ebenfalls hinsichtlich ihrer **künftigen Entwicklung** zu analysieren.[763] In Abhängigkeit der gewählten (i. d. R. makroökonomischen) Parameter können dabei mitunter erhebliche Messprobleme auftreten.[764] Es ist regelmäßig unklar, wie einzelne Parameter die Entwicklung des Wechselkurses exakt beeinflussen.[765] Diese Unklarheit ist auch auf die Vielzahl der möglichen Einflussvariablen auf den Wechselkurs zurückzuführen. Das Problem der Prognose von Wechselkursen wird auf die Prognose einer Vielzahl erforderlicher Einflussparameter des Wechselkurses und deren interdependente Wirkung verlagert.[766] Die Interpretation der Einflussparameter und ihrer Auswirkungen auf die Entwicklung des Wechselkurses hängt vom

---

[759] Vgl. HOLTHAUSEN, W. R./ZMIJEWSKI, M. E., Corporate Valuation, S. 869; PATLOCH-KOFLER, M./SCHMITZER, M., Fremdwährung in der Unternehmensbewertung, S. 164. Da Analysten indes keine eigene Analyse der makroökonomischen Daten vornehmen, qualifiziert RUIZ DE VARGAS Analystenschätzungen nicht als originäre fundamental-analytische Prognosemethode. Vgl. dazu RUIZ DE VARGAS, S., Prognosemethoden, S. 44 und S. 48.
[760] Vgl. SOLNIK, B. H./MCLEAVEY, D., Global Investments, S. 108 f.; BEKAERT, G./HODRICK, R. J., Financial Management, S. 401.
[761] Vgl. SCHULTHEIß, R./SCHULTZE, W., Wechselkurse in der Unternehmensbewertung – Wechselkursprognose der Banken, S. 156–158.
[762] Vgl. STEIN, I., Investitionsrechnungsmethoden, S. 600; Vgl. SCHULTHEIß, R./SCHULTZE, W., Wechselkurse in der Unternehmensbewertung – Die Aussagekraft von Forward Rates, S. 1479. Einige Einflussfaktoren wirken dabei eher kurzfristig, andere eher langfristig auf die Entwicklung des Wechselkurses. Vgl. zu möglichen Determinanten kurzfristiger und langfristiger Wechselkursschwankungen auch Abschn. 222.33.
[763] Vgl. SERCU, P., International Finance, S. 427.
[764] Vgl. RUIZ DE VARGAS, S., Prognosemethoden, S. 46; PATLOCH-KOFLER, M./SCHMITZER, M., Fremdwährung in der Unternehmensbewertung, S. 164.
[765] Vgl. hier und im folgenden Satz SERCU, P., International Finance, S. 427.
[766] Vgl. RUIZ DE VARGAS, S., Prognosemethoden, S. 46; PATLOCH-KOFLER, M./SCHMITZER, M., Fremdwährung in der Unternehmensbewertung, S. 164.

individuellen Prognosemodell des Analysten zur Bestimmung des künftigen Wechselkurses ab.[767] Analystenschätzungen werden v. a. von spezialisierten Finanzdienstleistern, wie z. B. Banken, publiziert.

422.22 Prognose auf Basis der relativen Kaufkraftparitätentheorie

Als weitere Möglichkeit der Wechselkursprognose kann auf die relative Kaufkraftparitätentheorie, als Teil der internationalen Paritätentheorie[768], zurückgegriffen werden. Nach der **relativen Kaufkraftparitätentheorie** sind Wechselkursänderungen durch Änderungen der Inflation bzw. des Preisniveaus determiniert.[769] Die für die nächste Periode erwartete Änderung des Kassakurses (X) entspricht i. S. d. relativen Kaufkraftparitätentheorie dem relativen Unterschied der für die nächsten Periode **erwarteten Inflationsraten** (π) zwischen der Heimatwährung und der betrachteten Fremdwährung (Inflationsdifferential). Liegt die erwartete Inflationsrate im Ausland über derjenigen im Inland, ist eine Aufwertung des Wechselkurses aus Sicht der Heimatwährung zu erwarten. Diesen Zusammenhang zeigt **Formel 4-1**:

$$EW(X_{\frac{FW}{HW},t+1}) = X_{\frac{FW}{HW},t} \times \frac{1 + EW(\pi_{FW,t+1})}{1 + EW(\pi_{HW,t+1})}$$

Formel 4-1: Prognose des Wechselkurses auf Basis der relativen Kaufkraftparitätentheorie[770]

Diese Prognosemethode folgt einem stochastischen Prozess, der aus zufällig aufeinanderfolgenden Schritten besteht.[771] Aufbauend auf dem aktuellen Kassakurs wird bei dieser Prognosemethode ein Entwicklungstrend des Wechselkurses aus der relativen Differenz der erwarteten Inflationsraten abgeleitet (sog. *Random Walk* mit Trend)[772].

Inflationsraten sind keine am Markt beobachtbaren Größen.[773] Demnach sind für die Prognose des Wechselkurses auf Basis der relativen Kaufkraftparitätentheorie die künftig erwarteten Inflationsraten der beiden betrachteten Währungsräume zu schätzen.[774] Als Institutionen, die Schätzungen über die Entwicklung künftiger Inflationsraten publizieren, sind v. a. die Zentralbanken des entsprechenden Währungsraums oder supranationale Organisationen wie die Organisation für internationale Zusammenarbeit und Entwicklung (OECD), die Weltbank oder der Internationale Währungsfonds (IWF) zu nennen.

---

[767] Vgl. SHAPIRO, A. C., Financial Management, S. 129.
[768] Vgl. grundlegend zu der internationalen Paritätentheorie Abschn. 222.32.
[769] Vgl. hier und im folgenden Absatz KRUGMAN, P. R./OBSTFELD, M./MELITZ, M. J., Internationale Wirtschaft, S. 551 f.; BUTLER, K. C., Multinational Finance, S. 69; SIDDAIAH, T., Financial Management, S. 123; CREUTZMANN, A./SPIES, A./STELLBRINK, J., Wechselkursprognose, S. 2384.
[770] In Anlehnung an KOLLER, T./GOEDHART, M./WESSELS, D., Valuation, S. 511.
[771] Vgl. hier und im folgenden Satz RUIZ DE VARGAS, S., Prognosemethoden, S. 46.
[772] Vgl. zum *Random Walk* mit Trend auch IBE, O. C., Elements of Random Walk, S. XIII.
[773] Vgl. RUIZ DE VARGAS, S., Prognosemethoden, S. 46.
[774] Vgl. hier und im folgenden Satz CREUTZMANN, A./SPIES, A./STELLBRINK, J., Wechselkursprognose, S. 2385.

422.23 Kritische Würdigung

Mithilfe von fundamental-analytischen Verfahren werden Wechselkurse auf Basis makroökonomischer Parameter prognostiziert. Indes werden die so ermittelten Wechselkurse im Rahmen von **Analystenschätzungen** individuell hinsichtlich der **subjektiven Einschätzung des Erstellers** über die jeweils relevanten Einflussparameter und deren Wirkungen auf den Wechselkurs adjustiert.[775] Der Ersteller der Prognose dokumentiert die konkrete Vorgehensweise dabei regelmäßig nicht transparent. Zudem werden Analystenschätzungen von einer **Vielzahl von Institutionen** angeboten. Die einzelnen Institutionen nutzen individuelle Prognosemodelle,[776] die zu unterschiedlichen Ergebnissen hinsichtlich der künftigen Entwicklung der Wechselkurse führen. Teilweise wird in der Bewertungspraxis der **Durchschnitt oder Median** mehrerer Analystenschätzungen für die Wechselkursprognose herangezogen.[777] Diese Vorgehensweise bedingt, dass Ermessensspielräume für den Bewerter hinsichtlich der Wahl der tatsächlich verwendeten Schätzungen sowie bei der Berechnung des Durchschnitts[778] entstehen.[779]

Wenngleich **Analystenschätzungen** für Dritte häufig frei verfügbar und demnach **intersubjektiv nachvollziehbar** sind, ist aufgrund der Abhängigkeit der Bewertungsparameter von oftmals nicht transparenten Prognosen von Drittanbietern sowie der identifizierten Ermessensspielräume der **Grundsatz der Objektivierung** bei der Verwendung von Analystenschätzungen **nicht erfüllt**.

Des Weiteren werden **Analystenschätzungen** nicht auf tagesaktueller Basis erstellt, sodass bei der Wahl der Analystenschätzung auf eine entsprechende zeitliche Nähe zum Bewertungsstichtag zu achten ist. Mit dem Rückgriff auf Analystenschätzungen **kann dem Stichtagsprinzip** der Unternehmensbewertung regelmäßig nicht vollständig entsprochen werden, wodurch auch die **Zukunftsorientierung** der Prognose **geschwächt** ist. Vor dem Hintergrund der großen Zahl möglicher makroökonomischer Einflussfaktoren auf die Entwicklung des Wechselkurses sowie deren inhärenter Dynamik wäre es erforderlich, Prognosen in kürzeren Zeiträumen zu aktualisieren, um die tatsächlichen ökonomischen Gegebenheiten bei der Wechselkursprognose zu berücksichtigen. Hierbei kommt erschwerend hinzu, dass der tatsächliche Zeitpunkt des jeweiligen Einflusses der Änderung des relevanten makroökonomischen Parameters auf die Änderung eines Wechselkurses unklar ist.[780]

---

[775] Vgl. hier und im folgenden Satz ähnlich PATLOCH-KOFLER, M./SCHMITZER, M., Fremdwährung in der Unternehmensbewertung, S. 164 f.
[776] Vgl. SCHULTHEIß, R./SCHULTZE, W., Wechselkurse in der Unternehmensbewertung – Wechselkursprognose der Banken, S. 159.
[777] Vgl. RUIZ DE VARGAS, S., in: Bürgers/Körber, Aktiengesetz, Anhang zu § 305 AktG, Tz. 36c.
[778] Vgl. zur Durchschnittsberechnung in der Unternehmensbewertung auch Abschn. 352.313., Fn. 465.
[779] So besteht z. B. die Gefahr, dass Angaben zu Jahresend- und Jahresdurchschnittswerten vermischt werden. Vgl. dazu RUIZ DE VARGAS, S., in: Bürgers/Körber, Aktiengesetz, Anhang zu § 305 AktG, Tz. 36c.
[780] Vgl. SHAPIRO, A. C., Financial Management, S. 129.

Diese Schwierigkeit besteht auch bei **Wechselkursprognosen auf Basis der relativen Kaufkraftparitätentheorie**. Auch hier ist der Bewerter für die Schätzung der **Inflationserwartungen** auf externe Prognosen angewiesen, die häufig nur in einem jährlichen Turnus publiziert werden. Dementsprechend kann auch hierbei dem Stichtagsprinzip regelmäßig nicht entsprochen werden. Allerdings sind die Schätzungen über Inflationserwartungen für verschiedene Währungsräume öffentlich verfügbar,[781] und deshalb **grundsätzlich intersubjektiv nachprüfbar**. Indes ist für den Bewerter nicht direkt nachvollziehbar, wie die Schätzungen über die Inflationserwartungen der einzelnen Institutionen im Detail zustande kommen.[782] Die mangelnde Nachvollziehbarkeit ist vor dem Hintergrund kritisch zu sehen, dass Schätzungen der Inflation durch staatliche Institutionen und mithin durch politische Motive beeinflusst sein können, um ein positives Bild der Inflationsentwicklung zu zeigen.[783] Zudem kann die Vorgehensweise bei der Inflationsmessung von einzelnen Institutionen divergieren.[784] Somit ist auch die Vergleichbarkeit der einzelnen Quellen für Schätzungen künftiger Inflationserwartungen nicht *per se* gegeben. Der **Grundsatz der Objektivierung** ist auch bei einer Prognose auf Basis der relativen Kaufkraftparitätentheorie als **eingeschränkt** zu beurteilen.[785]

Die Umrechnung in Fremdwährung denominierter Zahlungsströme in die Heimatwährung unter Anwendung der indirekten Methode zielt primär darauf, **Währungsäquivalenz** zwischen dem Zähler und dem Nenner im Bewertungskalkül zu erreichen. Zusätzlich ist die Einhaltung weiterer **Äquivalenzkriterien** für eine adäquate Währungsumrechnung zu beachten. Sowohl die Analystenschätzungen als auch die für die Prognose des Wechselkurses auf Basis der relativen Kaufkraftparitätentheorie erforderlichen Schätzungen der künftigen Inflationsraten liegen oftmals lediglich für einen **verhältnismäßig kurzen Zeitraum** vor, der den für die Unternehmensbewertung relevanten Planungszeitraum nicht abdeckt.[786] In Abhängigkeit der gewählten Informationsquelle und der Länge des Detailplanungszeitraums kann für diesen Zeitraum u. U. auf externe Prognosen von **Inflationsentwicklungen** zurückgegriffen werden.[787] Regelmäßig wird jedoch unter Bezugnahme auf fundamental-analytische Prognosemethoden **keine vollumfängliche Laufzeitäquivalenz** im Bewertungskalkül erreicht. Gleichwohl wird bei beiden fundamental-analytischen Methoden durch die Berücksichtigung der künftigen Inflationsraten die

---

[781] Vgl. CREUTZMANN, A./SPIES, A./STELLBRINK, J., Wechselkursprognose, S. 2385.
[782] Vgl. zu den Methoden und Schwierigkeiten bei der Berechnung von Preisindizes, als Indikator der Inflationsentwicklung, exemplarisch für Deutschland DEUTSCHE BUNDESBANK (Hrsg.), Monatsbericht – Mai 1998, S. 53–66.
[783] Vgl. DAMODARAN, A., Country Risk – The 2020 Edition, S. 99; RUIZ DE VARGAS, S., Prognosemethoden, S. 46.
[784] Vgl. in Bezug auf die Messung der Inflation in den USA DAMODARAN, A., The Dark Side of Valuation, S. 243 f.
[785] Hinsichtlich der Schwierigkeiten bei der Prognose künftiger Inflationsraten ist relativierend anzumerken, dass bei einer Fehleinschätzung der künftigen Inflationsraten die Auswirkung auf den Unternehmenswert gering ist, falls diese Inflationsraten im Zahlungsstrom und im Kapitalisierungszins des Bewertungsobjektes konsistent berücksichtigt werden. Vgl. DAMODARAN, A., Country Risk – The 2020 Edition, S. 99.
[786] Vgl. CREUTZMANN, A./SPIES, A./STELLBRINK, J., Wechselkursprognose, S. 2384; RUIZ DE VARGAS, S., Prognosemethoden, S. 46.
[787] So veröffentlicht z. B. der IWF Prognosen der Inflationserwartungen für einen Zeitraum von bis zu fünf Jahren.

Kaufkraftäquivalenz im Bewertungskalkül eingehalten, sofern sich die bei der Prognose der Wechselkurse und bei der Bestimmung des risikolosen Zinses im Kapitalisierungszins verwendeten erwarteten Inflationsraten entsprechen.[788]

Für die fundamental-analytischen Prognosemethoden ist weiterhin festzuhalten, dass, sofern für die relevante Währung und den relevanten Zeitraum Schätzungen des Wechselkurses oder für die Inflationserwartungen Prognosen von Drittanbietern existieren, diese Quellen für den Bewerter **unter geringem Ressourceneinsatz zugänglich** sind. **Eigene fundamental-analytische Analysen des Bewerters** wären für die Prognose der Inflationserwartungen der betrachteten Wirtschaftsräume und – aufgrund der Vielzahl zusätzlich zu prognostizierender Einflussparameter – in größerem Maße für die Anwendung eines makroökonomischen Modells zur Prognose von Wechselkursen **mit großer Komplexität und hohem Aufwand für den Bewerter verbunden**. Eine sachgerechte Einschätzung der makroökonomischen Größen und deren Interdependenzen durch den Bewerter für die Wechselkursprognose ist kaum möglich. Mithin würde die **Wirtschaftlichkeit** des Bewertungsansatzes durch eigene fundamental-analytische Analyse des Bewerters **erheblich eingeschränkt**.

Neben den Analystenschätzungen sowie der Prognose auf Basis der relativen Kaufkraftparitäten, die unter den fundamental-analytischen Prognosemethoden subsumiert werden können, kommen in der Praxis regelmäßig marktbasierte Methoden zur Prognose von Wechselkursen und mithin zur Entwicklung von Wechselkursrisiken zum Einsatz. Auch diese Methoden werden im Folgenden erläutert und hinsichtlich der Eignung für die Zwecke einer objektivierten internationalen Unternehmensbewertung analysiert und gewürdigt.

422.3 Marktbasierte Prognosemethoden

422.31 Kassakursmethode

Bei der Kassakursmethode wird der erwartete Wechselkurs aus aktuellen Marktdaten abgeleitet.[789] Der am Markt beobachtbare **aktuelle Kassawechselkurs** wird dann für die künftigen Perioden als Wechselkurs fortgeschrieben.[790] Es wird demnach angenommen, dass der Wechselkurs im Zeitablauf konstant bleibt (sog. naive Prognose).[791]

---

[788] Vgl. KOLLER, T./GOEDHART, M./WESSELS, D., Valuation, S. 510. Sind indes keine externen Analysen spezialisierter Institutionen über Inflationserwartungen verfügbar, wird im Schrifttum teilweise vorgeschlagen, durchschnittliche historische Inflationswerte einer Währung zu ermitteln und diese als Proxy für die künftige Entwicklung der Inflation in die Zukunft fortzuschreiben. Vgl. DAMODARAN, A., Country Risk – The 2020 Edition, S. 99. Dieses Vorgehen ist – ähnlich wie bei der Ableitung der Marktrisikoprämie im Rahmen der Unternehmensbewertung – vor dem Hintergrund der vergangenheitsorientierten Daten sowie der möglichen ermessensbehafteten Durchschnittsbildung kritisch zu sehen und zu vermeiden.
[789] Vgl. KOLLER, T./GOEDHART, M./WESSELS, D., Valuation, S. 509.
[790] Vgl. HOLDEN, K./PEEL, D. A./THOMPSON, J. L., Economic forecasting, S. 7.
[791] Vgl. MAKRIDAKIS, S./WHEELWRIGHT, S. C./HYNDMAN, R. J., Forecasting, S. 47 f. Vgl. anschaulich zu den allgemeinen Möglichkeiten, Prognosen durchzuführen, THEIL, H., Applied economic forecasting, S. 1–3.

Diesen Zusammenhang zeigt **Formel 4-2**:

$$EW(X_{\frac{FW}{HW},t+1}) = X_{\frac{FW}{HW},t}$$

Formel 4-2: Kassakursmethode[792]

Der Kassakursmethode liegen die Annahmen zugrunde, dass der Devisenmarkt ein **effizienter Markt**[793] ist und die Wechselkursentwicklung einem *Random Walk* **ohne Trend** folgt.[794] Ist der Markt effizient, ändert sich der Wechselkurs nur, sofern der Markt neue Informationen erhält. Somit wird der künftige Wechselkurs ausschließlich durch zufällige Ereignisse beeinflusst, die unabhängig von der Entwicklung des Wechselkurses in der Vergangenheit sind. Unter diesen Annahmen liefert der aktuelle Kassawechselkurs den besten Schätzer des künftigen Wechselkurses.[795] Zentralbanken veröffentlichen den Kassakurs der jeweiligen Währung auf tagesaktueller Basis.[796]

422.32 Terminkursmethode

Die Terminkursmethode basiert auf dem Rational, dass am Markt beobachtbare Terminkurse (sog. *Forward Rates*) einen Schätzer für den erwarteten künftigen Kassakurs liefern.[797] Dieser Methode der Wechselkursprognose liegen die Annahmen zugrunde, dass sowohl die **ungedeckte Zinsparitätentheorie** als auch die **Terminkurstheorie der Wechselkurserwartung** gelten.[798] Auch bei dieser Methode wird von der **Existenz effizienter Märkte** ausgegangen.[799] Aufbauend auf dem Kassakurs werden die Terminkurse über die **ungedeckte Zinsparitätentheorie** aus dem Differential der für die nächste Periode **erwarteten Zinsraten** (z) der beiden durch den Wechselkurs in Relation gebrachten Währungen abgeleitet.[800] Die höher verzinste Währung wertet dabei ab, während die niedriger verzinste Währung aufwertet. Die Terminkursmethode folgt einem *Random Walk* **mit Trend**, der sich aus der periodenspezifischen Zinsdifferenz ableitet.[801]

---

[792] In Anlehnung an MORITZ, K.-H./STADTMANN, G., Monetäre Außenwirtschaft, S. 185.
[793] Nach FAMA ist ein Kapitalmarkt effizient, wenn auf diesem Markt beobachtbare Preise alle verfügbaren Informationen widerspiegeln. Vgl. FAMA, E. F., Efficient Capital Markets, S. 383.
[794] Vgl. hier und in den folgenden beiden Sätzen TAYLOR, M. P., The Economics of Exchange Rates, S. 16; EUN, C. S./RESNICK, B. G., International Financial Management, S. 159; MORITZ, K.-H./STADTMANN, G., Monetäre Außenwirtschaft, S. 185. Vgl. zur *Random Walk*-Hypothese, MALKIEL, B. G., Efficient Market Hypothesis, S. 59–82.
[795] Vgl. TAYLOR, M. P., The Economics of Exchange Rates, S. 16; EUN, C. S./RESNICK, B. G., International Financial Management, S. 159.
[796] Die Europäische Zentralbank veröffentlicht tagesaktuell den Wechselkurs zwischen dem Euro und 32 anderen Währungen. Vgl. dazu EUROPEAN CENTRAL BANK (Hrsg.), Euro foreign exchange reference rates.
[797] Vgl. SOLNIK, B. H./MCLEAVEY, D., Global Investments, S. 105.
[798] Vgl. RUIZ DE VARGAS, S., Prognosemethoden, S. 39.
[799] Vgl. HOLDEN, K./PEEL, D. A./THOMPSON, J. L., Economic forecasting, S. 168.
[800] Vgl. hier und im folgenden Satz EUN, C. S./RESNICK, B. G., International Financial Management, S. 145.
[801] Vgl. RUIZ DE VARGAS, S., Prognosemethoden, S. 44 i. V. m. MORITZ, K.-H./STADTMANN, G., Monetäre Außenwirtschaft, S. 184.

Formel 4-3 zeigt diesen Zusammenhang:

$$EW(X_{\frac{FW}{HW},t+1}) = X_{\frac{FW}{HW},t} \times \frac{1 + EW(z_{nom,t+1}^{FW})}{1 + EW(z_{nom,t+1}^{HW})}$$

Formel 4-3: Terminkursmethode[802]

Die Preise der Terminkurse bilden sich börsentäglich und unmittelbar auf dem Devisenmarkt oder auf dem Bankenmarkt als OTC-Geschäfte.[803] Beide Märkte sind regelmäßig von einer hohen Handelsfrequenz geprägt.[804] Die Annahme der **Existenz eines effizienten Marktes** ist daher für die Devisenmärkte auch in der Realität plausibel.[805] Es ist davon auszugehen, dass Terminkurse alle wertrelevanten Informationen des Marktes enthalten.[806] Demnach sind die verfügbaren Marktinformationen theoretisch im Kassawechselkurs und somit auch im Terminkurs berücksichtigt.[807]

Die meisten Terminkurse liegen für Laufzeiten bis drei Jahren vor.[808] Vereinzelt sind für die Hauptwährungen auch Terminkurse für Laufzeiten von bis zu zehn Jahren verfügbar.[809] Diesem Problem der mitunter beschränkten Verfügbarkeit von Terminkursen kann durch den Rückgriff auf synthetisch ermittelte Terminkurse entgegnet werden. **Synthetische Terminkurse** werden

---

[802] In Anlehnung an KOLLER, T./GOEDHART, M./WESSELS, D., Valuation, S. 511; Vgl. CREUTZMANN, A./ SPIES, A./STELLBRINK, J., Wechselkursprognose, S. 2384.
[803] Vgl. RUIZ DE VARGAS, S., Prognosemethoden, S. 39, sowie RUIZ DE VARGAS, S./BREUER, W., Unternehmensbewertung im internationalen Kontext (Teil 2), S. 57.
[804] Vgl. CHRISTOU, C. U. A., Economic uncertainty, S. 705; PATLOCH-KOFLER, M./SCHMITZER, M., Fremdwährung in der Unternehmensbewertung, S. 165. Ist der Markt nicht effizient, weicht der Kassakurs womöglich vom theoretischen Gleichgewichtspreis ab, da die Wechselkursentwicklung keinem *Random Walk* folgt. Vgl. MÜLLER, R./SCHULTHEIß, R., Sieben gängige Irrtümer, S. 104 f. i. V. m. MALKIEL, B. G., Efficient Market Hypothesis, S. 59. Wird der Kassawechselkurs im Zeitablauf konstant verwendet, werden mögliche Abweichungen vom Gleichgewichtskurs in die Zukunft fortgeschrieben. Das gilt auch für den Terminkurs, dessen Berechnung auf dem Kassakurs des Bewertungsstichtags basiert.
[805] Vgl. im Ergebnis auch SOLNIK, B. H./MCLEAVEY, D., Global Investments, S. 105.
[806] Vgl. RUIZ DE VARGAS, S., Prognosemethoden, S. 39 i. V. m. MORITZ, K./STADTMANN, G, Monetäre Außenwirtschaft, S. 183; EUN, C. S./RESNICK, B. G., International Financial Management, S. 159; SERCU, P., International Finance, S. 428.
[807] Vgl. RUIZ DE VARGAS, S., Prognosemethoden, S. 41 i. V. m. MORITZ, K./STADTMANN, G., Monetäre Außenwirtschaft, S. 155. In diesem Kontext wenden SCHULTHEIß/SCHULTZE ein, dass die Aussagekraft des Terminkurses über die Wechselkursentwicklung letztlich davon abhängt, ob die Erwartungen der Marktteilnehmer tatsächlich in dem Terminkurs eingepreist sind. Mit einer Befragung von Devisenhändlern stellen die Autoren diesen Umstand infrage. Vgl. SCHULTHEIß, R./SCHULTZE, W., Wechselkurse in der Unternehmensbewertung – Die Aussagekraft von Forward Rates, S. 1478–1483.
[808] Vgl. BRUNER, R. F. U. A., Emerging Markets, S. 72.
[809] Vgl. RUIZ DE VARGAS, S., Prognosemethoden für marktdeterminierte Wechselkurse, S. 117.

aus dem aktuellen Kassawechselkurs und dem nominalen Zinsdifferential auf Basis der Annahme der Gültigkeit der **gedeckten Zinsparitätentheorie** berechnet.[810] Die Daten für Zinsstrukturkurven, um **synthetische Terminkurse** abzuleiten, werden von Drittanbietern bis zu einer Laufzeit von dreißig Jahren zur Verfügung gestellt.[811]

Bei der **synthetischen Ermittlung der Terminkurse** wird indes kritisiert, dass die hierbei prognostizierten Wechselkurse nicht auf Transaktionen des Marktes beruhen, sondern Preisindikationen für fiktive *Hedging*-Geschäfte repräsentieren.[812] Mithin orientieren sich diese Wechselkurse nicht an den aktuellen Marktgegebenheiten. Dem ist jedoch insofern zu widersprechen, als die gedeckte Zinsparitätentheorie für Marktteilnehmer die gängige Methode zur Bestimmung arbitragefreier Terminwechselkurse ist, wodurch ein unmittelbarer Bezug der synthetisch ermittelten Terminwechselkurse zu Markteinschätzungen hergestellt wird.[813]

422.33 Kritische Würdigung

Ein Vorteil der **marktbasierten Prognosemethoden** ist darin zu sehen, dass die erforderlichen Inputdaten – der Kassakurs und das Zinsdifferential – durch Zentralbanken oder Finanzdienstleister auf Tagesbasis veröffentlicht werden sowie frei am Markt zugänglich sind.[814] Werden die künftigen Wechselkurse marktbasiert prognostiziert, wird das **Stichtagsprinzip eingehalten** und die **Zukunftsorientierung der Unternehmensbewertung gestärkt**.

Hinzukommend werden dem Bewerter unter Verwendung der marktbasierten Methoden **keine Ermessensspielräume** für die Ableitung der Wechselkurse eröffnet, da die Wechselkurse manipulationsfrei am Markt gebildet werden und intersubjektiv nachvollziehbar sind. Der **Grundsatz der Objektivierung** ist aufgrund dessen für beide Methoden als erfüllt anzusehen. Zudem ist durch die Verfügbarkeit von Marktdaten die Prognose der Wechselkursentwicklung auf der Grundlage der marktbasierten Methoden für den Bewerter mit einem **geringen Ressourceneinsatz** verbunden.[815] Neben dem bestehenden Kassakurs und dem erwarteten Zinsdifferential der betrachteten Währungen sind keine weiteren Parameter für die Wechselkursprognose erforderlich.[816] Die **marktbasierten Methoden erfüllen** daher den **Grundsatz der Wirtschaftlichkeit**.

---

[810] Vgl. RUIZ DE VARGAS, S., Prognosemethoden, S. 39 i. V. m. KOLLER, T./GOEDHART, M./WESSELS, D., Valuation, S. 509.
[811] Vgl. für eine Übersicht der Laufzeiten verschiedener Terminkurse RUIZ DE VARGAS, S., Prognosemethoden, S. 45; PATLOCH-KOFLER, M./SCHMITZER, M., Fremdwährung in der Unternehmensbewertung, S. 164.
[812] Vgl. hier und im folgenden Satz MÜLLER, R./SCHULTHEIß, R., Sieben gängige Irrtümer, S. 100.
[813] Vgl. RUIZ DE VARGAS, S., Prognosemethoden für marktdeterminierte Wechselkurse, S. 117; BEKAERT, G./HODRICK, R. J., Financial Management, S. 401.
[814] Vgl. RUIZ DE VARGAS, S., Prognosemethoden, S. 39.
[815] Vgl. EUN, C. S./RESNICK, B. G., International Financial Management, S. 160; FREY, A./SCHULTZE, W., Unternehmensbewertung im internationalen Kontext, S. 143.
[816] Vgl. MÜLLER, R./SCHULTHEIß, R., Sieben gängige Irrtümer, S. 101.

Ein in die Zukunft fortgeschriebener **Kassawechselkurs** enthält indes keine künftig erwarteten Inflationsänderungen,[817] die jedoch Einfluss auf die Entwicklung des Wechselkurses haben. Folglich kann es zu einer Abweichung der in der Rendite der Alternativanlage enthaltenen Kaufkraft gegenüber der Kaufkraft der nominalen finanziellen Überschüsse kommen. Mithin würde die Einhaltung der **Kaufkraftäquivalenz** im Bewertungskalkül **verletzt**.[818]

Bei der **Verwendung von Terminkursen** ist zu beachten, dass nicht für alle Währungen und Laufzeiten entsprechende Terminkurse am Markt beobachtbar sind.[819] **Synthetische Terminkurse** sind dagegen teilweise für Laufzeiten von bis zu dreißig Jahren verfügbar. Dieser Zeitraum entspricht der maximalen Laufzeit der Zinsstrukturkurve für deutsche Staatsanleihen,[820] die bei der Bestimmung von Eigenkapitalkosten aus deutscher Perspektive (indirekte Methode der Unternehmensbewertung mit in Fremdwährung denominierten Zahlungsströmen) als Näherung eines risikolosen Zinses herangezogen werden. Die gedeckte Zinsparitätentheorie ist demnach methodisch kompatibel mit der Ermittlung des inländischen (deutschen) risikolosen Zinses nach der „Svensson-Methode",[821] sodass die **Laufzeitäquivalenz** im Bewertungskalkül unter Verwendung synthetischer Terminkurse eingehalten werden kann. Mit der Berücksichtigung der Inflationserwartungen durch die Relation der nominalen Zinssätze (Zinsdifferential) erfüllt die Terminkursmethode die **Kaufkraftäquivalenz**.[822]

Allgemein fördert die Effizienz der Devisenmärkte die **Erfüllung der Risikoäquivalenz** im Bewertungskalkül dadurch, dass aktuelle Marktinformationen die Wechselkurse unmittelbar beeinflussen.[823] Auch das CAPM, das bei internationalen Unternehmensbewertungen für die Ableitung der ausländischen Eigenkapitalkosten, als Bestandteil des Kapitalisierungszinses, genutzt wird, geht von einem vollkommenen und mithin informationseffizienten Kapitalmarkt aus. Indes ist die **Risikoäquivalenz im Zeitablauf geschwächt**, sofern das **Handelsvolumen** von Terminkursen bei längeren Planungszeiträumen und wirtschaftlich weniger bedeutenden Währungen **abnimmt**.[824]

Zudem wird sowohl für die Kassakurs- als auch für die Terminkursmethode unterstellt, dass sich die Marktteilnehmer **risikoneutral** verhalten.[825] Dieser Annahme folgend, erhält der Marktteilnehmer lediglich eine finanzielle Kompensation für die zeitliche Überlassung von Kapital, nicht aber für das übernommene Risiko.[826] Die Annahme der Risikoneutralität **verletzt**

---
[817] Vgl. RUIZ DE VARGAS, S., in: Bürgers/Körber, Aktiengesetz, Anhang zu § 305 AktG, Tz. 36c.
[818] Vgl. RUIZ DE VARGAS, S., Forward Rates, S. R206.
[819] Vgl. CREUTZMANN, A./SPIES, A./STELLBRINK, J., Wechselkursprognose, S. 2384.
[820] Vgl. IDW (Hrsg.), Bewertung und Transaktionsberatung, Kap. A, Tz. 377.
[821] Vgl. CREUTZMANN, A./SPIES, A./STELLBRINK, J., Wechselkursprognose, S. 2384.
[822] Vgl. RUIZ DE VARGAS, S., Prognosemethoden, S. 40.
[823] Vgl. hier und im folgenden Satz RUIZ DE VARGAS, S., Prognosemethoden, S. 39 f.; CREUTZMANN, A./SPIES, A./STELLBRINK, J., Wechselkursprognose, S. 2385.
[824] Vgl. m. w. N. CREUTZMANN, A./SPIES, A./STELLBRINK, J., Wechselkursprognose, S. 2385.
[825] Vgl. BAILLIE, R. T./MCMAHON, P. C., Foreign exchange market, S. 43 f.
[826] Vgl. dazu RUIZ DE VARGAS, S., Prognosemethoden, S. 40 i. V. m. MCDONALD, R. L., Derivatives Markets, S. 326.

die unterstellte **Risikoaversion** der Marktteilnehmer des **CAPM**.[827] Die Divergenz der zugrunde liegenden Annahmen der Ermittlung des Zahlungsstroms, in dem die prognostizierten Wechselkurse direkt berücksichtigt sind, und der Ermittlung des Kapitalisierungszinses ist insofern als kritisch zu beurteilen. Nur durch ein in sich widerspruchsfreies Bewertungskonzept kann ein willkürfreier Unternehmenswert berechnet werden.[828] Die **Erfüllung der Risikoäquivalenz** im Bewertungskalkül ist durch die geschilderte Divergenz der Annahmen unter Verwendung der Terminkursmethode **gefährdet**.[829]

Um der eingeschränkten Risikoäquivalenz für Terminkurse aufgrund divergenter Annahmen hinsichtlich der **Risikopräferenz der Marktteilnehmer** im Zähler und Nenner entgegenzuwirken, wird mitunter vorgeschlagen, die einfache Terminkursmethode durch eine CAPM-basierte Risikoprämie zu adjustieren (sog. **risikoadjustierte Terminkursmethode**).[830] Diese Risikoprämie kann sowohl einen Risikozuschlag als auch einen Risikoabschlag auf den Kassakurs repräsentieren.[831] Die Risikoprämie lässt sich aus der Marktrisikoprämie des *Global*-CAPM ($r_{mG} - i_G$) und dem systematischen Risiko der Wechselkursänderungsrate zur Rendite des globalen Marktportfolios berechnen ($\beta_{\Delta X,G}$).[832] Diesen Zusammenhang zeigt **Formel 4-4**:

$$EW\left(X_{\frac{FW}{HW},t+1}\right) = X_{\frac{FW}{HW},t} \times \left(\frac{\left(1 + z_{nom,t+1}^{FW}\right)}{\left(1 + z_{nom,t+1}^{HW}\right)} + \beta_{\Delta X,G} \times (r_{mG} - i_G)\right)$$

Formel 4-4: Risikoadjustierte Terminkursmethode[833]

Diese Methode unterstellt bei der Berechnung der Risikoprämie einen kausalen Zusammenhang zwischen der Wechselkursänderungsrate und der Rendite des globalen Marktportfolios.[834] Annahmegemäß können unter Rückgriff auf das ***Global*-CAPM**[835] die Kapitalkosten sämtlicher risikobehafteter Anlagen abgeleitet und somit auch quasi-risikolose Anlagen in Fremdwährung

---

[827] Vgl. zu den Grundlagen des CAPM Abschn. 352.311.
[828] Vgl. auch im Kontext des *Total Beta*-Konzeptes KRUSCHWITZ, L./LÖFFLER, A., Total Beta, S. 264.
[829] Vgl. MÜLLER, R./SCHULTHEIß, R., Sieben gängige Irrtümer, S. 106. Hinsichtlich der weiteren Annahmen der marktbasierten Verfahren besteht indes Konsistenz zu denen des CAPM, sodass diesbezüglich Äquivalenz innerhalb des Bewertungskalküls gewährleistet ist. Vgl. CREUTZMANN, A./SPIES, A./STELLBRINK, J., Wechselkursprognose, S. 2385. Zwar ist die Kritik an den Annahmen der internationalen Paritätentheorie aufgrund ihres stark vereinfachenden Charakters und der damit verbundenen Realitätsferne berechtigt. Vgl. BEKAERT, G./HODRICK, R. J., Financial Management, S. 400. Selbige Annahmen sind jedoch durch den Gebrauch des CAPM zur Bestimmung der Eigenkapitalkosten in der Unternehmensbewertung bereits (weitestgehend) anerkannt.
[830] Vgl. RUIZ DE VARGAS, S./BREUER, W., Unternehmensbewertung im internationalen Kontext (Teil 2), S. 56–58; RUIZ DE VARGAS, S., Prognosemethoden, S. 40 f.; TAYLOR, M. P., The Economics of Exchange Rates, S. 17; BEKAERT, G./HODRICK, R. J., Financial Management, S. 276 f.
[831] Vgl. SOLNIK, B. H./MCLEAVEY, D., Global Investments, S. 105 f.
[832] Vgl. RUIZ DE VARGAS, S./BREUER, W., Unternehmensbewertung im internationalen Kontext (Teil 2), S. 57.
[833] In Anlehnung an RUIZ DE VARGAS, S./BREUER, W., Unternehmensbewertung im internationalen Kontext (Teil 2), S. 57.
[834] Vgl. RUIZ DE VARGAS, S., Prognosemethoden, S. 40.
[835] Vgl. für die Grundannahmen des *Global*-CAPM Abschn. 432.131.

abgebildet werden.[836] Die dadurch ermittelten Renditen sind ausschließlich dem Wechselkursrisiko ausgesetzt, das unter Gebrauch des *Global*-CAPM bewertet werden kann.

Zwar können durch die Risikoadjustierung Terminkurse prognostiziert werden, die mit den Annahmen des *Global*-CAPM konsistent sind.[837] Das Erfordernis für die Berechnung risikoadjustierter Terminwechselkurse, **globale CAPM-Komponenten** ableiten zu müssen,[838] führt indes im Vergleich zu den beiden anderen untersuchten marktbasierten Prognosemethoden dazu, dass die Verwendung der risikoadjustierten Terminkursmethode mit einer **größeren Komplexität** und mit **mehr Aufwand** für den Bewerter verbunden ist. Es ist fraglich, inwiefern der zusätzliche Nutzen durch (in einem größeren Maße) konsistentere Annahmen im Bewertungskalkül den Aufwand bei Verwendung dieser Methode übersteigt. RUIZ DE VARGAS empfiehlt, die Entscheidung zum Rückgriff auf die risikoadjustierte Terminkursmethode im Einzelfall von der tatsächlichen **Höhe der Risikoprämie** abhängig zu machen.[839] Ist die Höhe der Prämie – wie für längere Prognosezeiträume zu beobachten ist – als gering zu beurteilen, ist mit Blick auf den Grundsatz der Wirtschaftlichkeit zu empfehlen, von der Verwendung der risikoadjustieren Terminkursmethode abzusehen. Gleichwohl ist die Höhe der Risikoprämie für diese Entscheidung zu ermitteln, sodass, dieser Empfehlung folgend, auch die Entscheidung, die risikoadjustierte Terminkursmethode zur Prognose der künftigen Wechselkursentwicklung aus wirtschaftlichen Gründen nicht anzuwenden, bereits mit einem erhöhten Ressourceneinsatz verbunden ist.[840] Die **Wirtschaftlichkeit des Bewertungsansatzes** wird durch Verwendung der **risikoadjustierten Terminkursmethode** somit **regelmäßig eingeschränkt**.

422.4 Zusammenfassende Würdigung der Prognose der Entwicklung von Wechselkursrisiken

Bei währungsraumübergreifenden Bewertungskonstellationen sind zur Einschätzung der Wettbewerbsfähigkeit des Bewertungsobjektes und für die Umrechnung der in Fremdwährung denominierten Zahlungsströme künftige Wechselkurse zu prognostizieren. Wechselkurse verarbeiten in flexiblen Wechselkurssystemen kontinuierlich neue Informationen über die Änderungen des jeweiligen ökonomischen Umfeldes und sind daher im Zeitablauf volatil.[841] Bisher konnte **keine Prognosemethode** entwickelt werden, die eine **hinreichend sichere Prognose** des tatsächlich in der Zukunft eintretenden Wechselkurses **gewährleistet**.[842] Somit können im

---

[836] Vgl. hier und im folgenden Satz RUIZ DE VARGAS, S./BREUER, W., Unternehmensbewertung im internationalen Kontext (Teil 2), S. 57.
[837] Vgl. RUIZ DE VARGAS, S./BREUER, W., Unternehmensbewertung im internationalen Kontext (Teil 2), S. 57.
[838] Vgl. zur Operationalisierung der Komponenten des *Global*-CAPM Abschn. 432.132.
[839] Vgl. hier und im folgenden Satz RUIZ DE VARGAS, S., Prognosemethoden, S. 41.
[840] Vgl. für die Erklärung der Vorgehensweise zur empirischen Überprüfung der Höhe der Risikoprämie im Rahmen der risikoadjustierten Terminkursmethode RUIZ DE VARGAS, S., Prognosemethoden für marktdeterminierte Wechselkurse, S. 114 f., sowie RUIZ DE VARGAS, S./BREUER, W., Unternehmensbewertung im internationalen Kontext (Teil 2), S. 57 f.
[841] Vgl. CASPERS, R., Wechselkurse, S. 134.
[842] Vgl. RUIZ DE VARGAS, S., Prognosemethoden, S. 48 f.

Rahmen der Unternehmensbewertung verschiedene Methoden zur Wechselkursprognose verwendet werden.

Sowohl bei **fundamental-analytischen** als auch bei **marktbasierten Methoden** zur Prognose von Wechselkursen, als Grundlage der Analyse von Wechselkursrisiken, ist der **Grundsatz der Zukunftsorientierung** grundsätzlich als **erfüllt** anzusehen. Die einzelnen Methoden unterscheiden sich indes hinsichtlich der getroffenen Annahmen über die künftige Entwicklung des Wechselkurses. Somit ist auch die Kassakurs-Methode zukunftsorientiert, wenngleich dieser Methode die (eher) unrealistische Annahme zugrunde liegt, dass der Wechselkurs in Zukunft konstant bleibt.[843] Gleichwohl ist den **fundamental-analytischen Prognosemethoden** immanent, dass die benötigten Informationen regelmäßig nicht tagesaktuell am Bewertungsstichtag verfügbar sind und folglich das **Stichtagsprinzip** unter der Verwendung dieser Verfahren **nicht eingehalten** ist. Dadurch ist mithin die **Zukunftsorientierung** des Bewertungsansatzes bei fundamental-analytischen Methoden **geschwächt**.

Werden fundamental-analytische Prognosemethoden für die Zwecke einer objektivierten internationalen Unternehmensbewertung verwendet, ist die **Objektivierung** der Einflussparameter der Inflationserwartung für die Prognose auf Basis der relativen Kaufkraftparitätentheorie und – in besonderem Maße – der makroökonomischen Modelle als Grundlage der Analystenschätzungen **kritisch zu sehen**. Häufig ist die zugrunde liegende Methodik der Urteilsbildung über den künftigen Wechselkurs der externen Anbieter nicht nachvollziehbar. Die Kritik der mangelnden Objektivierung ist indes im Kontext der Prognose auf Basis der relativen Kaufkraftparitätentheorie zu relativieren. Die für diese Prognose erforderlichen Inflationserwartungen werden auch von unabhängigen Institutionen veröffentlicht, bei denen regelmäßig kein Anreiz einer interessengeleiteten Prognose des Wechselkurses besteht.

Hinsichtlich der jeweiligen **Validität** der analysierten Prognosemethoden werden empirisch mitunter große *ex post*-**Abweichungen** vom tatsächlich realisierten Kassawechselkurs nachgewiesen.[844] In Bezug auf die *ex post* festgestellte Prognosequalität kann keine Prognosemethode identifiziert werden, die anderen Prognosemethoden nachhaltig überlegen ist.[845] Da keine vollkommene Methode zur Prognose künftiger Wechselkurse existiert, sollte die Wahl der Prognosemethode mit Blick auf die Eignung hinsichtlich der Zwecke einer objektivierten internationalen Unternehmensbewertung getroffen werden.

Bei der Analyse der **marktbasierten Verfahren** zeigt sich, dass die **Terminkursmethode** insbesondere auch aufgrund der Erfüllung der Kriterien der Kaufkraft- und Laufzeitäquivalenz für

---

[843] Hingegen sprechen z. B. CREUTZMANN/SPIES/STELLBRINK sowie PATLOCH-KOFLER/SCHMITZ der Kassakursmethode zur Prognose der Wechselkurse eine Zukunftsorientierung *per se* ab. Vgl. CREUTZMANN, A./SPIES, A./STELLBRINK, J., Wechselkursprognose, S. 2389; PATLOCH-KOFLER, M./SCHMITZER, M., Fremdwährung in der Unternehmensbewertung, S. 165.
[844] Vgl. anstatt vieler CREUTZMANN, A./SPIES, A./STELLBRINK, J., Wechselkursprognose, S. 2386–2389.
[845] Vgl. RUIZ DE VARGAS, S., Prognosemethoden, S. 43 i. V. m. MEESE, R. A./ROGOFF, K., Exchange Rate Models, S. 3–24; ALQUIST, R./CHINN, M. D., Exchange Rate Modelling, S. 2–18.

die Wechselkursprognose in der betrachteten Bewertungssituation geeignet ist. Zudem sind Terminkurse für zahlreiche Währungen und für einen längerfristigen Zeitraum auf tagesaktueller Basis unter geringem Ressourcenaufwand intersubjektiv nachvollziehbar verfügbar. Im Vergleich zu den fundamental-analytischen Verfahren wird die Inflationserwartung der Marktteilnehmer über die nominalen Zinssätze unmittelbar im Wechselkurs berücksichtigt und demnach implizit aus Marktpreisen abgeleitet.[846] Dennoch besteht für die Terminkursmethode der Kritikpunkt, dass die Annahme der Risikoneutralität der Marktteilnehmer nicht äquivalent zur Annahme der Risikoaversion im Rahmen des CAPM ist. Die theoretische Inkonsistenz der Annahmen **schwächt die Risikoäquivalenz** im Bewertungskalkül zwar. Die Anwendung der **risikoadjustierten Terminkursmethode**, mit der hinsichtlich der Annahme der Risikoneigung des CAPM Kompatibilität hergestellt werden kann, ist indes **aus Gründen der Wirtschaftlichkeit kritisch** zu sehen.

Gleichwohl erreichen auch **Analystenschätzungen keine theoretische Konsistenz zum CAPM**. Vom Marktpreis der Terminkurse abweichende Prognosen implizieren, dass die Hypothese der Markteffizienz verletzt ist und folglich spekulative Aspekte der Wechselkursentwicklung quantitativ in den Zahlungsströmen berücksichtigt sind.[847] Spekulative Aspekte sind jedoch unter Gültigkeit des CAPM, aufgrund der angenommenen Existenz eines vollkommenen Marktes, nicht in den abgeleiteten Eigenkapitalkosten im Kapitalisierungszins berücksichtigt. Der Rückgriff auf Analystenschätzungen **verletzt** somit die **Risikoäquivalenz** im Bewertungskalkül.

Im Vergleich der beiden diskutierten fundamental-analytischen Methoden kann der Prognose künftiger **Wechselkurse auf Basis der relativen Kaufkraftparitätentheorie** v. a. mit Blick auf die Objektivierungsmöglichkeit eine bessere Eignung als dem Rückgriff auf Analystenschätzungen in der betrachteten Bewertungssituation zugesprochen werden. Für auf Basis der relativen Kaufkraftparitätentheorie abgeleitete Wechselkurse sind in kürzeren Betrachtungszeiträumen *ex post*-Abweichungen i. H. v. 20 % bis 30 % festzustellen, die über mehrere Jahre anhalten können.[848] Diese Wechselkurse sind daher als Schätzer in der Detailplanungsphase regelmäßig ungeeignet. Die Empirie zeigt jedoch, dass sich Inflationsunterschiede von Währungen in der Realität in **einem längerfristigen Zeitraum** annähernd ausgleichen.[849]

---

[846] Vgl. RUIZ DE VARGAS, S., Prognosemethoden, S. 46.
[847] Vgl. hier und im folgenden Satz RUIZ DE VARGAS, S., in: Bürgers/Körber, Aktiengesetz, Anhang zu § 305 AktG, Tz. 36c; RUIZ DE VARGAS, S., Prognosemethoden, S. 47.
[848] Vgl. COPELAND, T. E./KOLLER, T./MURRIN, J., Unternehmenswert, S. 450 f.; BRUNER, R. F. U. A., Emerging Markets, S. 73.
[849] Vgl. SCHRAMM, R. M./WANG, H. N., Cost of Capital in CAPM, S. 65; COPELAND, T. E./KOLLER, T./MURRIN, J., Unternehmenswert, S. 450 f.; BRUNER, R. F. U. A., Emerging Markets, S. 73; KRUGMAN, P. R./OBSTFELD, M./MELITZ, M. J., Internationale Wirtschaft, S. 561; GANN, J., Investitionsentscheidungen, S. 197 f. Die Gültigkeit der relativen Kaufkraftparitätentheorie ist auch in der deutschen Bewertungsliteratur regelmäßig als Vereinfachung akzeptiert. Vgl. dazu RUIZ DE VARGAS, S./BREUER, W., Unternehmensbewertung im internationalen Kontext (Teil 1), S. 11 f.; STEIN, I., Investitionsrechnungsmethoden, S. 590 f.; MUNKERT, M. J., Kapitalisierungssatz, S. 411, sowie HORN, M. P. u. a., Country Risk, S. 294.

Während der **Detailplanungsphase** des Bewertungskalküls ist dem Bewerter zu empfehlen, **reguläre Terminkurse** oder **synthetisch ermittelte Terminkurse als Schätzer** zu verwenden, um die Annahmen über die Wechselkursentwicklung zu plausibilisieren.[850] Für die **ewige Rente** des Bewertungskalküls bietet es sich für den Bewerter an, synthetische Terminwechselkurse mit der längsten verfügbaren Laufzeit zu verwenden, um die Wechselkurse fortzuschreiben.[851] Vor dem Hintergrund, dass die relative Kaufkraftparitätentheorie in einem längerfristigen Zeithorizont gültig ist, können zudem in der ewigen Rente verwendete Terminkurse mit **auf Basis der relativen Kaufkraftparitätentheorie prognostizierten Wechselkursen** plausibilisiert werden.[852] Die Nutzung dieser Wechselkurse zur Plausibilisierung fordert indes, dass prognostizierte Inflationsraten der beiden verglichenen Währungsräume für einen längerfristigen Zeitraum zur Verfügung stehen.

Die verschiedenen Methoden der Wechselkursprognose führen regelmäßig zu **unterschiedlichen Prognoseergebnissen**, sodass sich die Wahl der Prognosemethode auf die Höhe der Zahlungsströme des Bewertungsobjektes und mithin auf den ermittelten Unternehmenswert auswirkt. Um dieser Problematik entgegenzuwirken, hat der Bewerter zwingend seine Vorgehensweise bei der Prognose und der Plausibilisierung der künftigen Wechselkurse und den damit verbundenen Annahmen ausführlich zu dokumentieren. Unabhängig von der gewählten Prognosemethode hat der Bewerter sicherzustellen, dass die **Annahmen** über die Entwicklung der Wechselkurse innerhalb des Bewertungskalküls **konsistent** sind.[853]

In den vorherigen Abschnitten wurde behandelt, wie die Existenz und Entwicklung von politischen und auslandsmarktbezogenen Risiken sowie von Wechselkursrisiken als Inputparameter für das Bewertungskalkül für die Zwecke einer objektivierten internationalen Unternehmensbewertung analysiert werden können. Im Folgenden wird untersucht, inwiefern die Berücksichtigung von versicherbaren Länderrisiken durch Versicherungskosten i. S. d. *Uncertainty Absorption* für die Zwecke einer objektivierten internationalen Unternehmensbewertung geeignet ist, um aus den Versicherungskosten eine quantitative Kompensation einzelner Länderrisiken zur Erstellung und Plausibilisierung erwartungstreuer Zahlungsströme des Bewertungsobjektes

---

[850] Vgl. RUIZ DE VARGAS, S., Prognosemethoden, S. 45 f.; CREUTZMANN, A./SPIES, A./STELLBRINK, J., Wechselkursprognose, S. 2385; PATLOCH-KOFLER, M./SCHMITZER, M., Fremdwährung in der Unternehmensbewertung, S. 166. Mitunter werden in der Praxis Wechselkurse verwendet, die auf Schätzungen des Managements des Bewertungsobjektes beruhen (sog. *Management Rates*). Das Management des Bewertungsobjektes eines Unternehmens besitzt regelmäßig eine bessere Informationen oder Ressourcen, um die Entwicklung der Wechselkurse valider einzuschätzen als der Markt oder spezialisierte Institutionen. Darüber hinaus sind die Prognosen des Managements des Bewertungsobjektes u. U. interessengeleitet. Daher ist es kritisch zu beurteilen, falls *Management Rates* ungeprüft als prognostizierte Wechselkurse im Bewertungskalkül berücksichtigt werden. Vgl. dazu auch RUIZ DE VARGAS, S., Prognosemethoden, S. 38; RUIZ DE VARGAS, S., in: Bürgers/Körber, Aktiengesetz, Anhang zu § 305 AktG, Tz. 36c; RUIZ DE VARGAS, S., Unternehmensbewertung im internationalen Kontext, S. 1664.

[851] Vgl. RUIZ DE VARGAS, S., Unternehmensbewertung im internationalen Kontext, S. 1667.

[852] Vgl. im Ergebnis auch CASTEDELLO, M./SCHÖNIGER, S./TSCHÖPEL, A., Praxiswissen Unternehmensbewertung, S. 376; RUIZ DE VARGAS, S., Prognosemethoden, S. 46 i. V. m. HOLTHAUSEN, W. R./ZMIJEWSKI, M. E., Corporate Valuation, S. 869; AFFOLTER, B./DANZEISEN, M./MÖHR, A., Währungsprognosen, S. 58.

[853] Vgl. dazu auch IDW (Hrsg.), F&A zu IDW S 1 i. d. F. 2008, Tz. 5.2, sowie CASTEDELLO, M./SCHÖNIGER, S./TSCHÖPEL, A., Praxiswissen Unternehmensbewertung, S. 376.

abzuleiten. Dafür wird zunächst das Konzept der *Uncertainty Absorption* erläutert, ehe die Möglichkeiten der Versicherungen sowie die Anbieter der Versicherungen von Länderrisiken analysiert werden. Daran anknüpfend wird die Berücksichtigung von Versicherungskosten als Schätzer des quantitativen Einflusses von Länderrisiken auf den Zahlungsstrom bei einer objektivierten internationalen Unternehmensbewertung gewürdigt.

423. Quantitative Berücksichtigung von versicherbaren Länderrisiken durch Versicherungskosten im Zähler des Bewertungskalküls

423.1 Konzept der *Uncertainty Absorption*

Im allgemeinen Risikomanagementprozess wird auf der Grundlage der Erkenntnisse der Risikoanalyse bestimmt, welche Maßnahmen im Rahmen der Unternehmenssteuerung erforderlich sind, um den Einfluss der identifizierten Risiken auf die künftigen Zahlungsströme des Unternehmens zu reduzieren.[854] Um wesentliche Risiken abzusichern, müssen Unternehmen Gegenmaßnahmen ergreifen.[855] Eine mögliche Form, den Einfluss von Risiken auf ein Unternehmen zu vermeiden, ist der sog. **Risikotransfer**. Beim Risikotransfer bleibt das einzelne Risiko für das Unternehmen zwar bestehen.[856] Die ergriffenen Maßnahmen des Risikotransfers verlagern die ökonomischen Konsequenzen des Eintretens der Risiken jedoch auf einen unternehmensexternen Akteur. Klassische Instrumente des Risikotransfers sind der Abschluss von **Versicherungen** (Individualversicherungen[857]) und der Kauf von **Instrumenten des Finanzmarktes** (Derivaten).[858]

Aufbauend auf der Möglichkeit des Risikotransfers schlagen STONEHILL/NATHANSON mit dem Konzept der *Uncertainty Absorption* vor, die Absicherungskosten von versicherbaren Länder-

---

[854] Vgl. WOLKE, T., Risikomanagement, S. 94; GLEIßNER, W., Risikomanagement, S. 283; KAJÜTER, P., Risikomanagement, S. 681.
[855] Vgl. SCHILLING, B., Risikoadjustierte Unternehmensplanung, S. 15.
[856] Vgl. hier und im folgenden Satz HÖLSCHER, R., Risikomanagement, S. 14 f.
[857] Eine Versicherung, die auf Basis einer freiwilligen Entscheidung des Versicherungsnehmers abgeschlossen wurde, wird auch Individualversicherung genannt. Der zu zahlende Versicherungsbeitrag richtet sich bei diesen Versicherungen nach der Art und Größe des Risikos. Vgl. dazu GLEIßNER, W., Risikomanagement, S. 294.
[858] Vgl. KAJÜTER, P., Risikomanagement in internationalen Konzernen, S. 64 f. Unternehmen können sich durch das Abschließen von *Hedging*-Maßnahmen gegen mögliche negative finanzielle Auswirkungen von Wechselkursentwicklungen im Rahmen der Umrechnung von in Fremdwährung denominierten Zahlungsströmen in die Heimatwährung, sog. Transaktionsrisiko, absichern. Für die Prognose der Entwicklung von Wechselkursrisiken im Rahmen dieser Arbeit wird indes davon ausgegangen, dass Unternehmen kein *Hedging* gegen diese Risiken betreiben. IHLAU/DUSCHA/KÖLLEN betonen, dass viele Unternehmen auf aktive *Hedging*-Maßnahmen verzichten, da diese vom Management als zu spekulativ eingeschätzt werden oder das tatsächliche Ausmaß von Wechselkursrisiken nicht hinreichend quantifizierbar ist. Vgl. dazu IHLAU, S./DUSCHA, H./KÖLLEN, R., Länderrisiken, S. 1325. Grundsätzlich sind zur sachgerechten Bewertung eines Unternehmens Informationen über das *Hedging*-Verhalten des Bewertungsobjektes hinsichtlich künftiger Wechselkursentwicklungen erforderlich. Vgl. dazu DAMODARAN, A., The Dark Side of Valuation, S. 249. Zudem ist darauf hinzuweisen, dass das ökonomische Wechselkursrisiko nicht vollständig durch *Hedging*-Maßnahmen vermieden werden kann, da dieses Risiko regelmäßig keine einzelfallbezogene absicherbare Ursache hat. Vgl. TISCHEL, M., Beurteilung ausländischer Direktinvestitionen, S. 29; SUCKUT, S., Internationale Akquisitionen, S. 186.

risiken für deren quantitative Berücksichtigung im Zahlungsstrom eines Investitionskalküls anzusetzen.[859] Ob die jeweiligen Absicherungsmaßnahmen tatsächlich von Unternehmen getroffen wurden, ist i. S. d. *Uncertainty Absorption* irrelevant.[860] Es wird angenommen, dass sich ein rational handelndes Unternehmen – auch ohne den tatsächlichen Transfer der Risiken auf einen externen Akteur – gegen die identifizierten Risiken absichert, wofür adäquate Kosten zu veranschlagen sind.[861] In diesem Zusammenhang wird auch von der Berücksichtigung sog. **fiktiver Versicherungsprämien** gesprochen.[862] Sofern alle Risiken eines Unternehmens auf einen unternehmensexternen Akteur transferiert werden, sind in der Logik der *Uncertainty Absorption* die Kosten der Absicherungsmaßnahmen im Zähler des Bewertungskalküls abzuziehen, um die entsprechenden Länderrisiken wertmäßig zu berücksichtigen.[863]

Basierend auf dem Konzept der *Uncertainty Absorption* weist das Schrifttum teilweise darauf hin, dass **negative Wertimplikationen** einzelner Länderrisiken anhand der **Kosten der Absicherungsmaßnahmen** im künftigen Zahlungsstrom des ausländischen Bewertungsobjektes quantitativ integriert werden können, falls diese nicht bereits in der mehrwertigen Planung der Zahlungsströme berücksichtigt wurden.[864] Die Berücksichtigung dieser Absicherungskosten von Länderrisiken kompensiert insofern die mehrwertige Planung dieser Länderrisikobestandteile.[865] Demnach können im **ersten Schritt** der quantitativen Aggregation von Länderrisiken im Zähler des Bewertungskalküls die Zahlungsströme des Bewertungsobjektes um die entsprechenden Kosten der Absicherungsmaßnahme der bewertungsrelevanten und versicherbaren Länderrisiken reduziert werden. **Nicht-versicherbare Länderrisiken** sind erst im **zweiten Schritt** der quantitativen Aggregation von Länderrisiken in die Planungsrechnung zu integrie-

---

[859] Vgl. STONEHILL, A./NATHANSON, L., Capital Budgeting, S. 46.
[860] Vgl. LEVI, M. D., International Finance, S. 468; GANN, J., Investitionsentscheidungen, S. 186; STEIN, I., Investitionsrechnungsmethoden, S. 606.
[861] Vgl. LEVI, M. D., International Finance, S. 468.
[862] Vgl. dazu auch IHLAU, S./DUSCHA, H./KÖLLEN, R., Länderrisiken, S. 1325.
[863] Vgl. BEKAERT, G./HODRICK, R. J., Financial Management, S. 615 und S. 647 f.
[864] Vgl. dazu SHAPIRO, A. C., Capital Budgeting, S. 9 f.; LESSARD, D. R., Country Risk, S. 61 f.; GANN, J., Investitionsentscheidungen, S. 186; EUN, C. S./RESNICK, B. G., International Financial Management, S. 425; BEKAERT, G./HODRICK, R. J., Financial Management, S. 647; SERCU, P., International Finance, S. 763–765; BURGER, A./AHLEMEYER, N./ULBRICH, P., Beteiligungscontrolling, S. 650; MADURA, J., International Financial Management, S. 517; STEIN, I., Investitionsrechnungsmethoden, S. 603; IHLAU, S./DUSCHA, H./KÖLLEN, R., Länderrisiken, S. 1325; RULLKÖTTER, N., Politische Länderrisiken, S. 26; BELGHITAR, Y./CLARK, E., Capital Budgeting, S. 252–254; MROTZEK, R., Auslandsinvestitionen, S. 82 f. Diese Form der quantitativen Berücksichtigung wird auch für die Absicherungskosten von *Hedging*-Maßnahmen diskutiert. Vgl. dazu SHAPIRO, A. C., Capital Budgeting, S. 9 f.; LESSARD, D. R., Country Risk, S. 61 f.; GANN, J., Investitionsentscheidungen, S. 186; EUN, C. S./RESNICK, B. G., International Financial Management, S. 425; BEKAERT, G./HODRICK, R. J., Financial Management, S. 647; SERCU, P., International Finance, S. 763–765; BURGER, A./AHLEMEYER, N./ULBRICH, P., Beteiligungscontrolling, S. 650; STEIN, I., Investitionsrechnungsmethoden, S. 603; RULLKÖTTER, N., Politische Länderrisiken, S. 26; BELGHITAR, Y./CLARK, E., Capital Budgeting, S. 252–254; MROTZEK, R., Auslandsinvestitionen, S. 82 f.
[865] Vgl. SERCU, P., International Finance, S. 763; HOLTHAUSEN, W. R./ZMIJEWSKI, M. E., Corporate Valuation, S. 895; RULLKÖTTER, N., Politische Länderrisiken, S. 26. STEIN spricht in diesem Zusammenhang auch von der Berücksichtigung von „Quasi-Sicherheitsäquivalenten". Die versicherbaren Länderrisiken werden indes durch keine der Maßnahmen vollständig abgesichert, sodass die Kosten der Absicherung keine echten Sicherheitsäquivalente repräsentieren. Vgl. STEIN, I., Investitionsrechnungsmethoden, S. 602 und S. 606.

ren. Der quantitative Einfluss der nicht-versicherbaren Länderrisiken ist durch **Szenario-Analysen** oder **Monte-Carlo-Simulationen** in den künftigen Zahlungsströmen eines Bewertungsobjektes als Grundlage der DCF-Verfahren zu berücksichtigen.

423.2   Möglichkeiten der Versicherung von Länderrisiken

Versicherungen sind vertragliche Vereinbarungen zwischen einem oder mehreren Versicherungsnehmern und einem Versicherungsgeber.[866] In einem Versicherungsverhältnis verpflichtet sich der Versicherungsnehmer zur **periodischen Zahlung einer Versicherungsprämie** an den Versicherungsgeber.[867] Bei Eintritt des Versicherungsfalles leistet der Versicherungsgeber im Gegenzug eine vereinbarte Versicherungsleistung an den Versicherungsnehmer.[868] Durch den Abschluss der Versicherung wird das versicherte Risiko auf einen externen Akteur transferiert, während die zu zahlende Versicherungsprämie den Gewinn des Versicherungsnehmers mindert.[869] Der Versicherungsnehmer wandelt somit einen ungewissen künftigen monetären Bedarf in die kalkulierbare Zahlung einer Versicherungsprämie um.[870] Die Versicherungsprämie kann den mit den Risiken verbundenen Chancen gegenübergestellt werden und mithin die Entscheidung erleichtern, ein Risiko einzugehen.[871]

Versicherungen sind allgemein gegen eine Vielzahl von Risikoarten verfügbar.[872] Im Rahmen einer ausländischen Geschäftstätigkeit lassen sich (typischerweise) **drei verschiedene Arten von versicherbaren Länderrisiken** unterscheiden:[873] So ist zum einen für Unternehmen ein **Versicherungsschutz gegen Eigentumseingriffe** in Form von Beschlagnahme, Enteignung, Verstaatlichung sowie andere Handlungen der ausländischen Regierung, die sich auf die Besitzverhältnisse eines Unternehmens im Ausland auswirken, möglich. Zum anderen können Versicherungen dagegen abgeschlossen werden, dass Unternehmen in Fremdwährung generierte Zahlungsströme aufgrund von **Transferbeschränkungen** in einem Land nicht in die Heimatwährung konvertieren können. Des Weiteren können Vermögenswerte und Zahlungsströme gegen den Einfluss **kriegerischer Auseinandersetzungen** und **politisch motivierter Gewalt**[874] versichert werden. Somit bestehen primär Versicherungsmöglichkeiten gegen politisch induzierte Länderrisiken. Der Einfluss sämtlicher Länderrisiken, i. S. d. Systematisierung von Länderrisiken in dieser Arbeit, kann hingegen nicht durch Versicherungen abgesichert werden.

---

[866] Vgl. FARNY, D., Versicherungsbetriebslehre, S. 34; GLEIßNER, W., Risikomanagement, S. 294.
[867] Vgl. HÖLSCHER, R., Risikomanagement, S. 15; HOFFMANN, K., Risk Management, S. 26.
[868] Vgl. FARNY, D., Versicherungsbetriebslehre, S. 34; GLEIßNER, W., Risikomanagement, S. 294.
[869] Vgl. WOLKE, T., Risikomanagement, S. 103.
[870] Vgl. HÖLSCHER, R., Risikomanagement, S. 15.
[871] Vgl. BLEUEL, H.-H./SCHMITTING, W., Risikomanagement, S. 110.
[872] Vgl. für eine Übersicht möglicher Versicherungsobjekte GLEIßNER, W., Risikomanagement, S. 293.
[873] Vgl. hier und im folgenden Absatz BEKAERT, G./HODRICK, R. J., Financial Management, S. 648; BUTLER, K. C., Multinational Finance, S. 290; LEVI, M. D., International Finance, 763–765; SCHOLZ, J., Auslandsinvestitionsrechnung, S. 65.
[874] Die Risiken aus kriegerischen Auseinandersetzungen sowie politisch motivierter Gewalt werden in dieser Arbeit den politischen Makro-Risiken zugeordnet. Vgl. dazu Abschn. 222.1.

Eine vollumfängliche Versicherung gegen die Wirkung von Länderrisiken auf ein Unternehmen ist daher regelmäßig nicht zu erreichen.

Versicherungen gegen den Einfluss von Länderrisiken werden von verschiedenen Anbietern angeboten. Es lassen sich dabei öffentliche und privatwirtschaftliche Anbieter unterscheiden. Die Anbieter und deren Versicherungsangebote von Länderrisiken werden im Folgenden erläutert.

423.3 Anbieter der Versicherung von Länderrisiken

423.31 Öffentliche Anbieter

Unter öffentlichen Anbietern von Versicherungen gegen Länderrisiken werden im Folgenden **staatliche Institutionen** und **internationale Agenturen** verstanden. In vielen Ländern existieren **staatliche Versicherungsangebote** für nationale, exportierende oder im Ausland investierende Unternehmen, um die Export- sowie die Investitionstätigkeit der eigenen Volkswirtschaft zu unterstützen.[875] So können international tätige deutsche Unternehmen gegen Zahlung von Bearbeitungsgebühren und Garantieentgelten z. B. **Investitionsgarantien** der BRD[876] in Anspruch nehmen,[877] um bestimmte politische Risiken im Rahmen ausländischer Geschäftstätigkeiten zu versichern.[878]

Damit eine Investition durch eine staatliche Garantieleistung abgesichert werden kann, müssen Voraussetzungen hinsichtlich des Investitionscharakters, der Förderungswürdigkeit und des Rechtsschutzes erfüllt sein.[879] Anträge für Investitionsgarantien der BRD bis zu einem Betrag von 5 Mio. € (Kapitaldeckung und Ertragsdeckung) sind gebührenfrei.[880] Die **Bearbeitungsgebühr** für einen darüber hinausgehenden Betrag (Kapitaldeckung und Ertragsdeckung) beträgt 0,5 ‰ des Versicherungsvolumens, jedoch maximal 10.000 €. Das jährliche **Garantieentgelt** beträgt 0,5 % des Höchstbetrages der Garantie für die Kapitaldeckung.[881] Auch für die Ertragsdeckung sind als jährliches Entgelt 0,5 % auf die bei Beginn des entsprechenden Garantiejahres gedeckten Erträge zu zahlen.[882]

---

[875] Vgl. EITEMAN, D. K./STONEHILL, A. I./MOFFETT, M. H., Business Finance, S. 549; BUTLER, K. C., Multinational Finance, S. 290.
[876] Als exemplarisches Pendant bietet die US-amerikanische Regierung über die *U. S. International Development Finance Corporation* (DFC) (ehemals *Overseas Private Investment Corporation* (OPIC)) Versicherungen gegen politische Risiken für US-amerikanische Unternehmen an, die im Ausland agieren.
[877] Zu den Formen der Direktinvestitionen, die durch Investitionsgarantien der BRD versichert werden können, gehören z. B. Beteiligungen (bei Gründung, Kapitalerhöhung oder Anteilserwerb), beteiligungsähnliche Darlehen der Gesellschafter oder eines Dritten (Bank), Dotationskapital, Kapitalausstattungen von Niederlassungen oder Betriebsstätten) und andere vermögenswerte Rechte (Konzessionen und Schuldverschreibungen). Vgl. PwC (Hrsg.), Grundzüge der Investitionsgarantien.
[878] Die Investitionsgarantien werden im Auftrag der Bundesregierung von der Wirtschaftsprüfungsgesellschaft PwC als Mandatar der Bundesregierung bearbeitet. Vgl. exemplarisch PwC (Hrsg.), Gebühren und Entgeltbestimmungen, S. 4.
[879] Vgl. PwC (Hrsg.), Grundzüge der Investitionsgarantien.
[880] Vgl. PwC (Hrsg.), Gebühren und Entgeltbestimmungen, S. 2 f.
[881] Vgl. PwC (Hrsg.), Gebühren und Entgeltbestimmungen, S. 2 f.
[882] Vgl. PwC (Hrsg.), Gebühren und Entgeltbestimmungen, S. 3.

Im Einzelfall unterliegen die Garantieleistungen – in Abhängigkeit des Versicherungsnehmers und des Ziellandes der Investitionstätigkeit – individuellen Konditionen. **Gegenstand der Investitionsgarantien** ist v. a. das eingesetzte Kapital in Form von Bar- oder Sachleistungen (Kapitaldeckung).[883] Darüber hinaus können auch ausländische Erträge z. B. in Form von Dividenden oder Zinsen (Ertragsdeckung) durch die Garantie abgedeckt werden. Die Höhe der beanspruchten Garantien ist dabei betragsmäßig nicht *per se* limitiert.

Als weitere öffentliche Anbieter, die Versicherungen von Geschäftstätigkeiten im Ausland gegen bestehende Länderrisiken anbieten, sind **internationale Agenturen** zu nennen. Internationale Agenturen zielen darauf, durch Versicherungsangebote und einer damit verbundenen Reduzierung des Investitionsrisikos internationale Investitionen zu fördern.[884] Ein bedeutender Anbieter solcher Versicherungen ist die zur Weltbank gehörende Institution der *Multilateral Investment Guarantee Agency* (MIGA).[885]

Die Vergabe etwaiger Garantien für Direktinvestitionen im Ausland durch die **MIGA** folgt einem ähnlichen Mechanismus wie die Vergabe der Investitionsgarantien der BRD. Auf Antrag wird die intendierte Investition hinsichtlich der Konformität bestimmter Kriterien geprüft,[886] ehe gegen Zahlung von Bearbeitungsgebühren und Garantieentgelten Garantien zur Absicherung von Investitionsrisiken im Ausland durch die MIGA ausgestellt werden.[887] Für Investitionsgarantien der MIGA fallen Bearbeitungsgebühren i. H. v. 5.000 $ für Versicherungsvolumina unter 25 Mio. $ und 10.000 $ für höhere Volumina an.[888] Als jährliches Entgelt für das Versicherungsangebot der MIGA sind regulär 1 % des Versicherungsvolumens für die Garantieleistung zu zahlen.[889] Die Entgelte für die Versicherungsangebote der MIGA können indes in Abhängigkeit der konkreten Versicherungsbeziehung (signifikant) von den definierten Prozentsätzen des Versicherungsvolumens abweichen.

Die einmalig anfallenden **Bearbeitungsgebühren** für die Inanspruchnahme der gezeigten öffentlichen Versicherungsangebote können schon im Vorfeld der Kontrahierung einer Versicherung abgeschätzt werden. Die jeweiligen Versicherungsgeber definieren eine maximale Höhe der Bearbeitungsgebühren. Die Höhe der Bearbeitungsgebühren hat in Relation zu den anfallenden Garantieentgelten für die spezifische Versicherung erwartungsgemäß einen geringen

---

[883] Vgl. hier und in den folgenden beiden Sätzen PwC (Hrsg.), Grundzüge der Investitionsgarantien.
[884] Vgl. BEKAERT, G./HODRICK, R. J., Financial Management, S. 649.
[885] Als weitere internationale Organisationen, die Versicherungen von Länderrisiken anbieten, sind z. B. die *Inter American Development Bank* oder die *Asian Development Bank* zu nennen. In der weiteren Analyse wird sich exemplarisch an den Versicherungskonditionen der MIGA orientiert. In Abhängigkeit der betrachteten internationalen Agentur können sich Unterschiede bei den Konditionen der Versicherungen ergeben.
[886] So definiert die MIGA eine Liste für Arten von Investitionsprojekten, für die eine Versicherungsmöglichkeit ausgeschlossen ist. Es können bspw. keine Projekte im Zusammenhang mit der Produktion und des Handels von Waffen, alkoholhaltigen Getränken, Tabak sowie Projekte im Zusammenhang von Glücksspiel mithilfe eines Angebotes der MIGA versichert werden. Vgl. dazu MIGA (Hrsg.), Our process.
[887] Vgl. MIGA (Hrsg.), Our process.
[888] Vgl. MIGA (Hrsg.), Terms & conditions.
[889] Vgl. hier und im folgenden Satz MIGA (Hrsg.), Terms & conditions.

Einfluss auf die Gesamthöhe der Versicherungskosten. Zusätzlich zu den festgesetzten Bearbeitungsgebühren können die jährlich zu **zahlenden Garantieentgelte** für die Inanspruchnahme der staatlichen Investitionsgarantien der BRD und der MIGA als **konkreter Prozentsatz** des Versicherungsvolumens bestimmt werden. Dieser Prozentsatz kann in der spezifischen Versicherungskonstellation u. U. von den regulären Konditionen abweichen, sodass die festgesetzten Kosten der öffentlichen Versicherungsangebote nicht allgemeingültig sind.

Die Investitionsgarantien der BRD sowie die Garantien der MIGA haben eine **Regellaufzeit** von fünfzehn Jahren.[890] Die Laufzeiten beider Garantieformen sind unter bestimmten Voraussetzungen verlängerbar.

423.32 Privatwirtschaftliche Anbieter

Auch **privatwirtschaftliche Anbieter** nehmen als Möglichkeit der Versicherung politischer Risiken im Rahmen von Auslandsinvestitionen eine bedeutende Rolle ein.[891] Privatwirtschaftliche Anbieter von Versicherungen zeichnen sich dabei durch ein flexibles Angebot hinsichtlich der Gestaltung des individuellen Versicherungskontraktes aus.[892] Im Gegensatz zu den öffentlichen Versicherungsgebern stellen **privatwirtschaftliche Versicherungsgeber** keine standardisierten und frei zugänglichen Informationen über anfallende Gebühren und Entgelte der Versicherung zur Verfügung.[893] Vielmehr ergeben sich die mit privatwirtschaftlichen Versicherungen verbundenen Kosten durch die individuelle Kontrahierung zwischen Versicherungsgeber und Versicherungsnehmer. Privatwirtschaftliche Versicherungsanbieter ermöglichen Versicherungskontrakte gegen Länderrisiken mit einer Laufzeiten von bis zu zwanzig Jahren.[894]

423.4 Kritische Würdigung

Für versicherbare Länderrisiken wird im Schrifttum i. S. d. Konzeptes der *Uncertainty Absorption* die quantitative Berücksichtigung dieser Länderrisiken durch die jeweiligen Kosten der Absicherungsmaßnahmen im Zahlungsstrom eines Bewertungskalküls als Möglichkeit diskutiert. Eine solche Berücksichtigung ist in der Logik der *Uncertainty Absorption* auch sachgerecht, falls das Unternehmen keine realen Absicherungsmaßnahmen gegen die konkreten Länderrisiken trifft. Es wird davon ausgegangen, dass rationale Unternehmen auch ohne externen Risikotransfer Maßnahmen gegen versicherbare Länderrisiken ergreifen, deren Kosten in den

---

[890] Vgl. hier und im folgenden Satz PwC (Hrsg.), Grundzüge der Investitionsgarantien, sowie MIGA (Hrsg.), Terms & conditions. Garantien der MIGA sind in Abhängigkeit der Gestaltung der Investition auf eine maximale Laufzeit von zwanzig Jahren verlängerbar.
[891] Vgl. BEKAERT, G./HODRICK, R. J., Financial Management, S. 649. Von privatwirtschaftlicher Seite werden Versicherungen gegen Länderrisiken bei wirtschaftlichen Tätigkeiten im Ausland z. B. durch die Versicherungsunternehmen *Lloyd's*, der *American International Group*, der *Sovereign Risk Insurance Ltd.*, der *Nelson Hurst PLC*, der *Chubb Corporation*, der *Reliance Insurance Company*, der *Exporters Insurance Company Ltd.* und der *Zurich Emerging Markets Solutions* angeboten. Vgl. BEKAERT, G./HODRICK, R. J., Financial Management, S. 648; BUTLER, K. C., Multinational Finance, S. 290.
[892] Vgl. BURGER, A./AHLEMEYER, N./ULBRICH, P., Beteiligungscontrolling, S. 647.
[893] Vgl. MEYBOM, P./REINHART, M., Länderrisikosteuerung, S. 569.
[894] Vgl. BUTLER, K. C., Multinational Finance, S. 291.

Zahlungsströmen zu berücksichtigen sind. Die Versicherungskosten der vorgestellten Versicherungsangebote für Länderrisiken sollen im Folgenden dahingehend analysiert werden, ob diese als Schätzer für die quantitative Berücksichtigung potenzieller Länderrisiken für die Zwecke einer objektivierten internationalen Unternehmensbewertung geeignet sind.

Bei **Versicherungen gegen Eigentumseingriffe** sind die **Buchwerte** von Vermögenswerten, folglich historische Werte, durch den Versicherungskontrakt abgesichert.[895] Zwar sind **künftige Verluste des Eigentums** in Höhe der Buchwerte versichert. Indes werden künftig ausfallende Zahlungsströme, die auf Basis des dem Unternehmen entzogenen Vermögens generiert würden, durch Versicherungen gegen Eigentumseingriffe nicht kompensiert. Für die Unternehmensbewertung sind jedoch v. a. die **künftig generierten Zahlungsströme** des ausländischen Bewertungsobjektes relevant, sodass der tatsächliche finanzielle Schaden durch Eigentumseingriffe auf den Unternehmenswert durch diese Versicherung nicht quantitativ erfasst wird.[896] Bei **Versicherungen gegen Transferbeschränkungen** oder **gegen den Einfluss kriegerischer Auseinandersetzungen** und **politisch motivierter Gewalt** sind hingegen in der Zukunft liegende nicht-repatriierbare oder ausgefallene Zahlungen abgesichert.[897] Hierbei werden somit die für die Unternehmensbewertung relevanten künftigen Wertimplikationen des Schadensfalls adäquat ausgeglichen. Dem **Grundsatz der Zukunftsorientierung** der Unternehmensbewertung wird bei den Versicherungen gegen Transferbeschränkungen oder gegen den Einfluss kriegerischer Auseinandersetzungen und politisch motivierter Gewalt **regelmäßig entsprochen**.

Zudem wird das **Stichtagsprinzip** bei der quantitativen Berücksichtigung von Versicherungskosten für versicherbare Länderrisiken **eingehalten**, da die hier behandelten Absicherungsmaßnahmen auf tagesaktueller Basis bei den verschiedenen Versicherungsanbietern abgeschlossen werden können. Insofern sind grundsätzlich bewertungsstichtagsaktuelle Informationen über die Kosten der Versicherungsmaßnahmen vorhanden, wodurch die **Zukunftsorientierung** des Bewertungskalküls weiterhin **gefördert** wird.

Um die **Objektivierungsmöglichkeit** des quantitativen Einflusses von Länderrisiken mithilfe der jeweiligen Versicherungskosten zu beurteilen, ist v. a. auf die **Möglichkeit der Ermittlung der Versicherungskosten** zu blicken. Die Versicherungskosten setzen sich aus den zu zahlenden **Bearbeitungsgebühren** und **Garantieentgelten** zusammen. Aufgrund der Intransparenz der Versicherungskonditionen bei privatwirtschaftlichen Versicherungsanbietern kann der Bewerter die Versicherungskosten regelmäßig nicht valide ermitteln. Informationen über die **Kosten öffentlicher Versicherungsangebote** sind im Gegensatz zu privatwirtschaftlichen Versicherungsangeboten **transparent verfügbar**. Die Versicherungskonditionen werden von den jeweiligen öffentlichen Anbietern publiziert. Indes können die Versicherungskonditionen der öffentlichen Anbieter im Einzelfall von den kommunizierten Konditionen abweichen, sofern

---

[895] Vgl. SHAPIRO, A. C., Capital Budgeting, S. 10; LESSARD, D. R., Country Risk, S. 62; SERCU, P., International Finance, S. 764; MADURA, J., International Financial Management, S. 517.
[896] Vgl. SHAPIRO, A. C., Capital Budgeting, S. 10.
[897] Vgl. SERCU, P., International Finance, S. 763 f.

bspw. kein Investitionsförderungs- oder Investitionsschutzvertrag mit der entsprechenden ausländischen Regierung besteht.[898]

Die Möglichkeit öffentlicher Versicherungsgeber, durch politische Sanktionen einen Schadensausgleich bei einer ausländischen Regierung einzufordern, senkt die Versicherungskosten für öffentliche Versicherungen.[899] Bei den Kosten der **öffentlichen Versicherungsangebote** ist weiterhin zu berücksichtigen, dass die an die öffentlichen Versicherungsanbieter zu zahlenden Versicherungsentgelte auch nach **politischen Motiven** festgelegt werden (z. B. Förderung von internationalen Investitionen).[900] Die Kosten öffentlicher Versicherungen sind folglich nicht als „echte" marktinduzierte Einschätzung der Versicherungskosten für die entsprechenden Länderrisiken zu interpretieren. Die Konditionen öffentlicher Versicherungsangebote sind im Vergleich zu den Konditionen **privatwirtschaftlicher Anbieter** regelmäßig günstiger.[901] Bei privatwirtschaftlichen Versicherungsangeboten besteht außerdem die Einschränkung, dass diese Versicherungen den Schaden von Länderrisiken oftmals **nicht vollständig kompensieren.**[902]

Für die Bestimmung einer fiktiven Versicherungsprämie für Länderrisiken ist zudem zu beachten, dass Informationen über die **Kosten der Versicherungen** zur Absicherung von Länderrisiken nicht *per se* transparent einsehbar sind. Bei den öffentlichen Versicherungsanbietern ist u. U. keine intersubjektiv nachprüfbare Bestimmung der Versicherungskosten gewährleistet. Indes wäre aufgrund der Intransparenz von privatwirtschaftlichen Versicherungsangeboten für Außenstehende eine tatsächliche Versicherung abzuschließen, um die jeweiligen Versicherungskonditionen zur Berücksichtigung im Rahmen einer Unternehmensbewertung valide ermitteln zu können. Bei privatwirtschaftlichen Versicherungsangeboten können die Versicherungskosten somit regelmäßig nicht intersubjektiv überprüft werden. Der **Grundsatz der Objektivierung** wird daher bei Bestimmung der Versicherungskosten und mithin bei der quantitativen Berücksichtigung von Versicherungskosten u. U. **nicht vollumfänglich erfüllt**.

Darüber hinaus sollte für die Berücksichtigung der Kosten von öffentlichen Versicherungsangeboten als quantitative Kompensation von Länderrisiken im Bewertungskalkül hinterfragt werden, inwiefern im konkreten Bewertungsfall die **tatsächliche Möglichkeit des Abschlusses einer Versicherung**, i. S. e. Investitionsgarantie, besteht. Für die Inanspruchnahme eines öffentlichen Versicherungsangebotes muss beurteilt werden, ob für das ausländische Bewertungsobjekt als Direktinvestition die jeweiligen Kriterien der Vergabe der Garantien erfüllt wären.

---

[898] Vgl. PwC (Hrsg.), Kosten von Investitionsgarantien.
[899] Vgl. BURGER, A./AHLEMEYER, N./ULBRICH, P., Beteiligungscontrolling, S. 648; BEKAERT, G./HODRICK, R. J., Financial Management, S. 650.
[900] Vgl. BLEUEL, H.-H./SCHMITTING, W., Risikomanagement, S. 85; MEYBOM, P./REINHART, M., Länderrisikosteuerung, S. 569.
[901] Vgl. BUTLER, K. C., Multinational Finance, S. 289; BURGER, A./AHLEMEYER, N./ULBRICH, P., Beteiligungscontrolling, S. 648.
[902] Vgl. BEKAERT, G./HODRICK, R. J., Financial Management, S. 648.

Die Kriterien zur Erfüllung der Versicherungsfähigkeit werden ebenfalls transparent kommuniziert und sind vom Bewerter für die spezifische Bewertung zu reflektieren. Bei privatwirtschaftlichen Angeboten ist aufgrund der Flexibilität der Gestaltung einer Versicherungsbeziehung regelmäßig die Möglichkeit gegeben, eine adäquate Versicherung zur Absicherung von Länderrisiken abzuschließen.

Trotz der möglicherweise beeinträchtigten intersubjektiven Nachprüfbarkeit der exakten Versicherungskonditionen im Einzelfall können v. a. die frei verfügbaren Informationen über die Höhe der Versicherungskosten der öffentlichen Versicherungsangebote einen **Anhaltspunkt für die Quantifizierung des Einflusses der versicherbaren Länderrisiken liefern**. Das gilt v. a. für Versicherungen gegen Transferbeschränkungen sowie gegen den Einfluss kriegerischer Auseinandersetzungen und politisch motivierter Gewalt. Die jeweiligen Versicherungskosten könnten für die Unternehmensbewertung als Referenz der Plausibilisierung des Werteffektes der versicherbaren Länderrisiken auf das Bewertungskalkül genutzt werden. Die **langen Laufzeiten** der jeweiligen Versicherungsangebote gewährleisten, dass Versicherungskosten für den Detailplanungszeitraum der Unternehmensbewertung konstant berücksichtigt und auch als Schätzer des quantitativen Einflusses der versicherten Länderrisiken auf den Zahlungsstrom in der ewigen Rente des Bewertungskalküls fortgeschrieben werden können. Insgesamt decken die möglichen Laufzeiten der Versicherungskontrakte der verschiedenen Versicherungsanbieter für Länderrisiken einen maßgeblichen Zeitraum des Bewertungshorizonts ab. Das ist hinsichtlich der **Erfüllung der Laufzeitäquivalenz** im Bewertungskalkül **positiv zu beurteilen**.

Eine **geminderte Zahl** der, in die mehrwertige Planung der Zahlungsströme des ausländischen Bewertungsobjektes zu integrierenden, **länderrisikoinduzierten Einflussfaktoren** reduziert die Komplexität der Erstellung oder Plausibilisierung der Planungsrechnung. Daher ist die Berücksichtigung von Versicherungskosten als Approximation des quantitativen Einflusses von Länderrisiken im Zahlungsstrom für den Bewerter im Vergleich zur Berücksichtigung von versicherbaren Länderrisiken in den mehrwertigen Zahlungsströmen des Bewertungsobjektes, z. B. durch wahrscheinlichkeitsgewichtete Szenarien, mit weniger Aufwand verbunden. Zudem sind die Versicherungskosten von öffentlichen Versicherungen für den Bewerter unter geringem Aufwand nachvollziehbar. Das **fördert** mithin die **Wirtschaftlichkeit des Bewertungsansatzes**.

Bei der quantitativen Berücksichtigung von Länderrisiken anhand von Versicherungskosten ist jedoch zu beachten, dass dieses Konzept nur zur quantitativen Berücksichtigung (stochastisch) unabhängiger Länderrisiken geeignet ist.[903] **Quantitative Wechselwirkungen** verschiedener Länderrisiken können mit dieser Methode **nicht adäquat abgebildet** werden.

---

[903] Vgl. hier und im folgenden Satz RULLKÖTTER, N., Politische Länderrisiken, S. 29.

Sofern versicherbare Länderrisiken in der spezifischen Situation bewertungsrelevant sind und sich für die Quantifizierung des Einflusses dieser Risiken auf das Bewertungskalkül an bestehenden Versicherungsangeboten orientiert wird, sollte auch hierfür das **konkrete Vorgehen** im Bewertungsgutachten nachvollziehbar erörtert werden. Dabei sollte **verdeutlicht werden**, für welche Länderrisiken der Einfluss auf die Zahlungsströme des Bewertungsobjektes durch Versicherungskosten quantitativ berücksichtigt wurde. Zudem sollte auf die verwendeten Quellen der Versicherungskonditionen verwiesen werden.

424. Zwischenfazit

Länderrisiken sind Risikofaktoren, die bei internationalen Unternehmensbewertungen zusätzlich oder in verstärkter Form als bei nationalen Unternehmensbewertungen auftreten.[904] Internationale Unternehmensbewertungen haben somit regelmäßig ein größeres Gesamtrisiko als nationale Unternehmensbewertungen. Oftmals bestehen bei internationalen Unternehmensbewertungen Informationsdefizite über das Bewertungsobjekt und die jeweiligen Rahmenbedingungen des ausländischen Marktumfeldes. Um die künftigen Zahlungsströme des ausländischen Bewertungsobjektes im Rahmen einer Unternehmensbewertung sachgerecht zu prognostizieren, ist ein systematisches und transparentes Vorgehen erforderlich.[905] Es sind Länderrisiken zu identifizieren und deren jeweilige Wirkung in einer bestehenden Unternehmensplanung des Bewertungsobjektes zu plausibilisieren und ggf. zu adjustieren.

Im Rahmen einer **Risikoanalyse** ist zur Berücksichtigung von Länderrisiken im Zähler des Bewertungskalküls zu untersuchen, welche bewertungsrelevanten Länderrisiken im Sitzland des Bewertungsobjektes existieren und welche Länderrisiken in Zukunft erwartet werden. Für die Analyse von politischen und auslandsmarktbezogenen Risiken kann als Informationsquelle auf qualitativ und quantitativ konzipierte Verfahren der Länderrisikoanalyse zurückgegriffen werden. Qualitative Verfahren bilden die Grundlage der Erstellung eines Länderberichts. Zu den quantitativen Verfahren der Länderrisikoanalyse gehören u. a. Länderscoring-Modelle, zu denen Länderratings und Länderscores gezählt werden.

Länderberichte und Länderscoring-Modelle sollten zur Analyse der Existenz und künftigen Entwicklung von politischen und auslandsmarktbezogenen Risiken im Rahmen einer internationalen Unternehmensbewertung – unter Abwägung der dargestellten konzeptionellen Probleme der einzelnen Informationsquellen – simultan verwendet werden. Mithilfe von Länderscoring-Modellen können, bei bestehenden Teilurteilen von einzelnen Risikokategorien, Länderrisikofaktoren identifiziert werden, die im Vergleich zum Heimatland des Bewertungssubjektes zusätzlich bestehen bzw. erhöht sind. Das ist indes nur möglich, sofern das Sitzland des Bewertungsobjektes und des Bewertungssubjektes durch ein Länderscoring derselben Institution ab-

---

[904] Vgl. hier und in den folgenden beiden Sätzen Abschn. 223.
[905] Vgl. dazu auch KNOLL, L., Länderrisiken, S. 939; GLEIßNER, W., Risikoanalyse und Simulation, S. 896; ENGELHARD, J., Länderrisiken, S. 368. Vgl. in Bezug auf die systematische Analyse von politischen Risiken BALLEIS, S. M., Politische Risiken, S. 149.

gedeckt sind. Die Ursachen des erhöhten Risikopotenzials im Ausland können dann durch qualitative Informationen aus Teilurteilen von Länderscoring-Modellen sowie Inhalten von Länderberichten gezielter untersucht werden. Für die Plausibilisierung von Zahlungsströmen können auch innerhalb von Länderberichten formulierte Entwicklungsszenarien hilfreich sein. Die Nachvollziehbarkeit der Analyse von politischen und auslandsmarktbezogenen Risiken wird gefördert, indem die zugrunde liegende Konzeption oder Verfahrensweise sowie der Referenzzeitpunkt der für die Risikoanalyse herangezogenen Informationsquellen dokumentiert werden.

Bei der **Analyse von Wechselkursrisiken** ist primär die **Prognose der künftigen Entwicklung der Wechselkurse** und **damit verbundener Risiken von Bedeutung**. Ziel dieser Analyse ist es, zu prognostizieren, wie sich der Wechselkurs in Zukunft entwickeln wird. Darauf aufbauend sollen Auswirkungen auf die Wettbewerbsfähigkeit des Unternehmens geschätzt und die periodenspezifischen Wechselkurse für die Transformation der in Fremdwährung denominierten Zahlungsströme in die Heimatwährung bei Anwendung der direkten Methoden abgeleitet werden. Bisher besteht kein Konsens, mit welcher Methode die Wechselkursentwicklung zu prognostizieren ist. Auch das IDW gibt keine konkrete Methode zur Bestimmung künftiger Wechselkurs vor. Die Methode sollte daher mit Blick auf die Zwecke einer objektivierten internationalen Unternehmensbewertung gewählt werden. Als Prognosemethoden kann zwischen fundamental-analytischen und marktbasierten Methoden unterschieden werden.

Die **Terminkursmethode**, als marktbasierte Prognosemethode, ist u. a. auch aufgrund der Erfüllung der Kriterien der Kaufkraft- und Laufzeitäquivalenz für die Zwecke einer objektivierten internationalen Unternehmensbewertung geeignet, um die Wechselkursannahmen in der Detailplanungsphase des Bewertungskalküls und damit verbundene Risiken zu plausibilisieren. Für die ewige Rente des Bewertungskalküls können synthetische Terminwechselkurse mit der längsten verfügbaren Laufzeit verwendet werden. Wechselkurse, die **auf Basis der relativen Kaufkraftparität**, als fundamental-analytische Prognosemethode, prognostiziert werden, können zur Plausibilisierung des Wechselkurses in der ewigen Rente des Bewertungskalküls genutzt werden. Dafür müssen prognostizierte Inflationsraten der betrachteten Währungsräume für einen hinreichend langen Zeitraum verfügbar sein. Allgemein ist im Bewertungskalkül auf die Konsistenz der verwendeten Wechselkurse zu achten. In Abhängigkeit der verwendeten Methode zur Wechselkursprognose sind divergente Prognoseergebnisse zu erwarten. Daher hat der Bewerter sicherzustellen, dass die Vorgehensweise bei der Prognose der künftigen Wechselkurse durch eine ausführliche Dokumentation im Bewertungsgutachten nachvollziehbar ist.

Die Erkenntnisse aus der Analyse von politischen und auslandsmarktbezogenen Risiken sowie von Wechselkursrisiken kann der Bewerter nutzen, um zu identifizieren, welche der bestehenden **Länderrisiken** für das ausländische Bewertungsobjekt **bewertungsrelevant** sind.[906] Es ist

---

[906] Vgl. dazu auch GLEIßNER, W., Länderrisikoprämien, S. 941; GROßFELD, B./EGGER, U./TÖNNES, W. A., Recht der Unternehmensbewertung, S. 234, Tz. 990.

die Aufgabe des Bewerters, auf Basis der Erkenntnisse der vorausgegangenen Schritte **strategisch** für das Bewertungsobjekt **relevante Länderrisiken** zu identifizieren.[907] Strategisch relevante Länderrisiken ergeben sich dabei aus der Analyse der Rahmenbedingungen im betrachteten Land im Zusammenspiel mit der Analyse des spezifischen Geschäftsmodells des Bewertungsobjektes.[908] Daher muss der Bewerter zur Identifikation von bewertungsrelevanten Länderrisiken seine Erkenntnisse aus der Analyse von politischen und auslandsmarktbezogenen Risiken sowie der Prognose von Wechselkursrisiken mit einer Analyse des Geschäftsmodell des ausländischen Bewertungsobjektes verknüpfen.[909] Auf Grundlage dessen ist die **bestehende Unternehmensplanung** des ausländischen Bewertungsobjektes hinsichtlich des Einflusses identifizierter Länderrisiken auf die Planwerte der künftigen Zahlungsströme zu **plausibilisieren** und ggf. zu **adjustieren**.

Zur Bildung **erwartungstreuer Zahlungsströme** unter dem Einfluss **von Länderrisiken** werden regelmäßig Szenario-Analysen, Monte-Carlo-Simulationen und – zur quantitativen Messung des Einflusses der Variation der Inputparameter – Sensitivitätsanalysen verwendet. Als weitere Möglichkeit zur Bildung oder Plausibilisierung erwartungstreuer Planwerte wurde die **Berücksichtigung von Versicherungskosten für versicherbare Länderrisiken** im Zähler des Bewertungskalküls diskutiert. Hierbei wurde festgestellt, dass v. a. die Versicherungskosten für öffentliche Versicherungsangebote, insbesondere für Versicherungen gegen Transferbeschränkungen sowie gegen den Einfluss kriegerischer Auseinandersetzungen und politisch motivierter Gewalt, aufgrund der transparenten Verfügbarkeit der Versicherungskonditionen Anhaltspunkte für die Quantifizierung des Einflusses der versicherbaren Länderrisiken auf den Zahlungsstrom des ausländischen Unternehmens liefern können. Werden Versicherungsangebote für Länderrisiken als Schätzer des Einflusses von Länderrisiken auf das Bewertungskalkül genutzt, ist das Vorgehen hierbei nachvollziehbar im Bewertungsgutachten zu dokumentieren.

Aufgrund fehlender Vorgaben für ein konkretes Vorgehen bei der Berücksichtigung von Länderrisiken im Zähler des Bewertungskalküls obliegt es dem Bewerter, sein individuelles Vorgehen bei der Analyse der Existenz und der künftigen Entwicklung sowie der quantitativen Aggregation von Länderrisiken im Zähler des Bewertungskalküls im Rahmen einer internatio-

---

[907] Vgl. DJUKANOV, V./KEUPER, F., Grenzüberschreitende Unternehmensbewertungen, S. 1315, Tz. 51; SETHI, S. P./LUTHER, K. A. N., Political Risk Analysis, S. 64; MEFFERT, H./BOLZ, J., Marketing-Management, S. 68, sowie ähnlich ZWIRNER, C./ZIMNY, G./LINDMAYR, S., Makroökonomische Einflussfaktoren, S. 1080, Tz. 51 im Einklang mit IDW (Hrsg.), IDW S 1 i. d. F. 2008, Tz. 74; IDW (Hrsg.), Bewertung und Transaktionsberatung, Kap. A, Tz. 241.
[908] Vgl. GLEIßNER, W., Risikomanagement, S. 125.
[909] Vgl. zur Analyse des Geschäftsmodells des Bewertungsobjektes für die Zwecke der Unternehmensbewertung weiterführend SEPPELFRICKE, P., Aktien- und Unternehmensbewertung, S. 272–303; BORN, K., Unternehmensanalyse und Unternehmensbewertung, S. 63–68; PEEMÖLLER, V. H./KUNOWSKI, S., Ertragswertverfahren, S. 364 f.; NIESWANDT, H./SEIBERT, D., Bewertungsrelevante Cash Flows, S. 21–25; DIEDRICH, R./DIERKES, S., Kapitalmarktorientierte Unternehmensbewertung, S. 185–194; IDW (Hrsg.), Bewertung und Transaktionsberatung, Kap. K, Tz. 48, sowie m. w. N. BALLWIESER, W./HACHMEISTER, D., Unternehmensbewertung, S. 44–48.

nalen Bewertungssituation abzuwägen. Das hier gezeigte Vorgehen und die einzelnen Analyseergebnisse können als **Orientierung** der **Identifikation und Prognose** von **politischen und auslandsmarktbezogenen Risiken** sowie von **Wechselkursrisiken** im Bewertungsprozess ausländischer Unternehmen dienen. Zudem wird die **Reflexion der bewertungssituationsspezifischen Vorgehensweise** sowohl bei der Erstellung einer Planungsrechnung als auch bei der Plausibilisierung oder Adjustierung einer bestehenden Planungsrechnung des ausländischen Bewertungsobjektes ermöglicht.

Anknüpfend an die Planung oder Plausibilisierung der künftigen Zahlungsströme des Bewertungsobjektes hat der Bewerter einen risikoäquivalenten Kapitalisierungszins zu bestimmen, mit dem die erwarteten Zahlungsströme des Bewertungsobjektes auf den Bewertungsstichtag diskontiert werden.[910] Daher wird im Folgenden die Berücksichtigung von Länderrisiken im Nenner des Bewertungskalküls durch die Bestimmung des Kapitalisierungszinses für eine objektivierte internationale Unternehmensbewertung thematisiert.

---

[910] Vgl. ZEIDLER, G. W./BERTRAM, I./WIESE, J., Systematische und unsystematische Risiken, S. 137 i. V. m. IDW (Hrsg.), IDW S 1 i. d. F. 2008, Tz. 113.

43 Berücksichtigung von Länderrisiken im Nenner

431. Vorbemerkung

Sofern in Fremdwährung denominierte Zahlungsströme mit der direkten Methode[911] bewertet werden, ist der Kapitalisierungszins aus der Perspektive des ausländischen Investors zu bestimmen. Um die Risikoäquivalenz zu fördern, müssen „Zahlungsstrom und Rendite der Alternativanlage [..] hinsichtlich ihres Risikos vergleichbar sein"[912]. Um die Risikoäquivalenz im Bewertungskalkül zu stärken, müssen systematische Länderrisiken i. S. d. CAPM demnach nicht nur im Zahlungsstrom des Bewertungsobjektes, sondern gleichermaßen im ausländischen Kapitalisierungszins berücksichtigt werden.[913] Somit sollten sowohl in den Eigen- als auch in den Fremdkapitalkosten, als Bestandteile der WACC des ausländischen Bewertungsobjektes, systematische Länderrisiken berücksichtigt sein.

Inwiefern systematische Länderrisiken in den Eigenkapitalkosten implizit enthalten sind, hängt von dem verwendeten Kapitalkostenmodell und der Operationalisierung der einzelnen CAPM-Komponenten ab. Für die Wahl des bewertungssituationsspezifisch adäquaten Kapitalkostenmodells ist zu beurteilen, ob der lokale Kapitalmarkt im Sitzland des Bewertungsobjektes (eher) als „segmentiert" oder (eher) als „integriert" zu qualifizieren ist. Der Integrationsgrad des Kapitalmarktes determiniert, welche Variante des CAPM für die Bestimmung der ausländischen Eigenkapitalkosten in der jeweiligen Bewertungssituation zu verwenden ist. Das IDW empfiehlt, zur Bestimmung der ausländischen Eigenkapitalkosten entweder das *Local*-CAPM oder das *Global*-CAPM als Kapitalkostenmodell zu nutzen.[914] Auf das *Local*-CAPM ist zurückzugreifen, sofern der ausländische Kapitalmarkt segmentiert in Beziehung zum globalen Kapitalmarkt ist, während das *Global*-CAPM zu verwenden ist, wenn eine hohe Integration des betreffenden Kapitalmarktes mit dem globalen Kapitalmarkt zu beobachten ist.[915] Die Eigenkapitalkosten des ausländischen Bewertungsobjektes sind somit in der konkreten Bewertungssituation

---

[911] Aufgrund der Typisierungen bei rechtlich geprägten und vertraglich begründeten Bewertungsanlässen des IDW S 1 i. d. F. 2008 ist bei diesen Anlässen regelmäßig die indirekte Methode zur objektivierten Unternehmensbewertung mit in Fremdwährung denominierten Zahlungsströmen zu verwenden. Die direkte Methode kann z. B. zur Ermittlung eines objektivierten Unternehmenswerts im Rahmen unternehmerischer Initiativen oder bei der Erstellung von *Fairness Opinions* verwendet werden. Vgl. dazu Abschn. 34 und zur direkten Methode Abschn. 361. Das österreichische Fachgutachten KFS/BW 1 zur Unternehmensbewertung enthält indes keine typisierenden Vorgaben für den Investor im Rahmen einer objektivierten Unternehmensbewertung. Demnach ist hier für die objektivierte, währungsraumübergreifende Unternehmensbewertung in Fremdwährung denominierten Zahlungsströmen bei rechtlich geprägten und vertraglich begründeten Bewertungsanlässen sowohl die direkte als auch die indirekte Methode zulässig. Vgl. PATLOCH-KOFLER, M./SCHMITZER, M., Fremdwährung in der Unternehmensbewertung, S. 162.
[912] IDW (Hrsg.), Bewertung und Transaktionsberatung, Kap. A, Tz. 215.
[913] Vgl. dazu auch CASTEDELLO, M./SCHÖNIGER, S./TSCHÖPEL, A., Praxiswissen Unternehmensbewertung, S. 364; HOLTHAUSEN, W. R./ZMIJEWSKI, M. E., Corporate Valuation, S. 857; RULLKÖTTER, N., Politische Länderrisiken, S. 30 f. Auch das IDW bringt in seinen Handlungsempfehlungen zum Ausdruck, dass sich Länderrisiken sowohl auf den Zähler als auch auf den Nenner des Bewertungskalküls auswirken. Es wird dort angemerkt, dass „bei der Bemessung des Risikozuschlags in den Kapitalkosten auf eine hinsichtlich derivativer Länderrisiken vergleichbare Alternativanlage abzustellen" ist. Vgl. IDW (Hrsg.), F&A zu IDW S 1 i. d. F. 2008, Tz. 4.1; IDW (Hrsg.), Bewertung und Transaktionsberatung, Kap. A, Tz. 400.
[914] Vgl. IDW (Hrsg.), Bewertung und Transaktionsberatung, Kap. A, Tz. 358 f. und Tz. 398.
[915] Vgl. PEREIRO, L. E., Valuation, S. 115.

in Abhängigkeit des jeweils verwendeten Kapitalmarktmodells auf unterschiedliche Weise zu ermitteln. Da die Höhe des Unternehmenswerts regelmäßig sehr sensitiv auf Änderungen des Kapitalisierungszinses reagiert,[916] kann die Wahl des zu verwendenden Kapitalkostenmodells das Bewertungsergebnis maßgeblich beeinflussen.

Im Folgenden wird analysiert, inwiefern systematische Länderrisiken in den zur Bestimmung der Eigenkapitalkosten erforderlichen CAPM-Komponenten berücksichtigt sind, um die Erfüllung der Risikoäquivalenz im Bewertungskalkül zu fördern (**Abschn. 432.1**). Dafür wird eingangs diskutiert, auf welche Weise der Integrationsgrad eines Kapitalmarktes als Grundlage zur Entscheidung des zu verwendenden Kapitalkostenmodells beurteilt werden kann (**Abschn. 432.11**), ehe die Operationalisierung der einzelnen Komponenten des *Local*-CAPM (**Abschn. 432.12**) sowie des *Global*-CAPM (**Abschn. 432.13**) konkretisiert und die Berücksichtigung von systematischen Länderrisiken in den jeweiligen CAPM-Komponenten analysiert werden. Anschließend werden die Verwendung einer Länderrisikoprämie zur Anpassung der Eigenkapitalkosten (**Abschn. 432.21**), die Möglichkeiten zur Berücksichtigung einer solchen Prämie (**Abschn. 432.22**) sowie die Ansätze zur Quantifizierung einer Länderrisikoprämie in Anlehnung an die Handlungsempfehlungen des IDW diskutiert (**Abschn. 432.23**). Als weiterer Bestandteil der WACC-Formel wird auch die Berücksichtigung von Länderrisiken in den Fremdkapitalkosten analysiert und gewürdigt (**Abschn. 433.**). Dabei wird die Berücksichtigung von Länderrisiken sowohl für die direkte als auch für die indirekte Methode zur Bestimmung von Fremdkapitalkosten thematisiert. Der Schwerpunkt der folgenden Analyse liegt indes auf der Berücksichtigung von Länderrisiken in den Eigenkapitalkosten.

Unabhängig vom konkreten Bewertungsanlass und der damit verbundenen Wahl der Methode für die Unternehmensbewertung mit in Fremdwährung denominierten Zahlungsströmen hat der Bewerter die **Unternehmensplanung des ausländischen Bewertungsobjektes** bei einer **objektivierten Unternehmensbewertung** hinsichtlich der Berücksichtigung von Länderrisiken zu plausibilisieren und ggf. anzupassen. Bei rechtlich geprägten oder vertraglich begründeten Bewertungsanlässen sowie der handelsrechtlichen Beteiligungsbewertung, als Bewertungsanlässe, die eine objektivierte Unternehmensbewertung erfordern, ist i. S. d. Vorgaben des IDW regelmäßig die indirekte Methode zu verwenden. Die Bewertung aus der Perspektive einer inländischen unbeschränkt steuerpflichtigen natürlichen Person als Anteilseigner[917] impliziert die Ableitung eines Kapitalisierungszinses auf Basis inländischer (deutscher) Kapitalmarktdaten.

Indes kann es z. B. für eine objektivierte Unternehmensbewertung im Rahmen **unternehmerischer Initiativen** sachgerecht sein, den Kapitalisierungszins auf der Grundlage ausländischer Kapitalmarktdaten zu ermitteln.[918] Des Weiteren kann es bei Erstellung einer *Fairness Opinion*

---

[916] Vgl. exemplarisch BARK, C., Kapitalisierungszinssatz, S. 1.
[917] Vgl. IDW (Hrsg.), IDW S 1 i. d. F. 2008, Tz. 31.
[918] Vgl. IDW (Hrsg.), Bewertung und Transaktionsberatung, Kap. A, Tz. 295 i. V. m. WAGNER, W./SAUR, G./WILLERSHAUSEN, T., Unternehmensbewertungsgrundsätze des IDW S 1 i. d. F. 2008, S. 732–734, sowie PEEMÖLLER, V. H./KUNOWSKI, S., Ertragswertverfahren, S. 357 f. und PEEMÖLLER, V. H./KUNOWSKI, S./HILLERS, J., Kapitalisierungszinssatz, S. 623.

für eine internationale Unternehmenstransaktion erforderlich sein, den Kapitalisierungszins z. B. eines ausländischen Transaktionsobjektes in seinem segmentierten Markt unter Verwendung der lokalen Kapitalmarktdaten zu bestimmen. Bei der Erstellung einer *Fairness Opinion* kann der objektivierte Unternehmenswert z. B. als Referenz zum subjektiven Unternehmenswert dazu dienen, aus der Differenzbetrachtung der beiden Werte eine Indikation für die Höhe der zu entgeltenden echten Synergien zu bekommen.[919] Beim *Impairment*-**Test nach IAS 36**, als Bewertungsanlass für Zwecke der externen Rechnungslegung, ist für den Geschäfts- oder Firmenwert und für immaterielle Vermögenswerte ohne bestimmbare Nutzungsdauer eine jährliche Werthaltigkeitsprüfung durchzuführen, um erforderliche Abschreibungen zu ermitteln. Dabei ist die direkte Methode der Unternehmensbewertung mit in Fremdwährung denominierten Zahlungsströme anzuwenden,[920] und mithin ein auf der Grundlage ausländischer Kapitalmarktdaten abgeleiteter Kapitalisierungszins für das Bewertungskalkül zu bestimmen. Um dem Ziel der IFRS gerecht zu werden, Investoren entscheidungsnützliche Informationen zu liefern, müssen die berichteten Informationen hinreichend verlässlich und objektiviert sein.[921] Das bezieht sich folgerichtig auch auf den ausländischen Kapitalisierungszins bei der Durchführung des *Impairment*-Tests nach IAS 36.[922] Daher wird auch in der folgenden Analyse die Bestimmung des ausländischen Kapitalisierungszinses hinsichtlich der Möglichkeit der Objektivierung des Bewertungsansatzes analysiert und gewürdigt.

432. Berücksichtigung von Länderrisiken in den Eigenkapitalkosten

432.1 Berücksichtigung von Länderrisiken in den CAPM-Komponenten

432.11 Bestimmung des Integrationsgrades eines Kapitalmarktes zur Wahl der CAPM-Variante

432.111. Bestimmung des Integrationsgrades auf Basis qualitativer Kriterien

Der am Bewertungsstichtag vorliegende Integrationsgrad des betrachteten Kapitalmarktes und die erwartete Entwicklung des Integrationsgrades determinieren die Diversifikationsmöglichkeiten des Portfolios eines lokalen Investors.[923] Somit hängt auch die Wahl des adäquaten Kapitalkostenmodells zur Bestimmung ausländischer Eigenkapitalkosten unter Verwendung der direkten Methode der Unternehmensbewertung mit in Fremdwährung denominierten Zahlungsströmen vom Integrationsgrad des betrachteten Kapitalmarktes ab. Der Integrationsgrad von Kapitalmärkten wird grundsätzlich anhand von zwei Determinanten beurteilt:[924] Einerseits ist

---

[919] Vgl. WOLLNY, C., Der objektivierte Unternehmenswert, S. 80.
[920] Vgl. IAS 36.54.
[921] Vgl. KOELEN, P., Bewertungskalküle, S. 16.
[922] Zudem ist nach den Vorgaben des österreichischen Fachgutachtens KFS/BW 1 zur Unternehmensbewertung im Rahmen einer objektivierten währungsraumübergreifenden Unternehmensbewertung bei rechtlich geprägten und vertraglichen begründeten Bewertungsanlässen sowohl die direkte als auch die indirekte Methode zulässig. Vgl. PATLOCH-KOFLER, M./SCHMITZER, M., Fremdwährung in der Unternehmensbewertung, S. 162.
[923] Vgl. BRUNER, R. F. U. A., Emerging Markets, S. 75; RUIZ DE VARGAS, S./BREUER, W., Globale vs. lokale Betafaktoren, S. 362.
[924] Vgl. hier und im folgenden Absatz SOLNIK, B. H./MCLEAVEY, D., Global Investments, S. 133–135.

relevant, wie flexibel Kapital zwischen verschiedenen Kapitalmärkten allokiert werden kann (**Kapitalmobilität**). Andererseits geben identische Preise für gleiche Güter auf unterschiedlichen Kapitalmärkten Aufschluss über den Integrationsgrad der Kapitalmärkte (**Preiskongruenz**).[925] Um segmentierte von integrierten Kapitalmärkten abzugrenzen und den Integrationsgrad zweier oder mehrerer Märkte zu bestimmen, können qualitative und quantitative Ansätze verwendet werden.

Häufig wird der Integrationsgrad eines Kapitalmarktes **qualitativ mithilfe nur eines Kriteriums**, z. B. anhand des Fortschrittes der Liberalisierung des Kapitalverkehrs oder der Deregulierung der Märkte, bestimmt.[926] Sachgerechter ist es, mehrere Kriterien zur Bestimmung des jeweiligen Integrationsgrades heranzuziehen. So besteht z. B. die Möglichkeit, den Integrationsgrad eines Kapitalmarktes mithilfe von Kriterien zu beurteilen, die auf eine **Segmentierung des Kapitalmarktes** hindeuten. In einem segmentierten Markt können heimische Investoren nur im lokalen Markt investieren.[927] Investoren aus dem Ausland haben indes keinen Zugang auf den lokalen Markt. Zudem wird bei einem segmentierten Markt angenommen, dass die heimischen Unternehmen lediglich im lokalen Markt wirtschaftlich tätig sind.[928]

Für die **Einschränkung der internationalen Kapitalmarktmobilität**, und mithin als Gründe für die Segmentierung eines Kapitalmarktes, können **verschiedene Arten von Investitionsbarrieren** unterschieden werden: **Erstens** können **erhöhte Informationskosten**, z. B. durch bestehende Informationsdefizite für ausländische Investoren abweichende Rechnungslegungsstandards oder ungenügenden Anlegerschutz, sowie **zweitens erhöhte Transaktionskosten** zu einer Einschränkung der Integration von Kapitalmärkten führen.[929] **Drittens** können **psychologische Faktoren** als mögliche Gründe für die Segmentierung eines Kapitalmarktes angeführt werden.[930] Die Segmentierung eines Kapitalmarktes kann aus psychologischen Faktoren resultieren, z. B. wenn ein Investor annimmt, in einer segmentierten Welt tätig zu sein (unabhängig vom tatsächlichen Grad der „objektiven" Segmentierung), oder es aufgrund von Sprachbarrieren und Informationsbarrieren bevorzugt, nur in Kapitalmärkten zu investieren, die ihm vertraut sind.[931] **Viertens** kann die Existenz von **Länderrisiken**, *ergo* politischen und auslandsmarktbezogenen Risiken sowie Wechselkursrisiken, die Segmentierung des Marktes begründen.[932] Politisch induzierte Investitionsbarrieren können dabei aus einer unterschiedlichen rechtlichen Behandlung von inländischen und ausländischen Investoren, z. B. hinsichtlich der Besteuerung

---

[925] In integrierten Märkten gleichen sich Preisunterschiede i. S. e. Arbitragegleichgewichts aus. Vgl. SABAL, J., Discount Rate, S. 157; LEVI, M. D., International Finance, S. 417.
[926] Vgl. HOFBAUER, E., Kapitalkosten, S. 25 i. V. m. JANDURA, D., Finanzmärkte, S. 8 f.
[927] Vgl. hier und im folgenden Satz BEKAERT, G./HARVEY, C. R., Emerging Markets Equity Returns, S. 3.
[928] Vgl. RUIZ DE VARGAS, S., Unternehmensbewertung im internationalen Kontext, S. 1642.
[929] Diese Arten der Investitionsbarrieren werden von BEKAERT/HODRICK als indirekte Barrieren bezeichnet. Vgl. BEKAERT, G./HODRICK, R. J., Financial Management, S. 583.
[930] Vgl. SOLNIK, B. H./MCLEAVEY, D., Global Investments, S. 134.
[931] Vgl. PEREIRO, L. E., Valuation of closely-held companies, S. 338; SOLNIK, B. H./MCLEAVEY, D., Global Investments, S. 134.
[932] Vgl. zu den Arten von Länderrisiken Abschn. 222.

oder in Bezug auf Eigentums- und Transferbeschränkungen, resultieren.[933] Politisch induzierte Investitionsbarrieren, i. S. v. **rechtlichen Beschränkungen** ausländischer Investoren, **limitieren die Möglichkeit einer Auslandsinvestition** dabei faktisch. Wohingegen die anderen hier genannten Investitionsbarrieren lediglich die **Bereitschaft von Investoren senken**, Investitionen im entsprechenden Land zu tätigen.[934] Die Systematisierung der Arten von Barrieren für Auslandsinvestitionen kann wie in **Abbildung 4-1** dargestellt werden:

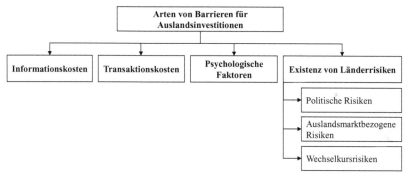

Abbildung 4-1: Systematisierung der Arten von Barrieren für Auslandsinvestitionen[935]

Eine Analyse, ob die gezeigten Arten von Barrieren für Auslandsinvestitionen in einem Land bestehen, kann als Entscheidungsgrundlage zur Bestimmung des Integrationsgrades des jeweiligen Kapitalmarktes dienen. Die Existenz von **Länderrisiken**, als eine mögliche Barriere für Auslandsinvestitionen, sollte dabei bereits im Rahmen der Analyse von Länderrisiken zur Berücksichtigung im Zähler des Bewertungskalküls betrachtet werden. Um die Ausprägung der jeweiligen qualitativen Kriterien zu beurteilen, können parallel Länderberichte oder Länderscoring-Modelle – unter Beachtung der jeweiligen konzeptionellen Schwächen[936] – als extern verfügbare Informationsquellen genutzt werden.

Darüber hinaus können die Überlegungen von RUIZ DE VARGAS als Orientierung für die Bestimmung des Integrationsgrades des betrachteten Kapitalmarktes dienen:[937] Dieser Autor grenzt auf Basis der **Mitgliedschaften in internationalen Organisationen** für die **inländische (deutsche) Perspektive** positiv ab, welche Bewertungskonstellationen auf eine Integration der

---

[933] Diese Arten der Investitionsbarrieren werden von BEKAERT/HODRICK als direkte Barrieren bezeichnet. Vgl. BEKAERT, G./HODRICK, R. J., Financial Management, S. 583.
[934] Vgl. RULLKÖTTER, N., DCF-Verfahren in Emerging Markets, S. 27 i. V. m. NISHIOTIS, G. P., Indirect Investment Barriers, S. 614. Vgl. ausführlich zu den Ursachen der Segmentierung von Kapitalmärkten FÜSS, R., Emerging Markets, S. 152–212; JANDURA, D., Finanzmärkte, S. 78–109; HERRMANN, F., Emerging Markets, S. 27–37, sowie EL HEDI AROURI, M./NGUYEN, D. K./PUKTHUANTHONG, K., International CAPM, S. 2474.
[935] Eigene Darstellung in Anlehnung an FÜSS, R., Emerging Markets, S. 153, sowie HOFBAUER, E., Kapitalkosten, S. 22.
[936] Vgl. dazu Abschn. 421.4.
[937] Vgl. hier und in den folgenden beiden Sätzen RUIZ DE VARGAS, S., Unternehmensbewertung im internationalen Kontext, S. 1644 f., sowie im Kontext einer international zusammengesetzten Peer-Group RUIZ DE VARGAS, S./BREUER, W., Globale vs. lokale Betafaktoren, S. 363–365.

Kapitalmärkte hinweisen. So ist aus deutscher Perspektive für den Euro-Raum eine sehr hohe Marktintegration, für den europäischen Währungsraum eine hohe Marktintegration und für Länder, mit denen bilaterale Abkommen bestehen (z. B. Länder innerhalb der OECD), eine hinreichende Kapitalmarktintegration anzunehmen.

Bei der direkten Methode der Unternehmensbewertung mit in Fremdwährung denominierten Zahlungsströmen ist der Kapitalisierungszins aus **Sicht eines ausländischen Investors** abzuleiten.[938] Für die Bestimmung des ausländischen Kapitalisierungszinses ist mithin der Integrationsgrad des entsprechenden ausländischen Kapitalmarktes zu bestimmen. Nach den Überlegungen von RUIZ DE VARGAS ist – **übertragen auf eine ausländische Bewertungsperspektive** – zur Bestimmung des Integrationsgrades des Kapitalmarktes eines Landes als qualitatives Kriterium zu analysieren, inwiefern das Sitzland des ausländischen Bewertungsobjektes durch **politische** und **wirtschaftliche Abkommen** internationale Beziehungen pflegt. Ist das betrachtete Land z. B. Teil der Europäischen Union oder des Europäischen Wirtschaftsraums, ist von einem integrierten Kapitalmarkt auszugehen.

432.112. Bestimmung des Integrationsgrades auf Basis quantitativer Kriterien

Für die Bestimmung des Integrationsgrades eines Kapitalmarktes wird als Argument einer bestehenden Segmentierung häufig auf die Existenz des *Equity Home-Bias* bei Investoren verwiesen.[939] Der *Equity Home-Bias* beschreibt den Umstand, dass ein Investor – trotz der nachgewiesenen Vorteilen der internationalen Diversifikation – einen mit Blick auf die relative Marktkapitalisierung größeren Anteil heimischer Kapitalanlagen in seinem Portfolio hält.[940] Die Existenz eines *Equity Home-Bias* konterkariert somit die Annahme des *Global*-CAPM[941] des vollständig diversifizierten Investors,[942] und spricht folglich für eine Anwendung des *Local*-CAPM als Kapitalkostenmodell,[943] da das *Local*-CAPM lediglich von lokal diversifizierten Investoren ausgeht.[944]

Für die **Überprüfung des** *Equity Home-Bias* untersuchen empirische Studien die Zusammensetzung des Portfolios, das ein typischer Investor im betrachteten Kapitalmarkt hält.[945] In den entsprechenden Untersuchungen wird dieser *Bias* für internationale Kapitalmärkte regelmäßig bestätigt.[946] Auch für **entwickelte Kapitalmärkte** wie den US-amerikanischen, europäischen

---

[938] Vgl. dazu Abschn. 361.
[939] Vgl. LEVI, M. D., International Finance, S. 415. Der *Equity Home-Bias* wurde erstmalig von FRENCH/POTERBA beschrieben. Vgl. dazu FRENCH, K. R./POTERBA, J. M., Investor Diversification, S. 222–226.
[940] Vgl. LEVI, M. D., International Finance, S. 415 f.; SERCU, P., International Finance, S. 618; BEKAERT, G./HODRICK, R. J., Financial Management, S. 586; KAROLYI, G. A., Emerging Markets Enigma, S. 175; DÖRSCHELL, A./FRANKEN, L./SCHULTE, J., Kapitalisierungszinssatz, S. 154.
[941] Vgl. für die Grundannahmen des *Global*-CAPM Abschn. 432.131.
[942] Vgl. BEKAERT, G./HODRICK, R. J., Financial Management, S. 587.
[943] Vgl. SHAPIRO, A. C., Financial Management, S. 437.
[944] Vgl. für die Grundannahmen des *Local*-CAPM Abschn. 432.121.
[945] Vgl. LEVI, M. D., International Finance, S. 415.
[946] Analysen, die eine Evidenz des *Equity Home-Bias* für internationale Kapitalmärkte feststellen, finden sich exemplarisch bei LEWIS, K., Home Bias in equities and consumption, S. 571–608; LEWIS, K., Global Asset

sowie den deutschen Kapitalmarkt wird die Evidenz eines *Equity Home-Bias* **festgestellt**,[947] **wenngleich** diese Märkte als **integriert** zu beurteilen sind. Bei der Entscheidung gegen den Gebrauch des *Global*-CAPM auf Basis eines beobachteten *Equity Home-Bias* in einem Markt wird indes nicht zwischen einer möglichen empirischen Unregelmäßigkeit und einzuhaltenden modelltheoretischen Konsistenzbedingungen des CAPM differenziert.[948] Nach dem CAPM wird von einem rational handelnden Investor ausgegangen, der i. S. d. Diversifikationsprinzips in ein möglichst breites Portfolio investiert. Die konzeptionelle Aussagekraft sollte von der empirischen Aussagekraft einer Methode abgegrenzt werden. Sofern ein Kapitalmarkt durch andere Kriterien als integriert zu qualifizieren ist, sollte auch bei Evidenz eines *Equity Home-Bias* das *Global*-CAPM angewendet werden. Allgemein ist im Zeitablauf eine Tendenz der Integration der globalen Investitionstätigkeit,[949] und eine damit verbundene Reduktion des *Equity Home-Bias* erkennbar.[950] Eine Fortsetzung dieser Entwicklung wird auch in Zukunft erwartet,[951] sodass zunehmend die Anwendung des *Global*-CAPM zur Bestimmung ausländischer Eigenkapitalkosten zu diskutieren ist.

Eine weitere verbreitete Methode, um den Grad der Integration eines Kapitalmarktes zu beurteilen, ist es, die **Korrelation zwischen den Renditen von nationalen Anlagemöglichkeiten und internationalen Anlagen** mithilfe einer **Regression** zu messen.[952] Die nationalen bzw. internationalen Anlagemöglichkeiten werden dabei durch einen lokalen Aktienindex bzw. durch einen möglichst breit zusammengestellten globalen Aktienindex approximiert. Umso höher der **Korrelationskoeffizient der Renditen der Anlagemöglichkeiten** ist, desto integrierter ist der betrachtete lokale Kapitalmarkt. Der Rückschluss auf den Integrationsgrad eines Kapitalmarktes anhand dieser Vorgehensweise ist jedoch kritisch. So kann der Integrationsgrad des Kapitalmarktes aufgrund einer unterschiedlichen **Zusammensetzung der Industriezugehörigkeit** der Unternehmen, die in den zur Approximation genutzten Aktienindizes gelistet sind,

---

Pricing, S. 1–50; COOPER, I. A./KAPLANIS, E., Home Bias in Equity Portfolios, S. 45–60; KAROLYI, G. A./STULZ, R. M., Are financial assets priced locally or globally?, S. 1–72; COOPER, I./SERCU, P./VANPÉE, R., Equity Home Bias puzzle, S. 1–133; MISHRA, A., Measures of Equity Home Bias Puzzle, S. 1–43.

[947] Wenngleich die Liberalisierung der Kapitalmärkte und die Einführung der gemeinsamen europäischen Währung den *Equity Home-Bias* innerhalb der europäischen Kapitalmärkte stark verringert haben, ist nach wie vor eine Überrepräsentanz heimischer Anlagetitel in den Portfolios europäischer Investoren zu beobachten. Vgl. BEKAERT, G. U. A., The European Union, S. 583–603; EUROPEAN CENTRAL BANK (Hrsg.), Financial integration, S. 10 f.; RAPOSO, I. G./LEHMANN, A., Capital market integration, S. 10; DEUTSCHE BUNDESBANK (Hrsg.), Monatsbericht – Januar 2011, S. 50. Vgl. für die Evidenz eines *Equity Home-Bias* in Deutschland OEHLER, A. U. A., Investors Home Biased?, S. 57–77; BALTZER, M./STOLPER, O./WALTER, A., Homefield advantage, S. 734–754; DEUTSCHE BUNDESBANK (Hrsg.), Monatsbericht – Dezember 2018, S. 48–53; BRUGGER, P./SCHMITZ, I., Overcoming Home Bias, S. 9.

[948] Vgl. hier und in den folgenden beiden Sätzen RUIZ DE VARGAS, S., Unternehmensbewertung im internationalen Kontext, S. 1643.

[949] Vgl. SHAPIRO, A. C., Financial Management, S. 435 i. V. m. PUKTHUANTHONG, K./ROLL, R., Global market integration, S. 213–242.

[950] Vgl. dazu COEURDACIER, N./REY, H., Home Bias, S. 63–115, sowie im Ergebnis OEHLER, A. U. A., Investors Home Biased?, S. 73 f.

[951] Vgl. dazu RUIZ DE VARGAS, S., Unternehmensbewertung im internationalen Kontext, S. 1643.

[952] Vgl. hier und in den folgenden beiden Sätzen SABAL, J., Discount Rate, S. 158.

unterschätzt werden.⁹⁵³ Ein vollständig integrierter Kapitalmarkt kann kaum oder sogar negativ zum globalen Kapitalmarkt korreliert sein, falls sich der „Industriemix" des betrachteten globalen Aktienindizes unterscheidet. Des Weiteren ist es möglich, dass aufgrund nicht hinreichend valider lokal verfügbarer Kapitalmarktdaten, bspw. aufgrund illiquiden Handels, der Korrelationskoeffizient der Renditen keinen zuverlässigen Schätzer für den Integrationsgrad des Kapitalmarktes repräsentiert.⁹⁵⁴

Alternativ kann der Integrationsgrad durch eine **Kointegrationsanalyse** bestimmt werden.⁹⁵⁵ Dieser Methode liegt die Annahme zugrunde, dass die Korrelation zwischen einzelnen Kapitalmärkten zum einen durch kurzfristige Renditeschwankungen, sog. *Trading Noises*, und zum anderen durch die langfristige Entwicklung der fundamentalwirtschaftlichen Daten beeinflusst wird. Im Rahmen einer Kointegrationsanalyse werden kurzfristige Renditeschwankungen der lokalen Kapitalmarktrendite, die zu einer geringeren beobachteten Korrelation der betrachteten Kapitalmarktrenditen führen können, bereinigt. Mithilfe einer Kointegrationsanalyse kann die langfristige Korrelation und somit der Integrationsgrad zwischen Kapitalmärkten statistisch gemessen werden. Indes sind die im Kontext der Verwendung der Korrelationskoeffizienten vorgebrachten Kritikpunkte, ebenfalls auf die Verwendung von Kointegrationsanalysen übertragbar.⁹⁵⁶

Die Messung des *Equity Home-Bias* oder des Korrelationskoeffizienten von Renditen bzw. die Durchführung einer Kointegrationsanalyse bilden regelmäßig das **methodische Grundgerüst von empirischen Studien**, die eine Aussage über den Integrationsgrad von Kapitalmärkten treffen.

432.113. Kritische Würdigung

Der Integrationsgrad eines Kapitalmarktes beeinflusst in der spezifischen Bewertungssituation die Wahl des adäquaten Kapitalkostenmodells. Auch nach den Vorgaben des IDW ist bei einer internationalen Unternehmensbewertung das adäquate Kapitalkostenmodell zur Bestimmung der Eigenkapitalkosten des ausländischen Bewertungsobjektes mit Blick auf den **Integrationsgrad des ausländischen Kapitalmarktes** im Sitzland des Bewertungsobjektes zu wählen.⁹⁵⁷ Dieses Vorgehen i. S. d. Handlungsempfehlung des IDW impliziert mithin die Anwendung der

---

[953] Vgl. hier und im folgenden Satz BEKAERT, G./HARVEY, C. R., World Market Integration, S. 435–437, sowie SUCKUT, S., Internationale Akquisitionen, S. 203.
[954] Vgl. SABAL, J., Discount Rate, S. 158.
[955] Vgl. im folgenden Absatz JANDURA, D., Finanzmärkte, S. 406–409.
[956] Als weitere Möglichkeit wird die empirische Überprüfung der Gültigkeit der internationalen Paritätentheorie diskutiert. Sofern die internationalen Paritätsbedingungen gelten, haben sämtliche Güter in unterschiedlichen Kapitalmärkten denselben Preis. Sodann gelten Kapitalmärkte als integriert. Vgl. m. w. N. HERRMANN, F., Emerging Markets, S. 38 f., sowie umfassend dazu JANDURA, D., Finanzmärkte. Wie bereits im Zusammenhang mit der Wechselkursprognose diskutiert, ist die Gültigkeit der internationalen Paritätentheorie in der Realität nicht universell nachzuweisen. Vgl. dazu auch Abschn. 422.4. Vgl. für weitere Methoden zur Analyse der Integration eines Kapitalmarktes FÜSS, R., Emerging Markets, S. 215–280. FÜSS differenziert die Analysemethoden nach statischen und dynamischen Betrachtungsweisen.
[957] Vgl. IDW (Hrsg.), Bewertung und Transaktionsberatung, Kap. A, Tz. 398 und Tz. 359.

direkten Methode der Unternehmensbewertung mit in Fremdwährung denominierten Zahlungsströmen, da ein ausländischer Kapitalisierungszins bestimmt wird.

In den extremen Ausprägungen des Integrationsgrades können Kapitalmärkte **vollständig segmentiert** oder **vollständig integriert** sein.[958] Sofern der Kapitalmarkt als „segmentiert" qualifiziert werden kann, ist auf das *Local*-CAPM für die Bestimmung der ausländischen Eigenkapitalkosten abzustellen.[959] *Vice versa* ist im Fall eines „integrierten" Kapitalmarktes der Gebrauch des *Global*-CAPM sachgerecht.[960] In der Realität liegt der **tatsächliche Integrationsgrad** eines Kapitalmarktes **zwischen diesen beiden Ausprägungen**.[961] Bei dem Gebrauch eines der genannten Kapitalkostenmodelle handelt es sich daher um eine Komplexitätsreduktion. Der Bewerter hat lediglich eine Tendenzaussage darüber zu treffen, ob der betrachtete Kapitalmarkt eher segmentiert oder eher integriert ist. Die Entscheidung über diese Tendenz ist dahingehend auszulegen, dass die extremste Ausprägung der jeweiligen Wirkungsrichtung der Integration angenommen wird. Das ist aus **Gründen der Wirtschaftlichkeit** zu begrüßen. Eine exakte Quantifizierung des Integrationsgrades des betrachteten Kapitalmarktes ist technisch nur schwer umsetzbar und bietet für die hier betrachteten Kapitalkostenmodelle insofern keinen Mehrwert, als ein exakt quantifizierter Integrationsgrad nicht bei der formal-mathematischen Bestimmung der **Eigenkapitalkosten auf Basis der CAPM-Formel** integriert werden kann.[962]

Da der Integrationsgrad eines Kapitalmarktes individuell ist, muss die Integration des Kapitalmarktes situationsspezifisch zum Bewertungsstichtag beurteilt werden. Das Urteil über den Integrationsgrad ist eine **punktuelle Entscheidung**, die im Bewertungskalkül sowohl für die Detailplanungsphase als auch für die ewige Rente Bestand hat. Sofern eine Änderung des Integrationsgrades während der Detailplanungsphase erwartet würde, könnte dies grundsätzlich durch einen Wechsel des verwendeten Kapitalkostenmodells zur Bestimmung der Eigenkapitalkosten berücksichtigt werden. In der ewigen Rente ist ein solcher Wechsel aufgrund der Fortschreibung des Kapitalisierungszinses indes bewertungstechnisch nicht möglich. Ein sich in Zukunft ändernder Integrationsgrad wird im Bewertungskalkül des FCF-WACC-Verfahrens regelmäßig nicht in Erwägung gezogen. Bei anfänglichem Gebrauch des *Local*-CAPM ist die konstante

---

[958] Vgl. FÜSS, R., Emerging Markets, S. 131. Empirisch kann z. B. für Ghana oder Venezuela eine Tendenz der Existenz segmentierter Märkte festgestellt werden. Vgl. dazu BEKAERT, G. U. A., Equity Markets, S. 3850–3853.

[959] SABAL weist darauf hin, dass international diversifizierte Investoren und national diversifizierte Investoren parallel in einem segmentierten Markt existieren können, sofern z. B. einzelne Sektoren des Kapitalmarktes auch für ausländische Investoren zugänglich sind. Das hat zur Folge, dass verschiedene Preise für eine Aktie in einem Markt bestehen können. Vgl. dazu SABAL, J., Discount Rate, S. 158.

[960] Vgl. PEREIRO, L. E., Valuation, S. 115.

[961] Vgl. BUTLER, K. C./JOAQUIN, D. C., Political Risk, S. 600; FÜSS, R., Emerging Markets, S. 131; IDW (Hrsg.), Bewertung und Transaktionsberatung, Kap. A, Tz. 359.

[962] BEKAERT/HARVEY und EL HEDI AROURI/NGUYEN/PUKTHUANTHONG haben nicht CAPM-basierte Kapitalkostenmodelle konzipiert, bei denen der konkrete Integrationsgrad des betrachteten Kapitalmarktes quantitativ bei der Bestimmung der Eigenkapitalkosten eines ausländischen Bewertungsobjektes berücksichtigt werden kann. Vgl. zur jeweiligen Beschreibung des Modells BEKAERT, G./HARVEY, C. R., World Market Integration, S. 405–409 und EL HEDI AROURI, M./NGUYEN, D. K./PUKTHUANTHONG, K., International CAPM, S. 2474.

Anwendung des Kapitalkostenmodells im Kontext der Liberalisierungsdynamik der Kapitalmärkte – v. a. auch in *Emerging Markets* – kritisch zu sehen. Spiegelbildlich ist aber auch die Deliberalisierung eines bisher integrierten Kapitalmarktes denkbar. FÜSS betont, dass sich die Liberalisierung oder Deliberalisierung eines Kapitalmarktes i. d. R. nicht an einem bestimmten Zeitpunkt manifestiert.[963] Vielmehr sind diese Entwicklungen als kontinuierlicher Prozess anzusehen.[964] Das erschwert mithin die Beurteilung, ab wann der Status des Integrationsgrades eines Kapitalmarktes wechselt. Insgesamt wird aufgrund der über die Lebensdauer eines Unternehmens hinweg statischen Annahme des Integrationsgrades eines Kapitalmarktes dem **Grundsatz der Zukunftsorientierung** regelmäßig nicht entsprochen.

Die Bestimmung des Grades der Integration eines Kapitalmarktes ist eine Aufgabe, die auch die empirische Kapitalmarktforschung beschäftigt. Es existieren zahlreiche **empirische Studien**, die sich mit der Analyse des *status quo* der Eigenschaften der Kapitalmärkte in unterschiedlichen Ländern auseinandersetzen,[965] und als Referenz zur Entscheidung über die Ausprägung des Integrationsgrades eines Kapitalmarktes herangezogen werden können. Dabei sollte für die Bestimmung des Integrationsgrades indes nicht auf die alleinige Messung eines *Equity Home-Bias* abgestellt werden. Die Evidenz eines solchen *Bias* bestätigt zwar empirisch eine Verletzung des Diversifikationsprinzips i. S. d. CAPM, impliziert aber keine Abkehr vom Annahmensystem des CAPM an sich, sodass weiterhin von einem rational handelnden Investor auszugehen ist.[966] Gleichwohl sind nicht für sämtliche global existierenden Kapitalmärkte empirische Analysen des Integrationsgrades verfügbar. Falls solche Analysen existieren, besteht mithin die Schwierigkeit, dass diese Analysen nicht die Situation der Kapitalmarktintegration zum aktuellen Bewertungsstichtag widerspiegeln, sondern das Urteil auf Basis einer Situation in der Vergangenheit erstellt wurde. Das impliziert eine **Verletzung des Stichtagsprinzips** und schränkt den **Zukunftsbezug** der Bestimmung des Integrationsgrades **zusätzlich ein**.

Trotzdem ist es i. S. d. Einhaltung des **Grundsatzes der Wirtschaftlichkeit** nicht empfehlenswert, dass der Bewerter eigene bewertungsstichtagsaktuelle quantitative Untersuchungen darüber durchführt, inwiefern der betrachtete Kapitalmarkt (eher) als segmentiert oder (eher) als integriert zu beurteilen ist. Für die Bestimmung des Integrationsgrades sollte grundsätzlich auf

---

[963] Vgl. dazu FÜSS, R., Emerging Markets, S. 152.
[964] Vgl. dazu BEKAERT, G./HARVEY, C. R., Emerging Markets Finance, S. 3–55.
[965] Vgl. exemplarisch für einen nicht abschließenden) Überblick bestehender Studien zum Integrationsgrad verschiedener Kapitalmärkte PAVTO, V. S./RAJU, G. A., Stock Market Integration, S. 66–135.
[966] Vgl. RUIZ DE VARGAS, S., Unternehmensbewertung im internationalen Kontext, S. 1643. SABAL betont hingegen, dass bei internationalen Unternehmensbewertungen der tatsächliche Diversifikationsgrad des Bewertungssubjektes und der Integrationsgrad des Kapitalmarktes des Landes, in dem investiert wird, für die Wahl des adäquaten Kapitalkostenmodells entscheidend ist. Vgl. SABAL, J., Discount Rate, S. 164. Danach wäre trotz der bestehenden internationalen Diversifikationsmöglichkeiten für einen lediglich lokal diversifizierten Investoren die Nutzung des *Local*-CAPM sachgerecht. Es müsste dafür im Einzelfall jeweils der tatsächliche Diversifikationsgrad des entsprechenden Investors festgestellt werden. Die Umsetzung dessen in der Praxis ist indes fraglich.

(möglichst) **aktuelle empirische Studien** über den betreffenden Kapitalmarkt abgestellt werden,[967] da eine ausschließlich qualitative Analyse des institutionellen Rahmens eines Kapitalmarktes u. U. keine Schlüsse auf dessen Integrationsgrad und künftige Entwicklung zulässt.[968] Die Erkenntnisse der empirischen Studien aus der Vergangenheit sind dabei nicht unreflektiert in die Zukunft zu übertragen, sondern zusätzlich durch **eigene Überlegungen des Bewerters auf Basis qualitativer Kriterien** zu plausibilisieren.

Sofern keine externen empirischen Untersuchungen herangezogen werden können oder lediglich veraltete Erhebungen zur Verfügung stehen, kann der Bewerter den Integrationsgrad lediglich auf Basis einer eigenen qualitativen Einschätzung der bestehenden Investitionsbarrieren in einem Land beurteilen. Dabei sind – analog zu der Empfehlung, nicht alleinig auf empirische Studien abzustellen, die die Evidenz eines *Equity Home-Bias* feststellen – **eher technische als psychologische Restriktionen** zur qualitativen Beurteilung des Integrationsgrades des betrachteten Kapitalmarktes zu berücksichtigen. Als technische Restriktionen sind bspw. bestehende Gesetze zu Kapitaltransferbeschränkungen zu nennen. Als Orientierung für die Bestimmung des Integrationsgrades des Kapitalmarktes auf Basis qualitativer Kriterien sollten, neben dem Schema der Arten von Barrieren für internationale Investitionen, die erläuterten Überlegungen von RUIZ DE VARGAS hinsichtlich der Analyse der internationalen Verflechtung des betrachteten Landes dienen.

Die Bestimmung des Integrationsgrades und die damit verbundene Wahl des adäquaten Kapitalkostenmodells zur Bestimmung der Eigenkapitalkosten des ausländischen Bewertungsobjektes können das Bewertungsergebnis in hohem Maße beeinflussen.[969] Im Sinne der geforderten **Objektivierung** der Unternehmensbewertung ist zu gewährleisten, dass im Rahmen einer qualitativen – und mithin subjektiven – Beurteilung des Integrationsgrades durch den Bewerter die Einschätzung des Integrationsgrades für Dritte im Detail nachvollziehbar ist. Dieses Erfordernis wird auch dadurch deutlich, dass **keine feste und mithin objektivierbare Grenze** zwischen den beiden Ausprägungen des Integrationsgrades existiert.

---

[967] Vgl. übereinstimmend RUIZ DE VARGAS, S./BREUER, W., Globale vs. lokale Betafaktoren, S. 362.
[968] Vgl. HOFBAUER, E., Kapitalkosten, S. 24 i. V. m. JANDURA, D., Finanzmärkte, S. 8 f. und S. 111 f.
[969] ERNST U. A. berechnen die Eigenkapitalkosten für eine spezifische Bewertungssituation anhand von verschiedenen Modellen, darunter auch das *Local*-CAPM und das *Global*-CAPM. Dabei stellen die Autoren – v. a. zwischen den beiden hier betrachteten Kapitalkostenmodellen – deutliche Unterschiede in der Höhe der ermittelten Eigenkapitalkosten fest. Vgl. dazu im Ergebnis ERNST, D. U. A., Internationale Unternehmensbewertung, S. 255 f. Vgl. zu einem ähnlichen Ergebnis kommend HORN, M. P. U. A., Country Risk, S. 292–301. Zu einem anderen Resultat gelangt indes STULZ, der bei Gebrauch des *Local*-CAPM anstelle des *Global*-CAPM lediglich eine leichte Abweichung der ermittelten Eigenkapitalkosten feststellt. Vgl. STULZ, R. M., Globalization of Capital Markets, S. 30–38. Vgl. für empirische Studien, die Ergebnisse der beiden Kapitalkostenmodelle zur Bestimmung von Eigenkapitalkosten gegenüberstellen, PRATT, S. P./GRABOWSKI, R. J./BREALEY, R. A., Cost of Capital, S. 1021 f. Vgl. anschaulich zu dem Einfluss des Integrationsgrades auf die Kapitalkosten und v. a. zu den Effekten des Übergangs eines segmentierten Kapitalmarktes hin zu einem integrierten Kapitalmarkt RULLKÖTTER, N., DCF-Verfahren in Emerging Markets, S. 28–31.

Aufgrund der **Wertrelevanz der Bestimmung des Integrationsgrades** des betrachteten Kapitalmarktes und der gezeigten **Schwierigkeiten**, den bewertungsstichtagaktuellen **Integrationsgrad** in einer internationalen Bewertungssituation valide **zu ermitteln**, muss das konkrete Vorgehen bei der Bestimmung des Integrationsgrades nachvollzogen werden können. Daher hat der **Bewerter** seine **Einschätzung über die Ausprägung des Integrationsgrades** des betrachteten Kapitalmarktes im Bewertungsgutachten offenzulegen und seine Einschätzung mit Bezug zu empirischen Studien oder anhand von eigenen Überlegungen zu **begründen**.

Während bei einem segmentierten Kapitalmarkt das *Local*-CAPM zur Bestimmung der Eigenkapitalkosten des ausländischen Bewertungsobjektes zu verwenden ist, sollte bei einem integrierten Kapitalmarkt das *Global*-CAPM zum Einsatz kommen. Um die Berücksichtigung von systematischen Länderrisiken in den Komponenten des *Local*-CAPM und des *Global*-CAPM zu untersuchen, wird im Folgenden zunächst auf die zugrunde liegenden Annahmen der Kapitalkostenmodelle eingegangen, ehe die Komponenten der Eigenkapitalkosten beleuchtet werden. Zudem werden mögliche praktische Probleme bei der Operationalisierung der Komponenten für die jeweilige CAPM-Variante erörtert.

432.12 *Local*-CAPM

432.121. Grundannahmen des *Local*-CAPM

Die Konzeption des ***Local*-CAPM** basiert auf Überlegungen von PEREIRO und ist eine Variation des klassischen CAPM.[970] Dem *Local*-CAPM, als Kapitalkostenmodell, liegt die Annahme eines **vollständig segmentierten lokalen Kapitalmarktes** zugrunde.[971] In segmentierten Kapitalmärkten sind Barrieren für den internationalen Kapitalmarkt- und Informationsfluss vorhanden.[972] Es wird angenommen, dass ausschließlich lokale Investoren am Bewertungsobjekt beteiligt sind und für diese Investoren keine Möglichkeit besteht, in andere Kapitalmärkte zu investieren.[973] Nach dem *Local*-CAPM können bestehende Länderrisiken in segmentierten Kapitalmärkten nicht international diversifiziert werden.[974] Der Investor ist jedoch auf dem **lokalen Markt diversifiziert**, da er das lokale Marktportfolio des entsprechenden Landes hält, das annahmegemäß alle risikobehafteten Anlagen des lokalen Marktes umfasst.[975]

Das relevante **Risikomaß** zur Bewertung eines Wertpapiers in einem segmentierten Markt ergibt sich aus der Kovarianz zwischen der Rendite des Wertpapiers und der Rendite des lokalen Marktportfolios.[976] Der Betafaktor ist folglich im Verhältnis zu den Renditen des lokalen

---

[970] Vgl. PEREIRO, L. E., Valuation of closely-held companies, S. 338–340. Vgl. zu den Grundlagen des CAPM Abschn. 352.311.
[971] Vgl. PEREIRO, L. E., Valuation of closely-held companies, S. 338; SABAL, J., Discount Rate, S. 158.
[972] Vgl. ERNST, D. U. A., Internationale Unternehmensbewertung, S. 221.
[973] Vgl. BEKAERT, G./HARVEY, C. R., World Market Integration, S. 404; SERCU, P., International Finance, S. 679.
[974] Vgl. ERNST, D. U. A., Internationale Unternehmensbewertung, S. 222; ADLER, M./DUMAS, B., International Portfolio Choice, S. 936.
[975] Vgl. SABAL, J., Discount Rate, S. 158.
[976] Vgl. LEVI, M. D., International Finance, S. 412 f.

Aktienindex zu ermitteln (β_L).[977] Zur Bestimmung der Eigenkapitalkosten im Kontext des *Local*-CAPM ist daher der risikolose Zins des lokalen Marktes (i_L) und die Rendite des lokalen Marktportfolios ($r_{m,L}$) zu verwenden.[978] Die Eigenkapitalkosten sind nach dem *Local*-CAPM wie in **Formel 4-5** zu bestimmen:

$$r_{EK,L} = i_L + \beta_L \times (r_{m,L} - i_L)$$

Formel 4-5: Eigenkapitalkosten nach dem *Local*-CAPM[979]

In den folgenden Abschnitten wird die jeweilige Bestimmung der Komponenten des *Local*-CAPM erörtert und mithin die Berücksichtigung von systematischen Länderrisiken in den einzelnen Komponenten des *Local*-CAPM untersucht.

432.122. Berücksichtigung von Länderrisiken in den *Local*-CAPM-Komponenten

432.122.1 Lokaler risikoloser Zins

Um Währungsäquivalenz im Bewertungskalkül herzustellen, sind in Fremdwährung denominierte Zahlungsströme mit einem in Fremdwährung ermittelten risikoadäquaten Kapitalisierungszins zu diskontieren. Demnach ist auch der **lokale risikolose Zins**, als Bestandteil des Kapitalisierungszinses, in der entsprechenden Fremdwährung zu ermitteln.[980] Der risikolose Zins repräsentiert die Rendite einer Kapitalmarktanlage, die nicht ausfallgefährdet und laufzeitäquivalent zum Zahlungsstrom des Bewertungsobjektes ist sowie kein Währungs-, Termin- und Reinvestitionsrisiko hat.[981]

Im Rahmen des *Local*-CAPM wird der risikolose Zins durch die Addition des **Credit Spread der Staatsanleihe des Sitzlandes des ausländischen Bewertungsobjektes** mit einer risikolosen Staatsanleihe bestimmt.[982] Der Credit Spread wird dabei regelmäßig durch die Differenz der Renditen der Staatsanleihe des betrachteten Landes und den Renditen einer US-amerikanischen Staatsanleihe,[983] als quasi-risikoloses Äquivalent, berechnet und in Basispunkten gemessen. Für die sachgerechte Bestimmung des Credit Spread müssen beide Staatsanleihen zum einen möglichst gleiche Laufzeiten sowie Emissions- und Zahlungszeitpunkte haben und zum anderen in derselben Währung denominiert sein.[984]

---

[977] Vgl. HARVEY, C. R., Predictable risk and returns, S. 13.
[978] Vgl. KOLLER, T./GOEDHART, M./WESSELS, D., Valuation, S. 515; HOFBAUER, E., Kapitalkosten, S. 114.
[979] In Anlehnung an PEREIRO, L. E., Valuation of closely-held companies, S. 340.
[980] Vgl. MEITNER, M./STREITFERDT, F., Risikofreier Zins und Marktrisikoprämie, S. 677.
[981] Vgl. BALLWIESER, W./HACHMEISTER, D., Unternehmensbewertung, S. 90; DAMODARAN, A., Riskfree Rate, S. 6.
[982] Vgl. PEREIRO, L. E., Valuation of closely-held companies, S. 340; GLEIßNER, W., Länderrisikoprämien, S. 950; ERNST, D. U. A., Internationale Unternehmensbewertung, S. 222.
[983] Vgl. dazu auch Abschn. 432.232.1.
[984] Vgl. PEREIRO, L. E., Valuation of closely-held companies, S. 340; DAMODARAN, A., Country Risk – The 2020 Edition, S. 66 f.

Sofern die Regierung eines Landes Staatsanleihen in der Landeswährung begibt und die Notenbank des Landes kontrolliert, besteht grundsätzlich die Möglichkeit, dass begebene Staatsanleihen nicht ausfallgefährdet sind.[985] Die Geldmenge kann dann durch Maßnahmen der Notenbank so gesteuert werden, dass das begebende Land die Zahlungsverpflichtungen nominal begleichen kann.[986] Allerdings ist nicht *per se* sicher, dass die Regierung eines Landes wirtschaftlich in der Lage oder politisch gewillt ist, der Rückzahlung ihrer Verpflichtungen an den Gläubiger nachzukommen.[987] Die Möglichkeit des **Zahlungsausfalls eines Staates** ist u. a. dadurch ersichtlich, dass auch für Staatsanleihen Ratings veröffentlicht werden, die Aufschluss über die Bonität des Schuldnerlandes geben.[988] Renditen von Staatsanleihen enthalten eine **Risikoprämie für Ausfallrisiken** und sind demnach lediglich als **quasi-risikolose Kapitalanlagen** zu qualifizieren.[989]

Nach DÖRSCHELL/FRANKEN/SCHULTE lassen sich die Unterschiede zwischen Zinssätzen auf verschiedenen Kapitalmärkten u. a. durch unterschiedliche Inflationserwartungen und durch die jeweils erwarteten Entwicklungen des Wechselkurses der Währungen zueinander erklären.[990] Somit enthalten Staatsanleihen regelmäßig eine **Prämie für die systematischen (ökonomischen) Wechselkursrisiken**.[991]

BEKAERT U. A. zeigen, dass primär **vier Komponenten** die **Höhe des Credit Spread** einer Staatsanleihe beeinträchtigen:[992] Die globalen wirtschaftlichen Bedingungen, länderspezifische Wirtschaftsfaktoren, die Liquidität von Staatsanleihen sowie die politischen Risiken, die in einem Land vorherrschen. Die Autoren weisen zudem nach, dass v. a. die **politische Risikokomponente** die Höhe des Credit Spread quantitativ beeinflusst. Demnach enthält der durch Credit Spreads von Staatsanleihen approximierte lokale „risikolose Zins" auch regelmäßig **systematische politische sowie marktbezogene Risiken** des entsprechenden Landes.

Neben der **theoretischen Inkonsistenz**, dass der risikolose Zins bei der Bestimmung der Eigenkapitalkosten i. S. d. CAPM in der Realität nicht vollständig ausfallsicher und stets zu approximieren ist, kann die Bestimmung für Credit Spreads auf ausländischen Kapitalmärkten bei

---

[985] Vgl. hier und im folgenden Satz BEKAERT, G./HODRICK, R. J., Financial Management, S. 604.
[986] Eine durch die Notenbank künstlich erhöhte Geldmenge führt indes zu einer gesteigerten Inflation der kontrollierten Währung. Vgl. BEKAERT, G./HODRICK, R. J., Financial Management, S. 604.
[987] Vgl. BÜSCHGEN, H. E., Finanzmanagement, S. 284.
[988] Vgl. KÄFER, B./MICHAELIS, J., Länderrisiko, S. 96.
[989] Vgl. SABAL, J., Financial Decisions, S. 95; DAMODARAN, A., Riskfree Rate, S. 12; KRUSCHWITZ, L./LÖFFLER, A., Kapitalkosten, S. 805; DJUKANOV, V./KEUPER, F., Grenzüberschreitende Unternehmensbewertungen, S. 1321, Tz. 72; IDW (Hrsg.), Bewertung und Transaktionsberatung, Kap. A, Tz. 375.
[990] Vgl. DÖRSCHELL, A./FRANKEN, L./SCHULTE, J., Kapitalisierungszinssatz, S. 354 f. i. V. m. BREALEY, R. A./MYERS, S. C./ALLEN, F., Corporate Finance, S. 719–723. Vgl. ähnlich DAMODARAN, A., Riskfree Rate, S. 10–13.
[991] Vgl. im Ergebnis auch DJUKANOV, V./KEUPER, F., Grenzüberschreitende Unternehmensbewertungen, S. 1321, Tz. 72.
[992] Vgl. hier und in den folgenden beiden Sätzen BEKAERT, G. U. A., Political Risk Spreads, S. 472, sowie BEKAERT, G. U. A., Political Risk, S. 2.

Gebrauch des *Local*-CAPM mit Problemen verbunden sein. So begeben ausländische Regierungen teilweise keine Schuldtitel oder nur Schuldtitel mit einem kurzfristigen Investitionshorizont.[993] Anstelle der Parameter, die zur individuellen Schätzung einer Zinsstrukturkurve mithilfe der „Svensson-Methode" benötigt werden,[994] veröffentlichen Zentralbanken zudem mitunter nur *Spot Rates* für ausgewählte Laufzeiten.[995] An diesen Laufzeiten muss sich für die Bestimmung des risikolosen Zinses zwangsläufig orientiert werden. Darüber hinaus emittieren ausländische Regierungen Schuldtitel u. U. nur in US-Dollar oder dem Euro.[996]

Falls die Regierung des betrachteten Landes keine Staatsanleihen begibt, diese nur für kurzfristige Laufzeiten oder nicht in lokaler Währung vorliegen, diskutiert das Schrifttum **verschiedene alternative Herangehensweisen**, um einen risikolosen Zins abzuleiten. Nach SABAL ist in solchen Fällen zu prüfen, ob sich die Renditen von Unternehmensanleihen im betreffenden Land hinsichtlich der Bonität, Laufzeit und Währung als Approximation eines risikolosen Zinses eignen.[997] Indes sind auch diese Anlagen regelmäßig nicht als risikolos zu qualifizieren.[998] MEITNER/STREITFERDT schlagen beim Fehlen einer quasi-risikolosen Anlage bei internationalen Unternehmensbewertungen als weitere Alternative eine synthetische, und mithin aufwändige, Konstruktion des risikolosen Zinses mithilfe von CDS vor.[999] Hierbei wird das Ausfallrisiko der Staatsanleihe durch das Bonitätsrisiko des Swap-Partners ersetzt, sodass auch hier kein (vollständig) risikoloser Zins abgeleitet werden kann.

432.122.2 Lokale Marktrisikoprämie

Die Marktrisikoprämie wird als **Differenz** der **Rendite des Marktportfolios** und des **risikolosen Zinses** ermittelt.[1000] Im Sinne des CAPM enthält das Marktportfolio alle risikobehafteten Anlagemöglichkeiten des Kapitalmarktes.[1001] Ein Markt, der alle risikobehafteten Anlagen umfasst, existiert in der Realität indes nicht,[1002] sodass in der Praxis als Approximation des Marktportfolios auf einen möglichst breit zusammengestellten und liquiden Aktienmarkt zurückgegriffen wird.[1003] Um die **lokale Marktrisikoprämie** auf dem ausländischen Kapitalmarkt zu approximieren, ist die **Differenz** zwischen der **Rendite des lokalen Marktportfolios**, also einem möglichst breit zusammengestellten und liquiden lokalen Aktienindex, und dem zuvor ermittelten **lokalen risikolosen Zins** zu bestimmen.

---

[993] Vgl. KOLLER, T./GOEDHART, M./WESSELS, D., Valuation, S. 700; DAMODARAN, A., Riskfree Rate, S. 24.
[994] Vgl. zur Anwendung der „Svensson-Methode" zur Schätzung von Zinsstrukturkurven Abschn. 352.312.
[995] Vgl. DÖRSCHELL, A./FRANKEN, L./SCHULTE, J., Kapitalisierungszinssatz, S. 352; WADÉ, M., Länderrisikoanalyse, S. 127.
[996] Vgl. KOLLER, T./GOEDHART, M./WESSELS, D., Valuation, S. 700; DAMODARAN, A., Riskfree Rate, S. 24.
[997] Vgl. dazu SABAL, J., Financial Decisions, S. 95.
[998] Vgl. HOFBAUER, E., Emerging Markets, S. 109 f.
[999] Vgl. dazu hier und im folgenden Satz MEITNER, M./STREITFERDT, F., Risikofreier Zins und Marktrisikoprämie, S. 677 f.
[1000] Vgl. zur Bestimmung der Höhe der Marktrisikoprämie im deutschen Bewertungskontext Abschn. 352.313.
[1001] Vgl. PERRIDON, L./STEINER, M./RATHGEBER, A., Finanzwirtschaft, S. 290 f.
[1002] Vgl. MEITNER, M./STREITFERDT, F., Risikofreier Zins und Marktrisikoprämie, S. 680.
[1003] Vgl. ZIEMER, F., Betafaktor, S. 208; REBIEN, A., Kapitalkosten, S. 87; MEITNER, M./STREITFERDT, F., Risikofreier Zins und Marktrisikoprämie, S. 680.

Der Großteil der in lokalen Aktienindizes enthaltenen systematischen Risiken ist auf die **konjunkturelle Entwicklung** der lokalen Volkswirtschaft zurückzuführen.[1004] Es ist deshalb davon auszugehen, dass die **systematischen auslandsmarktbezogenen Risiken** (makroökomischen Risiken) in den Renditen des lokalen Aktienindex eingepreist sind. Zudem können die Änderungen der Volatilität von Renditen auch auf systematische politische Risiken zurückzuführen sein.[1005] Die Renditen der Investoren auf dem lokalen Aktienmarkt sind unmittelbar durch politische Maßnahmen der Regierung eines Landes beeinflusst. **Systematische politische Risiken** sind demnach im lokalen Aktienindex **enthalten**.

Können ausländische Investoren aus anderen Währungsräumen auf dem entsprechenden Kapitalmarkt investieren, sind auch deren Erwartungen über künftige Wechselkursrisiken im Marktportfolio erfasst.[1006] Wird das *Local*-CAPM verwendet, besteht für marktfremde Investoren annahmegemäß indes gerade keine Möglichkeit, auf dem lokalen Kapitalmarkt zu investieren. Somit sind auch keine Erwartungen über den Wechselkurs durch marktfremde Investoren eingepreist. Das gilt mithin für die Erwartungen von lokalen Investoren. Die Unternehmen in einem vollständig segmentieren Markt sind ausschließlich auf dem lokalen Markt tätig. Die Wettbewerbsfähigkeit lokaler Unternehmen ist daher nicht von den Wechselkursentwicklungen der Heimatwährung mit anderen Währungen beeinflusst. In einem vollständig segmentierten Markt sind somit auch **keine Erwartungen** der lokalen Investoren **über systematische (ökonomische) Wechselkursrisiken implizit** in den Renditen des lokalen Marktportfolios **enthalten**. Sofern indes ausländische Investoren auf dem segmentierten Markt investieren können bzw. Unternehmen auch währungsraumübergreifend wirtschaftlich aktiv sind, ist die lokale Marktrendite auch durch systematische (ökonomische) Wechselkursrisiken beeinflusst.

Gleichwohl ist kritisch zu hinterfragen, inwiefern der gewählte lokale Aktienindex zur Approximation des lokalen Marktportfolios geeignet ist. Es zeigt sich, dass die Zusammensetzung lokaler Aktienindizes oft nur **einen geringen Teil der börsennotierten Unternehmen** des nationalen Kapitalmarktes berücksichtigt.[1007] Folglich besteht die Gefahr, dass die systematischen politischen und marktbezogenen Risiken nicht adäquat in dem durch einen lokalen Aktienindex approximierten lokalen Marktportfolio erfasst werden.

Bei der **Operationalisierung des lokalen Marktportfolios** auf ausländischen Kapitalmärkten in der Bewertungspraxis können aufgrund der Marktbedingungen im Vergleich zum Vorgehen im deutschen Bewertungskontext zusätzliche Probleme auftreten. Ausländische Kapitalmärkte bestehen teilweise noch nicht für einen längeren Zeitraum und weisen eine niedrige Liquidität

---

[1004] Vgl. SHAPIRO, A. C., Financial Management, S. 430; STULZ, R. M., Globalization of Capital Markets, S. 31.
[1005] Vgl. AGGARWAL, R./INCLAN, C./LEAL, R., Volatility in Emerging Stock Markets, S. 54; PEEMÖLLER, V. H./KUNOWSKI, S./HILLERS, J., Kapitalisierungszinssatz, S. 627; SUCKUT, S., Internationale Akquisitionen, S. 157; STULZ, R. M., Globalization of Capital Markets, S. 31.
[1006] Vgl. für diese Argumentation im Kontext des DAX RUIZ DE VARGAS, S./BREUER, W., Unternehmensbewertung im internationalen Kontext (Teil 1), S. 8; MEITNER, M./STREITFERDT, F., Betafaktor, S. 605.
[1007] Vgl. zu diesem sog. *Selection Bias* RULLKÖTTER, N., DCF-Verfahren in Emerging Markets, S. 43, sowie ähnlich KOLLER, T./GOEDHART, M./WESSELS, D., Valuation, S. 703.

auf.¹⁰⁰⁸ So ist es möglich, dass auf ausländischen Kapitalmärkten die historischen lokalen Renditen der Marktportfolios lediglich für einen kurzen Zeitraum zu beobachten sind. Ebenso ist zu prüfen, inwiefern die beobachtbaren **Volatilitäten der Marktrenditen** valide Ergebnisse für eine historische lokale Marktrendite liefern.¹⁰⁰⁹

432.122.3 Lokaler Betafaktor

Nach dem *Local*-CAPM ist der Betafaktor eines Anlagetitels unter der Annahme segmentierter Kapitalmärkte zu bestimmen, indem eine Regression der historischen Renditen der entsprechenden Anlage mit den Renditen eines lokalen Aktienindex, als Proxy des lokalen Marktportfolios, durchgeführt wird.¹⁰¹⁰ Mit dem Betafaktor wird die Marktrisikoprämie hinsichtlich der unternehmensspezifischen systematischen Risiken, also Geschäfts- und Kapitalstrukturrisiko, angepasst.¹⁰¹¹ Bildet der gewählte Referenzindex den Anlagehorizont des lokalen Investors adäquat ab, werden durch den **lokalen Betafaktor** die lokal ermittelte Marktrisikoprämie und die darin enthaltenen systematischen Länderrisiken um die **unternehmensspezifischen systematischen Länderrisiken** adjustiert.¹⁰¹²

Das Marktportfolio, das zur Berechnung des Betafaktors herangezogen wird, determiniert bei gegebenen Aktienkursrenditen des Anlagetitels die Höhe des Betafaktors sowie den Umfang der berücksichtigten Länderrisiken.¹⁰¹³ Das gilt gleichermaßen, wenn aufgrund einer fehlenden Börsennotierung am lokalen Kapitalmarkt kein originärer Betafaktor des ausländischen Bewertungsobjektes bestimmt werden kann und folglich auf eine **Peer-Group** zur Bestimmung des Betafaktors zurückzugreifen ist. Dabei ist zu berücksichtigen, dass bestehende Länderrisiken in einem Land einen unterschiedlich starken Einfluss auf einzelne Unternehmen haben.¹⁰¹⁴ Bei der Zusammensetzung der lokalen Peer-Group ist somit zu beachten, dass die Peer-Group-Unternehmen und das Bewertungsobjekt in einem vergleichbaren Maße systematischen Länderrisiken ausgesetzt sind. Zudem sollte der zur Bestimmung des Betafaktors verwendete Referenzindex ein möglichst breites Spektrum der risikobehafteten Anlagentitel des Landes repräsentieren. So wird gewährleistet, dass der mittelbar durch eine Peer-Group **lokal bestimmte Betafaktor** die systematischen Länderrisiken des betrachteten Landes möglichst angemessen abbilden kann.

[1008] Vgl. BRUNER, R. F. U. A., Emerging Markets, S. 19–21; PEREIRO, L. E., Valuation, S. 106.
[1009] Vgl. SABAL, J., Financial Decisions, S. 125; DAMODARAN, A., Country Risk – The 2020 Edition, S. 53 f.; ERNST, D. U. A., Internationale Unternehmensbewertung, S. 171; HACHMEISTER, D./RUTHARDT, F./UNGEMACH, F., Bestimmung der Kapitalkosten, S. 234. Vgl. für eine Erklärung der eingeschränkten Kapitalmarkteffizienz, v. a. in *Emerging Markets*, PEREIRO, L. E., Valuation, S. 105 f.
[1010] Vgl. HARVEY, C. R., Predictable risk and returns, S. 13; HOFBAUER, E., Kapitalkosten, S. 114.
[1011] Vgl. zur Bestimmung des unternehmensindividuellen Betafaktors Abschn. 352.314.
[1012] Vgl. DÖRSCHELL, A./FRANKEN, L./SCHULTE, J., Kapitalisierungszinssatz, S. 363; IHLAU, S./DUSCHA, H./KÖLLEN, R., Länderrisiken, S. 1327; SUCKUT, S., Internationale Akquisitionen, S. 157.
[1013] Vgl. BUTLER, K. C./JOAQUIN, D. C., Political Risk, S. 600 f.; ERNST, D. U. A., Internationale Unternehmensbewertung, S. 188.
[1014] Vgl. GLEIßNER, W., Länderrisikoprämien, S. 941.

Ist das ausländische Bewertungsobjekt am lokalen Kapitalmarkt gelistet, kann der Betafaktor grundsätzlich durch eine Regression mit den Renditen des lokalen Kapitalmarktes direkt ermittelt werden. Zu beachten ist indes, dass aufgrund eines **unregelmäßigen und illiquiden Handels** neue Informationen u. U. **verzögert** in ausländischen Kapitalmärkten verarbeitet werden.[1015] Mithin wird die **Validität des originären Betafaktors des ausländischen Bewertungsobjektes** eingeschränkt. Es besteht die Gefahr, dass die auf ausländischen Kapitalmärkten ermittelten Betafaktoren zeitlich verzerrt sind und die Marktrisikoprämie somit nicht adäquat für das Bewertungsobjekt adaptieren. Die Aussagekraft der Eigenkapitalkosten des ausländischen Bewertungsobjektes ist dann zu hinterfragen.

Dass die Aussagekraft des Betafaktors gefährdet ist, gilt auch, sofern der Betafaktor mithilfe einer **lokalen Peer-Group** abzuleiten ist. Neben der möglichen Ineffizienz des Kapitalmarktes kann bei Verwendung einer Peer-Group erschwerend hinzukommen, dass aufgrund einer nur **kleinen Zahl am lokalen Kapitalmarkt gelisteter Unternehmen** keine oder nur wenige geeignete Peer-Group-Unternehmen zu finden sind.[1016] Die Verwendung einer international zusammengesetzten Peer-Group im Rahmen des *Local*-CAPM scheidet dadurch aus, dass aufgrund der angenommenen wirtschaftlichen Tätigkeit des ausländischen Bewertungsobjektes im segmentierten lokalen Markt *per se* keine ökonomische Vergleichbarkeit zu Unternehmen außerhalb dieses Marktes gegeben wäre.[1017]

432.123. Kritische Würdigung

Wird das *Local*-CAPM zur Bestimmung der Eigenkapitalkosten eines ausländischen Bewertungsobjektes verwendet, ist auf lokal abgeleitete Komponenten als Approximation der CAPM-Komponenten abzustellen.[1018] Die Aussagefähigkeit der Eigenkapitalkosten hängt folglich davon ab, wie valide die einzelnen CAPM-Komponenten operationalisiert werden können. Wird der risikolose Zins durch die Renditen der Staatsanleihe ermittelt, die von der Regierung des Sitzlandes des Bewertungsobjektes begeben wird, sind **wechselkursinduzierte systematische Länderrisiken** implizit in den Renditen der Staatsanleihen enthalten. Die **Investitionsentscheidungen** der **lokalen Marktteilnehmer** in das lokale Marktportfolio hängen nicht von der **Wettbewerbsfähigkeit** der lokalen Unternehmen und somit von der Wechselkursentwicklung ab. Dementsprechend sind wegen der unterstellten Segmentierung des Kapitalmarktes keine

---

[1015] Vgl. HERRMANN, F., Emerging Markets, S. 14 f.; BRUNER, R. F. U. A., Emerging Markets, S. 19–21, sowie mit einer umfangreichen empirischen Untersuchung von 27 Kapitalmärkten, WORTHINGTON, A. C./HIGGS, H., Evaluating financial development, S. 1–17.
[1016] Vgl. SABAL, J., Discount Rate, S. 159; HOOKE, J., Emerging Markets, S. 143. PEREIRO schlägt in Abhängigkeit der Validität der ausländischen Kapitalmarktdaten verschiedene Vorgehensweisen zur Bestimmung von Betafaktoren mithilfe einer Analogieverfahren vor. Vgl. PEREIRO, L. E., Valuation, S. 122–130. Vgl. dazu ebenfalls anschaulich ERNST, D. U. A., Internationale Unternehmensbewertung, S. 189–195.
[1017] Vgl. RUIZ DE VARGAS, S., Unternehmensbewertung im internationalen Kontext, S. 1642.
[1018] Dieses Vorgehen entspricht der Typisierung, die durch den IDW S 1 i. d. F. 2008 auch im deutschen Bewertungskontext für objektivierte Unternehmensbewertungen im Rahmen von rechtlich geprägten und vertraglich begründeten Bewertungsanlässen vorgegeben wird. Vgl. IDW (Hrsg.), IDW S 1 i. d. F. 2008, Tz. 31.

systematischen (ökonomischen) **Wechselkursrisiken** in den Renditen des **Marktportfolios des ausländischen Kapitalmarktes** implizit berücksichtigt.

Da systematische (ökonomische) Wechselkursrisiken nur den lokalen risikolosen Zins und nicht die lokale Marktrendite des segmentierten Kapitalmarktes beeinflussen, besteht hier theoretisch **keine Gefahr der Doppelberücksichtigung** von systematischen (ökonomischen) Wechselkursrisiken im Kapitalisierungszins. **Systematische politische und marktbezogene Risiken** beeinflussen indes sowohl die Höhe des lokalen risikolosen Zinses als auch die Höhe der Marktrenditen des lokalen Kapitalmarktes, sodass in diesem Fall eine **Doppelberücksichtigung** der genannten systematischen Länderrisiken nicht ausgeschlossen werden kann. Eine Doppelberücksichtigung impliziert, dass **Länderrisiken überschätzt** werden und ein zu **geringer Unternehmenswert** des ausländischen Bewertungsobjektes ermittelt wird. Da jedoch der risikolose Zins zur Bestimmung der Marktrisikoprämie von der lokalen Marktrendite abzuziehen ist, gleicht sich die Doppelberücksichtigung der systematischen Länderrisiken teilweise aus.[1019] Dennoch kann diese **Doppelberücksichtigung** im Ergebnis die **Einhaltung der Risikoäquivalenz** im Bewertungskalkül **gefährden**.

Dabei ist zu betonen, dass die für das einzelne ausländische Bewertungsobjekt maßgeblichen, landesbezogenen Risiken nicht durch die lokale Marktrisikoprämie oder den lokalen risikolosen Zins erfasst werden können.[1020] Durch Beobachtung dieser beiden CAPM-Komponenten kann lediglich ermittelt werden, **ob erhöhte Länderrisiken** in dem betrachteten Land **existieren**. Erst durch den **lokalen Betafaktor** des Bewertungsobjektes kann der **unternehmensspezifische Einfluss der systematischen Länderrisiken** in den Eigenkapitalkosten integriert werden, sofern der Betafaktor auf Basis valider Daten bestimmt wird. Eine konkrete **Quantifizierung** der Höhe des Einflusses der **systematischen Länderrisiken** ist indes **kaum möglich**.[1021] Die systematischen Länderrisiken machen nur einen Teil der gesamten landesbezogenen Risiken aus, die auf das ausländische Bewertungsobjekt wirken.

Werden die lokalen CAPM-Komponenten durch **empirisch nicht belastbare Daten** ermittelt, ist zudem nicht sichergestellt, dass alle systematischen Länderrisiken in den Eigenkapitalkosten des ausländischen Bewertungsobjektes implizit enthalten sind. Die gezeigten Schwierigkeiten bei der Bestimmung sowohl eines validen originären als auch eines durch einen Analogieansatz abgeleiteten Betafaktors in ausländischen Kapitalmärkten behindern die implizite Berücksichtigung der systematischen Länderrisiken zusätzlich. Der Gebrauch des *Local*-CAPM bei internationalen Unternehmensbewertungen **gefährdet daher u. U. die Erfüllung der Risikoäquivalenz** im Bewertungskalkül.

[1019] Vgl. im Kontext von systematischen Insolvenzrisiken KNABE, M., Insolvenzrisiken, S. 60.
[1020] Vgl. hier und in den folgenden beiden Sätzen GLEIßNER, W., Länderrisikoprämien, S. 947.
[1021] Vgl. hier und im folgenden Satz im Kontext der Berücksichtigung von Insolvenzrisiken, KNABE, M., Insolvenzrisiken, S. 66.

Zur Stärkung der **Laufzeitäquivalenz** sollte, analog zur Vorgabe des IDW im deutschen Bewertungskontext, der risikolose Zins laufzeitindividuell mithilfe der „Svensson-Methode" bestimmt werden.[1022] Bei Gebrauch des *Local*-CAPM ist indes nicht *per se* sichergestellt, dass die Zentralbank des betrachteten Landes die erforderlichen „Svensson-Parameter" zur Schätzung von Zinsstrukturkurven bereitstellt, um laufzeitindividuelle Renditen der Staatsanleihen zu bestimmen. Sind lediglich *Spot Rates* von Staatsanleihen für kürzere Laufzeiten als den Bewertungshorizont verfügbar, ist die Laufzeitäquivalenz im Bewertungskalkül **nicht vollends erfüllt**. Dennoch spiegeln *Spot Rates* Erwartungen des Marktes über die künftige Entwicklung der Bonität eines Landes wider. Somit wird der **Grundsatz der Zukunftsorientierung** auch unter Verwendung von *Spot Rates* als Schätzer für den ausländischen risikolosen Zins grundsätzlich **eingehalten**.

Allerdings bestehen auf ausländischen Kapitalmärkten aufgrund des Mangels an validen Kapitalmarktdaten mitunter **größere Schwierigkeiten der Operationalisierung** der einzelnen CAPM-Komponenten. Mithin eröffnet z. B. der Rückgriff auf alternative Ansätze zur Bestimmung eines lokalen risikolosen Zinses **Ermessensspielräume** für den Bewerter, wodurch die Nachvollziehbarkeit und mithin die **Objektivierung des Bewertungsansatzes** bei Gebrauch des *Local*-CAPM **eingeschränkt** sind. Die **Operationalisierung** der einzelnen Komponenten des *Local*-CAPM kann mit einem **hohen Aufwand verbunden** sein. Ob der **Grundsatz der Wirtschaftlichkeit des Bewertungsansatzes** erfüllt ist, hängt bei Gebrauch des *Local*-CAPM v. a. von den Daten ab, die auf dem ausländischen Kapitalmarkt verfügbar sind.

Auch wegen der gezeigten **Schwierigkeiten bei der Operationalisierung** der einzelnen CAPM-Komponenten unter dem Gebrauch des *Local*-CAPM schlägt das Schrifttum vor, die in Heimatwährung ermittelten Eigenkapitalkosten, unter Voraussetzung der Gültigkeit des **internationalen Fisher-Effektes** und der **relativen Kaufkraftparitätentheorie**,[1023] in die ausländische Währung zu transformieren, um die ausländischen Eigenkapitalkosten zu erhalten.[1024] Die Eigenkapitalkosten in Fremdwährung lassen sich dann durch Multiplikation der in Heimatwährung ermittelten Eigenkapitalkosten mit der Relation der erwarteten Inflation im Ausland zur erwarteten Inflation im Inland bestimmen.

[1022] Vgl. zur „Svensson-Methode" Abschn. 352.312.
[1023] Vgl. zum internationalen Fisher-Effekt sowie zur relativen Kaufkraftparitätentheorie Abschn. 222.32.
[1024] Vgl. hier und im folgenden Satz DAMODARAN, A., Equity Risk Premiums – The 2020 Edition, S. 99; ERNST, D. U. A., Internationale Unternehmensbewertung, S. 150 f.; WOLLNY, C., Der objektivierte Unternehmenswert, S. 815 f.

Nach dem internationalen Fisher-Effekt gilt der in **Formel 4-6** gezeigte Zusammenhang:

$$r_{EK,FW} = (1 + r_{EK,HW}) \times \frac{1 + EW(\pi_{FW,t+1})}{1 + EW(\pi_{HW,t+1})} - 1$$

Formel 4-6: Bestimmung der ausländischen Eigenkapitalkosten mithilfe des internationalen Fisher-Effektes[1025]

Diese Art der Umrechnung der WACC in die ausländische Währung ist insofern problematisch, als zum einen die Abschätzung künftiger **Inflationsraten mit Unsicherheit** verbunden ist.[1026] Zum anderen liegt der Umrechnung des Kapitalisierungszinses mithilfe des internationalen Fisher-Effektes die Annahme **vollständig integrierter Kapitalmärkte** zugrunde, d. h. dass keine Kapitalverkehrsbeschränkungen zwischen den Ländern existieren und die realen Kapitalmarktzinssätze im In- und Ausland identisch sind.[1027] Diese Annahme widerspricht jedoch den Annahmen des *Local*-CAPM,[1028] und ist daher in diesem Kontext kritisch zu sehen.

Insgesamt sind in den Komponenten des *Local*-**CAPM** grundsätzlich **systematische Länderrisiken** enthalten. Bei Gebrauch des *Local*-CAPM ist jedoch aufgrund der Marktgegebenheiten die **Operationalisierung der einzelnen CAPM-Komponenten** regelmäßig problembehaftet.

Während das *Local*-CAPM bei segmentierten Kapitalmärkten verwendet wird, kommt bei integrierten Märkten für die Bestimmung der Eigenkapitalkosten das *Global*-CAPM zum Einsatz. Diese Variante des CAPM wird im Folgenden grundlegend erläutert und die Ermittlung der einzelnen CAPM-Komponenten beleuchtet. Darauf aufbauend werden die Komponenten des *Global*-CAPM hinsichtlich ihres Gehalts von Länderrisiken analysiert. Abschließend wird auch dieses Kapitalkostenmodell kritisch gewürdigt.

432.13   *Global*-CAPM

432.131.   Grundannahmen des *Global*-CAPM

Die Grundidee des *Global*-**CAPM** wurde von SOLNIK[1029] entwickelt. Das *Global*-CAPM basiert auf der Annahme, dass die **Kapitalmärkte vollständig integriert** sind, sodass über Ländergrenzen hinweg ein freier Kapital- und Informationsfluss gewährleistet ist.[1030] Es existieren

---

[1025] In Anlehnung an DAMODARAN, A., Country Risk – The 2020 Edition, S. 99.
[1026] Vgl. zu der Prognose künftiger Inflationsraten im Kontext der Wechselkursprognose Abschn. 422.23.
[1027] Vgl. GRABOWSKI, R. J./HARRINGTON, J. P./NUNES, C., International Valuation Handbook, Kap. 1, S. 12.
[1028] Vgl. dazu auch FREY, A./SCHULTZE, W., Unternehmensbewertung im internationalen Kontext, S. 138.
[1029] Vgl. SOLNIK, B. H., Equilibrium Model, S. 500–524.
[1030] Vgl. GLEIBNER, W., Länderrisikoprämien, S. 949 i. V. m. O'BRIEN, T. J., CAPM and Firm's Cost of Capital, S. 74; STULZ, R. M., Globalization of Capital Markets, S. 31 f. Die Annahme eines vollständig integrierten Kapitalmarktes des *Global*-CAPM entspricht der Annahme der Grundform des CAPM.

keine Investitionsbarrieren,[1031] und sämtliche Investoren halten ein global diversifiziertes Portfolio sowie die globale risikolose Anlage.[1032] Der internationale Anlagehorizont ermöglicht dem Investor die Diversifikation länderspezifischer Risiken.[1033]

Aus der Annahme integrierter Kapitalmärkte folgt, dass das Risiko eines Wertpapiers durch die Kovarianz zwischen der Rendite des Wertpapiers und der Rendite des Weltmarktportfolios gemessen wird.[1034] Des Weiteren wird angenommen, dass die relative Kaufkraftparitätentheorie[1035] gültig ist, sodass die realen Wertpapierrenditen – unabhängig vom Währungsraum – identisch sind und von realen Wechselkursrisiken zu abstrahieren ist.[1036] Zur Berechnung der Eigenkapitalkosten sind der risikolose Zins (i_G), die Rendite des globalen Marktportfolios ($r_{m,G}$) sowie der Betafaktor des Bewertungsobjektes (β_G), basierend auf der Kovarianz zwischen der Rendite des Wertpapiers und der Rendite des globalen Marktportfolios, zu verwenden.[1037] Die Eigenkapitalkosten ergeben sich im Rahmen des *Global*-CAPM wie in **Formel 4-7** gezeigt:

$$r_{EK,G} = i_G + \beta_G \times (r_{m,G} - i_G)$$

Formel 4-7: Eigenkapitalkosten nach dem *Global*-CAPM[1038]

In den folgenden Abschnitten wird – analog zu dem Vorgehen der Analyse des *Local*-CAPM – die jeweilige Bestimmung der Komponenten des *Global*-CAPM erörtert und mithin untersucht, inwiefern systematische Länderrisiken in den einzelnen Komponenten des *Global*-CAPM berücksichtigt sind.

[1031] Vgl. STULZ, R. M., International portfolio choice, S. 2.
[1032] Vgl. JANDURA, D., Finanzmärkte, S. 434.
[1033] Vgl. SOLNIK, B. H., International pricing of risk, S. 372.
[1034] Vgl. HOFBAUER, E., Kapitalkosten, S. 117.
[1035] Vgl. zur relativen Kaufkraftparitätentheorie Abschn. 222.32.
[1036] Vgl. BEKAERT, G./HODRICK, R. J., Financial Management, S. 569 f. Das sog. *International*-CAPM berücksichtigt explizit kaufkraftbezogene Wechselkursrisiken mit einem zusätzlichen Risikofaktor. Das impliziert – abweichend von der Annahme des *Global*-CAPM –, dass die relative Kaufkraftparitätentheorie nicht gültig ist. Vgl. SERCU, P., International Finance, S. 687; SOLNIK, B. H./MCLEAVEY, D., Global Investments, S. 145; KOLLER, T./GOEDHART, M./WESSELS, D., Valuation, S. 829 f.; SABAL, J., Discount Rate, S. 159. Mit der Verwendung des *International*-CAPM nimmt die Komplexität bei der Bestimmung der Eigenkapitalkosten des ausländischen Bewertungsobjektes zu, da als weitere Komponente der Eigenkapitalkosten ein Faktor für das Wechselkursrisiko empirisch zu ermitteln ist. Vgl. dazu RUIZ DE VARGAS, S./BREUER, W., Unternehmensbewertung im internationalen Kontext (Teil 1), S. 11 f. Zudem sind v. a. bei exportorientierten Volkswirtschaften hinsichtlich der Höhe der ermittelten Eigenkapitalkosten keine wesentlichen Abweichungen zwischen dem *Global*-CAPM und dem *International*-CAPM zu beobachten. EJARA U. A. vergleichen in einer umfangreichen Studie die auf Basis des *Local*-, *Global*- und *International*-CAPM ermittelten Eigenkapitalkosten in 46 Ländern. Vgl. dazu EJARA, D. U. A., Local, Global, and International CAPM, S. 78–95.
[1037] Vgl. SHAPIRO, A. C., Financial Management, S. 434 f.
[1038] In Anlehnung an SOLNIK, B. H., Equilibrium Model, S. 515.

432.132. Berücksichtigung von Länderrisiken in den *Global*-CAPM-Komponenten

432.132.1 Globaler risikoloser Zins

Renditen von Staatsanleihen enthalten i. d. R. eine Risikoprämie für Ausfallrisiken und sind somit lediglich als eine **quasi-risikolose Kapitalanlage** zu qualifizieren.[1039] Damit die Äquivalenzkriterien im Bewertungskalkül in einem möglichst hohem Maße erfüllt werden, sollte der risikolose Zins in der Bewertungspraxis durch die verfügbare Staatsanleihe mit der niedrigsten realen Verzinsung, also der niedrigsten Risikoprämie, approximiert werden.[1040]

Zur **Operationalisierung** eines risikolosen globalen Zinses im Rahmen des *Global*-CAPM wird häufig der Zins US-amerikanischer Staatsanleihen verwendet.[1041] Analog zur Vorgehensweise der Bestimmung des risikolosen Zinses auf der Grundlage von deutschen Staatsanleihen im deutschen Bewertungskontext wird hierbei regelmäßig die Rendite eines langfristigen US-amerikanischen *Treasury Bonds*[1042] herangezogen.[1043] Die US-amerikanische Zentralbank veröffentlicht auf börsentäglicher Basis die zur Schätzung der Anleiherenditen benötigten „Svensson-Parameter", sodass laufzeitindividuelle Zinsstrukturkurven mithilfe der „Svensson-Methode" ermittelt werden können.[1044] Innerhalb des **Euro-Raums** sind die in Euro denominierten Staatsanleihen des Landes mit dem niedrigsten Zins als Approximation des globalen risikolosen Zinses zu wählen, da diese einem risikolosen Zins innerhalb des Euro-Raums am nächsten kommen. Diese Anforderung erfüllen regelmäßig deutsche Staatsanleihen,[1045] sodass diese im Euro-Raum zur Ableitung eines risikolosen Zinses bei Anwendung des *Global*-CAPM herangezogen werden können.[1046]

Die Renditen dieser zur Approximation genutzten Staatsanleihen werden nicht durch länderspezifische Risiken beeinflusst, die in einen Zusammenhang mit dem Sitzland des Bewertungsobjektes gebracht werden können. In einem global oder auf europäischer Ebene abgeleiteten risikolosen Zins sind daher theoretisch **keine systematischen länderspezifischen Risiken** des Sitzlandes des ausländischen Bewertungsobjektes implizit enthalten.

432.132.2 Globale Marktrisikoprämie

Die globale Marktrisikoprämie errechnet sich als **Differenz** zwischen **der Rendite des globalen Marktportfolios** („Weltmarktportfolio") und des **globalen risikolosen Zinses**.[1047] Sofern

---

[1039] Vgl. dazu auch Abschn. 432.122.1.
[1040] Vgl. MUNKERT, M. J., Kapitalisierungszinssatz, S. 122.
[1041] Vgl. FUENZALIDA, D./MONGRUT, S., Estimation of Discount Rates, S. 10.
[1042] Diese sog. *T-Bonds* sind US-amerikanische Staatsanleihen mit einer Laufzeit zwischen zehn und dreißig Jahren, die regelmäßig einen Halbjahreskupon besitzen und auf Ebene der Bundesstaaten versteuert werden.
[1043] Vgl. PEREIRO, L. E., Valuation, S. 117 f.
[1044] Vgl. DÖRSCHELL, A./FRANKEN, L./SCHULTE, J., Kapitalisierungszinssatz, S. 352.
[1045] Vgl. DÖRSCHELL, A./FRANKEN, L./SCHULTE, J., Kapitalisierungszinssatz, S. 356.
[1046] Vgl. IHLAU, S./DUSCHA, H./KÖLLEN, R., Länderrisiken, S. 1327; RUIZ DE VARGAS, S., Unternehmensbewertung im internationalen Kontext, S. 1669; GLEIßNER, W., Länderrisikoprämien, S. 947 und IDW (Hrsg.), Bewertung und Transaktionsberatung, Kap. A, Tz. 375.
[1047] Vgl. RUIZ DE VARGAS, S., Unternehmensbewertung im internationalen Kontext, S. 1669.

ein Weltmarktportfolio existiert, das alle global verfügbaren risikobehafteten Anlagemöglichkeiten enthält, ist davon auszugehen, dass auch die systematischen Länderrisiken eines spezifischen Landes die Rendite des globalen Marktportfolios beeinflussen. Wenngleich der Werteffekt des Einflusses der systematischen Risiken eines spezifischen Landes auf die Rendite des globalen Marktportfolios i. d. R. **marginal** ist, sind diese Risikobestandteile theoretisch implizit in der Rendite des globalen Marktportfolios berücksichtigt.[1048]

Die **Operationalisierung** eines globalen Marktportfolios ist indes dadurch erschwert, dass ein alle global existierenden Anlagemöglichkeiten umfassendes Marktportfolio in der Realität nicht existiert.[1049] Die Rendite eines globalen Marktportfolios ist schließlich durch einen Index zu approximieren, der eine möglichst große Abdeckung globaler Investitionsmöglichkeiten erreicht.[1050] Als Proxy für das globale Marktportfolio kann bspw. der **Morgan Stanley Capital International World Index** (MSCI World Index)[1051] genutzt werden.[1052] Der Rückgriff auf den MSCI World Index als globales Marktsurrogat wird durch die Möglichkeit begründet, historische Marktrenditen auf Basis statistisch belastbarer Daten ableiten zu können. Gleichwohl können auch lange Zeitreihen von Daten aus entwickelten Kapitalmärkten Sondereinflüsse enthalten, was die Validität dieser Daten infrage stellen kann.[1053] Zudem zeigt HARVEY, dass *Emerging Markets* im MSCI World Index hinsichtlich ihrer Marktkapitalisierung unterrepräsentiert sind.[1054] Somit weicht dieser Aktienindex *per se* vom tatsächlichen Tangentialportfolio, dem globalen Marktportfolio, ab.[1055]

Als breiter zusammengestellte globale Referenzindizes als der MSCI World Index könnten der **MSCI All Countries World Index All Cap Index** (MSCI ACWI All Cap Index)[1056] oder der **MSCI All Countries World Index** (MSCI ACWI)[1057] verwendet werden. Diese Indizes be-

---

[1048] Vgl. im Ergebnis ähnlich RULLKÖTTER, N., Politische Länderrisiken, S. 33; LAAS, T./MAKAROV, D., Marktrisikoprämie, S. 991; RUIZ DE VARGAS, S./BREUER, W., Unternehmensbewertung im internationalen Kontext (Teil 1), S. 8 f.
[1049] Vgl. ZIEMER, F., Betafaktor, S. 208.
[1050] Vgl. SERCU, P., International Finance, S. 681; KOLLER, T./GOEDHART, M./WESSELS, D., Valuation, S. 513.
[1051] Der MSCI World Index wurde im Jahr 1986 etabliert und repräsentiert insgesamt 1603 *large*- und *mid-cap*-Unternehmen aus 23 Ländern. Dieser Index deckt ca. 85 % der frei handelbaren Marktkapitalisierung des Eigenkapitalmarktes der jeweiligen Länder ab. Vgl. MSCI INC. (Hrsg.), Factsheet MSCI World Index.
[1052] Vgl. hier und im folgenden Satz exemplarisch KOLLER, T./GOEDHART, M./WESSELS, D., Valuation, S. 513 f.; BEKAERT, G./HODRICK, R. J., Financial Management, S. 573; STULZ, R. M., Globalization of Capital Markets, S. 36; SCHRAMM, R. M./WANG, H. N., Cost of Capital in CAPM, S. 65; GLEIẞNER, W., Länderrisikoprämien, S. 947; MEITNER, M./STREITFERDT, F., Betafaktor, S. 607.
[1053] Vgl. KRUSCHWITZ, L./LÖFFLER, A./MANDL, G., Damodarans Country Risk Premium, S. 174; DÖRSCHELL, A./FRANKEN, L./SCHULTE, J., Kapitalisierungszinssatz, S. 159.
[1054] Vgl. HARVEY, C. R., Risk Exposure of Emerging Equity Markets, S. 28.
[1055] Vgl. RULLKÖTTER, N., DCF-Verfahren in Emerging Markets, S. 46.
[1056] Dieser Aktienindex enthält insgesamt 14.646 *large*-, *mid*- *und small-cap*-Unternehmen aus 23 entwickelten Kapitalmärkten sowie aus 26 *Emerging Markets*. Damit repräsentiert dieser Index ca. 99 % der frei handelbaren Marktkapitalisierung der weltweiten Eigenkapitaltitel. Vgl. MSCI INC. (Hrsg.), Factsheet MSCI ACWI All Cap Index.
[1057] Dieser Aktienindex umfasst 2.988 *large*- und *mid*-cap Unternehmen aus 23 entwickelten Kapitalmärkten und aus 26 *Emerging Markets*. Dieser Index repräsentiert dabei ca. 85% der globalen Investitionsmöglichkeiten für Eigenkapitaltitel. Vgl. MSCI INC. (Hrsg.), Factsheet MSCI ACWI Index.

rücksichtigen mithin Titel aus einer Vielzahl von als *Emerging Markets* qualifizierten Kapitalmärkten. Indes wurden der MSCI ACWI All Cap Index und der MSCI ACWI im Jahr 2010 bzw. im Jahr 2001 etabliert, sodass die historischen Marktrenditen dieser Aktienindizes nur für einen kurzen Zeitraum ermittelt werden können. Die Aussagekraft dieser Renditen ist zu hinterfragen, da bei kürzeren Zeitreihen die Gefahr höher ist, dass Standardfehler bei der Messung der Renditen auftreten.[1058] Als **breite globale Aktienindizes** mit einer **längeren Historie verfügbarer Kapitalmarktdaten** kommen weiterhin der **S&P Global Broad Market Index** (BMI)[1059] sowie der **S&P Global 1200**[1060] infrage.[1061]

Auch die historische Rendite des Aktienindex Standard&Poor´s 500 (**S&P 500**),[1062] als breit zusammengestellter US-amerikanischer Aktienindex, wird teilweise als geeignet beurteilt, um eine globale Marktrendite zu bestimmen. Die Eignung wird u. a. damit begründet, dass die historischen Zeitreihen des S&P 500 hinsichtlich der Datenverfügbarkeit und Datenqualität weltweit – und v. a. im Vergleich zu globalen Aktienindizes – die höchste Validität für die Schätzung einer Marktrendite liefern.[1063] Darüber hinaus ist zwischen den Renditen des S&P 500 und des MSCI World Index eine hohe Korrelation festzustellen,[1064] was unterstreicht, dass der S&P 500 auch als Proxy für ein globales Marktportfolio geeignet ist. Bei der Verwendung des S&P 500 als Approximation des globalen Marktportfolios wird indes ebenfalls *per se* vom globalen Tangentialportfolio abgewichen, da im S&P 500 lediglich **US-amerikanische Anlagetitel** enthalten sind. Trotzdem kann argumentiert werden, dass aufgrund der internationalen Ausrichtung der im S&P 500 gelisteten US-amerikanischen Unternehmen systematische Risiken aller Länder, in denen diese Unternehmen wirtschaftliche Aktivitäten betreiben, implizit in der **Marktrendite** des S&P 500 enthalten sind. Gleichwohl ist davon auszugehen, dass auch die in einem **global zusammengestellten Aktienindex** gelisteten Unternehmen – zusätzlich zu ihren global verteilten Heimatmärkten – international wirtschaftlich tätig sind und somit systematische Länderrisiken in den Renditen der global orientierten Aktienindizes eingepreist sind.

[1058] Vgl. KRUSCHWITZ, L./LÖFFLER, A./MANDL, G., Damodarans Country Risk Premium, S. 174; MEITNER, M./STREITFERDT, F., Betafaktor, S. 605 i. V. m. DAMODARAN, A., Estimating Equity Risk Premiums, S. 7.
[1059] Der S&P Global BMI umfasst 11.000 Unternehmen aus 25 entwickelten Kapitalmärkten und aus 25 *Emerging Markets* und besteht seit dem Jahr 1994. Vgl. S&P GLOBAL INC. (Hrsg.), Factsheet S&P Global BMI.
[1060] Der S&P Global 1200 umfasst 1.200 Unternehmen aus dreißig Ländern. Dabei repräsentiert dieser Aktienindex ca. 70% der globalen Marktkapitalisierung und besteht seit dem Jahr 1989. Vgl. S&P GLOBAL INC. (Hrsg.), Factsheet S&P Global 1200.
[1061] Vgl. dazu auch LAAS, T./MAKAROV, D., Marktrisikoprämie, S. 985.
[1062] Der im Jahr 1957 etablierte S&P 500 repräsentiert insgesamt 500 US-amerikanische *large-cap*-Unternehmen und deckt ca. 80 % der frei handelbaren Marktkapitalisierung im US-amerikanischen Markt für Eigenkapitaltitel ab. Vgl. S&P GLOBAL INC. (Hrsg.), Factsheet S&P 500.
[1063] Vgl. SHAPIRO, A. C., Financial Management, S. 438.
[1064] Vgl. KOLLER, T./GOEDHART, M./WESSELS, D., Valuation, S. 514.

4 Kritische Analyse der Berücksichtigung von Länderrisiken im Bewertungskalkül

Alternativ kann die **globale Marktrisikoprämie** – direkt – mithilfe der jährlich aktualisierten Studie „**Global Investment Returns**" von DIMSON/MARSH/STAUNTON[1065] ermittelt werden.[1066] In dieser Studie wird eine langfristige historische globale Marktrendite abgeleitet, die Anlagemöglichkeiten auf 26 Kapitalmärkten seit dem Jahr 1900 bis zum Jahr 2020 betrachtet.[1067]

Indes ist zu berücksichtigen, dass die Renditen des MSCI World Index, des MSCI ACWI, des MSCI ACWI All Cap Index sowie innerhalb der Studie von DIMSON/MARSH/STAUNTON **ausschließlich in US-Dollar** ermittelt werden.[1068] Aufgrund dessen ist es bei Verwendung einer in Euro denominierten Staatsanleihe erforderlich, die jeweils ermittelten historischen Renditen in Euro umzurechnen.[1069] Dabei besteht mithin das Problem, dass der Euro erst seit Januar 1999 als offizielles Zahlungsmittel existiert. Hierfür schlagen RUIZ DE VARGAS/BREUER vor, für die Umrechnung der historischen Marktrenditen für den Zeitraum vor dem Januar 1999 auf die *European Currency Unit* (ECU)[1070] als stellvertretende Währungseinheit abzustellen.[1071] Im Zusammenhang der Studie von DIMSON/MARSH/STAUNTON besteht die zusätzliche Schwierigkeit, dass die historischen Renditen nicht auf jährlicher Basis nachvollzogen werden können und folglich keine explizite Umrechnung der Renditen in Euro auf Jahresbasis möglich ist.[1072]

[1065] Vgl. DIMSON, E./MARSH, P./STAUNTON, M., Global Investment Returns Yearbook 2020.
[1066] Zur Bestimmung der Marktrisikoprämie wird dabei ein langfristiger risikoloser Zinssatz i. H. v. 1,2 % verwendet. Vgl. dazu DIMSON, E./MARSH, P./STAUNTON, M., Global Investment Returns Yearbook 2020, S. 26.
[1067] Vgl. DIMSON, E./MARSH, P./STAUNTON, M., Global Investment Returns Yearbook 2020, S. 19. Die Bundesnetzagentur (BNetzA) ermittelt im Rahmen der Bestimmung der Eigenkapitalkosten für Alt- und Neuanlagen für Betreiber von Elektrizitätsversorgungsnetzen innerhalb der dritten Regulierungsperiode in der Anreizregulierung (2018–2022) eine globale Marktrisikoprämie basierend auf den Daten der Studie von DIMSON/MARSH/STAUNTON aus dem Jahr 2016. Die globale Marktrisikoprämie wird dabei aus den historischen Marktrisikoprämien von 23 Ländern im Zeitraum vom Jahr 1900 bis zum Jahr 2015 abgeleitet. Die BNetzA taxierte die Höhe der Marktrisikoprämie auf 3,8 %. Vgl. BUNDESNETZAGENTUR (Hrsg.), Beschluss (BK4-16-160 und BK4-16-161), S. 9–14. Aufgrund des Vergangenheitsbezugs der Vorgehensweise dieser Studie wurde indes vor dem OLG Düsseldorf gegen die BNetzA Klage erhoben. In erster Instanz wurde entschieden, dass die historische Bestimmung der Marktrisikoprämie und die damit verbundene Prämisse einer im Zeitablauf konstanten Marktrisikoprämie das derzeitige Kapitalmarktumfeld nicht angemessen berücksichtigt. Vgl. OLG DÜSSELDORF v. 22.03.2018 – 3 Kart 1061/16 und OLG DÜSSELDORF v. 22.03.2018 – 3 Kart 1062/16. Vgl. dazu auch BÖCK, R. U. A., Marktrisikoprämie, S. 293. In zweiter Instanz hat der BGH die Vorgehensweise des BNetzA hingegen als rechtens erklärt, sodass die Höhe der globalen Marktrisikoprämie für den verhandelten Bewertungsanlass in der dritten Regulierungsperiode Bestand hat. Vgl. BGH v. 09.07.2019 – EnVR 52/18.
[1068] Vgl. RUIZ DE VARGAS, S., Unternehmensbewertung im internationalen Kontext, S. 1670.
[1069] Dass der verwendete risikolose Zins und die herangezogene Marktrisikoprämie als Komponenten der CAPM-Formel in unterschiedlichen Währungen denominiert sind, wäre lediglich bei Gültigkeit der absoluten Kaufkraftparitätentheorie zulässig. Vgl. auch IDW (Hrsg.), Bewertung und Transaktionsberatung, Kap. A, Tz. 358, Fn. 572.
[1070] Die ECU bildete vom Jahr 1979 bis zum Jahr 1998 die Rechnungseinheit der Europäischen Gemeinschaften und ist als Vorgänger des Euro zu sehen. Vgl. EUROSTAT (Hrsg.), European Currency Unit.
[1071] Vgl. RUIZ DE VARGAS, S./BREUER, W., Unternehmensbewertung im internationalen Kontext (Teil 2), S. 51 f.
[1072] Vgl. RUIZ DE VARGAS, S./BREUER, W., Unternehmensbewertung im internationalen Kontext (Teil 2), S. 51, Fn. 93.

432.132.3 Globaler Betafaktor

Unter Anwendung des *Global*-CAPM ist der **originäre Betafaktor** eines gelisteten Bewertungsobjektes durch die Regression der lokalen Aktienrenditen des Bewertungsobjektes gegen die Renditen des zur Approximation des globalen Marktportfolios genutzten Aktienindex zu bestimmen.[1073] Das *Global*-CAPM erfasst das Marktrisiko, dessen sich das Bewertungsobjekt global ausgesetzt sieht.[1074] Die Höhe dieses Risikos hängt von der Volatilität der finanziellen Überschüsse des Bewertungsobjektes in Relation zu der entsprechenden Volatilität des Gesamtmarktes ab.

Falls eine Peer-Group zur Bestimmung eines globalen Betafaktors erforderlich ist, sollte der **globale Betafaktor** mithilfe von Peer-Group-Unternehmen bestimmt werden, die im selben Land wirtschaftlich tätig sind wie das Bewertungsobjekt.[1075] Insofern ist gewährleistet, dass die Unternehmen einem vergleichbaren länderrisikoinduzierten Einfluss unterliegen. Hierbei könnte – wie auch bei Anwendung des *Local*-CAPM – das Problem der mangelnden Verfügbarkeit von Unternehmen gegeben sein, deren Risikoprofil vergleichbar zum ausländischen Bewertungsobjekt ist.

Für breit zusammengestellte Aktienindizes, die bei Gebrauch des *Global*-CAPM als Approximation des globalen Marktportfolios zu verwenden sind, zeigt die Empirie, dass mit der Zahl der betrachteten Unternehmen der **Standardfehler der Schätzung des Betafaktors** steigt.[1076] Folglich ist nicht gewährleistet, dass das systematische Risiko des globalen Marktportfolios adäquat durch den gemessenen Betafaktor des Bewertungsobjektes hinsichtlich der unternehmensspezifischen Risikosituation des ausländischen Bewertungsobjektes angepasst wird.

432.133. Kritische Würdigung

Der **globale risikolose Zins** wird durch Staatsanleihen mit einem bestmöglichen Rating approximiert. Zur Approximation werden häufig die Renditen US-amerikanischer Staatsanleihen sowie bei Bewertungen innerhalb des Euro-Raums die Renditen deutscher Staatsanleihen verwendet. Da sowohl die US-amerikanische als auch die europäische Zentralbank die benötigten „Svensson-Parameter" auf börsentäglicher Basis transparent veröffentlichen, können laufzeitindividuelle Renditen mithilfe von Zinsstrukturkurven geschätzt werden. Die Approximation des globalen risikolosen Zinses durch US-amerikanische oder deutsche Staatsanleihen fördert demnach die **Erfüllung der Laufzeitäquivalenz** im Bewertungskalkül. Wenngleich die vom Markt geforderten **Renditen für Staatsanleihen** von Ländern mit bestmöglichem Rating ge-

---

[1073] Vgl. PEREIRO, L. E., Valuation, S. 107.
[1074] Vgl. hier und im folgenden Satz RUIZ DE VARGAS, S., Unternehmensbewertung im internationalen Kontext, S. 1669.
[1075] Vgl. DÖRSCHELL, A./FRANKEN, L./SCHULTE, J., Kapitalisierungszinssatz, S. 364; HACHMEISTER, D./RUTHARDT, F./UNGEMACH, F., Bestimmung der Kapitalkosten, S. 234.
[1076] Vgl. m. w. N. MEITNER, M./STREITFERDT, F., Betafaktor, S. 605.

ring sind, enthalten diese Renditen implizit auch Einschätzungen des Marktes über die **systematischen Länderrisiken des emittierenden Landes**. **Länderrisiken des Sitzlandes** des Bewertungsobjektes sind dann regelmäßig **nicht enthalten**.

Die **Renditen des Weltmarktportfolios** werden hingegen theoretisch durch **systematische Länderrisiken** sämtlicher Länder beeinflusst, in denen Unternehmen, die in dem zur Approximation genutzten Aktienindex gelistet sind, sitzen oder wirtschaftlich tätig sind. Somit sind länderspezifische Risiken **marginal in der globalen Marktrisikoprämie enthalten**, wodurch die **Erfüllung der Risikoäquivalenz** im Bewertungskalkül **gestärkt** wird. Wird die **Validität der historischen Daten** eines breit zusammengestellten Aktienindex als akzeptabel angesehen, sollte dieser Aktienindex zu Approximation des Marktportfolios herangezogen werden. Dadurch wird sichergestellt, dass in dem approximierten globalen Marktportfolio ein breites Spektrum von systematischen Länderrisiken, und somit auch von systematischen Länderrisiken des Sitzlandes des Bewertungsobjektes, in einem größeren Maße unmittelbar eingepreist ist und mithin die **Risikoäquivalenz** zwischen dem Zahlungsstrom des Bewertungsobjektes und dem Kapitalisierungszins, als Rendite der Alternativanlage, **in einem größeren Maße erfüllt wird**.

Die **Einhaltung der Währungsäquivalenz** ist bei Gebrauch des *Global*-CAPM dabei auf zwei Ebenen gefährdet. Auf **erster Ebene** ist zu beachten, dass alle global abgeleiteten **CAPM-Komponenten** in der **gleichen Währung** zu ermitteln sind. Die Renditen des **globalen risikolosen Zinses** und die Renditen des approximierten **globalen Marktportfolios** müssen in der gleichen Währung gemessen sein. Werden in Euro denominierte deutsche Staatsanleihen als Approximation eines risikolosen Zinses verwendet, sind auch in Euro beobachtbare Renditen zur Bestimmung der Marktrendite heranzuziehen. Spiegelbildlich sind zur Wahrung der Währungsäquivalenz bei in US-Dollar beobachtbaren Renditen zur Bestimmung einer Marktrendite auch in US-Dollar denominierte US-amerikanische Staatsanleihen erforderlich. Darüber hinaus ist bei der **Bestimmung des globalen Betafaktors**, als weitere CAPM-Komponente, auf die Einhaltung der Währungsäquivalenz zu achten. Sowohl bei der Bestimmung eines originären Betafaktors als auch bei der Bestimmung des globalen Betafaktors durch eine Peer-Group ist im internationalen Kontext sicherzustellen, dass die jeweiligen für die Regression genutzten Aktien- und Marktrenditen in der gleichen Währung gemessen werden.[1077] Eine Regression der Unternehmensrenditen von Peer-Group-Unternehmen mit Marktrenditen in unterschiedlichen Währungen ist nicht sachgerecht. Zur Wahrung der Währungsäquivalenz sind daher die Renditen der jeweiligen Vergleichsunternehmen in der Referenzwährung der Unternehmensbewertung zu ermitteln.

Auf zweiter Ebene kommt bei Unternehmensbewertungen mit Zahlungsströmen, die weder in Euro oder US-Dollar denominiert sind, erschwerend hinzu, dass auch die Währung der Kom-

---

[1077] Vgl. hier und im folgenden Satz KOLLER, T./GOEDHART, M./WESSELS, D., Valuation, S. 514; KERN, C./MÖLLS, S., CAPM-basierte Betafaktoren, S. 443 f.; RUIZ DE VARGAS, S./BREUER, W., Globale vs. lokale Betafaktoren, S. 361; MEITNER, M./STREITFERDT, F., Betafaktor, S. 630.

ponenten des *Global*-CAPM der **Währung der Zahlungsströme** des ausländischen Unternehmens entsprechen muss. Unter der Annahme vollständig integrierter Kapitalmärkten und der Gültigkeit der Kaufkraftparitätentheorie, die dem *Global*-CAPM im Gegensatz zum *Local*-CAPM zugrunde liegen, können die globalen Eigenkapitalkosten mithilfe des internationalen Fisher-Effektes in die Währung des betrachteten Landes umgerechnet werden.[1078]

Im Zusammenhang des *Global*-CAPM und der damit verbundenen erforderlichen Approximationen möglichst globaler Komponenten ist die **Erfüllung der Risikoäquivalenz und der Währungsäquivalenz** zwischen Zähler und Nenner im Bewertungskalkül **gefährdet**. Um diese Äquivalenzkriterien dennoch einzuhalten, kann – wie gezeigt – in Abhängigkeit der Wahl des Proxy-Marktes des globalen Marktportfolios für den Bewerter ein Mehraufwand entstehen. Das kann die **Wirtschaftlichkeit** des Gebrauchs des *Global*-CAPM **einschränken**.

Wie bereits erwähnt kommen zur Approximation einer globalen Marktrendite die **Renditen unterschiedlicher Aktienindizes** infrage. Die Renditen werden jeweils **auf Basis historischer Informationen** abgeleitet, sodass der **Zukunftsorientierung** der Unternehmensbewertung nicht entsprochen wird. Darüber hinaus kann der Bewerter durch die Möglichkeit, **verschiedene Aktienindizes bzw. Studien** für die Approximation der globalen Marktrendite zu verwenden, das Bewertungsergebnis beeinflussen. Die historischen Renditen können sich je nach herangezogenem Aktienindex stark unterscheiden und die Höhe der mithilfe des *Global*-CAPM ermittelten Eigenkapitalkosten maßgeblich beeinflussen. Dieser **Ermessensspielraum** ist i. S. d. geforderten **Objektivierung des Bewertungsansatzes negativ** zu beurteilen.

Vor dem Hintergrund der beobachtbaren Integrationstendenz der globalen Kapitalmärkte ist der **Gebrauch des *Global*-CAPM** als Kapitalkostenmodell bei internationalen Bewertungssituationen **zusehends angebracht**. Eine Verbreitung der Anwendung des *Global*-CAPM zur Bestimmung ausländischer Eigenkapitalkosten würde mithin die **Vergleichbarkeit internationaler Unternehmensbewertungen** stärken.[1079] Die Vergleichbarkeit von internationalen Unternehmensbewertungen unter Verwendung der direkten Methode zur Unternehmensbewertung in Fremdwährung denominierter Zahlungsströme könnte allgemein verbessert werden, sofern das IDW – im Einklang der typisierten Höhe einer deutschen Marktrisikoprämie – eine **sachgerechte Höhe der globalen Marktrisikoprämie** vorgibt. Bei der Quantifizierung einer globalen

---

[1078] Vgl. GRABOWSKI, R. J./HARRINGTON, J. P./NUNES, C., International Valuation Handbook, Kap. 1, S. 12; RUIZ DE VARGAS, S., Unternehmensbewertung im internationalen Kontext, S. 1659. Zur Anwendung des internationalen Fisher-Effektes sind die Inflationsraten der beiden betrachteten Währungsräume zu ermitteln. Vgl. zur Bestimmung von Inflationsraten Abschn. 422.23.

[1079] Vgl. RUIZ DE VARGAS, S./BREUER, W., Unternehmensbewertung im internationalen Kontext (Teil 2), S. 56.

Marktrisikoprämie kann sich z. B. an der Vorgehensweise von LAAS/MAKAROV orientiert werden, nach der eine implizite und somit zukunftsbezogene globale Marktrisikoprämie[1080] für den S&P Global Broad Market Index (BMI)[1081] sowie den S&P Global 1200[1082] ermittelt wird.[1083]

Eine Empfehlung für die Höhe einer globalen Marktrisikoprämie von Seiten des IDW wäre auch vor dem Hintergrund zu begrüßen, dass bei rechtlich geprägten und vertraglich begründeten Bewertungsanlässen i. S. d. IDW S 1 i. d. F. 2008 sowie der handelsrechtlichen Beteiligungsbewertung die Bestimmung eines objektivierten Unternehmenswerts regelmäßig typisierend aus der **Perspektive eines rational handelnden inländischen (deutschen) Investors** durchzuführen ist.[1084] Das **IDW konkretisiert** dabei **nicht**, welcher **Diversifikationsgrad** für einen inländischen (deutschen) Investor anzunehmen ist, sodass das *Local*-CAPM, basierend auf deutschen Kapitalmarktdaten, oder das *Global*-CAPM angewendet werden können.[1085] Nach RUIZ DE VARGAS/BEUMER folgt aus der Typisierung eines rational handelnden Investors, dass es i. S. d. Diversifikationsprinzips des CAPM bei der Wahl des adäquaten Marktportfolios nicht auf die tatsächlich genutzte Portfoliodiversifizierung des beobachteten Investors, sondern auf die **bestehenden Möglichkeiten der Portfoliodiversifizierung für den Investor** ankommt.[1086] Für einen inländischen (deutschen) Investor ist grundsätzlich von der Möglichkeit auszugehen, sein Portfolio international diversifizieren zu können. Für rechtlich geprägte und vertraglich begründete Bewertungsanlässe aus der Perspektive eines rational handelnden inländischen (deutschen) Investors ist folgerichtig der Gebrauch des ***Global*-CAPM zu diskutieren**,[1087] was die Verwendung globaler CAPM-Komponenten, also auch einer globalen Marktrisikoprämie, impliziert.

[1080] Vgl. zur impliziten Bestimmung einer Marktrisikoprämie Abschn. 352.313.
[1081] Der S&P Global BMI umfasst 11.000 Unternehmen aus 25 entwickelten Kapitalmärkten und aus 25 *Emerging Markets* und besteht seit dem Jahr 1994. Vgl. S&P GLOBAL INC. (Hrsg.), Factsheet S&P Global BMI.
[1082] Der S&P Global 1200 umfasst 1.200 Unternehmen aus dreißig Ländern. Dabei repräsentiert dieser Aktienindex ca. 70% der globalen Marktkapitalisierung und besteht seit dem Jahr 1989. Vgl. S&P GLOBAL INC. (Hrsg.), Factsheet S&P Global 1200.
[1083] Vgl. LAAS, T./MAKAROV, D., Marktrisikoprämie, S. 989–991. Die Autoren stellen zwischen den beiden betrachteten Aktienindizes nur eine geringe Differenz der impliziten Marktrisikoprämie für den Betrachtungszeitpunkt April 2020 fest, sodass empfohlen wird, auf den weniger breit zusammengestellten Aktienindex S&P Global 1200 abzustellen, um die zu verarbeitende Datenmenge zu reduzieren und mithin die Wirtschaftlichkeit der Verfahrensweise zu steigern.
[1084] Vgl. IDW (Hrsg.), IDW S 1 i. d. F. 2008, Tz. 31.
[1085] Vgl. RUIZ DE VARGAS, S./BREUER, W., Globale vs. lokale Betafaktoren, S. 361 f.
[1086] Vgl. dazu RUIZ DE VARGAS, S./BREUER, W., Globale vs. lokale Betafaktoren, S. 362 und RUIZ DE VARGAS, S., Unternehmensbewertung im internationalen Kontext, S. 1643 sowie die Ausführungen zum *Equity Home-Bias* in Abschn. 432.113.
[1087] Vgl. ähnlich GROßFELD, B./EGGER, U./TÖNNES, W. A., Recht der Unternehmensbewertung, S. 23, Tz. 95 f.; PEEMÖLLER, V. H./KUNOWSKI, S., Ertragswertverfahren, S. 358; GLEIßNER, W., Länderrisikoprämien, S. 947, sowie WOLLNY, C., Der objektivierte Unternehmenswert, S. 202 f. mit Verweis auf empirische Auswertungen über die Entwicklung der Aktionärsstrukturen im DAX vom Jahr 2005 bis zum Jahr 2014. BEUMER stellt bei der Untersuchung von 184 öffentlich zugänglichen Gutachten im Rahmen gesellschaftsrechtlich veranlasster Unternehmensbewertungen in Deutschland im Zeitraum vom Jahr 2010 bis zum Jahr 2018 fest, dass im Kontext rechtlich geprägter Bewertungsanlässe teilweise auf einen globalen Aktienindex als Referenzindex abgestellt. Vgl. BEUMER, J., Bewertungen bei gesellschaftsrechtlichen Anlässen, S. 773 f.

432.14 Zwischenfazit

Die Wahl des für die Bewertungssituation adäquaten Kapitalkostenmodells zur Bestimmung des ausländischen Kapitalisierungszinses hängt wesentlich davon ab, ob der **Integrationsgrad des betrachteten ausländischen Kapitalmarktes** (eher) als segmentiert oder (eher) als integriert zu qualifizieren ist. Als Kapitalkostenmodelle sind regelmäßig das *Local*-CAPM bei Segmentierung und das *Global*-CAPM bei Integration des Kapitalmarktes zu verwenden. Um den Integrationsgrad des betrachteten Kapitalmarktes bestimmen zu können, sind sowohl qualitative als auch quantitativ geprägte Kriterien denkbar. Es zeigt sich, dass aufgrund der Dynamik der internationalen Kapitalmärkte häufig kein belastbares Urteil über den konkreten Integrationsgrad und dessen künftige Entwicklung getroffen werden kann. Im Rahmen einer objektivierten internationalen Unternehmensbewertung unter Anwendung der **direkten Methode** der Unternehmensbewertung mit in Fremdwährung denominierten Zahlungsströmen ist es sachgerecht, die Ergebnisse empirischer Analysen der Kapitalmärkte als Referenz heranzuziehen, um das **bewertungssituationsspezifisch adäquate Kapitalkostenmodell** für die Bestimmung des ausländischen Kapitalisierungszinses zu ermitteln. Der Bewerter sollte bei Existenz externer Studien über den **Integrationsgrad des betreffenden Kapitalmarktes** die Ergebnisse dieser Studien durch **eigene Überlegungen** hinsichtlich bestehender Arten von Barrieren für Auslandsinvestitionen oder durch die Analyse der internationalen Verflechtung des betrachteten Sitzlandes des Unternehmens plausibilisieren. Besonders technische Barrieren für internationale Investitionen, wie z. B. Kapitaltransferbeschränkungen, sollten untersucht werden. Für das qualitative Urteil sind möglichst bewertungsstichtagsaktuelle Informationen heranzuziehen.

Für die Analyse auf Basis quantitativer Kriterien sollte weiterhin nicht allein auf eine Analyse des *Equity Home-Bias* in dem untersuchten Kapitalmarkt abgestellt werden. Selbst wenn ein *Equity Home-Bias* empirisch für einen Kapitalmarkt belegt werden kann, hat unter Verwendung des CAPM weiterhin die Annahme eines rational handelnden Investors Bestand. Dieser Investor würde i. S. d. Diversifikationsprinzips ein möglichst breites Portfolio halten. Gleichwohl ist eine eigens erstellte quantitative Analyse des Integrationsgrades durch den Bewerter aus Gründen der Wirtschaftlichkeit nicht sachgerecht. Der Bewerter sollte die Bestimmung des **Integrationsgrades des betrachteten Kapitalmarktes** aufgrund der **erschwerten Operationalisierung** und der **zugleich hohen Wertrelevanz** für die Ermittlung der ausländischen Eigenkapitalkosten sorgfältig behandeln. Es ist eine gewissenhafte Plausibilisierung des Integrationsgrades des Bewerters sicherzustellen. Der Bewerter hat das Vorgehen bei der Plausibilisierung im Bewertungsgutachten zu dokumentieren.

In der vorangegangenen Analyse wurden das *Local*-CAPM und das *Global*-CAPM hinsichtlich der Berücksichtigung von systematischen Länderrisiken untersucht. Wie gezeigt, sind **systematische Länderrisiken** theoretisch in dem länderspezifischen „risikolosen Zins" und den lokalen Marktrenditen sowie in den globalen Marktrenditen implizit enthalten. Der individuelle Einfluss von Länderrisiken auf das ausländische Bewertungsobjekt wird durch den Betafaktor des Bewertungsobjektes repräsentiert. Somit **kann grundsätzlich Risikoäquivalenz** zum Zahlungsstrom des ausländischen Bewertungsobjektes hinsichtlich der Berücksichtigung systematischer Länderrisiken **hergestellt werden**. Indes sind für beide Kapitalkostenmodelle bewertungssituationsspezifische Schwierigkeiten zu beachten, die sowohl die **Einhaltung der Risiko- als auch der Währungsäquivalenz im Bewertungskalkül gefährden können**.

Insgesamt wird die **Aussagekraft des CAPM** bei der Erklärung von Aktienrenditen – sowohl im lokalen als auch im globalen Kontext – auf Basis der Erkenntnisse zahlreicher empirischer Studien **hinterfragt**.[1088] Es ist zu erwarten, dass die internationale Diversifikation den Einfluss auf die Renditeforderung verringert, sofern Länderrisikobestandteile aus nationaler Sichtweise als systematische Risiken zu qualifizieren sind.[1089] Indes zeigt die Empirie z. B., dass für Unternehmen in entwickelten Kapitalmärkten Betafaktoren höher sind als für Unternehmen in *Emerging Markets*, bei denen ein höheres systematisches Risiko zu erwarten ist.[1090] Die zur Bestimmung des Betafaktors des ausländischen Bewertungsobjektes herangezogenen Renditen korrelieren jedoch regelmäßig in einem geringeren Maße mit den Renditen des globalen Marktportfolios als mit den Renditen des lokalen Marktportfolios.[1091] Die geringere Korrelation der Renditen hat einen niedrigeren gemessenen Betafaktor zur Folge. Mithin sind die Eigenkapitalkosten des ausländischen Bewertungsobjektes niedriger. Dadurch ist der ermittelte Unternehmenswert des ausländischen Bewertungsobjektes im Ergebnis höher. Es wird teilweise kritisiert, dass der Gebrauch des *Global*-CAPM zu **kontraintuitiven Ergebnissen** für die Höhe der Eigenkapitalkosten eines ausländischen Bewertungsobjektes führt.[1092] Dennoch besteht ein Vorteil bei Gebrauch des *Local*- oder *Global*-CAPM darin, dass beide Kapitalkostenmodelle auf der in den Wirtschaftswissenschaften anerkannten **Theorie des CAPM** fundieren und somit **theoretisch konsistent** sind.[1093]

Unabhängig der Verwendung des *Local*-CAPM oder des *Global*-CAPM sollte der Bewerter – wie auch bei Unternehmensbewertungen im nationalen Kontext – aufgrund der hohen Wertrelevanz des Kapitalisierungszinses für den Unternehmenswert **detailliert** und **nachvollziehbar** im Bewertungsgutachten **erläutern, wie** die **einzelnen CAPM-Komponenten** zur Bestimmung der ausländischen Eigenkapitalkosten **abgeleitet** wurden.

In den vorherigen Abschnitten wurde analysiert, welche Schwierigkeiten bei der Ableitung der CAPM-Komponenten des *Local*- und *Global*-CAPM bestehen und inwiefern systematische

---

[1088] Vgl. GLEIẞNER, W., Länderrisikoprämien, S. 955–957, für eine übersichtliche Aufstellung und Zusammenfassung empirischer Studien zur Überprüfung der Fähigkeit des CAPM, Aktienrenditen im globalen Kontext und in *Emerging Markets* zu erklären.
[1089] Vgl. HERRMANN, F., Emerging Markets, S. 39; GANN, J., Investitionsentscheidungen, S. 124 f.
[1090] Vgl. HARVEY, C. R., Risk and Returns in Emerging Markets, S. 773–816; ESTRADA, J., Cost of Equity in Emerging Markets, S. 1–12; LONGIN, F./SOLNIK, B. H., International Equity Markets, S. 649.
[1091] Vgl. DAMODARAN, A., Equity Risk Premiums – The 2020 Edition, S. 55; HORN, M. P. U. A., Country Risk, S. 293.
[1092] Vgl. DJUKANOV, V./KEUPER, F., Grenzüberschreitende Unternehmensbewertungen, S. 1324, Tz. 77; HORN, M. P. U. A., Country Risk, S. 293.
[1093] Vgl. HORN, M. P. U. A., Country Risk, S. 293.

Länderrisiken implizit in den jeweiligen CAPM Komponenten zur Förderung der Risikoäquivalenz im Bewertungskalkül enthalten sind. Aufgrund der möglichen Schwierigkeiten bei der Operationalisierung und der mitunter fragwürdigen Aussagekraft der CAPM-Komponenten bei internationalen Unternehmensbewertungen wird im Schrifttum auch die Verwendung einer Länderrisikoprämie zur Anpassung der ausländischen Eigenkapitalkosten diskutiert. Wie bereits in Abschn. 362. erläutert, kann es auch i. S. d. Handlungsempfehlungen des IDW angebracht sein, die ausländischen Eigenkapitalkosten mithilfe einer Länderrisikoprämie zu ermitteln. Im Folgenden wird deshalb zunächst erläutert und diskutiert, inwiefern die Verwendung einer Länderrisikoprämie im Rahmen einer internationalen Unternehmensbewertung sachgerecht sein kann (**Abschn. 432.21**). Anschließend werden die Möglichkeiten der Berücksichtigung (**Abschn. 432.22**) und der Quantifizierung (**Abschn. 432.23**) einer Länderrisikoprämie für die Zwecke einer objektivierten internationalen Unternehmensbewertung analysiert und gewürdigt.

432.2 Verwendung einer Länderrisikoprämie zur Anpassung der Eigenkapitalkosten

432.21 Diskussion der Verwendung einer Länderrisikoprämie zur Anpassung der Eigenkapitalkosten

Wird von einem international diversifizierten Investor ausgegangen, können als systematisch qualifizierte Länderrisiken diversifiziert werden,[1094] und haben keinen Einfluss auf die Höhe des Kapitalisierungszinses (*Global*-CAPM). Sofern der lokale Investor indessen international **nicht diversifiziert** ist, beeinflussen die lokalen **systematischen Länderrisiken** die Höhe des Kapitalisierungszinses (*Local*-CAPM).[1095] Ein geringerer Diversifikationsgrad des Investors impliziert allgemein, dass die Rendite der Alternativanlage stärker schwankt und negative Abweichungen nicht mehr durch positive Abweichungen ausgeglichen werden können.[1096] Mit der stärkeren **Schwankung der erwarteten Rendite** steigt die Unsicherheit der Investition für den Investor. Für ein international nicht hinreichend diversifiziertes Bewertungssubjekt ist daher eine aus spezifischen Länderrisiken resultierende erhöhte **Ergebnisvolatilität** zu beobachten.[1097]

Als Folge der erhöhten Ergebnisvolatilität wird der **Ansatz einer Länderrisikoprämie** in den Eigenkapitalkosten des ausländischen Bewertungsobjektes – bei Verlassen des Annahmensystems des CAPM – diskutiert. Die Länderrisikoprämie repräsentiert dann den Risikoanteil der Eigenkapitalkosten, der nicht durch das CAPM erklärt wird, jedoch durch die bestehenden sys-

---

[1094] Vgl. STEIN, I., Internationale Unternehmensakquisitionen, S. 262 i. V. m. DUHNKRACK, T., Zielsystem der Internationalen Unternehmung, S. 225 f.
[1095] Vgl. exemplarisch RULLKÖTTER, N., Politische Länderrisiken, S. 36.
[1096] Vgl. hier und im folgenden Satz KNABE, M., Insolvenzrisiken, S. 209.
[1097] Vgl. hier und im folgenden Satz GLEIẞNER, W., Länderrisikoprämien, S. 943 i. V. m. GLEIẞNER, W., Unternehmensbewertung und wertorientierte Unternehmenssteuerung, S. 345–352.

tematischen Länderrisiken in dem betrachteten Land im Vergleich zu einem Referenzland verursacht wird.[1098] Demnach sollten in einer **Länderrisikoprämie** diejenigen **systematischen Länderrisiken** enthalten sein, die nicht bereits im Kapitalisierungszins berücksichtigt sind und im Vergleich zum Referenzland zusätzlich auf das Bewertungsobjekt wirken.[1099]

Auch im Sinne der Handlungsempfehlungen des **IDW**, in denen die Berücksichtigung von Länderrisiken in der internationalen Unternehmensbewertung thematisiert werden, **kann** die Berücksichtigung einer **Länderrisikoprämie** im Bewertungskalkül **angebracht sein**.[1100] So weist das IDW in dieser Handlungsempfehlung im Themenband „Bewertung und Transaktionsberatung – Betriebswirtschaftliche Bewertungen, Due Diligence, Fairness Opinions u.a." daraufhin, dass bei dem Gebrauch des *Local*-CAPM die **Verfügbarkeit und die Validität** der am **ausländischen Kapitalmarkt beobachtbaren Marktrenditen bzw. Marktrisikoprämien** zu **hinterfragen ist**, um daraus eine lokale Marktrisikoprämie ableiten zu können.[1101] Wie bei der Bestimmung der Marktrendite für den deutschen Kapitalmarkt soll i. S. d. Handlungsempfehlungen auch für den ausländischen Kapitalmarkt auf empirische Studien zu historischen und impliziten Renditen dieses Marktes zurückgegriffen werden. Sofern keine belastbaren Studien über die benötigten Renditen am Kapitalmarkt des Sitzlandes des Bewertungsobjektes existieren, können nach dem IDW aus **Vereinfachungs- und Transparenzgründen** auch **Marktrenditen bzw. Marktrisikoprämien entwickelter Kapitalmärkte** als Ausgangspunkt für die Bestimmung der lokalen Marktrisikoprämie verwendet werden.[1102] Die Marktrisikoprämie entwickelter Kapitalmärkte soll dann um eine **Länderrisikoprämie** angepasst werden, damit eine

---

[1098] Vgl. GLEIßNER, W., Länderrisikoprämien, S. 943, sowie DÖRSCHELL, A./FRANKEN, L./SCHULTE, J., Kapitalisierungszinssatz, S. 360; BRÜHL, V., Länderrisiken, S. 62; IHLAU, S./DUSCHA, H./KÖLLEN, S., Länderrisiken, S. 1327; RULLKÖTTER, N., Politische Länderrisiken, S. 36. So auch ähnlich IDW (Hrsg.), Einzelfragen zu Wertminderungen von Vermögenswerten nach IAS 36 (IDW RS HFA 40), Tz. 42. ERNST/GLEIßNER sehen in der Verwendung einer Länderrisikoprämie eine Heuristik, mit der versucht wird, beobachtbare Marktpreise zu erklären. Vgl. ERNST, D./GLEIßNER, W., Damodarans Länderrisikoprämie – Eine Ergänzung, S. 1254 und GLEIßNER, W., Länderrisikoprämien, S. 944. Die Länderrisikoprämie kann dabei sowohl einen Aufschlag als auch einen Abschlag auf die Eigenkapitalkosten repräsentieren. Vgl. CASTEDELLO, M./SCHÖNINGER, S./TSCHÖPEL, A., Praxiswissen Unternehmensbewertung, S. 364.

[1099] In der Bewertungsliteratur wird es mitunter als möglich erachtet, den auf Basis der Daten eines entwickelten Kapitalmarktes abgeleiteten Kapitalisierungszins um eine Länderrisikoprämie anzupassen, sofern in den Zahlungsströmen des ausländischen Bewertungsobjektes gänzlich von der Berücksichtigung von Länderrisiken abstrahiert wird. Vgl. KOLLER, T./GOEDHART, M./WESSELS, D., Valuation, S. 699; RULLKÖTTER, N., Politische Länderrisiken, S. 35. Um einen Doppelansatz zu ermitteln, der zum einen Einfluss von Länderrisiken ist, muss indes der Einfluss von Länderrisiken auf den Zahlungsstrom geschätzt werden, falls in den prognostizierten Zahlungsströmen bereits Länderrisiken berücksichtigt sind. Neben der Länderrisikoprämie ist zusätzlich der Einfluss von Länderrisiken auf den Zahlungsstrom zu schätzen, um eine Doppelberücksichtigung von Länderrisiken im Bewertungskalkül zu vermeiden. Die Verwendung beider Größen nach der erklärten Logik führt zu einem erhöhten Aufwand. Vgl. dazu KNOLL, L., Länderrisiken, S. 938; PATLOCH-KOFLER, M./WIMMER, H., Länderrisiko, S. 346. Vgl. allgemein zur Doppelberücksichtigung von Risiken im Zähler und Nenner des Bewertungskalküls GROßFELD, B./EGGER, U./TÖNNES, W. A., Recht der Unternehmensbewertung, S. 148, Tz. 644.

[1100] Vgl. zu den berufsständischen Handlungsempfehlungen zur Berücksichtigung von Länderrisiken in der internationalen Unternehmensbewertung Abschn. 362.

[1101] Vgl. hier und im folgenden Absatz IDW (Hrsg.), Bewertung und Transaktionsberatung, Kap. A, Tz. 401.

[1102] Im deutschen Bewertungskontext quantifiziert das IDW die Marktrendite mit Bezug auf einen deutschen Aktienindex. Methodisch wird dabei einem pluralistischen Ansatz gefolgt. Bei diesem Ansatz wird die Beobach-

ausländische Marktrisikoprämie ermittelt werden kann, die dem **Risikoprofil des Sitzlandes des Bewertungsobjektes** entspricht.[1103] Auch das IDW weist darauf hin, dass bei Verwendung einer Länderrisikoprämie die Annahmen des CAPM aus Vereinfachungs- und Transparenzgründen verletzt werden.[1104]

In Bezug auf die Verwendung einer Länderrisikoprämie ist indes zu kritisieren, dass eine pauschale Anpassung des Kapitalisierungszinses **den im Zeitablauf variierenden Einfluss** von Länderrisiken im Bewertungskalkül nicht adäquat abbilden kann.[1105] Der Gebrauch einer konstant hohen Länderrisikoprämie im Kapitalisierungszins zur Berücksichtigung von Länderrisiken in den Folgeperioden impliziert, dass Zahlungsströme, die weiter in der Zukunft liegen, durch den Zinseffekt wertmäßig stärker durch Länderrisiken beeinflusst sind als die Zahlungsströme, die näher am Bewertungsstichtag liegen.[1106] Das ist vor dem Hintergrund der möglichen Dynamik der Entwicklung des Einflusses von Länderrisiken auf ein Unternehmen zu kritisie-

---

tung historisch nominal gemessener Aktienrenditen, die *ex post*-Beobachtung langfristig realer Aktienrenditen sowie die unter Verwendung von *ex ante*-Analysen ermittelten impliziten Kapitalkosten aus den Marktkapitalisierungen der DAX-Unternehmen für die Bestimmung der deutschen Marktrendite und mithin der Marktrisikoprämie vereint. Vgl. zum pluralistischen Ansatz des IDW bei der Bestimmung der Marktrendite im deutschen Bewertungskontext sowie zur fachlichen Diskussion bei der Bestimmung der Marktrisikoprämie im deutschen Bewertungskontext Abschn. 352.313. In Anbetracht dieser methodisch komplexen Vorgehensweise und der damit verbundenen intensiven fachlichen Diskussion über die sachgerechte Höhe der deutschen Marktrisikoprämie liegt es nahe, dass im Ausland oftmals keine – aus deutscher Perspektive – validen empirischen Studien über die lokalen Marktrenditen verfügbar sind. Allgemein ist es für den Bewerter schwierig, zu entscheiden, ob das verfügbare Datenmaterial für lokale Marktrenditen empirisch valide ist. Zur Beurteilung der Belastbarkeit empirischer Studien für die Messung von Marktrenditen existieren keine objektivierbaren Kriterien. Auf Basis der Handlungsempfehlungen des IDW ist es v. a. aus Vereinfachungsgründen wahrscheinlich, dass der Bewerter bei der Bestimmung ausländischer Eigenkapitalkosten in segmentierten Kapitalmärkten die Marktrisikoprämie eines entwickelten Kapitalmarktes um eine Länderrisikoprämie anpasst, damit eine lokale Marktrisikoprämie approximiert werden kann.

[1103] Nach ZWIRNER/PETERSEN/ZIMNY bereiten die Handlungsempfehlungen des IDW dem Ansatz eines länderspezifischen Risikozuschlags auf die Eigenkapitalkosten in der deutschen Bewertungspraxis zumindest „dem Grunde nach" den Weg. Vgl. dazu ZWIRNER, C./PETERSEN, K./ZIMNY, G., Länderrisiken in der Unternehmensbewertung, S. 1055, Tz. 8, sowie dem widersprechend KNOLL, L., Länderrisiken, S. 938. KNOLL beschreibt den Entstehungsprozess der erstmaligen Stellungnahme des IDW zur Berücksichtigung von Länderrisiken in der Unternehmensbewertung. Dabei weist er darauf hin, dass diese Stellungnahme im Zusammenhang der Entstehung des „Praxishinweis: Besonderheiten bei der Ermittlung eines objektivierten Unternehmenswerts kleiner und mittelgroßer Unternehmen" zu sehen ist. In diesem Praxishinweis werden Prämien zur Anpassung der Eigenkapitalkosten grundsätzlich ausgeschlossen. Vgl. KNOLL, L., Länderrisiken, S. 938. WOLLNY stellt fest, dass, obwohl in anderen Bewertungssituationen Prämien zur Anpassung der Kapitalisierungszinses durch das IDW abgelehnt werden, die Verwendung einer Länderrisikoprämie durch das IDW als möglich erachtet wird. Vgl. dazu WOLLNY, C., Der objektivierte Unternehmenswert, S. 819. Für die Unternehmensbewertung merkt das IDW explizit an, dass „insb. die Berücksichtigung von kapitalmarkttheoretisch nicht nachvollziehbaren Risikozuschlägen, wie bspw. einer Size Premium, für die Ermittlung objektivierter Unternehmenswerte nicht sachgerecht [ist]". IDW (Hrsg.), Bewertung und Transaktionsberatung, Kap. B, Tz. 61. Das gilt ebenfalls für Zuschläge aufgrund fehlender Fungibilität, eines erhöhten Insolvenzrisikos oder für fehlende Diversifikation des Unternehmenseigners. Vgl. IDW (Hrsg.), Bewertung und Transaktionsberatung, Kap. B, Tz. 61.
[1104] Vgl. IDW (Hrsg.), Bewertung und Transaktionsberatung, Kap. A, Tz. 401.
[1105] Vgl. SHAPIRO, A. C., Capital Budgeting, S. 7; PEEMÖLLER, V. H./KUNOWSKI, S./HILLERS, J., Kapitalisierungszinssatz, S. 627; COPELAND, T. E./KOLLER, T./MURRIN, J., Unternehmenswert, S. 461; STEIN, I., Investitionsrechnungsmethoden, S. 604 f.; RULLKÖTTER, N., Politische Länderrisiken, S. 35.
[1106] Vgl. SHAPIRO, A. C., Capital Budgeting, S. 7 i. V. m. ROBICHEK, A. A./MYERS, S. C., Optimal Financing Decisions.

ren. Es ist nicht *per se* anzunehmen, dass ein ausländisches Bewertungsobjekt in Zukunft stärker von Länderrisiken beeinflusst sein wird. Im Gegenteil ist sogar davon auszugehen, dass das Bewertungsobjekt weniger stark beeinflusst wird, da im Zeitablauf u. U. Maßnahmen gegen den Einfluss von Länderrisiken ergriffen werden und die Wirkung der Risiken somit sinkt. Die mangelnde zeitliche Differenzierung der Abbildung des Einflusses von Länderrisiken bei Verwendung einer Länderrisikoprämie ist aufgrund des hohen quantitativen Einflusses des Kapitalisierungszinses auf die Höhe des *Terminal Value* in der **ewigen Rente**[1107] und mithin auf den Unternehmenswert des ausländischen Bewertungsobjektes kritisch zu sehen. Eine **unreflektierte Verwendung** eine Länderrisikoprämie im Rahmen der internationalen Unternehmensbewertung ist **nicht sachgerecht** und kann **erhebliche Bewertungsfehler** zur Folge haben.

Weiterhin zeigen KRUSCHWITZ/LÖFFLER/MANDL formal-mathematisch, dass das CAPM *ex post* nicht um eine zusätzliche Risikoprämie erweitert werden kann und eine solche Prämie die Gleichgewichtsbedingungen dieses Kapitalkostenmodells verletzt.[1108] Somit ist bewiesen, dass die Verwendung einer Länderrisikoprämie **nicht mit dem theoretischen Fundament des CAPM vereinbar ist**. Diese Erkenntnis gilt mithin für die bei internationalen Unternehmensbewertungen verwendeten CAPM-Varianten des *Local*-CAPM und *Global*-CAPM, die auf den Annahmen des CAPM aufbauen.

Obwohl das CAPM den Ansatz einer zusätzlichen **Länderrisikoprämie** theoretisch nicht zulässt und dabei erhebliche konzeptionelle Mängel bestehen, wird in der **Bewertungspraxis regelmäßig** eine solche Prämie zur Bestimmung des ausländischen Kapitalisierungszinses in den Eigenkapitalkosten **verwendet**.[1109] Auch die deutsche Jurisdiktion hat im Rahmen von Unternehmensbewertungen, die aufgrund gesetzlicher Vorschriften oder vertraglicher Grundlagen durchgeführt werden, die Verwendung einer Länderrisikoprämie (teilweise) akzeptiert.[1110]

Im Folgenden werden aufgrund der praktischen Relevanz der Länderrisikoprämie verschiedene Möglichkeiten der Berücksichtigung und Quantifizierung einer Länderrisikoprämie für die Zwecke einer objektivierten internationalen Unternehmensbewertung analysiert und gewürdigt.

[1107] Vgl. zur Wertrelevanz des *Terminal Value* MUSCHALLIK, M., Terminal Value, S. 48–56.
[1108] Vgl. dazu KRUSCHWITZ, L./LÖFFLER, A./MANDL, G., Damodarans Country Risk Premium, S. 171 f. Bei ihrer Kritik referenzieren KRUSCHWITZ/LÖFFLER/MANDL explizit auf die Konzepte zur Berücksichtigung einer Länderrisikoprämie von DAMODARAN. Diese Konzepte werden in Abschn. 432.22 behandelt.
[1109] In dieser Studie wurden 309 Vertreter der Bewertungspraxis aus Deutschland, Österreich und der Schweiz nach der Verwendung von Risikoprämien auf den Kapitalisierungszins im Zuge von Unternehmensbewertungen befragt. 53 % der Befragten geben an, eine Länderrisikoprämie im Nenner des Bewertungskalküls zu verwenden. Vgl. KPMG (Hrsg.), Cost of Capital Study 2020, S. 7 und S. 29. Auch bei einer im Zuge des „3. Symposium Unternehmensbewertung in der Rechtsprechung" im Jahr 2015 durchgeführten Abstimmung befürworteten 55 % der teilnehmenden Bewertungsspezialisten die Berücksichtigung einer Länderrisikoprämie im Kapitalisierungszins. Vgl. dazu KARAMI, B., 3. Symposium Unternehmensbewertung in der Rechtsprechung, S. 83 f.
[1110] Vgl. LG HAMBURG v. 21.03.2014 – 417 HKO 205/12, S. 30, sowie LG MÜNCHEN v. 24.05.2013 – 5 HKO 17095/11, k. A. Vgl. dazu auch POPP, M./RUTHARDT, F., Bewertungsmethoden im Spiegel der Rechtsprechung, S. 348, Tz. 12.125.

Da die Verwendung einer Länderrisikoprämie lediglich zur Ermittlung ausländischer Eigenkapitalkosten in segmentierten Märkten verwendet wird, beziehen sich die nachfolgenden Ausführungen auf die Anwendung des *Local*-CAPM,[1111] und mithin auf die direkte Methode der Unternehmensbewertung mit in Fremdwährung denominierten Zahlungsströmen.

432.22 Möglichkeiten zur Berücksichtigung einer Länderrisikoprämie

432.221. Vorbemerkung

Die Bewertungspraxis behilft sich zur Berücksichtigung einer Länderrisikoprämie in den Eigenkapitalkosten eines ausländischen Bewertungskonzeptes oftmals mit den Konzepten von DAMODARAN.[1112] DAMODARAN hat mit dem Additiven Ansatz, dem Beta-Ansatz und dem Lambda-Ansatz drei Möglichkeiten zur Berücksichtigung einer Länderrisikoprämie entwickelt, die sich darin unterscheiden, wie und an welchen Stellen eine Länderrisikoprämie in der CAPM-Formel zur Bestimmung der Eigenkapitalkosten berücksichtigt wird.[1113] Diese Ansätze sind Modifikationen bzw. Erweiterungen des klassischen CAPM-Modells zur Bestimmung von Eigenkapitalkosten. Im Folgenden werden die einzelnen Ansätze zur Berücksichtigung einer Länderrisikoprämie erläutert und analysiert sowie kritisch gewürdigt.

432.222. Additiver Ansatz

Beim **Additiven Ansatz** zur Berücksichtigung einer Länderrisikoprämie werden die unter Verwendung der Marktdaten eines entwickelten Kapitalmarktes (entw. KM)[1114] nach dem CAPM ermittelten Eigenkapitalkosten ($i_{entw.\ KM}$, $r_{m,entw.\ KM}$, $\beta_{entw.\ KM}$) mit einer Länderrisikoprämie (LRP) erweitert.[1115]

[1111] Vgl. dazu auch IDW (Hrsg.), Bewertung und Transaktionsberatung, Kap. A, Tz. 401.
[1112] Vgl. ERNST, D./GLEIẞNER, W., Damodarans Länderrisikoprämie – Eine Ergänzung, S. 1252; KRUSCHWITZ, L./LÖFFLER, A./MANDL, G., Damodarans Country Risk Premium, S. 167. Über diese Kapitalkostenmodelle hinaus besteht eine Vielzahl weiterer nicht CAPM-basierter Ansätze zur Bestimmung der Eigenkapitalkosten bei internationalen Unternehmensbewertungen. Vgl. PEREIRO, L. E., Valuation, S. 100–116; GLEIẞNER, W., Länderrisikoprämien, S. 949–954; ERNST, D. U. A., Internationale Unternehmensbewertung, S. 215–256. Diese Modelle unterscheiden sich hinsichtlich der zugrunde liegenden Annahmen in Bezug auf die Konsummöglichkeiten des Investors sowie die Berücksichtigung von Wechselkursrisiken und Inflationsunterschieden, aber auch hinsichtlich der Existenz von Handelsbeschränkungen in Form von Transaktionskosten oder Investitionsbarrieren. Die hohe Komplexität sowie die teilweise mangelnde Möglichkeit der Operationalisierung bedingen eine geringe praktische Relevanz dieser Modelle. Vgl. dazu RULLKÖTTER, N., DCF-Verfahren in Emerging Markets, S. 17 i. V. m. JANDURA, D., Finanzmärkte, S. 433. Eine konzeptionelle sowie empirische Würdigung der verschiedenen Ansätze zur Berücksichtigung von Länderrisiken ist bei ERNST/GLEIẞNER zu finden. Vgl. ERNST, D./GLEIẞNER, W., Damodarans Länderrisikoprämie, S. 1255–1264; HORN, M. P. U. A., Country Risk, S. 292–301. HORN U. A. systematisieren die verschiedenen Ansätze nach konzeptionellen, empirischen und heuristischen Modellen zur Bestimmung von Eigenkapitalkosten. Vgl. dazu HORN, M. P. U. A., Country Risk, S. 294.
[1113] Vgl. DAMODARAN, A., Country Risk, S. 69–71.
[1114] DAMODARAN bezieht sich in seinen Ausführungen konkret auf die Daten des US-amerikanischen Kapitalmarktes als Referenz zur Ableitung der CAPM-Komponenten. Vgl. DAMODARAN, A., Equity Risk Premiums – The 2020 Edition, S. 85.
[1115] Diese Methode wird im Englischen von DAMODARAN „*Bludgeon Method*" („Holzhammer-Methode") genannt. Vgl. DAMODARAN, A., Country Risk, S. 70.

4 Kritische Analyse der Berücksichtigung von Länderrisiken im Bewertungskalkül

Es ergibt sich für diesen Ansatz der Zusammenhang wie in **Formel 4-8**:

$$r_{EK} = i_{entw.\ KM} + \beta_{entw.\ KM} \times (r_{m,entw.\ KM} - i_{entw.\ KM}) + LRP$$

Formel 4-8: Eigenkapitalkosten bei Berücksichtigung einer Länderrisikoprämie nach dem Additiven Ansatz[1116]

Diesem Ansatz liegt die Annahme zugrunde, dass alle Unternehmen in einem Land **in gleichem Ausmaß** länderspezifischen Risiken ausgesetzt sind.[1117] Das ist insofern unrealistisch, als das Ausmaß des länderspezifischen Risikoeinflusses z. B. davon abhängt, wie Umsatzanteile eines Unternehmens in einem Land sind, inwiefern Produktionskapazitäten zwischen Ländern kurzfristig verlagert werden können oder inwiefern Unternehmen aktives Risikomanagement gegen länderspezifische Risiken betreiben.[1118] Der Einfluss von Länderrisiken ist darüber hinaus abhängig von dem jeweiligen Geschäftsmodell des Bewertungsobjektes und ist somit unternehmensindividuell. Die Verwendung einer pauschalen Länderrisikoprämie würde bedeuten, dass die länderspezifischen Risiken und mithin die Eigenkapitalkosen für manche Unternehmen zu hoch und für andere Unternehmen zu niedrig eingeschätzt werden.[1119]

432.223. Beta-Ansatz

Beim **Beta-Ansatz** wird die Marktrisikoprämie mit einer Länderrisikoprämie angepasst, ehe diese mit dem Betafaktor multipliziert und zum risikolosen Zins addiert wird, um die Eigenkapitalkosten zu erhalten. Es ergibt sich für diesen Ansatz der Zusammenhang in **Formel 4-9**:

$$r_{EK} = i_{entw.\ KM} + \beta_{entw.\ KM} \times ((r_{m,\ entw.\ KM} - i_{entw.\ KM}) + LRP)$$

Formel 4-9: Eigenkapitalkosten bei Berücksichtigung einer Länderrisikoprämie nach dem Beta-Ansatz[1120]

Diesem Vorgehen liegt die Annahme zugrunde, dass das Bewertungsobjekt Länderrisiken **proportional** zu dem Einfluss von anderen marktinduzierten Risiken ausgesetzt ist.[1121] Hiernach wirken sich die Länderrisiken individuell auf das einzelne Unternehmen aus. Nach der Logik des Beta-Ansatzes sind Unternehmen mit einem Betafaktor über „1" Länderrisiken in einem höheren Maße ausgesetzt als Unternehmen mit einem Betafaktor unter „1". Zwar wird mit dem Betafaktor die Marktrisikoprämie hinsichtlich der unternehmensspezifischen systematischen Geschäfts- und Kapitalstrukturrisiken adjustiert. Indes ist fraglich, inwiefern der Betafaktor auch ein Maßstab für den Wirkungsgrad von Länderrisiken auf das Bewertungsobjekt sein kann.

[1116] In Anlehnung an DAMODARAN, A., Country Risk – The 2020 Edition, S. 85.
[1117] Vgl. DAMODARAN, A., Country Risk, S. 70.
[1118] Vgl. DAMODARAN, A., Country Risk, S. 70. Vgl. zum unternehmensindividuellen Einfluss von Länderrisiken auch Abschn. 223.
[1119] Vgl. KOLLER, T./GOEDHART, M./WESSELS, D., Valuation, S. 692.
[1120] In Anlehnung an DAMODARAN, A., Country Risk, S. 70.
[1121] Vgl. hier und im folgenden Absatz DAMODARAN, A., Country Risk, S. 70.

432.224. Lambda-Ansatz

Eine weitere Möglichkeit zur Berücksichtigung der Länderrisikoprämie in den Eigenkapitalkosten ist der sog. **Lambda-Ansatz**. DAMODARAN selbst präferiert den Lambda-Ansatz zur Berücksichtigung einer Länderrisikoprämie in den Eigenkapitalkosten.[1122] Beim Lambda-Ansatz werden die nach dem CAPM ermittelten Eigenkapitalkosten – wie auch beim Additiven Ansatz – um eine Länderrisikoprämie erweitert. Zusätzlich ist die Länderrisikoprämie beim Lambda-Ansatz mit dem **Faktor Lambda** (λ) zu multiplizieren, der den unternehmensindividuellen Einfluss von Länderrisiken auf das Bewertungsobjekt repräsentiert.[1123] Formal lässt sich dieser Zusammenhang wie in **Formel 4-10** zeigen:

$$r_{EK} = i_{entw.\ KM} + \beta_{entw.\ KM} \times \left(r_{m,\ entw.\ KM} - i_{entw.\ KM}\right) + (\lambda \times LRP)$$

Formel 4-10: Eigenkapitalkosten bei Berücksichtigung einer Länderrisikoprämie nach dem Lambda-Ansatz[1124]

Mit dem Faktor Lambda soll die Länderrisikoprämie so angepasst werden, dass die Länderrisikoprämie unabhängig vom Einfluss von globalen Marktrisiken ist und mithin eine differenzierte Schätzung für den Einfluss von Länderrisiken auf das ausländische Bewertungsobjekt liefert.[1125] Es wird also unterstellt, dass Länderrisiken in einem anderen Maße auf das Bewertungsobjekt wirken als die allgemeinen Marktrisiken, die durch den Betafaktor ausgedrückt werden.[1126] Ein Lambda von „1" repräsentiert einen durchschnittlichen Einflussgrad von Länderrisiken auf das Bewertungsobjekt.[1127] Ähnlich wie der Betafaktor drückt ein Lambda kleiner „1" eine unterdurchschnittliche und ein Lambda größer „1" eine überdurchschnittliche Sensitivität des Bewertungsobjektes hinsichtlich bestehender Länderrisiken aus.[1128] Die Ausprägung des Lambdas wird durch den Anteil des Umsatzes eines Unternehmens in einem Land, die Fähigkeit eines Unternehmens zur kurzfristigen Verlagerung von Produktionskapazitäten zwischen Ländern sowie das Risikomanagement des Unternehmens determiniert.[1129] Eine eindeutige formale Definition des Faktors Lambda liefert DAMODARAN indes nicht.[1130]

Zur **quantitativen Bestimmung des Faktors Lambda** schlägt DAMODARAN konkret die Bestimmung des Lambdas aus Umsatzzahlen oder aus Marktpreisen vor.[1131] So kann der Faktor Lambda als der Anteil der lokalen Umsätze des Bewertungsobjektes in der Relation zum **Anteil**

[1122] Vgl. DAMODARAN, A., Country Risk, S. 70 f.
[1123] Vgl. DAMODARAN, A., Country Risk, S. 70.
[1124] In Anlehnung an DAMODARAN, A., Country Risk, S. 70.
[1125] Vgl. DAMODARAN, A., Country Risk, S. 70; ERNST, D./GLEIßNER, W., Damodarans Länderrisikoprämie – Eine Ergänzung, S. 1253 und S. 1259.
[1126] Vgl. DJUKANOV, V./KEUPER, F., Grenzüberschreitende Unternehmensbewertungen, S. 1325, Tz. 81.
[1127] Vgl. KLEEBINDER, S., Relevanz von Länderrisiken, S. 457; DJUKANOV, V./KEUPER, F., Grenzüberschreitende Unternehmensbewertungen, S. 1325, Tz. 81.
[1128] Vgl. DJUKANOV, V./KEUPER, F., Grenzüberschreitende Unternehmensbewertungen, S. 1325, Tz. 81.
[1129] Vgl. DAMODARAN, A., Country Risk, S. 71; GRABOWSKI, R. J./HARRINGTON, J. P./NUNES, C., International Valuation Handbook, Kap. 2, S. 6; ERNST, D. U. A., Internationale Unternehmensbewertung, S. 185.
[1130] Vgl. KRUSCHWITZ, L./LÖFFLER, A./MANDL, G., Damodarans Country Risk Premium, S. 175; ERNST, D. U. A., Internationale Unternehmensbewertung, S. 185 f.
[1131] Vgl. dazu DAMODARAN, A., Country Risk, S. 71–74, sowie ERNST, D. U. A., Internationale Unternehmensbewertung, S. 185–188.

der Umsätze, der durchschnittlich von lokalen Unternehmen auf dem heimischen Markt erzielt wird, quantifiziert werden.[1132] Während der Umsatzanteil im lokalen Markt für das Bewertungsobjekt regelmäßig aus dem Jahresabschluss bestimmt werden kann, ist die Ermittlung des durchschnittlichen Anteils der Gesamtumsätze für den Markt des betrachteten Landes problembehaftet. Als mögliche Referenz der Gesamtumsätze des lokalen Marktes wird der Rückgriff auf die **Exportquote** eines Landes diskutiert.[1133] Aus der Exportquote soll abgeleitet werden, welchen durchschnittlichen Anteil des Bruttoinlandsprodukts ein Unternehmen durch Umsätze im lokalen Markt erzielt. Der Anteil des Umsatzes eines Unternehmens im lokalen Markt lässt allerdings keine Aussage darüber zu, inwiefern das betrachtete Unternehmen tatsächlich Länderrisiken ausgesetzt ist. So würde bei einem Unternehmen mit einem hohen Exportanteil ein geringes Lambda zu beobachten sein, unabhängig davon, dass ggf. die gesamte Produktion des Unternehmens im lokalen Markt liegt und folglich in hohem Maße dem Einfluss von Länderrisiken ausgesetzt ist.[1134] Das Lambda für ein solches Unternehmen würde zu niedrig eingeschätzt werden. Der Umsatzanteil als Proxy zur Quantifizierung des Faktors Lambda ist somit wenig geeignet, um den unternehmensindividuellen Einfluss von Länderrisiken auf ein Unternehmen zu messen.

Als weitere Alternative wird vorgeschlagen, den Faktor Lambda durch die **Nutzung von Marktdaten** als Regressionskoeffizienten der Aktienrendite des Bewertungsobjektes gegenüber der Rendite der risikobehafteten Staatsanleihe des lokalen Marktes zu bestimmen.[1135] Formell entspricht dieses Vorgehen der Bestimmung des Betafaktors. Indes wird der Betafaktor durch eine Regression der Aktienrenditen des Unternehmens gegen das Marktportfolio bestimmt.[1136] Dieser Alternative liegt die Annahme zugrunde, dass die Risikofaktoren, die durch die Staatsanleihe gemessen werden, und die Länderrisikofaktoren von Unternehmen identisch sind. Vor dem Hintergrund, dass auch Risikofaktoren existieren, die nur Hoheitsrisiken von Staaten oder Länderrisiken von Unternehmen betreffen,[1137] ist auch dieses Verfahren ungeeignet, um den Faktor Lambda plausibel quantifizieren zu können. Zudem ist fraglich, ob das ausländische Bewertungsobjekt gelistet ist und eine Staatsanleihe des lokalen Marktes verfügbar ist. Sind diese Voraussetzungen gegeben, wäre aufgrund des Rückgriffs auf Marktdaten Lambda indes tagesaktuell ermittelbar.[1138]

[1132] Vgl. HOFBAUER, E., Unternehmensbewertung in den Emerging Markets, S. 121.
[1133] Vgl. hier und im folgenden Satz anschaulich KLEEBINDER, S., Länderrisiken in der Bewertung, S. 458, sowie ERNST, D. U. A., Internationale Unternehmensbewertung, S. 186 i. V. m. DAMODARAN, A., Country Risk, S. 71 f.
[1134] Vgl. DAMODARAN, A., Country Risk, S. 71.
[1135] Vgl. DAMODARAN, A., Country Risk, S. 72–74; HOFBAUER, E., Unternehmensbewertung in den Emerging Markets, S. 121.
[1136] Vgl. DAMODARAN, A., Country Risk, S. 72.
[1137] Vgl. LESSARD, D. R., Country Risk, S. 61.
[1138] Vgl. ERNST, D. U. A., Internationale Unternehmensbewertung, S. 187.

Insgesamt wird im Kontext des Lambda-Ansatzes v. a. die fehlende modelltheoretische Fundierung kritisiert.[1139] Zudem ist bei diesem Ansatz neben der Länderrisikoprämie[1140] mit dem Faktor Lambda eine weitere Größe zu quantifizieren, was die Wirtschaftlichkeit des Bewertungsansatzes einschränken könnte. Allerdings sind ERNST/GLEIßNER der Auffassung, dass, „auch wenn DAMODARANS [Lambda-Ansatz] zur Berechnung der Länderrisikoprämie kein geschlossenes Modell, sondern [als Heuristik] einen best-practice-Ansatz darstellt, [..] er dennoch ein geeigneter Weg ist, sich der Länderrisikoprämie anzunähern"[1141].

432.225. Kritische Würdigung

Im folgenden Abschnitt wird die formale Berücksichtigung einer Länderrisikoprämie in den Eigenkapitalkosten gewürdigt. Die verschiedenen Möglichkeiten zur Quantifizierung werden in Abschn. 432.23 analysiert und kritisch gewürdigt.

Einleitend sei erneut betont, dass KRUSCHWITZ/LÖFFLER/MANDL formal-mathematisch zutreffend zeigen, dass die CAPM-Formel nicht *ex post* um eine Prämie für Länderrisiken erweitert werden kann.[1142] Die Erweiterung der CAPM-Formel um eine Länderrisikoprämie ist indes sowohl beim Additiven Ansatz als auch beim Beta-Ansatz sowie beim Lambda-Ansatz vorgesehen. Zudem ist im Zusammenhang des Beta-Ansatzes *per se* die Annahme des CAPM verletzt, dass die Marktrisikoprämie eine unternehmensunabhängige Komponente in der Formel der Bestimmung der Eigenkapitalkosten repräsentiert.[1143] Das **theoretische Gerüst des CAPM** wird somit unter Gebrauch des Additiven Ansatzes, des Beta-Ansatzes und des Lambda-Ansatzes **verlassen**.

Beim **Additiven Ansatz** wird die Länderrisikoprämie durch Addition in die zum Bewertungsstichtag ermittelten Eigenkapitalkosten des ausländischen Bewertungsobjektes integriert. Die so ermittelten Eigenkapitalkosten werden dann für den weiteren Bewertungszeitraum konstant fortgeschrieben. Eine differenzierte, zukunftsorientierte Berücksichtigung der Länderrisikoprämie ist mit dem „Additiven Ansatz" nicht möglich. Im Rahmen des **Beta-Ansatzes** hängt die Zukunftsorientierung indes auch von der Bestimmung des Betafaktors ab, da dieser als Multiplikator für die Länderrisikoprämie dient. Der Betafaktor wird vergangenheitsorientiert bestimmt.[1144] Dieser Kritikpunkt ist jedoch insofern zu relativieren, dass die vergangenheitsorientierte Bestimmung des Betafaktors keine kontextspezifische, sondern vielmehr eine allgemeine Schwierigkeit bei der Ermittlung der Eigenkapitalkosten ist.[1145] Somit ist der **Grundsatz**

[1139] Vgl. KRUSCHWITZ, L./LÖFFLER, A./MANDL, G., Damodarans Country Risk Premium, S. 175, sowie damit übereinstimmend BALLWIESER, W., Risikoprämien in der Unternehmensbewertung, S. 58, Fn. 35.
[1140] Vgl. für die Analyse verschiedener Möglichkeiten zur Quantifizierung einer Länderrisikoprämie Abschn. 432.23.
[1141] ERNST, D./GLEIßNER, W., Damodarans Länderrisikoprämie – Eine Ergänzung, S. 1259.
[1142] Vgl. dazu Abschn. 432.21.
[1143] Vgl. dazu KRUSCHWITZ, L./LÖFFLER, A./MANDL, G., Damodarans Country Risk Premium, S. 174 f.
[1144] Vgl. DÖRSCHELL, A./FRANKEN, L./SCHULTE, J., Kapitalisierungszinssatz, S. 145.
[1145] Vgl. dazu Abschn. 352.314., Fn. 498.

4 Kritische Analyse der Berücksichtigung von Länderrisiken im Bewertungskalkül

der **Zukunftsorientierung** bei der Verwendung dieser beiden diskutieren Ansätze **regelmäßig nicht erfüllt**.

Beim Lambda-Ansatz ergibt sich das Erfordernis, den **Faktor Lambda zu quantifizieren**, der die Länderrisikoprämie hinsichtlich des unternehmensindividuellen Einflusses von Länderrisiken auf das Bewertungsobjekt anpassen soll. Die beiden diskutierten Vorgehensweisen zur Quantifizierung von Lambda beziehen sich auf die Relationen von Umsätzen des Bewertungsobjektes im betrachteten Land oder auf den Vergleich von Aktienrenditen bzw. Renditen der Staatsanleihe. Die Umsatzzahlen werden dabei vergangenheitsbezogen ermittelt. Die Renditen der Aktien des Bewertungsobjektes und der risikobehafteten Staatsanleihen enthalten indes auch Erwartungen des Marktes über die jeweilige künftige Entwicklung und sind auf tagesaktueller Basis zu bestimmen. Das Stichtagsprinzip und mithin der **Grundsatz der Zukunftsorientierung** ist bei der **Nutzung von Marktdaten** zur Quantifizierung des Faktors Lambda **gestärkt**.

Durch die Verwendung der Daten eines entwickelten Kapitalmarktes innerhalb der CAPM-Formel steht eine verlässliche Datenbasis zur Verfügung. Weiterhin folgt die einfache Addition der Länderrisikoprämie oder die Multiplikation der Länderrisikoprämie mit dem Betafaktor einem simplen mathematischen Kalkül. Das stärkt die **Nachvollziehbarkeit** der Ansätze zur Berücksichtigung der Länderrisikoprämie in den Eigenkapitalkosten und **fördert** mithin die **Objektivierung des Bewertungsansatzes**. Zusätzlich sind die Kapitalmarktdaten eines entwickelten Marktes leicht verfügbar und die Länderrisikoprämie ist bei beiden Ansätzen durch ein einfaches rechnerisches Verfahren zu berücksichtigen. Daher ist die Verwendung des Additiven Ansatzes und des Beta-Ansatzes zur Berücksichtigung einer Länderrisikoprämie für die **Wirtschaftlichkeit** des Bewertungsansatzes **positiv zu bewerten**. Indes ist für die Anwendung des Lambda-Ansatzes ein **weiterer Faktor** zu quantifizieren, sodass dieser Ansatz mit zusätzlichem Aufwand verbunden ist, was die **Wirtschaftlichkeit einschränkt**.

Nach DAMODARAN sind **verschiedene Vorgehensweisen möglich**, um den **Faktor Lambda zu quantifizieren**. Hierbei besteht somit eine Wahlmöglichkeit für den Bewerter. Darüber hinaus werden dem Bewerter in Abhängigkeit der konkreten Vorgehensweise verschiedene **Ermessensspielräume**, z. B. im Hinblick auf die historischen Betrachtungszeiträume der Umsätze bzw. Renditen sowie ggf. im Rahmen einer Durchschnittsbildung historischer Werte, eröffnet. Die Quantifizierung von Lambda ist nicht intersubjektiv nachprüfbar und mithin in Bezug auf die **Erfüllung des Grundsatzes der Objektivierung negativ** zu beurteilen.[1146] Zwar wird mit dem Lambda-Ansatz der Versuch unternommen, den unternehmensindividuellen Einfluss von Länderrisiken in die Eigenkapitalkosten zu integrieren. Indes ist die Verwendung des Lambda-Ansatzes aufgrund der fehlenden konzeptionellen Basis der Operationalisierung sowie der mangelnden Objektivierungsmöglichkeit kritisch zu sehen.

[1146] Vgl. dazu auch KRUSCHWITZ, L./LÖFFLER, A./MANDL, G., Damodarans Country Risk Premium, S. 175, sowie übereinstimmend BALLWIESER, W., Risikoprämien in der Unternehmensbewertung, S. 58, Fn. 35.

4 Kritische Analyse der Berücksichtigung von Länderrisiken im Bewertungskalkül

Im Kontext des **Additiven Ansatzes** ist zu kritisieren, dass der **pauschale Zuschlag** einer Länderrisikoprämie auf die Eigenkapitalkosten des ausländischen Bewertungsobjektes den unternehmensindividuellen Einfluss von Länderrisiken regelmäßig nicht angemessen im Bewertungskalkül berücksichtigt. Auch der **Beta-Ansatz** wäre nur sachgerecht, sofern der Betafaktor die Länderrisikoprämie gemäß dem tatsächlich für das Bewertungsobjekt bestehenden Einfluss von Länderrisiken skaliert. Da der Betafaktor alle systematischen Risiken eines Bewertungsobjektes repräsentiert und die systematischen Länderrisiken oftmals **in einem anderen Maße** auf das Bewertungsobjekt **wirken** als andere systematische Risiken, ist auch unter Verwendung des **Beta-Ansatzes** keine adäquate Berücksichtigung von Länderrisiken im Kapitalisierungszins sichergestellt.[1147]

Insgesamt kann mit **keinem der diskutierten Ansätze** von DAMODARAN **eine konzeptionell sachgerechte Berücksichtigung** einer Länderrisikoprämie in den Eigenkapitalkosten des ausländischen Bewertungsobjektes gewährleistet werden. Trotzdem ist v. a. die Anwendung des Additiven Ansatzes und des Beta-Ansatzes zur Berücksichtigung einer Länderrisikoprämie in den Eigenkapitalkosten in der Bewertungspraxis etabliert.[1148]

So zeigt sich, dass auch nach dem **Wortlaut** der beiden parallel bestehenden **Handlungsempfehlungen des IDW** zur Berücksichtigung von Länderrisiken in der Unternehmensbewertung die Anwendung des Additiven Ansatzes sowie des Beta-Ansatzes zur Berücksichtigung einer Länderrisikoprämie in den Eigenkapitalkosten möglich ist: In den „**Fragen und Antworten: Zur praktischen Anwendung der Grundsätze zur Durchführung von Unternehmensbewertungen nach IDW S 1 i. d. F. 2008**" empfiehlt das IDW, dass zur Berücksichtigung derivativer Länderrisiken[1149] ein **korrektiver Ansatz im Nenner** des Bewertungskalküls, in Form eines **zusätzlichen Risikozuschlags für Länderrisiken zu den nach CAPM bemessenen Kapitalkosten,** in Betracht kommen kann.[1150] Dieser Wortlaut impliziert, dass die Länderrisikoprämie entsprechend des **Additiven Ansatzes** in den Eigenkapitalkosten des Bewertungsobjektes zu erfassen ist.

In der **WPH Edition 2018** merkt das IDW an, dass die **Annahmen des CAPM** bei der Bewertung ausländischer Unternehmen aus Vereinfachungs- und Transparenzgründen verletzt werden und mithin der **Ansatz einer separaten Länderrisikoprämie zusätzlich zur Marktrisikoprämie eines entwickelten Kapitalmarktes** anstelle einer angepassten Marktrisikoprämie

---

[1147] Für die Verwendung beider Ansätze besteht die Annahme, dass das Bewertungsobjekt nur durch die Länderrisiken eines Landes beeinflusst wird. In diesem Kontext schlägt DAMODARAN weiterführend vor, für jedes Land in dem das Bewertungsobjekt tätig ist, die jeweilige Länderrisikoprämie zu bestimmen und diese nach dem relativen Anteil des Landes am Gesamtumsatz des Unternehmens zu gewichten, um eine aggregierte Länderrisikoprämie zu erhalten. Vgl. DAMODARAN, A., Country Risk – The 2020 Edition, S. 85–88.
[1148] Vgl. ERNST, D./SCHNEIDER, S./THIELEN, B., Unternehmensbewertungen, S. 208; HORN, M. P. U. A., Country Risk, S. 295.
[1149] Derivative Risiken liegen vor, wenn und soweit der Eintritt originärer Länderrisiken (Zahlungsausfallrisiken von Staaten) Einfluss auf die Entwicklung eines zu bewertenden Unternehmens und seine künftigen Zahlungsströme hat. Vgl. IDW (Hrsg.), F&A zu IDW S 1 i. d. F. 2008, Tz. 4.1.
[1150] Vgl. IDW (Hrsg.), F&A zu IDW S 1 i. d. F. 2008, Tz. 4.1.

in Betracht kommt.[1151] Dieser Wortlaut entspricht der Verwendung des **Beta-Ansatzes** zur Berücksichtigung einer Länderrisikoprämie. Die Möglichkeit der **Verwendung des Lambda-Ansatzes** wird in den der Handlungsempfehlungen des IDW indes **nicht erwähnt**.

Die **unterschiedlichen Formulierungen** in den parallel bestehenden Handlungsempfehlungen des IDW eröffnen dem Bewerter eine Wahlmöglichkeit im Hinblick auf die Berücksichtigung der Länderrisikoprämie in der CAPM-Gleichung. Sowohl die Annahme, dass alle Unternehmen in einem Land in gleichen Maße der Wirkung von Länderrisiken ausgesetzt sind (Additiver Ansatz), als auch die Annahme, dass Unternehmen in gleicher Relation zu den allgemeinen Marktrisiken auch den Länderrisiken ausgesetzt sind (Beta-Ansatz), kann i. S. d. Handlungsempfehlungen des IDW sachgerecht sein. Wenngleich die Wahl des Ansatzes zur Berücksichtigung der Länderrisikoprämie in Abhängigkeit der konkreten Bewertungssituation inhaltlich begründet sein kann, ist hinsichtlich der **Objektivierung** des Bewertungsansatzes **kritisch** zu sehen, dass ein Dritter nicht *per se* nachvollziehen kann, auf Basis welcher Annahme und damit verbunden nach welcher der beiden gezeigten Möglichkeiten der Bewerter die Eigenkapitalkosten des ausländischen Bewertungsobjektes errechnet hat. Da die Ergebnisse für die Höhe der Eigenkapitalkosten zwischen den beiden Ansätzen divergieren, sollte der Bewerter die Methodik zur Berücksichtigung einer Länderrisikoprämie in den Eigenkapitalkosten in einem Bewertungsgutachten explizit erläutern.

Neben der formal-mathematischen Berücksichtigung einer Länderrisikoprämie in der CAPM-Formel ist v. a. die Quantifizierung einer solchen Prämie von Bedeutung. Auf die Methodik zur Quantifizierung einer Länderrisikoprämie wird im Folgenden eingegangen. Die einzelnen Möglichkeiten zur Quantifizierung einer Länderrisikoprämie werden ebenfalls hinsichtlich ihrer Eignung für eine objektivierte internationale Unternehmensbewertung analysiert und gewürdigt.

432.23 Möglichkeiten zur Quantifizierung einer Länderrisikoprämie

432.231. Vorbemerkung

Da es sich bei Länderrisiken um keine direkt am Kapitalmarkt beobachtbaren Größen handelt,[1152] ist eine Länderrisikoprämie indirekt zu quantifizieren. Die Verwendung des Credit Spread von Staatsanleihen für die Quantifizierung einer Länderrisikoprämie ist die gängigste Vorgehensweise in der Praxis.[1153] Auch das IDW führt in seinen Handlungsempfehlungen aus,

---

[1151] Vgl. IDW (Hrsg.), Bewertung und Transaktionsberatung, Kap. A, Tz. 401.
[1152] Vgl. ZWIRNER, C./PETERSEN, K./ZIMNY, G., Länderrisiken in der Unternehmensbewertung, S. 1059, Tz. 20.
[1153] Vgl. DAMODARAN, A., Equity Risk Premiums – The 2020 Edition, S. 68; PEREIRO, L. E., Valuation, S. 110; GARCIA-SANCHEZ, J./PREVE, L./SARRIA-ALLENDE, V., Valuation in Emerging Markets, S. 100; KOLLER, T./GOEDHART, M./WESSELS, D., Valuation, S. 692 und S. 698; HACHMEISTER, D./RUTHARDT, F./UNGEMACH, F., Bestimmung der Kapitalkosten, S. 235; ERNST, D. U. A., Internationale Unternehmensbewertung, S. 175 f.; HORN, M. P. U. A., Country Risk, S. 295.

dass in Basispunkten gemessene „Renditeaufschläge von Staatsanleihen des Landes im Vergleich zu Staatsanleihen risikoloser etablierter Kapitalmärkte Anhaltspunkte"[1154] für die Quantifizierung einer Länderrisikoprämie geben können. Ein konkretes Vorgehen zur Quantifizierung einer Länderrisikoprämie wird indes nicht vom IDW vorgegeben.

Sofern die Regierung des Sitzlandes des ausländischen Bewertungsobjektes adäquate Staatsanleihen begibt oder *Sovereign* CDS für das Land gehandelt werden, kann eine Länderrisikoprämie marktbasiert anhand von *Sovereign Bond Default Spreads* oder aus *Sovereign Credit Default Swap Spreads* ermittelt werden.[1155] Sind keine adäquaten Staatsanleihen oder *Sovereign* CDS verfügbar, besteht weiterhin die Möglichkeit, Credit Spreads zur Quantifizierung einer Länderrisikoprämie synthetisch unter der Verwendung von Analogien aus Länderratings, Länderscores oder Unternehmensanleihen abzuleiten.[1156]

Wie bereits erwähnt, sollte eine Länderrisikoprämie diejenigen systematischen Länderrisiken enthalten, die im Vergleich zum Referenzland zusätzlich auf das Bewertungsobjekt wirken.[1157] In den folgenden Abschnitten wird daher betrachtet, inwiefern die marktbasierte Bestimmung (**Abschn. 432.232.**) und die synthetische Bestimmung (**Abschn. 432.233.**) von Credit Spreads, als Maß des Ausfallrisikos von Staaten, Aussagekraft über systematische Länderrisiken und deren quantitativen Einfluss auf die Eigenkapitalkosten haben und für die Zwecke einer objektivierten internationalen Unternehmensbewertung geeignet sind. Dafür werden zunächst die einzelnen marktbasierten und synthetischen Proxys für Credit Spreads zur Bestimmung einer Länderrisikoprämie erläutert. Mithin wird jeweils auf Schwierigkeiten bei der Operationalisierung der verschiedenen Proxys für Credit Spreads eingegangen. Daran anknüpfend wird auch die Methode von DAMODARAN, die den Marktstandard zur Quantifizierung einer Länderrisikoprämie bildet, beleuchtet und kritisch untersucht (**Abschn. 432.234.**).

432.232. Marktbasierte Quantifizierung einer Länderrisikoprämie auf Basis von Credit Spreads

432.232.1 *Sovereign Bond Default Spreads*

Im Allgemeinen erhält ein Investor die vereinbarten Zins- und Tilgungszahlungen einer Anleihe nur, sofern das emittierende Unternehmen oder der emittierende Staat bis zur Fälligkeit der Zahlungen nicht zahlungsunfähig wird.[1158] So fordert ein rational handelnder Investor bei einer

---

[1154] IDW (Hrsg.), Bewertung und Transaktionsberatung, Kap. A, Tz. 401.
[1155] DAMODARAN diskutiert als weitere marktbasierte Alternative zur Quantifizierung einer Länderrisikoprämie die Verwendung von Marktvolatilitäten. Marktvolatilitäten werden im Rahmen der Portfoliotheorie häufig als Risikomaß genutzt. Problematisch dabei ist, dass auch die Liquidität des betrachteten Marktes die Höhe der Marktvolatilität beeinflusst. Das Risiko eines illiquiden lokalen Kapitalmarktes wird dadurch regelmäßig unterschätzt. Vgl. dazu DAMODARAN, A., Equity Risk Premiums – The 2020 Edition, S. 68.
[1156] Vgl. DAMODARAN, A., Equity Risk Premiums – The 2020 Edition, S. 68 und S. 71.
[1157] Vgl. dazu Abschn. 432.21.
[1158] Vgl. SCHLECKER, M., Credit Spreads, S. 2.

risikobehafteten Investition für die Übernahme des Risikos eines Zahlungsausfalls einen **Risikoaufschlag**, um einen Ausgleich für den erwarteten Verlust zu erhalten.[1159] Dieser Risikoaufschlag wird regelmäßig quantitativ durch den **Credit Spread** von Anleihen approximiert. Die Höhe des Credit Spread steigt mit der Wahrscheinlichkeit, dass die Rückzahlung des Kreditnehmers gestört sein wird.[1160]

Im speziellen Kontext von *Sovereign Bonds* (Staatsanleihen) wird der Credit Spread durch die Ausfallrisiken des emittierenden Landes und die Höhe des möglichen Verlusts bei einem Ausfall determiniert.[1161] Der Credit Spread einer Staatsanleihe spiegelt die **Fähigkeit und Bereitschaft** eines Landes wider, seine **Schulden zurückzuzahlen**. In der Regel wird der Credit Spread als Differenz der Rendite der betrachteten Staatsanleihe im Vergleich zu einer US-amerikanischen Staatsanleihe als risikolose Referenz ermittelt.[1162] Die Differenz der Renditen wird dabei in Basispunkten gemessen. Die Renditedifferenz (Credit Spread) zwischen einer risikobehafteten Staatsanleihe und einer quasi-risikolosen Staatsanleihe wird *Sovereign Bond Default Spread* genannt.[1163]

Für die sachgerechte Bestimmung des Credit Spread müssen beide Staatsanleihen zum einen möglichst gleiche Emissions- und Zahlungszeitpunkte sowie Laufzeiten haben und zum anderen in derselben Währung denominiert sein.[1164] Werden durch die Regierung des Sitzlandes, in dem das Bewertungsobjekt liegt, Staatsanleihen begeben, die hinsichtlich Währung und Laufzeit äquivalent zur Referenzanleihe sind, kann die Höhe des Credit Spread der Staatsanleihen grundsätzlich **auf tagesaktueller Basis direkt am Markt** ermittelt werden.[1165]

Analog zu den Schwierigkeiten bei der Bestimmung eines risikolosen Zinses bei Gebrauch des *Local*-CAPM[1166] ist die **Verfügbarkeit** ausländischer Staatsanleihen in der passenden Referenzwährung und mit einer äquivalenten Laufzeit zur quasi-risikolosen Staatsanleihe häufig

---

[1159] Vgl. WINGENROTH, T., Corporate Bonds, S. 31; BETZ, H., Credit Spread- und Zinsrisikomessung, S. 46.
[1160] Vgl. SCHLECKER, M., Credit Spreads, S. 2.
[1161] Vgl. DRESEL, T., Quantifizierung von Länderrisiken, S. 58.
[1162] Vgl. GARCIA-SANCHEZ, J./PREVE, L./SARRIA-ALLENDE, V., Valuation in Emerging Markets, S. 100; HORN, M. P. U. A., Country Risk, S. 295, Fn. 23.
[1163] Vgl. BEKAERT, G./HODRICK, R. J., Financial Management, S. 628.
[1164] Vgl. DAMODARAN, A., Country Risk – The 2020 Edition, S. 66 f.; PAPE, U./SCHLECKER, M., Credit Spread, S. 658; WINGENROTH, T., Corporate Bonds, S. 31. Für die Berechnung des Credit Spread können das Verfahren des Einzeltitelvergleichs und des Strukturkurvenansatzes genutzt werden. Beim Einzeltitelvergleich wird der Credit Spread als Renditedifferenz von zwei laufzeitkongruenten Anleihen berechnet. Vgl. dazu PAPE, U./SCHLECKER, M., Credit Spread, S. 658–665; SCHLECKER, M., Credit Spreads, S. 163–178. Vgl. für eine Würdigung der beiden Verfahren zur Bestimmung des Credit Spread im Kontext der Ermittlung von Ausfallwahrscheinlichkeiten von Unternehmen für die Zwecke der Unternehmensbewertung KNABE, M., Insolvenzrisiken, S. 179–184. Vgl. zur Bestimmung des Credit Spread auch WINGENROTH, T., Corporate Bonds, S. 31–38. Für die folgende Analyse wird auf einen Einzeltitelvergleich laufzeitkongruenter Anleihen als Berechnungsweise der Credit Spreads referenziert.
[1165] Vgl. DRESEL, T., Quantifizierung von Länderrisiken, S. 587.
[1166] Vgl. hinsichtlich der Probleme der Operationalisierung des lokalen risikolosen Zinses im Rahmen des *Local*-CAPM Abschn. 432.122.1.

nicht gewährleistet.[1167] Weltweit begeben nur 67 Länder überhaupt Staatsanleihen.[1168] Sogar für den Fall, dass währungs- und laufzeitäquivalente Staatsanleihen des Sitzlandes des Bewertungsobjektes existieren, ist es möglich, dass die betreffenden Staatsanleihen nicht hinreichend liquide gehandelt werden und somit keine valide Risikoeinschätzung des Marktes widerspiegeln. So müssen bspw. institutionelle Anleger häufig internen Regularien folgen, die Investitionen in risikoreiche Staatsanleihen untersagen,[1169] wodurch die Handelsaktivität der Staatsanleihen eingeschränkt wird.

432.232.2 Sovereign Credit Default Swap Spreads

Neben *Sovereign Bond Default Spreads* können auch sog. **Sovereign Credit Default Swap Spreads** als Proxy zur marktbasierten Quantifizierung einer Länderrisikoprämie herangezogen werden.[1170] CDS sind Derivate, die den Handel der Ausfallrisiken von Unternehmen, Krediten sowie Ländern ermöglichen.[1171] Mithilfe von CDS Spreads können **Ausfallrisiken aus Marktdaten** ermittelt werden.[1172]

Durch den Abschluss eines **CDS** sichert sich ein Sicherungsnehmer bei einem Sicherungsgeber gegen das Ausfallrisiko einer Kreditbeziehung (sog. Referenzaktivum) durch die Zahlung einer Risikoprämie für einen festgelegten Zeitraum ab.[1173] Der Sicherungsnehmer zahlt diese Risikoprämie entweder periodisch oder einmalig.[1174] Im Gegenzug leistet der Sicherungsgeber dem Sicherungsnehmer als Ausgleich eine Entschädigungszahlung, sofern beim zugrunde liegenden Referenzaktivum ein vorab definiertes Kreditereignis[1175] innerhalb eines bestimmten Zeitraums eintritt.[1176] Tritt während der Laufzeit des CDS kein Kreditereignis ein, hat der Sicherungsnehmer gegenüber dem Sicherungsgeber keine Zahlungsansprüche.[1177] Der Sicherungsgeber vereinnahmt in diesem Fall die gezahlten Prämien des Sicherungsnehmers, ohne verpflichtet zu sein, eine Kompensation zu leisten.[1178] Anders als bei Kreditversicherungen kann ein CDS auch **ohne eine direkt bestehende Kreditbeziehung** gehandelt werden.[1179] Der Sicherungsnehmer

---

[1167] Vgl. ERNST, D. U. A., Internationale Unternehmensbewertung, S. 176; KOLLER, T./GOEDHART, M./WESSELS, D., Valuation, S. 700; DAMODARAN, A., Riskfree Rate, S. 24.
[1168] Vgl. INVESTING (Hrsg.), Staatsanleihen der ganzen Welt.
[1169] Vgl. LEKER, J. U. A., Ratingagenturen, S. V.
[1170] Vgl. im Ergebnis v. a. ABUAF, N., Valuing Emerging Market Equities – The Empirical Evidence, S. 18 und bekräftigend ABUAF, N., Valuing Emerging Market Equities – A Pragmatic Approach, S. 72 f.; DAMODARAN, A., Equity Risk Premiums – The 2020 Edition, S. 66; HORN, M. P. U. A., Country Risk Premium, S. 160.
[1171] Vgl. DEUTSCHE BUNDESBANK (Hrsg.), Monatsbericht – Dezember 2004, S. 44; KLEEBINDER, S., Länderrisiken, S. 453 f.
[1172] Vgl. HARTMANN-WENDELS, T./PFINGSTEN, A./WEBER, M., Bankbetriebslehre, S. 471 f.; WEISTROFFER, C., CDS, S. 1; DIWALD, H., Anleihen, S. 198.
[1173] Vgl. WAGNER, E., CDS, S. 21; DEUTSCHE BUNDESBANK (Hrsg.), Monatsbericht – Dezember 2004, S. 44; WADÉ, M., Länderrisikoanalyse, S. 75.
[1174] Vgl. SIEVERS, M., Kreditderivate, S. 49 f.
[1175] Das „Kreditereignis" beschreibt die verschiedenen Ausfallmöglichkeiten von CDS. Vgl. zu diesen Ausfallmöglichkeiten SIEVERS, M., Kreditderivate, S. 52–59.
[1176] Vgl. WEISTROFFER, C., CDS, S. 4; SIEVERS, M., Kreditderivate, S. 49 f.; HULL, J./MADER, W./WAGNER, M., Optionen, Futures und andere Derivate, S. 703; WADÉ, M., Länderrisikoanalyse, S. 77.
[1177] Vgl. OLBRICH, A., Wertminderung von finanziellen Vermögenswerten, S. 92.
[1178] Vgl. SCHÖNBUCHER, P. J., Credit Derivatives Pricing Models, S. 15; WAGNER, E., CDS, S. 21.
[1179] Vgl. hier und im folgenden Satz WAGNER, E., CDS, S. 22; KLEEBINDER, S., Länderrisiken, S. 453.

erhält daher bei einem Ausfall eine Ausgleichszahlung, auch wenn der Sicherungsnehmer in der Realität keinen finanziellen Schaden genommen hat.

Zur Bestimmung des Credit Spread aus *Sovereign* CDS wird die Differenz der geforderten Rendite des CDS des betrachteten Landes und des CDS eines Landes mit (möglichst) geringem Ausfallrisiko in Basispunkten berechnet.[1180] Hierbei wird regelmäßig auf den US-amerikanischen *Sovereign* CDS als ausfallsichere Referenz abgestellt.[1181] Es ist wiederum zu beachten, dass die verglichenen CDS die gleiche Laufzeit haben sowie in der gleichen Währung denominiert sind.

Im Vergleich zu Credit Spreads aus Staatsanleihen haben *Sovereign* CDS Spreads den Vorteil, dass diese für eine **größere Zahl von Ländern** existieren und i. d. R. in den **Währungen US-Dollar und Euro** denominiert sind, wodurch der Vergleich währungsäquivalenter CDS gewährleistet ist.[1182] Im Juli 2020 wurden für 79 Länder *Sovereign* CDS gehandelt. Der allgemeine CDS Markt zeichnet sich – auch im Vergleich zum *Sovereign Bond* Markt – durch ein **größeres Marktvolumen** und eine **höhere Liquidität** aus.[1183] Die Handelsfrequenz von CDS wird u. a. dadurch unterstützt, dass CDS eine Möglichkeit zur Übertragung von Kreditrisiken mit niedrigen Transaktionskosten sind.[1184]

Die hohe **Liquidität** des CDS Marktes bedingt, dass der Spread dieser Kreditderivate relevante Informationen zur Einschätzung der Ausfallrisiken eines Landes unmittelbar verarbeitet.[1185] Die CDS Prämie reagiert im Vergleich zu anderen kreditsensitiven Finanzinstrumenten i. d. R. früher auf Informationen, die einen Einfluss auf die Kreditqualität eines Referenzschuldners haben.[1186] CDS Spreads passen sich kontinuierlich an Änderungen des Marktes an und repräsentieren folglich in einem hohen Maße die **Einschätzung des Kapitalmarktes**.[1187] Wenngleich der *Sovereign Bond* Markt und der *Sovereign* CDS Markt zur Einschätzung von Ausfallrisiken von Staaten einem langfristigen Arbitragegleichgewicht unterliegen, ist für den *Sovereign* CDS Markt eine **frühzeitigere Anpassung an neue Informationen** festzustellen

---

[1180] Vgl. DAMODARAN, A., Equity Risk Premiums – The 2020 Edition, S. 67; HORN, M. P. U. A., Country Risk Premium, S. 158; KLEEBINDER, S., Länderrisiken, S. 453 f.
[1181] Vgl. DAMODARAN, A., Equity Risk Premiums – The 2020 Edition, S. 67.
[1182] Vgl. hier und im folgenden Satz DAMODARAN, A., Country Risk – The 2020 Edition, S. 50.
[1183] Vgl. ABUAF, N., Valuing Emerging Market Equities – The Empirical Evidence, S. 2; WEISTROFFER, C., CDS, S. 5 f. Zwar ist der Anteil von *Sovereign* CDS am Gesamtmarkt von CDS relativ gering. Trotzdem ist dieser Anteil von bedeutender Größe. Vgl. DEUTSCHE BUNDESBANK (Hrsg.), Monatsbericht – Dezember 2010, S. 52 f.
[1184] Vgl. DEUTSCHE BUNDESBANK (Hrsg.), Monatsbericht – Dezember 2004, S. 47.
[1185] Vgl. HARTMANN-WENDELS, T./PFINGSTEN, A./WEBER, M., Bankbetriebslehre, S. 471 f.; GROSSMANN, R. J./HANSEN, M., CDS Spreads, S. 2; BALLWIESER, W./HACHMEISTER, D., Unternehmensbewertung, S. 91 Auch in den Zeiten der globalen Wirtschafts- und Finanzkrise ab dem Jahr 2008 blieb der CDS Markt weitestgehend liquide, sodass der CDS Spread auch in dieser Zeit als führender Indikator zur Einschätzung der Kreditwürdigkeit angesehen wurde. Vgl. OLBRICH, A., CDS-Prämien, S. 332.
[1186] Vgl. DEUTSCHE BUNDESBANK (Hrsg.), Monatsbericht – Dezember 2004, S. 51; WEISTROFFER, C., CDS, S. 9 i. V. m. BLANCO, R./BRENNAN, S./MARSH, I. W., Investment-Grade Bonds and CDS, S. 2255–2281.
[1187] Vgl. GROSSMANN, R. J./HANSEN, M., CDS Spreads, S. 1; WAGNER, E., CDS, S. 47.

(sog. Preisführerschaft).[1188] Der *Sovereign* CDS Markt antizipiert oftmals negative Ratinganpassungen von Staatsanleihen und kann somit als **Warnsystem zur Ratingeinschätzung von Staaten** herangezogen werden.[1189] In diesem Zusammenhang weisen RODRÍQUEZ/DANDAPANI/LAWRENCE nach, dass die Änderungen der durchschnittlichen Ratings von Staaten in einem bestimmten Jahr durch die durchschnittlichen Spreads von CDS der vorausgegangenen drei Jahre zu erklären sind.[1190]

432.232.3 Kritische Würdigung

Bei den durch Credit Spreads gemessenen Risiken handelt es sich primär um **Bonitätsrisiken von Fremdkapitalinstrumenten**.[1191] Die Länderrisikoprämie wird indes als Teil der Eigenkapitalkosten im Kapitalisierungszins des Bewertungsobjektes berücksichtigt. Daher ist für die Quantifizierung von Länderrisiken die Perspektive der Eigenkapitalgeber relevant. Die Risiken von Fremdkapitalinstrumenten sind aufgrund der geringeren Volatilität der Zins- und Tilgungszahlungen sowie der vorrangigen Bedienung der Ansprüche im Vergleich zu den Ansprüchen von Eigenkapitalgebern regelmäßig nicht mit den Risiken von Eigenkapitalinstrumenten vergleichbar.[1192] Die länderrisikoinduzierten Werttreiber zur Bestimmung der Bonität aus Fremdkapitalgebersicht sind jedoch ebenfalls relevant für die Risikobeurteilung aus Eigenkapitalgebersicht.[1193]

Der Bestimmung des **Credit Spread aus *Sovereign Bonds* oder *Sovereign* CDS** zur Quantifizierung einer Länderrisikoprämie liegt die Annahme zugrunde, dass die systematischen Länderrisiken, denen das ausländische Bewertungsobjekt ausgesetzt ist, deckungsgleich mit den Risikofaktoren sind, die auch die Risiken des Zahlungsausfalls der Regierung des Sitzlandes determinieren.[1194] In einer umfassenden empirischen Auswertung stellen BEKAERT U. A. fest, dass die globalen wirtschaftlichen Bedingungen, länderspezifische Wirtschaftsfaktoren, die Liquidität von Staatsanleihen sowie die politischen Risiken eines Landes die Höhe des Credit Spread von *Sovereign Bonds* bzw. *Sovereign* CDS beeinflussen.[1195] Die Autoren weisen zudem

---

[1188] Vgl. DEUTSCHE BUNDESBANK (Hrsg.), Monatsbericht – Dezember 2010, S. 58 f.
[1189] Vgl. KLEEBINDER, S., Länderrisiken, S. 454 i. V. m. ISMAILESCU, I./KAZEMI, H., Emerging Market CDS Spreads, S. 2861–2873. Diese Beobachtung wird ebenfalls für CDS Spreads auf Unternehmensanleihen bestätigt. Vgl. dazu HULL, J./PREDESCU, M./WHITE, A., CDS Spreads, S. 2789–2811; DEUTSCHE BUNDESBANK (Hrsg.), Monatsbericht – Dezember 2004, S. 43–58; MICU, M./REMOLONA, E. M./WOOLDRIDGE, P. D., Price impact of rating announcements, S. 55–65; NORDEN, L./WEBER, M., Efficiency of CDS and swap markets, S. 2813–2842. WAGNER fasst die Aussagen dieser Studien überblicksartig zusammen. Vgl. dazu WAGNER, E., CDS, S. 48–51.
[1190] Vgl. RODRÍGUEZ, I. M./DANDAPANI, K./LAWRENCE, E. R., Sovereign Risk, S. 229–256.
[1191] Vgl. DAMODARAN, A., Investment valuation, S. 168.
[1192] Vgl. KNOLL, L./VORNDRAN, P./ZIMMERMANN, S., Risikoprämien, S. 380. Im Ergebnis auch KRUSCHWITZ, L./LÖFFLER, A./MANDL, G., Damodarans Country Risk Premium, S. 173.
[1193] Vgl. DAMODARAN, A., Equity Risk Premiums – The 2020 Edition, S. 62. Vgl. übereinstimmend HORN, M. P. U. A., Country Risk Premium, S. 160. HORN U. A. nehmen den Spread von *Sovereign* CDS als Proxy für den Preis von politischen Risiken eines Landes.
[1194] Vgl. HORN, M. P. U. A., Country Risk, S. 295.
[1195] Vgl. hier und im folgenden Satz BEKAERT, G. U. A., Political Risk Spreads, S. 472; BEKAERT, G. U. A., Political Risk, S. 2. Vgl. dazu auch DAMODARAN, A., Country Risk – The 2020 Edition, S. 66.

nach, dass v. a. **politische Risikokomponenten**, *ergo* systematische Länderrisiken, das Investment in eine Staatsanleihe beeinflussen und den größten Teil der Höhe des Credit Spread von Staatsanleihen erklären.[1196] Gleichwohl zeigt die Empirie, dass **länderspezifische Wirtschaftsfaktoren**, also makroökonomisch induzierte systematische Länderrisiken, einen **geringeren Einfluss** auf die Höhe des **Credit Spread** von Staatsanleihen und *Sovereign* CDS **als die globalen wirtschaftlichen Bedingungen** haben.[1197] Der Einfluss des **globalen ökonomischen Umfeldes** auf den Credit Spread einer Staatsanleihe oder eines *Sovereign* CDS repräsentiert **keine länderspezifische, systematische Risikokomponente**.

Auch die in den Credit Spreads enthaltenen **Liquiditätsrisiken** sind **nicht als systematische Länderrisiken zu klassifizieren**. Liquiditätsrisiken beschreiben die Möglichkeit, dass ein Finanzinstrument nicht zu einem marktgerechten Preis, sondern nur mit einem Preisabschlag veräußert werden kann.[1198] Ursächlich für Liquiditätsrisiken kann zwar ein u. a. durch Länderrisiken induziertes, erhöhtes Risiko der Anleihe sein, wie die beschriebenen Regularien für institutionelle Anleger für Investitionen in risikoreiche Staatsanleihen zeigen. Die Liquidität einer Anleihe kann jedoch auch durch andere, nicht länderrisikoinduzierte Effekte, z. B. das Bestehen von Transaktionskosten, beeinflusst werden.[1199]

Nichtsdestotrotz sind **CDS Spreads** im Vergleich zu Credit Spreads auf Anleihen unter der Annahme eines funktionsfähigen und arbitragefreien Marktes zu einem geringeren Grad durch andere Faktoren außerhalb des Kreditrisikos beeinflusst.[1200] CDS werden daher als „**direkter Ausdruck der Marktmeinung über die Kreditqualität** [Hervorhebung durch den Verf.] eines bestimmten Schuldners"[1201], z. B. eines Staates, gesehen. Die Höhe des CDS Spread hängt

---

[1196] BEKART U. A. stellen zudem eine empirische Methode vor, mit welcher der Risikoanteil aus Credit Spreads von *Sovereign Bonds* quantitativ extrahiert werden kann, der durch politische Risiken induziert ist. Vgl. dazu BEKAERT, G. U. A., Political Risk Spreads, S. 471–493.

[1197] Vgl. dazu im Ergebnis LONGSTAFF, F. A. U. A., Sovereign Credit Risk, S. 75–103; PAN, J./SINGLETON, K. J., Sovereign CDS Spreads, S. 2345–2384; GEYER, A./KOSSMEIER, S./PICHLER, S., Systematic Risk, S. 171–197; MAURO, P./SUSSMAN, N./YAFEH, Y., Emerging Market Spreads, S. 695–733; BLOMMESTEIN, H./EIJFFINGER, S./QIAN, Z., Sovereign CDS Spreads, S. 10–21; ZINNA, G., Sovereign Default Risk Premia, S. 15–35; FENDER, I./HAYO, B./NEUENKIRCH, M., Emerging Market Sovereign CDS, S. 2786–2794; BALDACCI, E./GUPTA, S./MATI, A., Political and Fiscal Risk, S. 251–263.

[1198] Vgl. zum Liquiditätsrisiko WINGENROTH, T., Corporate Bonds, S. 40–46; SCHLECKER, M., Credit Spreads, S. 45.

[1199] SCHLECKER stellt fest, dass die Liquiditätsprämie bei als „spekulativ" eingeschätzten Anleihen mit bis zu 150 Basispunkten einen gewichtigen Anteil an der Höhe des Credit Spread haben kann. Vgl. dazu SCHLECKER, M., Credit Spreads, S. 110. Die Aussagekraft von Credit Spreads von *Sovereign Bonds* über systematische Länderrisiken könnte demnach erhöht werden, indem die Liquiditätsrisiken einen Anteil des Credit Spread isoliert würden. Vgl. für Messverfahren von Liquiditätsrisiken BACHMANN, U., Kreditspreads, S. 40–42.

[1200] Vgl. hier und im folgenden Satz WEISTROFFER, C., CDS, S. 9; EUROPEAN CENTRAL BANK (Hrsg.), CDS, S. 64; CAO, C./YU, F./ZHONG, Z., CDS valuation, S. 325; WAGNER, E., CDS, S. 32, Fn. 197; WADÉ, M., Länderrisikoanalyse, S. 87–92.

[1201] Vgl. WAGNER, E., CDS, S. 46.

primär von den Erwartungen des Sicherungsgebers bezüglich des Eintritts eines Kreditereignisses und der im Fall des Eintretens dieses Ereignisses von ihm zu leistenden Ausfallzahlung ab.[1202]

Indes ist zu beachten, dass in der Realität regelmäßig **keine vollkommenen Märkte existieren** und mithin die Höhe eines *Sovereign* CDS *Spread* auch durch Faktoren beeinflusst werden kann, die nicht direkt mit der Kreditwürdigkeit eines Landes zusammenhängen. So kann die Preisentwicklung von **CDS auch von marktpsychologischen Faktoren oder Spekulationen getrieben sein**, wodurch keine angemessenen Ausfallrisiken abgeleitet werden können.[1203] So zeigte sich bspw. in der globalen Wirtschafts- und Finanzkrise ab dem Jahr 2008, dass CDS-spreadbasierte Ausfallprämien für Staatsanleihen vieler Industrieländer, einschließlich der USA, Japans und der EU-Mitglieder, zwischen September 2008 und März 2009 stark anstiegen.[1204] Teilweise wurde argumentiert, dass der Anstieg dieser *Sovereign* CDS Spreads weniger auf die wirtschaftlichen Fundamentaldaten der Länder zurückzuführen war, als vielmehr auf **spekulative Motive**. Ist die Rendite eines *Sovereign* CDS, und mithin der Credit Spread, durch marktpsychologische Faktoren oder Spekulationen beeinflusst, ist jedoch davon auszugehen, dass neue Sicherungsgeber in den Markt eintreten, die bereit sind, unter den veränderten Konditionen CDS Kontrakte einzugehen.[1205] Diese Bereitschaft führt in der Folge dazu, dass sich der entsprechende CDS Spread **im Zeitablauf normalisiert** und (extreme) spekulative Entwicklungen des Marktes vermieden werden. Auch für Credit Spreads von Staatsanleihen wird nachgewiesen, dass in **Krisensituationen** durch die Höhe der Credit Spreads bestehende Länderrisiken überschätzt werden können.[1206]

Insgesamt wird die **Höhe des Credit Spread einer Staatsanleihe oder eines** *Sovereign* **CDS** sowohl durch systematische Bestandteile von Länderrisiken als auch durch nicht-länderspezifische Risikokomponenten determiniert. Wenngleich systematische Bestandteile von Länderrisiken grundsätzlich in beiden Proxys der marktbasieren Credit Spreads enthalten sind, spiegelt der Credit Spread von Staatsanleihen sowie von *Sovereign* CDS im Ergebnis kein rein quantitatives Maß für die **systematischen Länderrisiken** des betrachteten Sitzlandes des Bewer-

---

[1202] Vgl. OLBRICH, A., CDS-Prämien, S. 332.
[1203] Vgl. zum Einfluss von Spekulation auf die CDS Prämie OLBRICH, A., Wertminderung von finanziellen Vermögenswerten, S. 113–114, sowie in Bezug auf *Sovereign* CDS, DEUTSCHE BUNDESBANK (Hrsg.), Monatsbericht – Dezember 2010, S. 54 f.
[1204] Vgl. hier und im folgenden Satz WEISTROFFER, C., CDS, S. 17.
[1205] Vgl. hier und im folgenden Satz m. w. N. OLBRICH, A., Wertminderung von finanziellen Vermögenswerten, S. 115 f.
[1206] Vgl. ANGERMÜLLER, N. O., Indikatoren für Länderrisiken, S. 31; KOHLHAUSSEN, M., Bewertung von Länderrisiken, S. 308. Im Kontext der Staatsanleihen des Euro-Raums zusätzlich zu beachten, dass die geforderten Renditen der Staatsanleihen durch die Ankäufe der EZB im Rahmen des sog. *Corporate Sector Purchase Programme* zu niedrig sein können. Es besteht die Gefahr, dass die Credit Spreads dieser Staaten weniger dafür geeignet sind, eine realistische Indikation zur Einschätzung der Kreditwürdigkeit und des Risikoprofils dieser Staaten zu liefern. Vgl. dazu RIETH, M./PIFFER, M./HACHULA, M., EZB-Politik, S. 139–147. So auch CASTEDELLO, M./SCHÖNIGER, S./TSCHÖPEL, A., Praxiswissen Unternehmensbewertung, S. 362.

tungsobjektes wider. Mithin ist der Credit Spread einer Staatsanleihe oder eines CDS **nur bedingt als Proxy zur Quantifizierung einer Länderrisikoprämie geeignet**, die lediglich systematische Risiken des betrachteten Landes repräsentieren soll.

Neben der Aussagekraft des Proxys für die Quantifizierung einer Länderrisikoprämie, als Bestandteil der Eigenkapitalkosten, ist zudem die Einhaltung der **Laufzeitäquivalenz** des verwendeten Proxys zum Zahlungsstrom zu beachten. Die Laufzeiten von *Sovereign Bonds* werden von den emittierenden Staaten vorgegeben. Häufig sind keine Staatsanleihen für längere Laufzeiten verfügbar.[1207] *Sovereign* **CDS Kontrakte** können grundsätzlich für jede Laufzeit abgeschlossen werden.[1208] Allerdings werden *Sovereign* CDS Kontrakte mit Laufzeiten von einem Jahr, drei, sieben und zehn Jahren, und v. a. für eine Laufzeit von fünf Jahren am liquidesten gehandelt.[1209] Theoretisch sollte die Vertragslaufzeit der Kreditbeziehungen mit dem Bewertungshorizont des ausländischen Bewertungsobjektes identisch sein.[1210] Weder Credit Spreads aus *Sovereign Bonds* noch aus *Sovereign* CDS zur Quantifizierung einer Länderrisikoprämie können dem zeitlichen Horizont einer Unternehmensbewertung somit vollends entsprechen. Die Laufzeiten von *Sovereign* CDS decken indes regelmäßig die Laufzeit der Detailplanungsphase des Bewertungskalküls ab. Die **Laufzeitäquivalenz** zwischen Zähler und Nenner des Bewertungskalküls ist nur **eingeschränkt erfüllt**, wenngleich *Sovereign* CDS Spreads im Vergleich zu Credit Spreads aus *Sovereign Bonds* für längere Laufzeiten verfügbar sind.

Zwar wird den Credit Spreads aus *Sovereign* CDS eine **Preisführerschaft** bei der Einschätzung von Ausfallrisiken von Staaten attestiert. Insgesamt zeigt sich dennoch, dass sowohl Credit Spreads aus *Sovereign Bonds* als auch aus *Sovereign* CDS als **marktbasierte Informationsquellen die künftigen Erwartungen** des Marktes auf tagesaktueller Basis widerspiegeln. Das ist sowohl i. S. d. **Grundsatzes der Zukunftsorientierung** als auch des **Stichtagsprinzips der Unternehmensbewertung positiv** zu beurteilen.

Zudem sind **beobachtbare Marktpreise** zur Bestimmung des Ausfallrisikos eines Staates **intersubjektiv nachprüfbar**, und die Markteinschätzungen bieten eine feinere Abstufung in der Bewertung als z. B. statische Ratingklassen der Rating-Agenturen zur Einschätzung von Ausfallrisiken.[1211] So wird die **Erfüllung des Grundsatzes der Objektivierung** durch Verwendung einer marktbasierten Informationsquelle zur Quantifizierung einer Länderrisikoprämie **gefördert**. Darüber hinaus sind die Kontrakte für CDS durch die Vorgaben der *International*

[1207] Vgl. KOLLER, T./GOEDHART, M./WESSELS, D., Valuation, S. 700; DAMODARAN, A., Riskfree Rate, S. 24.
[1208] Vgl. LAUSE, S., Kreditderivate, S. 24; DIWALD, H., Anleihen, S. 207.
[1209] Vgl. HULL, J./MADER, W./WAGNER, M., Optionen, Futures und andere Derivate, S. 704; WAGNER, E., CDS, S. 26, Fn. 155 i. V. m. LAUSE, S., Kreditderivate, S. 24; GYNTELBERG, J. U. A., Intraday Dynamics, S. 1–82; WADÉ, N., Länderrisikoanalyse, S. 89.
[1210] HORN U. A. schlagen vor, *Sovereign* CDS mit einer Laufzeit von fünf Jahren für die Quantifizierung einer Länderrisikoprämie zu verwenden, da bei dieser Laufzeit die aufgrund der hohen Liquidität erzielten, verlässlichen Preise des CDS die Inkongruenz der Laufzeiten ausgleichen. Vgl. HORN, M. P. U. A., Country Risk Premium, S. 165.
[1211] Vgl. DRESEL, T., Quantifizierung von Länderrisiken, S. 587.

Swaps and Derivatives Association (ISDA)[1212] standardisiert.[1213] Die von der ISDA definierten Rahmenverträge sorgen einerseits für Rechtssicherheit für die involvierten Parteien der Sicherungsbeziehung und vereinheitlichen andererseits die Vertragskomponenten, womit eine präzisere und transparentere Analyse der für Kreditrisiken geforderten Renditen gewährleistet ist.[1214] Diese institutionalisierten Vorgaben **stärken die Einhaltung des Grundsatzes der Objektivierung** bei der Quantifizierung einer Länderrisikoprämie auf Basis von *Sovereign* CDS Spreads.

Darüber hinaus ist positiv zu beurteilen, dass die benötigten Daten zur Bestimmung der Credit Spreads für zahlreiche Emittenten und verschiedene Restlaufzeiten mit wenig Aufwand bei Finanzdienstleistern verfügbar sind.[1215] Die Verwendung von marktbasierten Credit Spreads zur Quantifizierung einer Länderrisikoprämie ist insgesamt mit geringen Kosten und Zeitaufwand verbunden. Der **Grundsatz der Wirtschaftlichkeit** ist bei diesen Schätzern als **erfüllt** anzusehen.

Es ist möglich, dass für das Sitzland des ausländischen Bewertungsobjektes keine *Sovereign* CDS gehandelt und zusätzlich keine adäquaten Staatsanleihen durch die Regierung des Landes begeben werden. Dann besteht alternativ die Möglichkeit, auf einen **synthetisch generierten Credit Spread** aus Länderratings, Länderscores oder Unternehmensanleihen zurückzugreifen, um währungsäquivalente Anleiherenditen zur Bestimmung eines Credit Spread aus Staatsanleihen oder *Sovereign* CDS für die Ableitung einer Länderrisikoprämie zu ermitteln.[1216] Auch die Proxys synthetisch generierter Credit Spreads werden im Folgenden hinsichtlich ihrer Eignung zur Ermittlung des Credit Spread als Anhaltspunkt zur Quantifizierung einer Länderrisikoprämie für die Zwecke einer objektivierten internationalen Unternehmensbewertung analysiert und gewürdigt.

432.233. Synthetische Quantifizierung einer Länderrisikoprämie auf Basis von Credit Spreads

432.233.1 Länderratings

Der Gedanke der **synthetischen Bestimmung** einer Länderrisikoprämie ist es, bei Mangel an adäquaten Staatsanleihen oder gehandelten CDS des betrachteten Landes verfügbare **Analogien zu identifizieren** und auf **deren Basis** Credit Spreads von Staaten **marktbasiert** abzulei-

---

[1212] Die ISDA ist eine Handelsorganisation, die private Teilnehmer des individuellen OTC-Derivate Marktes repräsentiert und Rahmenverträge für den Handel von Derivaten konzipiert. MARTIN, M. R. W./REITZ, S./ WEHN, C. S., Kreditderivate und Kreditrisikomodelle, S. 14.

[1213] Als typische Bestandteile legen CDS Kontrakte den Nominalbetrag, die Laufzeit, den Referenzschuldner, die Kreditereignisse und den Ausgleich (*Settlement*) des Kontraktes fest. Vgl. dazu WAGNER, E., CDS, S. 25–30; DEUTSCHE BUNDESBANK (Hrsg.), Monatsbericht – Dezember 2004, S. 44 f.

[1214] Vgl. HARTMANN-WENDELS, T./PFINGSTEN, A./WEBER, M., Bankbetriebslehre, S. 471 f.; GROSSMANN, R. J./HANSEN, M., CDS Spreads, S. 2.

[1215] Vgl. HORN, M. P. U. A., Country Risk Premium, S. 160 und S. 164; WADÉ, M., Länderrisikoanalyse, S. 107 f.

[1216] Vgl. DAMODARAN, A., Equity Risk Premiums – The 2020 Edition, S. 71; SABAL, J., Financial Decisions, S. 116.

ten. Als eine mögliche Analogie zur synthetischen Ermittlung einer Länderrisikoprämie kommen **Länderratings** infrage.[1217] Dieser Analogieschluss basiert auf der Annahme, dass Länder mit einem gleichem Rating auch in gleichem Maße systematischen Länderrisiken ausgesetzt sind.[1218]

Länderratings zielen originär darauf, eine Aussage über die Bonität eines Landes zu liefern und sprechen somit primär **die Perspektive eines Fremdkapitalgebers** an.[1219] Die Beurteilung der Bonität eines Landes wird indes durch Faktoren determiniert, die auch für die Risikoeinschätzung aus Eigenkapitalgeberperspektive von Relevanz sind, wie z. B. durch Einschätzungen hinsichtlich der politischen oder ökonomischen Situation in einem Land oder die Stabilität der Währung.

Sofern das Sitzland des ausländischen Bewertungsobjektes ein Länderrating besitzt, ist ein Land zu identifizieren, das dasselbe Länderrating hat. Gleichzeitig muss dieses Land eine adäquate Anleihe begeben oder es muss für das Land ein *Sovereign* CDS gehandelt werden, um als Proxy zur sachgerechten Ermittlung eines Credit Spread herangezogen werden zu können. Dieser **Credit Spread** wird dann auf das Sitzland des ausländischen Bewertungsobjektes mit identischem Länderrating **übertragen**. Wenngleich die weltweit führenden Rating-Agenturen MOODY´S, S&P und FITCH aggregiert über hundert Länder durch ihre Ratings abdecken,[1220] kann in Abhängigkeit der Ratingklasse lediglich eine relativ geringe Zahl gehandelter Staatsanleihen verfügbar sein,[1221] die als Referenz zur Bestimmung des Credit Spread genutzt werden können.

432.233.2 Länderscores

Falls das betrachtete Sitzland des ausländischen Bewertungsobjektes weder eigene adäquate Staatsanleihen begibt noch *Sovereign* CDS für dieses Land gehandelt werden und das Land auch kein Länderrating besitzt, wird als weitere Möglichkeit zur Bestimmung des Credit Spread die Zuhilfenahme von spezialisierten Agenturen veröffentlichter **Länderscores** diskutiert.[1222] Mithilfe von Länderscores wird das Länderrisikoprofil eines Landes anhand von definierten Kriterien bewertet und zu einem Scoring-Wert verdichtet.[1223] Ähnlich wie beim Vorgehen bei einem bestehenden Länderrating wird – unter der Annahme, dass der gleiche Länderscore eine

---

[1217] Vgl. DAMODARAN, A., Equity Risk Premiums – The 2020 Edition, S. 72.
[1218] Vgl. ERNST, D./SCHNEIDER, S./THIELEN, B., Unternehmensbewertungen, S. 195. Es ist zu beachten, dass Länderratings aus Heimatwährungs- und Fremdwährungsperspektive verfügbar sind. Die jeweiligen Ratings entsprechen sich dabei regelmäßig. Falls unterschiedliche Ratings für die verschiedenen Währungsperspektiven bestehen, werden die Ratings aus Heimatwährungsperspektive oftmals besser eingeschätzt, da Staaten in ihrer Heimatwährung denominierte Verbindlichkeiten eher an Gläubiger zurückzahlen können. Vgl. DAMODARAN, A., Equity Risk Premiums – The 2020 Edition, S. 63, sowie KRÄMER-EIS, H., Länderrisiken, S. 38 i. V. m. HOFFMANN, P., Bonitätsbeurteilung, S. 45; LEFFERS, B., Rating im Konsortialgeschäft, S. 358.
[1219] Vgl. hier und im folgenden Satz DAMODARAN, A., Equity Risk Premiums – The 2020 Edition, S. 62.
[1220] Vgl. DAMODARAN, A., Country Risk – The 2020 Edition, S. 33.
[1221] Vgl. DAMODARAN, A., Equity Risk Premiums – The 2020 Edition, S. 71 f.; DÖRSCHELL, A./FRANKEN, L./SCHULTE, J., Kapitalisierungszinssatz, S. 358.
[1222] Vgl. ERNST, D. u. A., Internationale Unternehmensbewertung, S. 178.
[1223] Vgl. KLEEBINDER, S., Länderrisiken, S. 453.

gleiche Länderrisikoeinschätzung des Kapitalmarktes impliziert – ein abgeleiteter Credit Spread auf das Sitzland des ausländischen Bewertungsobjektes mit identischem Länderscore **übertragen**. Dafür muss wiederum ein Land verfügbar sein, das einen solchen Ländersore besitzt und zudem eine adäquate Staatsanleihe begibt oder für das ein *Sovereign* CDS gehandelt wird.

Länderscores beschränken sich im Gegensatz zu Länderratings nicht *per se* auf die Einschätzung der Bonität des betrachteten Landes, sondern liefern eine **numerische Länderrisikobewertung**, die in Abhängigkeit des Anbieters eine umfassendere und auf das Ziel der Risikoeinschätzung adjustierte Sicht auf das Risikoprofil eines Landes bieten kann. Indes sind die verarbeiteten Informationen und mithin die Länderscores im Endergebnis regelmäßig nicht transparent nachvollziehbar.[1224] Detailliertere Informationen sind oftmals nur gegen Zahlung eines Entgeltes an die jeweiligen Anbieter von Länderscores verfügbar.[1225] Die Ergebnisse der Länderscores sind zudem anbieterübergreifend kaum vergleichbar.

432.233.3 Unternehmensanleihen

Falls das betrachtete Land ein **Rating besitzt**, ist auch die Verwendung von **Renditen von Unternehmensanleihen** zur Ermittlung eines **Corporate Spreads** als Proxy der Quantifizierung einer Länderrisikoprämie für dieses Land möglich.[1226] Bei diesem Vorgehen wird auf Renditen währungsäquivalenter Anleihen von **Unternehmen der gleichen Ratingkategorie** abgestellt, der auch das Rating des Sitzlandes des ausländischen Bewertungsobjektes zugeordnet ist. Es wird angenommen, dass das gleiche **Rating von Unternehmen und Staaten ein vergleichbares Ausfallrisiko signalisiert**. Unter dieser Prämisse kann für jede Ratingkategorie die Rendite von Unternehmensanleihen ins Verhältnis der Rendite einer risikolosen Staatsanleihe gesetzt werden, um den jeweiligen Credit Spread zur Quantifizierung einer Länderrisikoprämie abzuleiten.[1227]

Der **Markt für Unternehmensanleihen** umfasst aufgrund der wesentlich größeren Zahl weltweit existierender Unternehmen eine größere Zahl von Anleihen als der Markt für Staatsanleihen. Somit stehen mehr Unternehmensanleihen als Staatsanleihen zur Bestimmung eines Credit Spread für eine Ratingklasse zur Verfügung. Werden Unternehmensanleihen als Proxy des Credit Spread verwendet, ist es somit wahrscheinlicher, dass Anleihen identifiziert werden können,

---

[1224] Vgl. DAMODARAN, A., Equity Risk Premiums – The 2020 Edition, S. 65; KLEEBINDER, S., Länderrisiken, S. 453.
[1225] Vgl. hier und im folgenden Satz KLEEBINDER, S., Länderrisiken, S. 453.
[1226] Vgl. hier und in den folgenden beiden Sätzen DAMODARAN, A., Country Risk – The 2020 Edition, S. 69; DÖRSCHELL, A./FRANKEN, L./SCHULTE, J., Kapitalisierungszinssatz, S. 358; ERNST, D. U. A., Internationale Unternehmensbewertung, S. 178.
[1227] Vgl. ZWIRNER, C./PETERSEN, K./ZIMNY, G., Länderrisiken in der Unternehmensbewertung, S. 1062, Tz. 38 i. V. m. DÖRSCHELL, A./FRANKEN, L./SCHULTE, J., Kapitalisierungszinssatz, S. 358.

die hinsichtlich des Emissions- und Zahlungszeitpunktes, der Laufzeit sowie der Währung geeignet sind, um die benötigten Credit Spreads mit Referenz zur risikolosen Staatsanleihen zu bestimmen.

432.233.4 Kritische Würdigung

Sind weder adäquate Staatsanleihen noch *Sovereign* CDS des Landes verfügbar, in dem das ausländische Bewertungsobjekt sitzt, können zur Quantifizierung einer Länderrisikoprämie Credit Spreads synthetisch ermittelt werden. Für eine **synthetische Ermittlung des Credit Spread** können Länderratings, Länderscores oder Unternehmensanleihen als Analogie genutzt werden, um Credit Spreads für Länder **marktbasiert** abzuleiten.

Sowohl für **Länderratings** als auch für **Länderscores** ist – unabhängig von der verfolgten Kapitalgeberperspektive – zu kritisieren, dass mit diesen Analogien das **Ausfallrisiko** des Sitzlandes nicht exakt quantifiziert werden kann. Der Ersteller der jeweiligen Risikoeinschätzung ordnet Länder mit vergleichbaren Risikoeinschätzungen lediglich einer Scoring-Klasse zu.[1228] Um Credit Spreads zu berechnen und daraus eine Länderrisikoprämie zu quantifizieren, sind die Ergebnisse der Scoring-Modelle quantitativ in eine am Markt geforderte Rendite einer Staatsanleihe zu transformieren. Bei dieser Transformation ist zu beachten, dass Credit Spreads in Basispunkten gemessen werden und die Risikoeinschätzung folglich granularer möglich ist als durch eine Einteilung der Emittenten in Scoring-Klassen.[1229] Eine Scoring-Klasse kann technisch nicht in einen eindeutigen, in Basispunkten gemessenen Credit Spread transformiert werden. Da auf Basis der Länderratings und Länderscores wiederum Credit Spreads von Staatsanleihen oder *Sovereign* CDS abgeleitet werden, um eine Länderrisikoprämie zu quantifizieren, **besteht** die **Kritik über die Aussagekraft** der marktbasierten Proxys der Länderrisikoprämie auch für Länderratings und -scores **fort**. Wie gezeigt wurde, werden Credit Spreads von *Sovereign Bonds* oder *Sovereign* CDS auch durch Determinanten beeinflusst, die nicht originär auf Länderrisiken zurückzuführen sind.[1230]

Allerdings ist auch für **Credit Spreads von Unternehmensanleihen** die Aussagekraft für die Quantifizierung einer Länderrisikoprämie zu hinterfragen. Bei der **Beurteilung der Aussagekraft von Unternehmensratings** sind zwei Aspekte relevant. Zum einen ist zu prüfen, inwiefern Unternehmensratings **äquivalente Risikoeinschätzungen** zu Länderratings liefern. Zum anderen ist zu untersuchen, inwiefern der Credit Spread von Unternehmensanleihen und einer risikolosen Staatsanleihe implizit **Länderrisiken** des Sitzlandes des ausländischen Bewertungsobjektes enthält.

[1228] Vgl. WAGNER, E., CDS, S. 33–35.
[1229] Die grobe Einteilung der Ratingklassen hat mithin eine geringe Migration zwischen den einzelnen Ratingklassen zur Folge. In den besten und schlechtesten Ratingklassen bestehen Ratings meist über einen längeren Zeitraum. Ratingänderungen sind vorwiegend in den mittleren Ratingklassen beobachtbar. Vgl. dazu KOHLHAUSSEN, M., Bewertung von Länderrisiken, S. 320.
[1230] Vgl. dazu auch Abschn. 432.232.3.

4 Kritische Analyse der Berücksichtigung von Länderrisiken im Bewertungskalkül

Ratings von Unternehmen unterliegen oftmals der sog. *Sovereign Ceiling Rule* von Rating-Agenturen. Im Sinne dieser Regel wird keinem Unternehmen eines Landes eine bessere Kreditwürdigkeit zugeschrieben als dem entsprechenden Sitzland.[1231] Das durch die Rating-Agenturen ermittelte Rating des Sitzlandes bildet die **Obergrenze für die Bonitätseinschätzung eines Emittenten von Fremdwährungsanleihen eines Landes**.[1232] Rating-Agenturen gehen dabei davon aus, dass Staaten einerseits Kontrolle über die Devisen haben, was sich auf die Fähigkeit der Akteure innerhalb eines Landes auswirkt, finanzielle Mittel zur Bedienung von Schulden zu erhalten.[1233] Andererseits besteht die Möglichkeit, dass Staaten Steuern in lokaler Währung erheben, das lokale Finanzsystem kontrollieren und sogar unternehmerisches Vermögen im Inland enteignen können. Aufgrund der *Sovereign Ceiling Rule* kann die Zahlungsfähigkeit von Unternehmen zu negativ eingeschätzt werden, weshalb im Ergebnis ein zu schlechtes Unternehmensrating vergeben wird.[1234]

Innerhalb des Ratingprozesses sind ausgehend von Länderratings die spezifischen Branchenrisiken des Unternehmens zu analysieren und schließlich die firmenspezifischen Risiken einzuschätzen.[1235] **Bewertungskriterien von Länderratings** unterscheiden sich dabei grundlegend von den Kriterien, die zur Erstellung eines Unternehmensratings bewertet werden. So werden z. B. Länderratings auf Basis einer größeren Zahl qualitativer Kriterien ermittelt.[1236] Die Vergleichbarkeit von Unternehmens- und Länderratings ist aufgrund konzeptioneller Unterschiede somit zu hinterfragen. Mithin ist zu beobachten, dass Unternehmensanleihen trotz der Zuordnung zur gleichen Ratingkategorie regelmäßig einen abweichenden Credit Spread als Staatsanleihen mit gleichem Rating haben.[1237]

Neben der Vergleichbarkeit der Risikoeinschätzung von Unternehmens- und Länderratings ist für die Quantifizierung der Länderrisikoprämie auch die **Aussagekraft** des Credit Spread von Unternehmensanleihen in Bezug auf systematische Länderrisiken im betrachteten Land von

---

[1231] Vgl. HOFFMANN, P., Bonitätsbeurteilung, S. 44; KÄFER, B./MICHAELIS, J., Länderrisiko, S. 96.
[1232] Vgl. LEFFERS, B., Rating im Konsortialgeschäft, S. 358; KRÄMER-EIS, H., Länderrisiken, S. 38; EVERLING, O., Credit Rating, S. 141; HORN, M. P. U. A., Country Risk Premium, S. 161; SERFLING, K., Credit Ratings, S. 715. Vgl. kritisch zur *Sovereign Ceiling Rule* KÄFER, B./MICHAELIS, J., Länderrisiko, S. 96 f.
[1233] Vgl. hier und im folgenden Satz ZENNER, M./AKAYDIN, E., International Valuation and Capital Allocation, S. 20 f.; DURBIN, E./NG, D., Sovereign Ceiling, S. 633; BORENSZTEIN, E./COWAN, K./VALENZUELA, P., Sovereign Ceilings, S. 4.
[1234] Vgl. im Kontext der Bestimmung von Fremdkapitalkosten ausländischer Bewertungsobjekte RULLKÖTTER, N., DCF-Verfahren in Emerging Markets, S. 58 i. V. m. BORENSZTEIN, E./COWAN, K./VALENZUELA, P., Sovereign Ceilings, S. 7. Das Fremdwährungsrating der Anleihe eines Emittenten kann das Rating des Staates übersteigen und somit einen niedrigeren Credit Spread als die Staatsanleihe haben, sofern bspw. der ausländische Emittent einen signifikanten Prozentsatz der Vermögenswerte oder Umsätze außerhalb des Heimatlandes generiert oder ein Tochterunternehmen eines internationalen Konzerns ist. Vgl. dazu DURBIN, E./NG, D., Sovereign Ceiling, S. 633; ZENNER, M./AKAYDIN, E., International Valuation and Capital Allocation, S. 21.
[1235] Dieses Vorgehen im Ratingprozess wird als *Top Down*-Ansatz des Rating bezeichnet. Vgl. dazu SERFLING, K., Credit Ratings, S. 715; GÜNDLING, H./EVERLING, O., Länderrisikobeurteilung, S. 593.
[1236] Vgl. LEKER, J. U. A., Ratingagenturen, S. IV. Vgl. für eine Aufzählung der jeweils relevanten Risiken für Länder- und Unternehmensratings SERFLING, K., Credit Ratings, S. 715 f.
[1237] Vgl. für einen tabellarischen Vergleich der Höhe der Credit Spreads von Staats- und Unternehmensanleihen je Ratingklasse DAMODARAN, A., Equity Risk Premiums – The 2020 Edition, S. 72.

Bedeutung. **Credit Spreads von Unternehmensanleihen**, die als Proxy für die Quantifizierung einer Länderrisikoprämie verwendet werden sollen, werden durch verschiedene Risikokomponenten beeinflusst. Der Umstand, dass nicht nur die Bonität des Schuldners die Höhe eines Credit Spreads beeinflusst, wird gemeinhin *Credit Spread Puzzle* genannt.[1238] Mögliche Einflussfaktoren auf die Höhe des Credit Spread sind das Spread-, Kredit- und Liquiditätsrisiko.[1239] Das **Spreadrisiko** beschreibt den Risikoanteil des Credit Spread von Unternehmensanleihen, der durch Einfluss des Marktes induziert ist.[1240] Dieser Einfluss des Marktes kann z. B. durch politische Ereignisse oder konjunkturelle Änderungen bedingt sein.[1241] Das Spreadrisiko spiegelt somit den systematischen Risikoanteil des Credit Spread wider. Im Gegensatz dazu ist das **Kreditrisiko** emittentenspezifisch.[1242] Das Kreditrisiko lässt sich in das Ausfall- und Migrationsrisiko unterteilen.[1243] Das Ausfallrisiko beschreibt die Möglichkeit, dass der Emittent den Zins- und Tilgungsverpflichtungen nicht vollständig oder rechtzeitig nachkommen kann.[1244] Das Migrationsrisiko betrifft hingegen die Möglichkeit, dass sich die Kreditwürdigkeit des Schuldners künftig verändert.[1245] Das **Liquiditätsrisiko** wird – wie auch im Kontext der marktbasierten Ermittlung des Credit Spread auf *Sovereign Bonds* – durch die Möglichkeit charakterisiert, dass ein Finanzinstrument nicht zu dessen marktgerechten Preis, sondern nur mit einem Preisabschlag veräußert werden kann.[1246]

Für das Bewertungsobjekt relevante systematische Länderrisiken können grundsätzlich im **marktinduzierten Spreadrisiko** der Unternehmensanleihe enthalten sein, sofern das für die Ableitung des Credit Spread verwendete Unternehmen im selben Land wie das ausländische Bewertungsobjekt operiert. Liegt das Unternehmen in einem anderen Land als das betrachtete Bewertungsobjekt, ist davon auszugehen, dass sich der originäre Einfluss von Länderrisiken des Bewertungsobjektes und des emittierenden Referenzunternehmens unterscheidet.

[1238] Vgl. AMATO, J. D./REMOLONA, E. M., Credit Spread Puzzle, S. 51; COLLIN-DUFRESNE, P./GOLDSTEIN, R./MARTIN, S., Credit Spread Changes, S. 2177–2207; HULL, J./PREDESCU, M./WHITE, A., Bond Prices, Default Probabilities and Risk Premiums, S. 53–60; DRIESSEN, J., Default Event Risk, S. 165–195.

[1239] Vgl. BETZ, H., Credit Spread- und Zinsrisikomessung, S. 93 f.; WINGENROTH, T., Corporate Bonds, S. 103 f.; SCHIFFEL, S., Unternehmensanleihen, S. 26.

[1240] Vgl. WINGENROTH, T., Corporate Bonds, S. 52; SCHLECKER, M., Credit Spreads, S. 20; STEINER, M./BRUNS, C./STÖCKL, S., Wertpapiermanagement, S. 58; REBIEN, A., Kapitalkosten, S. 232.

[1241] Vgl. hier und im folgenden Satz STRAUB, S., Credit Spreads, S. 8.

[1242] Vgl. BETZ, H., Credit Spread- und Zinsrisikomessung, S. 90.

[1243] Vgl. KNABE, M., Insolvenzrisiken, S. 174 i. V. m. BACHMANN, U., Kreditspreads, S. 46; SCHLECKER, M., Credit Spreads, S. 33.

[1244] Vgl. HEINKE, V. G., Bonitätsrisiko, S. 7.

[1245] Vgl. ALBRECHT, P./MAURER, R., Investment- und Risikomanagement, S. 909; BACHMANN, U., Kreditspreads, S. 47 und S. 51; STRAUB, S., Credit Spreads, S. 8.

[1246] Vgl. WINGENROTH, T., Corporate Bonds, S. 40–46; SCHLECKER, M., Credit Spreads, S. 45, sowie Abschn. 4.3.2.2.3. Wie auch im Kontext der Staatsanleihen der Staaten des Euro-Raums ist für Unternehmensanleihen innerhalb des Euro-Raums davon auszugehen, dass die Renditen bzw. Credit Spreads auf Unternehmensanleihen durch die Anleihekäufe der EZB im Rahmen der sog. *Public Sector Purchase Programme* positiv verzerrt sein können. Es besteht deshalb auch hier die Gefahr, dass die Credit Spreads europäischer Unternehmen weniger dafür geeignet sind, eine realistische Indikation zur Einschätzung der Kreditwürdigkeit und des Risikoprofils dieser Unternehmen zu liefern. Vgl. dazu GÖBEL, M./MIETZNER, M./SCHIERECK, D., Renditeeffekte, S. 331–344.

Das **Kreditrisiko** der Unternehmensanleihe ist sowohl durch **systematische** als auch **unsystematische Risiken** determiniert,[1247] die durch Länderrisiken induziert sind.[1248] Der quantitative Einfluss von Länderrisiken kann indes nicht genau bestimmt werden. Das Kreditrisiko eines Unternehmens wird durch eine Vielzahl möglicher unternehmensindividueller Determinanten beeinflusst, die **unabhängig** von Länderrisiken sind. Das ist im Rahmen der Quantifizierung einer Länderrisikoprämie insbesondere kritisch zu sehen, da das Kreditrisiko regelmäßig den **größten quantitativen Teil** am Credit Spread von Unternehmensanleihen ausmacht.[1249] Die Verwendung einer Unternehmensanleihe mit gleichem Rating wie das Sitzland des Bewertungsobjektes kann **regelmäßig keine validen Hinweise** für die Höhe **der systematischen Länderrisiken** in dem betrachteten Land geben.

Insgesamt sind bei der Verwendung synthetisch generierter Credit Spreads die zugrunde liegenden **Annahmen** des jeweiligen Analogieschlusses **kritisch zu sehen**. Bei der synthetischen Ermittlung des Credit Spread ist zudem nicht eindeutig, inwiefern der abgeleitete Credit Spreads tatsächlich **systematische Länderrisikobestandteile** des betrachteten Landes enthält. Ein rein quantitatives Maß von systematischen Länderrisiken können diese auf diesem Weg abgeleiteten Credit Spreads regelmäßig nicht liefern. Diese Kritik gilt v. a. für Verwendung von Anleihen von Unternehmen, die in einem anderen Land sitzen als das ausländische Bewertungsobjekt.

Die **eingeschränkte Aussagekraft** der synthetisch ermittelten Credit Spreads für die Quantifizierung einer Länderrisikoprämie ist weiterhin kritisch mit Blick auf die bereits teilweise in Abschn. 421.32 identifizierten Defizite zu sehen.[1250] Dort wurden bereits für Länderratings und Länderscores die Zukunftsorientierung und die Objektivierungsmöglichkeit bemängelt. Im

---

[1247] Vgl. HEINKE, V./STEINER, M., Rating, S. 679 f.; STEINER, M./BRUNS, C./STÖCKL, S., Wertpapiermanagement, S. 57 f.; HULL, J./MADER, W./WAGNER, M., Optionen, Futures und andere Derivate, S. 680; AMATO, J. D./REMOLONA, E. M., Credit Spread Puzzle, S. 55–57; KNOLL, L./VORNDRAN, P./ZIMMERMANN, S., Risikoprämien, S. 380–384; KNABE, M., Insolvenzrisiken, S. 193; LÜTKESCHÜMER, G., Finanzierungsrisiken, S. 132.
[1248] Vgl. zur Diversifikationsmöglichkeit unsystematischer Risiken bei Fremdkapitaltiteln KNABE, M., Insolvenzrisiken, S. 211 f.
[1249] Vgl. LONGSTAFF, F. A./MITHAL, S./NEIS, E., Corporate Yield Spreads, S. 2334–2336.
[1250] In Abschn. 421.32 wurden Länderratings und Länderscores bereits als Quelle diskutiert, um im Rahmen einer qualitativen Risikoanalyse Informationen über bestehende politische und marktbezogene Risiken im Sitzland des ausländischen Bewertungsobjektes zu erhalten. Im Unterschied dazu wird in diesem Abschnitt kritisch gewürdigt, inwiefern Länderratings und Länderscores als Proxy geeignet sind, um auf deren Basis Credit Spreads zur Quantifizierung einer Länderrisikoprämie abzuleiten. Wenngleich die Aspekte inhaltlich zu unterscheiden sind, ist die in Abschn. 421.32 vor dem Hintergrund der Würdigungskriterien adressierte Kritik an der Konzeption von Scoring-Modellen auch auf den hier vorliegenden Sachverhalt zu übertragen. Im Zusammenhang der synthetischen Ermittlung des Credit Spread zur Quantifizierung einer Länderrisikoprämie unter Zuhilfenahme von Länderratings und Länderscores wird v. a. die Aussagekraft und Operationalisierung des jeweiligen Proxys thematisiert sowie stellenweise auf, im Vergleich zur Würdigung in Abschn. 421.32, zusätzliche Argumente eingegangen, die sich aus dem Kontext der Quantifizierung einer Länderrisikoprämie ergeben. Daher wird in diesem Abschnitt für die Würdigung der Informationsquellen der Länderratings und Länderscores, als Länderscoring-Modelle, im Hinblick auf die Einhaltung des Grundsatzes der Zukunftsorientierung und des Stichtagsprinzips, des Grundsatzes der Objektivierung und des Grundsatzes der Wirtschaftlichkeit zusätzlich auf die Ausführungen in Abschn. 421.32 verwiesen.

Kontext der synthetischen Ermittlung des Credit Spread anhand von Länderratings, Länderscores oder Unternehmensanleihen zur Quantifizierung einer Länderrisikoprämie ist bei der Beurteilung der **Zukunftsorientierung** sowie der Einhaltung des **Stichtagsprinzips** jedoch zwischen den jeweils verwendeten Analogien und den daraus abgeleiteten Credit Spreads zu unterscheiden. In Länderratings und Länderscores werden für die Einschätzung von Länderrisiken vergangenheitsorientierte Informationen verarbeitet. Es können daher bestenfalls Rückschlüsse über die aktuelle Risikosituation des betrachteten Landes gezogen werden, die Basis für künftige Einschätzungen sein können.[1251] Es ist wahrscheinlich, dass durch den Rückgriff auf diese Analogien die Einschätzung eines Landes **aufgrund langer Revisionszyklen** von Länderratings und -scores nicht auf einer tagesaktuellen Informationsgrundlage basiert. Das ist aufgrund der potenziell dynamischen Entwicklung von Länderrisiken kritisch zu sehen. Indes wird die Risikoeinschätzung auf der Grundlage der Länderratings und Länderscores in einen **am Markt direkt ablesbaren Credit Spread** transformiert. Durch den marktbasierten Credit Spread wird dann das Risiko auf tagesaktueller Basis quantifiziert. Maßgeblich ist jedoch die Länderrisikoeinschätzung der herangezogenen Länderratings und Länderscores, denen eine vergangenheitsorientierte Betrachtung des Risikos zugrunde liegt. Daher ist sowohl der **Grundsatz der Zukunftsorientierung** als **auch das Stichtagsprinzip** bei der Verwendung synthetisch generierter Credit Spreads zur Quantifizierung einer Länderrisikoprämie **nicht erfüllt**.[1252]

Dennoch sind die Verfahren mit vertretbarem Ressourcenaufwand anwendbar. Die benötigten Informationen sind – außer für die Analogien durch Länderscores – regelmäßig frei verfügbar. Gleichwohl ist für die als Analogie verwendeten Staaten und Unternehmen zu recherchieren, ob adäquate Anleihen begeben oder passende *Sovereign* CDS für das Referenzland gehandelt

---

[1251] Vgl. BEKAERT, G./HODRICK, R. J., Financial Management, S. 622.
[1252] Hinsichtlich der Beurteilung der Eignung von Credit Spreads aus Unternehmensanleihen als Proxy der Quantifizierung einer Länderrisikoprämie verweisen ZWIRNER/PETERSEN/ZIMNY auf KRUSCHWITZ/LÖFFLER/MANDL. ZWIRNER/PETERSEN/ZIMNY heben hervor, dass „[auch] KRUSCHWITZ/LÖFFLER/MANDL betonen, dass Unternehmensanleihen den besten oder zumindest brauchbaren Weg zur Messung von Länderrisiken darstellen." ZWIRNER, C./PETERSEN, K./ZIMNY, G., Länderrisiken in der Unternehmensbewertung, S. 1062, Tz. 37. Wörtlich heißt es bei KRUSCHWITZ/LÖFFLER/MANDL: „Die Lektüre des Abschnitts vermittelt den Eindruck, dass corporate spreads alles in allem den besten oder zumindest einen brauchbaren Weg zur Messung von Länderrisiken liefern." KRUSCHWITZ, L./LÖFFLER, A./MANDL, G., Damodarans Country Risk Premium, S. 169. Diese Textstelle enthält indes keine Wertung von KRUSCHWITZ/LÖFFLER/MANDL hinsichtlich des konkreten Sachverhalts, sondern beschreibt den Eindruck, der innerhalb der Ausführungen von DAMODARAN über das *Country Risk Premium*-Konzept vermittelt wird. Vgl. dazu DAMODARAN, A., Country Risk, S. 64 f. und v. a. DAMODARAN, A., Estimating Equity Risk Premiums, S. 14 f. Nach hier vertretener Auffassung ist daraus nicht zu schließen, dass KRUSCHWITZ/LÖFFLER/MANDL der Verwendung von Unternehmensanleihen eine gewisse Eignung zur Quantifizierung einer Länderrisikoprämie attestieren. Vgl. dazu ZWIRNER, C./PETERSEN, K./ZIMNY, G., Länderrisiken in der Unternehmensbewertung, S. 1062, Tz. 37 i. V. m. KRUSCHWITZ, L./LÖFFLER, A./MANDL, G., Damodarans Country Risk Premium, S. 169 und S. 168 i. V. m. DAMODARAN, A., Country Risk, S. 64 f. und DAMODARAN, A., Estimating Equity Risk Premiums, S. 14–18.

werden.[1253] Der **Grundsatz der Wirtschaftlichkeit** ist bei der Verwendung synthetisch generierter Credit Spreads dennoch **regelmäßig erfüllt**.[1254]

Nachdem verschiedene Proxys zur Bestimmung einer Länderrisikoprämie auf Basis von Credit Spreads diskutiert wurden, wird im Folgenden, aufgrund der besonderen praktischen Relevanz, auf die Methode von DAMODARAN zur Quantifizierung einer Länderrisikoprämie eingegangen.

432.234. Quantifizierung der Länderrisikoprämie nach DAMODARAN

432.234.1 Konzept nach DAMODARAN zur Quantifizierung einer Länderrisikoprämie

Den Marktstandard zur Quantifizierung einer Länderrisikoprämie bildet die Methode von DAMODARAN.[1255] Seit Januar 2001 veröffentlicht DAMODARAN auf einer Homepage Daten über gemessene Länderrisikoprämien.[1256] Diese Länderrisikoprämien ermittelt DAMODARAN nach zwei alternativen Methoden, basierend auf Länderratings und *Sovereign* CDS Spreads.[1257] Bei der **ersten Methode** wird die Länderrisikoprämie mit den **durchschnittlichen** *Sovereign* **CDS Spreads innerhalb einer Ratingklasse** berechnet. Das Rating des Landes wird auf Basis der Ratings der Rating-Agentur MOODY'S für die jeweilige Heimatwährung hergeleitet. Sofern MOODY'S kein Rating für das entsprechende Land veröffentlicht, wird auf das korrespondierende Rating der Rating-Agentur S&P für das Land zurückgegriffen. Im Fall, dass keine der beiden genannten Rating-Agenturen ein Rating für das Sitzland des ausländischen Bewertungsobjektes veröffentlicht, empfiehlt DAMODARAN, auf die Risikoeinschätzung der *Political Risk Services* (PRS) zu rekurrieren. Als **zweite Methode** approximiert DAMODARAN die Länderrisikoprämien durch einen Credit Spread, der aus der **Differenz des** *Sovereign* **CDS des**

[1253] Vgl. DAMODARAN, A., Equity Risk Premiums – The 2020 Edition, S. 72.
[1254] Es ist anzumerken, dass u. U. kein anderes, Staatsanleihen emittierendes Land mit demselben Länderrating oder Länderscore wie das Sitzland des Bewertungsobjektes existiert. Vgl. DÖRSCHELL, A./FRANKEN, L./SCHULTE, J., Kapitalisierungszinssatz, S. 358. Somit können auch synthetische Credit Spreads nicht für alle Länder ermittelt werden. Falls die Renditen von *Sovereign Bonds* oder *Sovereign* CDS zur Ermittlung des Credit Spread und folglich zur Quantifizierung einer Länderrisikoprämie durch eine hohe Volatilität geprägt sind, besteht zudem die Gefahr, dass vorherrschende, z. B. extreme Konjunkturausprägungen oder Marktverwerfungen, in die Berechnung mit einfließen. Vgl. DAMODARAN, A., Investment valuation, S. 158; DAMODARAN, A., Equity Risk Premiums – The 2020 Edition, S. 70; HORN, M. P. U. A., Country Risk Premium, S. 165. Haben sich die ökonomischen Fundamentaldaten des beobachteten Staates nicht signifikant geändert, empfiehlt DAMODARAN, den Durchschnitt der beobachteten geforderten Renditen des verwendeten Proxys über einen adäquaten Zeitraum in der Vergangenheit zu bilden, damit ein wertverzerrender Einfluss auf die Höhe des verwendeten Credit Spreads nivelliert wird. Vgl. DAMODARAN, A., Equity Risk Premiums – The 2020 Edition, S. 71. Der Credit Spread wird dann aus der Differenz der Durchschnittsrenditen beider Papiere berechnet. Die historischen Durchschnittsrenditen können dabei mithilfe des geometrischen oder arithmetischen Mittelwerts geschätzt werden, wodurch ein weiterer Ermessensspielraum für den Bewerter entsteht. Vgl. dazu ERNST, D./SCHNEIDER, S./THIELEN, B., Unternehmensbewertungen, S. 194, sowie Abschn. 352.313., Fn. 465.
[1255] Vgl. HORN, M. P. U. A., Country Risk Premium, S. 157; ZWIRNER, C./PETERSEN, K./ZIMNY, G., Länderrisiken in der Unternehmensbewertung, S. 1066, Tz. 54; PATLOCH-KOFLER, M./WIMMER, H., Länderrisiko, S. 344; ERNST, D./SCHNEIDER, S./THIELEN, B., Unternehmensbewertungen, S. 194; BERGER, J./FINK, A., Werthaltigkeitstests nach IAS 36, S. 2478.
[1256] Regulär veröffentlicht DAMODARAN Länderrisikoprämien in einem jährlichen Turnus, zumeist im Januar eines Jahres. In manchen Jahren werden die Länderrisikoprämien auch halbjährlich aktualisiert.
[1257] Vgl. hier und im folgenden Absatz DAMODARAN, A. (Hrsg.), Country Default Spreads and Risk Premiums – January 2021, sowie das dort verlinkte Excel-Spreadsheet.

betrachteten Landes und des US-amerikanischen *Sovereign* CDS berechnet wird.[1258] Diese Methode kann nur zur Ermittlung einer Länderrisikoprämie für Länder verwendet werden, für die *Sovereign* CDS gehandelt werden.

Nach DAMODARAN sind die nach diesen Methoden ermittelten Credit Spreads mit einem **Umrechnungsfaktor** (sog. Volatilitätsfaktor) anzupassen, um eine adäquate Abbildung der Eigenkapitalgeberperspektive bei der Quantifizierung einer Länderrisikoprämie für die Zwecke einer internationalen Unternehmensbewertung zu erreichen.[1259] Der Volatilitätsfaktor wird aus der Relation der Standardabweichung des lokalen Aktienindex des Ziellandes zur Standardabweichung der jeweiligen Staatsanleihe bestimmt.[1260] Damit soll marktbasiert gemessen werden, wie risikoreich eine Investition in Aktien im Vergleich zu einer Investition in eine Staatsanleihe des betrachteten Landes ist.[1261] Das Rational dieser Adjustierung der Credit Spreads ist, dass Eigenkapitalgeber im Regelfall eine risikoreichere Position einnehmen als Fremdkapitalgeber.[1262] Den länderspezifischen Volatilitätsfaktor stellt DAMODARAN ebenfalls online zur Verfügung.[1263]

432.234.2 Kritische Würdigung

Sofern – wie in der Praxis üblich – auf das **Konzept von DAMODARAN zur Quantifizierung einer Länderrisikoprämie** zurückgegriffen wird, ist aufgrund der Abhängigkeit von einem fremdbestimmten Aktualisierungszyklus die Einschätzung über die bestehenden Länderrisiken regelmäßig nicht tagesaktuell.[1264] Das **verletzt** das **Stichtagsprinzip** der Unternehmensbewertung, was mithin die **Zukunftsorientierung** des Bewertungsansatzes **einschränkt**. Zudem werden die zugrunde liegenden Berechnungen der Länderrisikoprämien von DAMODARAN nicht im Detail veröffentlicht, sodass die Transparenz dieser externen Quelle zu bemängeln ist.[1265] Weiterhin kann regelmäßig aus zwei verschiedenen Prämien je Land gewählt werden, die oftmals unterschiedlich hoch sind. Die **Objektivierung** des Bewertungsansatzes wird dadurch **gefährdet**.

Darüber hinaus ist anzumerken, dass die Anpassung des Credit Spread durch einen Volatilitätsfaktor nach dem Vorschlag von DAMODARAN voraussetzt, dass **empirisch belastbare Daten des ausländischen Kapitalmarktes** vorhanden sind und eine Staatsanleihe existiert, die liquide

---

[1258] Vgl. DAMODARAN, A., Country Risk – The 2020 Edition, S. 71.
[1259] Vgl. DAMODARAN, A., Country Risk – The 2020 Edition, S. 74.
[1260] Vgl. DAMODARAN, A. (Hrsg.), Country Default Spreads and Risk Premiums – January 2021. Bei der Bestimmung des Umrechnungsfaktors bleibt indes unklar, warum die Standardabweichung anstatt der Varianz als Messfaktor der Volatilität verwendet wird. In Abhängigkeit des gewählten Faktors ist eine mitunter sehr unterschiedliche Höhe der Länderrisikoprämie zu erwarten. Vgl. dazu auch KRUSCHWITZ, L./LÖFFLER, A./MANDL, G., Damodarans Country Risk Premium, S. 173 f.
[1261] Vgl. DAMODARAN, A., Country Risk – The 2020 Edition, S. 74.
[1262] Vgl. KRUSCHWITZ, L./LÖFFLER, A./MANDL, G., Damodarans Country Risk Premium, S. 173 f.; ERNST, D./SCHNEIDER, S./THIELEN, B., Unternehmensbewertungen, S. 200.
[1263] Vgl. dazu DAMODARAN, A. (Hrsg.), Country Default Spreads and Risk Premiums – January 2021, sowie das dort verlinkte Excel-Spreadsheet.
[1264] Vgl. HORN, M. P. U. A., Country Risk Premium, S. 159.
[1265] Vgl. HORN, M. P. U. A., Country Risk Premium, S. 159.

gehandelt wird.[1266] Sofern diese Kriterien erfüllt sind, ist nach den Vorgaben des **IDW** (unter der Verwendung der direkten Methode der Unternehmensbewertung mit in Fremdwährung denominierten Zahlungsströmen) indes vorgesehen, die CAPM-Komponenten mit direktem Bezug zu den lokalen Kapitalmarkdaten herzuleiten, um die ausländischen Eigenkapitalkosten zu bestimmen.[1267] Das Erfordernis, die Marktrisikoprämie eines entwickelten Kapitalmarktes mit einer Länderrisikoprämie zur Bestimmung der Eigenkapitalkosten anzupassen, ergäbe sich somit nicht.

Bei der Quantifizierung der Länderrisikoprämie ist zudem zu berücksichtigen, dass diese Prämie das **Delta zwischen der Risikosituation des Referenzlandes und des Sitzlandes des ausländischen Bewertungsobjektes** repräsentieren soll.[1268] Da innerhalb dieser Arbeit von einem in Deutschland ansässigen Bewertungssubjekt ausgegangen wird, ist für die Ermittlung des Credit Spread auf eine **deutsche Bundesanleihe als risikolose Referenz** abzustellen, um so einen **adäquaten Vergleich der Risikosituation** im Ausland zu gewährleisten. Folglich ist die deutsche Marktrisikoprämie als Proxy für die Marktrisikoprämie eines entwickelten Kapitalmarktes zu verwenden.

Wird eine nach der **Methode von DAMODARAN** quantifizierte Länderrisikoprämie verwendet, wird durch die zugrunde liegende Methodik der Berechnungsweise der Länderrisikoprämie stets die **Risikosituation des US-amerikanischen Kapitalmarktes als Referenz zur Bestimmung des Credit Spread** genommen. Dieses Vorgehen wäre im Rahmen einer internationalen Unternehmensbewertung aus deutscher Perspektive nur sachgerecht, sofern die Risikosituationen auf dem US-amerikanischen Markt und dem deutschen Markt äquivalent sind.

Indes ist positiv anzumerken, dass die von DAMODARAN veröffentlichen Länderrisikoprämien online **intersubjektiv nachprüfbar** sind und **methodisch äquivalent** hergeleitet werden. Die weitläufige Verbreitung dieser, auf den Berechnungen von DAMODARAN basierenden, Länderrisikoprämien ist grundsätzlich für die Vergleichbarkeit von internationalen Unternehmensbewertungen förderlich. Wenngleich das konzeptionelle Gerüst des gezeigten Vorgehens zur Quantifizierung einer Länderrisikoprämie zu hinterfragen ist. Das gilt v. a. für ein Bewertungssubjekt, dessen Sitzland von den USA abweicht.

432.24 Zwischenfazit

Obwohl die Erweiterung der Eigenkapitalkosten um eine zusätzliche Länderrisikoprämie nicht mit den modelltheoretischen Annahmen des CAPM vereinbar ist, werden die Eigenkapitalkosten eines ausländischen Bewertungsobjektes in der Praxis häufig mit einer Länderrisikoprämie

---

[1266] Es ist davon auszugehen, dass der Volatilitätsfaktor auf Basis der Daten des jeweiligen Kapitalmarktes zu messen ist. Indes begründet DAMODARAN selbst die Entwicklung des Konzeptes der Länderrisikoprämie damit, dass die lokalen Kapitalmarktdaten regelmäßig keine geeignete Datenbasis sind. Vgl. KRUSCHWITZ, L./LÖFFLER, A./MANDL, G., Damodarans Country Risk Premium, S. 174.
[1267] Vgl. IDW (Hrsg.), Bewertung und Transaktionsberatung, Kap. A, Tz. 401.
[1268] Vgl. GLEIßNER, W., Länderrisikoprämien, S. 945; HORN, M. P. U. A., Country Risk Premium, S. 163; ZWIRNER, C./KÄHLER, M., Länderrisiken, S. 2721.

adjustiert. Auch nach den Handlungsempfehlungen des IDW ist die Berücksichtigung einer Länderrisikoprämie möglich. Die Länderrisikoprämie soll **systematische Bestandteile von Länderrisiken** enthalten, die im Kapitalisierungszins des ausländischen Bewertungsobjektes nicht berücksichtigt sind und im Vergleich zum Referenzland zusätzlich auf das Bewertungsobjekt wirken.

Für die **Berücksichtigung einer Länderrisikoprämie** in den Eigenkapitalkosten eines ausländischen Bewertungskonzeptes wird in der Bewertungspraxis regelmäßig auf die **Konzepte von DAMODARAN** zurückgegriffen. DAMODARAN hat mit dem Additiven Ansatz, dem Beta-Ansatz und dem Lambda-Ansatz drei Möglichkeiten zur Berücksichtigung einer Länderrisikoprämie definiert. Bei Addition einer pauschalen Länderrisikoprämie i. S. d. Additiven Ansatz wird der unternehmensindividuelle Einfluss von Länderrisiken regelmäßig nicht adäquat berücksichtigt. Nur falls alle Unternehmen eines Landes in gleichem Maße durch Länderrisiken beeinflusst werden, ist der Additive Ansatz zur Berücksichtigung einer Länderrisikoprämie geeignet. Unter Rückgriff auf den Beta-Ansatz ist eine unternehmensindividuelle, quantitative Berücksichtigung von Länderrisiken grundsätzlich möglich. Indes ist fraglich, inwiefern die Länderrisikoprämie durch den Betafaktor hinsichtlich des tatsächlichen Einflusses von Länderrisiken auf das Bewertungsobjekt adjustiert werden kann. Dieser Umstand wird im Konzept des Lambda-Ansatzes aufgegriffen, indem die Länderrisikoprämie mit dem Faktor Lambda multipliziert wird, um den unternehmensindividuellen Einfluss von Länderrisiken auf das Bewertungsobjekt, losgelöst vom Einfluss der allgemeinen Marktrisiken, widerzuspiegeln. Bei Verwendung des Lambda-Ansatzes ist zwar eine bewertungsobjektspezifische Berücksichtigung der Länderrisikoprämie möglich. Indes fehlt der Quantifizierung des Faktor Lambda eine konzeptionelle Basis und ist zudem aufgrund der mangelnden Objektivierungsmöglichkeit der Operationalisierung kritisch zu sehen.

Trotz der diskutierten konzeptionellen Mängel der Ansätze von DAMODARAN zur Berücksichtigung einer Länderrisikoprämie ist v. a. die Verwendung des **Additiven Ansatzes** und des **Beta-Ansatzes in der Praxis verbreitet**. Auch das **IDW** greift die Berücksichtigung einer Länderrisikoprämie in seinen Handlungsempfehlungen auf. Nach dem Wortlaut der beiden einschlägigen Handlungsempfehlungen des IDW ist sowohl eine Orientierung am Additiven Ansatz als auch am Beta-Ansatz von DAMODARAN möglich. Vor dem Hintergrund, dass beide Ansätze zu verschiedenen Eigenkapitalkosten und mithin zu unterschiedlichen Bewertungsergebnissen führen, sollte der Bewerter jeweils erläutern, welcher Ansatz genutzt wird und welches sachlogische Rational der jeweiligen Vorgehensweise zugrunde liegt.

Als Approximation zur **Quantifizierung einer Länderrisikoprämie** werden in der Praxis regelmäßig Credit Spreads verwendet. Dabei sind **verschiedene Proxys für Credit Spreads zur Quantifizierung der Länderrisikoprämie** möglich. Auf oberster Ebene kann zwischen einer marktbasierten und einer synthetischen Bestimmung der Credit Spreads unterschieden werden. Die Wahl des konkreten Proxys ist durch die jeweilige Verfügbarkeit von emittierten Staatsanleihen, gehandelten *Sovereign* CDS und vergebenen Länderratings und Länderscores determiniert. Den verschiedenen Proxys für Credit Spreads zur Quantifizierung einer Länderrisikoprämie ist dabei gemein, dass diese originär eine Aussage über die Bonität eines Landes treffen und folglich die Fremdkapitalgeberperspektive repräsentieren.

Im Zusammenhang der Quantifizierung einer Länderrisikoprämie auf Basis des Credit Spread werden neben den teilweise werterklärenden systematischen Risikobestandteilen für den Unternehmenswert des ausländischen Bewertungsobjektes, die implizit in den Ausfallrisiken eines Landes enthalten sind, **regelmäßig zusätzliche Risikobestandteile** im Credit Spread berücksichtigt, die keinen Einfluss auf den Unternehmenswert des ausländischen Bewertungsobjektes haben sollten. Weder die marktbasierten Proxys und noch weniger die synthetischen Proxys zur Bestimmung eines Credit Spread zur Bestimmung einer Länderrisikoprämie sind somit ein reines Maß systematischer Länderrisiken des betrachteten Landes. Diese Proxys sind daher regelmäßig nicht geeignet, um die Länderrisikoprämie, die systematische Länderrisiken repräsentieren soll, für die Zwecke der Unternehmensbewertung zu quantifizieren.

Insgesamt ist im Vergleich der verschiedenen Proxys zur Quantifizierung einer Länderrisikoprämie auf Basis eines Credit Spread für **Spreads auf *Sovereign* CDS** festzuhalten, dass diese mit Blick auf die Aussagekraft über bestehende Länderrisiken und die Operationalisierung **am ehesten eine valide Schätzung** zur Bestimmung einer Länderrisikoprämie für die Unternehmensbewertung ermöglichen können. Der *Sovereign* CDS Markt deckt die größte Zahl von Ländern ab und ist von einer relativ hohen Liquidität geprägt. Dadurch ist gewährleistet, dass künftige Erwartungen der Marktteilnehmer über das Risikoprofil eines Landes auf tagesaktueller Basis eingepreist sind. CDS Spreads dienen darüber hinaus auch als Referenz für Ratingeinschätzungen über die Bonität von Staaten. Somit wird dem **Stichtagsprinzip** bei Verwendung von CDS Spreads **entsprochen** und der **Grundsatz der Zukunftsorientierung** der Unternehmensbewertung **gestärkt**. Der Rückgriff auf Marktdaten gewährleistet zudem, dass CDS Spreads **intersubjektiv nachprüfbar** sind. Das ist für die **Objektivierung des Bewertungsansatzes dienlich**. Informationen über CDS Spreads sind für den Bewerter frei und ohne hohen Ressourcenaufwand verfügbar, was die **Wirtschaftlichkeit** des Bewertungsansatzes **fördert**.

Auch DAMODARAN verwendet CDS Spreads als Ausgangspunkt für seine Methode zur **Quantifizierung eine Länderrisikoprämie**. Indes wird diese Prämie um einen Volatilitätsfaktor erweitert, um der Eigenkapitalgeberperspektive bei der Quantifizierung einer Länderrisikoprämie entsprechen zu können. Die **Operationalisierung dieses Volatilitätsfaktors** ist – auch im Zusammenspiel mit der Handlungsempfehlung des IDW – zu hinterfragen. In Bezug auf den Ansatz von DAMODARAN zur Quantifizierung der Länderrisikoprämie ist aus einer deutschen Bewertungsperspektive weiterhin zu bemängeln, dass nach der zugrunde liegenden Methodik für die Quantifizierung der Länderrisikoprämie *per se* die Risikosituation des **US-amerikanischen Kapitalmarktes als Referenz zur Bestimmung des Credit Spread** genutzt wird. Vielmehr wäre es für die betrachtete Bewertungssituation erforderlich, auf den **deutschen Kapitalmarkt** als **Referenz** abzustellen, um den Unterschied des Einflusses von Länderrisiken im Sitzland des Bewertungssubjektes (Deutschland) und im Sitzland des ausländischen Bewertungsobjektes abbilden zu können.

In Anlehnung an die Handlungsempfehlungen des IDW kann die Länderrisikoprämie auf Basis des Credit Spread von Staatsanleihen als **Anhaltspunkt** quantifiziert werden. Wie die Länderrisikoprämie indes exakt quantifiziert wird, liegt im Ermessen des Bewerters. Diese Gestaltungsfreiheit für den Bewerter ist insbesondere kritisch zu sehen, weil die Verwendung einer Länderrisikoprämie bzw. die konkrete Vorgehensweise bei der **Quantifizierung der Länderrisikoprämie** das **Bewertungsergebnis** mitunter **stark beeinflussen** kann. Wie der Bewerter die Ermessensspielräume bei der Quantifizierung einer Länderrisikoprämie ausfüllt, sollte detailliert im Bewertungsgutachten erläutert werden.

Unabhängig von den unkonkreten Ausführungen hinsichtlich der Quantifizierung einer Länderrisikoprämie ist bei den **Handlungsempfehlungen des IDW** in diesem Zusammenhang kritisch zu sehen, dass das IDW nicht behandelt, wie die anderen Kapitalkostenkomponenten bei dem empfohlenen Vorgehen für die Berücksichtigung einer Länderrisikoprämie zu ermitteln sind. Implizit orientiert sich das IDW in den Handlungsempfehlungen an den Überlegungen von DAMODARAN. Falls die Marktrisikoprämie eines entwickelten Landes um eine Länderrisikoprämie des Sitzlandes des ausländischen Bewertungsobjektes angepasst wird, sind nach dem Konzept von DAMODARAN ein global abgeleiteter risikoloser Zins und ein im Verhältnis zu einem entwickelten Kapitalmarkt ermittelter Betafaktor des Bewertungsobjektes zu verwenden.[1269] Indes wird die Verwendung einer Länderrisikoprämie in den Handlungsempfehlungen des IDW im Rahmen der Anwendung des *Local*-CAPM diskutiert. Das könnte den Bewerter zum Gebrauch **lokal abgeleiteter Kapitalkostenkomponenten** (lokaler risikoloser Zins und lokal ermittelter Betafaktor) bewegen. Die Kombination von lokal abgeleiteten CAPM-Komponenten und einer Länderrisikoprämie würde aufgrund der bereits in den Kapitalkostenkomponenten implizit enthaltenen systematischen Länderrisiken zu einer Doppelberücksichtigung von Länderrisiken führen.[1270] Zudem kann auch die **Marktrisikoprämie** des entwickelten Kapitalmarktes bereits durch makroökonomisch induzierte systematische Risikofaktoren beeinflusst sein, die auch in einer aus Credit Spreads abgeleiteten Länderrisikoprämie implizit berücksichtigt sind.[1271] Somit können auch hier systematische Risiken doppelt im Bewertungs-

---

[1269] Vgl. DAMODARAN, A., Country Risk – The 2020 Edition, S. 85.
[1270] Vgl. für den Hinweis der Gefahr der Doppelberücksichtigung von Länderrisiken in den Kapitalkostenkomponenten CASTEDELLO, M./SCHÖNINGER, S./TSCHÖPEL, A., Praxiswissen Unternehmensbewertung, S. 365; PEEMÖLLER, V. H./KUNOWSKI, S./HILLERS, J., Kapitalisierungszinssatz, S. 627; IHLAU, S./DUSCHA, H./KÖLLEN, R., Länderrisiken, S. 1328; GROßFELD, B./EGGER, U./TÖNNES, W. A., Recht der Unternehmensbewertung, S. 235, Tz. 994; IDW (Hrsg.), Bewertung und Transaktionsberatung, Kap. A, Tz. 401, sowie zur impliziten Berücksichtigung systematischer Länderrisiken in den CAPM-Komponenten Abschn. 432.1.
[1271] Vgl. BEKAERT, G. U. A., Political Risk, S. 2.

kalkül berücksichtigt sein. Eine **Doppelberücksichtigung** von Länderrisiken ist bei Verwendung einer Länderrisikoprämie somit wahrscheinlich, was einen fälschlich erhöhten Kapitalisierungszins und mithin einen niedrigeren Unternehmenswert zur Folge hat.

Wird die Länderrisikoprämie auf Grundlage der **Datenbasis eines entwickelten Kapitalmarktes** abgeleitet, werden **Kapitalkostenkomponenten** berücksichtigt, die **von der Heimatwährung** des ausländischen Bewertungsobjektes **abweichen**. Die so ermittelten Eigenkapitalkosten wären daher nach der Logik der direkten Methode zur Unternehmensbewertung mit in Fremdwährung denominierten Zahlungsströmen, bei der der Gebrauch des *Local*-CAPM infrage kommt, in die ausländische Währung umzurechnen, damit ein für die in Fremdwährung denominierten Zahlungsströme währungsäquivalenter Kapitalisierungszins ermittelt werden kann. In der Literatur wird u. a. diskutiert, die aus entwickelten Kapitalmarktdaten abgeleiteten Eigenkapitalkosten, i. S. d. **internationalen Fisher-Effektes** und der **relativen Kaufkraftparitätentheorie**, durch Multiplikation des Verhältnisses der jeweiligen Inflationsraten in einen ausländischen Kapitalisierungszins zu transformieren.[1272] Hierbei besteht jedoch die Einschränkung, dass dieses Vorgehen die Existenz integrierter Kapitalmärkte voraussetzt.[1273] Diese Annahme widerspricht somit der Logik des Gebrauchs des *Local*-CAPM, die von einem segmentierten Kapitalmarkt ausgeht. Gerade aber die Segmentierung des betrachteten Kapitalmarktes führt zu der Situation, dass die ausländischen Eigenkapitalkosten unter Rückgriff auf das *Local*-CAPM abzuleiten sind. Mithilfe der gezeigten Vorgehensweise bei der **Währungstransformation des Kapitalisierungszinses** kann somit regelmäßig kein adäquater ausländischer Kapitalisierungszins ermittelt werden.[1274]

Nachdem in Abschn. 432. die Berücksichtigung von Länderrisiken in den Eigenkapitalkosten des Bewertungskalküls des FCF-WACC-Verfahrens untersucht wurde, wird im folgenden Abschnitt untersucht, inwiefern Länderrisiken auch innerhalb der Fremdkapitalkosten, als zweiter Bestandteil der WACC, berücksichtigt sind.

433. Berücksichtigung von Länderrisiken in den Fremdkapitalkosten

433.1 Vorbemerkung

Beim FCF-WACC-Verfahren sind die WACC im Nenner des Bewertungskalküls als Kapitalisierungszins zu nutzen. Die WACC setzen sich aus den Eigenkapitalkosten und den Fremdkapitalkosten, gewichtet mit dem jeweiligen Anteil des Eigenkapitals und Fremdkapitals am Ge-

---

[1272] Vgl. DAMODARAN, A., Country Risk – The 2020 Edition, S. 99; ERNST, D. U. A., Internationale Unternehmensbewertung, S. 150 f.
[1273] Vgl. GRABOWSKI, R. J./HARRINGTON, J. P./NUNES, C., International Valuation Handbook, Kap. 1, S. 12.
[1274] Vgl. so auch GRABOWSKI, R. J./HARRINGTON, J. P./NUNES, C., International Valuation Handbook, Kap. 1, S. 12.

samtkapital des Bewertungsobjektes, zusammen. Auch für die Bestimmung der Fremdkapitalkosten gilt das Äquivalenzprinzip der Unternehmensbewertung.[1275] Insofern impliziert die Berücksichtigung von Länderrisiken in den Fremdkapitalkosten keine Doppelberücksichtigung dieser Risiken im Nenner des Bewertungskalküls. Vielmehr ist die Berücksichtigung von systematischen Länderrisiken auch in den Fremdkapitalkosten erforderlich, um eine möglichst hohe Risikoäquivalenz im Bewertungskalkül herzustellen. Die Bestimmung der Fremdkapitalkosten ist dabei unabhängig des Kapitalkostenmodells, dass zur Bestimmung der Eigenkapitalkosten des ausländischen Bewertungsobjektes verwendet wurde.[1276]

Wenngleich bei der Analyse der Berücksichtigung von Länderrisiken in den Fremdkapitalkosten und der Analyse der Methoden zur Quantifizierung einer Länderrisikoprämie zur Berücksichtigung in den Eigenkapitalkosten ähnliche Proxys zur jeweiligen Bestimmung diskutiert werden, sind die Ziele der Analysen unterschiedlich: Im Kontext der Quantifizierung einer Länderrisikoprämie ist ein Schätzer zu verwenden, der möglichst isoliert systematische Länderrisiken repräsentiert. Im folgenden Abschnitt wird indes analysiert, inwiefern Länderrisiken, in Abhängigkeit der konkreten Methoden zur Bestimmung von Fremdkapitalkosten, grundsätzlich implizit in den Fremdkapitalkosten des Bewertungsobjektes enthalten sind, um die Erfüllung der Risikoäquivalenz im Bewertungskalkül zu fördern. Im Folgenden werden daher die direkte und indirekte Methode zur Bestimmung von Fremdkapitalkosten hinsichtlich der Berücksichtigung von Länderrisiken untersucht.

433.2 Direkte Methode zur Bestimmung der Fremdkapitalkosten

Die **Fremdkapitalkosten** des ausländischen Bewertungsobjektes können auf verschiedene Weisen ermittelt werden. Sofern das Unternehmen zu den Zahlungsströmen des Bewertungsobjektes währungsäquivalente Anleihen am Kapitalmarkt ausgegeben hat, können die Fremdkapitalkosten **direkt** als Credit Spread[1277] aus dem **Marktpreis der Anleihen** des ausländischen Bewertungsobjektes bestimmt werden.[1278] Sofern das ausländische Bewertungsobjekt Fremdkapitaltitel emittiert hat, ist die Verwendung der direkten Methode dann angemessen, wenn diese Titel liquide gehandelt werden und repräsentativ für das gesamte Fremdkapital des Unternehmens sind.[1279] In nicht entwickelten Kapitalmärkten ist der Handel von Fremdkapitaltiteln indes regelmäßig ineffizient.[1280] Ferner können grundsätzlich auch ausfallgefährdete Unternehmen Anleihen begeben, die durch sichere Vermögenswerte gedeckt sind und somit keinen tatsächlichen Rückschluss auf die Bonität eines Schuldners erlauben.[1281] Deshalb ist auch

---

[1275] Vgl. EITEMAN, D. K./STONEHILL, A. I./MOFFETT, M. H., Business Finance, S. 403 f.; SCHÜLER, A., Finanzmanagement, S. 293; MUNKERT, M. J., Kapitalisierungszinssatz, S. 381.
[1276] Vgl. ERNST, D. U. A., Internationale Unternehmensbewertung, S. 256.
[1277] Vgl. zu Credit Spreads von Staatsanleihen Abschn. 432.232.1.
[1278] Vgl. grundlegend zur Bestimmung der Fremdkapitalkosten Abschn. 352.32.
[1279] Vgl. DAMODARAN, A., The Dark Side of Valuation, S. 44; FRANKEN, L./SCHULTE, J./BRUNNER, A., Fremdkapital und Fremdkapitalkosten, S. 155; REBIEN, A., Kapitalkosten, S. 229.
[1280] Vgl. KOLLER, T./GOEDHART, M./WESSELS, D., Valuation, S. 701.
[1281] Vgl. DAMODARAN, A., The Dark Side of Valuation, S. 44. Vgl. zur Unterscheidung zwischen Ratings für spezifische Emissionen und Ratings für spezifische Emittenten, EVERLING, O., Credit Rating, S. 29–31.

im Fall, dass das ausländische Bewertungsobjekt eigene Anleihen begibt, zu hinterfragen, ob die geforderte Rendite aussagekräftig ist und als Proxy der Fremdkapitalkosten bei internationalen Unternehmensbewertungen herangezogen werden sollte. Neben der Ableitung der Fremdkapitalkosten aus Fremdkapitaltiteln besteht die Möglichkeit, Fremdkapitalkosten mit **Credit Spreads aus CDS von Unternehmen** zu approximieren.[1282] Gleichwohl ist auch hier zu beachten, dass nicht für jedes Bewertungsobjekt und für jede Währung ein passender CDS verfügbar ist.[1283]

Bei der **direkten Methode** ist für die mögliche Bestimmung der Credit Spreads zwischen Credit Spreads aus Unternehmensanleihen und aus CDS von Unternehmen zu differenzieren. Wie bereits im Kontext der Verwendung des Credit Spread von Unternehmensanleihen als Proxy für die Quantifizierung einer Länderrisikoprämie erörtert, wird die **Höhe der Credit Spreads** durch unterschiedliche Risikokomponenten beeinflusst. Diese Komponenten umfassen dabei das Kredit-, Liquiditäts- und Spreadrisiko.[1284] Das Kreditrisiko, das die originäre Bonität des Emittenten adressiert, sowie das Liquiditätsrisiko, das eine Aussage über die Handelbarkeit einer Anleihe trifft,[1285] sind unternehmensindividuelle Komponenten.

433.3 Indirekte Methode zur Bestimmung der Fremdkapitalkosten

Sofern das Bewertungsobjekt keine eigene Anleihe begibt, aber ein Rating besitzt, können nach der **Rating-Methode** die Fremdkapitalkosten alternativ **indirekt** aus dem risikolosen Zins zuzüglich des am Markt beobachtbaren **Credit Spread für Anleihen mit gleichem Rating** berechnet werden.[1286] Auf Basis des Rating wird ein durchschnittlich beobachteter Credit Spread für die entsprechende Rating-Klasse als Aufschlag auf den risikolosen Zins verwendet. Der Durchschnitt der Credit Spreads wird dabei je Ratingklasse für eine möglichst große Zahl von Unternehmensanleihen bestimmt.[1287]

[1282] Vgl. zu Credit Spreads aus CDS von Unternehmen Abschn. 432.233.3.
[1283] Vgl. SCHIFFEL, S., Unternehmensanleihen, S. 57.
[1284] Vgl. BETZ, F., Credit Spread- und Zinsrisikomessung, S. 93 f.
[1285] Da Liquiditätsrisiken *per se* keine Länderrisiken enthalten, werden diese Risiken im Folgenden nicht näher behandelt.
[1286] Vgl. DÖRSCHELL, A./FRANKEN, L./SCHULTE, J., Kapitalisierungszinssatz, S. 305; KOLLER, T./GOEDHART, M./WESSELS, D., Valuation, S. 325 f.; ERNST, D./SCHNEIDER, S./THIELEN, B., Unternehmensbewertungen, S. 83. Auch IDW RS HFA 40 fordert die Anwendung der Rating-Methode zur Bestimmung der Fremdkapitalkosten im Rahmen des IAS 36. Nach dieser Stellungnahme des IDW basieren die „Fremdkapitalkosten (zusammengesetzt aus risikolosem Zins und Credit Spread) in den WACC auf den zum Bewertungsstichtag beobachtbaren marktüblichen Fremdkapitalkonditionen und werden unter Wahrung der Äquivalenzanforderungen hinsichtlich Laufzeit, Risiko, Währung und Steuern bestimmt". IDW (Hrsg.), Einzelfragen zu Wertminderungen von Vermögenswerten nach IAS 36 (IDW RS HFA 40), Tz. 49. Dabei sind die Kapitalmärkte zu berücksichtigen, auf denen sich ein typischer Marktteilnehmer refinanzieren würde, um länderspezifische Kapitalkosten zu bestimmen. Dafür ist regelmäßig bei der Ermittlung der Fremdkapitalkonditionen auf Peer-Group-Unternehmen zu schauen. Die Fremdkapitalkosten sind unabhängig von den konkreten Fremdkapital- und Refinanzierungskosten des Bewertungsobjektes. Vgl. IDW (Hrsg.), Einzelfragen zu Wertminderungen von Vermögenswerten nach IAS 36 (IDW RS HFA 40), Tz. 42 und Tz. 49 i. V. m. IAS 36.54 und IAS 36.56 f. Vgl. dazu auch BEUMER, J./HENSE, H. H., Bewertung des Goodwills, S. 1331–1333.
[1287] Vgl. BEHR, P./GÜTTLER, A., Fremdkapitalkosten, S. 3.

4 Kritische Analyse der Berücksichtigung von Länderrisiken im Bewertungskalkül

Die Berücksichtigung von Länderrisiken in den Fremdkapitalkosten ist dann von den zur **Approximation genutzten Unternehmen** abhängig.[1288] Der Finanzdienstleister BLOOMBERG stellt z. B. zur Bestimmung der Fremdkapitalkosten für unterschiedliche Branchen und Regionen Gruppen von Vergleichsunternehmen zusammen, um aus diesen möglichst aussagekräftige Credit Spreads in Abhängigkeit des jeweiligen Ratings abzuleiten.[1289] Zwar wird bei der Aufteilung dieser Vergleichsgruppen u. a. auch nach den entsprechenden Ratings innerhalb verschiedener Regionen differenziert. Dennoch ist anzunehmen, dass sich der jeweilige Einfluss von Länderrisiken auf den mittels der Rating-Methode abgeleiteten Credit Spread verwässert, sofern Unternehmen als Referenz genutzt werden, dessen Sitzländer sich unterscheiden.

Unternehmen in Ländern mit weniger entwickelten Kapitalmärkten besitzen häufig **kein originäres Rating**.[1290] Das hat zur Folge, dass auf **synthetische Ratings** zur indirekten Bestimmung eines Credit Spread abzustellen ist. Mithilfe solcher Ratings wird der Versuch unternommen, die Einschätzung der Bonität eines Unternehmens aus der Perspektive von Rating-Agenturen nachzubilden.[1291] Synthetische Ratings können bspw. auf Basis einer **Peer-Group** oder Branchenvergleichen (Analogieansätzen), dem Vergleich finanzieller Kennzahlen oder Risikoprofilen erstellt werden.[1292]

Im **ersten Schritt** ist ein **synthetisches Rating** mithilfe vergleichbarer Unternehmen zu ermitteln, für die ein Rating existiert.[1293] Bei der Wahl der Vergleichsunternehmen ist zu beachten, dass Ratings für Unternehmen sowohl systematische als auch unsystematische Risikobestandteile berücksichtigen.[1294] Daher ist abweichend von der Bestimmung des Betafaktors durch eine Peer-Group bei der Wahl von Vergleichsunternehmen zur Ableitung eines synthetischen Ratings sicherzustellen, dass die ausgewählten Vergleichsunternehmen sowohl **hinsichtlich des Einflusses von systematischen als auch unsystematischen Risiken** in möglichst hohem Maße mit dem ausländischen Bewertungsobjekt übereinstimmen.[1295] Der Credit Spread wird dann im

---

[1288] Grundsätzlich sollen gleiche Ratings auch gleiche Bonität signalisieren. In der Realität sind indes, z. B. in Abhängigkeit des Heimatmarktes des betrachteten Unternehmens, auch für Unternehmen mit gleichem Rating verschiedene Credit Spreads zu beobachten. Vgl. dazu KNABE, M., Insolvenzrisiken, S. 122 f.
[1289] Vgl. hier und im folgenden Satz DÖRSCHELL, A./FRANKEN, J./SCHULTE, J., Kapitalisierungszinssatz, S. 304.
[1290] Vgl. ERNST, D. U. A., Internationale Unternehmensbewertung, S. 257.
[1291] Vgl. LODERER, C. U. A., Handbuch der Bewertung – Band 2: Unternehmen, S. 179. Synthetische Ratings beurteilen regelmäßig nicht die Bonität einzelner Fremdkapitalpositionen, sondern eines Unternehmens als Ganzes. Synthetische Ratings sind demnach als Emittenten-Ratings zu qualifizieren. Vgl. LÜTKESCHÜMER, G., Finanzierungsrisiken, S. 134 i. V. m. BAETGE, J./VON KEITZ, I./WÜNSCHE, B., Bilanzbonitäts-Rating, S. 478.
[1292] Vgl. dazu KNABE, M., Insolvenzrisiken, S. 143–149, sowie DAMODARAN, A., The Dark Side of Valuation, S. 45; ADERS, C./WAGNER, M., Kapitalkosten in der Bewertungspraxis, S. 34 f.; PANKOKE, T./PETERSMEIER, K., Zinssatz, S. 130. Vgl. zur kritischen Würdigung der Verwendung synthetischer Ratings für die Ermittlung von Ausfallwahrscheinlichkeiten von Unternehmen für die Zwecke der Unternehmensbewertung KNABE, M., Insolvenzrisiken, S. 161–164. KNABE stellt für die Verwendung von Analogieansätzen zur Bestimmung eines synthetischen Ratings die beste Eignung fest. Im Rahmen der folgenden Analyse von synthetischen Ratings wird daher ausschließlich die Ableitung mittels synthetischer Ratings für die Zwecke der Unternehmensbewertung KNABE, M., Insolvenzrisiken, S. 161–164. KNABE stellt für die Verwendung von Analogieansätzen zur Bestimmung eines synthetischen Ratings die beste Eignung fest. Im Rahmen der folgenden Analyse von synthetischen Ratings wird daher die Ableitung mittels synthetischer Analogieansatz betrachtet.
[1293] Vgl. PANKOKE, T./PETERSMEIER, K., Zinssatz, S. 130. Vgl. exemplarisch für die Konzeption eines synthetischen Ratingmodells für Unternehmensanleihen in *Emerging Markets* ALTMAN, E. I., Emerging Market Credit Scoring System, S. 311–315.
[1294] Vgl. REBIEN, A., Kapitalkosten, S. 231.
[1295] Vgl. KNABE, M., Insolvenzrisiken, S. 144 f.

zweiten Schritt – wie auch im Fall eines bestehenden Ratings – auf Basis des synthetischen Ratings durch Anleihen von Unternehmen mit gleichem Rating approximiert.

Falls das ausländische Bewertungsobjekt nicht börsennotiert ist und der Betafaktor über eine Peer-Group zu bestimmen ist, kann sich für die Ableitung eines synthetischen Ratings nach Möglichkeit an denjenigen **Vergleichsunternehmen orientiert** werden, die auch im Zuge der Bestimmung eines Betafaktors durch einen Analogieansatz verwendet werden. Indes ist bei der indirekten Methode zur Bestimmung der Fremdkapitalkosten darauf zu achten, dass die gewählten Vergleichsunternehmen Anleihen in der **gleichen Währung** begeben, in denen auch die Zahlungsströme des ausländischen Bewertungsobjektes denominiert sind. Unterschiedliche Zinsniveaus, die durch die verschiedenen Währungen repräsentiert werden, könnten mitunter erheblichen Einfluss auf die Höhe des Credit Spread haben,[1296] und zu Verzerrungen der verglichenen Anleiherenditen führen.

433.4 Kritische Würdigung

Um im Bewertungskalkül in einem möglichst hohem Maße Risikoäquivalenz zwischen Zähler und Nenner herstellen zu können, sollten in den Eigenkapitalkosten als auch in den Fremdkapitalkosten, als Bestandteile der WACC, Länderrisiken enthalten sein. Die Berücksichtigung von Länderrisiken in den Fremdkapitalkosten und folglich auch die Erfüllung der Risikoäquivalenz zur Bestimmung der Fremdkapitalkosten bei ausfallgefährdetem Fremdkapital des ausländischen Bewertungsobjektes ist in Abhängigkeit der verwendeten Methode zu beurteilen. Bei der direkten Methode werden die Fremdkapitalkosten des ausländischen Bewertungsobjektes durch Credit Spreads der eigenen Anleihen oder CDS des Bewertungsobjektes approximiert. Die **Höhe der Credit Spreads** wird durch das Kredit-, Liquiditäts- und Spreadrisiko determiniert.[1297] Das **Kreditrisiko** eines Unternehmens wird durch eine Vielzahl möglicher unternehmensindividueller Faktoren bestimmt, die im Schrifttum häufig mit **unsystematischen Risiken** gleichgesetzt werden.[1298] Nach dem CAPM können Risikoarten, und mithin die Risikobestandteile eines Credit Spread, jedoch nicht *per se* als vollständig systematisch oder unsystematisch qualifiziert werden.[1299] Das Kreditrisiko ist vielmehr als titelspezifisches Risiko[1300] zu sehen, das neben systematischen auch unsystematische Risikokomponenten enthält,[1301] die auch auf bestehende Länderrisiken in einem Land zurückzuführen sind. Da Credit Spreads aus CDS von Unternehmen unter der Annahme eines funktionsfähigen und arbitragefreien Marktes als **direkte marktbezogene Einschätzung** über das Kreditrisiko eines Schuldners gelten,[1302] sind

---

[1296] Vgl. ERNST, D./SCHNEIDER, S./THIELEN, B., Unternehmensbewertungen, S. 83 f.
[1297] Vgl. BETZ, H., Credit Spread- und Zinsrisikomessung, S. 93 f.
[1298] Vgl. STEINER, M./BRUNS, C./STÖCKL, S., Wertpapiermanagement, S. 57; HULL, J./MADER, W./WAGNER, M., Optionen, Futures und andere Derivate, S. 680.
[1299] Vgl. HEINKE, V./STEINER, M., Rating, S. 679 f.
[1300] Nach HEINKE/STEINER wäre im Zusammenhang der Risikokomponenten des Credit Spread vielmehr eine Unterscheidung nach titelspezifischen und nicht titelspezifischen Risiken sachgerecht. Vgl. HEINKE, V./STEINER, M., Rating, S. 679.
[1301] Vgl. HEINKE, V./STEINER, M., Rating, S. 679 f.
[1302] Vgl. WAGNER, E., CDS, S. 32, Fn. 197; WADÉ, M., Länderrisikoanalyse, S. 86–92; WEISTROFFER, C., CDS, S. 9. Vgl. zur Diskussion des Einflusses von marktpsychologischen Faktoren und von Spekulation auf die

sowohl systematische als auch unsystematische Risiken in diesen Credit Spreads aus CDS eingepreist. Das **Spreadrisiko** der Credit Spreads von Unternehmensanleihen beschreibt indes das marktinduzierte Risiko auf den Credit Spread von Unternehmensanleihen und ist als **systematisches Risiko** zu interpretieren.[1303] Vor allem politische Ereignisse und konjunkturelle Entwicklungen im Sitzland des Unternehmens determinieren das Spreadrisiko des Unternehmens.[1304] Bei der direkten Bestimmung der Fremdkapitalkosten sind somit **Länderrisiken grundsätzlich im marktinduzierten Spreadrisiko der Anleihen und im titelspezifischen Kreditrisiko** enthalten. Dadurch wird die **Erfüllung der Risikoäquivalenz** im Bewertungskalkül **gefördert**. Der **exakte Einfluss von Länderrisiken** auf den Credit Spread kann indes **nicht quantifiziert** werden.

Unter Verwendung der **indirekten Methode** hängt die Berücksichtigung des Einflusses von Länderrisiken von dem **Sitzland der als Referenz genutzten Unternehmen** ab. Kapitalmarktanbieter aggregieren die Credit Spreads je Rating-Klasse regelmäßig über eine möglichst große Stichprobe. Neben einer Differenzierung des Credit Spread nach Regionen oder Branchen wäre hierbei eine **Aggregation der Credit Spreads** von Unternehmen mit gleichem Rating **auf Länderebene** hilfreich.[1305] Sofern der Credit Spread mithilfe von Vergleichsunternehmen approximiert wird, die im gleichen Land wie das Bewertungsobjekt gelegen sind, ist es plausibel, dass auch hier Länderrisiken einen quantitativen Einfluss auf den Credit Spread und mithin auf die Fremdkapitalkosten des ausländischen Bewertungsobjektes haben. Die **Risikoäquivalenz** im Bewertungskalkül wird **somit gestärkt**.[1306]

CDS Prämie OLBRICH, A., Wertminderung von finanziellen Vermögenswerten, S. 113–116. Vgl. zur Analyse von *Sovereign* CDS Spreads als Proxy für die Quantifizierung einer Länderrisikoprämie Abschn. 432.232.3.
[1303] Vgl. zu den Determinanten des Credit Spread aus Unternehmensanleihen Abschn. 432.233.3.
[1304] Vgl. STRAUß, S., Credit Spreads, S. 8.
[1305] Vgl. ähnlich KNABE, M., Insolvenzrisiken, S. 123.
[1306] Im Zusammenhang der Analyse der Berücksichtigung von Länderrisiken in den Fremdkapitalkosten ist anzumerken, dass der quantitative Einfluss, der nicht durch Länderrisiken induziert ist, im Kontext der Quantifizierung einer Länderrisikoprämie auf Basis von Unternehmensanleihen, kritisch gesehen wurde. Das liegt darin begründet, dass für die Quantifizierung der Länderrisikoprämie ein möglichst reiner Einfluss von systematischen Länderrisiken auf den gewählten Proxy wünschenswert ist. Dieser Umstand ist im Kontext der Bestimmung der Fremdkapitalkosten neutral zu beurteilen, da hierbei neben den Länderrisiken auch andere Risiken, denen sich das Bewertungsobjekt aussetzt, von Bedeutung sind. Darüber hinaus ist in dem hier betrachteten Kontext die Vergleichbarkeit der Ratings von Unternehmensanleihen untereinander eher gegeben als im Kontext der Quantifizierung einer Länderrisikoprämie auf Basis des Credit Spread von Unternehmensanleihen, bei der das Rating eines Unternehmens als äquivalent zu dem eines Landes angenommen wird. Vgl. kritisch zur Vergleichbarkeit von Unternehmensratings KNABE, M., Insolvenzrisiken, S. 122 f. Vgl. dazu auch Abschn. 432.233.4.

44 Abschließende Würdigung der Berücksichtigung von Länderrisiken im Bewertungskalkül

In der abschließenden Würdigung des Analysekapitels wird übergeordnet auf die Einhaltung der Äquivalenzkriterien eingegangen. Zudem wird auf Basis der Erkenntnisse der Analyse die Verwendung der direkten und indirekten Methode der Unternehmensbewertung mit in Fremdwährung denominierten Zahlungsströmen bewertet. Weiterhin wird auf internationale Unternehmensbewertungen innerhalb des Euro-Raums geblickt. Letztlich wird die marktbasierte Bestimmung und die Bestimmung von Bewertungsparametern auf Basis externer Quellen zur Berücksichtigung von Länderrisiken im Rahmen einer objektivierten internationalen Unternehmensbewertung reflektiert.

Damit Vergleichbarkeit zwischen dem Zahlungsstrom des Bewertungsobjektes und dem Kapitalisierungszins, als Rendite der Alternativanlage, hergestellt werden kann, müssen sich der Zähler und der Nenner hinsichtlich verschiedener Äquivalenzkriterien entsprechen.[1307] In der Analyse dieser Arbeit wurde in Bezug auf die Äquivalenzkriterien aufgrund der Relevanz bei internationalen Unternehmensbewertungen insbesondere auf die Erfüllung der Währungsäquivalenz sowie der Risikoäquivalenz geblickt. Für die Erfüllung der **Währungsäquivalenz** müssen die Zahlungsströme des Bewertungsobjektes und die Rendite der Alternativanlage in der gleichen Währung denominiert sein. Daher ist auch bei der Bestimmung des Kapitalisierungszinses darauf zu achten, dass die Inputparameter des Kapitalisierungszinses in der zum Zahlungsstrom des Bewertungsobjektes äquivalenten Währung ermittelt wurden. Damit **Risikoäquivalenz** im Bewertungskalkül hergestellt werden kann, muss die Unsicherheit des Zahlungsstroms des Bewertungsobjektes hinsichtlich des operativen und finanziellen Risikos der Alternativanlage gleich sein. In der Planung der Zahlungsströme des ausländischen Bewertungsobjektes müssen sowohl systematische als auch unsystematische Länderrisiken i. S. d. Klassifizierung des CAPM berücksichtigt sein. Werden die Eigenkapitalkosten, als Bestandteil des Kapitalisierungszinses, mithilfe des CAPM bestimmt, repräsentieren die Eigenkapitalkosten aufgrund des unterstellten Diversifikationsprinzips lediglich **systematische (Länder-)Risiken**.

Bei **abweichenden Währungsräumen** des Bewertungssubjektes und des Bewertungsobjektes kommen mit der direkten und der indirekten Methode zwei Methoden der Unternehmensbewertung mit in Fremdwährung denominierten Zahlungsströmen infrage. Damit die Währungsäquivalenz und die Risikoäquivalenz bei währungsraumübergreifenden Bewertungskonstellationen erfüllt werden können, werden bei der Verwendung der **direkten Methode** die in Fremdwährung prognostizierten Zahlungsströme mit einem aus den Daten des ausländischen Kapitalmarktes abgeleiteten Kapitalisierungszins auf den Bewertungsstichtag diskontiert und mit dem Kassakurs in die Heimatwährung des Bewertungssubjektes umgerechnet.[1308] In Abhängigkeit

---

[1307] Vgl. zu den Äquivalenzkriterien in der Unternehmensbewertung Abschn. 375.
[1308] Vgl. zu den Methoden der Bewertung mit in Fremdwährung denominierten Zahlungsströmen Abschn. 361.

des Integrationsgrades des betrachteten Kapitalmarktes kommen für die Bestimmung der ausländischen Eigenkapitalkosten entweder das *Local*-CAPM oder das *Global*-CAPM infrage.[1309]

In **segmentierten Kapitalmärkten**, in denen die Verwendung des *Local*-CAPM sachgerecht ist, sind regelmäßig keine validen Kapitalmarktdaten verfügbar. So können die CAPM-Komponenten mitunter nicht sachgerecht bestimmt werden. Das hat zur Folge, dass u. U. auch die systematischen Länderrisiken im Kapitalisierungszins nicht adäquat enthalten sind. Um im Kapitalisierungszins unzureichend enthaltene systematische Länderrisiken kompensieren zu können, wird teilweise diskutiert, eine **Länderrisikoprämie als Risikozuschlag auf die Eigenkapitalkosten** zu verwenden. Die Verwendung einer Länderrisikoprämie impliziert indes weitere konzeptionelle Schwierigkeiten, die hinsichtlich der Erfüllung der hier genannten Äquivalenzkriterien zu kritisieren sind.[1310]

Bei **integrierten Märkten** kann zur Bestimmung der Eigenkapitalkosten unter Gebrauch des *Global*-CAPM zumeist auf eine bessere Datenlage zurückgegriffen werden. Die systematischen Länderrisiken sind dabei in den global abgeleiteten Eigenkapitalkosten implizit enthalten. Indes werden die Eigenkapitalkosten zunächst regelmäßig mithilfe von global abgeleiteten CAPM-Komponenten bestimmt, deren zugrunde liegende Währung von den Zahlungsströmen des ausländischen Bewertungsobjektes abweicht. Unter der Annahme vollständig integrierter Kapitalmärkte und der Gültigkeit der Kaufkraftparitätentheorie sind die global ermittelten Eigenkapitalkosten daher mithilfe des internationalen Fisher-Effektes in die Währung des betrachteten Landes umzurechnen.

Bei Gebrauch der **indirekten Methode** werden die in Fremdwährung denominierten Zahlungsströme mit den prognostizierten Wechselkursen in künftige Zahlungsströme in der Heimatwährung des Bewertungssubjektes umgerechnet. Erst dann werden die Zahlungsströme mit einem aus der Perspektive eines inländischen (deutschen) Investors abgeleiteten, währungsäquivalenten Kapitalisierungszins auf den Bewertungsstichtag diskontiert, um so den Unternehmenswert in der Heimatwährung des Bewertungssubjektes zu erhalten. Die Operationalisierung eines Kapitalisierungszinses mit inländischen (deutschen) Kapitalmarktdaten ist dabei regelmäßig besser möglich als mit Daten eines ausländischen Kapitalmarktes. Indes ist eine periodenspezifische Wechselkursprognose zur Umrechnung der Zahlungsströme in die Heimatwährung des Bewertungssubjektes erforderlich. Die Währungstransformation der in Fremdwährung denominierten Zahlungsströme impliziert dabei eine Anpassung des Risikos dieser Zahlungsströme. Nur wenn Erwartungen über die aktuell und künftig bestehenden Länderrisiken in den Wechselkursen der beiden betrachteten Währungen eingepreist sind, kann die Risikoäquivalenz zwischen den – dann – in Heimatwährung denominierten Zahlungsströmen und dem inländischen Kapitalisierungszins gefördert werden.

[1309] Vgl. zur Bestimmung des Integrationsgrades Abschn. 432.11.
[1310] Vgl. zu den konzeptionellen Schwierigkeiten bei der Verwendung einer Länderrisikoprämie Abschn. 432.21.

Das konkrete Vorgehen für die Unternehmensbewertung mit in Fremdwährung denominierten Zahlungsströmen ist für verschiedene Bewertungsanlässe explizit geregelt oder ergibt sich aus Typisierungen der Bewertungsperspektive.[1311] Dennoch weisen DÖRSCHELL/FRANKEN/ SCHULTE darauf hin, dass die Entscheidung über das konkrete Vorgehen in einer spezifischen Bewertungssituation auch mit Blick auf die **Möglichkeit**, die benötigten **Bewertungsparameter** (z. B. die Wechselkurse oder den Kapitalisierungszins) **operationalisieren** zu können, zu treffen ist.[1312] Unter der **Annahme vollkommener und vollständig integrierter Kapitalmärkte** sowie bei gleichzeitiger **Gültigkeit sämtlicher Paritätentheorien**,[1313] kommen die beiden Methoden der Unternehmensbewertung mit in Fremdwährung denominierten Zahlungsströmen auch unter Unsicherheit zu einem **identischen Ergebnis** für den Unternehmenswert.[1314] Da die einzelnen Paritätentheorien in der Realität **regelmäßig nicht simultan gültig** sind, besteht die Möglichkeit, dass die Methoden in der praktischen Anwendung zu unterschiedlichen Bewertungsergebnissen führen.[1315] Auch das IDW hält in diesem Zusammenhang fest, dass in der Bewertungspraxis noch nicht abschließend geklärt ist, ob und unter welchen Bedingungen die beiden Methoden zu einem identischen Bewertungsergebnis führen.[1316] Daher ist ebenfalls zu diskutieren, ob die Verwendung der jeweils anderen Methode zur **Plausibilisierung des Bewertungsergebnisses** sachgerecht ist.[1317]

Neben dem Fall einer währungsraumübergreifenden Bewertungskonstellation kann aus deutscher Perspektive auch eine **internationale Unternehmensbewertung innerhalb des Euro-Raums** durchzuführen sein, bei der keine Währungstransformation der ausländischen Zahlungsströme erforderlich ist. Auch innerhalb dieser Konstellation können politische und auslandsmarktbezogene Risiken relevant sein, die im Zähler des ausländischen (europäischen) Bewertungsobjektes zu berücksichtigen sind. Die Kapitalmärkte innerhalb des Euro-Raums sind als integrierte Kapitalmärkte zu qualifizieren, weshalb die Anwendung des *Global*-CAPM für die Bestimmung der ausländischen Eigenkapitalkosten bei Unternehmensbewertungen im Euro-Raum sachgerecht ist. Damit verbunden ist die Forderung, dass aufgrund der Diversifikationsmöglichkeiten im deutschen Kapitalmarkt auch für die Bewertungen deutscher Unternehmen regelmäßig der Gebrauch des *Global*-CAPM für die Bestimmung der Eigenkapitalkosten zu diskutieren ist.

Innerhalb der Analyse dieser Arbeit wurde deutlich, dass zur Berücksichtigung von Länderrisiken bei der internationalen Unternehmensbewertung an verschiedenen Stellen eine **marktbasierte Bestimmung** von Inputfaktoren möglich ist. So wurde in dieser Arbeit im Rahmen der

---

[1311] Vgl. dazu ebenfalls Abschn. 361.
[1312] Vgl. DÖRSCHELL, A./FRANKEN, L./SCHULTE, J., Kapitalisierungszinssatz, S. 347.
[1313] Vgl. zu den internationalen Paritätentheorien Abschn. 222.32.
[1314] Vgl. m. w. N. RUIZ DE VARGAS, S., Prognosemethoden, S. 37, sowie CASTEDELLO, M./SCHÖNIGER, S./TSCHÖPEL, A., Praxiswissen Unternehmensbewertung, S. 373.
[1315] Vgl. dazu FREY, A./SCHULTZE, W., Unternehmensbewertung im internationalen Kontext, S. 137–140.
[1316] Vgl. IDW (Hrsg.), Bewertung und Transaktionsberatung, Kap. A, Tz. 224.
[1317] Vgl. dazu mit unterschiedlichen Auffassungen MÜLLER, R./SCHULTHEIß, R., Sieben gängige Irrtümer, S. 107 und RUIZ DE VARGAS, S., Unternehmensbewertung im internationalen Kontext, S. 1650.

4 Kritische Analyse der Berücksichtigung von Länderrisiken im Bewertungskalkül

Prognose der Entwicklung von Wechselkursrisiken, der Bestimmung von Versicherungskosten von versicherbaren Länderrisiken sowie der Quantifizierung einer Länderrisikoprämie eine marktbasierte Bestimmung der Inputparameter der Unternehmensbewertung diskutiert. Die marktbasierte Bestimmung einzelner Inputfaktoren der Unternehmensbewertung hat den Vorteil, die Einhaltung des Grundsatzes der Objektivierung und der Wirtschaftlichkeit zu fördern. Marktdaten sind intersubjektiv nachprüfbar und können regelmäßig mit geringem Ressourcenaufwand nachvollzogen werden. Marktdaten spiegeln zudem Erwartungen über künftige Entwicklungen wider, was der Zukunftsorientierung der Unternehmensbewertung dienlich ist. Ferner sind Marktdaten bewertungsstichtagsspezifisch verfügbar und erfüllen das Stichtagsprinzip der Unternehmensbewertung. Die Einhaltung des Stichtagsprinzips ist in weniger entwickelten Kapitalmärkten aufgrund der vorherrschenden Dynamik im Vergleich zu entwickelten Kapitalmärkten besonders relevant. Gleichwohl hat der Bewerter – und zwar in größerem Maße bei internationalen Unternehmensbewertungen – die jeweiligen Marktdaten hinsichtlich ihrer Aussagekraft, z. B. in Bezug auf mögliche Kapitalmarktverwerfungen, und somit auch hinsichtlich ihrer Fähigkeit, die Erfüllung der Risikoäquivalenz im Bewertungskalkül zu fördern, zu hinterfragen – falls überhaupt Daten für die jeweilige Währung oder den betrachteten Kapitalmarkt verfügbar sind.

Das **IDW**, als Berufsstand der Wirtschaftsprüfer, sieht die marktbasierte Bestimmung von Inputparametern für die objektivierte Unternehmensbewertung **mitunter kritisch**. Nach MEITNER zeichnet sich die vom IDW empfohlene Vorgehensweise zur rechtlichen Unternehmensbewertung in Deutschland von einer tendenziellen Ablehnung von Markt- und Investmentgedanken aus.[1318] Indessen präferiert die deutsche Jurisdiktion die marktbezogene Bestimmung von Inputparametern für die objektivierte Unternehmensbewertung.[1319]

Darüber hinaus ist der Bewerter zur Berücksichtigung von Länderrisiken im Rahmen einer internationalen Unternehmensbewertung an verschiedenen Stellen aus Wirtschaftlichkeits-, aber auch aus Kompetenzgründen, darauf angewiesen, **externe Quellen** zur Gewinnung von bewertungsrelevanten Informationen und zur Bestimmung von Bewertungsparametern zu verwenden.[1320] So wurden z. B. im Rahmen der Analyse der Rückgriff auf Länderberichte und Länderscoring-Modelle, auf externe Quellen über Inflationserwartungen und die Bestimmung des Integrationsgrades sowie auf Inputfaktoren von Finanzdienstleistern diskutiert. Der Bewerter kann nicht ohne weitere Prüfung der Nachvollziehbarkeit und eine angemessene Plausibilisierung auf externe Quellen als Informationsquelle für die Unternehmensbewertung vertrauen. Bei

---

[1318] Vgl. MEITNER, M., Rechtliche Unternehmensbewertung, S. 265.
[1319] Vgl. allgemein in Bezug auf das CAPM OLG DÜSSELDORF v. 27.05.2009 – I-26 W 5/07 (AktG), Tz. 122 und mit speziellem Bezug auf die Bestimmung von Wechselkursen LG MÜNCHEN v. 28.05.2014 – 5 HKO 22657/12, Tz. 93. Vgl. dazu auch POPP, M./RUTHARDT, F., Bewertungsmethoden im Spiegel der Rechtsprechung, S. 325–327, Tz. 12.34–12.41.
[1320] Vgl. für eine kritische Analyse der Verwendung von Analystenberichten als externe Quelle in der Unternehmensbewertungspraxis auf Basis einer Expertenbefragung RUHNKE, K./LASKOWSKI, L., Verwendung von Analystenberichten in der Unternehmensbewertung, S. 294–297, sowie für eine praktische Unterstützung bei der Nutzung von externen Quellen bei einer Unternehmensbewertung LEHNE, M./ENDTER, S., Einsatz von externen Datenquellen bei der Unternehmensbewertung, S. 263–273, Tz. 1–65.

der Verwendung von externen Quellen sind im Hinblick auf die Objektivierung zwei Stufen zu beachten. Zum einen ist zu hinterfragen, inwiefern das Urteil auf Basis eines transparenten Vorgehens erstellt ist. Zum anderen ist zu prüfen, inwiefern das finale Urteil intersubjektiv nachprüfbar ist. Während der Bewerter regelmäßig allgemeinen Berufspflichten, wie der Unabhängigkeit oder Gewissenhaftigkeit, unterliegt,[1321] kann der Ersteller der externen Analysen subjektive Ziele verfolgen.

Sofern der Bewerter externe Quellen für die Ermittlung des Unternehmenswerts verwendet, wird der Unternehmenswert u. U. durch Bewertungsparameter beeinflusst, deren Bestimmung nicht mit den Berufsprinzipien eines Wirtschaftsprüfers und auch nicht mit den Zwecken einer objektivierten Unternehmensbewertung vereinbar ist. So zeigt die Empirie, dass Analysten dazu neigen, positiv wirkende Faktoren stärker in ihrer Prognose zu gewichten als negativ wirkende Faktoren.[1322] Dadurch ist das **Risiken-Chancen-Prinzip** der Unternehmensbewertung verletzt, das eine ausgewogene Berücksichtigung positiver und negativer Abweichungen vom Erwartungswert der künftigen Zahlungsströme des Bewertungsobjektes fordert.[1323] Zudem können externe Quellen, z. B. verschiedene Länderratings oder Analystenschätzungen für Wechselkursprognosen, zu unterschiedlichen Ergebnissen für den gleichen Sachverhalt kommen. Folglich hat der Bewerter durch die Wahl der externen Quelle die Möglichkeit, die Höhe des Unternehmenswerts zu beeinflussen. Eine detaillierte Dokumentation der Entscheidungsfindung ist indes nur bei Einsicht in die Analysekonzepte und -modelle sowie zugrunde liegende Annahmen des jeweiligen Erstellers der externen Quelle möglich. Es ist unwahrscheinlich, dass der Bewerter Zugang zu diesen Informationen bekommt, da diese Informationen die Geschäftsgrundlage der Anbieter für Analysen sind. Gerade bei kommerziellen Anbietern ist es oftmals nicht möglich, dass jeder Marktteilnehmer Zugang zu den externen Analyseergebnissen hat, wodurch regelmäßig keine intersubjektive Nachprüfbarkeit der externen Analysen gegeben ist.

In der Gesamtschau zeigt die Analyse, dass die **Erfüllung der Äquivalenzkriterien** und die **Objektivierung des Bewertungsansatzes** bei internationalen Unternehmensbewertungen, v. a. durch das Erfordernis, Länderrisiken in der Unternehmemsbewertung zu berücksichtigen, **gefährdet** und vom Bewerter **besonders zu beachten** ist. Der Bewerter kann sich bei seinem Bewertungsansatz an den Handlungsempfehlungen des IDW zur Berücksichtigung von Länderrisiken orientieren. Im Folgenden sollen Vorschläge für punktuelle Anpassungen der berufsständischen Handlungsempfehlungen zur Berücksichtigung von Länderrisiken in der Unternehmensbewertung adressiert werden.

[1321] Vgl. § 43 Abs. 1 S. 1 WiPrO.
[1322] Vgl. EASTERWOOD, J. C./NUTT, S. R., Analysts' Earnings Forecast, S. 1777–1796.
[1323] Vgl. IDW (Hrsg.), IDW S 1 i. d. F. 2008, Tz. 64.

5 Vorschlag zur Anpassung der berufsständischen Handlungsempfehlungen

51 Vorbemerkung

Aufgrund der erläuterten Schwierigkeit der Objektivierung des Bewertungsansatzes bei internationalen Unternehmensbewertungen ist der explizite Hinweis des **IDW**, dass der Bewerter bei internationalen Unternehmensbewertungen „seinen Bewertungsansatz und die Wahl und Bestimmung der Parameter für sein Bewertungskalkül in seiner Berichterstattung transparent zu erläutern"[1324] hat, zu unterstützen. Zugleich ist zu begrüßen, dass das IDW im Rahmen der Überarbeitung der WPH Edition 2018 im Vergleich zur Handlungsempfehlung „Fragen und Antworten: Zur praktischen Anwendung der Grundsätze zur Durchführung von Unternehmensbewertungen nach IDW S 1 i. d. F. 2008" die Berücksichtigung von Länderrisiken in der Unternehmensbewertung differenzierter behandelt hat.[1325]

Indes werden innerhalb der Handlungsempfehlungen des IDW – im Vergleich zu einer nationalen Unternehmensbewertung – im internationalen Kontext weitere Ermessensspielräume für den Bewerter eröffnet. Daher wäre es – auch aufgrund der Bedeutung internationaler Unternehmensbewertungen und der potentiellen Wertrelevanz von Länderrisiken – begrüßenswert, die Inhalte der **Handlungsempfehlungen des IDW** zu **harmonisieren** sowie weitere Aspekte zu **konkretisieren**.

Im Folgenden werden dafür **punktuelle Konkretisierungen**, differenziert nach **allgemeinen Aspekten**, dem **Zähler** und dem **Nenner des Bewertungskalküls** sowie der **Berichterstattung über den Bewertungsansatz**, als mögliche Anpassungen der berufsständischen Handlungsempfehlungen hinsichtlich der Berücksichtigung von Länderrisiken in der Unternehmensbewertung, vorgeschlagen.[1326]

[1324] IDW (Hrsg.), Bewertung und Transaktionsberatung, Kap. A, Tz. 399.
[1325] Vgl. dazu Abschn. 362.
[1326] **Formal** sind die Inhalte des IDW zur Berücksichtigung von Länderrisiken in der Unternehmensbewertung bisher sowohl in den „Fragen und Antworten: Zur praktischen Anwendung der Grundsätze zur Durchführung von Unternehmensbewertungen nach IDW S 1 i. d. F. 2008" als auch in der WPH Edition 2018 in Abschn. 7.2.4.2.5 „Marktrisikoprämie für internationale Märkte sowie Länderrisiken" verankert. Nach hier vertretener Auffassung sollte das Thema der internationalen Unternehmensbewertung im Allgemeinen und die Berücksichtigung von Länderrisiken im Speziellen – v. a. aufgrund der besonderen praktischen Relevanz und der konzeptionellen Herausforderungen – differenzierter und ausführlicher in der WPH Edition behandelt werden. So könnten diese Themen z. B. im Rahmen eines eigenen Kapitels („Besonderheiten bei der Bewertung von ausländischen Unternehmen") nach dem Vorbild des Kapitels B „Besonderheiten bei der Bewertung von kleinen und mittelgroßen Unternehmen" adressiert werden. Alternativ könnte die Bewertung ausländischer Unternehmen und mithin die Berücksichtigung von Länderrisiken in Kapitel A, Nummer 9 „Besonderheiten der Unternehmensbewertung" ähnlich wie die Themenkomplexe der „Bewertung wachstumsstarker und junger Unternehmen" oder der „Bewertung ertragsschwacher Unternehmen" in einem eigenen Abschnitt ausführlicher thematisiert werden. Als weitere Option könnte ein eigener Praxishinweis zum Thema der Berücksichtigung von Länderrisiken in der Unternehmensbewertung, z. B. in Anlehnung an den IDW Praxishinweis 2/2018 „Berücksichtigung des Verschuldungsgrades bei der Bewertung von Unternehmen" oder den IDW Praxishinweis 1/2014 „Besonderheiten bei der Ermittlung eines objektivierten Unternehmenswerts klei-

5 Vorschlag zur Anpassung der berufsständischen Handlungsempfehlungen

52 Allgemeine Aspekte

- Hinsichtlich der Terminologie könnte die innerhalb der Handlungsempfehlungen des IDW gewählte Differenzierung von Länderrisiken nach originären und derivativen Länderrisiken für die Zwecke der Unternehmensbewertung angepasst werden. Es existieren Länderrisiken, die unabhängig von den Bonitätsrisiken eines Staates sind und somit nicht durch die Systematisierung von Länderrisiken des IDW abgedeckt werden. Eine Anlehnung an die Differenzierung von Risiken i. S. d. CAPM nach systematischen und unsystematischen Länderrisiken[1327] könnte die Diskussion der Berücksichtigung einzelner Länderrisikoarten im Bewertungskalkül nachvollziehbarer machen.[1328]

- Die bestehenden Inhalte der Handlungsempfehlung des IDW in der WPH Edition 2018 deuten bisher eher darauf hin, dass im Rahmen einer internationalen Unternehmensbewertung *per se* ein ausländischer Kapitalisierungszins zu ermitteln ist. Das würde die Verwendung der direkten Methode der Unternehmensbewertung mit in Fremdwährung denominierten Zahlungsströmen implizieren.[1329] Die Handlungsempfehlungen des IDW zur Berücksichtigung von Länderrisiken könnten in der Unternehmensbewertung an den Schemata der etablierten direkten und indirekten Methoden der Unternehmensbewertung mit in Fremdwährung denominierten Zahlungsströmen ausgerichtet werden. Diese Methoden werden vom IDW auch in den „Fragen und Antworten: Zur praktischen Anwendung der Grundsätze zur Durchführung von Unternehmensbewertung nach IDW S 1 i. d. F. 2008" im Kontext der Berücksichtigung von Fremdwährungseffekten bei Unternehmensbewertungen aufgegriffen.[1330] Bezugnehmend auf diese Methoden könnten die verschiedenen Aspekte der internationalen Unternehmensbewertung nachvollziehbarer nach der Berücksichtigung von Länderrisiken im Zahlungsstrom, der Prognose von Wechselkursen und der Bestimmung eines ausländischen Kapitalisierungszinses strukturiert werden.

53 Zähler des Bewertungskalküls

- Als Grundlage einer Unternehmensbewertung sollen durch die Analyse möglicher Länderrisiken unternehmensspezifische Einflussfaktoren identifiziert werden, die Auswirkungen auf die Unternehmensplanung des Bewertungsobjektes haben. Im Rahmen einer Risikoanalyse ist ein besseres Verständnis für das bewertungsobjektspezifische Länderrisikoprofil zu erlangen. Es obliegt dem Bewerter, sein individuelles Vorgehen bei der Risikoanalyse und der quantitativen Aggregation von Länderrisiken im Bewertungskalkül im Rahmen von in-

---

ner und mittelgroßer Unternehmen", ausgearbeitet werden. Hierbei wäre jeweils die Kohärenz zu den bestehenden Handlungsempfehlungen „Fragen und Antworten: Zur praktischen Anwendung der Grundsätze zur Durchführung von Unternehmensbewertungen nach IDW S 1 i. d. F. 2008" zu beachten.

[1327] Vgl. zur Beurteilung des Risikocharakters einzelner Arten von Länderrisiken i. S. d. CAPM Abschn. 224.
[1328] Auch DÖRSCHELL/FRANKEN/SCHULTE bemängeln die vom IDW etablierte Systematisierung von Länderrisiken für die Zwecke der Unternehmensbewertung. Vgl. DÖRSCHELL, A./FRANKEN, L./SCHULTE, J., Kapitalisierungszinssatz, S. 360, Fn. 775.
[1329] Vgl. IDW (Hrsg.), Bewertung und Transaktionsberatung, Kap. A, Tz. 398 i. V. m. Tz. 359.
[1330] Vgl. IDW (Hrsg.), F&A zu IDW S 1 i. d. F. 2008, Tz. 5.1.

ternationalen Bewertungssituationen abzuwägen. Daher könnte die Vorgabe eines strukturierten Vorgehens zur Berücksichtigung von Länderrisiken im Zähler des Bewertungskalküls hilfreich sein, das als Orientierung sowohl bei der Erstellung als auch bei der Plausibilisierung oder Adjustierung einer Unternehmensplanung dienen kann. Als Hilfestellung zur Identifikation und Bewertung von politischen und auslandsmarktbezogenen Risiken könnte dabei z. B. auf die simultane Verwendung von Länderberichten und -ratings als mögliche externe Quellen hingewiesen werden.

- Das IDW geht innerhalb der Handlungsempfehlung „Fragen und Antworten: Zur praktischen Anwendung der Grundsätze zur Durchführung von Unternehmensbewertungen nach IDW S 1 i. d. F. 2008" erstmalig konkret auf die Berücksichtigung von Fremdwährungseffekten ein und erörtert mithin diverse Möglichkeiten zur Plausibilisierung von Wechselkursannahmen. Auf Basis der Ergebnisse der Analyse in dieser Arbeit sollten in Abhängigkeit der Verfügbarkeit reguläre Terminkurse oder synthetisch ermittelte Terminkurse als Schätzer verwendet werden, um die Annahme über die Wechselkursentwicklung in der Detailplanungsphase zu plausibilisieren. Für die ewige Rente des Bewertungskalküls bietet es sich an, die synthetischen Terminwechselkurse mit der längsten Laufzeit zu verwenden oder die auf Basis der relativen Kaufkraftparitätentheorie prognostizierten Wechselkurse als Schätzer des Wechselkurses zu nutzen. Letzteres kann indes nur angewendet werden, sofern prognostizierte Inflationsraten der verglichenen Währungsräume für einen hinreichend langen Zeitraum zur Verfügung stehen.

- Ferner könnte die Berücksichtigung von Versicherungskosten für versicherbare Länderrisiken in der Unternehmensbewertung als Möglichkeit der quantitativen Aggregation von Länderrisiken im Zähler des Bewertungskalküls aufgegriffen werden. Gerade die frei verfügbaren Informationen über die Höhe der Versicherungskosten der öffentlichen Versicherungsangebote können einen Anhaltspunkt für den quantitativen Einfluss der versicherbaren Länderrisiken liefern und als Referenz der Einschätzung oder der Plausibilisierung des Werteffektes der versicherbaren Länderrisiken auf den Zahlungsstrom genutzt werden.

54 Nenner des Bewertungskalküls

- Als Grundlage der Wahl des bewertungssituationsspezifisch sachgerechten Kapitalkostenmodells sollte der Bewerter grundsätzlich auf bestehende empirische Studien über den betreffenden Kapitalmarkt aus der Vergangenheit zurückgreifen. Die Evidenz eines *Equity Home-Bias* auf dem betrachteten Kapitalmarkt sollte dabei nicht als alleiniges Argument für eine Segmentierung des Kapitalmarktes verwendet werden. Die Erkenntnisse der empirischen Studien sind zusätzlich durch eigene qualitative Überlegungen des Bewerters zu plausibilisieren. Im Fall, dass keine externe empirische Quelle verfügbar oder die zugrundeliegende Datenbasis als überholt einzuschätzen ist, kann der Bewerter den Integrationsgrad lediglich auf Basis einer eigenen qualitativen Einschätzung beurteilen. Zur qualitativen Plausibilisierung des Integrationsgrades eines Kapitalmarktes kann sich an möglichen bestehenden Barrieren von internationalen Investitionen sowie der internationalen

Verflechtung des Sitzlandes als Beurteilungskriterien orientiert werden. Dabei sind eher technische als psychologische Restriktionen als Argumentation für die Ausprägung des jeweiligen Integrationsgrades zu verwenden. Informationsquellen für die qualitative Beurteilung können wiederum Länderratings und Länderberichte sein. Als eine weitere Orientierungsmöglichkeit der Plausibilisierung des Integrationsgrades kann analysiert werden, inwiefern das Sitzland des ausländischen Bewertungsobjektes durch politische und wirtschaftliche Abkommen international organisiert ist.

- Analog zur Empfehlung für die Höhe einer deutschen Marktrendite sollte zur Stärkung der Vergleichbarkeit durch das IDW auch eine methodisch äquivalent hergeleitete Empfehlung für die sachgerechte Höhe einer globalen Marktrendite gegeben werden. Eine Empfehlung für die Höhe einer globalen Marktrendite von Seiten des IDW wäre auch vor dem Hintergrund zu begrüßen, dass für die Unternehmensbewertung bei rechtlich geprägten oder vertraglich begründeten Bewertungsanlässen i. S. d. IDW S 1 i. d. F. 2008 sowie bei der handelsrechtlichen Beteiligungsbewertung vermehrt gefordert wird, für die typisierte Perspektive eines rational handelnden inländischen (deutschen) Investors die Eigenkapitalkosten auf Basis des *Global*-CAPM zu bestimmen.

Das IDW empfiehlt – trotz der Unvereinbarkeit mit dem CAPM – unter bestimmten Voraussetzungen die **Verwendung einer Länderrisikoprämie**, um den adäquaten Kapitalisierungszins eines ausländischen Bewertungsobjektes zu ermitteln. Für die Verwendung einer Länderrisikoprämie ist es wünschenswert, die Handlungsempfehlungen zu konkretisieren. Die bisherigen Formulierungen eröffnen dem Bewerter diverse Ermessensspielräume, die das Bewertungsergebnis maßgeblich beeinflussen können.

- Nach den Inhalten der parallel bestehenden Handlungsempfehlungen des IDW sind nach dem jeweiligen Wortlaut mit dem Additiven Ansatz und dem Beta-Ansatz zwei verschiedene Möglichkeiten zur Berücksichtigung einer Länderrisikoprämie im ausländischen Kapitalisierungszins möglich. Dadurch wird dem Bewerter eine Wahlmöglichkeit zur Berücksichtigung einer Länderrisikoprämie in der CAPM-Gleichung eröffnet. Entweder sind die Handlungsempfehlungen des IDW zu harmonisieren oder das inhaltliche Rational der Ansätze ist deutlicher zu erläutern, sofern die Differenzierung der Möglichkeiten bei der Berücksichtigung einer Länderrisikoprämie bewusst durch das IDW so gewählt wurde.

- Zudem sollten klarere Vorgaben zur Quantifizierung einer Länderrisikoprämie gemacht werden. Gemäß den Handlungsempfehlungen des IDW können Credit Spreads von Staatsanleihen Anhaltspunkte für die Quantifizierung einer Länderrisikoprämie geben. Es sind jedoch grundsätzlich verschiedene Bezugsgrößen für Credit Spreads zur Quantifizierung der Länderrisikoprämie möglich, sodass Ermessensspielräume für den Bewerter bestehen. Insgesamt kann im Vergleich möglicher Bezugsgrößen zur Quantifizierung einer Länderrisikoprämie auf Basis von Credit Spreads mit Blick auf die Aussagekraft über systematische Länderrisiken sowie auf die Operationalisierung festgehalten werden, dass Credit Spreads von *Sovereign* CDS am ehesten als Anhaltspunkt geeignet sind, um eine quantitative Indikation zur Quantifizierung einer Länderrisikoprämie für die Zwecke der Unternehmensbewertung geben zu können.

Bei der Quantifizierung der Länderrisikoprämie ist weiterhin zu berücksichtigen, dass durch diese Prämie eine Aussage über den Unterschied der Risikosituation des Referenzlandes und des Sitzlandes des ausländischen Bewertungsobjektes getroffen werden soll. Die Formulierungen der Handlungsempfehlung des IDW in der WPH Edition 2018 eröffnen die Möglichkeit, die Marktrisikoprämie eines entwickelten Kapitalmarktes um eine Länderrisikoprämie zu adjustieren. Wird von einem in Deutschland ansässigen Bewertungssubjekt ausgegangen, ist für die Ermittlung des Credit Spread auf eine deutsche Bundesanleihe als risikolose Referenz abzustellen. In der Folge ist auch die deutsche Marktrisikoprämie als Proxy für die Marktrisikoprämie eines entwickelten Kapitalmarktes zu verwenden. Die Verwendung einer nach der Methode von DAMODARAN quantifizierten Länderrisikoprämie steht damit nicht im Einklang, da bei dieser Methode stets US-amerikanische Kapitalmarktdaten als Referenz zur Bestimmung der Länderrisikoprämie genutzt werden.

55 Berichterstattung über den Bewertungsansatz

Allgemein ist i. S. d. IDW S 1 i. d. F. 2008 in einem Bewertungsgutachten die Vorgehensweise bei der Unternehmensbewertung zu beschreiben.[1331] Aus der **Berichterstattung** über den Bewertungsansatz muss z. B. deutlich werden, ob die im Rahmen der jeweiligen Unternehmensbewertung erforderlichen Annahmen vom Auftraggeber der Unternehmensbewertung, vom Bewerter selbst oder von einem sachverständigen Dritten, als externe Quelle, getroffen wurden und auf welchen wesentlichen Annahmen der ermittelte Unternehmenswert basiert.[1332] Auf Basis der Ergebnisse dieser Arbeit wäre es für die Nachvollziehbarkeit des Bewertungsansatzes dienlich, folgende Aspekte in der Berichterstattung im Rahmen einer internationalen Unternehmensbewertung explizit aufzugreifen und zu erläutern:[1333]

- Die konkret verwendete Informationsquelle, die zugrunde liegende Konzeption sowie der Referenzzeitpunkt der für die Analyse von Länderrisiken herangezogenen Informationsquellen.

- Das Vorgehen bei der Plausibilisierung und Schätzung der Wechselkurse für die verschiedenen Phasen des Bewertungskalküls. Dabei sollte die verwendete Prognosemethode von Wechselkursen explizit genannt werden.

[1331] Vgl. IDW (Hrsg.), IDW S 1 i. d. F. 2008, Tz. 177; IDW (Hrsg.), Bewertung und Transaktionsberatung, Kap. A, Tz. 487.
[1332] Vgl. IDW (Hrsg.), Bewertung und Transaktionsberatung, Kap. A, Tz. 487 f.
[1333] **Formal** könnte sich bei der Konkretisierung der im Bewertungsgutachten hinsichtlich der Berücksichtigung von Länderrisiken in der Unternehmensbewertung zu berichtenden Elemente an den spezifischen Vorgaben des IDW zur Berichterstattung bei der Bewertung von KMU orientiert werden. Vgl. zur Berichterstattung IDW (Hrsg.), IDW Praxishinweis 1/2014, Tz. 63–65, sowie BORDEMANN, H.-G., Bewertungsgutachten, S. 330.

- Das Vorgehen bei der Quantifizierung von Versicherungskosten von versicherbaren Länderrisiken, sofern versicherbare Länderrisiken bewertungsrelevant sind und bestehende Versicherungsangebote als Referenz zur Einschätzung des quantitativen Einflusses dieser Risiken auf das Bewertungskalkül genutzt werden.

- Das Vorgehen bei der Beurteilung des Integrationsgrades des betreffenden Kapitalmarktes. Dabei sollte die Einschätzung mit Bezug zu bestehenden Studien oder anhand von eigenen Überlegungen nachvollziehbar begründet werden.

- Das Vorgehen bei der Ermittlung der jeweiligen CAPM-Parameter zur Bestimmung der Eigenkapitalkosten des ausländischen Bewertungsobjektes.

- Falls eine Länderrisikoprämie verwendet wird, sollte die Methodik zur Berücksichtigung einer Länderrisikoprämie in den Eigenkapitalkosten des ausländischen Bewertungsobjektes explizit genannt und inhaltlich begründet werden. Zudem ist die Vorgehensweise bei der Quantifizierung der Länderrisikoprämie zu erläutern.

Durch die Harmonisierung und Konkretisierung der Inhalte der Handlungsempfehlungen des IDW, als quasi-bindende Vorgaben für die deutsche Wirtschaftsprüferpraxis, könnten im Rahmen einer internationalen Unternehmensbewertung Ermessensspielräume reduziert und nachvollziehbarere sowie konzeptionell sachgerechtere Bewertungsresultate erreicht werden.

6 Zusammenfassung und Ausblick

Länderrisiken sind Risiken, die im Vergleich zu nationalen Unternehmensbewertungen zusätzlich Einfluss auf den Wert des ausländischen Bewertungsobjektes haben können. Diese Risiken sind somit regelmäßig im Rahmen von internationalen Unternehmensbewertungen relevant und daher im Bewertungskalkül zu berücksichtigen. Die Diskussion zur sachgerechten Berücksichtigung von Länderrisiken wurde im wirtschaftswissenschaftlichen Schrifttum mitunter kontrovers geführt. Aber nicht zuletzt aufgrund politischer Verwerfungen in Industrienationen, bestehender Handelskonflikte sowie Währungskrisen und der Auswirkungen der COVID-19-Pandemie hat diese Diskussion neue Aktualität erhalten.

Das **Ziel dieser Arbeit** war es, die Berücksichtigung von Länderrisiken in der Unternehmensbewertung entlang der etablierten Methodik – mit Referenz zu den Handlungsempfehlungen des IDW – im Rahmen einer internationalen Bewertungssituation bei der Ermittlung eines objektivierten Unternehmenswerts zu analysieren und zu würdigen.

In der Analyse wurde daher die Berücksichtigung von Länderrisiken im Rahmen einer internationalen Unternehmensbewertung betrachtet, bei der ein Bewerter einen **objektivierten Unternehmenswert** mithilfe des FCF-WACC-Verfahrens ermittelt. Als Bewertungssubjekt wurde ein inländischer (deutscher) Investor und als Bewertungsobjekt ein ausländisches Unternehmen definiert. Für die Analyse wurde zudem angenommen, dass als Grundlage für die Unternehmensbewertung eine integrierte Unternehmensplanung des ausländischen Bewertungsobjektes verfügbar ist. Als Anknüpfungspunkt für die Analyse wurden im **zweiten Kapitel** zunächst die Grundlagen der Länderrisiken thematisiert:

- In dieser Arbeit wurde einem **symmetrischen Risikoverständnis** gefolgt. Daher wurde das Risiko in dieser Arbeit als mögliche positive oder negative Abweichung von einem vorab definierten Ziel verstanden. Zudem wurde für diese Arbeit eine **ursachenbezogene Systematisierung** der verschiedenen Arten von Länderrisiken nach politischen, auslandsmarktbezogenen Risiken sowie Wechselkursrisiken als zweckmäßig erachtet. Dementsprechend wurden **Länderrisiken** hier als ein Spektrum von Risiken **definiert**, die aus dem politischen und auslandsmarktbezogenen Umfeld sowie aus der Entwicklung von Wechselkursen hervorgehen und den Unternehmenswert des ausländischen Bewertungsobjektes sowohl positiv als auch negativ quantitativ beeinflussen können.

- Für die Berücksichtigung von Länderrisiken in der Unternehmensbewertung sind **bewertungsrelevante Charakteristika** dieser Risiken zu beachten. Länderrisiken sind regelmäßig schwierig zu quantifizieren und der jeweilige Einfluss von Länderrisiken ist bewertungsobjektspezifisch. Zudem wurde die Heterogenität des Begriffs der Länderrisiken deutlich, die sich auch bei den verschiedenen Ausprägungen des **Risikocharakters** der differenzierten Arten von Länderrisiken i. S. d. **CAPM** manifestiert.

6 Zusammenfassung und Ausblick

Im **dritten Kapitel** wurden die konzeptionellen Grundlagen der Unternehmensbewertung mit Bezug zu einer internationalen Bewertungskonstellation vorgestellt:

- Länderrisiken sind regelmäßig bei **Bewertungsanlässen** von Bedeutung, bei denen auch eine **objektivierte Ermittlung des Unternehmenswerts** i. S. d. IDW S 1 i. d. F. 2008 relevant sein kann.

- Als Bewertungsverfahren bei internationalen Unternehmensbewertungen wurde eine besondere Relevanz für das **FCF-WACC-Verfahren** festgestellt, das neben dem Ertragswertverfahren ebenfalls in der deutschen Rechtsprechung als zukunftsorientiertes Bewertungsverfahren akzeptiert ist.

- Für die Bewertungsmethodik sind bei der **Unternehmensbewertung mit in Fremdwährung denominierten Zahlungsströmen** die direkte und die indirekte Methode etabliert. Die Entscheidung, ob die **direkte oder indirekte Methode** in der jeweiligen Bewertungssituation anzuwenden ist, muss mit Blick auf potentiell bestehende Regelungen oder Typisierungen für den spezifischen Bewertungsanlass getroffen werden. Falls keine Methode explizit vorgeben ist, hängt die Wahl der sachgerechten Methode davon ab, inwiefern aus möglichen Wechselkursänderungen Werteffekte resultieren.

- Das **IDW** greift in seinen Handlungsempfehlungen „Fragen und Antworten: Zur praktischen Anwendung der Grundsätze zur Durchführung von Unternehmensbewertungen nach IDW S 1 i. d. F. 2008" sowie in der WPH Edition 2018 das Thema der Berücksichtigung von Länderrisiken in der Unternehmensbewertung auf, wobei die Ausführungen in der WPH Edition ausführlicher und mithin differenzierter sind. Die Handlungsempfehlungen des IDW haben allgemein eine quasi-bindende Wirkung in der Wirtschafsprüferpraxis und bilden regelmäßig den deutschen Marktstandard in der Unternehmensbewertungspraxis.

- Als **Würdigungskriterien** wurden die Grundsätze der Zukunftsorientierung, der Objektivierung und der Wirtschaftlichkeit sowie für internationale Bewertungskonstellationen relevante Äquivalenzkriterien definiert, die bei der Untersuchung der Berücksichtigung von Länderrisiken in der Unternehmensbewertung als Analyserahmen genutzt wurden.

Im **vierten Kapitel** der Arbeit wurde die Berücksichtigung von Länderrisiken in der Unternehmensbewertung analysiert. Dabei wurde zwischen der Berücksichtigung von Länderrisiken im Zähler und im Nenner des Bewertungskalküls differenziert. Im **ersten Teil** der Analyse wurde die **Berücksichtigung von Länderrisiken im Zähler des Bewertungskalküls** behandelt. Die folgenden Inhalte geben die wesentlichen Erkenntnisse der Analyse in aggregierter Form wieder:

- Unabhängig von der gewählten Methode der Unternehmensbewertung mit in Fremdwährung denominierten Zahlungsströmen hat der Bewerter die Unternehmensplanung des ausländischen Bewertungsobjektes hinsichtlich der Berücksichtigung von Länderrisiken zu plausibilisieren und anschließend ggf. anzupassen. Als Grundlage dafür sind die Existenz und die Entwicklung bewertungsrelevanter Länderrisiken zu analysieren. Um eine sachgerechte Analyse von Länderrisiken zu gewährleisten, kommen dabei verschiedene Verfahren der Risikoanalyse infrage. Für die **Analyse von politischen und auslandsmarktbezogenen Risiken** sollten sowohl qualitative als auch quantitative Verfahren im Rahmen einer objektivierten internationalen Unternehmensbewertung simultan genutzt werden. Länderberichte können als ergänzende Informationsquelle zu den Erkenntnissen aus Länderscoring-Modellen dienen. Teilurteile einzelner Länderrisikokategorien der Länderscoring-Modelle können eine Indikation zur Identifikation (besonders) bewertungsrelevanter Länderrisiken im Sitzland des Bewertungsobjektes im Vergleich zum Sitzland des Bewertungssubjektes geben. Das ist indes nur möglich, sofern beide Länder ein Länderscoring derselben Institution besitzen. Diese identifizierten Risiken können dann mit den qualitativen Inhalten der jeweiligen Informationsquellen gezielter untersucht werden. Weiterhin können in Länderberichten enthaltene Entwicklungsszenarien der Risikosituation eines Landes zur Plausibilisierung der Unternehmensplanung hilfreich sein.

- Auch bei der **Analyse der künftigen Entwicklung von Wechselkursrisiken** sind verschiedene Methoden zur Prognose von Wechselkursen möglich. Neben der Einschätzung der ökonomischen Wirkung von Wechselkurseffekten auf das Geschäftsmodell des ausländischen Bewertungsobjektes ist die Prognose von Wechselkursen v. a. auch für die Verwendung der indirekten Methode von Bedeutung, bei der periodenspezifische Wechselkurse zur Umrechnung der künftigen in Fremdwährung denominierten Zahlungsströme genutzt werden. Im Rahmen der Analyse wurde festgestellt, dass die einfache oder synthetische Terminkursmethode, als marktbasierte Prognosemethoden, auch aufgrund der Erfüllung der Kriterien der Kaufkraft- und Laufzeitäquivalenz am ehesten geeignet sind, um für die Zwecke einer objektivierten internationalen Unternehmensbewertung Wechselkursannahmen in der Detailplanungsphase des Bewertungskalküls und damit verbundene Risiken zu plausibilisieren. Für die ewige Rente des Bewertungskalküls sollten synthetische Terminwechselkurse mit der längsten Laufzeit fortgeschrieben werden. Außerdem könnten hier die auf Basis der relativen Kaufkraftparität prognostizierten Wechselkurse zur Plausibilisierung genutzt werden. Dafür müssen prognostizierte Inflationsraten der betrachteten Märkte für einen hinreichend langen Zeitraum zur Verfügung stehen. Allgemein ist auf die konsistente Nutzung prognostizierter Wechselkurse im Bewertungskalkül zu achten.

- Die Ergebnisse der Risikoanalyse sind als Inputfaktoren mithilfe der in der Praxis gängigen Methoden zur Erstellung einer Planungsrechnung für die Unternehmensbewertung zu berücksichtigen, um erwartungstreue Planwerte der Zahlungsströme des Bewertungsobjektes zu erhalten. In der Analyse wurden die in der Praxis gängigen Methoden der Szenario-Analyse und Monte-Carlo-Simulation zur Erstellung einer erwartungstreuen Planungsrechnung in dieser Arbeit nicht tiefergehend behandelt. Indes wurde als weitere Möglichkeit zur Bildung und Plausibilisierung erwartungstreuer Zahlungsströme unter dem Einfluss von Länderrisiken das Konzept der *Uncertainty Absorption* analysiert und gewürdigt. Nach diesem

6 Zusammenfassung und Ausblick

Konzept können **Versicherungskosten von versicherbaren Länderrisiken** als Schätzer des quantitativen Einflusses von Länderrisiken im Zahlungsstrom des Bewertungskalküls berücksichtigt werden. Dabei sind v. a. die Versicherungskosten für öffentliche Versicherungsgebote gegen Transferbeschränkungen sowie gegen den Einfluss kriegerischer Auseinandersetzungen und politisch motivierter Gewalt geeignet, um einen Anhaltspunkt für den quantitativen Einfluss der versicherbaren Länderrisiken auf den Unternehmenswert des ausländischen Bewertungsobjektes zu erhalten.

Um die Risikoäquivalenz im Bewertungskalkül zu fördern, müssen der Zahlungsstrom des Bewertungsobjektes und die Rendite der Alternativanlage hinsichtlich ihres Risikos vergleichbar sein. Somit müssen auch im ausländischen Kapitalisierungszins systematische Länderrisiken i. S. d. CAPM berücksichtigt werden. Daher wurde im **zweiten Teil der Analyse** die **Berücksichtigung von systematischen Länderrisiken im Nenner** des Bewertungskalküls untersucht. Hierbei wurde nach der Berücksichtigung von Länderrisiken in den **Eigenkapital- und Fremdkapitalkosten** differenziert.

- Bei internationalen Unternehmensbewertungen finden regelmäßig das *Local*-CAPM oder das *Global*-CAPM zur Bestimmung der ausländischen Eigenkapitalkosten Anwendung. Der Integrationsgrad des betrachteten Kapitalmarktes beeinflusst das in der konkreten Bewertungssituation zu verwendende Kapitalkostenmodell. Daher wurden zunächst **Möglichkeiten zur Bestimmung des Integrationsgrades eines Kapitalmarktes** auf Basis qualitativer und quantitativer Kriterien analysiert und gewürdigt. Darauf aufbauend wurden diese beiden Kapitalkostenmodelle hinsichtlich der impliziten Berücksichtigung von systematischen Länderrisiken in den jeweiligen CAPM-Komponenten untersucht. Dabei konnte festgestellt werden, dass bei beiden CAPM-Varianten systematische Länderrisiken in den CAPM-Komponenten implizit berücksichtigt werden, sodass die Risikoäquivalenz im Bewertungskalkül grundsätzlich gestärkt werden kann. Dennoch können bei beiden Kapitalkostenmodellen Schwierigkeiten bei der Operationalisierung der CAPM-Komponenten dazu führen, dass die Erfüllung der Risikoäquivalenz im Bewertungskalkül gestört wird. Dies gilt indes in höherem Maße für die Komponenten des *Local*-CAPM. Bei Gebrauch des *Global*-CAPM ist allerdings bei der Bestimmung der CAPM-Komponenten weiterhin zu beachten, dass die Einhaltung der Währungsäquivalenz gewährleistet ist.

- Ist der lokale Investor nicht ausreichend diversifiziert, haben die lokalen systematischen Länderrisiken Einfluss auf die Höhe des ausländischen Kapitalisierungszinses. Für ein nicht ausreichend diversifiziertes Bewertungssubjekt ist eine aus spezifischen Länderrisiken resultierende Unsicherheit zu beobachten, die zu einem höheren Kapitalisierungszins führt. Im CAPM – wie von KRUSCHWITZ/LÖFFLER/MANDL gezeigt – ist der Ansatz einer zusätzlichen Länderrisikoprämie theoretisch nicht zulässig. Wird der theoretische Rahmen des CAPM indes verlassen, vertritt das Schrifttum teilweise die Auffassung, dass die Eigenkapitalkosten des ausländischen Bewertungsobjektes um eine **Länderrisikoprämie** erweitert werden sollten. Die Länderrisikoprämie spiegelt dann den Risikoteil in den Eigenkapitalkosten wider, der durch zusätzliche systematische Länderrisiken in dem betrachteten Land im Vergleich zu einem Referenzland verursacht wird, aber nicht durch das CAPM erklärt werden kann. Auch das IDW eröffnet in seinen Handlungsempfehlungen die Möglichkeit, den Kapitalisierungszins durch eine Länderrisikoprämie anzupassen. In der Bewertungspraxis kommt eine solche Länderrisikoprämie – trotz der konzeptionellen Schwächen – zur Bestimmung des ausländischen Kapitalisierungszinses regelmäßig zum Einsatz.

- Für die **Berücksichtigung einer Länderrisikoprämie** in den Eigenkapitalkosten eines ausländischen Bewertungskonzeptes werden in der Bewertungspraxis regelmäßig der Additive Ansatz, der Beta-Ansatz oder der Lambda-Ansatz von Damodaran verwendet. Beim Additiven Ansatz wird der unternehmensindividuelle Einfluss von Länderrisiken durch den pauschalen Zuschlag einer Länderrisikoprämie regelmäßig nicht adäquat berücksichtigt. Dieser Ansatz ist somit nur im unrealistischen Fall geeignet, dass alle Unternehmen eines Landes dem Einfluss vom Länderrisiken in gleichem Maße ausgesetzt sind. Bei der Verwendung des Beta-Ansatzes ist eine unternehmensindividuelle Berücksichtigung der Länderrisikoprämie möglich. Es wird angenommen, dass das Unternehmen in gleichem Maße den Länderrisiken wie den allgemeinen Marktrisiken ausgesetzt ist. Demnach kann die Länderrisikoprämie durch den Betafaktor hinsichtlich des tatsächlichen Einflusses von Länderrisiken auf das Bewertungsobjekt adjustiert werden. Beim Konzept des Lambda-Ansatzes wird die Länderrisikoprämie mit dem Faktor Lambda multipliziert, um so den unternehmensindividuellen Einfluss von Länderrisiken auf das Bewertungsobjekt widerzuspiegeln. Durch diesen Ansatz ist grundsätzlich eine bewertungsobjektspezifische Berücksichtigung der Länderrisikoprämie unabhängig der allgemeinen Marktrisiken möglich. Die Quantifizierung des Faktors Lambda ist jedoch aufgrund der fehlenden konzeptionellen Basis und der erschwerten Objektivierungsmöglichkeit der Operationalisierung zu kritisieren. Wenngleich bei allen diskutierten Ansätzen zur Berücksichtigung einer Länderrisikoprämie konzeptionelle Mängel zu identifizieren sind, ist v. a. die Verwendung des Additiven und des Beta-Ansatzes in der Praxis verbreitet. Auch nach dem Wortlaut der beiden einschlägigen Handlungsempfehlungen des IDW ist eine Orientierung am Additiven Ansatz oder am Beta-Ansatz denkbar.

- Länderrisiken sind keine direkt am Kapitalmarkt beobachtbaren Größen. Daher ist die Länderrisikoprämie indirekt zu quantifizieren. Als Proxy für die **Quantifizierung der Länderrisikoprämie** werden in der Praxis häufig Credit Spreads von Staatsanleihen verwendet. Auch nach den Handlungsempfehlungen des IDW können Credit Spreads von Staatsanleihen „Anhaltspunkte" für die Quantifizierung einer Länderrisikoprämie geben. Es existieren sowohl marktbasierte als auch synthetische Proxys, anhand derer eine Länderrisikoprämie ermittelt werden kann. Für Credit Spreads auf *Sovereign* CDS, als marktbasierter Proxy, konnte festgestellt werden, dass diese hinsichtlich der Aussagekraft über bestehende Länderrisiken und der Operationalisierung im Vergleich zu den anderen diskutierten Proxys am ehesten eine Indikation zur Quantifizierung einer Länderrisikoprämie für die Zwecke einer objektivierten internationalen Unternehmensbewertung liefern können.

- Sofern der Bewerter das theoretische Gerüst des CAPM verlässt und die Eigenkapitalkosten im Rahmen der Bewertung eines ausländischen Unternehmens um eine Prämie für Länderrisiken adjustiert, besteht die **Gefahr der Doppelberücksichtigung** von Länderrisiken im Kapitalisierungszins. Die Länderrisikoprämie enthält regelmäßig Länderrisikobestandteile, die bereits implizit in anderen CAPM-Komponenten eingepreist sind. Das zeigt sich auch bei der Anwendung der Handlungsempfehlungen des IDW in der WPH Edition 2018. Sofern die ausländischen Eigenkapitalkosten durch die „adjustierte" Marktrisikoprämie sowie einen lokalen risikolosen Zins und einen lokalen Betafaktor des Auslandes bestimmt werden, ist davon auszugehen, dass systematische Länderrisiken bereits im risikolosen Zins und Betafaktor berücksichtigt sind. Ferner kann die Marktrisikoprämie eines entwickelten Landes makroökonomisch induzierte systematische Risikobestandteile enthalten, die auch in der durch den Credit Spread einer Staatsanleihe abgeleiteten Länderrisikoprämie enthalten sind. Insgesamt sollte die Verwendung einer Länderrisikoprämie für die Zwecke einer objektivierten internationalen Unternehmensbewertung eher vermieden werden.

- Als weiterer Bestandteil des Kapitalisierungszinses des FCF-WACC-Verfahrens wurde auch für die **Fremdkapitalkosten** betrachtet, inwiefern Länderrisiken in diesen implizit enthalten sind. Die Berücksichtigung von Länderrisiken ist auch in den Fremdkapitalkosten erforderlich, um eine möglichst große Risikoäquivalenz im Bewertungskalkül herzustellen. Sofern die Fremdkapitalkosten direkt als Approximation durch Credit Spreads der eigenen Anleihen oder CDS des Bewertungsobjektes ermittelt werden, sind Länderrisiken in den Fremdkapitalkosten enthalten. Der exakte Einfluss von Länderrisiken kann dabei wiederum nicht quantifiziert werden. Wird die indirekte Methode zur Bestimmung der Fremdkapitalkosten verwendet, hängt der Grad der Erfüllung der Risikoäquivalenz hinsichtlich der Berücksichtigung des Einflusses von Länderrisiken v. a. von dem Sitzland der als Referenz genutzten Peer-Group-Unternehmen ab. Wenn Vergleichsunternehmen des gleichen Landes zur Approximation der Fremdkapitalkosten herangezogen werden, ist es plausibel, dass auch Länderrisiken des Sitzlandes einen quantitativen Einfluss auf die Höhe des Credit Spread und somit auf die Fremdkapitalkosten des ausländischen Bewertungsobjektes haben.

In der **abschließenden Würdigung** des vierten Kapitels wurde auf Basis der Erkenntnisse der Analyse festgehalten, dass die Einhaltung der Äquivalenzkriterien gefährdet ist. Zudem wurden in der Analyse kritisierte Aspekte der Verwendung der direkten und indirekten Methode der Unternehmensbewertung mit in Fremdwährung denominierten Zahlungsströmen zugeordnet und die Verwendung der Methoden allgemein bewertet. Im Rahmen einer internationalen Bewertungssituation innerhalb des Euro-Raums wurde für die Verwendung des *Global*-CAPM argumentiert. Abschließend wurde die marktbasierte Bestimmung von Bewertungsparametern sowie das Erfordernis der Hinzunahme externer Quellen zur Berücksichtigung von Länderrisiken im Rahmen einer objektivierten internationalen Unternehmensbewertung reflektiert. Insgesamt ist die Objektivierung des Bewertungsansatzes bei internationalen Unternehmensbewertungen, insbesondere aufgrund des Erfordernisses, Länderrisiken zu berücksichtigen, im Vergleich zu nationalen Bewertungskonstellationen erschwert.

Im **fünften Kapitel** wurden auf der Grundlage der Analyseergebnisse Vorschläge für **punktuelle Konkretisierungen der Handlungsempfehlungen des IDW** adressiert, die für die Berücksichtigung von Länderrisiken bei einer objektivierten internationalen Unternehmensbewertung förderlich sein können, um konzeptionell sachgerechtere und nachvollziehbarere Bewertungsresultate zu erzielen.

Abschließend sei angemerkt, dass es mit Spannung zu erwarten ist, wie sich der Prozess der Internationalisierung der Standardsetzung der Unternehmensbewertung in Zukunft gestaltet und inwiefern dieser zu einer Vereinheitlichung der Unternehmensbewertung auf internationaler Ebene führt. Während die internationalen IVS Standards[1334] in Deutschland bisher kaum Bedeutung haben,[1335] könnte sich dieser Umstand durch den Eintritt des IDW als *Institutional Member* im **International Valuation Standards Council** (IVSC) am 01.10.2020 ändern. Das IDW plant als Mitglied des IVSC „auf internationaler Ebene mit diesem Standardsetter und anderen führenden Bewertungsorganisationen zusammen[zu]arbeiten, um die deutsche Bewertungsexpertise und ein kontinentaleuropäisches Bewertungsverständnis stärker in die Entwicklung der International Valuation Standards (IVS) einzubringen"[1336]. Dadurch möchte das IDW bei der Entwicklung eines international einheitlichen Bewertungsverständnisses unterstützen, um die Zuverlässigkeit und Transparenz von internationalen Unternehmensbewertungen zu fördern.[1337] Da die aktuellen IVS die Berücksichtigung von Länderrisiken in der Unternehmensbewertung nicht behandeln, wäre es begrüßenswert, dass dieser innerhalb der vorliegenden Arbeit behandelte Themenkomplex der internationalen Unternehmensbewertung bei der Konzeption künftiger IVS beachtet wird.

Insgesamt ist im Kontext der internationalen Unternehmensbewertung ZWIRNER/KÄHLER dahingehend zuzustimmen, dass es „richtig und wichtig [ist], das Thema `Länderrisiken` auch künftig weiter zu beleuchten und kontrovers zu diskutieren. Nur so können letztlich in Theorie und Praxis anerkannte Kompromisslösungen gefunden werden."[1338]

[1334] Vgl. INTERNATIONAL VALUATION STANDARDS COUNCIL (Hrsg.), International Valuation Standards. Vgl. die Fassung der International Valuation Standards von 2017 erläuternd sowie mit dem IDW S 1 i. d. F. 2008 vergleichend TÖNNES, W. A., Internationalisierung der Unternehmensbewertung, S. 429–450. Vgl. dazu auch PAWELZIK, K. U., International Valuation Standards, S. 1882–1888, sowie HAYN, M., Internationale Unternehmensbewertung, S. 158–160.
[1335] Vgl. GROßFELD, B./EGGER, U./TÖNNES, W. A., Recht der Unternehmensbewertung, S. 5, Tz. 18; TÖNNES, W. A., Internationalisierung der Unternehmensbewertung, S. 429 i. V. m. JONAS, M., Berufsständische Bewertungspraxis, S. 77, Tz. 3.60.
[1336] IDW (Hrsg.), IDW Mitglied im International Valuation Standards Council.
[1337] Vgl. IDW (Hrsg.), IDW Mitglied im International Valuation Standards Council.
[1338] ZWIRNER, C./KÄHLER, M., Länderrisiken im Rahmen von Unternehmensbewertungen, S. 1678.

Quellenverzeichnis

Verzeichnis der Beiträge in Sammelwerken

BAETGE, JÖRG/KRUSE, ARIANE, Objektivität der Urteilsbildung, in: Lexikon der Internen Revision, hrsg. v. Lück, Wolfgang, München 2015, S. 204 (Objektivität der Urteilsbildung).

BAETGE, JÖRG/KÜMMEL, JENS/SCHULZ, ROLAND/WIESE, JÖRG, Darstellung der Discounted Cashflow-Verfahren (DCF-Verfahren) mit Beispiel, in: Praxishandbuch der Unternehmensbewertung. Grundlagen und Methoden, Bewertungsverfahren, Besonderheiten bei der Bewertung, hrsg. v. Peemöller, Volker H., 7. Aufl., Herne 2019, S. 409–570 (Discounted Cashflow-Verfahren).

BAETGE, JÖRG/VON KEITZ, ISABEL/WÜNSCHE, BENEDIKT, Bilanzbonitäts-Rating von Unternehmen, in: Handbuch Rating, hrsg. v. Büschgen, Hans E./Everling, Oliver, 2. Aufl., Wiesbaden 2007, S. 475–496 (Bilanzbonitäts-Rating).

BALLWIESER, WOLFGANG, Risikoprämien in der Unternehmensbewertung ohne Ende?, in: Mergers & Acquisitions, hrsg. v. Ballwieser, Wolfgang/Hippe, Allain, Düsseldorf 2012, S. 49–63 (Risikoprämien in der Unternehmensbewertung).

BALLWIESER, WOLFGANG, Verbindungen von Ertragswert- und Discounted-Cashflow-Verfahren, in: Praxishandbuch der Unternehmensbewertung. Grundlagen und Methoden, Bewertungsverfahren, Besonderheiten bei der Bewertung, hrsg. v. Peemöller, Volker H., 7. Aufl., Herne 2019, S. 571–584 (Ertragswert- und DCF-Verfahren).

BELGHITAR, YACINE/CLARK, EPHRAIM, Capital Budgeting with Political/Country Risk, in: Capital budgeting valuation. Financial analysis for today's investment projects, hrsg. v. Baker, H. Kent/English, Philip, Hoboken, N. J. 2011, S. 241–257 (Capital Budgeting).

BERNDT, RALPH/CANSIER, ADRIENNE, Marketing, in: Internationales Management. Betriebswirtschaftslehre der internationalen Unternehmung, hrsg. v. Breuer, Wolfgang/Gürtler, Marc, Wiesbaden 2003, S. 325–364 (Marketing).

BEUMER, JOCHEN, Empirische Analyse von Bewertungen bei gesellschaftsrechtlichen Anlässen in 2010–2018, in: Praxishandbuch der Unternehmensbewertung. Grundlagen und Methoden, Bewertungsverfahren, Besonderheiten bei der Bewertung, hrsg. v. Peemöller, Volker H., 7. Aufl., Herne 2019, S. 763–780 (Bewertungen bei gesellschaftsrechtlichen Anlässen).

BEUMER, JOCHEN/HENSE, HEINZ HERRMANN, Die Bewertung des Goodwills nach IAS/IFRS, in: Praxishandbuch der Unternehmensbewertung. Grundlagen und Methoden, Bewertungsverfahren, Besonderheiten bei der Bewertung, hrsg. v. Peemöller, Volker H., 7. Aufl., Herne 2019, S. 1309–1337 (Bewertung des Goodwills).

Quellenverzeichnis

BLEUEL, HANS-H./SCHMITTING, WALTER, Konzeptionen eines Risikomanagements im Rahmen der internationalen Geschäftstätigkeit, in: Controlling international tätiger Unternehmen, hrsg. v. Berens, Wolfgang/Born, Axel/Hoffjan, Andreas, Stuttgart 2000, S. 65–122 (Risikomanagement).

BODE, CHRISTOPH, Unternehmensbewertung in der nationalen Rechtsprechung, in: Handbuch Unternehmensbewertung, hrsg. v. Petersen, Karl/Zwirner, Christian, 2. Aufl., Köln 2017, S. 487–506 (Unternehmensbewertung in der nationalen Rechtsprechung).

BORDEMANN, HEINZ-GERD, Aufbau und Anforderungen an das Bewertungsgutachten, in: Praxishandbuch der Unternehmensbewertung. Grundlagen und Methoden, Bewertungsverfahren, Besonderheiten bei der Bewertung, hrsg. v. Peemöller, Volker H., 7. Aufl., Herne 2019, S. 320–331 (Bewertungsgutachten).

BREITENBÜCHER, ULRICH/ERNST, DIETMAR, Der Einfluss von Basel II auf die Unternehmensbewertung, in: Unternehmensbewertung. Moderne Instrumente und Lösungsansätze, hrsg. v. Richter, Frank/Timmreck, Christian, Stuttgart 2004, S. 77–97 (Einfluss von Basel II auf die Unternehmensbewertung).

BYSIKIEWICZ, MARCUS/ZWIRNER, CHRISTIAN, Ertragswertverfahren nach IDW S 1, in: Handbuch Unternehmensbewertung, hrsg. v. Petersen, Karl/Zwirner, Christian, 2. Aufl., Köln 2017, S. 317–351 (Ertragswertverfahren nach IDW S 1).

DJUKANOV, VLADIMIR/KEUPER, FRANK, Besonderheiten grenzüberschreitender Unternehmensbewertungen, in: Handbuch Unternehmensbewertung, hrsg. v. Petersen, Karl/Zwirner, Christian, 2. Aufl., Köln 2017, S. 1303–1328 (Grenzüberschreitende Unternehmensbewertungen).

DÖRSCHELL, ANDREAS, Sonderfragen der Bewertung von kleinen und mittelgroßen Unternehmen, in: Aktuelle Herausforderungen für den Mittelstand im Kontext zunehmender Internationalisierung. Beiträge und Diskussionen zum 28. Münsterischen Tagesgespräch des Münsteraner Gesprächskreises Rechnungslegung und Prüfung e. V. am 20. Juni 2013, hrsg. v. Baetge, Jörg/Kirsch, Hans-Jürgen, Düsseldorf 2013, S. 131–163 (Bewertung von KMU).

DRESEL, TANJA, Die Quantifizierung von Länderrisiken mit Hilfe von Kapitalmarktspreads, in: Handbuch Risikomanagement. Risikomanagement für Markt-, Kredit- und operative Risiken, hrsg. v. Johanning, Lutz/Rudolph, Bernd, Bad Soden/Ts. 2000, S. 579–609 (Quantifizierung von Länderrisiken).

ENGELHARD, JOHANNES, Bewertung von Länderrisiken bei Auslandsinvestitionen: Möglichkeiten, Ansätze und Grenzen, in: Handbuch der internationalen Unternehmenstätigkeit. Erfolgs- und Risikofaktoren, Märkte, Export-, Kooperations- und Niederlassungs-Management, hrsg. v. Kumar, Nino Brij/Haussmann, Helmut, München 1992, S. 367–383 (Länderrisiken).

FLEISCHER, HOLGER, § 38 Unternehmensbewertung im Spiegel der Rechtsvergleichung, in: Rechtshandbuch Unternehmensbewertung, hrsg. v. Fleischer, Holger/Hüttemann, Rainer, 2. Aufl., Köln 2019, S. 1331–1364 (Unternehmensbewertung im Spiegel der Rechtsvergleichung).

FRANKEN, LARS/SCHULTE, JÖRN/BRUNNER, ALEXANDER, Fremdkapital und Fremdkapitalkosten – sachgerechte Berücksichtigung bei der Unternehmensbewertung, in: Handbuch Kapitalmarktorientierter Unternehmensbewertung. Grundlagen, Methoden, Regulierung und Branchentrends, hrsg. v. Crasselt, Nils/Lukas, Elmar/Mölls, Sascha H./Timmreck, Christian, Stuttgart 2018, S. 137–167 (Fremdkapital und Fremdkapitalkosten).

FREY, ALEXANDER/SCHULTZE, WOLFGANG, Bewertung von Unternehmen im internationalen Kontext. Bewertungsansätze im Vergleich, in: Unternehmensbewertung. Festschrift für Bernhard Großfeld zum 85. Geburtstag, hrsg. v. Tönnes, Wolf Achim, Heidelberg 2019, S. 131–151 (Unternehmensbewertung im internationalen Kontext).

GLEIßNER, WERNER, Länderrisikoprämien, in: Praxishandbuch der Unternehmensbewertung. Grundlagen und Methoden, Bewertungsverfahren, Besonderheiten bei der Bewertung, hrsg. v. Peemöller, Volker H., 7. Aufl., Herne 2019, S. 937–978 (Länderrisikoprämien).

GLEIßNER, WERNER, Risikoanalyse und Simulation bei der Unternehmensbewertung, in: Praxishandbuch der Unternehmensbewertung. Grundlagen und Methoden, Bewertungsverfahren, Besonderheiten bei der Bewertung, hrsg. v. Peemöller, Volker H., 7. Aufl., Herne 2019, S. 891–912 (Risikoanalyse und Simulation).

GLEIßNER, WERNER/WOLFRUM, MARCO, Szenario-Analyse und Simulation: ein Fallbeispiel mit Excel und Crystal Ball, in: Challenge Controlling 2015. Auf dem Weg zum Business Partner, Effizienz und Effektivität des Controllings steigern, neue Reporting-Trends - Planung mit Szenarien, Green Controlling: Nachhaltigkeit als Zukunftsthema, Controlling und Compliance, hrsg. v. Gleich, Ronald, Freiburg 2011, S. 241–264 (Szenario-Analyse und Simulation).

HAKE, BRUNO, Bewertung des Risikos von Auslandsmärkten: Das BERI-Konzept, in: Außenhandel. Marketingstrategien und Managementkonzepte, hrsg. v. Zentes, Joachim/Morschett, Dirk/Schramm-Klein, Hanna, Wiesbaden 2004, S. 599–613 (Risikos von Auslandsmärkten).

HARRINGTON, JAMES/GRABOWSKI, ROGER J., Global Cost of Capital Models, in: Cost of Capital. Applications and Examples, hrsg. v. Pratt, Shannon P./Grabowski, Roger J./Brealey, Richard A., 5. Aufl., Hoboken, N. J. 2014, S. 1011–1051 (Global Cost of Capital Models).

HAYN, MARC, Internationale Unternehmensbewertung im Kontext der Standard Setter, in: Praxishandbuch der Unternehmensbewertung. Grundlagen und Methoden, Bewertungsverfahren, Besonderheiten bei der Bewertung, hrsg. v. Peemöller, Volker H., 7. Aufl., Herne 2019, S. 133–164 (Internationale Unternehmensbewertung).

HEINKE, VOLKER/STEINER, MANFRED, Rating aus Sicht der modernen Finanzierungstheorie, in: Handbuch Rating, hrsg. v. Büschgen, Hans E./Everling, Oliver, 2. Aufl., Wiesbaden 2007, S. 655–707 (Rating).

HENSELMANN, KLAUS, Geschichte der Unternehmensbewertung, in: Praxishandbuch der Unternehmensbewertung. Grundlagen und Methoden, Bewertungsverfahren, Besonderheiten bei der Bewertung, hrsg. v. Peemöller, Volker H., 7. Aufl., Herne 2019, S. 97–132 (Geschichte der Unternehmensbewertung).

HOFBAUER, EDITH, Unternehmensbewertung in den Emerging Markets Europas, in: Finanzmanagement aktuell. Unternehmensfinanzierung, Wertpapiermanagement/Kapitalmarkt, Bank/Versicherung, hrsg. v. Pernsteiner, Helmut, Wien 2008, S. 101–122 (Emerging Markets).

HÖLSCHER, REINHOLD, Von der Versicherung zur integrativen Risikobewältigung. Die Konzeption eines modernen Risikomanagements, in: Herausforderung Risikomanagement. Identifikation, Bewertung und Steuerung industrieller Risiken, hrsg. v. Hölscher, Reinhold/Elfgen, Ralph, Wiesbaden 2002, S. 3–31 (Risikomanagement).

HOLTBRÜGGE, DIRK/EHLERT, JAN, Länderindizes und Länderratings als Informationsgrundlage des internationalen Risikomanagements, in: Internationales Risikomanagement. Auslandserfolge durch grenzüberschreitende Netzwerke, hrsg. v. Kühlmann, Torsten M./Haas, Hans-Dieter, München 2009, S. 83–134 (Länderindizes und -ratings).

HÜTTEMANN, RAINER, § 1 Unternehmensbewertung als Rechtsproblem, in: Rechtshandbuch Unternehmensbewertung, hrsg. v. Fleischer, Holger/Hüttemann, Rainer, 2. Aufl., Köln 2019, S. 1–41 (Unternehmensbewertung als Rechtsproblem).

HÜTTEMANN, RAINER, § 13 Abgrenzung zwischen Rechts- und Tatfragen, in: Rechtshandbuch Unternehmensbewertung, hrsg. v. Fleischer, Holger/Hüttemann, Rainer, 2. Aufl., Köln 2019, S. 371–391 (Abgrenzung zwischen Rechts- und Tatfragen).

HÜTTEMANN, RAINER/MEYER, ANDRÉ, § 14 Stichtagsprinzip, in: Rechtshandbuch Unternehmensbewertung, hrsg. v. Fleischer, Holger/Hüttemann, Rainer, 2. Aufl., Köln 2019, S. 392–422 (Stichtagsprinzip).

JONAS, MARTIN, § 3 Berufsständische Bewertungspraxis, in: Rechtshandbuch Unternehmensbewertung, hrsg. v. Fleischer, Holger/Hüttemann, Rainer, 2. Aufl., Köln 2019, S. 65–80 (Berufsständische Bewertungspraxis).

Quellenverzeichnis

JONAS, MARTIN/WIELAND-BLÖSE, HEIKE, § 10 Besonderheiten des DCF-Verfahrens, in: Rechtshandbuch Unternehmensbewertung, hrsg. v. Fleischer, Holger/Hüttemann, Rainer, 2. Aufl., Köln 2019, S. 276–290 (Besonderheiten des DCF-Verfahrens).

JONAS, MARTIN/WIELAND-BLÖSE, HEIKE, § 17 Berücksichtigung von Steuern, in: Rechtshandbuch Unternehmensbewertung, hrsg. v. Fleischer, Holger/Hüttemann, Rainer, 2. Aufl., Köln 2019, S. 473–500 (Berücksichtigung von Steuern).

KAJÜTER, PETER, Risikomanagement, in: Lexikon des Rechnungswesen. Handbuch der Bilanzierung und Prüfung, der Erlös-, Finanz-, Investitions- und Kostenrechnung, hrsg. v. Busse von Colbe, Walther/Crasselt, Nils, Pellens, Bernhard, 5. überarb. und erw. Aufl., München 2011, S. 677–682 (Risikomanagement).

KAJÜTER, PETER, Risikomanagement im Beteiligungscontrolling, in: Beteiligungscontrolling. Ein Handbuch für die Unternehmens- und Beratungspraxis. Band II: Strategische und operative Unternehmensführung im Beteiligungscontrolling, hrsg. v. Littkeman, Jörn, 2. Aufl., Herne 2009, S. 531–548 (Risikomanagement im Beteiligungscontrolling).

KAJÜTER, PETER, Risikomanagement in internationalen Konzernen, in: Strategische und internationale Perspektiven des Managements. Festschrift zum 60. Geburtstag von Martin K. Welge, hrsg. v. Achenbach, Stephan/Borghoff, Thomas/Schulte, Anja, Köln 2003, S. 41–74 (Risikomanagement in internationalen Konzernen).

KIRSCH, HANS-JÜRGEN, Die Objektivierung künftiger Zahlungsströme bei einer Bewertung nach IFRS, in: Rechnungslegung und Wirtschaftsprüfung. Festschrift zum 70. Geburtstag von Jörg Baetge, hrsg. v. Kirsch, Hans-Jürgen/Thiele, Stefan, Düsseldorf 2007, S. 359–380 (Objektivierung künftiger Zahlungsströme).

KIRSCH, HANS-JÜRGEN/KOELEN, PETER, IFRS-Rechnungslegung und Unternehmensbewertung – Möglichkeiten und Grenzen für Ersteller und Analysten, in: IFRS-Management. Interessenschutz auf dem Prüfstand. Treffsichere Unternehmensbeurteilung. Konsequenzen für das Management, hrsg. v. Heyd, Reinhard/ von Keitz, Isabel, München 2007, S. 279–301 (IFRS-Rechnungslegung und Unternehmensbewertung).

KIRSCH, HANS-JÜRGEN/WEGE, DENNIS, Die Bestimmung des Betafaktors von KMU beim Delisting nach § 39 BörsG, in: Unternehmensbewertung. Festschrift für Bernhard Großfeld zum 85. Geburtstag, hrsg. v. Tönnes, Wolf Achim, Heidelberg 2019, S. 217–228 (Bestimmung des Betafaktors von KMU beim Delisting).

KLEEBINDER, STEPHAN, Relevanz von Länderrisiken in der Bewertung, in: Unternehmensbewertung für Praktiker, hrsg. v. Kranebitter, Gottwald/Maier, David A., 3. Aufl., Wien 2017, S. 447–460 (Länderrisiken).

KOHLHAUSSEN, MARTIN, Bewertung von Länderrisiken, in: Handbuch Finanzierung, hrsg. v. Breuer, Rolf-Ernst, 3. Aufl., Wiesbaden 2001, S. 281–323 (Bewertung von Länderrisiken).

LAUSE, SYLVIA, Einfache und exotische Strukturen von Kreditderivaten, in: Praktiker-Handbuch Asset-Backed-Securities und Kreditderivate. Strukturen, Preisbildung, Anwendungsmöglichkeiten, aufsichtliche Behandlung, hrsg. v. Gruber, Josef/Gruber, Walter/Braun, Hendryk, Stuttgart 2005, S. 19–59 (Kreditderivate).

LEFFERS, BURKHARD, Das Rating im Konsortialgeschäft der Banken, in: Handbuch Rating, hrsg. v. Büschgen, Hans E./Everling, Oliver, Wiesbaden 1996, S. 345–372 (Rating im Konsortialgeschäft).

LEHNE, MARTIN/ENDTER, STEFAN, Einsatz von externen Datenquellen bei der Unternehmensbewertung, in: Handbuch Unternehmensbewertung, hrsg. v. Petersen, Karl/Zwirner, Christian, 2. Aufl., Köln 2017, S. 263–273 (Einsatz von externen Datenquellen bei der Unternehmensbewertung).

MANDL, GERWALD/RABEL, KLAUS, Methoden der Unternehmensbewertung (Überblick), in: Praxishandbuch der Unternehmensbewertung. Grundlagen und Methoden, Bewertungsverfahren, Besonderheiten bei der Bewertung, hrsg. v. Peemöller, Volker H., 7. Aufl., Herne 2019, S. 51–96 (Methoden der Unternehmensbewertung).

MATSCHKE, MANFRED JÜRGEN, Grundsätze der Unternehmensbewertung, in: Handbuch Unternehmensbewertung, hrsg. v. Petersen, Karl/Zwirner, Christian, 2. Aufl., Köln 2017, S. 87–122 (Grundsätze der Unternehmensbewertung).

MATSCHKE, MANFRED JÜRGEN, Grundzüge der funktionalen Unternehmensbewertung, in: Handbuch Unternehmensbewertung, hrsg. v. Petersen, Karl/Zwirner, Christian, 2. Aufl., Köln 2017, S. 31–51 (Grundzüge der funktionalen Unternehmensbewertung).

MATSCHKE, MANFRED JÜRGEN, Theoretische Grundlagen, in: Handbuch Unternehmensbewertung, hrsg. v. Petersen, Karl/Zwirner, Christian, 2. Aufl., Köln 2017, S. 3–29 (Theoretische Grundlagen).

MEITNER, MATTHIAS, Der Terminal Value in der Unternehmensbewertung, in: Praxishandbuch der Unternehmensbewertung. Grundlagen und Methoden, Bewertungsverfahren, Besonderheiten bei der Bewertung, hrsg. v. Peemöller, Volker H., 7. Aufl., Herne 2019, S. 713–760 (Terminal Value).

MEITNER, MATTHIAS, Rechtliche Unternehmensbewertung: Königsdisziplin! ... oder doch nur bunte Show?, in: Unternehmensbewertung. Festschrift für Bernhard Großfeld zum 85. Geburtstag, hrsg. v. Tönnes, Wolf Achim, Heidelberg 2019, S. 257–268 (Rechtliche Unternehmensbewertung).

MEITNER, MATTHIAS/STREITFERDT, FELIX, Die Bestimmung des Betafaktors, in: Praxishandbuch der Unternehmensbewertung. Grundlagen und Methoden, Bewertungsverfahren, Besonderheiten bei der Bewertung, hrsg. v. Peemöller, Volker H., 7. Aufl., Herne 2019, S. 585–650 (Betafaktor).

MEITNER, MATTHIAS/STREITFERDT, FELIX, Risikofreier Zins und Marktrisikoprämie, in: Praxishandbuch der Unternehmensbewertung. Grundlagen und Methoden, Bewertungsverfahren, Besonderheiten bei der Bewertung, hrsg. v. Peemöller, Volker H., 7. Aufl., Herne 2019, S. 651–710 (Risikofreier Zins und Marktrisikoprämie).

NEUMAIR, SIMON-MARTIN, Länderrisiken und deren Bewertung, in: Internationale Wirtschaft. Rahmenbedingungen, Akteure, räumliche Prozesse, hrsg. v. Haas, Hans-Dieter/Neumair, Simon-Martin, München 2006, S. 715–747 (Länderrisiken).

NIESWANDT, HOLGER/SEIBERT, DANIEL, Prognose der bewertungsrelevanten Cash Flows, in: Unternehmensbewertung. Moderne Instrumente und Lösungsansätze, hrsg. v. Richter, Frank/Timmreck, Christian, Stuttgart 2004, S. 21–39 (Bewertungsrelevante Cash Flows).

OEHLER, ANDREAS/RUMMER, MARCO/WALKER, THOMAS/WENDT, STEFAN, Are Investors Home Biased? Evidence from Germany, in: Diversification and Portfolio Management of Mutual Funds, hrsg. v. Gregoriou, Greg N., London 2007, S. 57–77 (Investors Home Biased?).

PANKOKE, TIM/PETERSMEIER, KERSTIN, Der Zinssatz in der Unternehmensbewertung, in: Praxishandbuch Unternehmensbewertung. Grundlagen, Methoden, Fallbeispiele, hrsg. v. Schacht, Ulrich/Fackler, Matthias, 2. Aufl., Wiesbaden 2009, S. 107–137 (Zinssatz).

PEEMÖLLER, VOLKER H., Anlässe der Unternehmensbewertung, in: Praxishandbuch der Unternehmensbewertung. Grundlagen und Methoden, Bewertungsverfahren, Besonderheiten bei der Bewertung, hrsg. v. Peemöller, Volker H., 7. Aufl., Herne 2019, S. 17–29 (Anlässe der Unternehmensbewertung).

PEEMÖLLER, VOLKER H., Grundsätze ordnungsmäßiger Unternehmensbewertung, in: Praxishandbuch der Unternehmensbewertung. Grundlagen und Methoden, Bewertungsverfahren, Besonderheiten bei der Bewertung, hrsg. v. Peemöller, Volker H., 7. Aufl., Herne 2019, S. 31–50 (Grundsätze ordnungsmäßiger Unternehmensbewertung).

PEEMÖLLER, VOLKER H., Wert und Werttheorien, in: Praxishandbuch der Unternehmensbewertung. Grundlagen und Methoden, Bewertungsverfahren, Besonderheiten bei der Bewertung, hrsg. v. Peemöller, Volker H., 7. Aufl., Herne 2019, S. 3–14 (Wert und Werttheorien).

Quellenverzeichnis

PEEMÖLLER, VOLKER H./KUNOWSKI, STEFAN, Ertragswertverfahren nach IDW, in: Praxishandbuch der Unternehmensbewertung. Grundlagen und Methoden, Bewertungsverfahren, Besonderheiten bei der Bewertung, hrsg. v. Peemöller, Volker H., 7. Aufl., Herne 2019, S. 333–408 (Ertragswertverfahren).

PETERSEN, KARL/BUSCH, JULIA/ZIMNY, GREGOR, Rechnungslegung und Unternehmensbewertung. Goodwillbilanzierung nach IFRS inkl. Kaufpreisallokation, in: Handbuch Unternehmensbewertung, hrsg. v. Petersen, Karl/Zwirner, Christian, 2. Aufl., Köln 2017, S. 749–768 (Rechnungslegung und Unternehmensbewertung).

POPP, MATTHIAS, Vergangenheits- und Lageanalyse, in: Praxishandbuch der Unternehmensbewertung. Grundlagen und Methoden, Bewertungsverfahren, Besonderheiten bei der Bewertung, hrsg. v. Peemöller, Volker H., 7. Aufl., Herne 2019, S. 177–224 (Vergangenheits- und Lageanalyse).

POPP, MATTHIAS/RUTHARDT, FREDERIK, § 12 Bewertungsmethoden im Spiegel der Rechtsprechung, in: Rechtshandbuch Unternehmensbewertung, hrsg. v. Fleischer, Holger/Hüttemann, Rainer, 2. Aufl., Köln 2019, S. 314–369 (Bewertungsmethoden im Spiegel der Rechtsprechung).

RAFFÉE, HANS/KREUTZER, RALF, Ansätze zur Erfassung von Länderrisiken in ihrer Bedeutung für Direktinvestitionsentscheidungen, in: Internationale und nationale Problemfelder der Betriebswirtschaftslehre. Festgabe für Heinz Bergner zum 60. Geburtstag, hrsg. v. Kortzfleisch, Gert von/Kaluza, Bernd, Berlin 1984, S. 27–63 (Erfassung von Länderrisiken).

RAWKINS, PAUL, The analytics of country reports and checklists, in: County risk-analysis: A Handbook, hrsg. v. Solberg, Ronald L., London 1992, S. 27–51 (Country Reports).

REHNER, JOHANNES/NEUMAIR, SIMON-MARTIN, Risiken internationaler Unternehmenstätigkeit: Begriffserklärungen und Formen von Internationalisierungsrisiken, in: Internationales Risikomanagement. Auslandserfolge durch grenzüberschreitende Netzwerke, hrsg. v. Kühlmann, Torsten M./Haas, Hans-Dieter, München 2009, S. 27–60 (Internationale Unternehmenstätigkeit).

REINHOLDT, AGO/DE LA PAIX, GERHARD, Rechnungslegung und Unternehmensbewertung (Werthaltigkeit nach IDW RS HFA 10), in: Handbuch Unternehmensbewertung, hrsg. v. Petersen, Karl/Zwirner, Christian, 2. Aufl., Köln 2017, S. 803–818 (Werthaltigkeit nach IDW RS HFA 10).

RUIZ DE VARGAS, SANTIAGO, Anhang zu § 305 Unternehmensbewertung, in: Heidelberger Kommentar zum Aktiengesetz, hrsg. v. Bürgers, Tobias/Körber, Torsten, Heidelberg 2017, S. 2281–2355 (Anhang zu § 305 Unternehmensbewertung).

RUIZ DE VARGAS, SANTIAGO, Unternehmensbewertung im internationalen Kontext, in: Praxishandbuch der Unternehmensbewertung. Grundlagen und Methoden, Bewertungsverfahren, Besonderheiten bei der Bewertung, hrsg. v. Peemöller, Volker H., 7. Aufl., Herne 2019, S. 1639–1678 (Unternehmensbewertung im internationalen Kontext).

RUIZ DE VARGAS, SANTIAGO/BREUER, WOLFGANG, Globale vs. lokale Betafaktoren bei international zusammengesetzten Peergroups, in: Unternehmensbewertung. Festschrift für Bernhard Großfeld zum 85. Geburtstag, hrsg. v. Tönnes, Wolf Achim, Heidelberg 2019, S. 355–376 (Globale vs. lokale Betafaktoren).

RULLKÖTTER, NILS, Berücksichtigung politischer Länderrisiken bei grenzüberschreitenden Unternehmensbewertungen, in: Handbuch Kapitalmarktorientierter Unternehmensbewertung. Grundlagen, Methoden, Regulierung und Branchentrends, hrsg. v. Crasselt, Nils/Lukas, Elmar/Mölls, Sascha H./Timmreck, Christian, Stuttgart 2018, S. 19–42 (Politische Länderrisiken).

SCHACHT, ULRICH/FACKLER, MATTHIAS, Discounted-Cash-Flow-Verfahren. Eine Einführung, in: Praxishandbuch Unternehmensbewertung. Grundlagen, Methoden, Fallbeispiele, hrsg. v. Schacht, Ulrich/Fackler, Matthias, 2. Aufl., Wiesbaden 2009, S. 205–232 (DCF-Verfahren).

SERFLING, KLAUS, Möglichkeiten und Grenzen des Credit Ratings, in: Handbuch Rating, hrsg. v. Büschgen, Hans E./Everling, Oliver, 2. Aufl., Wiesbaden 2007, S. 709–746 (Credit Ratings).

STARP, WOLF-DIETER, Bewertung ausländischer Bewertungsobjekte, in: Praxishandbuch der Unternehmensbewertung, hrsg. v. Peemöller, Volker H., 4. Aufl., Herne 2009, S. 641–655 (Ausländische Bewertungsobjekte).

STEIN, I., Investitionsrechnungsmethoden bei Auslandsdirektinvestitionen, in: Kompendium der Internationalen Betriebswirtschaftslehre, hrsg. v. Schoppe, Siegfried G., 4. Aufl., München 1998, S. 565–633 (Investitionsrechnungsmethoden).

TÖNNES, WOLF ACHIM, Internationalisierung der Unternehmensbewertung, in: Unternehmensbewertung. Festschrift für Bernhard Großfeld zum 85. Geburtstag, hrsg. v. Tönnes, Wolf Achim, Heidelberg 2019, S. 429–450 (Internationalisierung der Unternehmensbewertung).

VOLKART, RUDOLF/VETTIGER, THOMAS/FORRER, FABIAN, Bestimmung der Kapitalkosten im Rahmen der finanziellen Führung. Klassische und neue Herausforderungen aus nationaler und internationaler Sicht, in: Jahrbuch für Controlling und Rechnungswesen 2013, hrsg. v. Seicht, Gerhard, Wien 2013, S. 101–126 (Kapitalkosten).

WIESE, JÖRG, Zins(satz)ermittlung mit dem CAPM, in: Handbuch Unternehmensbewertung, hrsg. v. Petersen, Karl/Zwirner, Christian, 2. Aufl., Köln 2017, S. 367–380 (Zins(satz)ermittlung mit dem CAPM).

WINNER, MARTIN, § 23 Unternehmensbewertung im Übernahmerecht, in: Rechtshandbuch Unternehmensbewertung, hrsg. v. Fleischer, Holger/Hüttemann, Rainer, 2. Aufl., Köln 2019, S. 712–753 (Unternehmensbewertung im Übernahmerecht).

ZIMMERMANN, ANDREAS, Spezifische Risiken des Auslandsgeschäfts, in: Exportnation Deutschland, hrsg. v. Dichtl, Erwin/Issing, Otmar, 2., völlig neubearb. Aufl., München 1992, S. 71–100 (Risiken des Auslandsgeschäfts).

ZWIRNER, CHRISTIAN/LINDMAYR, SIMON, DCF-Verfahren, in: Handbuch Unternehmensbewertung, hrsg. v. Petersen, Karl/Zwirner, Christian, 2. Aufl., Köln 2017, S. 381–404 (DCF-Verfahren).

ZWIRNER, CHRISTIAN/PETERSEN, KARL, Unternehmensbewertung im Rahmen der Argumentationsfunktion – Ein Überblick, in: Handbuch Unternehmensbewertung, hrsg. v. Petersen, Karl/Zwirner, Christian, 2. Aufl., Köln 2017, S. 243–250 (Argumentationsfunktion).

ZWIRNER, CHRISTIAN/PETERSEN, KARL, Unternehmensbewertung im Rahmen der Entscheidungsfunktion – Ein Überblick, in: Handbuch Unternehmensbewertung, hrsg. v. Petersen, Karl/Zwirner, Christian, 2. Aufl., Köln 2017, S. 179–182 (Entscheidungsfunktion).

ZWIRNER, CHRISTIAN/PETERSEN, KARL, Unternehmensbewertung im Rahmen der Nebenfunktionen – Ein Überblick, in: Handbuch Unternehmensbewertung, hrsg. v. Petersen, Karl/Zwirner, Christian, 2. Aufl., Köln 2017, S. 683–690 (Nebenfunktionen).

ZWIRNER, CHRISTIAN/PETERSEN, KARL, Unternehmensbewertung im Rahmen der Vermittlungsfunktion – Ein Überblick, in: Handbuch Unternehmensbewertung, hrsg. v. Petersen, Karl/Zwirner, Christian, 2. Aufl., Köln 2017, S. 481–486 (Vermittlungsfunktion).

ZWIRNER, CHRISTIAN/PETERSEN, KARL/ZIMNY, GREGOR, Länderrisiken in der Unternehmensbewertung, in: Handbuch Unternehmensbewertung, hrsg. v. Petersen, Karl/Zwirner, Christian, 2. Aufl., Köln 2017, S. 1053–1067 (Länderrisiken in der Unternehmensbewertung).

ZWIRNER, CHRISTIAN/ZIMNY, GREGOR, 25 häufige Fehler in der Unternehmensbewertung, in: Handbuch Unternehmensbewertung, hrsg. v. Petersen, Karl/Zwirner, Christian, 2. Aufl., Köln 2017, S. 1103–1128 (Fehler in der Unternehmensbewertung).

ZWIRNER, CHRISTIAN/ZIMNY, GREGOR, Beteiligungsbewertung im handelsrechtlichen Jahresabschluss, in: Handbuch Bilanzrecht. Abschlussprüfung und Sonderfragen in der Rechnungslegung, hrsg. v. Petersen, Karl/Zwirner, Christian, 2. Aufl., Köln 2018, S. 647–666 (Beteiligungsbewertung im handelsrechtlichen Jahresabschluss).

ZWIRNER, CHRISTIAN/ZIMNY, GREGOR/LINDMAYR, SIMON, Anforderungen an eine integrierte Planungsrechnung, in: Handbuch Unternehmensbewertung, hrsg. v. Petersen, Karl/Zwirner,

Christian, 2. Aufl., Köln 2017, S. 275–288 (Anforderungen an eine integrierte Planungsrechnung).

ZWIRNER, CHRISTIAN/ZIMNY, GREGOR/LINDMAYR, SIMON, Unternehmensbewertung vor dem Hintergrund makroökonomischer Einflussfaktoren, in: Handbuch Unternehmensbewertung, hrsg. v. Petersen, Karl/Zwirner, Christian, 2. Aufl., Köln 2017, S. 1069–1080 (Makroökonomische Einflussfaktoren).

Quellenverzeichnis

Verzeichnis der Monografien

ALBRECHT, PETER/MAURER, RAIMOND, Investment und Risikomanagement. Modelle, Methoden, Anwendungen, 3. Aufl, Stuttgart 2008 (Investment- und Risikomanagement).

ALTMANN, JÖRN, Außenwirtschaft für Unternehmen. Klassiker der Hochschullehre, 3. Aufl., Berlin 2018 (Außenwirtschaft).

BACHMANN, ULF, Die Komponenten des Kreditspreads. Zinsstrukturunterschiede zwischen ausfallbehafteten und risikolosen Anleihen, Wiesbaden 2004 (Kreditspreads).

BACKHAUS, KLAUS/VOETH, MARKUS, Internationales Marketing, 6. Aufl., Stuttgart 2010 (Internationales Marketing).

BAETGE, JÖRG, Möglichkeiten der Objektivierung des Jahreserfolges, Düsseldorf 1970 (Objektivierung des Jahreserfolges).

BAETGE, JÖRG/KIRSCH, HANS-JÜRGEN/THIELE, STEFAN, Bilanzanalyse, 2., vollständig überarb. und erw. Aufl., Düsseldorf 2004 (Bilanzanalyse).

BAETGE, JÖRG/KIRSCH, HANS-JÜRGEN/THIELE, STEFAN, Bilanzen, 15. Aufl., Düsseldorf 2019 (Bilanzen).

BAETGE, JÖRG/KIRSCH, HANS-JÜRGEN/THIELE, STEFAN, Konzernbilanzen, 13. Aufl., Düsseldorf 2019 (Konzernbilanzen).

BAILLIE, RICHARD T./MCMAHON, PATRICK C., The foreign exchange market. Theory and econometric evidence, Cambridge, MA. 1989 (Foreign exchange market).

BALLFIS, SIEGFRIED M., Die Bedeutung politischer Risiken für ausländische Direktinvestitionen. unter besonderer Berücksichtigung politischer Stabilität, Nürnberg 1984 (Politische Risiken).

BALLWIESER, WOLFGANG, Unternehmensbewertung und Komplexitätsreduktion, 3. Aufl., Wiesbaden 1990 (Unternehmensbewertung und Komplexitätsreduktion).

BALLWIESER, WOLFGANG/HACHMEISTER, DIRK, Unternehmensbewertung. Prozess, Methoden und Probleme, 5. Aufl., Stuttgart 2016 (Unternehmensbewertung).

BARK, CHRISTINA, Der Kapitalisierungszinssatz in der Unternehmensbewertung. Eine theoretische, praktische und empirische Analyse unter Berücksichtigung möglicher Interdependenzen, Tübingen 2011 (Kapitalisierungszinssatz).

BAXMANN, ULF G., Bankbetriebliche Länderrisiken unter besonderer Berücksichtigung ihrer potentiellen Früherkennung und kreditpolitischen Behandlung, München 1985 (Länderrisiken).

Quellenverzeichnis

BEKAERT, GEERT/HODRICK, ROBERT J., International Financial Management, 3. Aufl., Cambridge, MA. 2018 (Financial Management).

BETZ, HEINO, Integrierte Credit Spread- und Zinsrisikomessung mit Corporate Bonds, Frankfurt am Main 2005 (Credit Spread- und Zinsrisikomessung).

BODIE, ZVI/KANE, ALEX/MARCUS, ALAN J., Investments, 12. Aufl., New York 2020 (Investments).

BORN, KARL, Unternehmensanalyse und Unternehmensbewertung, 2. Aufl., Stuttgart 2003 (Unternehmensanalyse und Unternehmensbewertung).

BOUCHET, MICHEL HENRI/GROSLAMBERT, BERTRAND/CLARK, EPHRAIM, Country Risk Assessment. A Guide to Global Investment Strategy, Hoboken, N. J. 2003 (Country Risk Assessment).

BRAUN, CHRISTIAN, Verfahren zur Länderrisikobewertung. Eine empirisch gestützte vergleichende Beurteilung, Hamburg 2006 (Länderrisikobewertung).

BREALEY, RICHARD A./MYERS, STEWART C./ALLEN, FRANKLIN, Principles of Corporate Finance, 13. Aufl., New York 2019 (Corporate Finance).

BRETZKE, WOLF-RÜDIGER, Das Prognoseproblem bei der Unternehmungsbewertung. Ansätze zu einer risikoorientierten Bewertung ganzer Unternehmungen auf der Grundlage modellgestützter Erfolgsprognosen, Düsseldorf 1975 (Prognoseproblem bei der Unternehmungsbewertung).

BREUER, WOLFGANG, Unternehmerisches Währungsmanagement. Eine anwendungsorientierte Einführung, 3. Aufl., Wiesbaden 2015 (Währungsmanagement).

BRUNER, ROBERT F./CONROY, ROBERT M./LI, WEI/O'HALLORAN, ELIZABETH F./LLERAS, MIGUEL PALACIOS, Investing in Emerging Markets, Charlottesville 2003 (Emerging Markets).

BUCKLEY, ADRIAN, Multinational Finance, 5. Aufl., Harlow 2003 (Multinational Finance).

BURGER, ANTON/AHLEMEYER, NIELS/ULBRICH, PHILIPP, Beteiligungscontrolling, 2. Aufl., München 2010 (Beteiligungscontrolling).

BÜSCHGEN, HANS E., Internationales Finanzmanagement, 3. Aufl., Frankfurt am Main 1993 (Finanzmanagement).

BÜTER, CLEMENS, Außenhandel. Grundlagen internationaler Handelsbeziehungen, 5. Aufl., Berlin 2020 (Außenhandel).

BUTLER, KIRT C., Multinational Finance. Evaluating the Opportunities, Costs, and Risks of Multinational Operations, 6. Aufl., Hoboken, N. J. 2016 (Multinational Finance).

Quellenverzeichnis

CASPERS, ROLF, Zahlungsbilanz und Wechselkurse, München 2002 (Wechselkurse).

CASTEDELLO, MARC/SCHÖNIGER, STEFAN/TSCHÖPEL, ANDREAS, Praxiswissen Unternehmensbewertung. Kurzbeiträge zu aktuellen Bewertungsthemen, 2. Aufl., Düsseldorf 2020 (Praxiswissen Unternehmensbewertung).

CLARK, JOHN J./HINDELANG, THOMAS J./PRITCHARD, ROBERT E., Capital Budgeting. Planning and Control of capital expenditures, Englewood Cliffs, N. J. 1979 (Capital Budgeting).

CLOES, ROGER, Das Länderrisiko bei internationalen Kapitalbewegungen. Analysekonzepte und Bewältigungsstrategien, Köln 1988 (Länderrisiko).

COOPER, IAN/SERCU, PIET/VANPÉE, ROSANNE, The Equity Home Bias puzzle: A survey, London 2013 (Equity Home Bias puzzle).

COPELAND, THOMAS E./KOLLER, TIM/MURRIN, JACK, Unternehmenswert. Methoden und Strategien für eine wertorientierte Unternehmensführung, 3., völlig überarb. und erw. Aufl., Frankfurt am Main 2002 (Unternehmenswert).

DAMODARAN, ASWATH, Investment valuation. Tools and techniques for determining the value of any asset, 3. Aufl., Hoboken, N. J. 2012 (Investment valuation).

DAMODARAN, ASWATH, The Dark Side of Valuation, 3. Aufl., London 2018 (The Dark Side of Valuation).

DIEDERICHS, MARC, Risikomanagement und Risikocontrolling. Risikocontrolling - ein integrierter Bestandteil einer modernen Risikomanagement-Konzeption, 4. Aufl., München 2018 (Risikomanagement).

DIEDRICH, RALF/DIERKES, STEFAN, Kapitalmarktorientierte Unternehmensbewertung, Stuttgart 2015 (Kapitalmarktorientierte Unternehmensbewertung).

DIWALD, HANS, Anleihen verstehen. Grundlagen verzinslicher Wertpapiere und weiterführende Produkte, München 2012 (Anleihen).

DÖHRN, ROLAND, Konjunkturdiagnose und -prognose. Eine anwendungsorientierte Einführung, Berlin 2014 (Konjunkturdiagnose und -prognose).

DÖRSCHELL, ANDREAS/FRANKEN, LARS/SCHULTE, JÖRN, Der Kapitalisierungszinssatz in der Unternehmensbewertung. Praxisgerechte Ableitung unter Verwendung von Kapitalmarktdaten, 2. Aufl., Düsseldorf 2012 (Kapitalisierungszinssatz).

DRUKARCZYK, JOCHEN/SCHÜLER, ANDREAS, Unternehmensbewertung, 7. Aufl., München 2016 (Unternehmensbewertung).

Quellenverzeichnis

DUHNKRACK, THOMAS, Zielbildung und Strategisches Zielsystem der Internationalen Unternehmung, Göttingen 1984 (Zielsystem der Internationalen Unternehmung).

EITEMAN, DAVID K./STONEHILL, ARTHUR I./MOFFETT, MICHAEL H., Multinational Business Finance, 15. Aufl., Boston, MA. 2020 (Business Finance).

ERNST, DIETMAR/AMANN, THORSTEN/GROßMANN, MICHAEL/LUMP, DIETLINDE, Internationale Unternehmensbewertung. Ein Praxisleitfaden, München 2012 (Internationale Unternehmensbewertung).

ERNST, DIETMAR/SCHNEIDER, SONJA/THIELEN, BJOERN, Unternehmensbewertungen erstellen und verstehen. Ein Praxisleitfaden, 6. Aufl., München 2018 (Unternehmensbewertungen).

EUN, CHEOL S./RESNICK, BRUCE GEOFFREY, International Financial Management, 8. Aufl., New York 2018 (International Financial Management).

EVERLING, OLIVER, Credit Rating durch internationale Agenturen, Wiesbaden 1991 (Credit Rating).

EVERTZ, DERIK-W., Die Länderrisikoanalyse der Banken. Darstellung, Analyse und Beurteilung mit entscheidungs- und planungsorientiertem Schwerpunkt, Berlin 1992 (Länderrisikoanalyse).

FAHRMEIR, LUDWIG/HEUMANN, CHRISTIAN/KÜNSTLER, RITA/PIGEOT, IRIS/TUTZ, GERHARD, Statistik. Der Weg zur Datenanalyse, 8. Aufl., Berlin, Heidelberg 2016 (Statistik).

FAMA, EUGENE F., Foundations of finance. Portfolio decisions and securities prices, New York 1976 (Foundations of finance).

FARNY, DIETER, Versicherungsbetriebslehre, 5. Aufl., Karlsruhe 2011 (Versicherungsbetriebslehre).

FISCHER, THOMAS M./MÖLLER, KLAUS/SCHULTZE, WOLFGANG, Controlling. Grundlagen, Instrumente und Entwicklungsperspektiven, 2. Aufl., Stuttgart 2015 (Controlling).

FRANKE, GÜNTER/HAX, HERBERT, Finanzwirtschaft des Unternehmens und Kapitalmarkt, 6. Aufl., Wiesbaden 2009 (Finanzwirtschaft).

FÜSS, ROLAND, Emerging Markets im internationalen Portfoliomanagement. Entwicklungsstand, Integrationsgrad und Rendite-Risiko-Verhalten von Aktienmärkten in Schwellenländern, Bad Soden/Ts. 2004 (Emerging Markets).

GANN, JOCHEN, Internationale Investitionsentscheidungen multinationaler Unternehmungen. Einflußfaktoren – Methoden – Bewertung, Wiesbaden 1996 (Investitionsentscheidungen).

GLEIßNER, WERNER, Grundlagen des Risikomanagements. Mit fundierten Informationen zu besseren Entscheidungen, 3. Aufl., München 2017 (Risikomanagement).

GRABOWSKI, ROGER J./HARRINGTON, JAMES P./NUNES, CARLA, 2016 International Valuation Handbook. Guide to Cost of Capital, Hoboken, N. J. 2016 (International Valuation Handbook).

GROßFELD, BERNHARD/EGGER, ULRICH/TÖNNES, WOLF ACHIM, Recht der Unternehmensbewertung, 9. Aufl., Köln 2020 (Recht der Unternehmensbewertung).

HAENDEL, DAN/WEST, GERALD T./MEADOW, ROBERT G., Overseas investment and political risk, Ann Arbor, MI. 1975 (Overseas investment).

HARTMANN-WENDELS, THOMAS/PFINGSTEN, ANDREAS/WEBER, MARTIN, Bankbetriebslehre, 7. Aufl., Berlin 2019 (Bankbetriebslehre).

HEESEN, BERND, Basiswissen Unternehmensbewertung. Schneller Einstieg in die Wertermittlung, 2. Aufl., Wiesbaden 2019 (Unternehmensbewertung).

HEINKE, VOLKER G., Bonitätsrisiko und Credit Rating festverzinslicher Wertpapiere. Eine empirische Untersuchung am Euromarkt, Bad Soden/Ts. 1998 (Bonitätsrisiko).

HERING, THOMAS, Unternehmensbewertung, 4. Aufl., Berlin 2021 (Unternehmensbewertung).

HERRMANN, FRANK, Integration und Volatilität bei Emerging Markets, Wiesbaden 2005 (Emerging Markets).

HOFBAUER, EDITH, Kapitalkosten bei der Unternehmensbewertung in den Emerging Markets Europas, Wiesbaden 2011 (Kapitalkosten).

HOFFMANN, KLAUS, Risk Management. Neue Wege der betrieblichen Risikopolitik, Karlsruhe 1985 (Risk Management).

HOFFMANN, PETER, Bonitätsbeurteilung durch Credit Rating. Funktionsweise und Einsatzmöglichkeiten eines Instruments zur Optimierung von Investitions- und Finanzierungsprozessen, Berlin 1991 (Bonitätsbeurteilung).

HOLDEN, KEN/PEEL, DAVID A./THOMPSON, JOHN L., Economic forecasting: an introduction, Cambridge, MA. 1990 (Economic forecasting).

HOLTHAUSEN, ROBERT W./ZMIJEWSKI, MARK E., Corporate Valuation, 2. Aufl., Cambridge, MA. 2020 (Corporate Valuation).

HOOKE, JEFFREY, Emerging Markets. A Practical Guide for Corporations, Lenders, and Investors, New York 2001 (Emerging Markets).

HULL, JOHN C./MADER, WOLFGANG/WAGNER, MARC, Optionen, Futures und andere Derivate, 10. Aufl., Hallbergmoos 2019 (Optionen, Futures und andere Derivate).

HUTER, MICHAEL, Die nichtfinanzielle Konzernerklärung. Kritische Analyse und Konkretisierung der handelsrechtlichen Vorschriften, Siegburg 2019 (Nichtfinanzielle Konzernerklärung).

IBE, OLIVER C., Elements of Random Walk and Diffusion Processes, Hoboken, N. J. 2013 (Elements of Random Walk).

JANDURA, DIRK, Internationale Finanzmärkte. Definition, Meßkonzepte, empirische Analysen, Bad Soden/Ts. 2000 (Finanzmärkte).

KAROLYI, G. ANDREW, Cracking the Emerging Markets Enigma, Oxford 2015 (Emerging Markets Enigma).

KEMPA, BERND, Internationale Ökonomie, Münster 2011 (Internationale Ökonomie).

KENGELBACH, JENS, Unternehmensbewertung bei internationalen Transaktionen, Frankfurt am Main 2000 (Internationale Transaktionen).

KLOSE, SEBASTIAN, Asset-Management von Länderrisiken, Bern, Stuttgart, Wien 1996 (Länderrisiken).

KNABE, MATTHIAS, Die Berücksichtigung von Insolvenzrisiken in der Unternehmensbewertung, Lohmar 2012 (Insolvenzrisiken).

KNIGHT, FRANK HYNEMAN, Risk, Uncertainty and Profit, Boston, New York 1921 (Risk, Uncertainty and Profit).

KOCHALUMOTTIL, BEENA, Verfahren, Methoden und neue Ansätze zur Beurteilung von Länderrisiken, Marburg 2002 (Länderrisiken).

KOELEN, PETER, Investitionstheoretische Bewertungskalküle in der IFRS-Rechnungslegung. Möglichkeiten und Grenzen einer unternehmenswertorientierten Berichterstattung, Lohmar 2009 (Bewertungskalküle).

KOLBE, CHRISTOPH, Investitionsrechnungen zur Beurteilung von Auslandsinvestitionen, Bergisch Gladbach 1989 (Investitionsrechnungen).

KOLLER, TIM/GOEDHART, MARC/WESSELS, DAVID, Valuation. Measuring and Managing the Value of Companies, 7. Aufl., Hoboken, N. J. 2020 (Valuation).

KRUGMAN, PAUL R./OBSTFELD, MAURICE/MELITZ, MARC J., Internationale Wirtschaft. Theorie und Politik der Außenwirtschaft, 11. Aufl., Hallbergmoos 2019 (Internationale Wirtschaft).

KRUSCHWITZ, LUTZ/LÖFFLER, ANDREAS/ESSLER, WOLFGANG, Unternehmensbewertung für die Praxis. Fragen und Antworten, Stuttgart 2009 (Unternehmensbewertung für die Praxis).

KRUSCHWITZ, LUTZ/LORENZ, DANIELA, Investitionsrechnung, 15. Aufl., Berlin, Boston, MA. 2019 (Investitionsrechnung).

KUHNER, CHRISTOPH/MALTRY, HELMUT, Unternehmensbewertung, 2. Aufl., Berlin 2017 (Unternehmensbewertung).

KÜMMEL, JENS, Grundsätze für die Fair Value-Ermittlung mit Barwertkalkülen. Eine Untersuchung auf der Grundlage des Statement of Financial Accounting Concepts No. 7, Düsseldorf 2002 (Grundsätze für die Fair Value-Ermittlung).

LEVI, MAURICE D., International Finance, 5. Aufl., London, New York 2009 (International Finance).

LEWIS, KAREN K., Global Asset Pricing, Cambridge, MA. 2011 (Global Asset Pricing).

LICHTLEN, MICHAEL F., Management von Länderrisiken, Bern 1997 (Management von Länderrisiken).

LODERER, CLAUDIO/JÖRG, PETRA/PICHLER, KARL/ROTH, LUKAS/WÄCHLI, URS/ZGRAGGEN, PIUS, Handbuch der Bewertung, 5. Aufl., Zürich 2010 (Handbuch der Bewertung – Band 2: Unternehmen).

LORENZ, MICHAEL, Unternehmensbewertungsverfahren. Theoretische Verbesserungen, empirische Evidenz und Strategieimplikationen, Wiesbaden 2009 (Unternehmensbewertungsverfahren).

LOSCHER, GEORG, Das Politische Risiko bei Auslandsinvestitionen, München 1984 (Politisches Risiko bei Auslandsinvestitionen).

LÜTKESCHÜMER, GERRIT, Die Berücksichtigung von Finanzierungsrisiken bei der Ermittlung von Eigenkapitalkosten in der Unternehmensbewertung, Lohmar 2012 (Finanzierungsrisiken).

MACHARZINA, KLAUS/WOLF, JOACHIM, Unternehmensführung. Das internationale Managementwissen: Konzepte, Methoden, Praxis, 10. Aufl., Wiesbaden 2018 (Unternehmensführung).

MADURA, JEFF, International Financial Management, 13. Aufl., Boston, MA. 2018 (International Financial Management).

MAKRIDAKIS, SPYROS G./WHEELWRIGHT, STEVEN C./HYNDMAN, ROB J., Forecasting – Methods and Applications, 3. Aufl., New York 1998 (Forecasting).

Quellenverzeichnis

MALTRITZ, DOMINIK, Quantifizierung von Souveränrisiken, Marburg 2006 (Souveränrisiken).

MANDL, GERWALD/RABEL, KLAUS, Unternehmensbewertung. Eine praxisorientierte Einführung, Wien, Frankfurt am Main 1997 (Unternehmensbewertung).

MARTIN, MARKUS R. W./REITZ, STEFAN/WEHN, CARSTEN S., Kreditderivate und Kreditrisikomodelle. Eine mathematische Einführung, 2. Aufl., Wiesbaden 2014 (Kreditderivate und Kreditrisikomodelle).

MATSCHKE, MANFRED JÜRGEN/BRÖSEL, GERRIT, Unternehmensbewertung. Funktionen – Methoden – Grundsätze, 4. Aufl., Wiesbaden 2013 (Unternehmensbewertung).

MATSCHKE, MANFRED JÜRGEN/BRÖSEL, GERRIT, Funktionale Unternehmensbewertung. Eine Einführung, Wiesbaden 2014 (Funktionale Unternehmensbewertung).

MCDONALD, ROBERT L., Derivatives Markets, 3. Aufl., Upper Saddle River, N. J. 2013 (Derivatives Markets).

MEFFERT, HERIBERT/BOLZ, JOACHIM, Internationales Marketing-Management, 3. Aufl., Stuttgart 1998 (Marketing-Management).

MEHLTRETTER, THORSTEN, Frühwarnsysteme für verschuldete Entwicklungsländer, Frankfurt am Main 1990 (Frühwarnsysteme).

MEITNER, MATTHIAS/STREITFERDT, FELIX, Unternehmensbewertung. Verändertes Bewertungsumfeld, Krisenunternehmen, unsichere zukünftige Inflationsentwicklung, Wertbeitragsrechnung, innovative Lösungsansätze, Stuttgart 2011 (Unternehmensbewertung).

METZ, VOLKER, Der Kapitalisierungszinssatz bei der Unternehmensbewertung. Basiszinssatz und Risikozuschlag aus betriebswirtschaftlicher Sicht und aus Sicht der Rechtsprechung, Wiesbaden 2007 (Kapitalisierungszinssatz).

MEYER, MARGIT, Die Beurteilung von Länderrisiken der internationalen Unternehmung, Berlin 1987 (Länderrisiken).

MITTAG, HANS-JOACHIM/SCHÜLLER, KATHARINA, Statistik. Eine Einführung mit interaktiven Elementen, 6. Aufl., Berlin 2020 (Statistik).

MORITZ, KARL-HEINZ/STADTMANN, GEORG, Monetäre Außenwirtschaft, 2. Aufl., München 2010 (Monetäre Außenwirtschaft).

MOXTER, ADOLF, Grundsätze ordnungsmäßiger Unternehmensbewertung, 2. Aufl., Wiesbaden 1983 (Unternehmensbewertung).

MROTZEK, RÜDIGER, Bewertung direkter Auslandsinvestitionen mit Hilfe betrieblicher Investitionskalküle, Wiesbaden 1989 (Auslandsinvestitionen).

MUNKERT, MICHAEL J., Der Kapitalisierungszinssatz in der Unternehmensbewertung. Theorie, Gutachtenpraxis und Rechtsprechung in Spruchverfahren, Wiesbaden 2005 (Kapitalisierungszinssatz).

MÜNSTERMANN, HANS, Wert und Bewertung der Unternehmung, Wiesbaden 1966 (Wert und Bewertung der Unternehmung).

NEUMEIER, ANDREAS, Unternehmensbewertung bei Squeeze-out. Eine theoretische und empirische Analyse im Spannungsfeld der Anforderungen von betriebswirtschaftlichen Erkenntnissen, IDW S 1 und Rechtsprechung, Lohmar 2015 (Unternehmensbewertung bei Squeeze-out).

NOWAK, KARSTEN, Marktorientierte Unternehmensbewertung. Discounted Cash Flow, Realoption, Economic Value Added und der Direct Comparison Approach, 2. Aufl., Wiesbaden 2003 (Marktorientierte Unternehmensbewertung).

OBERMAIER, ROBERT, Bewertung, Zins und Risiko. Anmerkungen zu Grundproblemen der entscheidungsorientierten Unternehmensbewertung und der wertorientierten Unternehmensbewertung, Frankfurt am Main 2003 (Bewertung, Zins und Risiko).

O'BRIEN, THOMAS JOSEPH, Introduction to Foreign Exchange Rates, 2. Aufl, New York 2017 (Foreign Exchange Rates).

OLBRICH, ALEXANDER, Wertminderung von finanziellen Vermögenswerten der Kategorie „Fortgeführte Anschaffungskosten" nach IFRS 9, Lohmar 2012 (Wertminderung von finanziellen Vermögenswerten).

OLSSON, CARL, Risk management in Emerging Markets. How to survive and prosper, Harlow 2002 (Risk management in Emerging Markets).

PEREIRO, LUIS E., Valuation of Companies in Emerging Markets. A Practical Approach, New York 2002 (Valuation).

PERRIDON, LOUIS/STEINER, MANFRED/RATHGEBER, ANDREAS, Finanzwirtschaft der Unternehmung, 17. Aufl., München 2017 (Finanzwirtschaft).

PETO, RUDOLF, Geldtheorie und Geldpolitik, 2. Aufl., München, Wien 2017 (Geldtheorie).

PINZINGER, PETER, Die Marktrisikoprämie im Rahmen der objektivierten Unternehmensbewertung. Eine Erörterung der qualitativen und der quantitativen Determinanten im Lichte der modelltheoretischen Annahmen und der Empfehlungen der Bewertungspraxis, München 2016 (Marktrisikoprämie).

POIGNANT-ENG, CORNELIA, Messung von Länderrisiken aufgrund von Finanzmarktdaten, Zürich 1991 (Messung von Länderrisiken).

Quellenverzeichnis

POOTEN, HOLGER, Grundsätze ordnungsmäßiger Unternehmensbewertung. Ermittlung und Inhalt aus Käufersicht, Büren 1999 (Grundsätze ordnungsmäßiger Unternehmensbewertung).

REBIEN, AXEL, Kapitalkosten in der Unternehmensbewertung. Auswahl und Einsatz von Ermittlungsmethoden zur sachgerechten Ableitung von Risikokosten unter Berücksichtigung fundamentaler Faktoren, Aachen 2007 (Kapitalkosten).

REESE, RAIMO, Schätzung von Eigenkapitalkosten für die Unternehmensbewertung, Frankfurt am Main 2007 (Eigenkapitalkosten).

REINKE, JENS, Impairment Test nach IAS 36. Grundlagen, Durchführung und abschlusspolitisches Potential, Berlin 2010 (Impairment Test).

RENN, ORTWIN/SCHWEIZER, PIA-JOHANNA/DREYER, MARION/KLINKE, ANDREAS, Risiko. Über den gesellschaftlichen Umgang mit Unsicherheit, München 2007 (Risiko).

ROBICHEK, ALEXANDER A./MYERS, STEWART CLAY, Optimal Financing Decisions, Englewood Cliffs, N. J. 1965 (Optimal Financing Decisions).

RUß, OLIVER, Hedging-Verhalten deutscher Unternehmen. Empirische Analyse der ökonomischen Bestimmungsfaktoren, Wiesbaden 2002 (Hedging-Verhalten).

SABAL, JAIME, Financial Decisions in Emerging Markets, New York 2002 (Financial Decisions).

SCHIFFEL, SIMON, Implizite Ausfallwahrscheinlichkeiten von Unternehmensanleihen. Eine empirische Analyse in unterschiedlichen Währungen auf Basis von Zinsstrukturkurven, Wiesbaden 2009 (Unternehmensanleihen).

SCHLECKER, MATTHIAS, Credit Spreads. Einflussfaktoren, Berechnung und langfristige Gleichgewichtsmodellierung, Lohmar, Köln 2009 (Credit Spreads).

SCHOLZ, JOACHIM, Wert und Bewertung internationaler Akquisitionen, Wiesbaden 2000 (Internationale Akquisitionen).

SCHOLZ, JÜRGEN, Auslandsinvestitionsrechnung. Möglichkeiten zur Berücksichtigung der Unsicherheit, Wiesbaden 1996 (Auslandsinvestitionsrechnung).

SCHÖNBUCHER, PHILIPP J., Credit Derivatives Pricing Models. Models, Pricing and Implementation, Chichester 2003 (Credit Derivatives Pricing Models).

SCHÜLER, ANDREAS, Finanzmanagement mit Excel. Grundlagen und Anwendungen, 2. Aufl., München 2016 (Finanzmanagement).

SCHÜLKE, THILO, IDW-Standards und Unternehmensrecht. Zur Geltung und Wirkung privat gesetzter Regeln, Berlin 2014 (IDW-Standards und Unternehmensrecht).

Quellenverzeichnis

SCHULTZE, WOLFGANG, Methoden der Unternehmensbewertung. Gemeinsamkeiten, Unterschiede, Perspektiven, 2. Aufl., Düsseldorf 2003 (Methoden der Unternehmensbewertung).

SCHÜTTE-BIASTOCH, SONJA, Unternehmensbewertung von KMU. Eine Analyse unter besonderer Berücksichtigung dominierter Bewertungsanlässe, Wiesbaden 2011 (Unternehmensbewertung von KMU).

SEPPELFRICKE, PETER, Handbuch Aktien- und Unternehmensbewertung. Bewertungsverfahren, Unternehmensanalyse, Erfolgsprognose. 4. Aufl., Stuttgart 2012 (Aktien- und Unternehmensbewertung).

SERCU, PIET, International Finance. Theory into Pratice, Oxford 2009 (International Finance).

SHAPIRO, ALAN C., Multinational Financial Management, 11. Aufl., Hoboken, N. J. 2020 (Financial Management).

SHARPE, WILLIAM F., Portfolio theory and capital markets, New York u. a. 1970 (Portfolio theory and capital markets).

SIDDAIAH, THUMMULURI, International Financial Management. An Analytical Framework, 2. Aufl., Bangalore 2015 (Financial Management).

SIEVERS, MAREN, Kreditderivate. Gestaltungsmöglichkeiten, bankenaufsichtsrechtliche Behandlung und der Handel mittelständischer Kreditrisiken, Baden-Baden 2009 (Kreditderivate).

SOLNIK, BRUNO H./MCLEAVEY, DENNIS, Global investments, 6. Aufl., Harlow 2014 (Global Investments).

SPREMANN, KLAUS, Internationale Finanzwirtschaft. Strategien zwischen Autonomie und Globalisierung, Wiesbaden 2019 (Internationale Finanzwirtschaft).

STEIN, INGO, Motive für internationale Unternehmensakquisitionen, Wiesbaden 1992 (Internationale Unternehmensakquisitionen).

STEINBACH, FLORIAN, Der Kapitalisierungszinssatz in der Praxis der Unternehmensbewertung. Theoretische und empirische Analyse der Ermessensspielräume bei der Ermittlung objektivierter Unternehmenswerte nach IDW S 1. Lohmar 2015 (Kapitalisierungszinssatz).

STEINER, MANFRED/BRUNS, CHRISTOPH/STÖCKL, STEFAN, Wertpapiermanagement. Professionelle Wertpapieranalyse und Portfoliostrukturierung, 11. Aufl., Stuttgart 2017 (Wertpapiermanagement).

STEUERNAGEL, AXEL, Strategische Unternehmenssteuerung im digitalen Zeitalter. Theorien, Methoden und Anwendungsbeispiele, Wiesbaden 2017 (Strategische Unternehmenssteuerung).

STRAUCH, JOACHIM, Unternehmensbewertung und Grundsätze ordnungsmäßiger Due Diligence, Düsseldorf 2005 (Grundsätze ordnungsmäßiger Due Diligence).

STRAUß, SÖNKE, Determinanten von Credit Spreads deutscher Unternehmensanleihen. Theoretische und empirische Analyse, Hamburg 2009 (Credit Spreads).

SUCKUT, STEFAN, Unternehmensbewertung für internationale Akquisitionen. Verfahren und Einsatz, Wiesbaden 1992 (Internationale Akquisitionen).

THEIL, HENRI, Applied economic forecasting, Amsterdam 1966 (Applied economic forecasting).

TIMMRECK, CHRISTIAN, Kapitalmarktorientierte Sicherheitsäquivalente. Konzeption und Anwendung bei der Unternehmensbewertung, Wiesbaden 2006 (Kapitalmarktorientierte Sicherheitsäquivalente).

TINZ, OLIVER, Die Abbildung von Wachstum in der Unternehmensbewertung. Eine theoretische und empirische Analyse der Möglichkeiten und Grenzen einer objektivierten und transparenten Abbildung von Wachstum nach IDW S 1, Lohmar 2010 (Wachstum in der Unternehmensbewertung).

TISCHEL, MATTHIAS, Beurteilung ausländischer Direktinvestitionen. Ein Leitfaden für den Controller, Saarbrücken 2007 (Beurteilung ausländischer Direktinvestitionen).

TRISTRAM, DANIEL, Risikofaktoren für ausländische Direktinvestitionen. Eine empirische Studie über die Abhängigkeit ausländischer Direktinvestitionen von Risikofaktoren am Besispiel des Wirtschaftsraumes Lateinamerikas, Hamburg 2013 (Risikofaktoren).

TÜMPEN, MARIANNE M., Strategische Frühwarnsysteme für politische Auslandsrisiken, Wiesbaden 1987 (Frühwarnsysteme).

VON GOETHE, JOHANN WOLFGANG /VON MÜLLER, FRIEDRICH/BURKHARDT, KARL AUGSUT HUGO, Unterhaltungen mit dem Kanzler Friedrich von Müller, Stuttgart 1870 (Unterhaltungen).

WADÉ, MARKUS, Länderrisikoanalyse im Rahmen moderner Kreditrisikomodelle bei Banken. Eine Untersuchung mit besonderem Schwerpunkt auf Marktpreisinformationen von Emerging Markets, Frankfurt am Main 2003 (Länderrisikoanalyse).

WAGNER, EVA, Credit Default Swaps und Informationsgehalt, Wiesbaden 2008 (CDS).

WINGENROTH, THORSTEN, Risikomanagement für Corporate Bonds. Modellierung von Spreadrisiken im Investment-Grade-Bereich, Bad Soden/Ts. 2004 (Corporate Bonds).

WOLKE, THOMAS, Risikomanagement, 3. Aufl., Berlin, Boston, MA. 2016 (Risikomanagement).

WOLLNY, CHRISTOPH, Der objektivierte Unternehmenswert. Unternehmensbewertung bei gesetzlichen und vertraglichen Bewertungsanlässen, 3. Aufl., Herne 2018 (Der objektivierte Unternehmenswert).

ZIEMER, FRANZISKA, Der Betafaktor. Theoretische und empirische Befunde nach einem halben Jahrhundert CAPM, Wiesbaden 2018 (Betafaktor).

Verzeichnis der Aufsätze

ABUAF, NISO, Valuing Emerging Market Equities – The Empirical Evidence, in: JAF 2011, S. 1–19 (Valuing Emerging Market Equities – The Empirical Evidence).

ABUAF, NISO, Valuing Emerging Market Equities – A Pragmatic Approach Based on the Empirical Evidence, in: JACF 2015, S. 71–89 (Valuing Emerging Market Equities – A Pragmatic Approach).

ADERS, CHRISTIAN/WAGNER, MARC, Kapitalkosten in der Bewertungspraxis: Zu hoch für die „New Economy" und zu niedrig für die „Old Economy". Eine kritische Analyse impliziter Annahmen zu Debt Beta, Wachstum und der Sicherheit von Tax Shield, in: FB 2004, S. 30–42 (Kapitalkosten in der Bewertungspraxis).

ADLER, MICHAEL/DUMAS, BERNARD, Exposure to Currency Risk: Definition and Measurement, in: FM 1984, S. 41–50 (Exposure to Currency Risk).

ADLER, MICHAEL/DUMAS, BERNHARD, International Portfolio Choice and Corporation Finance: A Synthesis, in: JoF 1983, S. 925–984 (International Portfolio Choice).

AFFOLTER, BEAT/DANZEISEN, MANUEL/MÖHR, ANDREA, Währungsprognosen bewähren sich nicht, in: Die Volkswirtschaft 2018, S. 56–58 (Währungsprognosen).

AGGARWAL, REENA/INCLAN, CARLA/LEAL, RICARDO, Volatility in Emerging Stock Markets, in: JFQA 1999, S. 33–55 (Volatility in Emerging Stock Markets).

ALQUIST, RON/CHINN, MENZIE DAVID, Conventional and unconventional Approaches to Exchange Rate Modelling and Assessment, in: IJFE 2008, S. 2–13 (Exchange Rate Modelling).

ALTMAN, EDWARD I., An Emerging Market Credit Scoring System for Corporate Bonds, in: EMR 2005, S. 311–323 (Emerging Market Credit Scoring System).

AMATO, JEFFERY D./REMOLONA, ELI M., The Credit Spread Puzzle, in: BIS Quarterly Review 2003, S. 51–63 (Credit Spread Puzzle).

ANGERMÜLLER, NIELS OLAF, Bondspreads und Ratings als Indikatoren für Länderrisiken?, in: ZfgK 2000, S. 1152–1157 (Indikatoren für Länderrisiken).

ARBEITSKREIS „FINANZIERUNG" DER SCHMALENBACH-GESELLSCHAFT (Hrsg.), Wertorientierte Unternehmensbesteuerung mit differenzierten Kapitalkosten, in: zfbf 1996, S. 543–578 (Wertorientierte Unternehmensbesteuerung).

BACKHAUS, KLAUS/MEYER, MARGIT, Ansätze zur Beurteilung von Länderrisiken, in: zfbf-Sonderheft 1986, S. 39–59 (Beurteilung von Länderrisiken).

Quellenverzeichnis

BAETGE, JÖRG, Januskopf: DCF-Verfahren in der Unternehmensbewertung und in der Bilanzierung, in: BB 2005, S. 1 (Januskopf: DCF-Verfahren).

BAETGE, JÖRG, Verwendung von DCF-Kalkülen bei der Bilanzierung nach IFRS, in: WPg 2009, S. 13–23 (Verwendung von DCF-Kalkülen).

BAETGE, JÖRG/JERSCHENSKY, ANDREAS, Frühwarnsysteme als Instrumente eines effizienten Risikomanagement und -controlling, in: Controlling 1999, S. 171–176 (Frühwarnsysteme).

BAETGE, JÖRG/KRAUSE, CLEMENS, Die Berücksichtigung des Risikos bei der Unternehmensbewertung. Eine empirisch gestützte Betrachtung des Kalkulationszinses, in: BFuP 1994, S. 433–456 (Berücksichtigung des Risikos).

BALDACCI, EMANUELE/GUPTA, SANJEEV/MATI, AMINE, Political and Fiscal Risk Determinants of Sovereign Spreads in Emerging Markets, in: RoDE 2011, S. 251–263 (Political and Fiscal Risk).

BALLWIESER, WOLFGANG, Unternehmensbewertung mit Discounted Cash Flow-Verfahren, in: WPg 1998, S. 81–92 (DCF-Verfahren).

BALLWIESER, WOLFGANG, Der Kalkulationszinsfuß in der Unternehmensbewertung: Komponenten und Ermittlungsprobleme, in: WPg 2002, S. 736–743 (Der Kalkulationszinsfuß in der Unternehmensbewertung).

BALLWIESER, WOLFGANG/FRIEDRICH, TOBIAS, Peers, Marktrisikoprämie und Insolvenzrisiko: Einige Anmerkungen zu drei Problemen der Unternehmensbewertung, in: CF 2015, S. 449–457 (Peers, Marktrisikoprämie und Insolvenzrisiko).

BALTZER, MARKUS/STOLPER, OSCAR/WALTER, ANDREAS, Home-field advantage or a matter of ambiguity aversion? Local bias among German individual investors, in: EJF 2015, S. 734–754 (Home-field advantage).

BASSEMIR, MORITZ/GEBHARDT, GÜNTHER/RUFFING, PATRICIA, Zur Diskussion um die (Nicht-)Berücksichtigung der Finanz- und Schuldenkrisen bei der Ermittlung der Kapitalkosten, in: WPg 2012, S. 882–892 (Finanz- und Schuldenkrisen).

BEHRINGER, STEFAN/GLEIßNER, WERNER, Die Unternehmensplanung als Grundlage für die Unternehmensbewertung. Eine empirische Studie, in: WPg 2018, S. 312–319 (Unternehmensplanung).

BEKAERT, GEERT/HARVEY, CAMPBELL RUSSELL, Time-Varying World Market Integration, in: JoF 1995, S. 403–444 (World Market Integration).

BEKAERT, GEERT/HARVEY, CAMPBELL RUSSELL, Emerging Markets Finance, in: JEF 2003, S. 3–55 (Emerging Markets Finance).

BEKAERT, GEERT/HARVEY, CAMPBELL RUSSELL/LUNDBLAD, CHRISTIAN/SIEGEL, STEPHAN, Political risk and international valuation, in: JCF 2016, S. 1–23 (Political Risk).

BEKAERT, GEERT/HARVEY, CAMPBELL RUSSELL/LUNDBLAD, CHRISTIAN T./SIEGEL, STEPHAN, Political Risk Spreads, in: JIBS 2014, S. 471–493 (Political Risk Spreads).

BEKAERT, GEERT/HARVEY, CAMPBELL RUSSELL/LUNDBLAD, CHRISTIAN T./SIEGEL, STEPHAN, The European Union, the Euro, and equity market integration, in: JFE 2013, S. 583–603 (The European Union).

BEKAERT, GEERT/HARVEY, CAMPBELL RUSSELL/LUNDBLAD, CHRISTIAN T./SIEGEL, STEPHAN, What segments Equity Markets?, in: RoFS 2011, S. 3841–3890 (Equity Markets).

BERG, TOBIAS/HEIGERMOSER, ROBERT/KASERER, CHRISTOPH/KITTLAUSS, DANIEL/WILLERHAUSEN, TIMO, Schätzung erwarteter Marktrisikoprämien mittels impliziter Kapitalkosten. Ein praxisorientierter Ansatz, in: CF 2017, S. 226–233 (Erwartete Marktrisikoprämien).

BERGER, JENS/FINK, ANJA, Impairmenttest nach IAS 36 in Zeiten der COVID-19-Pandemie, in: BB 2021, S. 171–175 (Impairmenttest nach IAS 36).

BERGER, JENS/FINK, ANJA, Praktische Herausforderungen bei der Durchführung des Werthaltigkeitstests nach IAS 36, in: BB 2019, S. 2475–2479 (Werthaltigkeitstests nach IAS 36).

BERGER, KATRIN/KNOLL, LEONHARD, Objektivierte Unternehmensbewertung und internationale Bewertungsstandards, in: BewP 2009, S. 2–11 (Internationale Bewertungsstandards).

BERTRAM, INGO/CASTEDELLO, MARC/TSCHÖPEL, ANDREAS, Überlegungen zur Marktrendite und zur Marktrisikoprämie, in: CF 2015, S. 468–473 (Marktrendite und Marktrisikoprämie).

BEUMER, JOCHEN, Implizite Marktrisikoprämien – Konsistente Ermittlung und Anwendung, in: CF 2015, S. 330–344 (Implizite Marktrisikoprämien).

BEUMER, JOCHEN/JÜRGENS, KLAUS, Implizite Marktrisikoprämien und Marktrenditen von 2008 bis 2018, in: BewP 2019, S. 71–80 (Implizite Marktrisikoprämien und Marktrenditen).

BLACK, FISCHER, Capital Market Equilibrium with Restricted Borrowing, in: JoB 1972, S. 444–455 (Capital Market Equilibrium).

BLANCO, ROBERTO/BRENNAN, SIMON/MARSH, IAN W., An Empirical Analysis of the Dynamic Relation between Investment-Grade Bonds and Credit Default Swaps, in: JoF 2005, S. 2255–2281 (Investment-Grade Bonds and CDS).

BLOMMESTEIN, HANS/EIJFFINGER, SYLVESTER/QIAN, ZONGXIN, Regime-dependent determinants of Euro area sovereign CDS spreads, in: JoFS 2016, S. 10–21 (Sovereign CDS Spreads).

BÖCK, RUDOLF/STRAẞER, THOMAS/STORP, RONALD/BOSCH, SIMON, Die Ableitung der Marktrisikoprämie – auch eine Frage des risikofreien Zinssatzes, in: CF 2018, S. 288–294 (Marktrisikoprämie).

BRENNAN, M. J., Taxes, Market Valuation and Corporate Financial Policy, in: NTJ 1970, S. 417–427 (Taxes, Market Valuation and Corporate Financial Policy).

BREUER, WOLFGANG, Die Beurteilung von Auslandsdirektinvestitionen bei Risiko, in: WiSt 2001, S. 630–634 (Die Beurteilung von Auslandsdirektinvestitionen).

BREUER, WOLFGANG/FUCHS, DANIEL/MARK, KLAUS, Estimating cost of capital in firm valuations with arithmetic or geometric mean – or better use the Cooper estimator?, in: EJF 2014, S. 568–594 (Estimating cost of capital).

BRÜHL, VOLKER, Länderrisiken bei internationalen Unternehmenskäufen, in: FB 2000, S. 61–67 (Länderrisiken).

BUTLER, KIRT C./JOAQUIN, DOMINGO CASTELO, A Note on Political Risk and the Required Return on Foreign Direct Investment, in: JIBS 1998, S. 599–607 (Political Risk).

BUTLER, KIRT C./O'BRIEN, THOMAS J./UTETE, GWINYAI, A Fresh Look at Cross-Border Valuation and FX Hedging Decisions, in: JAF 2013, S. 84–94 (Cross-Border Valuation).

CAO, CHARLES/YU, FAN/ZHONG, ZHAODONG, The information content of option-implied volatility for credit default swap valuation, in: JFM 2010, S. 321–343 (CDS valuation).

CASTEDELLO, MARC/JONAS, MARTIN/SCHIESZL, SVEN/LENCKNER, CHRISTIAN, Die Marktrisikoprämie im Niedrigzinsumfeld. Hintergrund und Erläuterung der Empfehlung des FAUB, in: WPg 2018, S. 806–825 (Marktrisikoprämie im Niedrigzinsumfeld).

CASTEDELLO, MARC/TSCHÖPEL, ANDREAS, Auswirkungen von COVID-19 auf die Unternehmensbewertung, in: WPg 2020, S. 914–922 (Auswirkungen von COVID-19 auf die Unternehmensbewertung).

CHRISTOU, CHRISTINA/GUPTA, RANGAN/HASSAPIS, CHRISTIS/SULEMAN, TAHIR, The role of economic uncertainty in forecasting exchange rate returns and realized volatility: Evidence from quantile predictive regressions, in: JoFc 2018, S. 705–719 (Economic uncertainty).

CLAUSSEN, RAINER, Erfahrungen mit der Länderrisikoanalyse, in: Die Bank 1986, S. 501–505 (Länderrisikoanalyse).

COENENBERG, ADOLF G./SCHULTZE, WOLFGANG, Unternehmensbewertung: Konzeptionen und Perspektiven. Bewertungsmethoden; Multiplikatoren; Performance Measurement; Residualgewinn; Unternehmensbewertung; Wertorientiertes Controlling, in: DBW 2002, S. 597–621 (Unternehmensbewertung).

COENENBERG, ADOLF G./SCHULTZE, WOLFGANG, Funktionale Währungsumrechnung nach DRS, IFRS und US-GAAP, in: WiSt 2006, S. 646–651 (Funktionale Währungsumrechnung).

COEURDACIER, NICOLAS/REY, HELENE, Home Bias in Open Economy Financial Macroeconomics, in: JEL 2012, S. 63–115 (Home Bias).

COLLIN-DUFRESNE, PIERRE/GOLDSTEIN, ROBERT/MARTIN, SPENCER, The Determinants of Credit Spread Changes, in: JoF 2001, S. 2177–2207 (Credit Spread Changes).

COOPER, IAN A./KAPLANIS, EVI, Home Bias in Equity Portfolios, Inflation Hedging, and International Capital Market Equilibrium, in: RFS 1994, S. 45–60 (Home Bias in Equity Portfolios).

CREUTZMANN, ANDREAS, Liquiditätskennzahlen bei der Analyse von Betafaktoren, in: BewP 2012, S. 56–60 (Liquiditätskennzahlen).

CREUTZMANN, ANDREAS/SPIES, ALISSA/STELLBRINK, JÖRN, Theorie und Praxis der Wechselkursprognose bei Unternehmensbewertungen zur Ermittlung einer angemessenen Barabfindung, in: DB 2018, S. 2381–2389 (Wechselkursprognose).

DAMODARAN, ASWATH, Country Risk and Company Exposure: Theory and Practice, in: JoAF 2003, S. 63–76 (Country Risk).

DIERKES, STEFAN/GRÖGER, HANS-CHRISTIAN/RODZAJ, NICOLE/SÜMPELMANN, JOHANNES, Unlevering und Relevering mit „falschen" Anpassungsformeln. Wie schlimm ist das?, in: WPg 2018, S. 381–389 (Unlevering und Relevering).

DÖNCH, DANIEL/MAYER-FRIEDRICH, MATIJA, Fünf Thesen zum kritischen Umgang mit der Marktrisikoprämie, in: DB 2019, S. 377–381 (Umgang mit der Marktrisikoprämie).

DÖRSCHELL, ANDREAS/FRANKEN, LARS/SCHULTE, JÖRN/BRÜTTING, CHRISTIAN, Ableitung CAPM-basierter Risikozuschläge bei der Unternehmensbewertung - eine kritische Analyse ausgewählter Problemkreise im Rahmen von IDW S 1 i. d. F. 2008, in: WPg 2008, S. 1152–1162 (CAPM-basierte Risikozuschläge).

DURBIN, ERIK/NG, DAVID, The Sovereign Ceiling and Emerging Market Corporate Bond Spreads, in: JIMF 2005, S. 631–649 (Sovereign Ceiling).

EASTERWOOD, JOHN C./NUTT, STACEY R., Inefficiency in Analysts' Earnings Forecasts: Systematic Misreaction or Systematic Optimism?, in: JoF 1999, S. 1777–1797 (Analysts' Earnings Forecast).

EJARA, DEMISSEW/KRAPL, ALAIN/O'BRIEN, THOMAS J./RUIZ DE VARGAS, SANTIAGO, Local, Global, and International CAPM: For which countries does model choice matter?, in: JOIM 2020, S. 73–95 (Local, Global, and International CAPM).

EL HEDI AROURI, MOHAMEND/NGUYEN, DUC KHUONG/PUKTHUANTHONG, KUNTARA, An international CAPM for partially integrated markets: Theory and empirical evidence, in: JBF 2012, S. 2473–2493 (International CAPM).

EMMERICH, VOLKER, 50 Jahre Aktiengesetz 1965. Perspektiven des Vertragskonzerns – Dauerbaustelle Unternehmensbewertung, in: AG 2015, S. 627–630 (50 Jahre Aktiengesetz).

ERNST, DIETMAR/GLEIßNER, WERNER, Damodarans Länderrisikoprämie – Eine Ergänzung zur Kritik von Kruschwitz/Löffler/Mandl aus realwissenschaftlicher Perspektive, in: WPg 2012, S. 1252–1264 (Damodarans Länderrisikoprämie – Eine Ergänzung).

ERNST, DIETMAR/GLEIßNER, WERNER, Der Beitrag der Wissenschaft zur besseren Fundierung von Unternehmensbewertungen am Beispiel der Länderrisikoprämie – Eine Replik zu den Bemerkungen von Kruschwitz/Löffler/Mandl, WPg 2014, S. 527 ff., in: WPg 2014, S. 532–538 (Unternehmensbewertungen am Beispiel der Länderrisikoprämie – Eine Replik).

FAMA, EUGENE F., Efficient Capital Markets: A Review of Theory and Empirical Work, in: JoF 1970, S. 383–417 (Efficient Capital Markets).

FAMA, EUGENE FRANCIS/FARBER, ANDRÉ, Money, Bonds, and Foreign Exchange, in: AER 1979, S. 639–649 (Money, Bonds, and Foreign Exchange).

FEILS, DOROTHEE J./ŞABAC, FLORIN M., The Impact of Political Risk on the Foreign Direct Investment Decision: A Capital Budgeting Analysis, in: TEE 2000, S. 129–143 (Impact of Political Risk).

FENDER, INGO/HAYO, BERND/NEUENKIRCH, MATTHIAS, Daily pricing of emerging market sovereign CDS before and during the financial crisis, JoBF 2012, S. 2786–2796 (Emerging Markets Sovereign CDS).

FLEISCHER, HOLGER, Unternehmensbewertung bei aktienrechtlichen Abfindungsansprüchen: Bestandsaufnahme und Reformperspektiven im Lichte der Rechtsvergleichung, in: AG 2014, S. 97–114 (Unternehmensbewertung bei aktienrechtlichen Abfindungsansprüchen).

FOURCANS, ANDRE/HINDELANG, THOMAS J., Capital Investment Evaluation For The Multinational Firm, in: Omega 1975, S. 689–697 (Capital Investment Evaluation Multinational).

FRANKEL, JEFFREY ALEXANDER, The diversifiability of exchange risk, in: JIE 1979, S. 379–393 (Diversifiability of exchange risk).

FRANKEN, LARS/SCHULTE, JÖRN, Erfassung systematischer und unsystematischer Risiken im Bewertungskalkül, in: BewP 2012, S. 92–100 (Systematische und unsystematische Risiken).

FRENCH, KENNETH R./POTERBA, JAMES M., Investor Diversification and International Equity Markets, in: AER 1991, S. 222–226 (Investor Diversification).

FUENZALIDA, DARCY/MONGRUT, SAMUEL, Estimation of Discount Rates in Latin America: Empirical Evidence and Challenges, in: JEFAS 2010, S. 7–43 (Estimation of Discount Rates).

GARCIA-SANCHEZ, JAVIER/PREVE, LORENZO/SARRIA-ALLENDE, VIRGINIA, Valuation in Emerging Markets: A Simulation Approach, in: JACF 2010, S. 100–108 (Valuation in Emerging Markets).

GEYER, ALOIS/KOSSMEIER, STEPHAN/PICHLER, STEFAN, MEASURING Systematic Risk in EMU Government Yield Spreads, in: RoF 2004, S. 171–197 (Systematic Risk).

GLEIßNER, WERNER, Investitionsrechnung: Risikogerechte Beurteilung von Projekten durch den Einsatz von Simulationsverfahren, in: Der Controlling-Berater 2007, S. 549–568 (Simulationsverfahren).

GLEIßNER, WERNER, Erwartungstreue Planung und Planungssicherheit – Mit einem Anwendungsbeispiel zur risikoorientierten Budgetierung, in: Controlling 2008, S. 81–87 (Erwartungstreue Planung).

GLEIßNER, WERNER, Risikoanalyse und Replikation für Unternehmensbewertung und wertorientierte Unternehmenssteuerung, in: WiSt 2011, S. 345–352 (Unternehmensbewertung und wertorientierte Unternehmenssteuerung).

GLEIßNER, WERNER/PRESBER, RALF, Die Grundsätze ordnungsmäßiger Planung. GoP 2.1 des BDU: Nutzen für die betriebswirtschaftliche Steuerung, in: Controller Magazin 2010, S. 82–86 (Die Grundsätze ordnungsmäßiger Planung).

GÖBELL, MORITZ/MIETZNER, MARK/SCHIERECK, DIRK, Renditeeffekte beim Ankauf von Unternehmensanleihen in Deutschland, in: Perspektiven der Wirtschaftspolitik 2018, S. 331–344 (Renditeeffekte).

GODFREY, STEPHEN/ESPINOSA, RAMON, A Practical Approach to Calculating Costs of Equity for Investments in Emerging Markets, in: JACF 1996, S. 80–89 (Calculating Costs of Equity).

GORNY, CHRISTIAN/ROSENBAUM, DIRK, Zur Verwendung kapitalmarktbasierter Risikozuschläge in phasenorientierten Unternehmensbewertungsmodellen, in: FB 2002, S. 486–489 (Kapitalmarktbasierte Risikozuschläge).

Quellenverzeichnis

GÜNDLING, HEIKE/EVERLING, OLIVER, Verfahren zur Länderrisikobeurteilung, in: Die Bank 1993, S. 590–595 (Länderrisikobeurteilung).

GYGLI, SAVINA/HAELG, FLORIAN/POTRAFKE, NIKLAS/STURM, JAN-EGBERT, The KOF Globalisation Index – revisited, in RoIO 2019, S. 543–574 (KOF Globalisation Index).

HACHMEISTER, DIRK/RUTHARDT, FREDERIK/UNGEMACH, FIONA, Bestimmung der Kapitalkosten beim Impairment-Test. Kritische Bemerkung zum Ansatz von Prämien für Länderrisiken und für geringe Unternehmensgröße, in: IRZ 2012, S. 233–237 (Bestimmung der Kapitalkosten).

HAESNER, CHRISTIAN/JONAS, MARTIN, Zur Berücksichtigung des Verschuldungsgrades bei der Bewertung von Unternehmen. Anmerkungen zum IDW Praxishinweis 2/2018, in: WPg 2020, S. 159–167 (Verschuldungsgrad bei der Bewertung).

HAESNER, CHRISTIAN/JONAS, MARTIN, Bewerten heißt vergleichen – mit dem CAPM bewerten heißt mit vergleichbaren Betafaktoren bewerten. Stellungnahme zur Erwiderung von Knoll/Kruschwitz/Löffler/Lorenz, CF 2020 S. 97, in: CF 2020, S. 102–103 (Bewerten heißt vergleichen).

HARVEY, CAMPBELL R., Predictable Risk and Returns in Emerging Markets, in: RFS 1995, S. 773–816 (Risk and Returns in Emerging Markets).

HARVEY, CAMPBELL R., The Risk Exposure of Emerging Equity Markets, in: WBER 1995, S. 19–50 (Risk Exposure of Emerging Equity Markets).

HASSAN, M. KABIR/MARONEY, NEAL C./EL-SADY, HASSAN M./TELFAH, AHMAD, Country risk and stock market volatility, predictability, and diversification in the Middle East and Africa, in: Economic Systems 2003, S. 63–82 (Country risk and stock market volatility).

HAYN, MARC, Unternehmensbewertung: Die funktionale Wertkonzeptionen. Gemeinsamkeiten, Unterschiede und Konsequenzen für die Überarbeitung des Entwurfs der HFA-Stellungnahme 2/1983, in: DB 2000, S. 1346–1353 (Funktionale Wertkonzeptionen).

HELBLING, CARL, 25 Grundsätze für die Unternehmensbewertung. Die wichtigsten unbestrittenen Grundsätze aus der Praxis der Unternehmensbewertung, in: ST 2002, S. 735–744 (25 Grundsätze für die Unternehmensbewertung).

HENISZ, WITHOLD J./ZELNER, BENNET A., The Hidden Risks in Emerging Markets, in: HBR 2010, S. 88–95 (Risks in Emerging Markets).

HENSELMANN, KLAUS/BARTH, THOMAS, „Übliche Bewertungsmethoden" – Eine empirische Erhebung für Deutschland, in: BewP 2009, S. 9–13 („Übliche Bewertungsmethoden").

HERRMANN, ANNELIESE, Kursschwankungen im Regime flexibler Wechselkurse. Hypothesen über Ursachen und Wirkungen. Ein Überblick, in: Ifo-Schnelldienst 1984, S. 11–28 (Kursschwankungen).

HORN, MAGNUS P./EMMEL, HEIKO/SCHMIDT, MICHAEL/GATZER, SEBASTIAN, Estimating the Country Risk Premium. Presenting an alternative to Damadaran's country risk premium data base, in: CF 2015, S. 157–166 (Country Risk Premium).

HORN, MAGNUS P./HOANG, DANIEL/EMMEL, HEIKO/GATZER, SEBASTIAN/LAHMANN, ALEXANDER/SCHMIDT, MICHAEL, Country Risk – Cost of Equity Measurement: Methodologies and Implications, in: CF 2017, S. 292–301 (Country Risk).

HOWELL, LLEWELLYN D./CHADDICK, BRAD, Models of Political Risk for Foreign Investment and Trade. An Assessment of Three Approaches, in: CJWB 1994, S. 70–91 (Models of Political Risk).

HULL, JOHN/PREDESCU, MIRELA/WHITE, ALAN, The relationship between credit default swap spreads, bond yields, and credit rating announcements, in: JBF 2004, S. 2789–2811 (CDS Spreads).

IHLAU, SUSANN/DUSCHA, HENDRIK/KÖLLEN, RENÉ, Länderrisiken in der Planungsrechnung und ihre Auswirkungen auf die Unternehmensbewertung, in: BB 2015, S. 1323–1328 (Länderrisiken).

ISMAILESCU, IULIANA/KAZEMI, HOSSEIN, The reaction of Emerging Market Credit Default Swap Spreads to Sovereign Credit Rating Changes, in: JBF 2010, S. 2861–2873 (Emerging Market CDS Spreads).

JÄCKEL, CHRISTOPH/KASERER, CHRISTOPH/MÜHLHÄUSER, KATJA, Analystenschätzungen und zeitvariable Marktrisikoprämien – Eine Betrachtung der europäischen Kapitalmärkte, in: WPg 2013, S. 365–383 (Analystenschätzungen und zeitvariable Marktrisikoprämien).

JACQUE, LAURENT L., Management of Foreign Exchange Risk: A Review Article, in: JIBS 1981, S. 81–101 (Management of Foreign Exchange Risk).

JONAS, MARTIN, Besonderheiten bei der Unternehmensbewertung bei kleinen und mittleren Unternehmen, in: WPg-Sonderheft 2008, S. S117–S122 (Unternehmensbewertung bei KMU).

JONAS, MARTIN, Die Bewertung mittelständischer Unternehmen – Vereinfachung und Abweichung, in: WPg 2011, S. 299–309 (Bewertung mittelständischer Unternehmen).

JONAS, MARTIN/WIELAND-BLÖSE, HEIKE/SCHIFFARTH, STEFANIE, Basiszinssatz in der Unternehmensbewertung, in: FB 2005, S. 647–653 (Basiszinssatz).

JORION, PHILIPPE, The Exchange-Rate Exposure of U. S. Multinationals, in: JoB 1990, S. 331–345 (Exchange-Rate Exposure).

KÄFER, BENJAMIN/MICHAELIS, JOCHEN, Länderrisiko: Die ökonomischen Konsequenzen einer Herabstufung durch die Ratingagenturen, in: Wirtschaftsdienst 2012, S. 95–100 (Länderrisiko).

KARAMI, BEZHAD, Bericht über das 3. Symposium Unternehmensbewertung in der Rechtsprechung, in: BewP 2015, S. 76–89 (3. Symposium Unternehmensbewertung in der Rechtsprechung).

KERN, CHRISTIAN/MÖLLS, SASCHA, Ableitung CAPM-basierter Betafaktoren aus einer Peergroup-Analyse. Eine kritische Betrachtung alternativer Verfahrensweisen, in: CF biz 2010, S. 440–448 (CAPM-basierte Betafaktoren).

KIRSCH, HANS-JÜRGEN, Fair Value – quo vadis?, in: WPg 2009, S. I (Fair Value).

KIRSCH, HANS-JÜRGEN/KRAUSE, CLEMENS, Kritische Überlegungen zur Discounted Cash Flow-Methode, in: ZfB 1996, S. 793–812 (DCF-Methode).

KNOLL, LEONHARD, Standpunkte zum CAPM: Beta Faktor: Wider die Peer-Grouperitis, in: BewP 2008, S. 13–14 (Standpunkte zum CAPM).

KNOLL, LEONHARD, Länderrisiken: Vom unvermeidlichen Regen in die vermeidbare Traufe. Zugleich Anmerkungen zum Beitrag von Zwirner/Kähler, Berücksichtigung von Länderrisiken in der Unternehmensbewertung, DB 2014 S. 2721=DB0682161, in: DB 2015, S. 937–939 (Länderrisiken).

KNOLL, LEONHARD, IDW-definierte Vertretbarkeit und die inhaltliche Entkernung des Spruchverfahrens, in: Spruchverfahren aktuell 2016, S. 2–22 (IDW-definierte Vertretbarkeit).

KNOLL, LEONHARD, Rechtsgeprägte Unternehmensbewertung: Richtigkeit, Vertretbarkeit und das IDW, in: BFuP 2017, S. 300–311 (Rechtsgeprägte Unternehmensbewertung).

KNOLL, LEONHARD, Der Betafaktor und die Praxis. Anmerkungen zu Muschallik/Rowoldt, CF 2016 S. 363–368 und 418–424, in: CF 2017, S. 182–184 (Betafaktor und die Praxis).

KNOLL, LEONHARD, Ausschüttungsquote und IDW-Vorgaben – oder: von der Kunst des Unmöglichen, in: DB 2018, S. 1933–1936 (Ausschüttungsquote und IDW-Vorgaben).

KNOLL, LEONHARD, Nichts dazugelernt! – Die neue Empfehlung des IDW zur Marktrisikoprämie im Lichte von Knoll, in: DB 2019, S. 2759 (Empfehlung des IDW zur Marktrisikoprämie).

KNOLL, LEONHARD, Die deutsche Marktrisikoprämie: Darf's ein bisschen mehr sein?, in: BFuP 2019, S. 275–294 (Deutsche Marktrisikoprämie).

KNOLL, LEONHARD/KRUSCHWITZ, LUTZ/LÖFFLER, ANDREAS/LORENZ, DANIELA, Der Betafaktor zwischen theoretischer Definition und belastbarer Prognose. Erwiderung zu Haesner/Jonas, CF 2019 S. 292 ff., in: CF 2020, S. 97–102 (Betafaktor).

KNOLL, LEONHARD/VORNDRAN, PHILIPP/ZIMMERMANN, STEFAN, Risikoprämien bei Eigen- und Fremdkapital – vergleichbare Größen?, in: FB 2006, S. 380–384 (Risikoprämien).

KREILKAMP, NIKLAS/WÖHRMANN, ARNT, Theoretische und empirische Erkenntnisse für die Ausgestaltung des Multiplikatorverfahrens in der Unternehmensbewertung, in: Controlling 2019, S. 27–35 (Multiplikatorverfahren).

KRUGMAN, PAUL R., Target Zones and Exchange Rate Dynamics, in: QJE 1991, S. 669–682 (Exchange Rate Dynamics).

KRUSCHWITZ, LUTZ/LÖFFLER, ANDREAS, Kapitalkosten aus theoretischer und praktischer Perspektive, in: WPg 2008, S. 803–810 (Kapitalkosten).

KRUSCHWITZ, LUTZ/LÖFFLER, ANDREAS, Warum Total Beta totaler Unsinn ist, in: CF 2014, S. 263–267 (Total Beta).

KRUSCHWITZ, LUTZ/LÖFFLER, ANDREAS/LORENZ, DANIELA, Unlevering und Relevering – Modigliani/Miller versus Miles/Ezzell, in: WPg 2011, S. 672–678 (Unlevering und Relevering).

KRUSCHWITZ, LUTZ/LÖFFLER, ANDREAS/LORENZ, DANIELA, Zum Unlevering und Relevering von Betafaktoren: Stellungnahme zu Meitner/Streitferdt, WPg 2012, S. 1037–1047 – Zugleich Grundsatzüberlegungen zu Kapitalkostendefinitionen, in: WPg 2012, S. 1048–1052 (Zum Unlevering und Relevering).

KRUSCHWITZ, LUTZ/LÖFFLER, ANDREAS/MANDL, GERWALD, Damodarans Country Risk Premium – und was davon zu halten ist, in: WPg 2011, S. 167–176 (Damodarans Country Risk Premium).

KRUSCHWITZ, LUTZ/LÖFFLER, ANDREAS/MANDL, GERWALD, Unternehmensbewertung zwischen Kunst und Wissenschaft – Bemerkungen zu Ernst/Gleißner, WPg 2012, S. 1252 ff, in: WPg 2014, S. 527–531 (Unternehmensbewertung zwischen Kunst und Wissenschaft).

LAAS, TIM/MAKAROV, DAVID, Wohin steuert die Marktrisikoprämie? Die Berechnung impliziter Marktrisikoprämien in Zeiten von Krisen, in: WPg 2020, S. 982–991 (Marktrisikoprämie).

LEKER, JENS/ROMMELFANGER, HEINRICH/ANGERMANN, AXEL D./HORNUNG, DIETMAR/KRAEMER, MORITZ, Sind die Methoden der Ratingagenturen dazu geeignet, die Zahlungsfähigkeit von Ländern zu bestimmen?, in: CF biz 2012, S. IV–VII (Ratingagenturen).

LESSARD, DONALD ROY, Incorporating Country Risk in the Valuation of Offshore Projects, in: JACF 1996, S. 52–63 (Country Risk).

LEWIS, KAREN, Trying to explain Home Bias in equities and consumption, in: JEL 1999, S. 571–608 (Home Bias in equities and consumption).

LINTNER, JOHN, Security Prices, Risk, and Maximal Gains From Diversification, in: JoF 1965, S. 587–615 (Security Prices).

LINTNER, JOHN, The Valuation of Risk Assets and the Selection of Risky Investments in Stock Portfolios and Capital Budgets, in: REStud 1965, S. 13–37 (The Valuation of Risk Assets).

LONGIN, FRANÇOIS/SOLNIK, BRUNO H., Extreme Correlation of International Equity Markets, in: JoF 2001, S. 649–676 (International Equity Markets).

LONGSTAFF, FRANCIS A./MITHAL, SANJAY/NEIS, ERIC, Corporate Yield Spreads: Default Risk or Liquidity? New Evidence from the Credit Default Swap Market, in: JoF 2005, S. 2213–2253 (Corporate Yield Spreads).

LONGSTAFF, FRANCIS A./PAN, JUN/PEDERSEN, LASSE H./SINGLETON, KENNETH J., How sovereign is sovereign credit risk?, in: AEJ: Macroeconomcis 2011, S. 75–103 (Sovereign Credit Risk).

MALKIEL, BURTON G., The Efficient Market Hypothesis and Its Critics, in: JEP 2003, S. 59–82 (Efficient Market Hypothesis).

MARKOWITZ, HARRY, Portfolio Selection, in: JoF 1952, S. 77–91 (Portfolio Selection).

MAURO, PAOLO/SUSSMANN, NATAHN/YAFEH, YISHAY, Emerging Market Spreads: Then Versus Now, in: QJoE 2002, S. 695–733 (Emerging Market Spreads).

MECKL, REINHARD/KENGELBACH, JENS, Implikationen der Covid-19-Pandemie für M&A, in: CF 2020, S. 137–140 (Implikationen der Covid-19-Pandemie).

MEESE, RICHARD A./ROGOFF, KENNETH, Empirical Exchange Rate Models of the Seventies. Do They Fit Out of Sample?, in: JIE 1983, S. 3–24 (Exchange Rate Models).

MEITNER, MATTHIAS/STREITFERDT, FELIX, Zum Unlevering und Relevering von Betafaktoren – Stellungnahme zu Kruschwitz/Löffler/Lorenz, WPg 2011, S. 672, in: WPg 2012, S. 1037–1047 (Unlevering und Relevering).

MEITNER, MATTHIAS/STREITFERDT, FELIX, Digitalisierung, Klimawandel, Politische Entwicklung – Ansätze zur Berücksichtigung der großen Metathemen in der Unternehmensbewertung, in: BewP 2019, S. 34–39 (Metathemen in der Unternehmensbewertung).

MEYBOM, PETER/REINHART, MICHAEL, Länderrisikosteuerung mittels kapitalmarktinduzierter Bewertung, in: Die Bank 1999, S. 568–572 (Länderrisikosteuerung).

MEYER, MARVIN/REUTER, MICHAEL/SWOBODA, MARCO/TINZ, OLIVER, Aktuelle Trends der Unternehmensbewertung, in: WPg 2018, S. 834–842 (Aktuelle Trends der Unternehmensbewertung).

MICU, MARIAN/REMOLONA, ELI M./WOOLDRDIGE, PHILIP D., The price impact of rating announcements: evidence from the credit default swap market, in: BIS Quarterly Review 2004, S. 55–65 (Price impact of rating announcements).

MODIGLIANI, FRANCO/MILLER, MERTON H., The cost of capital, corporation finance and the theory of investment, in: AER 1958, S. 261–297 (The cost of capital).

MOSSIN, JAN, Equilibrium in a Capital Asset Market, in: Econometrica 1966, S. 768–783 (Equilibrium in a Capital Asset Market).

MOXTER, ADOLF, Die Bedeutung der Grundsätze ordnungsmäßiger Unternehmensbewertung, in: zfbf 1980, S. 454–459 (Bedeutung der Grundsätze ordnungsmäßiger Unternehmensbewertung).

MÜLLER, ROLF/SCHULTHEIß, RAINER, Sieben gängige Irrtümer bei der Forward Rate basierten Wechselkursprognose im Rahmen rechtlich geprägter Unternehmensbewertung. Zugleich Erwiderung zu Ruiz de Vargas, BWP 2018 S. 34–49, in: BewP 2018, S. 98–111 (Sieben gängige Irrtümer).

MUSCHALLIK, MARCO, Bedeutung des Terminal Value im Rahmen investitionstheoretischer Bewertungsverfahren. Eine Analyse von gesellschaftsrechtlich begründeten Bewertungsgutachten, in: CF 2019, S. 48–56 (Terminal Value).

MUSCHALLIK, MARCO/ORTMANN, SEBASTIAN, Bestimmung der Eigenkapitalkosten in der Bewertungspraxis. Eine Analyse von Bewertungsgutachten vor dem Hintergrund relevanter Verlautbarungen und Empfehlungen, in: CF 2017, S. 302–311 (Eigenkapitalkosten).

MUSCHALLIK, MARCO/ROWOLDT, MAXIMILIAN, Peer Group-Verwendung in der Bewertungspraxis (Teil I). Eine Analyse auf Basis öffentlicher Bewertungsgutachten, in: CF 2016, S. 363–368 (Peer Group-Verwendung (Teil I)).

MUSCHALLIK, MARCO/ROWOLDT, MAXIMILIAN, Peer Group-Verwendung in der Bewertungspraxis (Teil II). Eine Analyse möglicher Werteffekte aufgrund unterschiedlicher Peer Group-Ansätze, in: CF 2016, S. 418–424 (Peer Group-Verwendung (Teil II)).

NELSON, CHARLES R./ SIEGEL, ANDREW F. (Hrsg.), Parsimonious Modeling of Yield Curves, in: JoB 1987, S. 473–489 (Parsimonious Modeling of Yield Curves).

Quellenverzeichnis

NESTLER, ANKE, Bewertungen von KMU: Aktuelle Hinweise des IDW zur praktischen Anwendung des IDW S1, in: BB 2012, S. 1271–1275 (Bewertungen von KMU: Aktuelle Hinweise des IDW zur praktischen Anwendung des IDW S 1).

NESTLER, ANKE/KUPKE, THOMAS, Die Bewertung von Unternehmen mit der Discounted Cash Flow-Verfahren, in: Betriebswirtschaftliche Mandantenbetreuung 2003, S. 163–170 (Discounted Cash Flow-Verfahren).

NISHIOTIS, GEORGE P., Do Indirect Investment Barriers Contribute to Capital Market Segmentation?, in: JFQA 2004, S. 613–630 (Indirect Investment Barriers).

NORDEN, LARS/WEBER, MARTIN, Informational efficiency of credit default swap amd stock markets: The impact of credit rating announcements, in: JBF 2004, S. 2813–2842 (Efficiency of CDS and swap markets).

OBERMAIER, ROBERT, Bewertung von Auslandsinvestitionen: Wechselkurstheorie und Basiszinssatz, in: WiSt 2009, S. 617–622 (Bewertung von Auslandsinvestitionen).

O'BRIEN, THOMAS JOSEPH, The CAPM and a Firm's Cost of Capital in Different Currencies, in: JoACF 1999, S. 73–79 (CAPM and Firm's Cost of Capital).

OEHLRICH, MARCUS, Ermittlung des Free Cash Flows in der Kapitalflussrechnung nach DRS, IFRS und US-GAAP, in: IRZ 2020, S. 355–359 (Free Cash Flows in der Kapitalflussrechnung).

OLBRICH, ALEXANDER, Eignung von Credit-Default-Swap-Prämien als zusätzliche Informationsquelle im Rahmen eines Expected-Loss-Modells. Verwendungsmöglichkeiten von CDS-Informationen bei der Wertminderung von finanziellen Vermögenswerten der Kategorie „Fortgeführte Anschaffungskosten" nach IFRS 9, in: KoR 2012, S. 329–334 (CDS-Prämien).

PAN, JUN/SINGLETON, KENNETH J., Default and recovery implicit in the term structure of sovereign CDS spreads, in: JoF 2008, S. 2345–2384 (Sovereign CDS Spreads).

PAPE, ULRICH/SCHLECKER, MATTHIAS, Berechnung des Credit Spreads, in: FB 2008, S. 658–665 (Credit Spread).

PATLOCH-KOFLER, MARKUS/SCHMITZER, MATTHIAS, Fremdwährung in der Unternehmensbewertung, in: RWZ 2019, S. 160–166 (Fremdwährung in der Unternehmensbewertung).

PATLOCH-KOFLER, MARKUS/WIMMER, HARALD, Länderrisiko und KFS/BW 1, in: RWZ 2018, S. 341–347 (Länderrisiko).

PAVTO, VELIP SURAJ/RAJU, GUNTUR ANJANA, Stock Market Integration: A Review of Literature from a Global Perspective, in: IJAF 2019, S. 66–135 (Stock Market Integration).

PAWELZIK, KAI UDO, Taugen die International Valuation Standards (IVS) zur Unternehmensbewertung als Vorbild für den IDW S1?, in: DB 2012, S. 1882–1888 (International Valuation Standards).

PEEMÖLLER, VOLKER H., Der Betafaktor als unternehmensindividuelle Risikovariable, in: UM 2005, S. 157–160 (Betafaktor).

PEEMÖLLER, VOLKER H./KUNOWSKI, STEFAN/HILLERS, JENS, Ermittlung des Kapitalisierungszinssatzes für internationale Mergers & Acquisitions bei Anwendung des Discounted Cash Flow-Verfahrens (Entity-Ansatz) - eine empirische Erhebung -, in: WPg 1999, S. 621–630 (Kapitalisierungszinssatz).

PEREIRO, LUIS E., The valuation of closely-held companies in Latin America, in: EMR 2001, S. 330–370 (Valuation of closely-held companies).

PODDIG, THORSTEN, Standpunkte zum CAPM: Grenzen der CAPM-basierten Bewertung, in: BewP 2008, S. 15–17 (CAPM-basierte Bewertung).

POPP, MATTHIAS, Anmerkungen zur historischen Marktrisikoprämie im Rahmen der Unternehmensbewertung, in: WPg 2019, S. 1222–1227 (Historische Marktrisikoprämien).

POPP, MATTHIAS, Zu den Bandbreiten-Empfehlungen des FAUB für die Marktrisikoprämie, in: WPg 2020, S. 836–848 (Marktrisikoprämie).

PUKTHUANTHONG, KUNTARA/ROLL, RICHARD, Global market integration: An alternative measure and its application, in: JFE 2009, S. 214–232 (Global market integration).

RAPP, DAVID, „Eigenkapitalkosten" in der (Sinn-)Krise – ein grundsätzlicher Beitrag zur gegenwärtigen Diskussion, in: DB 2013, S. 359–362 („Eigenkapitalkosten" in der (Sinn-)Krise).

RIETH, MALTE/PIFFER, MICHELE/HACHULA, MICHAEL, EZB-Politik erfolgreich im Euroraum und in Deutschland, in: DIW Wochenbericht 2016, S. 139–147 (EZB-Politik).

RINKER, CAROLA, Unterjähriger Werthaltigkeitstest beim Goodwill in der Corona-Pandemie. Praktische Umsetzung in den Halbjahresfinanzberichten des DAX, in: PiR 2020, S. 318–322 (Unterjähriger Werthaltigkeitstest beim Goodwill).

ROBOCK, STEFAN H., Political Risk: Identification and Assessment, in: CJWB 1971, S. 6–20 (Political Risk).

RODRÍGUEZ, IVÁN M./DANDAPANI, KRISHNAN/LAWRENCE, EDWARD R., Measuring Sovereign Risk: Are CDS Spreads Better than Sovereign Credit Ratings?, in: FM 2019, S. 229–256 (Sovereign Risk).

Quellenverzeichnis

ROWOLDT, MAXIMILIAN/PILLEN, CHRISTOPHER, Anwendung des CAPM in der Unternehmenspraxis – Eine Analyse vor dem Hintergrund praxisbezogener Empfehlungen, in: CF 2015, S. 115–129 (CAPM in der Unternehmenspraxis).

RUHNKE, KLAUS/LASKOWSKI, LENA, Verwendung von Analystenberichten in der Unternehmensbewertung, in: DB 2020, S. 243 (Verwendung von Analystenberichten in der Unternehmensbewertung).

RUIZ DE VARGAS, SANTIAGO, Bestimmung der historischen Marktrisikoprämie im Rahmen von Unternehmensbewertungen. Arithmetisches oder geometrisches Mittel?, in: DB 2012, S. 813–819 (Marktrisikoprämie).

RUIZ DE VARGAS, SANTIAGO, Forward Rates (Terminkurse) als Methode zur Wechselkursprognose bei rechtlich geprägten Bewertungsanlässen, in: AG 2017, S. R205–R207 (Forward Rates).

RUIZ DE VARGAS, SANTIAGO, Prognosemethoden für marktdeterminierte Wechselkurse bei rechtlich geprägten Unternehmensbewertungen. Replik zu Müller/Schultheiß, BWP 2018 S. 98–111, in: BewP 2018, S. 112–120 (Prognosemethoden für marktdeterminierte Wechselkurse).

RUIZ DE VARGAS, SANTIAGO, Prognosemethoden für marktdeterminierte Wechselkurse bei rechtlich geprägten Unternehmensbewertungen, in: BewP 2018, S. 34–49 (Prognosemethoden).

RUIZ DE VARGAS, SANTIAGO/BREUER, WOLFGANG, Unternehmensbewertung im internationalen Kontext mit dem globalen CAPM. Teil 1, in: BewP 2015, S. 2–13 (Unternehmensbewertung im internationalen Kontext (Teil 1)).

RUIZ DE VARGAS, SANTIAGO/BREUER, WOLFGANG, Unternehmensbewertung im internationalen Kontext mit dem globalen CAPM. Teil 2, in: BewP 2015, S. 50–60 (Unternehmensbewertung im internationalen Kontext (Teil 2)).

RUTHARDT, FREDERIK/POPP, MATTHIAS, Unternehmensbewertung im Spiegel der Rechtsprechung. Entwicklungen im Jahr 2019 – Teil II: Ertragswertverfahren und Barwert der Ausgleichszahlungen, in: AG 2020, S. 322–332 (Unternehmensbewertung im Spiegel der Rechtsprechung).

SABAL, JAIME, The Discount Rate in Emerging Markets, in: JACF 2004, S. 155–166 (Discount Rate).

SCHILLING, BENJAMIN, Risikoadjustierte Unternehmensplanung. Ansätze für den Einbezug von Chancen und Risiken in der Unternehmensplanung, in: WP Praxis 2020, S. 14–19 (Risikoadjustierte Unternehmensplanung).

SCHMALENBACH, EUGEN, Die Werte von Anlagen und Unternehmungen in der Schätzungstechnik, in: ZfhF 1917–1918, S. 1–20 (Die Werte von Anlagen und Unternehmungen).

SCHMIDBAUER-JURASCHEK, BODO, Risiko und Risikopolitik in Theorie und Praxis, in: zfo 1956, S. 176–80 (Risiko und Risikopolitik).

SCHMIDT, ANDREAS, Unternehmensbewertung ausländischer Gesellschaften, in: DB 1994, S. 1149–1155 (Unternehmensbewertung ausländischer Gesellschaften).

SCHRAMM, RONALD M./WANG, HENRY N., Measuring the Cost of Capital in an International CAPM Framework, in: JoACF 1999, S. 63–72 (Cost of Capital in CAPM).

SCHÜLER, ANDREAS/SCHWETZLER, BERNHARD, Verschuldung und Unternehmenswert – Anmerkungen zum IDW Praxishinweis 2/2018, in: DB 2019, S. 1745–1750 (Verschuldung und Unternehmenswert).

SCHULTE, JÖRN/FRANKEN, LARS/KOELEN, PETER/LEHMANN, DOMINIK, Konsequenzen einer (Nicht-)Berücksichtigung von Debt Beta in der Bewertungspraxis, in: BewP 2010, S. 13–21 (Debt Beta in der Bewertungspraxis).

SCHULTHEIß, RAINER/SCHULTZE, WOLFGANG, Wechselkurse in der Unternehmensbewertung. Die Aussagekraft von Forward Rates – Ergebnisse einer Bankenbefragung, in: WPg 2017, S. 1478–1483 (Wechselkurse in der Unternehmensbewertung – Die Aussagekraft von Forward Rates).

SCHULTHEIß, RAINER/SCHULTZE, WOLFGANG, Wechselkurse in der Unternehmensbewertung. Wechselkursprognose der Banken – Ergebnisse einer Bankenbefragung, in: WPg 2018, S. 155–161 (Wechselkurse in der Unternehmensbewertung – Wechselkursprognose der Banken).

SCHWETZLER, BERNHARD, Unternehmensbewertung unter Unsicherheit – Sicherheitsäquivalent- oder Risikozuschlagsmethode?, in: zfbf 2000, S. 469–486 (Unternehmensbewertung).

SETHI, S. PRAKASH/LUTHER, K. A. N., Political Risk Analysis and Direct Foreign Investment: Some Problems of Definition and Measurement, in: CMR 1986, S. 57–68 (Political Risk Analysis).

SHAPIRO, ALAN C., Capital Budgeting for the Multinational Corporation, in: FM 1978, S. 7–16 (Capital Budgeting).

SHARPE, WILLIAM F., A simplified model for portfolio analysis, in: ManSci 1963, S. 277–293 (A simplified model for portfolio analysis).

SHARPE, WILLIAM F., Capital asset prices: A theory of market equilibrium under conditions of risk, in: JoF 1964, S. 425–442 (Capital asset prices).

SIEBEN, GÜNTER, Der Entscheidungswert in der Funktionenlehre der Unternehmensbewertung, in: BFuP 1976, S. 491–504 (Entscheidungswert in der Funktionenlehre).

SIEPE, GÜNTER/DÖRSCHELL, ANDREAS/SCHULTE, JÖRN, Der neue IDW Standard: Grundsätze zur Durchführung von Unternehmensbewertungen (IDW S1), in: WPg 2000, S. 946–960 (Der neue IDW Standard).

SOLNIK, BRUNO H., An Equilibrium Model of the International Capital Market, in: JET 1974, S. 500–524 (Equilibrium Model).

SOLNIK, BRUNO H., The international pricing of risk: An empirical investigation of the world capital market structure, in: JoF 1974, S. 365–378 (International pricing of risk).

STATMAN, MEIR, How Many Stocks Make a Diversified Portfolio?, in: JFQA 1987, S. 353–363 (Diversified Portfolio).

STEHLE, RICHARD, Die Festlegung der Risikoprämie von Aktien im Rahmen der Schätzung des Wertes von börsennotierten Kapitalgesellschaften, in: WPg 2004, S. 906–927 (Risikoprämie von Aktien).

STEHLE, RICHARD/SCHMIDT, MARTIN, Returns on German Stocks 1954 to 2013, in: Kredit und Kapital 2015, S. 427–476 (Returns on German Stocks).

STONEHILL, ARTHUR/NATHANSON, LEONARD, Capital Budgeting and the Multinational Corporation. Would the capital outflow into direct foreign investments be reduced if more rigorous and more consistent financial investment criteria were developed and adopted by multinational firms?, in: CMR 1968, S. 39–54 (Capital Budgeting).

STULZ, RENÉ M., Globalization of Capital Markets and the Cost of Capital: The Case of Nestlé, in: JoACF 1995, S. 30–38 (Globalization of Capital Markets).

TAYLOR, MARK P., The Economics of Exchange Rates, in: JEL 1995, S. 13–47 (The Economics of Exchange Rates).

TIMMRECK, CHRISTIAN, ß-Faktoren – Anwendungsprobleme und Lösungsansätze, in: FB 2002, S. 300–307 (ß-Faktoren).

TINZ, OLIVER, M&A und Bewertung: (neue) Herausforderungen für Unternehmen, in: IDW LIFE 2019, S. 252–254 (M&A und Bewertung).

TOBIN, JAMES, Liquidity Preference as Behavior Towards Risk, in: REStud 1958, S. 65–86 (Liquidity Preference).

WAGNER, WOLFGANG/JONAS, MARTIN/BALLWIESER, WOLFGANG/TSCHÖPEL, ANDREAS, Weiterentwicklung der Grundsätze zur Durchführung von Unternehmensbewertungen (IDW S 1), in: WPg 2004, S. 889–898 (Weiterentwicklung der Grundsätze).

WAGNER, WOLFGANG/JONAS, MARTIN/BALLWIESER, WOLFGANG/TSCHÖPEL, ANDREAS, Unternehmensbewertung in der Praxis. Empfehlungen und Hinweise zur Anwendung von IDW S 1, in: WPg 2006, S. 1005–1028 (Unternehmensbewertung).

WAGNER, WOLFGANG/MACKENSTEDT, ANDREAS/SCHIESZL, SVEN/LENCKNER, CHRISTIAN/WILLERSHAUSEN, TIMO, Auswirkungen der Finanzmarktkrise auf die Ermittlung des Kapitalisierungszinssatzes in der Unternehmensbewertung, in: WPg 2013, S. 948–959 (Auswirkungen der Finanzmarktkrise).

WAGNER, WOLFGANG/SAUR, GERHARD/WILLERSHAUSEN, TIMO, Zur Anwendung der Neuerungen der Unternehmensbewertungsgrundsätze des IDW S 1 i. d. F. 2008 in der Praxis, in: WPg 2008, S. 731–747 (Unternehmensbewertungsgrundsätze des IDW S 1 i. d. F. 2008).

WATRIN, CHRISTOPH/STÖVER, RÜDIGER, Einfluss des Tax Shields auf die Renditeforderung der Eigenkapitalgeber und die Gearing Formel, in: StuW 2011, S. 60–74 (Tax Shields).

WELFONDER, JULIAN/BENSCH, TINO, Status Quo der Unternehmensbewertungsverfahren in der Praxis, in: CF 2017, S. 243–247 (Status Quo der Unternehmensbewertungsverfahren).

WIELAND-BLÖSE, HEIKE, Unternehmensplanung bei Bewertungen, Restrukturierungen und sonstigen Transaktionen. Beurteilung gemäß IDW Praxishinweis 2/2017, in: WPg 2017, S. 841–849 (Unternehmensplanung bei Bewertungen).

WIESE, JÖRG, Unternehmensbewertung und Abgeltungssteuer, in: WPg 2007, S. 368–375 (Unternehmensbewertung).

WIESE, JÖRG/GAMPENRIEDER, PETER, Marktorientierte Ableitung des Basiszinses mit Bundesbank- und EZB-Daten, in: BB 2008, S. 1722–1726 (Marktorientierte Ableitung des Basiszinses).

WORTHINGTON, ANDREW C./HIGGS, HELEN, Evaluating financial development in emerging capital markets with efficiency benchmarks, in: JED 2006, S. 17–44 (Evaluating financial development).

WÜSTEMANN, JENS/BRAUCHLE, THOMAS, BB-Rechtssprechungsreport Unternehmensbewertung 2019/20, in: BB 2020, S. 1580–1587 (Rechtssprechungsreport Unternehmensbewertung 2019/20).

ZEIDLER, GERNOT W./BERTRAM, INGO/WIESE, JÖRG, Zur Erfassung systematischer und unsystematischer Risiken im Bewertungskalkül. Stellungnahme zu Franken/Schulte, BewP 3/2012 S. 92 ff., in: BewP 2012, S. 134–138 (Systematische und unsystematische Risiken).

ZINNA, GABRIELE, Sovereign default risk premia: Evidence from the default swap market, in JoEF 2013, S. 15–35 (Sovereign Default Risk Premia).

ZUBEREK, MARTIN, Reduzierung von Forderungsausfällen bei Exportgeschäften Länder-Ratings als Teil von Risikomanagement- und Überwachungssystemen, in: Risiko Manager 2009, S. 16–22 (Länder-Ratings).

ZWIRNER, CHRISTIAN/KÄHLER, MALTE, Berücksichtigung von Länderrisiken bei der Unternehmensbewertung, in: DB 2014, S. 2721–2727 (Länderrisiken).

ZWIRNER, CHRISTIAN/KÄHLER, MALTE, Länderrisiken im Rahmen von Unternehmensbewertungen. Anmerkungen zum Beitrag von Knoll, Länderrisiken: Vom unvermeidlichen Regen in die unvermeidbare Traufe, DB 2015 S. 937 ff. = DB0682161, in: DB 2015, S. 1674–1678 (Länderrisiken im Rahmen von Unternehmensbewertungen).

ZWIRNER, CHRISTIAN/ZIMNY, GREGOR, Kapitalisierungszinssatz in der Unternehmensbewertung – Spannungsfeld zwischen Theorie, Rechtsprechung und Praxis, in: BB 2019, S. 171–175 (Kapitalisierungszinssatz in der Unternehmensbewertung).

ZWIRNER, CHRISTIAN/ZIMNY, GREGOR, Auswirkungen durch SARS-CoV-2 (sog. Corona-Virus) auf Rechnungslegung, Berichterstattung und Unternehmensbewertung, in: DB 2020, S. 633 (Auswirkungen durch SARS-CoV-2).

Verzeichnis der Kommentare

BAETGE, JÖRG/KIRSCH, HANS-JÜRGEN/THIELE, STEFAN (Hrsg.), Bilanzrecht. Kommentar, Loseblatt, Bonn/Berlin 2002 ff. (Stand: Februar 2021) (zitiert: BEARBEITER, in: Baetge/Kirsch/Thiele, Bilanzrecht).

BÜRGERS, TOBIAS/KÖRBER, TORSTEN (Hrsg.), Heidelberger Kommentar zum Aktiengesetz, 4. Aufl., Heidelberg 2017 (zitiert: BEARBEITER, in: Bürgers/Körber, Aktiengesetz)

Quellenverzeichnis

Verzeichnis der berufsständischen Veröffentlichungen

IDW (Hrsg.), Aktualisierte Kapitalkostenempfehlung des FAUB, in: WPg 2019, S. 1219 (Aktualisierte Kapitalkostenempfehlung des FAUB).

IDW (Hrsg.), Bewertung und Transaktionsberatung. Betriebswirtschaftliche Bewertung, Due Diligence, Fairness Opinions u.a., Düsseldorf 2018 (Bewertung und Transaktionsberatung).

IDW (Hrsg.), Entwurf einer IDW Stellungnahme zur Rechnungslegung: Einzelfragen zu Wertminderungen von Vermögenswerten nach IAS 36 (IDW ERS HFA 40), in: IDW FN 2014, S. 418–443 (Einzelfragen zu Wertminderungen von Vermögenswerten nach IAS 36 (IDW RS HFA 40)).

IDW (Hrsg.), Ergänzende Hinweise des FAUB zur Bestimmung des Basiszinssatzes im Rahmen objektivierter Unternehmensbewertungen, in: IDW FN 2008, S. 490–491 (Bestimmung des Basiszinssatzes).

IDW (Hrsg.), FAUB: Hinweise zur Berücksichtigung der Finanzmarktkrise bei der Ermittlung des Kapitalisierungszinssatzes, in: IDW FN 2012, S. 568–569 (Hinweise zur Berücksichtigung der Finanzmarktkrise).

IDW (Hrsg.), Fragen und Antworten: Zur praktischen Anwendung der Grundsätze zur Durchführung von Unternehmensbewertungen nach IDW S 1 i. d. F. 2008 (F&A zu IDW S 1 i. d. F. 2008), in: IDW LIFE 2020, S. 955–959 (F&A zu IDW S 1 i. d. F. 2008).

IDW (Hrsg.), Besonderheiten bei der Ermittlung eines objektivierten Unternehmenswerts kleiner und mittelgroßer Unternehmen (IDW Praxishinweis 1/2014), in: IDW FN 2014, S. 282–292 (IDW Praxishinweis 1/2014).

IDW (Hrsg.), Beurteilung einer Unternehmensplanung bei Bewertung, Restrukturierungen, Due Diligence und Fairness Opinion (IDW Praxishinweis 2/2017), in: IDW LIFE 2017, S. 343–351 (IDW Praxishinweis 2/2017).

IDW (Hrsg.), Berücksichtigung des Verschuldungsgrads bei der Bewertung von Unternehmen (IDW Praxishinweis 2/2018), in: IDW LIFE 2018, S. 966–977 (IDW Praxishinweis 2/2018).

IDW (Hrsg.), IDW Standard: Grundsätze zur Durchführung von Unternehmensbewertungen (IDW S 1 i. d. F. 2000). (Stand: 28.06.2000), in: WPg 2000, S. 825–842 (IDW S 1 i. d. F. 2000).

IDW (Hrsg.), IDW Standard: Grundsätze zur Durchführung von Unternehmensbewertungen (IDW S 1 i. d. F. 2008), in: IDW FN 2008, S. 271–292 (IDW S 1 i. d. F. 2008).

IDW (Hrsg.), IDW Standard: Grundsätze für die Erstellung von Fairness Opinions (IDW S 8), in: IDW FN 2011, S. 151–162 (IDW S 8).

IDW (Hrsg.), IDW Stellungnahme zur Rechnungslegung: Anwendung der Grundsätze des IDW S 1 bei der Bewertung von Beteiligungen und sonstigen Unternehmensanteilen für die Zwecke eines handelsrechtlichen Jahresabschlusses (IDW RS HFA 10), in: WPg 2005, S. 1322–1323 (IDW RS HFA 10).

IDW (Hrsg.), IDW Stellungnahme zur Rechnungslegung: Einzelfragen zu Wertminderungen von Vermögenswerten nach IAS 36 (IDW RS HFA 40), in: IDW FN 2015, S. 335–360 (Einzelfragen zu Wertminderungen von Vermögenswerten nach IAS 36 (IDW RS HFA 40)).

IDW (Hrsg.), Neufassung des IDW Prüfungsstandards: Die Prüfung des Risikofrüherkennungssystems (IDW PS 340 n. F.), in: IDW LIFE 2020, S. 631–647 (IDW PS 340 n. F.).

IDW (Hrsg.), WP Handbuch. Wirtschaftsprüfung und Rechnungslegung, 17. Aufl., Düsseldorf 2021 (WP Handbuch 2021).

Quellenverzeichnis

Verzeichnis der Arbeitspapiere und Internetdokumente

AMBROSCH, KARIN, Die Anerkennung fremdstaatlicher Enteignungen nach deutschem internationalem Enteignungsrecht, verfügbar unter: http://hdl.handle.net/10419/101689 (Stand: 29.04.2021) (Fremdstaatliche Enteignungen).

BEHR, PATRICK/GÜTTLER, ANDRÉ, Die risikoadäquate Kalkulation der Fremdkapitalkosten für nicht öffentlich gehandelte Unternehmen, verfügbar unter: https://docplayer.org/7340282-Die-risikoadaequate-kalkulation-der-fremdkapitalkosten-fuer-nicht-oeffentlich-gehandelte-unternehmen.html (Stand: 29.04.2021) (Fremdkapitalkosten).

BEKAERT, GEERT/HARVEY, CAMPBELL R., Capital Flows and the Behavior of Emerging Markets Equity Returns. NBER Working Paper 6669, verfügbar unter: https://www.nber.org/system/files/working_papers/w6669/w6669.pdf (Stand: 29.04.2021) (Emerging Markets Equity Returns).

BORENSZTEIN, EDUARDO/COWAN, KEVIN/VALENZUELA, PATRICIO, Sovereign Ceilings "Lite"? The Impact of Sovereign Ratings on Corporate Ratings in Emerging Market Economies. IMF Working Paper 07/75, verfügbar unter: https://www.imf.org/en/Publications/WP/Issues/2016/12/31/Sovereign-Ceilings-Lite-The-Impact-of-Sovereign-Ratings-on-Corporate-Ratings-in-Emerging-20615 (Stand: 29.04.2021) (Sovereign Ceilings).

BRUGGER, PHILIPP/SCHMITZ, INGO, Overcoming Home Bias: Which strategies really strengthen a portfolio?, verfügbar unter: https://institutional.union-investment.de/dam/jcr:0ed58c29-5927-41ef-b248-5402414d52cf/RMK_Whitepaper_2020_kurz_EN.pdf (Stand: 29.04.2021) (Overcoming Home Bias).

DAMODARAN, ASWATH, Estimating Equity Risk Premiums, verfügbar unter: https://archive.nyu.edu/bitstream/2451/26918/2/wpa99021.pdf (Stand: 29.04.2021) (Estimating Equity Risk Premiums).

DAMODARAN, ASWATH, What is the riskfree rate? A Search for the Basic Building Block, verfügbar unter: http://people.stern.nyu.edu/adamodar/pdfiles/papers/riskfreerate.pdf (Stand: 29.04.2021) (Riskfree Rate).

DAMODARAN, ASWATH, Equity Risk Premiums (ERP): Determinants, Estimation and Implications – The 2020 Edition, verfügbar unter: https://papers.ssrn.com/sol3/papers.cfm?abstract_id=3550293 (Stand: 29.04.2021) (Equity Risk Premiums – The 2020 Edition).

DAMODARAN, ASWATH, Country Risk: Determinants, Measures and Implications – The 2020 Edition, verfügbar unter: https://papers.ssrn.com/sol3/papers.cfm?abstract_id=3653512 (Stand: 29.04.2021) (Country Risk – The 2020 Edition).

DEUTSCHE BUNDESBANK (Hrsg.), Monatsbericht. Oktober 1997, verfügbar unter: https://www.bundesbank.de/de/publikationen/berichte/monatsberichte/monatsbericht-oktober-1997-691458 (Stand: 29.04.2021) (Monatsbericht – Oktober 1997).

DEUTSCHE BUNDESBANK (Hrsg.), Monatsbericht. Mai 1998, verfügbar unter: https://www.bundesbank.de/resource/blob/691520/a954d7a0dbd72fdbf1b742e0811bce4f/mL/1998-05-monatsbericht-data.pdf (Stand: 29.04.2021) (Monatsbericht – Mai 1998).

DEUTSCHE BUNDESBANK (Hrsg.), Monatsbericht. Dezember 2004, verfügbar unter: https://www.bundesbank.de/resource/blob/692276/9a8946dbca4fd30350fb8d1576998a8c/mL/2004-12-monatsbericht-data.pdf (Stand: 29.04.2021) (Monatsbericht – Dezember 2004).

DEUTSCHE BUNDESBANK (Hrsg.), Monatsbericht. Dezember 2010, verfügbar unter: https://www.bundesbank.de/resource/blob/692974/7e1ab3576d90dbc672038114b669e65c/mL/2010-12-kreditausfall-swaps-data.pdf (Stand: 29.04.2021) (Monatsbericht – Dezember 2010).

DEUTSCHE BUNDESBANK (Hrsg.), Monatsbericht. Januar 2011, verfügbar unter: https://www.bundesbank.de/resource/blob/668812/bf49a031ce656623b28f992fce463d0f/mL/2011-01-monatsbericht-data.pdf (Stand: 29.04.2021) (Monatsbericht – Januar 2011).

DEUTSCHE BUNDESBANK (Hrsg.), Monatsbericht. Dezember 2018, verfügbar unter: https://www.bundesbank.de/resource/blob/770514/7c71e88abbc6dce2f3ce4c2ce15ef1cc/mL/2018-12-deutsche-auslandsposition-data.pdf (Stand: 29.04.2021) (Monatsbericht – Dezember 2018).

DIMSON, ELROY/MARSH, PAUL/STAUNTON, MIKE, Summary Edition Credit Suisse Global Investment Returns Yearbook 2020, hrsg. v. Credit Suisse Research Institute, Zürich 2020, verfügbar unter: https://www.credit-suisse.com/about-us/en/reports-research/studies-publications.html (Stand: 29.04.2021) (Global Investment Returns Yearbook 2020).

DRIESSEN, JOOST, Is Default Event Risk Priced in Corporate Bonds?, verfügbar unter: https://papers.ssrn.com/sol3/papers.cfm?abstract_id=301844 (Stand: 29.04.2021) (Default Event Risk).

ESTRADA, JAVIER, The Cost of Equity in Emerging Markets: A Downside Risk Approach, verfügbar unter: https://blog.iese.edu/jestrada/files/2012/06/CoE-EMs.pdf (Stand: 29.04.2021) (Cost of Equity in Emerging Markets).

EUROPEAN CENTRAL BANK (Hrsg.), Credit Default Swaps and Counterparty Risk, verfügbar unter: https://www.ecb.europa.eu/pub/pdf/other/creditdefaultswapsandcounterpartyrisk2009en.pdf?f7c4dc2961acc286b2131e827f3e564d (Stand: 29.04.2021) (CDS).

Quellenverzeichnis

EUROPEAN CENTRAL BANK (Hrsg.), Financial integration in Europe, verfügbar unter: https://www.ecb.europa.eu/pub/pdf/fie/ecb.financialintegrationineurope201805.en.pdf (Stand: 29.04.2021) (Financial integration).

GROSSMANN, ROBERT J./HANSEN, MARTIN, CDS Spreads and Default Risk. Interpreting the Signals, verfügbar unter: https://asianbondsonline.adb.org/publications/external/2010/CDS_Spreads_and_Default_Risk_FR_12_Oct2010.pdf (Stand: 29.04.2021) (CDS Spreads).

GYNTELBERG, JACOB/HÖRDAHL, PETER/TERS, KRISTYNA/URBAN, JÖRG, Intraday Dynamics of Euro Area Sovereign CDS and Bonds, verfügbar unter: https://www.bis.org/publ/work423.pdf (Stand: 29.04.2021) (Intraday Dynamics).

HARVEY, CAMPBELL R., Country Risk Components, the Cost of Capital, and Returns in EmergingMarkets, verfügbar unter: https://faculty.fuqua.duke.edu/~charvey/Research/Chapters/C29_Country_risk_components.pdf (Stand: 29.04.2021) (Country Risk Components).

HARVEY, CAMPBELL R., Predictable risk and returns in Emerging Markets. NBER Working Paper 4621, verfügbar unter: https://www.nber.org/papers/w4621 (Stand: 29.04.2021) (Predictable risk and returns).

HULL, JOHN C./PREDESCU, MIRELA/WHITE, ALAN, Bond Prices, Default Probabilities and Risk Premiums, verfügbar unter: https://papers.ssrn.com/sol3/papers.cfm?abstract_id=2173148 (Stand: 29.04.2021) (Bond Prices, Default Probabilities and Risk Premiums).

JAMES, MIMI/KOLLER, TIMOTHY M., Valuation in EmergingMarkets, verfügbar unter: https://faculty.fuqua.duke.edu/~charvey/Teaching/BA456_2006/McK00_4.pdf (Stand: 29.04.2021) (Valuation in Emerging Markets).

KARAMI, BEHZAD, Stand und Weiterentwicklung der rechtsgeprägten Unternehmensbewertung. Eine kritische Bestandsaufnahme vor dem Hintergrund der Dominanz des IDW und der jüngsten Rechtssprechung des OLG Zweibrücken vom 06.09.2016 (9 W 3/14), verfügbar unter: https://bewertung-im-recht.de/sites/default/files/bloganhaenge/bir_stand_und_weiter-_entwicklung_der_rechtsgepraegten_unternehmensbewertung_0.pdf (Stand: 29.04.2021) (Stand und Entwicklung der rechtsgeprägten Unternehmensbewertung).

KARAMI, BEHZAD, Unternehmensbewertung im internationalen Kontext. Einige Anmerkungen zur Komplexität der Währungsumrechnung bei ausländischen Tochtergesellschaften, verfügbar unter: https://bewertung-im-recht.de/blog/unternehmensbewertung-im-internationalen-kontext (Stand: 29.04.2021) (Unternehmensbewertung im internationalen Kontext).

KAROLYI, G. ANDREW/STULZ, RENÉ M., Are financial assets priced locally or globally?. NBER Working Paper 8994, verfügbar unter: https://www.nber.org/system/files/working_papers/w8994/w8994.pdf (Stand: 29.04.2021) (Are financial assets priced locally or globally?).

KESTEN, RALF/LÜHN, MICHAEL/SCHMIDT, STEFFEN, Einfluss von Wechselkursen auf die Grenzpreisermittlung bei Auslandsakquisitionen, verfügbar unter: https://www.econstor.eu/bitstream/10419/67101/1/68536299X.pdf (Stand: 29.04.2021) (Einfluss von Wechselkursen).

KRÄMER-EIS, HELMUT, Evaluierung hoheitlicher Länderrisiken, verfügbar unter: https://www.researchgate.net/profile/Helmut_Kraemer-Eis/publication/34933571_Modifikation_der_Analyse_hoheitlicher_Landerrisiken_durch_eine_supplementare_Evaluierung_von_Umweltparametern_eine_Untersuchung_unter_besonderer_Betrachtung_des_bankorientierten_Landerratings_als_Info/links/0912f50ac8e603cc99000000/Modifikation-der-Analyse-hoheitlicher-Laenderrisiken-durch-eine-supplementaere-Evaluierung-von-Umweltparametern-eine-Untersuchung-unter-besonderer-Betrachtung-des-bank-orientierten-Laenderratings-als.pdf (Stand: 29.04.2021) (Länderrisiken).

MISHRA, ANIL, Measures of Equity Home Bias Puzzle, verfügbar unter: https://mpra.ub.uni-muenchen.de/51223/ (Stand: 29.04.2021) (Measures of Equity Home Bias Puzzle).

MÜLLER, ROLF/SCHULTHEIß, RAINER, Duplik zu Ruiz de Vargas, BewP 2018 S. 112–120, verfügbar unter: https://www.eacva.de/images/content/downloads/Mueller-Schultheiß_Duplik_Ruiz_de_Vargas_07.12.2018.pdf (Stand: 29.04.2021) (Duplik zu Ruiz de Vargas).

RAPOSO, INÊS GONÇALVES/LEHMANN, ALEXANDER, Equity finance and capital market integration in Europe, verfügbar unter: https://www.bruegel.org/wp-content/uploads/2019/01/PC-2019-03_errata.pdf (Stand: 29.04.2021) (Capital market integration).

RUIZ DE VARGAS, SANTIAGO, Triplik zur Duplik von Müller/Schultheiß, verfügbar unter: https://www.eacva.de/images/content/downloads/Ruiz_de_Vargas_Triplik_Mueller-Schulthei%C3%9F_19.12.2018.pdf (Stand: 29.04.2021) (Triplik zur Duplik von Müller/Schultheiß).

RULLKÖTTER, NILS, Unternehmensbewertung nach dem DCF-Verfahren in Emerging Markets, verfügbar unter: https://silo.tips/queue/inhaltsverzeichnis-abkrzungs-und-symbolverzeichnis-abbildungsverzeichnis-viii-ta?&queue_id=-1&v=1608282015&u=MTI4LjE3Ni4yMjUuMTI2 (Stand: 29.04.2021) (DCF-Verfahren in Emerging Markets).

STULZ, RENÉ M., International portfolio choice and asset pricing: An integrative survey. NBER Working Paper 4645 verfügbar unter: https://www.nber.org/papers/w4645 (Stand: 29.04.2021) (International portfolio choice).

Quellenverzeichnis

SVENSSON, LARS E. O., Estimating and Interpreting Forward Interest Rates: Sweden 1992–1994. NBER Working Paper 4871 verfügbar unter: https://www.nber.org/system/files/working_papers/w4871/w4871.pdf (Stand: 29.04.2021) (Estimating and Interpreting Forward Interest Rates).

TANG, DRAGON YONGJUN/YAN, HONG, Liquidity and Credit Default Swap Spreads, verfügbar unter: https://papers.ssrn.com/sol3/papers.cfm?abstract_id=891263 (Stand: 29.04.2021) (Liquidity and CDS-Spreads).

WEISTROFFER, CHRISTIAN, Credit default swaps. Heading towards a more stable system, verfügbar unter: https://docplayer.org/15749918-Credit-default-swaps.html (Stand: 29.04.2021) (CDS).

ZENNER, MARC/AKAYDIN, ECEHAN, A Practical Approach to the International Valuation and Capital Allocation Puzzle, verfügbar unter: https://www.yumpu.com/en/document/view/8857400/salomon-smith-barney (Stand: 29.04.2021) (International Valuation and Capital Allocation).

Gesetzesverzeichnis

Aktiengesetz (AktG) vom 06.09.1965, BGBl. I 1965, S. 1089–1184, zuletzt geändert durch Gesetz vom 12.05.2021, BGBl. I 2021, S. 990.

Handelsgesetzbuch (HGB) vom 10.05.1897, RGBl. 1897, S. 21–436, zuletzt geändert durch Gesetz vom 22.12.2020, BGBl. I 2020, S. 3256.

Umwandlungsgesetz (UmwG) vom 28.10.1994, BGBl. I 1994, S. 3210–3266, zuletzt geändert durch Gesetz vom 19.12.2018, BGBl. I 2018, S. 2694.

Wirtschaftsprüferordnung (WiPrO) vom 05.11.1975, BGBl. 1975, S. 2803–2834, zuletzt geändert durch Gesetz vom 04.05.2021, BGBl. I 2021, S. 882.

Quellenverzeichnis

Verzeichnis der Materialien aus dem Gesetzgebungs- oder Standardsetzungsprozess

DRSC (Hrsg.), Deutsche Rechnungslegungs Standards (DRS) – DRSC Interpretationen (IFRS) – DRSC Anwendungshinweise, Loseblatt, Berlin 2000 ff., (Stand: Dezember 2018) (zitiert: DRS).

IASB (Hrsg.), The Conceptual Framework for Financial Reporting. Issued 29th March 2018, London 2018 (zitiert: CF).

IASB (Hrsg.), International Financial Reporting Standards 2021 (Red Book). Issued 1st January 2021, London 2020 (zitiert: IFRS/IAS).

INTERNATIONAL VALUATION STANDARDS COUNCIL (Hrsg.), International Valuation Standards (IVS). Effective 31st January 2020, London 2019 (International Valuation Standards).

Quellenverzeichnis

Verzeichnis der Rechtsprechung

BGH, Urteil vom 17.01.1973 – IV ZR 142/70, in: DB 1973, S. 563–565.

BGH, Urteil vom 09.07.2019 – EnVR 52/18, in: WM 2020, S. 889–897.

LG DORTMUND, Beschluss vom 19.03.2007 – 18 AktE 5/03, in: WM 2007, S. 938–947.

LG HAMBURG, Beschluss vom 21.03.2014 – 417 HKO 205/12, BeckRS 2015, 10054.

LG MÜNCHEN, Beschluss vom 24.05.2013 – 5 HK O 17095/11, in: BeckRS 2013, 18342.

LG MÜNCHEN, Beschluss vom 28.05.2014 – 5 HKO 22657/12, in: ZIP 2015, S. 2131–2132.

OLG DÜSSELDORF, Beschluss vom 27.05.2009 – I-26 W 5/07 (AktE), in: WM 2009, S. 2220–2228.

OLG DÜSSELDORF, Beschluss vom 22.03.2018 – 3 Kart 1061/16, BeckRS 2018, 45900.

OLG DÜSSELDORF, Beschluss vom 22.03.2018 – 3 Kart 1062/16, BeckRs 2018, 45901.

OLG HAMBURG, Beschluss vom 30.06.2016 – 13 W 75/14, verfügbar unter: http://www.spruchverfahren-direkt.de/wp-content/uploads/2019/08/F.-Reichelt-AG-2016-06-30-Hanseatisches-OLG-Squeeze-out.pdf (Stand: 29.04.2021)

OLG MÜNCHEN, Beschluss vom 11.03.2020 – 31 Wx 341/17, in: BB 2020, S. 946.

Quellenverzeichnis

Verzeichnis der sonstigen Internetquellen

BUNDESNETZAGENTUR (Hrsg.), Beschluss (BK4-16-160 u. BK4-16-161) 05.10.2016, verfügbar unter: https://www.bundesnetzagentur.de/DE/Beschlusskammern/1_GZ/BK4-GZ/2016/BK4-16-0160/BK4-16-0160_Beschluss_Strom_BF_download.pdf?__blob=publicationFile&v=1 sowie https://www.bundesnetzagentur.de/DE/Beschlusskammern/1_GZ/BK4-GZ/2016/BK4-16-0161/BK4-16-0161_Beschluss_Gas_BF_download.pdf?__blob=publicationFile&v=2 (Stand: 29.04.2021) (Beschluss (BK4-16-160 u. BK4-16-161)

DAMODARAN, ASWATH (Hrsg.), Country Default Spreads and Risk Premiums – July 2020, verfügbar unter: http://pages.stern.nyu.edu/~adamodar/New_Home_Page/datafile/ctryprem.html (Stand: 29.04.2021) (Country Default Spreads and Risk Premiums – January 2021).

DEUTSCHE BÖRSE (Hrsg.), Prime Standard, verfügbar unter: https://www.deutsche-boerse-cash-market.com/dbcm-de/primary-market/marktstruktur/segmente/prime-standard (Stand: 29.04.2021) (Prime Standard)

DEUTSCHE BUNDESBANK (Hrsg.), Direktinvestitionsbestände: Verflechtung mit dem Ausland hat 2018 weiter zugenommen, verfügbar unter: https://www.bundesbank.de/de/presse/pressenotizen/direktinvestitionsbestaende-verflechtung-mit-dem-ausland-hat-2018-weiter-zugenommen-832078 (Stand: 29.04.2021) (Direktinvestitionsbestände).

DEUTSCHE BUNDESBANK (Hrsg.), Tägliche Zinsstruktur für börsennotierte Bundeswertpapiere, verfügbar unter: https://www.bundesbank.de/de/statistiken/geld-und-kapitalmaerkte/zinssaetze-und-renditen/taegliche-zinsstruktur-fuer-boersennotierte-bundeswertpapiere-650724 (Stand: 29.04.2021) (Tägliche Zinsstruktur für börsennotierte Bundeswertpapiere).

EUROPEAN CENTRAL BANK (Hrsg.), Euro foreign exchange reference rates, verfügbar unter: http://www.ecb.europa.eu/stats/eurofxref/ (Stand: 29.04.2021) (Euro foreign exchange reference rates).

EUROSTAT (Hrsg.), European Currency Unit, verfügbar unter: https://ec.europa.eu/eurostat/statistics-explained/index.php/Glossary:European_currency_unit_%28ECU%29 (Stand: 29.04.2021) (European Currency Unit).

IDW (Hrsg.), Grundsätze für die Arbeitsweise der IDW Fachgremien, verfügbar unter: https://www.idw.de/blob/35430/06c8f7a9eacb518910162daef7fad819/down-grundsaetze-idw-fachgremien-2018-data.pdf (Stand: 29.04.2021) (Grundsätze für die Arbeitsweise der IDW Fachgremien).

Quellenverzeichnis

IDW (Hrsg.), IDW jetzt Mitglied im International Valuation Standards Council (IVSC), verfügbar unter: https://www.idw.de/idw/idw-aktuell/idw-jetzt-mitglied-im-international-valuation-standards-council--ivsc-/126272 (Stand: 29.04.2021) (IDW Mitglied im International Valuation Standards Council).

IDW (Hrsg.), Satzung des Instituts der Wirtschaftsprüfer in Deutschland e. V., verfügbar unter: https://www.idw.de/blob/25414/6dde61b626f326582cb4761db9d792a6/down-satzung-data.pdf (Stand: 29.04.2021) (Satzung des IDW).

IDU (Hrsg.), Grundsätze ordnungsgemäßer Planung (GoP). Leitfaden des Institut der Unternehmensberater IdU im BDU, verfügbar unter: http://www.bdu.de/media/3706/gop21-web.pdf (Stand: 29.04.2021) (Grundsätze ordnungsgemäßer Planung).

INVESTING (Hrsg.), Staatsanleihen der ganzen Welt, verfügbar unter: https://de.investing.com/rates-bonds/world-government-bonds?maturity_from=10&maturity_to=310 (Stand: 24.04.2021) (Staatsanleihen der ganzen Welt)

KOF (HRSG.), Globalisierungsindex, verfügbar unter: https://kof.ethz.ch/prognosen-indikatoren/indikatoren/kof-globalisierungsindex.html (Stand: 29.04.2021) (Globalisierungsindex).

KPMG (Hrsg.), Cost of Capital Study 2020. Global economy - search for orientation?, verfügbar unter: https://hub.kpmg.de/cost-of-capital-study-2020?utm_campaign=Kapitalkostenstudie%202020&utm_source=AEM&__hstc=214917896.b2f9352cda9032a05a537acbef8ad68e.1549374777388.1605690836717.1608284043000.23&__hssc=214917896.1.16 08284043000&__hsfp=1058910213 (Stand: 29.04.2021) (Cost of Capital Study 2020).

MIGA (Hrsg.), Our process, verfügbar unter: https://www.miga.org/our-process (Stand: 29.04.2021) (Our process).

MIGA (Hrsg.), Terms & conditions, verfügbar unter: https://www.miga.org/terms-conditions (Stand: 29.04.2021) (Terms & conditions).

MSCI INC. (Hrsg.), MSCI ACWI All Cap Index (USD) Factsheet, verfügbar unter: https://www.msci.com/documents/10199/f7349d88-8c6f-46dc-bf0d-f2e02e1f5be5 (Stand: 29.04.2021) (Factsheet MSCI ACWI All Cap Index).

MSCI INC. (Hrsg.), MSCI ACWI Index (USD) Factsheet, verfügbar unter: https://www.msci.com/documents/10199/a71b65b5-d0ea-4b5c-a709-24b1213bc3c5 (Stand: 29.04.2021) (Factsheet MSCI ACWI Index).

MSCI INC. (Hrsg.), MSCI World Index (EUR) Factsheet, verfügbar unter: https://www.msci.com/documents/10199/ce75600b-9451-4f93-be4f-573b702a4827 (Stand: 29.04.2021) (Factsheet MSCI World Index).

Quellenverzeichnis

PwC (Hrsg.), Gebühren und Entgeltbestimmungen. Merkblatt Gebühren und Entgelte - Juli 2017, verfügbar unter: https://www.investitionsgarantien.de/_Resources/Persistent/ 7/9/1/0/7910960e4e8b07ff5460fda5151bc9148d19d41e/DIA-Gebuehren-200127-WEB.pdf (Stand: 29.04.2021) (Gebühren und Entgeltbestimmungen).

PwC (Hrsg.), Grundzüge der Investitionsgarantien, verfübar unter: https://www.investitionsgarantien.de/main-navigation/investitionen-investitionsgarantien/grundlagen-investitionsgarantien/grundzuege-investitionsgarantien (Stand: 29.04.2021) (Grundzüge der Investitionsgarantien).

PwC (Hrsg.), Kosten der Investitionsgarantien, verfübar unter: https://www.investitionsgarantien.de/main-navigation/investitionen-investitionsgarantien/verfahren-investitionsgarantien/kosten-investitionsgarantien (Stand: 29.04.2021) (Kosten der Investitionsgarantien).

S&P GLOBAL INC. (Hrsg.), S&P Global 1200 (LCL) Factsheet, verfügbar unter: https://www.spglobal.com/spdji/en/indices/equity/sp-global-1200/#overview (Stand: 29.04.2021) (Factsheet S&P Global 1200).

S&P GLOBAL INC. (Hrsg.), S&P Global BMI Factsheet, verfügbar unter: https://www.spglobal.com/spdji/en/indices/equity/sp-global-bmi/#overview (Stand: 29.04.2021) (Factsheet S&P Global BMI).

S&P GLOBAL INC. (Hrsg.), S&P 500 (USD) Month-End Factsheet, verfügbar unter: https://www.spglobal.com/spdji/en/idsenhancedfactsheet/file.pdf?calcFrequency= M&force_download=true&hostIdentifier=48190c8c-42c4-46af-8d1a-0cd5db894797& indexId=340 (Stand: 29.04.2021) (Factsheet S&P 500).

STATISTISCHES BUNDESAMT (Hrsg.), Konjunkturindikatoren - Außenhandel (Spezialhandel), verfügbar unter: https://www.destatis.de/DE/Themen/Wirtschaft/Konjunkturindikatoren/ Lange-Reihen/Aussenhandel/lrahl01a.html (Stand: 29.04.2021) (Außenhandel (Spezialhandel)).

Aus unserem Verlagsprogramm:

Katharina Großelfinger
Kapitalabgrenzung in der IFRS-Rechnungslegung
Eine kritische Analyse unter besonderer Berücksichtigung der historischen und gegenwärtigen Entwicklung des IAS 32
Hamburg 2021 / 296 Seiten / ISBN 978-3-339-12330-5

Maya Tettenborn
Rechnungslegung bei der Abkehr von der Prämisse der Unternehmensfortführung
Hamburg 2021 / 246 Seiten / ISBN 978-3-339-12062-5

Maria-Teresa Weiss
IFRS-Rechnungslegung und Eigenmittel nach CRR
Kritische Würdigung des Einflusses der Bewertung von Finanzinstrumenten nach IFRS 9 auf die Ermittlung der Eigenmittelanforderungen nach CRR
Hamburg 2020 / 426 Seiten / ISBN 978-3-339-11886-8

Oliver Wätjen
Die Bilanzierung von Service-Leasingverträgen in der IFRS-Rechnungslegung
Eine Analyse und Konkretisierung der Vorschriften an der Schnittstelle von IFRS 15 und IFRS 16
Hamburg 2020 / 296 Seiten / ISBN 978-3-339-11808-0

Sebastian Holzmann
Mitarbeiter als Adressaten der Rechnungslegung
Empirische Analyse zum Einfluss der unternehmerischen Publizitätspolitik auf die Mitarbeiterentlohnung
Hamburg 2020 / 170 Seiten / ISBN 978-3-339-11370-2

Christian Götz
Ergebnismaximierende und ergebnisminimierende Rechnungslegungspolitik nicht-kapitalmarktorientierter mittelgroßer und großer Kapitalgesellschaften
Eine empirische Analyse rechnungslegungspolitischer Instrumente im handelsrechtlichen Jahresabschluss
Hamburg 2020 / 222 Seiten / ISBN 978-3-339-11276-7

David Shirkhani
Der Einfluss der Fair Value-Bilanzierung auf die Stabilität und Dynamik von Finanzmärkten
Eine agentenbasierte Simulation
Hamburg 2018 / 344 Seiten / ISBN 978-3-339-10416-8

Postfach 57 01 42 · 22770 Hamburg · www.verlagdrkovac.de · info@verlagdrkovac.de